고려대학교 민족문화연구원 만주학 총서 ⑫

ᠨᡳ�§

만문본 **니샨 샤먼전**

滿文本 尼山薩滿傳

nišan saman i bithe

김유범, 신상현, 문현수, 오민석

박문사

# 〈고려대학교 민족문화연구원 만주학총서〉 발간사

만주는 오랜 역사 속에서 늘 우리 한반도 곁에 있어 왔지만, 한동안은 관심에서 멀어져 있기도 했다. 청나라와 함께 만주족의 국가가 사라지면서 잊혀졌고, 남북분단이 만든 지리적 격절이 그 망각을 더 깊게 하였다. 그러나 만주와 만주족은 여전히 한반도 이웃에 존재한다. 한 민족의 국가가 사라졌다 해서 그 역사와 문화가 모두 사라지는 것은 아니다. 만주족은 동북아 지역의 역사를 이끌어 온 주역 중 하나였고, 유구한 역사 속에서 부침하며 남긴 언어와 문화의 자취는 지금도 면면히 전해지고 있다. 학자들의 노력을 통해 다시 조명되고 있고, 사람들의 관심 속에 되살아나고 있다. 일본과 서구에서 만주학에 대한 관심이 끊이지 않고 이어져 왔을 뿐 아니라, 근래에는 중국에서도 만주학 관련 자료 정리와 연구가 본격적으로 진행되고 있다.

청나라를 세웠던 만주족은 거대 제국을 통치하며 그들의 언어로 많은 자료를 남겼고, 그것은 중국과 한국 및 동아시아 지역을 이해하는 데 소홀히 할 수 없는 귀중한 자산이다. 역사적으로나 지역적으로, 그리고 언어학적으로도 밀접한 관계에 있는 한국은 만주족의 문화를 이해하는 데 좋은 조건을 가지고 있다. 만주를 넘나들며 살아온 한반도 거주민들은 만주족과 역사를 공유하는 부분도 적지 않고 언어학상으로도 유사성을 가지고 있다.

고려대학교 민족문화연구원은 만주학센터를 세워 만주학 관련 자료를 수집 정리하고 간행해 왔으며, 만주어 강좌를 통해 만주학에 대한 관심을 확산시키고, 국내외 전문가들을 초청하여 학술을 교류하며 연구성과를 공유해 왔다. 2012년부터 발간하고 있는 〈만주학총서〉는 그 과정에서 축적되고 있는 학계의 소중한 성과이다.

총서에는 조선후기 사역원에서 사용하던 만주어 학습서('역주 청어노걸대 신석')를 비롯하여, 청나라 팔기군 장병의 전쟁 기록을 담은 일기('만주 팔기 증수 일기'), 인도에서 비롯되어 티벳족과 몽골족의 민간고사까지 포괄해 재편성된 이야기집('언두리가 들려주는 끝나지 않는 이야기') 등 매우 다양한 성격의 자료가 포함되어 있다. 만주학의 연구 성과를 묶은 연구서('청대 만주어 문헌 연구')뿐 아니라, 전 12권으로 발간되는 만주어 사전('교감역주 어제청문감')과 문법 관련서 등 만주학 연구의 기반이 되는 자료들도 적지 않다.

만주학 관련 언어, 문화, 역사 등 각 방면에 걸친 이 자료와 연구성과들은 만주학 발전에 적잖은 도움이 될 것이다. 이 총서의 발간으로 한국에서의 만주학 연구 수준을 한 층 높이고, 한민족과 교류한 다양한 문화에 사람들의 관심을 기울이도록 하는 데 기여할 수 있으리라 기대한다.

2018년 8월
민족문화연구원 원장 김형찬

# 만문본 『니샨 샤먼전』 서문

만주학총서는 고려대학교 민족문화연구원 만주학센터의 만주학 연구 성과를 결집해 놓은 보고(寶庫)이다. 더불어 우리나라에서 만주학이 시작된 역사와 흔적을 담고 있다는 점에서도 귀중한 사료적 가치를 지닌다. 만주어와 그것으로 이루어진 다양한 언어, 문학, 역사, 문화 관련 자료들에 대한 연구는 동북아시아를 재조명하고 그로부터 미래적 가치를 발견하는 새로운 도전이라고 할 수 있다. '중화(中華)'로부터 '이적(夷狄)'으로 패러다임의 새로운 변화에서 만주학이 그 중심에 서 있다.

이번에 간행하는 총서인 『니샨 샤먼전[nišan saman i bithe]』은 만주 지역에 거주하는 여러 민족 사이에서 전해지던, '니시하이강(nisihai bira)' 가에 살았다고 하는 여자 샤먼인 '니샨(nišan)'에 대한 이야기이다. 구전으로 전해져 오다가 만주족에 의해 만주 문자로 기록되었다.

그 내용은 발두 바얀(baldu bayan)이라는 부자의 아들 서르구다이 피양구(sergudai fiyanggū)가 사냥을 하러 갔다가 죽게 되자, 니샨 샤먼을 불러 굿이라는 의식을 통해 서르구다이 피양구의 혼을 되살리는 것으로 다음과 같이 구성되어 있다. 1) 니샨 샤먼의 영혼이 그가 모시던 신령들과 함께 저승으로 가게 되고, 서르구다이 피양구를 저승으로 데리고 간 염라대왕의 친척인 몽골다이 낙추(monggoldai nakcu)와 흥정하여 피양구의 혼을 다시 데려오게 된다. 2) 오는 도중에 그녀의 죽은 남편을 지옥에서 만나게 되는데, 그녀는 남편을 영원히 죽음의 천벌을 받는 풍도성(酆都城)에 던져버리고, 이어서 이승의 천연두와 자손을 관장하는 오모시 마마(omosi mama)를 찾아뵙고는 피양구의 자손과 복을 구한다. 3) 본래의 몸으로 돌아온 피양구는 다시 살아나고, 발두 바얀은 다시 살아난 아들을 보고는 기뻐하며 샤먼에게 많은 재물을 준다. 4) 집으로 돌아온 니샨 샤먼은 남편을 풍도성에 가두고 왔다는 사실을 시어머니에게 이야기하고, 그로 인해 황제가 니샨 샤먼을 그녀의 무구와 함께 우물에 매장하는 벌을 내린다. 5) 다시 살아난 피양구는 좋은 여인을 아내로 맞이하고, 그의 아버지를 본받아 가난한 사람들을 도우며, 많은 자손을 낳고 대대로 부유하게 살았다.

이러한 니샨 샤먼전은 러시아 학자 그레벤쉬치코프(A. V. Grebenščikov, 1880-1941)에 의해 필사본이 발굴되어 3차례에 걸쳐 소개되었다. 1908년에 처음 소개한 것을 '치치하얼[齊齊哈爾]본' 이라 하고, 1909년에 소개한 것을 '아이훈[璦琿]본'이라 하는데 그 뒤에 아이훈 지역에서 다소 다른 종류가 발굴되어 '아이훈[璦琿]1본'과 '아이훈[璦琿]2본'으로 구별하여 부르고 있다. 그리고 1913년에 소개한 것을 '블라디보스톡[海蔘威]본'이라 부르는데, 그 내용이 가장 완전하여 일찍부터 세계 여러 나라의 언어로 번역되었다. 그 뒤에 중국 사회과학원 민족연구소에서는 1950년대에 중국에 분포한 다양한 민족을 조사하는 과정에서 동북 지역에서 또 다른 필사본을 발견하는데 이를 '민족연구소본'이라 하며, 또 러시아 학자 스타리코프(V. S. Starikov, 1917-1987)가 수집한 도서 가운데에서 야크혼토프(Yakhontov)가 새로운 필사본을 발견하였는데, 이를 '스타리코프 (Starikov)본'으로 부른다. 이 총서에서는 이와 같이 기존의 만주문자로 기록된 6개의 필사본을 전사하고 한글로 번역하였다.

이번 총서 역시 국내 만주학 연구의 산실인 고려대학교 민족문화연구원 만주학센터의 뜨겁고 진지한 만주학 연구의 결실을 보여 주는 또 하나의 역사로 자리할 것이다. 총서의 기획 및 그에 따른 연구 진행, 그리고 원고의 정리 및 출판 관련 업무에 수고해 주신 모든 분들께 심심한 감사의 인사를 전한다. 이 총서가 국내외에서 만주학에 관심을 갖고 계신 모든 분들께 만주학의 세계로 나아가는 유익한 통로가 되어 주기를 바라 마지않는다.

2023년 어느 겨울,
만주학센터 센터장 김유범

# 만문본 『니샨 샤먼전』 해제

신상현*

## 1. 서론

『니샨 샤먼전』은 동북아시아에 거주하는 만주족을 비롯한 어원키족[鄂溫克, Tungus Evenki 혹은 Solon으로도 부름], 오로촌족[鄂倫春, Orochon], 나나이족[赫哲族, Hezhe로도 부름], 다구르[達斡爾族, Daur로도 부름] 등 동북아시아에 거주하는 여러 민족 사이에서 전해지던, '니시하이강(nisihai bira)' 기슭에 살았다는 한 여자 샤먼인 '니샨(nišan)'에 대한 이야기이다. 그렇기 때문에 '니샨'이라는 단어는 각 민족에 따라 조금씩 다르게 불렸는데, 만주족은 nišan[尼山]·yin-jiang[音姜]·ningsan[寧三] 등으로, 어원키족에서는 nishang[尼桑], 오로촌족에서는 nishun[尼順] 또는 nihai[尼海], 나나이족에서는 yixin[一新]으로 불리며 전승되었다.[1] 그러던 것이 만주족에 의해 만주문자로 기록되어 여러 이본을 생성하면서 오늘에 전해지고 있는데, 만주문자로는 'nišan saman i bithe'로 표기하였다.

그 내용은 크게 서두, 니샨의 반혼(返魂) 굿, 굿이 끝난 다음의 이야기의 세 부분으로 구성되어 있다.[2] 서두 부분에서는 로로(lolo)라는 마을에 사는 발두 바얀(baldu bayan)이라는 부자의 아들 서르구다이 피양구(sergudai fiyanggū)의 죽음이 중심이 되며, 마지막 부분에 발두 바얀이 죽은 아들 피양구를 소생시키기 위해 니시하이(nisihai) 강가에 사는 여자 샤먼을 찾는 것으로 구성되어

---

* 고려대학교 민족문화연구원 연구교수
1) 최준, 「니샨 샤먼의 저승 여행」, 『동아시아고대학』 21집, 동아시아고대학회, 2010, 348쪽 참조.
2) 이 구분은 가장 완정본이라 알려진 제3 手稿本인 블라디보스톡[海蔘威]본을 기준으로 한 것이다.

있다. 두 번째 부분은 샤먼의 반혼 굿이다. 여자 샤먼은 굿이라는 의식을 통해 서르구다이 피양구의 혼을 되찾기 위해 그녀의 영혼이 저승으로 여행을 가게 되고, 염라왕의 친척인 몽골다이 낙추(monggoldai nakcu)와 흥정하여 피양구의 혼을 데려오는 데에 성공한다. 그러나 도중에 죽은 남편을 지옥에서 만나게 되는데, 그녀는 남편을 영원히 죽음의 천벌을 받는 풍도성(酆都城)에 던져버리고 돌아오고, 피양구는 다시 살아난다. 발두 바얀은 다시 살아난 아들을 보고는 기뻐하며 샤먼에게 많은 재물을 준다. 세 번째 부분은 굿이 끝난 다음의 이야기로, 남편을 풍도성에 가두고 왔다는 말을 시어머니에게 이야기 하게 되는데, 시어머니가 그것을 듣고는 관가에 고발하게 된다. 관에서는 샤먼을 불러다가 취조하고, 태종 황제가 신모(神帽), 요령, 북 등의 무구와 함께 샤먼을 우물에 매장하게 하는 벌을 내린다. 그리고 다시 살아난 피양구는 좋은 여인을 아내로 맞이하고, 그의 아버지를 본받아 가난한 사람들을 도우며, 많은 자손을 낳고 대대로 부유하게 살았다.

이와 같은 『니샨 샤먼전』은 20세기 초로 접어들면서 러시아 학자 그레벤쉬치코프(A. V. Grebenščikov, 1880-1941)에 의해 발굴되어 1908년, 1909년, 1913년의 3차례에 걸쳐 3종류의 手稿本[3]이 소개되면서 세상에 알려지게 되었다. 1908년에 소개한 것을 '제1 수고본=치치하얼[齊齊哈爾]본', 1909년에 소개한 것을 '제2 수고본=아이훈[瑷琿]본', 1913년에 소개한 것을 '제3 수고본=블라디보스톡[海蔘威]본'이라 부르며, 이 가운데 제3 수고본의 내용이 가장 완전성을 지니고 일관된 문체로 기술하고 있어 일찍부터 세계적인 주목을 받아 여러 나라의 언어로 번역되었을 뿐만 아니라 연구가 진행되었다.[4] 그 뒤에 기존에 소개된 것과 차이가 나는 판본인 중국 사회과학원 민족연구소 소장본이 공개되었으며, 러시아 학자 스타리코프(V. S. Starikov, 1917-1987)의 수집본이 그의 사후에 스탈린도서관에 기증되었는데, 그 가운데에서 『니샨 샤먼전』이 발견되어 야크혼토프(Yakhontov)가 러시아어로 전사하고 번역하여 『<尼山薩滿>研究』로 간행하였다.

## 2. 제1 수고본(手稿本)=치치하얼[齊齊哈爾]본

치치하얼[齊齊哈爾]본은 1908년 만주 문학을 전공 교수 그레벤쉬치코프(A. V. Grebenščikov)가 치치하얼 동북쪽에 있는 머이서르(meiser) 마을의 넨데샨 친커리(néndéšan čžinkeri)라는 만주인

---

3) '手稿本'이라는 명칭이 어디서부터 나왔는지는 명확하지 않으나, 그레벤쉬치코프가 발견한 것을 구별하기 위해 사용한 것으로 추정된다. 그러나 1990년대 이후부터는 특히 중국을 중심으로 이 명칭을 거의 사용되지 않고 있다. 이 글에서는 혼동을 피하기 위하여 '手稿本'이라는 명칭도 함께 사용한다.

4) 『尼山薩滿傳』에 대한 국내의 연구는 1974년에 成百仁이 블라디보스톡[海蔘威]본을 한국어로 번역하면서 널리 알려지기 시작하였다. 그러나 그 뒤에 이 텍스트를 바탕으로 활발한 연구가 진행되지는 못하였고, 약간의 전문 연구논문이 있을 뿐이다.
　成百仁, 『滿州 샤만 神歌 : Nišan saman i bithe』, 서울: 明知大學出版部, 1974. ; 재판, 서울: 제이앤씨, 2008.
　김영일, 「<니샨> 샤만巫歌의 비교연구 : '바리데기'의 원형재구를 위한」, 『한국문학이론과 비평』 8집, 한국문학이론과 비평학회, 2000, 144-170쪽.
　최준, 「니샨 샤먼의 저승 여행」, 『동아시아고대학』 21집, 동아시아고대학회, 2010, 343-370쪽.

으로부터 입수하였다. 그는 만주 지역에 'nišan saman i bithe'라는 책이 있다는 소식을 듣고 만주 각 지역을 다니면서 구하였으나, 쉽게 구하지 못하고 있다가 다행히 2개의 필사본을 구할 수 있었는데, 이것은 그 중의 하나이다. 치치하얼본은 모두 23면으로 되어 있는데, 크기는 17㎝×8.3㎝이고, 각 면은 5행으로 되어 있으며, 한지에 먹으로 쓰여 있다. 치치하얼 지역에서 발견되었기 때문에 '치치하얼본'으로 부른다.5)

치치하얼본의 첫 면에는 "badarangga doro i gosin ilaci aniya boji bithe nitsan tsamen bithe emu debtelin(光緖 33년(1907) 문서, 니샨 샤먼 글 1권)"로 되어 있어 광서 33년에 기록된 것임을 알 수가 있다. 그 구성에 있어서는 노복들이 원외(員外)의 아들이 죽었다는 소식을 전하는 부분에서부터 시작하여 샤먼이 저승에 가서 원외의 아들을 구해 나오는 데에서 끝나고 있다. 그런데 이것은 '제3 수고본=블라디보스톡[海蔘威]본'과 비교했을 때, 전체 내용 가운데 앞부분과 뒷부분이 생략된 것일 뿐만 아니라 그 내용을 간략하게 줄거리만을 기록하여 세밀한 묘사를 생략하고 있어 대조적이다.6) 또한 치치하얼 지역의 방언으로 생각되는 만주어 어휘가 상당수 포함되어 있고, 어휘를 표기할 때에 음절을 나누어 기록한 부분이 발견되고 있어 흥미롭다.

## 3. 제2 수고본(手稿本)=아이훈[璦琿]본

아이훈[璦琿]본도 그레벤쉬치코프에 의해 수집되었는데, 1909년에 아이훈[璦琿] 지역에 살던 만주인 desinge에게서 입수하였다. 그레벤쉬치코프 교수가 처음 소개한 것은 1권이었는데, 뒤에 누군가에 의해 1권이 더 추가로 소개되어졌으며, 이 2권의 책은 동일한 것으로 알려졌으나, 1985년 이탈리아에서 영인본이 공개되면서 전혀 다른 별개의 판본임이 밝혀졌다.7) 이것은 2종류의 책 첫 면에 소장자로 추정되는 '里圖善'이라는 인장이 찍혀 있었기 때문에, 그 내용도 같은 것으로 추정하였던 것으로 보인다. 이후 중국을 중심으로 하여 연구가 진행되어 '아이훈[璦琿]1본'과 '아이훈[璦琿]2본'으로 구별하여 부르고 있다.8)

① 아이훈[璦琿]1본

아이훈[璦琿]1본은 모두 33면으로 되어 있고, 크기는 24㎝×21.5㎝이며, 각 면은 12행으로 되어 있다.9) 첫 페이지에 소장자로 추정되는 '里圖善'이라는 인장이 찍혀 있으나, 그가 누구인지는

---

5) 성백인, 상게서, 2쪽 참조.
6) 본문의 첫 부분이 'be ……' 로 시작하고 있고, 마지막 부분도 이야기가 중간에 끊어져 있기 때문에 이와 같이 추정하고 있다.
7) 성백인 선생에 의해 한국어로 번역된 『滿文 니샨 巫人傳』에서도 동일한 판본으로 소개하고 있는데, 1974년에 처음 번역할 때에는 이탈리아에서 영인된 아이훈[璦琿]2본이 아직 소개되지 않았기 때문이었던 것 같다.(성백인, 상게서, 3쪽 참조.)
8) 趙志忠, 『薩滿的世界-尼山薩滿論-』, 沈陽: 遼寧民族出版社, 2001, 16-30쪽 참조.
9) 성백인, 상게서, 3쪽 참조.

확실하지 않다. 또 만주어로 서명인 "yasen saman i bithe emu debtelin(yasen 샤먼의 글 1권)"과 글을 쓴 사람으로 추정되는 "decin i bithe inu(decin의 글이다)"라고 쓰여 있으며, 마지막 면에는 "gehungge yoso sucungga aniya juwe biya i orin emu de arame wajiha(宣統 元年(1909) 2월 21일에 짓기를 마쳤다)"라고 쓰여 있어 지은 연대를 알 수가 있다. 이것 역시 '제3 수고본=블라디보스톡[海蔘威]본'과 비교했을 때, 치치하얼본과 마찬가지로 전체 내용 가운데 앞부분과 뒷부분이 생략되어 있다. 그러나 내용의 묘사에 있어서는 치치하얼본보다 훨씬 세련된 문체로 세밀하게 묘사하고 있으며, 비록 이 지역의 방언이 상당 수 포함되어 있기는 하지만 표준적인 만주어 표기법을 따르고 있다.

### ② 아이훈[璦琿]2본

아이훈[璦琿]2본은 모두 21면으로 되어 있고, 크기는 미상이며, 각 면은 11행으로 되어 있다.[10) 첫 면에 제목이 "nitsan saman i bithe jai debtelin(nitsan 샤먼의 글 두 번째 권)" 쓰여 있고, 그 왼쪽에 소장자로 추정되는 '里圖善'이라는 인장이 찍혀 있어 아이훈1본과 소장자가 같음을 알 수가 있으며, 그 오른쪽에 '里圖善'을 만주어로 음차하여 'li tu šan'이라고 적고 있다. 두 번째 면에는 왼손에 북채와 오른손에 작은 북을 들고 있는 nišan의 모습이 그려져 있고, 그 옆의 좌우에는 'nitsan sama'라고 만주어로 적혀 있다. 마지막 면에는 "gehungge yoso sucungga aniya ninggun biya i orin nadan inenggi de arame wajihe bithe(宣統 元年(1909) 6월 27일에 짓기를 마친 글)"이라고 쓰여 있어 아이훈1본과 비슷한 시기에 지은 것임을 알 수 있다.

## 4. 제3 수고본(手稿本)=블라디보스톡[海蔘威]본

블라디보스톡[海蔘威]본도 그레벤쉬치코프에 의해 1913년에 처음 소개되었는데, 모두 93면으로 되어 있고, 크기는 21.8㎝×7㎝이며, 앞부분의 59면은 10행으로 되어 있으나 뒷부분의 23면 11행으로 되어 있다. 첫 면에 제목이 "nišan saman i bithe emu debtelin(nišan 샤먼의 글 1권)"이라 되어 있고, 그 옆에 'tacibuū ge looye ningge(교수 ge 老爺의 것)'이라고 되어 있다. 그레벤쉬치코프는 블라디보스톡본을 소개하면서 그 서문에서 1913년 dekdengge가 블라디보스톡에서 필사하여 그에게 보냈다고 밝히고 있으며[11)], 이를 뒷받침하듯이 본문의 맨 끝 면에 dekdengge가 그레벤쉬치코프에게 올리는 글이 적혀 있다.

---

10) 성백인, 상게서, 3쪽 참조.
11) 그레벤쉬치코프의 이 기록으로 인하여 이후로 이 제3 手稿本을 '블라디보스톡[海蔘威]본'으로 부르고 있다.(성백인, 상게서, 3-4쪽 참조.)

이와 같은 본문 내용으로 볼 때, 블라디보스톡 지역에서 전해져 오던 'nišan saman bithe'를 dekdengge가 예전에 보았는데, 그레벤쉬치코프가 'nišan saman bithe'를 구한다는 소식을 접하고 나서 예전에 보았던 책의 내용을 되살려 다시 기록하여 그레벤쉬치코프에게 보냈다는 것이다. 그러나 한 가지 의문은 그 과정에서 dekdengge의 첨삭이 없었을까 하는 것인데, 이것은 앞서 살펴본 다른 판본들과의 내용의 세밀한 묘사에 있어서 차이가 너무 많이 발생하고 있기 때문이다.12) 또 성백인 선생이 제기한 것처럼 블라디보스톡본에서 사용된 필체들을 대조해 볼 때, 필사자가 dekdengge가 아닌 그레벤쉬치코프일 가능성도 배제할 수는 없는 일이다.13)

이와 같이 그레벤쉬치코프가 소개한 블라디보스톡본은 세계 각국의 언어로 번역이 되어 출판되기에 이르렀고, "尼山學"이라는 별도의 학문 영역을 만들 정도로 그 파급력이 막강하였다. 각국의 언어로 번역된 것들을 살펴보면, 다음과 같다.

(1) Волкова, М. П. *Нишань самани ыитхэ: предание о нишанской шаманке*, Москва, 1961.

(2) 成百仁, 『滿州 샤만 神歌 : Nišan saman i bithe』, 서울: 明知大學出版部, 1974. ; 재판, 서울: 제이앤씨, 2008.

(3) Margaret Nowak and Stephen Durrant. *The tale of the Nišan Shamaness : A Manchu Folk Epic*, Seattle, 1977.

(4) 莊吉發, 『尼山薩滿傳 : Nišan saman i bithe』, 台北: 文史哲出版社, 1977.

(5) Giovanni Stary. *Viaggio nell' Oltretomba di una sciamana mancese*, Florence, 1977.

(6) Wolfgang Seuberlich, "*Die mandschurische Sage von der Nisan-Schamanin*", Fernöstliche Kultur: Wolf Haenish zugeeignet von seinem Marburger Studienkreis, hrsg. u. bearb. von Helga Wormit, Marburg, 1975.

(7) 賀靈, 「《尼山薩滿》一扮研究薩滿教的重要文献-附譯文」, 『新疆師範大學學報』, 1985年2期.

(8) 齊車山, 「尼山薩滿-根據一九六一年莫斯科版本譯」, 『新疆師範大學學報』, 1985年2期.

(9) Melles, *Kornélia Nisan sámánnõ: mandzsu vajákos szövegek*, Prométheusz könyvek, Budapest: Helikon, 1987.

(10) 愛新覺羅 烏拉希春, 「nišan saman(尼山薩滿)」, 『滿族古神話』, 內蒙古人民出版社, 1987.

(11) 河內良弘, 「ニシャン・サマン傳譯註」, 『京都大學文學部研究紀要』, 1987.

(12) 德克登額·張華克, 『尼山薩滿全傳』, 映玉文化出版, 2007.

(13) 荊文禮·富育光編, 『尼山薩滿傳(上, 下冊)』, 吉林人民出版社, 2007年12月.

---

12) 그 반대의 경우도 배제할 수는 없으나, 현재로서는 dekdengge가 처음 보았다는 'nišan saman bithe'의 내용을 알 수 없기 때문에, 이러한 의문 제기는 당연하다 하겠다.

13) 성백인, 상게서, 3-5쪽 참조.

## 5. 스타리코프(Starikov)본

스타리코프(Starikov)본은 러시아 학자 스타리코프(V. S. Starikov, 1917-1987)가 1920년부터 1955년까지 중국 동북 지역에서 생활하면서 이 지역의 민속을 연구하면서 수집한 도서 가운데에서 발견된 것이다. 그의 사후에 아내에 의해 수집된 서적들이 스탈린도서관에 기증되었는데, 그 가운데에서 『니샨 샤먼전』이 발견되었고, 이를 야크혼토프(Yakhontov)가 러시아어로 전사하고 번역하여 1992년에 『<尼山薩滿>研究』로 간행하였다. 모두 29면으로 되어 있으며, 매 면은 11행의 만주문자로 기록되어 있다. 첫 면에 "nisan saman i bithe damu emu debtelin(nisan 샤먼의 글 오직 1권)" 이라는 제목이 쓰여 있으며, 그 내용은 대체로 완정되어 있다.[14]

## 6. 민족연구소본

민족연구소본은 1950년대 중국에 분포한 다양한 민족을 조사하는 과정에서 동북 지역에서 발견된 것으로, 중국 사회과학원 민족연구소 도서관에 소장되어 있다. 모두 26면으로 각 면은 12행 혹은 14행의 만주문자로 기록되어 있고 제목은 쓰여져 있지 않다. 1988년에 계영해(季永海)와 조지충(趙志忠)이 『滿語研究』(第2期)에서 로마자로 전사를 하고 번역하여 소개하였다.[15]

민족연구소본은 블라디보스톡본과 비교했을 때, 내용이 생략된 부분이 많고 간략하게 구성되어 있으나, 내용면에서 블라디보스톡본과 많은 유사성을 띠고 있어 이본간의 상관관계를 일정 정도 가지는 것으로 추정해 볼 수 있다. 또 주요 장면은 다음에 예를 든 것처럼 매우 상세하고 구체적으로 묘사되어 있는 것이 특징이며, 서두 부분에서 시대적 배경을 제시하지 않았다. 언어적인 측면에서는 아직 만주어 원본을 확인하지 못한 상태라 단정할 수는 없으나, 기존에 전사 번역된 자료를 바탕으로 볼 때, 완정된 만주어 어휘와 문장 표현을 구사하고 있음을 알 수가 있겠다.

---

14) 스타리코프(Starikov)본은 현재 입수하지 못한 상황이어서 季永海의 「《尼山薩滿》的板本及其價値」에서 그 개략만 인용하여 소개하기로 한다.(季永海, 「《尼山薩滿》的板本及其價値」, 『民族文學硏究』, 1994年2期, 61쪽 참조.)
15) 季永海·趙志忠, 「尼山薩滿 訳注」, 『滿語硏究』, 1988年2期, 107-144.

[참고문헌]

김영일, 「<니샨>샤만巫歌의 비교연구 : '바리데기'의 원형재구를 위한」, 『한국문학이론과 비평』 8집, 한국문학이론과 비평학회, 2000, 144-170쪽.

최준, 「니샨 샤먼의 저승 여행」, 『동아시아고대학』 21집, 동아시아고대학회, 2010, 343-370쪽.

유우, 「니샨샤먼과 바리공주 비교연구 : 샤먼의 伴人半神的 存在論을 중심으로」, 전북대학교 일반대학원 석사학위논문, 2015.

이정훈, 「「바리공주」와 「니샨샤먼」 비교 연구: '여자'이면서 '샤먼'으로 사는 운명적 패러독스를 중심으로」, 『한국문학이론과 비평』 70집, 2016, 55-80쪽.

成百仁, 『滿州 샤만 神歌 : Nišan saman i bithe』, 서울: 明知大學出版部, 1974. ; 재판, 서울: 제이앤씨, 2008.

賀靈, 「《尼山薩滿》一扮研究薩滿教的重要文献-附譯文」, 『新疆師範大學學報』, 1985年2期.

齊車山, 「尼山薩滿-根據一九六一年莫斯科版本譯」, 『新疆師範大學學報』, 1985年2期.

季永海·趙志忠, 「尼山薩滿驛注」, 『滿語研究』, 1988年2期.

季永海, 「《尼山薩滿》的版本及其價值」, 『民族文學研究』, 1994.3.

宋和平, 「《尼山薩滿》傳說中人物論析」, 『民族文學研究』, 1998.2.

莊吉發, 『尼山薩滿傳 : Nišan saman i bithe』, 台北: 文史哲出版社, 1977.

愛新覺羅 烏拉希春, 「nišan saman(尼山薩滿)」, 『滿族古神話』, 內蒙古人民出版社, 1987.

趙志忠, 『薩滿的世界-尼山薩滿論-』, 沈陽: 遼寧民族出版社, 2001.

德克登額·張華克, 『尼山薩滿全傳』, 映玉文化出版, 2007.

荊文禮·富育光編, 『尼山薩滿傳(上, 下冊)』, 吉林人民出版社, 2007.

趙志忠, 『《尼山萨满》全譯』, 北京: 民族出版社, 2013.

河內良弘, 「ニシャン·サマン傳譯註」, 『京都大學文學部研究紀要』, 1987.


Волкова, М. П. Нишань самани ьитхэ: предание о нишанской шаманке, Москва, 1961.

Wolfgang Seuberlich, "Die mandschurische Sage von der Nisan-Schamanin", Fernöstliche Kultur: Wolf Haenish zugeeignet von seinem Marburger Studienkreis, hrsg. u. bearb. von Helga Wormit, Marburg, 1975.

Margaret Nowak and Stephen Durrant. The tale of the Nišan Shamaness : A Manchu Folk Epic, Seattle, 1977.

Giovanni Stary. Viaggio nell' Oltretomba di una sciamana mancese, Florence, 1977.

Melles, Kornélia Nisan sámánnő: mandzsu vajákos szövegek, Prométheusz könyvek, Budapest: Helikon, 1987.

# 목 차

# 1

# 치치하얼[齊齊哈爾]본

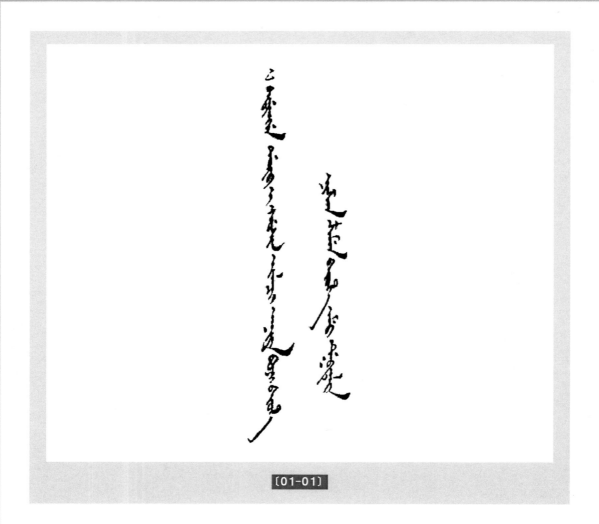

[01-01]

badarangga doro i gūsin ilaci aniya boji bithe
　　光　　緒　서른 세 번째 해 문 서

nidzan[1) tsamen[2) bithe emu debtelin
nidzan　샤먼　책 한 권

---

1) nidzan : nisan의 방언으로 추정된다.
2) tsamen : saman의 방언으로 추정된다.

──── ◦ ──── ◦ ──── ◦ ────
광서(光緒) 33년의 문서
니샨 샤먼 1권

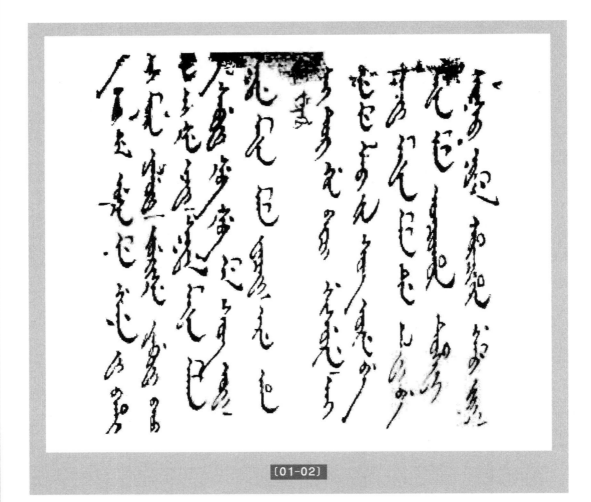

[01-02]

be baoo[3] de uša me[4] genen fi[5] bahar
를 집 에 끌고 가서 bahar

ji morin yalufi, juriše[6] yabufi baoo
ji 말 타고 앞서 가서 집

---

3) baoo : boo의 방언으로 추정된다.
4) uša me : ušame가 띄어쓰기되어 있다.
5) genen fi : genefi의 방언으로 추정되며, 띄어쓰기되어 있다.
6) juriše : julesi의 방언으로 추정된다.

de i še nafi[7], sakda    mafa    maman[8]
에 다다라서    늙은   할아버지 할머니

be sabufi šeb šeb me[9]  song ofi[10]
를 보고    뚝뚝       울고서

sakda    mafa    mama    fancafi, ere aha
늙은   할아버지 할머니   성내고   이 하인

ai    <jergi[11]> tur gun[12]  bici    gisure, ai
무슨 종류의       사정     있으면 말하라

ne me[13]  lao jin[14]  song ore be
어째서   老勁       울기 를

nakafi       mafa    mama    de   alafi   be
그만두고   할아버지 할머니   에   말하기 를

mafa       mama oncohūn[15]  tuhefi
할아버지 할머니 쓰러져    넘어지고

sokso[16]  niyame[17]  hūcihin[18]  gemu   jifi
장원      친족       일족       모두   와서

——— ∘ ——— ∘ ——— ∘ ———
…… 를 집에 데려오러 가고 바할지는 말을 타고 먼저 가서 집에 다다랐다. (바할지가) 할아버지와 할머니를 보고 뚝
뚝 눈물을 흘리며 우니, 할아버지와 할머니가 화를 내며 말했다.
"이 놈, 무슨 사정이 있었는지 말하여라. 어째서 울기만 하는 것이냐?"
(바할지는) 끊임없이 울던 것을 멈추고, 할아버지와 할머니에게 자초지종을 말했더니, 할아버지와 할머니가 놀라 쓰러
지고, 마을의 친척들이 모두 와서

---

7) i še nafi : isinafi의 잘못 또는 방언으로 추정되며, 띄어쓰기되어 있다.
8) maman : mama의 방언으로 추정된다.
9) šeb šeb me : seb sab seme의 잘못 또는 방언으로 추정된다.
10) song ofi : songgofi의 방언으로 추정되며, 띄어쓰기되어 있다.
11) jergi : 중간에 이 부분이 삽입되어 있다.
12) tur gun : turgun이 띄어쓰기되어 있다.
13) ai ne me : ainame의 방언으로 추정되며, 띄어쓰기되어 있다.
14) lao jin : '老勁[lǎojin]'의 음차로 추정된다.
15) oncohūn : oncohon의 방언으로 추정된다.
16) sokso : tokso의 잘못으로 추정된다.
17) niyame : niyaman의 방언으로 추정된다.
18) hūcihin : huncihin의 방언으로 추정된다.

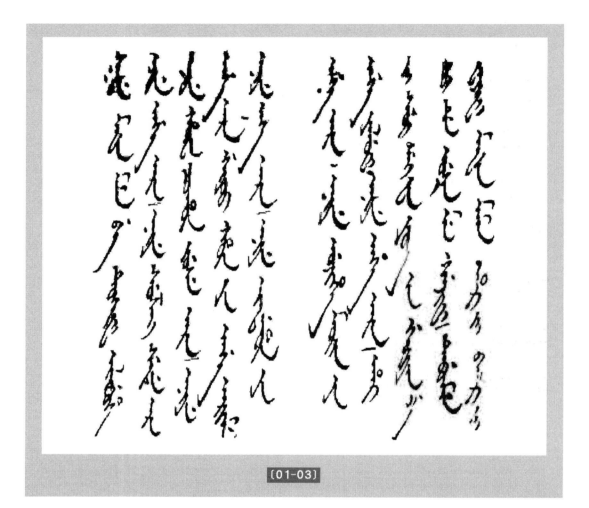

[01-03]

sakda   mafa   mama be tukifi[19] ilibuhe
늙은 할아버지 할머니 를 올려서   세웠다

eniye   age ara, eniye sudzai[20]   sede ara
어머니 age ara 어머니   50     살에 ara

eniye   hūwa cohūn[21]   juse ara,  eniye
어머니   빼어난   아들 ara 어머니

---

19) tukifi : tukiyefi의 방언으로 추정된다.
20) sudzai : susai의 방언으로 추정된다.
21) hūwa cohūn : hocikon의 방언으로 추정된다.

age ara giyoo hūn[22)]   ya  age  arime[23)]
age ara    매    어느 age 받으며

eniye  age ara, eniye  indahūn  ya
어머니 age ara 어머니   개   어느

age ara, eniye  ujihe morin  ya
age ara 어머니 기른  말  어느

age yalufi  eniye  age ara, ahar
age 타고  어머니 age ara ahar

ji sur dai fa yong a[24)]  giriyan[25)]  be
ji sur dai fa yong a    시신     을

boo de  uša  me[26)]  gajifi,  tebume
집   에   끌고   데려와서   앉히기

wajifi    mafa   mama  ahar ji  bahar ji
끝내고  할아버지 할머니 ahar ji  bahar ji

—— ◦ —— ◦ —— ◦ ——
할아버지와 할머니를 일으켜 세웠다.

어머니의 아거,                                    아라
어머니 나이 오십에,                              아라
어머니의 빼어난 아들,                            아라
어머니의 아거,                                    아라
매는 어느 아거가 물려받을까? 어머니의 아거,     아라
어머니의 개는 어느 아거가,                        아라
어머니의 기른 말은 어느 아거가 탈까? 어머니의 아거.   아라

아할지가 서르구다이 피양구의 시신을 집에 데려와 안치하였다. 할아버지와 할머니, 그리고 아할지와 바할지가

─────────────────
22) giyoo hūn : giyahūn의 방언으로 추정되며, 띄어쓰기되어 있다.
23) arime : alime의 방언으로 추정된다.
24) sur dai fa yong a : sergudai fiyanggū의 방언으로 추정되며, 띄어쓰기되어 있다.
25) giriyan : giran의 방언으로 추정된다.
26) uša me : ušame가 띄어쓰기되어 있다.

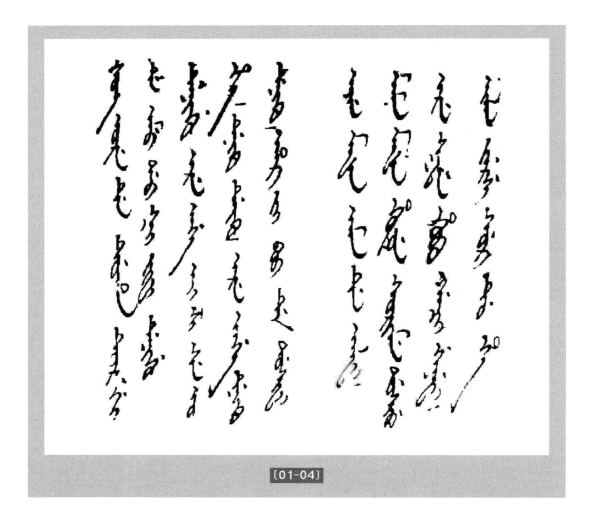

[01-04]

song ore[27] de duha[28] turegi[29]
　옮　　에 문　밖

de emu dao ši jifi deniku
에 한 道 士 와서 deniku

deniku ere age　ai　dzi se o
deniku 이 age 어찌 되었는가

---

27) song ore : songgoro의 방언으로 추정되며, 띄어쓰기되어 있다.
28) duha : duka의 방언으로 추정된다.
29) turegi : tulergi의 방언으로 추정된다.

he[30], deniku deniku, ere age  deniku
　　　deniku deniku  이  age  deniku

deniku, ahar ji boo de  dosifi
deniku ahar ji 집  에  들어와서

ejen　mafa　mama　de  alafi,
주인  할아버지  할머니  에  말하고

mama　　mafa　hudun[31]　sorime[32]　dosibu
할머니  할아버지  빨리　　청하여　　들어오라

ere sakda  hobo  ganci[33]  genefi,
이  노인　관  가까이　가서

ilan jergi sur du he[34]
　3　번　돌았다

—— 。 —— 。 —— 。 ——

울고 있을 때에, 문 밖에 한 도사가 왔다.

"더니쿠 더니쿠　　이 아거가 어찌되었는가?
더니쿠 더니쿠　　이 아거가.
더니쿠 더니쿠"

아할지가 집에 들어와서 주인 할아버지와 할머니에게 알리니, 할머니와 할아버지가 그를 빨리 청하여 모셔오라고 하였다. 이 노인은 관 가까이에 가서 세 번을 돌았다.

---

30) ai dzi se o he : aiseme oho의 방언으로 추정되며, 띄어쓰기되어 있다.
31) hudun : hūdun의 방언으로 추정된다.
32) sorime : solime의 방언으로 추정된다.
33) ganci : hanci의 방언으로 추정된다.
34) sur du he : šurdehe의 방언으로 추정되며, 띄어쓰기되어 있다.

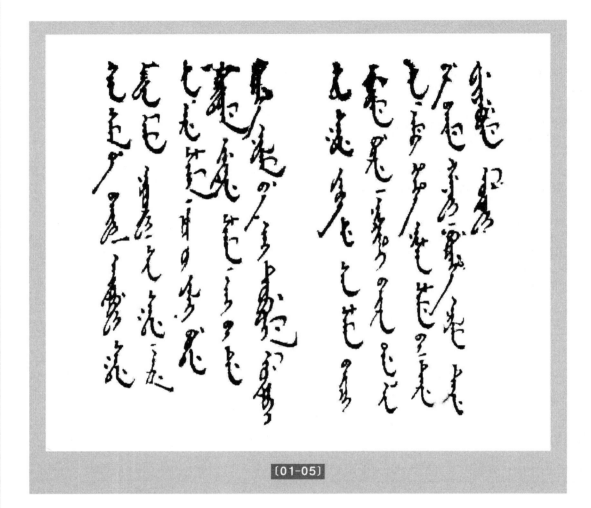

[01-05]

san[35] sama[36] be baifi, aitubufi sakda
좋은 샤먼 을 구해서 살리고 늙은

mafa mama niyoorfi[37], sin[38] sakda, ere
할아버지 할머니 무릎 꿇고 너의 노인 이

---

35) san : sain의 방언으로 추정된다.
36) sama : saman의 방언으로 추정된다.
37) niyoorfi : niyakūrafi의 방언으로 추정된다.
38) sin : sini의 방언으로 추정된다.

te[39)] ere tsame[40)], cokū[41)] yali buda
지금 이 샤먼 닭 고기 밥

hortome[42)] jetere tsama[43)], ai bi de[44)]
속이며 먹는 샤먼 어디에서

bucehe niyalma be ai tubume[45)] mutubi[46)]
죽은 사람 을 살릴 수 있겠는가

sin[47)] sakda yaba de san[48)] tsama bici
너의 노인 어디 에 좋은 샤먼 있으면

jorime bure, nišiahai[49)] bira da lin[50)]
가르쳐 주라 nišiahai 강 가

de, emu hehe nitsan[51)] tsama bi, tere
에 한 여인 nitsan 샤먼 있다 그

be baime genefi, bucehe niyalma tere
를 찾아 가서 죽은 사람 그

weijebume[52)] mutufi[53)]
되살릴 수 있어서

—— 。 —— 。 —— 。 ——

"좋은 샤먼을 구하면 살릴 수 있습니다."
할아버지와 할머니가 무릎을 꿇고,
"노인 어르신, 이곳에 있는 샤먼은 닭고기와 밥만 축내는 샤먼입니다. 어디에 가면 죽은 사람을 살릴 수 있겠습니까?
노인 어르신, 어디 좋은 샤먼 있으면 가르쳐 주십시오."
"니시하이 강가에 한 여인이 있는데, 니산 샤먼이라고 합니다. 그를 찾아가면, 죽은 사람을 살릴 수 있을 것입니다."

---

39) te : de의 잘못으로 추정된다.
40) tsame : saman의 방언으로 추정된다.
41) cokū : coko의 방언으로 추정된다.
42) hortome : holtome의 방언으로 추정된다.
43) tsama : saman의 방언으로 추정된다.
44) ai bi de : aibide가 띄어쓰기되어 있다.
45) ai tubume : aitubume가 띄어쓰기되어 있다.
46) mutubi : mutembi.의 방언으로 추정된다.
47) sin : sini의 방언으로 추정된다.
48) san : sain의 방언으로 추정된다.
49) nišiahai : nisihai의 방언으로 추정된다.
50) da lin : dalin이 띄어쓰기되어 있다.
51) nitsan : nisan의 방언으로 추정되며, 띄어쓰기되어 있다.
52) weijebume : weijubume의 방언으로 추정된다.
53) mutufi : mutefi의 방언으로 추정된다.

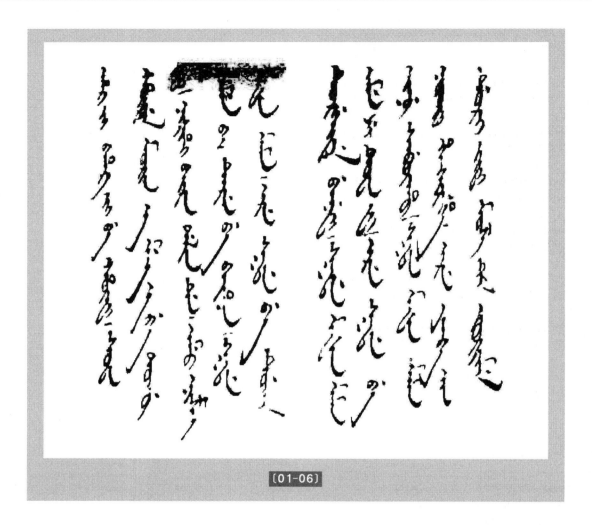

[01-06]

ahar ji bahar ji be horafi[54], sowa[55]
ahar ji bahar ji 를 불러서    너희

hūdun morin e meng e[56] be   togū
빨리   말    안장     을 매고서

---

54) horafi : hūlafi의 방언으로 추정된다.
55) sowa : suwe의 방언으로 추정된다.
56) e meng e : enggemu의 방언으로 추정되며, 띄어쓰기되어 있다.

fi⁵⁷⁾, nišihai⁵⁸⁾ bira dalin de, emu nitsang⁵⁹⁾
     nišihai 강 가 에 한 nitsang

tsame⁶⁰⁾ bi, tere be baihana, sakda
샤먼 있다 그 를 찾아가라 늙은

mafa mama, ere sakda be duka
할아버지 할머니 이 노인 을 문

turgide⁶¹⁾ benefi, sakda mafa mama
밖에 보내고서 늙은 할아버지 할머니

eme gi⁶²⁾ tuwa fi⁶³⁾, ere sakda be
한번 보고서 이 노인 을

inu saburhū⁶⁴⁾, sakda mafa mama
또 보지 못하고 늙은 할아버지 할머니

niyoorfi⁶⁵⁾ hengkirehe⁶⁶⁾, ere yaba an
무릎꿇고 절했다 이 어디

duri⁶⁷⁾ jifi modzi⁶⁸⁾ de jorime
신 와서 우리 에 가르쳐

—— ° —— ° —— ° ——

할아버지와 할머니가 아할지와 바할지를 불렀다.
"너희는 빨리 말의 안장을 얹어라. 니시하이 강가에 니샨 샤먼이라는 사람이 있으니, 그를 찾아가라."
할아버지와 할머니는 이 노인을 문밖에 보내고 나서 한번 보니, 사라지고 보이지 않았다. 할아버지와 할머니는 무릎을 꿇고 절을 하였다.
"분명 이는 어느 신이 와서 우리에게 가르쳐

---

57) togū fi : tohofi의 방언으로 추정되며, 띄어쓰기되어 있다.
58) nišihai : nisihai의 방언으로 추정된다.
59) nitsang : nisan의 방언으로 추정된다.
60) tsame : saman의 방언으로 추정된다.
61) turgide : tulergide의 방언으로 추정된다.
62) eme gi : emgeri가 띄어쓰기되어 있다.
63) tuwa fi : tuwafi가 띄어쓰기되어 있다.
64) saburhū : saburakū의 방언으로 추정된다.
65) niyoorfi : niyakūrafi의 방언으로 추정된다.
66) hengkirehe : hengkilehe의 방언으로 추정된다.
67) an duri : enduri의 방언으로 추정되며, 띄어쓰기되어 있다.
68) modzi : muse의 방언으로 추정된다.

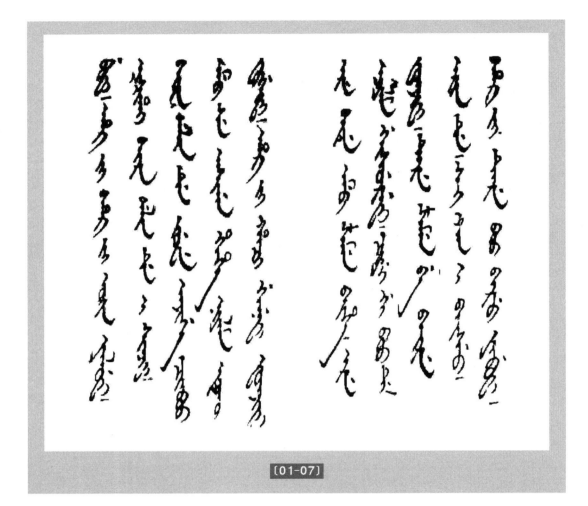

〔01-07〕

bufi, ahar ji bahar ji orin[69] yalufi,
주고 ahar ji bahar ji 말　타고서

nišihai[70] bira dalin de　i sinafi[71],
nišihai　강　가　에　다다라서

bira dalin de juwe cinboo[72]
강　가　에　2　寢房

---

69) orin : morin의 잘못으로 추정된다.
70) nišihai : nisihai의 방언으로 추정된다.
71) i sinafi : isinafi가 띄어쓰기되어 있다.
72) cinboo : ‘寢[qǐn]’의 음차인 ‘cin’과 ‘房[fáng]’의 만주어 ‘boo’가 결합한 것으로 추정된다.

emu  se   asiga[73] hehe niyalma etukū[74]
한  나이 젊은   여자  사람    옷

wargifi[75],  ahar ji   haci[76] genefi fonjifi
햇별 쬐고  ahar ji 가까이  가서  묻고서

ere bade emu tsame[77]   bihe, ere
이  곳에  한   샤먼   있었다 이

niyalma gisurefi, ciyei gi[78] boo de
사람  말해서  좁은   집 에

fonjifi, tere tsame be  baire
물어서  그  샤먼 을  청하는

erin de, sai kan[79] i  baisu,
때  에  잘     청하라

ahar ji tere boo baru yabufi,
ahar ji 그  집  향해 가서

—— ◦ —— ◦ —— ◦ ——

준 것이리라."
아할지와 바할지가 말을 타고 니시하이 강가에 다다랐다. 강가에는 두 집이 있었는데, 한 나이 젊은 여인이 옷을 말리고 있었다. 아할지가 가까이 가서 물었다.
"이곳에 샤먼이 하나 있다고 들었습니다."
그 사람이 대답했다.
"조그만 집에 가서 물어 보세요. 샤먼을 청할 때에는 잘 청해야 할 것입니다."
아할지가 그 집으로 가니,

73) asiga : asihan의 방언으로 추정된다.
74) etukū : etuku의 방언으로 추정된다.
75) wargifi : walgiyafi의 방언으로 추정된다.
76) haci : hanci의 방언으로 추정된다.
77) tsame : saman의 방언으로 추정된다.
78) ciyei gi : cinggiya의 방언으로 추정되며, 띄어쓰기되어 있다.
79) sai kan : saikan이 띄어쓰기되어 있다.

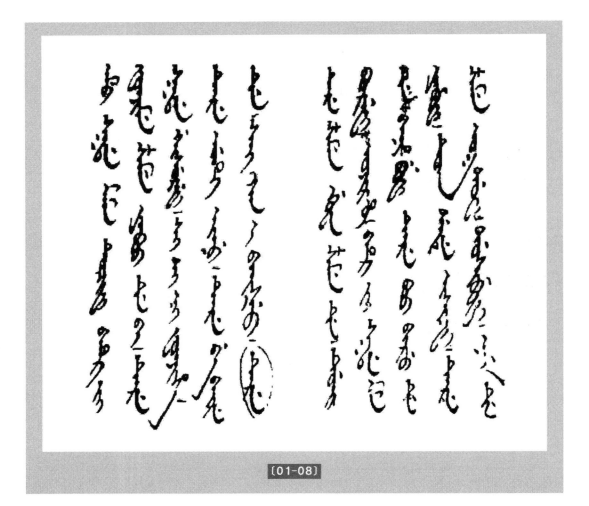

[01-08]

emu sakda mama tucifi bahar ji
한 늙은 할머니 나와서 bahar ji

fonjime tsame[80] yaboo de  bi,  tere
묻기를  샤먼    어느집 에  있는가  그

sakda  gisurefi,  si  ti ni[81] fonjihe,
늙은이 말하고서  너  방금    물은

_____

80) tsame : saman의 방언으로 추정된다.
81) ti ni : teni가 띄어쓰기되어 있다.

tere uhai[82] inu, tere be baire
　그　　곧　　이다　그　를　청함

de　sai kan[83] i　baišu[84], (tere[85])
　에　　잘　　　　청하라　　　그

tere tsame guwa[86] tsame de, dui
　그　샤먼　다른　　샤먼　에

burefi[87],　　ojirhū[88],　bahar ji sakda mama
견주어서는 안 된다　　bahar ji 늙은 할머니

de, baniha　bufi　tere boo baru de
　에　감사　드리고　그　집　쪽　에

yabufi, tuka[89] dade　isinafi, tere
　가서　　문　밑에　다다라서　그

tsame ok dofi[90], dosibufi, nagan[91] de
　샤먼　맞아서　　들여서　구들방　에

―― 。―― 。―― 。――

한 늙은 할머니가 나왔다. 바할지가 물었다.
"샤먼이 어느 집에 있습니까?"
노인이 말했다.
"그대가 방금 물은 그 사람이 바로 샤먼이라오. 그 샤먼을 청할 때에는 잘 청해야 할 것입니다. 그 샤먼을 다른 샤먼에 게 견주어서는 안 됩니다."
바할지는 늙은 할머니에게 감사드리고, 그 집으로 가서 문 앞에 다다랐다. 그 샤먼은 아할지와 바할지를 맞아 집으로 들이고, 구들방에

---

82) uhai : uthai의 방언으로 추정된다.
83) sai kan : saikan이 띄어쓰기되어 있다.
84) baišu : baisu의 방언으로 추정된다.
85) tere : 원문에 동그라미 쳐져 있는데, 삭제하라는 의미로 파악된다.
86) guwa : gūwa의 방언으로 추정된다.
87) dui burefi : duibulefi의 방언으로 추정되며, 띄어쓰기되어 있다.
88) ojirhū : ojorakū의 방언으로 추정된다.
89) tuka : duka의 방언으로 추정된다.
90) ok dofi : okdofi의 방언으로 추정되며, 띄어쓰기되어 있다.
91) nagan : nahan의 방언으로 추정된다.

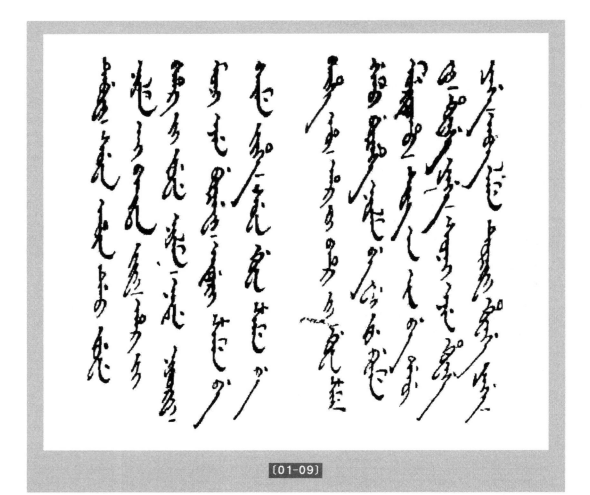

[01-09]

tebufi,　suwa[92] ahūn deo juwe
앉히고서 너희　형　제　2

niyalma ai baita jifi, ahar ji
사람　무슨 일 와서 ahar ji

bahar ji juwe niyalma, nade niyoorfi[93],
bahar ji　2　　사람　땅에 무릎 꿇고

---

92) suwa : suwe의 방언으로 추정된다.
93) niyoorfi : niyakūrafi의 방언으로 추정된다.

moni   ejen bucefi, enduri tsame[94) be
우리의 주인 죽어서   신   샤먼   을

baime  jihe,  suwa guwa[95) tsame be
청하러 왔다 너희  다른   샤먼 을

baihe ahū[96),      ahar ji bahar ji, guwa tsame
청하지 않았는가 ahar ji bahar ji 다른  샤먼

gemu bucehe niyalma be wei ju bume[97)
 모두  죽은   사람  을  되살려 낼

murtuho[98), siyang[99) a in[100) be   dau
 수 없다     香   향초  를 세고

fi[101),  huwage yage,  soni[102)  ejen huwage
       huwage yage 너희의   주인 huwage

yage, aba lame[103)  tucifi huwage yage,
yage 사냥하러     나가서 huwage yage

—— ∘ —— ∘ —— ∘ ——
앉히고 말했다.
"너희 두 형제는 무슨 일로 찾아왔는가?"
바할지와 아할지가 땅에 무릎을 꿇고 말했다.
"우리 주인님이 돌아가셔서, 신과 샤먼을 청하러 왔습니다."
"너희는 다른 샤먼을 청하지 않았는가?"
"다른 샤먼들은 모두 죽은 사람을 살려낼 수 없습니다."
니샨 샤먼이 향초를 피우며 말했다.

후와거 야거       너희의 주인이
후와거 야거       사냥하러 가서
후와거 야거

94) tsame : saman의 방언으로 추정된다.
95) guwa : gūwa의 방언으로 추정된다.
96) baihe ahū : baiha akū의 방언으로 추정된다.
97) wei ju bume : weijubume가 띄어쓰기되어 있다.
98) murtuho : muterakū의 방언으로 추정된다.
99) siyang : '香[xiāng]'의 음차로 추정된다.
100) a in : ayan의 방언으로 추정되며, 띄어쓰기되어 있다.
101) dau fi : dabufi의 방언으로 추정되며, 띄어쓰기되어 있다.
102) soni : suweni의 방언으로 추정된다.
103) aba lame : abalame가 띄어쓰기되어 있다.

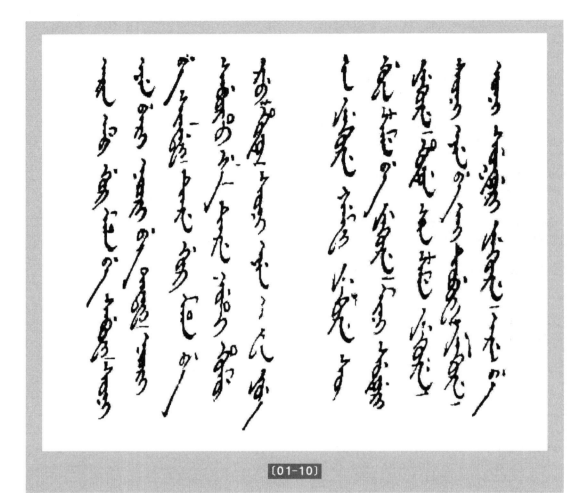

[01-10]

arin[104] emu gur maha[105] be sabufi,  soni[106]
산    한  토끼  를 보고서 너희의

ejen beri niori be  tatafi, niori[107]
주인 활 화살 을 당겨서 화살

be sindafi, tere gur maha be
을 놓아서  그   토끼  를

---

104) arin : alin의 방언으로 추정된다.
105) gur maha : gūlmahūn의 방언으로 추정되며, 띄어쓰기되어 있다.
106) soni : suweni의 방언으로 추정된다.
107) niori : niru의 방언으로 추정된다.

saburaho[108] ge[109], tere nuhai[110] humu
보지 못했다　　　　그　곧　humu

ru[111], hutu, soni　ejen　i fa yung
ru　귀신　너희의　주인　의　영혼

a[112] yekure　gamafi　yekure　so[113]
　　yekure 데려가서 yekure 너희

guwa[114] tsame[115] be yekure, mini suduri[116]
　다른　샤먼　을 yekure 나의 역사

yekure, hudun　san tsame yekure,
yekure 빠르고 좋은 샤먼　yekure

soni　ejen be ai tubufi[117], yekure,
너희의 주인 을 살려서　　　yekure

moni[118] sukduri[119] yekure, ere be
우리의　역사　　　yekure 이 를


—— 。—— 。—— 。——

산에 있는 한 마리 토끼를 보고, 너희의 주인은 활을 당겨서 화살을 쏘았으나 그 토끼는 보이지 않았다. 그 토끼는 바로 후무루 귀신이었다.

| | |
|---|---|
| 너희 주인의 영혼을 | 여쿠러 |
| 데려갔다. | 여쿠러 |
| 너희 다른 샤먼을 | 여쿠러 |
| 나의 내력 | 여쿠러 |
| 날래고 훌륭한 샤먼 | 여쿠러 |
| 너희 주인을 살려내는 것이 | 여쿠러 |
| 우리의 내력 | 여쿠러 |

---

108) saburaho : saburakū의 방언으로 추정된다.
109) ge : 의미 미상이다.
110) nuhai : uthai의 방언으로 추정된다.
111) humu ru : 의미 미상이다.
112) fa yung a : fayangga의 방언으로 추정되며, 띄어쓰기되어 있다.
113) so : suwe의 방언으로 추정된다.
114) guwa : gūwa의 방언으로 추정된다.
115) tsame : saman의 방언으로 추정된다.
116) suduri : 본래 뜻은 '역사'이나, 여기서는 다른 의미로 사용된 듯하다.
117) ai tubufi : aitubufi가 띄어쓰기되어 있다.
118) moni : meni의 방언으로 추정된다.
119) sukduri : suduri의 방언으로 추정된다.

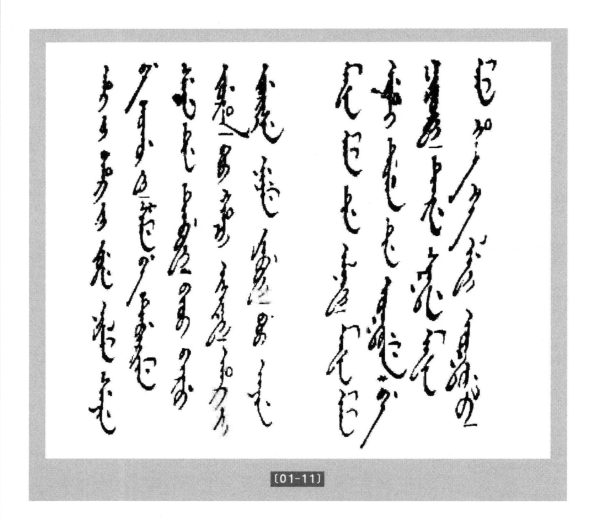

〔01-11〕

ahar ji bahar ji juwe niyalma sejen
ahar ji bahar ji　2　　사람　수레

be　togū fi[120],　tsame[121]　be　teberime[122]
를 메우고서　　샤먼　　을　안고

sejen de　tebufi,　baoo[123] baru
수레 에　앉히고서　집　　　향해

---

120) togū fi : tohofi의 방언으로 추정되며, 띄어쓰기되어 있다.
121) tsame : saman의 방언으로 추정된다.
122) teberime : tebeliyeme의 방언으로 추정된다.
123) baoo : boo의 방언으로 추정된다.

juraha[124], boo haci[125] isinafi, ahr ji
떠났다 집 근처 다다라서 ahr ji

juriše[126] neneme yabufi. boo ejen
앞으로 먼저 가서 집 주인

mafa mama de elnafi[127], mafa mama
할아버지 할머니 에 알리고서 할아버지 할머니

uthai duha[128] de okdome be
곧 문 에 맞이하기 를

niyoorfi[129], tere sakda mafa
무릎 꿇고서 그 늙은 할아버지

mama heng ke lefi[130] okdoho,
할머니 절하고서 맞이했다

——° —— ° —— ° ——

아할지와 바할지 두 사람은 수레에 말을 메우고서, 니샨 샤먼을 안아 수레에 앉히고서 집으로 향했다. 집 근처에 다다라서 아할지가 앞으로 먼저 집에 가서 집주인 할아버지와 할머니에게 알렸다. 할아버지와 할머니는 곧장 문 앞에 나가 니샨 샤먼을 맞이하기 위해 무릎을 꿇고 절을 하고서 맞이했다.

124) juraha : juraka의 방언으로 추정된다.
125) haci : hanci의 방언으로 추정된다.
126) juriše : julesi의 방언으로 추정된다.
127) elnafi : alanafi의 방언으로 추정된다.
128) duha : duka의 방언으로 추정된다.
129) niyoorfi : niyakūrafi의 방언으로 추정된다.
130) heng ke lefi : hegkilefi의 방언으로 추정되며, 띄어쓰기 되어 있다.

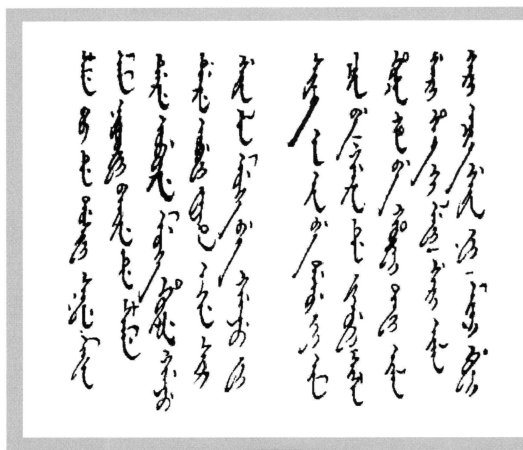

[01-12]

tsame[131] boo de dosifi, sakda  mafa
　샤먼　　집 에 들어가서 늙은　할아버지

mama　　niyoorfi[132] baire de tsame
할머니 무릎 꿇고서　청함 에　샤먼

dere obure[133] muke hudun[134] 　gaju,
얼굴 씻는　　물　빨리　　가져오라

---

131) tsame : saman의 방언으로 추정된다.
132) niyoorfi : niyakūrafi의 방언으로 추정된다.
133) obure : oboro의 방언으로 추정된다.
134) hudun : hūdun의 방언으로 추정된다.

dere  obufi[135) wayaha[136) angga sir
얼굴  씻고서    마친     입

giya la[137) muke  be    gaju fi[138),
헹구는     물  을  가져와서

siyang  a in[139) be dahū fi[140) ima
 香    밀랍  을  켜고서

cin[141)   be,  gara[142) de jagofi[143), sidza[144)
남수고 를    손  에 잡고서    방울

huša ha[145) be hūwai tafi[146)  ilan
 치마  를 매고서      3

geri[147) heng ki lefi[148), geri[149) ilan
한번    절하고     또    3

geri ecing giya fi[150), mini guwai[151)
한번  흔들고서     나의 다른

—— ◦ —— ◦ —— ◦ ——

샤먼이 집으로 들어가고, 할아버지와 할머니가 무릎을 꿇고서 아들을 구해달라고 청했다. 샤먼은 "얼굴 씻을 물을 빨리 가져오라." 하고는 얼굴 씻기를 마치자 입 헹구는 물을 가져왔다. 향초를 켜고 남수고를 손에 잡고, 방울치마를 매고서 세 차례 절하고, 또 세 차례 방울을 흔들며 말했다.

나와 다른

---

135) obufi : obofi의 방언으로 추정된다.
136) wayaha : wajiha의 방언으로 추정된다.
137) sir giya la : silgiyara의 방언으로 추정되며, 띄어쓰기되어 있다.
138) gajufi : gajifi의 방언으로 추정된다.
139) a in : ayan의 방언으로 추정되며, 띄어쓰기되어 있다.
140) dahū fi : dabufi의 방언으로 추정되며, 띄어쓰기되어 있다.
141) ima cin : imcin의 방언으로 추정되며, 띄어쓰기되어 있다.
142) gara : gala의 방언으로 추정된다.
143) jagofi : jafafi의 방언으로 추정된다.
144) sidza; siša의 방언으로 추정된다.
145) huša ha : hūsihan의 방언으로 추정되며, 띄어쓰기되어 있다.
146) hūwai tafi : hūwaitafi의 방언으로 추정된다.
147) geri : '한 번'을 나타내는 emgeri의 방언으로 추정된다.
148) heng ki lefi : hengkilefi의 방언으로 추정되며, 띄어쓰기되어 있다.
149) geri : geli의 방언으로 추정된다.
150) ecing giya fi : acinggiyafi의 방언으로 추정되며, 띄어쓰기되어 있다.
151) guwai : gūwai의 방언으로 추정된다.

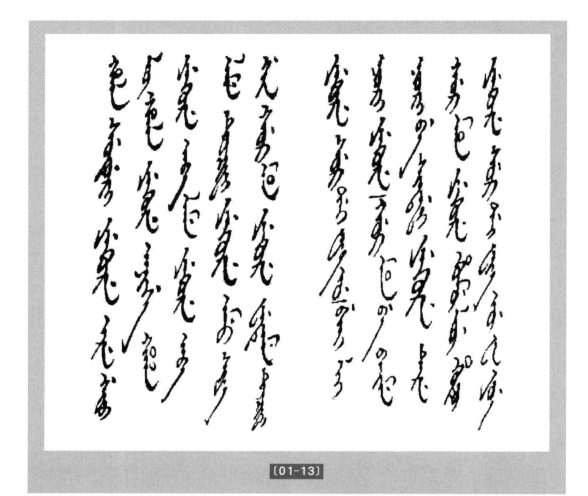

[01-13]

hala suduri yekure ere giyo
성　　역사　yekure 이

lū[152]　hala yekure ajige haha
gioro 성　yekure 작은 사내

yekure aba lame[153] yekure aba
yekure 사냥하러　　yekure

---

152) giyo lū : gioro의 방언으로 추정되며, 띄어쓰기되어 있다.
153) aba lame : abalame가 띄어쓰기되어 있다.

lame     tucifi  yekure emu siyang
사냥하러 나와서 yekure   한

gin[154] gur maha[155] yekure feteme  tucifi
하얀      토끼       yekure 파고    나와서

yekure sur dai    fayang u[156], bei li[157]
yekure sergudai   fayang u       활

niori yekure, gur maha be  baime
화살 yekure     토끼    를 구하고

niori be sindafi yekure tere
화살 을 쏘아서 yekure  그

gur maha yekure  humu lu[158] hutu
   토끼    yekure  humu lu  귀신

yekure  sur dai  fayang u fa yung
yekure  sur dai  fayang u  영혼

―― 。―― 。―― 。――

| | |
|---|---|
| 성(姓)과 내력을 지닌 | 여쿠러 |
| 교로라는 성(姓)을 지닌 | 여쿠러 |
| 소년이 | 여쿠러 |
| 사냥하러 | 여쿠러 |
| 사냥하러 나왔다 | 여쿠러 |
| 한 하얀 토끼 | 여쿠러 |
| 튀어 나와서 | 여쿠러 |
| 서르구다이 피양구가 활과 화살로 | 여쿠러 |
| 토끼를 사냥하고자 화살을 쏘았다 | 여쿠러 |
| 그 토끼는 | 여쿠러 |
| 후무루 귀신인데 | 여쿠러 |
| 서르구다이 피양구의 | |

---

154) siyang gin : šanggiyan의 방언으로 추정되며, 띄어쓰기되어 있다.
155) gur maha : gūlmahūn의 방언으로 추정되며, 띄어쓰기되어 있다.
156) sur dai fayang u : sergudai fiyanggū의 방언으로 추정된다.
157) bei li : beri의 방언으로 추정되며, 띄어쓰기되어 있다.
158) humu lu : 앞에서는 humuru로 표기하였다.

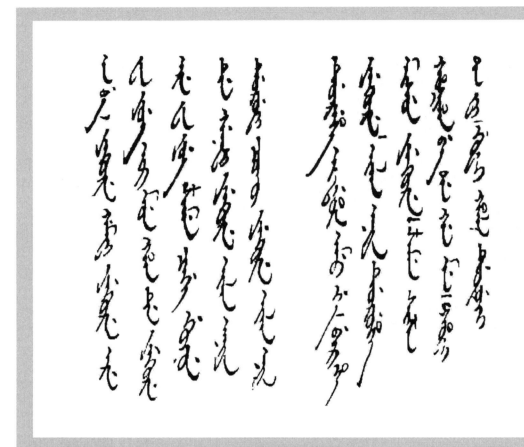

[01-14]

a[159] be yekure gamafi yekure ere
　　을 yekure 데려가 yekure 이

fa yung[160] ir mun[161] han de yekure
　영혼　　염라　대왕 에 yekure

ere fa yung tsame[162] cagi[163] gurun
이　 영혼 샤먼　저쪽　나라

---

159) fa yung a : fayangga의 방언으로 추정되며, 띄어쓰기되어 있다.
160) fa yung : fayangga의 방언으로 추정되며, 띄어쓰기되어 있다.
161) ir mun : ilmun의 방언으로 추정되며, 띄어쓰기되어 있다.
162) tsame : saman의 방언으로 추정된다.
163) cagi : cargi의 방언으로 추정된다.

de    ganafi    yekure  ilan aniya
에  데리러  가고  yekure   3    년

durufi[164) cokū[165)] yekure   ilan aniya
지나서    닭    yekure    3    년

durehe[166)] indahūn emu ge[167)],    ber he[168)]
 지난      개   한 마리    준비하라

yekure, ilan aniya duruhe[169)]
yekure   3    년    지난

misun  yekure, tsame  sidza[170)]
 醬   yekure  샤먼  방울

hošiha[171)] be da ga me[172)], howai
 치마    를    고쳐

ta fi[173)],   guwai[174)] hala duduri[175)]
매고서    다른    성    역사

—— ◦ —— ◦ —— ◦ ——

영혼을                        여쿠러
데려갔다                       여쿠러
이 영혼을 염라대왕에 (데려갔다)   여쿠러
이 영혼을 저승에 데리러 가는데    여쿠러
세 살 먹은 닭                  여쿠러
세 살 먹은 개 하나씩 준비하라     여쿠러
삼 년 묵은 된장도 준비하라       여쿠러

니샨 샤먼이 방울치마를 고쳐 맸다. 다른 성과 내력을 지닌

---

164) durufi : dulefi의 방언으로 추정된다.
165) cokū : coko의 방언으로 추정된다.
166) durehe : duleke의 방언으로 추정된다.
167) emu ge; emke의 방언으로 추정되며, 띄어쓰기되어 있다.
168) ber he : belhe의 방언으로 추정되며, 띄어쓰기되어 있다.
169) duruhe : duleke의 방언으로 추정된다.
170) sidza : siša의 방언으로 추정된다.
171) hošiha : hūsihan의 방언으로 추정된다.
172) da ga me : dasame의 방언으로 추정되며, 띄어쓰기되어 있다.
173) howai ta fi : hūwaitafi의 방언으로 추정되며, 띄어쓰기되어 있다.
174) guwai : gūwai의 방언으로 추정된다.
175) duduri : suduri의 방언으로 추정된다.

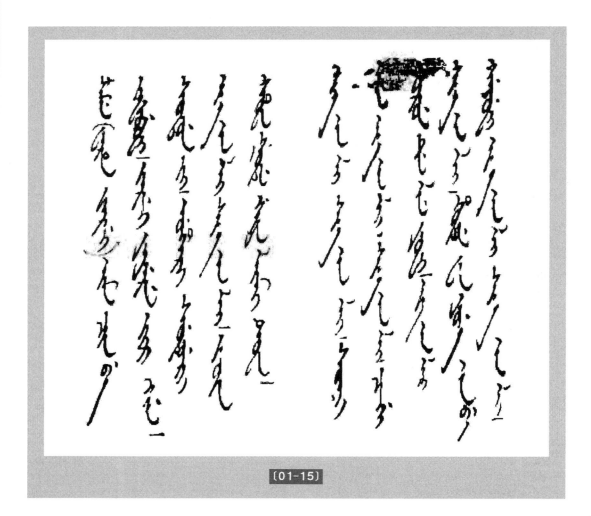

[01-15]

tsame[176) [warha[177) jarei[178)] ima cin[179) be
샤먼　[warha　종류의 ]　남수고　를

jafabufi,　jarei　yayere[180) jir gan[181),
잡게 하고서 한 번 읊조리는 　소리

---

176) tsame : saman의 방언으로 추정된다.
177) warha : 의미 미상이다.
178) jarei : jergi의 방언으로 추정된다.
179) ima cin : imcin의 방언으로 추정되며, 띄어쓰기되어 있다.
180) yayere : yayadare의 방언으로 추정된다.
181) jir gan : jilgan의 방언으로 추정되며, 띄어쓰기되어 있다.

sodon    ji[182],   uheri suduri,
너희 들어라    모든   역사

ing a li sing a li, jakūn
ing a li sing a li    8

howa šode[183] giya limi[184] tuwa,
모서리에    순찰하며    보라

ing a li sing a li,  soni[185]
ing a li sing a li 너희의

ejen  ing a li sing a li,  cagi
주인  ing a li sing a li  저쪽

gurun de le[186] yofi, ing a li
나라    쪽    가서 ing a li

sing a li, hudun[187] fa yung a be
sing a li 빨리    영혼    을

gajufi[188]   ing a li sing a li,
데려와서   ing a li sing a li

—— ◦ —— ◦ —— ◦ ——
샤먼인 니샨 샤먼은 남수고를 잡고 한 번 읊조리며 말했다.

너희는 들어라, 모든 내력을        잉거리 싱거리
여덟 모서리를 돌며 보아라        잉거리 싱거리
너희의 주인                잉거리 싱거리
저승으로 갔다            잉거리 싱거리
빨리 영혼을 데려 오겠다        잉거리 싱거리

---

182) sodon ji : suwe donji의 방언으로 추정된다.
183) howa šode : hošode.의 방언으로 추정되며, 띄어쓰기되어 있다.
184) giya limi : giyarime의 방언으로 추정되며, 띄어쓰기되어 있다.
185) soni : suweni의 방언으로 추정된다.
186) de le : dere의 방언으로 추정되며, 띄어쓰기되어 있다.
187) hudun : hūdun의 방언으로 추정된다.
188) gajufi : gajifi의 방언으로 추정된다.

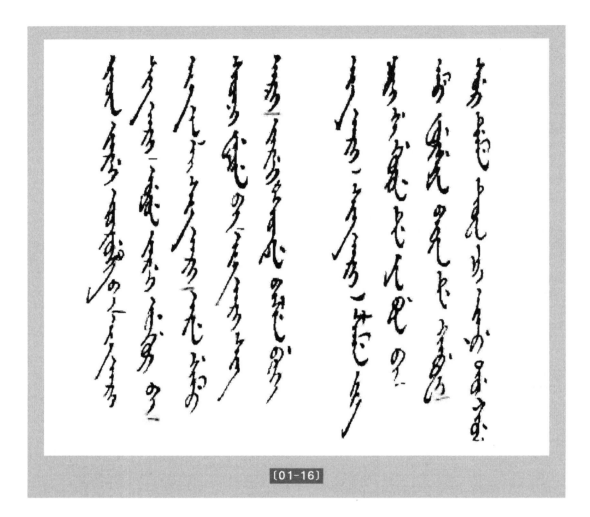

[01-16]

jakūn jarei[189] joruhe[190]  bi,   ing ari
　8　 종류　 갈포　 있다  ing ari

sing ari, uyun jarei uguri[191]   bi,
sing ari　 9　종류 숭어　 있다

ing a li sing ari, ere gemu
ing a li sing ari　 이　모두

---

189) jarei : jergi의 방언으로 추정된다.
190) joruhe : jurhu의 방언으로 추정된다.
191) uguri : ukuri의 방언으로 추정된다.

soni    wecen  bi,   ing ari sing
너희의   신령   있다  ing ari sing

ari,   jarei,   sonde[192]   badze[193]   buki
ari   한 번   너희에      샀      주겠다

ing ari,   sing ari,   tsame   jing
ing ari   sing ari    샤먼    바로

cari gi[194]   gurun de ya bun bi[195],
저쪽          나라   에      간다

emu furgiyan[196]   bira de kabufi,
한      붉은          강 에   막혀

sur deme[197]   tuwa ci[198]   inu do gon[199]
주위           보니        또  나루

—— ◦ —— ◦ —— ◦ ——
여덟 종류의 갈포 있다              잉거리 싱거리
아홉 종류의 숭어 있다              잉거리 싱거리
이 모두 너희의 신령 있다           잉거리 싱거리
한 번 너희에게 샀 주겠다           잉거리 싱거리

니샨 샤먼은 바로 저승으로 갔다. 어느 붉은 강에서 막혔다. 주위를 보니 나루를

192) sonde : suwende의 방언으로 추정된다.
193) badze : basa의 방언으로 추정된다.
194) cari gi : cargi가 띄어쓰기되어 있다.
195) ya bun bi : yabumbi의 방언으로 추정되며, 띄어쓰기되어 있다.
196) furgiyan : fulgiyan의 방언으로 추정된다.
197) sur deme : šurdeme의 방언으로 추정되며, 띄어쓰기되어 있다.
198) tuwa ci : tuwaci가 띄어쓰기되어 있다.
199) do gon : dogon이 띄어쓰기되어 있다.

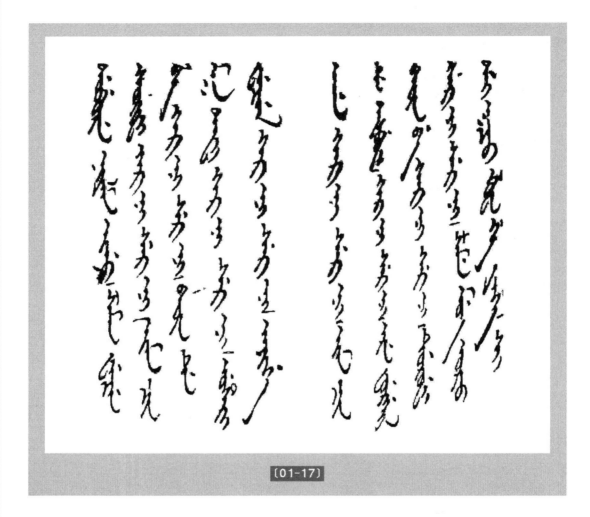

[01-17]

dobure[200] niyalma inu[201], dzama[202] wecen
건너게하는 사람 도 샤먼 신령

sorifi[203] kar ni ser ni, ima cin[204]
청해서 kar ni ser ni 남수고

be kar ni ser ni, bira de
를 kar ni ser ni 강 에

---

200) dobure : doobure의 방언으로 추정된다.
201) inu : 맥락상 뒤에 'akū'가 와야 한다.
202) dzama : saman의 방언으로 추정된다.
203) sorifi : solifi의 방언으로 추정된다.
204) ima cin : imcin의 방언으로 추정되며, 띄어쓰기되어 있다.

mak tafi[205]　kar ni ser ni, uheri
던지고서　　 kar ni ser ni 모든

wecen kar ni ser ni, ajige
 신령　kar ni ser ni 작은

ejen kar ni ser ni, ima cin
주인 kar ni ser ni 남수고

de　tafabufi,　kar ni ser ni, ere furgiya[206]
에 오르게 하여 kar ni ser ni　이　붉은

bira be kar ni ser ni,　durufi[207]
강　을 kar ni ser ni　지나가서

kar ni ser ni, tsame[208] mung oro
kar ni ser ni　샤먼　　mung oro

dai akcu[209]　huwa ge yage, si
dai akcu　　huwa ge yage 너

—— 。 —— 。 —— 。 ——

건네주는 사람이 없다. 니샨 샤먼이 신령을 청했다.

카르니 서르니　　남수고를
카르니 서르니　　강에 던지니
카르니 서르니　　모든 신령들이시여
카르니 서르니　　작은 주인이시여
카르니 서르니　　남수고에 태워서
카르니 서르니　　이 붉은 강을
카르니 서르니　　지나게 해 주십시오
카르니 서르니

니샨 샤먼이 말했다.

몽골다이 낙추야　　　　　　후와거 야거

---

205) mak tafi : maktafi의 방언으로 추정되며, 띄어쓰기되어 있다.
206) furgiya : fulgiyan의 방언으로 추정된다.
207) durufi : dulefi의 방언으로 추정된다.
208) tsame : saman의 방언으로 추정된다.
209) mung oro dai akcu : monggoldai nakcu의 방언으로 추정되며, 띄어쓰기되어 있다.

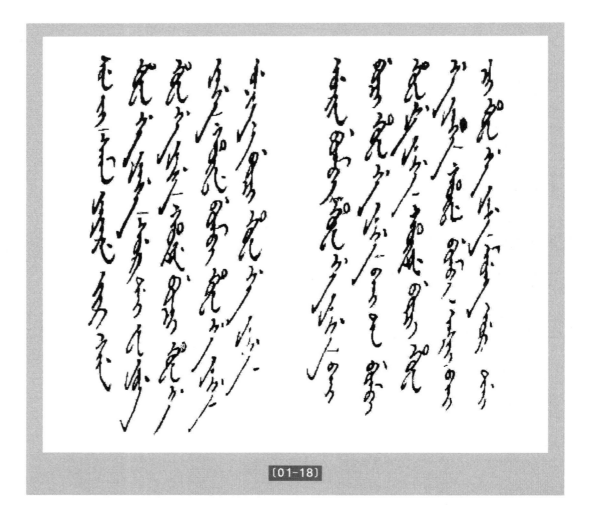

[01-18]

sun ji[210], sama   yayare[211] jir gan[212]
들어라   샤먼 읊조리는   소리

huwa ge yage, sur dai  fa yung[213]
huwa ge yage  sur dai  fa yung

huwa ge yage, hodun[214] buci huwa ge
huwa ge yage   빨리   주면 huwa ge

---

210) sun ji : 'donji'의 의미로 추정된다.
211) yayare : yayadara의 방언으로 추정된다.
212) jir gan : jilgan의 방언으로 추정되며, 띄어쓰기되어 있다.
213) sur dai fa yung : sergudai fiyanggū의 방언으로 추정되며, 띄어쓰기되어 있다.
214) hodun : hūdun의 방언으로 추정된다.

yage, hūda bumbi huwa ge yage,
yage 값 준다 huwa ge yage

uning e[215] buci huwa ge yage,
　보내어　　주면 huwa ge yage

urin[216] bumbi huwa ge yage, bai
재물　　준다 huwa ge yage 그저

buci huwa ge yage, bai　ta　bumbi
주면 huwa ge yage 그저 새끼양　준다

huwa ge yage, hūdun buci huwa
huwa ge yage　빨리 주면 huwa

ge yage, hūda bumbi, aši[217]　bai
ge yage 값 준다 매우　그저

ci　huwa ge yage, mung ur dai[218]
면　huwa ge yage mung ur dai


―― ◦ ―― ◦ ―― ◦ ――

| | |
|---|---|
| 너는 들어라, 샤먼이 읊조리는 소리를 | 후와거 야거 |
| 서르구다이 피양구를 | 후와거 야거 |
| 빨리 주면 | 후와거 야거 |
| 값을 주겠다 | 후와거 야거 |
| 보내 주면 | 후와거 야거 |
| 재물을 주겠다 | 후와거 야거 |
| 그저 보내 주면 | 후와거 야거 |
| 그저 새끼양을 주겠다 | 후와거 야거 |
| 빨리 주면 | 후와거 야거 |
| 값을 주겠다 | 후와거 야거 |
| 아주 그저면 | 후와거 야거 |

---

215) uning e : unggi의 방언으로 추정되며, 띄어쓰기되어 있다.
216) urin : ulin의 방언으로 추정된다.
217) aši : asi(=asuru)의 방언으로 추정된다.
218) mung ur dai : monggoldai의 방언으로 추정되며, 띄어쓰기되어 있다.

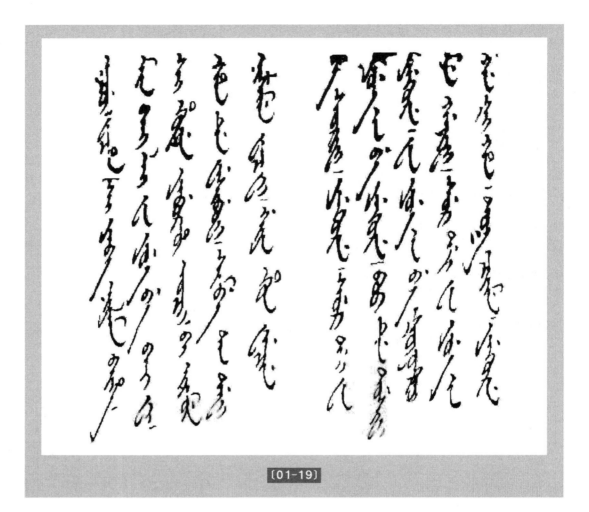

[01-19]

akcu[219] fancaha, si yaba niyalma bihe,
akcu  성냈다 너 어느 곳  사람  이었나

min[220] bai li[221] fa yung[222] be bai fi[223],
나의  은혜   fa yung  를 구해서

---

219) akcu : nakcu의 방언으로 추정된다.
220) min : mini의 방언으로 추정된다.
221) bai li : baili의 방언으로 추정되며, 띄어쓰기되어 있다.
222) fa yung : fiyanggū의 방언으로 추정되며, 띄어쓰기되어 있다.
223) bai fi : baifi의 방언으로 추정되며, 띄어쓰기되어 있다.

si hudun[224] yaburhū[225] oci, bi irmūn[226]
너 빨리　가지 않으면　나 염라

han de wesibufi, simbe tan dafi[227]
대왕 에　아뢰어　너를　때려서

nitsamen[228] fancafi, giya hun[229] wecen
니샨 샤먼　성내고　매　신령

be sorifi[230], yekure sur dai fa
를 청해서　yekure sur dai fa

yung a[231] be yekure, boo de dosifi
yung a　를 yekure 집 에 들어가

yekure, fa yung a be šoforo
yekure fa yung a 를 잡아채

me[232]　gajifi, sur dai fa yung a
　　가지고 sur dai fa yung a

ga ši ha[233], tok cime[234], yekure
　새　　쪼며　　yekure

—— ∘ —— ∘ —— ∘ ——
몽골다이 낙추가 화를 내며 말했다.
"너는 누구냐? 나의 은덕으로 피양구를 데려왔다. 너 빨리 가지 않으면, 내가 염라대왕에게 아뢰어 너를 때려 벌하라고 할 것이다."
니샨 샤먼이 화를 내며, 매 신령을 청했다.

여쿠러　서르구다이 피양구를
여쿠러　집에 들어가
여쿠러　피양구를 잡아채어 데려오라. 서르구다이 피양구를 새가 쪼며

---

224) hūdun : hudun의 방언으로 추정된다.
225) yaburhū : yaburakū의 방언으로 추정된다.
226) irmūn : ilmun의 방언으로 추정된다.
227) tan dafi : tantafi의 방언으로 추정되며, 띄어쓰기되어 있다.
228) nitsamen : nisan saman의 방언으로 추정되며, 띄어쓰기되어 있다.
229) giya hun : giyahūn의 방언으로 추정되며, 띄어쓰기되어 있다.
230) sorifi : solifi의 방언으로 추정된다.
231) sur dai fa yung a : sergudai fiyanggū의 방언으로 추정되며, 띄어쓰기되어 있다.
232) šoforo me : šoforome의 방언으로 추정되며, 띄어쓰기되어 있다.
233) ga ši ha : gasha의 방언으로 추정되며, 띄어쓰기되어 있다.
234) tok cime : toksime의 방언으로 추정되며, 띄어쓰기되어 있다.

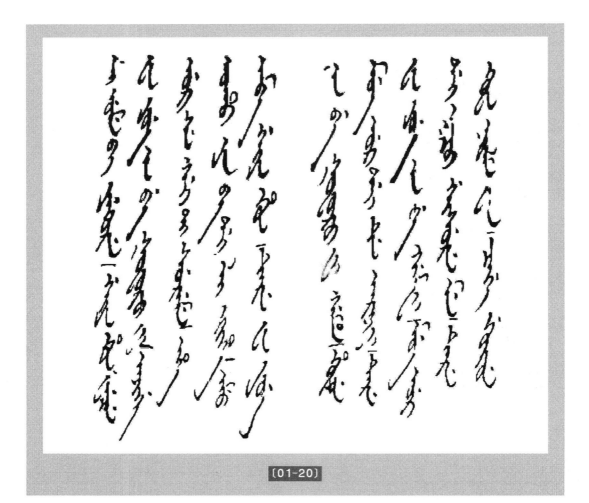

[01-20]

ai   ume   bi   yekure, giya hun[235) wecen
무엇 말라는가 yekure    매    신령

fa yung a[236) be    šoforo fi[237),   ajige
fa yung a   를 잡아채고서    작은

ur se[238) gai ti[239) sureme,   ehe
무리    돌연   소리치며 나쁘게

235) giya hun : giyahūn의 방언으로 추정되며, 띄어쓰기되어 있다.
236) fa yung a : fiyanggū의 방언으로 추정되며, 띄어쓰기되어 있다.
237) šoforo fi : šoforofi의 방언으로 추정되며, 띄어쓰기되어 있다.
238) ur se : urse의 방언으로 추정되며, 띄어쓰기되어 있다.
239) gai ti : gaitai의 방언으로 추정되며, 띄어쓰기되어 있다.

oho　　ya　bai　di li[240] jihe, emu
되었다 어느 곳의　통해서　왔나　한

amba giya hun, tere　fa yung
　　큰　　　매　　　그　fa yung

a　be šoforo fi　gamaha, hudun[241]
a　를 잡아채서 데려갔다　빨리

mung ur dai[242]　de　　arnifi[243], tere
mung ur dai　　에 알리고서　　그

fa yung a be　gamafi,　mung ur
fa yung a 를 데려가서　mung ur

dai　akco[244]　gisure me[245], tere
dai　akco　　　말하며　　　그

kuwa[246] niyalma waka, cagi[247] gurun
다른　　　사람　아니다 저쪽　　나라

—— 。—— 。—— 。——
여쿠러　무엇을 말라 하는가

매 신령이 피양구를 잡아채자, 아이들이 갑자기 소리쳤다.
"큰일났다. 어느 곳으로 들어온 것인가? 큰 매 한 마리가 들어와서 피양구를 낚아채 데려갔다. 빨리 몽골다이에게 알려서 그 피양구를 데려와야 한다."
몽골다이 낙추가 말했다.
"그는 다름이 아니라, 이승에

240) di li : deri의 방언으로 추정되며, 띄어쓰기되어 있다.
241) hūdun : hudun의 방언으로 추정된다.
242) mung ur dai : monggoldai의 방언으로 추정되며, 띄어쓰기되어 있다.
243) arnifi : alanafi의 방언으로 추정된다.
244) akco : nakcu의 방언으로 추정된다.
245) gisure me : gisureme의 방언으로 추정되며, 띄어쓰기되어 있다.
246) kuwa : gūwa의 방언으로 추정된다.
247) cagi : cargi의 방언으로 추정된다.

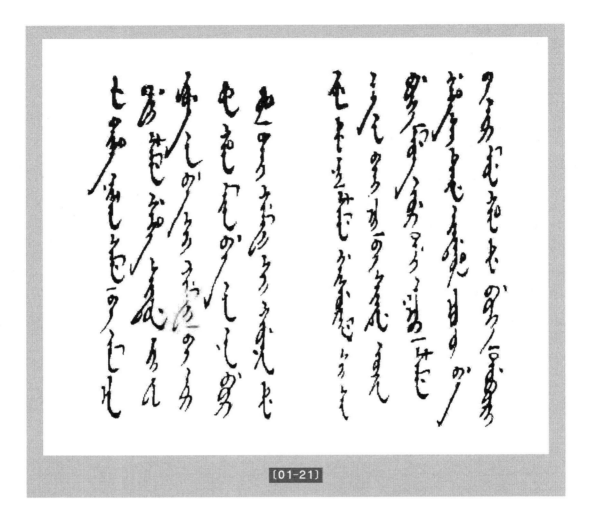

[01-21]

de bihe nidzan same[248], bi ama ca
에 있던 nidzan 샤먼      나

nafi[249],    tsame[250] gehe[251] sidon ji[252]  fa
쫓아가서 샤먼      여인    너 들으라  fa

---

248) nidzan same : nisan saman의 방언으로 추정된다.
249) ama ca nafi : amcanafi의 방언으로 추정되며, 띄어쓰기되어 있다.
250) tsame : saman의 방언으로 추정된다.
251) gehe : gege의 방언으로 추정된다.
252) sidon ji : si donji의 잘못으로 추정되며, 띄어쓰기되어 있다.

yung a[253] be si gamafi,　bi ir
yung a　　를 너 가져가서 나

mun[254] han　min be[255]　　　a na bur
염라　　대왕 나 를　　말하게 할 수 없다

hū[256],　bai　gamafi　si gonin de
　　　그저 가져가서 너 생각 에

jen de[257] ni. tsame gisureme　si san
참아라　　　　샤먼 말하기를 너

ing a[258]　bai ci[259],　bi　sinde　orin[260]
좋은 것　청다면　　나 너에게 재물

buki,　mung ur dai　akco[261] tsame
주겠다 mung ur dai　akco　　샤먼

gehe si tere indahūn cokū[262] be
여인 너 그　개　　닭　을

bi　ir mun han de buki, dobori
나　염라 대왕 에 주자　밤

—— ◦ —— ◦ —— ◦ ——

사는 니샨 샤먼이다. 내가 쫓아가겠다."

몽골다이 낙추가 쫓아가서 말했다.

"샤먼 여인, 들으시오. 피양구를 당신이 데려가면, 염라대왕님이 나를 나무랄 것이오. 피양구를 데려가려는 생각을 멈추시오."

"네가 좋은 것을 청한다면, 너에게 재물을 주겠다."

몽골다이 낙추가 말했다.

"샤먼 여인, 당신의 개와 닭을 내가 염라대왕에게 드리겠소. 여기에는 새벽을

---

253) fa yung a : fiyanggū의 방언으로 추정되며, 띄어쓰기되어 있다.
254) ir mun : ilmun의 방언으로 추정되며, 띄어쓰기되어 있다.
255) min be : mimbe의 방언으로 추정되며, 띄어쓰기되어 있다.
256) a na bur hū : anaburakū의 방언으로 추정되며, 띄어쓰기되어 있다.
257) jen de : jende의 방언으로 추정되며, 띄어쓰기되어 있다.
258) san ing a : saikan의 방언으로 추정되며, 띄어쓰기되어 있다.
259) bai ci : baici의 방언으로 추정되며, 띄어쓰기되어 있다.
260) orin : ulin의 방언으로 추정된다.
261) mung ur dai akco : monggoldai nakcu의 방언으로 추정되며, 띄어쓰기되어 있다.
262) cokū : coko의 방언으로 추정된다.

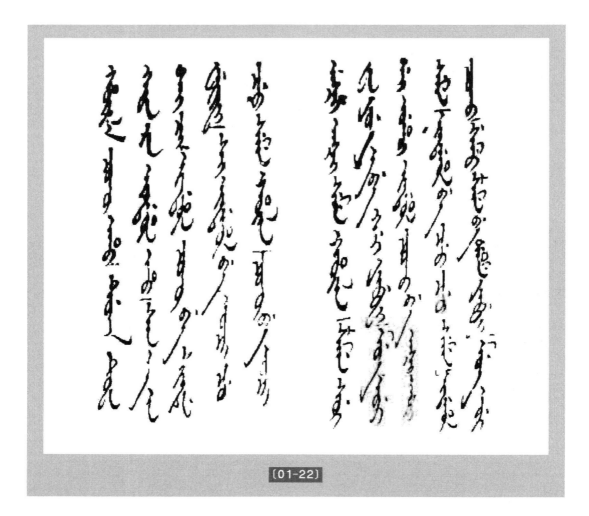

〔01-22〕

hūrala[263) cokū[264)  ahū[265)], duka tuwa
알리는  닭  없다  문

kiya ra[266)] indahūn  ahū, san g a[267)]
지키는  개  없다 좋은 것

bai ci,  indahūn cokū be  sinde
청하면  개  닭 을 너에게

---

263) hūrala : hūlara의 방언으로 추정된다.
264) cokū : coko의 방언으로 추정된다.
265) ahū : akū의 방언으로 추정된다.
266) tuwa kiya ra : tuwakiyara의 방언으로 추정되며, 띄어쓰기되어 있다.
267) san g a : saikan의 방언으로 추정되며, 띄어쓰기되어 있다.

werifi,    si indahūn be oci ceo
남겨두고 너   개   를 하면 ceo

ceo seme  hūla,  cokū be oci
ceo 하고 불러라   닭  을 하면

aši aši seme hūla, tsame[268] sur
aši aši  하고 불러라 샤먼      sur

fa yung a[269]  be   gai[270] yabufi, mung ur
fa yung a      를 데리고   가서  mung ur

dai[271] uhai[272] indahūn coko  be aši aši
dai    곧    개    닭  을 aši aši

seme, indahūn be ceo ceo seme indahūn
하고     개   를 ceo ceo 하고   개

coko, gemu tsame be dahame yabufi, mung ur
닭   모두 샤먼 을 따라  가서  mung ur

—— 。 —— 。 —— 。 ——

알리는 닭도 없고, 문을 지키는 개도 없소.”
"좋은 것을 청한다면, 개와 닭을 너에게 주겠다. 너는 개를 부를 때에는 ‘처오 처오’ 하고 불러라. 닭을 부를 때에는 ‘아시 아시’ 하고 불러라.”
니샨 샤먼이 서르구다이 피양구를 데리고 갔다. 몽골다이는 바로 개와 닭을 ‘아시 아시’ 하고, 개를 ‘처오 처오’ 하고 불렀다. 그러자 개와 닭이 모두 샤먼을 따라갔다.

---

268) tsame : saman의 방언으로 추정된다.
269) sur fa yung a : sergudai fiyanggū의 방언으로 추정되며, 띄어쓰기되어 있다.
270) gai : gaime의 방언으로 추정된다.
271) mung ur dai : monggoldai의 방언으로 추정되며, 띄어쓰기되어 있다.
272) uhai : uthai의 방언으로 추정된다.

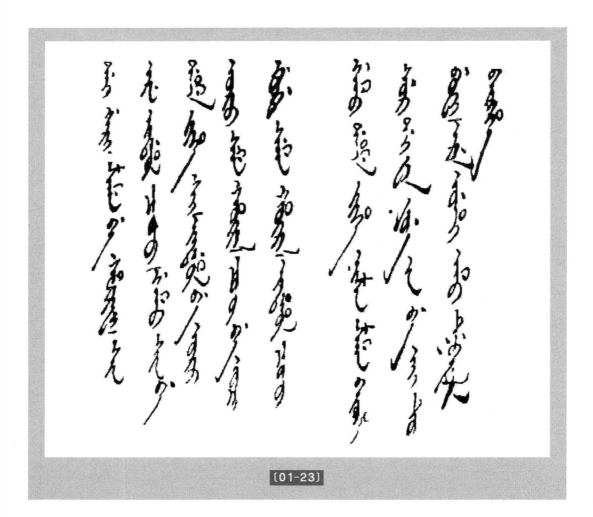

[01-23]

dai[273] geri[274], tsame[275] be hūrafi[276], sin[277]
dai  또    샤먼   을 부르고   너의

ere indahūn coko, gemu sin be[278]
이  개   닭   모두 너 를

---

273) mung ur dai : monggoldai의 방언으로 추정되며, 띄어쓰기되어 있다.
274) geri : geli의 방언으로 추정된다.
275) tsame : saman의 방언으로 추정된다.
276) hūrafi : hūlafi의 방언으로 추정된다.
277) sin : sini의 방언으로 추정된다.
278) sin be : simbe의 방언으로 추정된다.

dahame jihe kai, indahūn be oro
  따라   왔구나     개   를 oro

oro seme hūra[279], cokū[280] be oci
oro 하고 불러라    닭    을 하면

gugu seme hūra, indahūn cokū
gugu 하고 불러라   개    닭

gemu dahame jihe nitsa[281] tsame bithe
모두 따라서 왔다 nitsa    샤먼   책

sur dai fa yung a[282] be ai tu
sur dai fa yung a    를 살리고

bufi[283], ere uthai emu debtelin
     이   곧   한    권

bithe.
 책

—— ◦ —— ◦ —— ◦ ——
몽골다이가 다시 니샨 샤먼을 불렀다.
"당신이 준 개와 닭이 모두 당신을 따라 가 버렸소."
니샨 샤먼이 대답했다.
"개를 '오로 오로' 하고 부르고, 닭을 '구구' 하고 불러라."
그러자 개와 닭이 모두 따라 갔다.
니샨 샤먼 책은 서르구다이 피양구를 되살린 이야기로, 1권이다.

---

279) hūra : hūla의 방언으로 추정된다.
280) cokū : coko의 방언으로 추정된다.
281) nitsa : nisan의 방언으로 추정된다.
282) sur dai fa yung a : sergudai fiyanggū의 방언으로 추정되며, 띄어쓰기되어 있다.
283) ai tu bufi : aitubufi의 방언으로 추정되며, 띄어쓰기되어 있다.

# 아이 훈[曖琿]1본

[02-01]

yasen[1] sama[2] i  bithe emu debtelin
yasen  샤먼 의 책  한  권

decin[3]  i  bithe inu
가르침 의  글  이다

---

1) yasen : nisan의 방언으로 추정된다.
2) sama : saman의 방언으로 추정된다.
3) decin : tacin의 방언으로 추정된다.

—— ◦ —— ◦ —— ◦ ——
니샨 샤먼 1 권
가르침의 글이다.

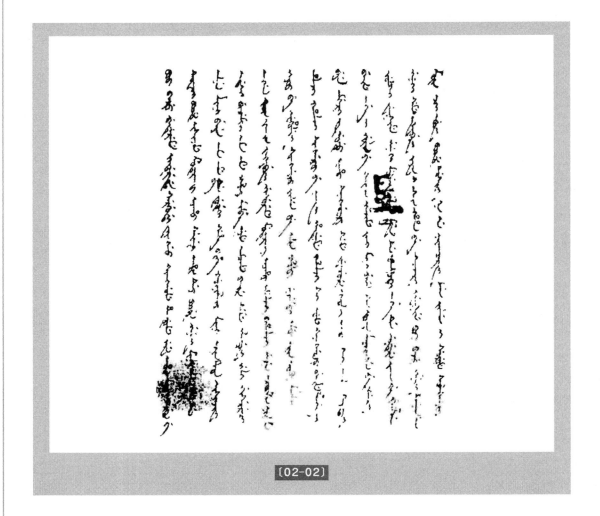

[02-02]

boo baru bedereme jiderede sergudi fiyanggū songgome hendume juwe ahūn mini arbun be
집 쪽으로 돌아서    옴에  sergudi fiyanggū  울며   말하기를  2  형  나의 모습 을

tuwci boode isiname muterakū  oho.  suweni ahūn deo boode genefi mini  ama   eme  de
보니  집에   이르지 못하게  되었다 너희의  형  제  집에  가서 나의 아버지 어머니 에

alana  mini beye ama   eme  be fudeki sehe bihe   gūnihako[4].   mini erin ton isinjifi
고하라 나의  몸 아버지 어머니 를 보내자  했었다 생각하지 않았다 나의 운 수 다다라서

---

4) gūnihako : gūnihakū의 방언으로 추정된다.

adasi[5] bucembi. ama  eme   hono mimbe ume amcame baire seme hendufi  geli gisureci,
도중에 죽는다 아버지 어머니 오히려 나를   좇아 구하지 말라  하고 말하고서 다시 말하면

angga jain[6] jafabufi gisureme muterakū oho. ahalji bahalji geren cooha niyalma
입 벌려라 잡혀서  말하지 못하게 되었다  ahalji bahalji 여러     병사

kiyoo be  uhulefi[7] songgoro jilgan be alin holo  urembi.  emu erin oho manggi
轎 를 둘러싸고  우는  소리 를 산 골 서러워한다 한 때 된 후

ahalji bahalji songgoro be nakafi hendume bahalji  si ume songgoro. beile age i
ahalji bahalji 우는 것 을 멈추고 말하기를 bahalji 너  울지 말라   beile age 의

beye emgeri  udu    oho, songgoro seme weijure kooli akū. si amala tutafi
몸  이미 어느정도 되었다 울더라도   되살릴 도리 없다 너 뒤에 남아서

beile age i giran be saikan gajime jio, mini beye  te  juwan moringgabe gaifi
beile age 의 주검 을  잘 가지고 오라 나의 몸 이제  10    말탄 이를 데리고

julesi feksime geneki. musei ejen   mafa  de alanaki age de fudere jaka be belheme
앞으로 달려서   가자 우리의 주인 할아버지 에 알리자 age 에 보내는 물건 을 준비하러

geneki seme afabufi, juwan i  sain haha be sonjofi  feksime  boo baru genefi duka de
가자 하고 맡기고서 10 의 좋은 사내 를 뽑아서 말을 달려 집 쪽  가서 문 에

morin ci   ebufi  boode dosifi  na de niyakūrafi den jilgan i  surume[8] songgoro.
말로부터 짐부리고서 집에 들어와서 땅 에  꿇고서 높은 소리로 부르짖으며  운다

—— ◦ —— ◦ —— ◦ ——

집으로 돌아오는데 서르구다이 피양구가 울며 말했다.
"두 형이 내 모습을 보면 집으로 돌아가지 못할 것이다. 너희 형제가 집에 가서 나의 부모님께 이렇게 아뢰어라. '제가
스스로 부모님을 이별하려고는 생각하지 않았는데, 저의 명운이 다돼서 도중에 죽습니다. 그러니 부모님께서는 오히려
저를 물어보며 찾지 마십시오.'"
그리고 다시 말하려 하나, 입이 떨어지지 않아 말을 할 수가 없었다. 아할지와 바할지, 그리고 여러 병사들은 가마에
둘러 모여 울었는데, 그 울음소리에 산골도 서러워한다. 얼마 후 아할지와 바할지는 울음을 멈추고 아할지가 말했다.
"바할지야 그만 울어라. 버일러 아거의 몸은 이미 죽었으니 울더라도 다시 살릴 수가 없다. 너는 뒤에 남아서 버일러
아거의 주검을 잘 모시고 와라. 나는 먼저 말을 타고 가서 우리의 주인인 바얀 어르신께 아뢰고, 아거를 장사지낼 물품
을 준비하러 가겠다."
하고는 아거를 맡기고, 열 명의 건장한 사내를 골라 말을 타고 집으로 갔다. 집에 도착하여 문 앞에 말에서 내려 집으
로 들어가서 땅에 무릎을 꿇고 큰소리로 울었다.

---

5) adasi : aldasi의 방언으로 추정된다.
6) jain : juwa의 방언으로 추정된다.
7) uhulefi : ukufi의 방언으로 추정된다.
8) surume : sureme의 방언으로 추정된다.

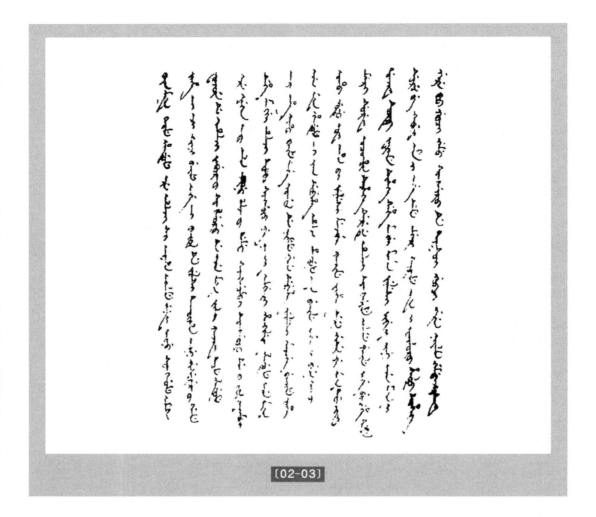

[02-03]

bayan mafa tome[9] hendume ere ahalji si ainaha abalame genefi ainu songgome amasi
bayan 할아버지 꾸짖으며 말하기를 이 ahalji 너 어째서 사냥하러 가서 어째서 울며 뒤로

jihe. ai ci[10] sini beile age ai baita de julesi takūraha. ainu gisurerakū seme
왔는가 혹시 너의 beile age 무슨 일 에 먼저 보냈는가 어째서 말하지 않는가 하고

fonjire de ahalji jaburakū songgoro de ejen mafa jili banjifi tome hendume
물음 에 ahalji 대답하지 않고 욺 에 주인 할아버지 화 내고서 꾸짖으며 말하기를

ere yesa[11] akū aha ainu alarakū damu songgombi. songgoro de baita wajimbi.
이 눈 없는 하인 어째서 알리지 않고 그저 우는가 욺 에 일 끝난다

---

9) tome : toome와 같다.
10) ai ci : ainci의 방언으로 추정된다.
11) yesa : yasa의 방언으로 추정된다.

sehe manggi ahalji songgoro be nakafi emgeri hengkilefi hendume ejen    mafa,
말한 후    ahalji  울기  를  그치고  한번  절하고  말하기를 주인 할아버지

akū    jihe    oho.  beile age jugon[12] de nimeme beye dubehe julesi majige[13] benjime jihe
죽어서  오게  되었다 beile age  길    에 병나서  몸  마쳤다  먼저  소식   전하러  왔다

ejen    mafa  hendume  ai  jaka  dubehe.  ahalji  hendume  waka  beile age  i  beye  akū
주인  할아버지 말하기를 어떤  것  마쳤는가 ahalji 말하기를  아니다 beile age  의  몸  죽게

oho.    udu    ofi  aha  bi julesi mejige benjime jihe sere gisun be    mafa  donjifi
되었다 얼마  되어 하인 나 먼저  소식  전하러  왔다  하는  말  을  할아버지 듣고서

emgeri  surefi  oncohūn[14]  tuheke  serede,  ahalji  songgome   alame  beile age  bucehe seme
한번  절규하며  쓰러져  넘어졌다 함에  아할지  울며  아뢰기를 beile age 죽었다 하고

donjifi  tuttu   farame    tuheke  sehe manggi  mama  julesi   ibefi  inu ejen  mafa    i
듣고서 그렇게 혼절하여  넘어졌다  한   후    할머니 앞으로 나아가고 또 주인 할아버지 의

durun be sabufi  eme    i  age seme emgeri  sureme   mafa    i  oiloro[15]  hetu  tuheke.
모습  을 뵈고서 어머니 의 age 하고  한번  절규하고 할아버지 의   곁   가로로 넘어졌다

geren gubci gemu songgoro de toksoi gubci geren niyalma gemu isafi
여러 두루 모두   욺   에 장원의 두루 여러  사람  모두 모여서


—— ∘ —— ∘ —— ∘ ——
바얀 할아버지가 꾸짖으며 말했다.
"아할지야, 너는 사냥하러 갔다가 어찌하여 울며 돌아왔느냐? 혹시 버일러 아거가 무슨 일로 먼저 보냈느냐? 어찌하여 말하지 않느냐?"
아할지가 대답하지 않고 울기만 하였다. 주인인 바얀이 화가 나서 꾸짖으며 말했다.
"이 어리석은 놈아, 어찌 아뢰지 않고 울기만 하느냐? 울면 일이 해결되느냐?"
그러자 아할지가 울기를 그치고 한 번 절하고서 말했다.
"주인 어르신, 버일러 아거가 죽어서 오게 되었습니다. 길에서 병이 나서 끝이 났습니다. 저는 먼저 이 소식을 전하러 왔습니다."
주인인 발두 바얀이 말했다.
"무엇이 끝났느냐?"
아할지가 말했다.
"그것이 아니라 버일러 아거가 죽었습니다."
얼마 후 아할지의 '내가 먼저 소식 전하러 왔다.'라는 말을 발두 바얀이 듣고서 한 번 소리 지르고는 쓰러지니, 아할지가 울며 고했다.
"버일러 아거가 죽었습니다."
바얀이 이를 듣고서 기절한 후에 바얀의 부인이 앞으로 나오고, 또 발두 바얀의 모습을 보고서 '아거야.' 하고 한 번 소리 지르고 발두 바얀의 위로 가로로 넘어졌다. 여러 사람들이 두루 모두 울고, 마을의 여러 사람들 모두가 두루 모여서

---

12) jugon : jugūn의 방언으로 추정된다.
13) majige : mejige의 방언으로 추정된다.
14) oncohūn : oncohon의 방언으로 추정된다.
15) oiloro : oilori의 방언으로 추정된다.

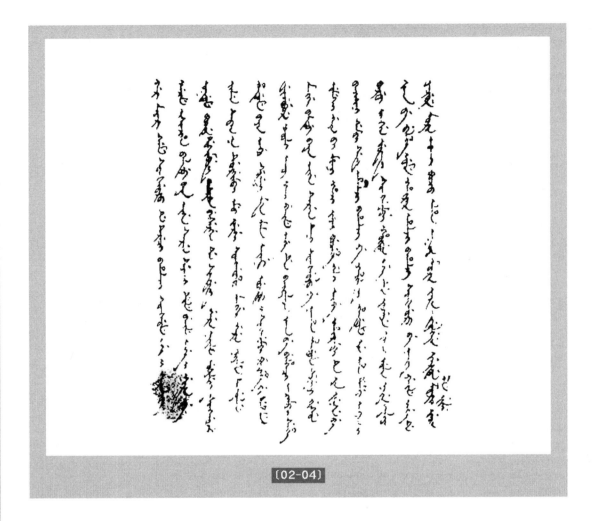

〔02-04〕

gar miyar seme songgoro de  tereci   bahallji songgome age  i giran be
gar miyar 하고        옮  에 그로부터 bahallji   울며    age 의 주검 을

gajime   isinjiha, baldu bayan eigen sargan dukai dule[16] beile age  i giran be
가지고 다다랐다 baldu bayan 남편   아내   문의  밖    beile age 의 주검 을

okdome boode dosimbufi besergen de sindafi, geren niyalma    ukulefi    songgoro
맞아  집에 들게 하고  침상 에 놓고서  여러   사람  모자 테를 늘이고 우는

---

16) dule : tule의 방언으로 추정된다.

jilgan abka na durgimbi[17]. emu jergi songgoho manggi geren niyalma tafulame
소리 하늘 땅 진동한다　한　번　운　후　여러　사람　설득하며

hendume bayan agu suweni mafa mama ainu uttu songgombi. bucehe be dasame
말하기를 bayan agu 너희 할아버지 할머니 어째서 이렇게 우는가　죽은 이 를 다시

weijubure kooli akū kai. beile age de baitalara jaka be belheci acambi seme
되살릴 도리 없구나 beile age 에　쓸　것 을 준비하면 마땅하다 하고

manggi, baldu bayan eigen sargan teni songgoro be nakaha hendume suweni gisun
후　baldu bayan 남편 아내 비로소 울기 를 그쳤다 말하기를 너희의 말

umesi giyan bi. mini haji jui bucehe, geli aibe hairambi. te ya juse be
매우 조리 있다 나의 사랑하는 아들 죽었다　또 무엇을 아끼겠는가 지금 어느 아들 을

banjikini sembi sefi, ahalji bahalji be hūlafi hendume ere aha damu abka i
키우자 하겠는가 하고 ahalji bahalji 를 불러서 말하기를 이 하인 다만 하늘로

baru angga juwafi songgombi. hūdun age de yarure jaka ulin nadan waliyara
향하여 입 벌리고서 운다　빨리 age 에 인도할 물건 재물 7 제사지낼

jaka be belhe, ume hairara. ahalji bahalji songgoro be nakafi, beile age de
물건 을 준비하라 아끼지 말라 ahalji bahalji　울기 를 그치고 beile age 에

yarure morin abkai boco alha akte morin juwan fulgiyen[18] jerde morin juwan
인도할 말 하늘의 색 얼룩말 악대 말 10 붉은　절다 말 10

―― ∘ ―― ∘ ―― ∘ ――

'꺼이꺼이' 하고 울었다. 이후에 바할지가 울면서 아거의 주검을 가지고 집에 도착했다. 발두 바얀 부부가 문 밖에서 버일러 아거의 주검을 맞아 집에 들이고 침상에 눕혔다. 여러 사람이 모자 테를 늘어뜨리고는 우니 울음소리가 천지를 진동했다. 한 차례 운 뒤에 여러 사람이 말했다.
"바얀 어르신 부부는 왜 이렇게 울고 계십니까? 죽은 이를 다시 살릴 방도는 없습니다. 버일러 아거의 장사를 준비하는 것이 마땅합니다."
발두 바얀 부부가 비로소 울음을 그치고 말했다.
"너희들의 말이 매우 조리 있구나. 나의 친자식이 죽었는데, 또 무엇을 아끼겠느냐? 이제 무슨 자식들을 키우겠느냐?"
그러고는 아할지와 바할지를 불러서 말했다.
"아할지와 바할지야, 그저 하늘을 향해 입을 벌리고 울기만 하는구나. 빨리 아거에게 인도할 칠보(七寶)와 제사지낼 물건 준비하기를 아끼지 말거라. 아할지와 바할지는 울기를 그치고 버일러 아거에게 인도할 하늘색 얼룩말, 악대 말 열 마리, 붉은 절다 말 열 마리,

---

17) durgimbi : durgembi의 방언으로 추정된다.
18) fulgiyen : fulgiyan의 방언으로 추정된다.

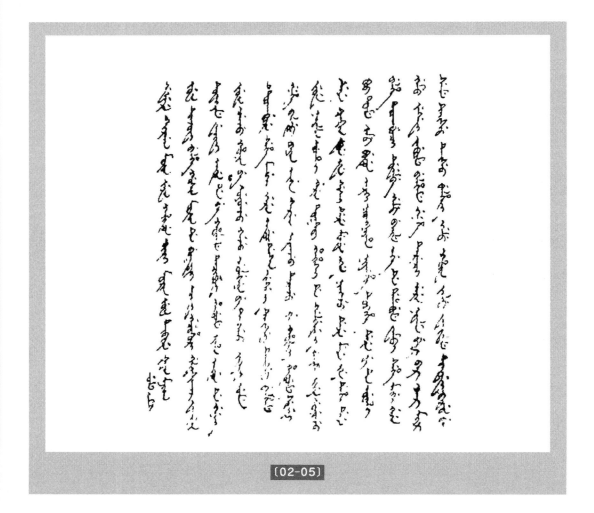

[02-05]

sefere    sirga    morin juwan hūdun  kiri[19] morin   saibire[20] šanyan morin
한 줌  누런 반점 있는 말   10  빠르고 단단한  말   잰걸음하는   흰    말

juwan sonjofi   belhe  gosin[21] morin de bukteri[22] acafi[23] gecuhuri[24] giltasikū farsin[25]
  10  뽑아서 준비하라 30    말 에 이불짐  싣고   蟒龍緞   金閃緞 한 묶음

---

19) kiri : cira의 방언으로 추정된다.
20) saibire : saiburu의 방언으로 추정된다.
21) gosin : gūsin의 방언으로 추정된다.
22) bukteri : buktulin의 방언으로 추정된다.
23) acafi : acifi의 방언으로 추정된다.
24) gecuhuri : gecuheri의 방언으로 추정된다.
25) farsin : farsi의 방언으로 추정된다.

tuwakiyame wajifi. adun    da    be hūlame  tacibufi  hendume ihan adun de genefi
장만하기 끝내고 목장 우두머리 를 불러 가르쳐서 말하기를 소 목장 에 가서

juwan  gaju  honin be uyunju   gaju  ulgiyan be tanggo[26] jafafi   ume
10 가져오라 양 을  9  가져오라 돼지 를 백    잡고  어긋나게

tookabure sehe manggi, geren adun    dasa    jesefi[27] teisu teisu belheme
하지 말라 한  후   여러 목장 우두머리들 예 하고  각   각 준비하러

genehe. baldu bayan eigen sarga[28] aranju saranju be hūlafi  hendume suweni
갔다  baldu bayan 남편 아내  aranju saranju 를 불러서 말하기를 너희

juwe niyalma uthai geren toksoi hehesi de selgiyefi, maidze[29] efen uyunju
 2  사람 즉시 여러 장원의 여인들 에 전하여  밀    떡 90

dere šašan efen susai dere mudan efen ninju dere mere efen dehi dere
상 šašan 떡 50 상 굽은 떡 60 상 메밀 떡 40 상

boo tome emu budun[30] arki niongniyaha niyehe tubihe dere be  te  uthai
집 매 한 병  소주 거위   오리 과일 상 을 지금 즉시

belhe,    tookabuci  suwembe gemu beile age de dahabume wambi. sehe manggi geren
준비하라 어긋나게 하면 너희들을 모두 beile age 에 따르게하여 죽는다 한  후   여럿

gemu jesefi  jabume belheme genehe. tereci  geren niyalma bur bar gar miyar
모두 예 하고 대답하고 준비하러 갔다 그로부터 여러  사람  북적북적 시끌벅적

seme teisu teisu belhefi  gemu hūwa jalu faidame sindafi barum[31] be
    각  각 준비하고 모두 뜰 가득 벌려 놓고서 둘레 를

—— ◦ —— ◦ —— ◦ ——

한 줌 누런 반점 있는 말 열 마리, 빠르고 단단한 말, 잰걸음 하는 흰 말 열 마리 등을 골라서 준비하여라."
그리고 말 서른 마리에 이불짐을 싣고, 망룡단과 금선단 한 묶음을 장만하고서, 목장의 우두머리들을 불러서 가르치며
말했다.
"목장에 가서 소를 열 마리를 가져오고, 양을 아홉 마리 가져오고, 돼지를 백 마리 잡되 어긋나게 하지 말라."
여러 목장의 우두머리들이 "예." 하고는 각각 준비하러 갔다. 발두 바얀 부부는 아란주와 사란주를 불러서 말했다.
"너희 두 사람은 즉시 여러 마을의 여인들에게 전하여서, 밀떡 구십 상, 샤샨 떡 오십 상, 굽은 떡 육십 상, 메밀 떡 사
십 상, 집집마다 술 한 병씩, 거위, 오리, 과일 상을 지금 즉시 준비해라. 어긋나게 하면 너희들을 모두 버일러 아거를
따라 죽게 할 것이다."
여럿이 모두 "예." 하고 대답하고서 준비하러 갔다. 그로부터 사람들이 북적북적 시끌벅적 하게 각각 준비하고, 모두 뜰
가득히 벌려 놓았는데, 둘레를

26) tanggo : tanggū의 방언으로 추정된다.
27) jesefi : je sefi의 방언으로 추정되며, 띄어쓰기되어 있다.
28) sarga : sargan의 방언으로 추정된다.
29) maidze : maise의 방언으로 추정된다.
30) budun : butūn의 방언으로 추정된다.
31) barum : barun의 방언으로 추정된다.

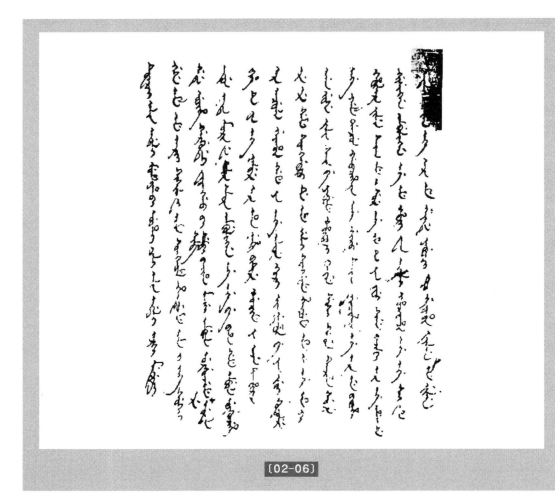

[02-06]

tuwaci alin adali muhaliyahabi uthai yali alin adali arki mederi
　보니　산　같이　　쌓았다　　곧　고기　산　같고　소주　바다

gese. ama　eme　arki sisilafi, ama　songgome hendume　ama　i age susai
같다 아버지 어머니 소주 따르고 아버지　　울며　말하기를 아버지 의 age 50

sede ujihe sergudi fiyanggo bi simbe banjiha manggi ambula urgunjeme, ere utala
살에 기른 sergudi fiyanggo 나 너를　낳은　후　매우　기뻐하고　이　많은

adun akta morin we　salire. ambulingga[32] age age be baha　seme ambula urgunjehe
목장 악대　말 누가 받을까 너그러운　age age 를 얻었다 하고　매우　감사했다

32) ambulingga : ambalinggū의 방언으로 추정된다.

bihe. te ya age yalure ara, aha nehu bisire gojime ya ejen takūrara
　　　 지금 어느 age 말 탈까 ara 하인 하녀 있　 지만 어느 주인 부릴까

ara. aculan[33] giyahūn seme ya age alire. kuri indahon[34] be ya jui kutulere
ara 수리　 매　 하지만 어느 age 받을까 점박이 개　 를 어느 아이 이끌까

ara ara seme songgoro de eme geli songgome hendume eme i age eme bi
ara ara 하고 　옮　 에 어머니 또　 울며　 말하기를 어머니 의 age 어머니 나

enen juse jalin sain be yabume, hūturi baime, susai sede banjiha sure
자손 아들 위해서 선 을 행하고 복 구하고 50 살에 태어난 슬기로운

age gala dacun gabcihiyan[35] age giru saikan gincihiyan age ara, eme bithe
age 손 예리하고 민첩한　 age 모습 아름답고　 화려한 age ara 어머니 글

hūlara jilgan saikan eme i sure age, eme te ya jui sime banjimbi ara. age ahasi de
읽는 소리 아름답고 어머니 의 슬기로운 age 어머니 지금 어느 아이 채우고 기를까 ara age 하인들 에

gosingga, ambulingga[36] age eme hori[37] faha elli[38]. hocohon[39] age age[40] sai[41] fahai
어질고 　너그러운 age 어머니 소나무 씨 같다 너그러운 age ara 눈의 씨의

adali. saikan age ara, eme giyade yabuci giyahūn jilga[42] eme jilgan
같다 아름다운 age ara 어머니 街에 가면 　매 　소리 　어머니 소리

—— ◦ —— ◦ —— ◦ ——

보니 산처럼 쌓였다. 마치 고기는 산과 같고, 소주는 바다와 같았다. 발두 바얀 부부가 술을 따르고, 아버지가 울면서 말했다.

"아버지의 아거야, 쉰 살에 낳아 기른 서르구다이 피양구야. 내가 너를 낳은 후 매우 기뻐했었는데, 이리 많은 짐승의 무리와 악대말을 누가 돌볼까? 너그러운 아거야, 아거를 얻었다고 매우 감사했었는데, 이제는 어느 아거가 말을 탈까? 아라, 사내종과 여자종이 있어도 어느 주인이 부릴까? 아라, 수리매가 있어도 어느 아거가 받으며, 점박이 개를 어느 아이가 몰까? 아라, 아라."

하고 우니 바얀의 부인이 또 울면서 말했다.

"어머니의 아거야, 어머니인 내가 자손을 위해 선을 행하고, 복을 구하여 쉰 살에 태어난 슬기로운 아거야, 손이 민첩하고 빠른 아거야, 모습이 아름답고 화려한 아거야. 아라, 어머니의 글 읽는 소리 아름답구나. 어머니의 슬기로운 아거야, 어머니는 이제 어느 자식을 낳아서 기를까? 아거야, 어찌 그리 어질까? 너그러운 아거야, 어머니는 소나무 씨와 같고, 너그러운 아거는 아라, 눈의 씨와 같구나. 아름다운 아거야, 아라, 어머니가 거리에 가면 매 소리 어머니 소리,

33) aculan : anculan의 방언으로 추정된다.
34) indahon : indahūn의 방언으로 추정된다.
35) gabcihiyan : gabsihiyan의 방언으로 추정된다.
36) ambulingga : ambalinggū의 방언으로 추정된다.
37) hori : hūri의 방언으로 추정된다.
38) elli : adali의 방언으로 추정된다.
39) hocohon : hocihon의 방언으로 추정된다.
40) age : ara의 잘못으로 추정된다.
41) sai : yasai의 방언으로 추정된다.
42) jilga : jilgan의 방언으로 추정된다.

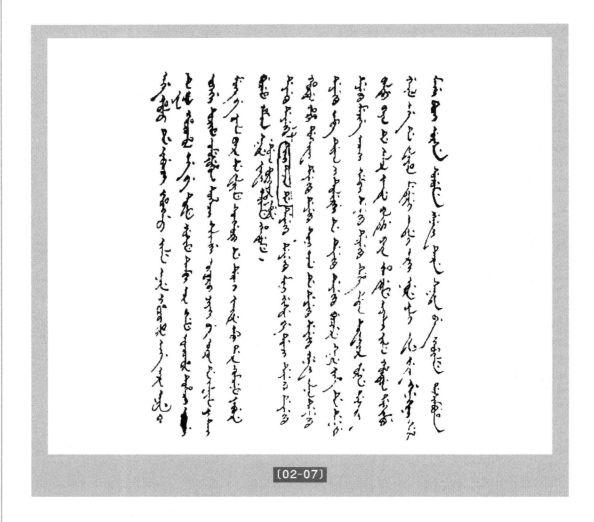

[02-07]

age    holo    de yabuci honggo[43]    jilga. eniye hocohūn[44]    age ara eniye bi
age 산골짜기 에 가면    방울    소리 어머니 너그러운    age ara 어머니 나

te     ya   hocohon[45] age be  tuwame  gosime   tembi ara seme, oncohūn[46]  tuheci
지금 어느 너그러운   age 를   보고   사랑하며 사는가 ara 하고 쓰러져   넘어지니

obigi[47]  tucime umušuhun tuheci,  silinggi[48] oforo niyaki be    oton   de waliyame, yasai
거품   나오고   엎어져  넘어지니  침     코   콧물 을 나무바가지 에   토해내고   눈의

---

43) honggo : honggon의 방언으로 추정된다.
44) hocohūn : hocihon의 방언으로 추정된다.
45) hocohon : hocihon의 방언으로 추정된다.
46) oncohūn : oncohon의 방언으로 추정된다.
47) obigi : obonggi의 방언으로 추정된다.
48) silinggi : silenggi의 방언으로 추정된다.

muke be yala bira de waliyame. songgoro de dukai jakade emu dara kumcume yabure
물 을 yala 강 에 토해내고 옮 에 문의 곁에 한 허리 구부러져 지나가는

buceme hamika sakda jifi hūlame hendume.
거의 죽어 가는 노인 와서 부르며 말하기를

deyengku deyengku duka tuwakiyara agude, deyengku deyengku mini gisun be donji, deyengku deyengku
deyengku deyengku 문 지키는 노형에 deyengku deyengku 나의 말 을 들어라 deyengku deyengku

hūdun hahi dosifi, deyengku deyengku sini ejen de deyengku deyengku genefi alana, deyengku
빨리 급히 들어가서 deyengku deyengku 너희 주인 에 deyengku deyengku 가서 아뢰라 deyengku

deyengku amba duka i tulergi de deyengku deyengku bucere sakda jihe de deyengku
deyengku 큰 문의 밖 에 deyengku deyengku 죽을 노인 왔음 에 deyengku

deyengku mejige araki sembi deyengku deyengku sehe. duka tuwakiyara urse dosifi
deyengku 소식 만들자 한다 deyengku deyengku 했다 문 지키는 무리 들어와서

baldu bayan de alara jakade, baldu bayan hendume absi jilgan, hūdun dosimbu.
baldu bayan 에 아뢸 적에 baldu bayan 말하기를 무슨 소리인가 빨리 들어오게 하라

beile age de waliyaha mederi adali arki nure yali efen jefi genekini sehe
beile age 에 제사한 바다 같은 소주 술 고기 떡 먹고 가게하자 한

manggi, booji[49] urse sujume genefi tere sakda be hūlame dosimbuha.
후 家子 무리 달려 가서 그 노인 을 불러서 들어오게 했다

—— ◦ —— ◦ —— ◦ ——

아거가 산골에 가면 방울 소리, 어머니의 너그러운 아거야. 아라, 어머니인 내가 이제 어느 너그러운 아거를 보고 사랑하며 살겠느냐, 아라."
하고는 쓰러져 넘어지면서 입에서 거품을 내면서 엎어져 구르니, 침과 콧물을 나무바가지에 토하고, 눈물은 얄라강에 뿌리면서 울었다. 그 때에 대문 앞에 허리가 구부러지고 다 죽어 가는 노인이 지나가다가 와서 부르면서 말했다.

"더영쿠 더영쿠 문 지키는 사람아,      더영쿠 더영쿠 내 말을 들어라.
더영쿠 더영쿠 빨리 급히 들어가서,      더영쿠 더영쿠 너희 주인에게
더영쿠 더영쿠 가서 아뢰어라.      더영쿠 더영쿠 대문 밖에,
더영쿠 더영쿠 다 죽어가는 노인이 와서,      더영쿠 더영쿠 소식을 전하고자 한다.
더영쿠 더영쿠"

문 지키는 무리들이 들어와서 발두 바얀에게 아뢰니, 발두 바얀이 말했다.
"무슨 소리인가? 빨리 들여라. 버일러 아거에게 제사하여 올린 바다와 같은 소주와 고기와 떡을 먹고 가게 하라."
가솔들이 달려가서 그 노인을 불러서 들어오게 했다.

---

49) booji : boo(家)+ji(子)의 합성어로 추정된다.

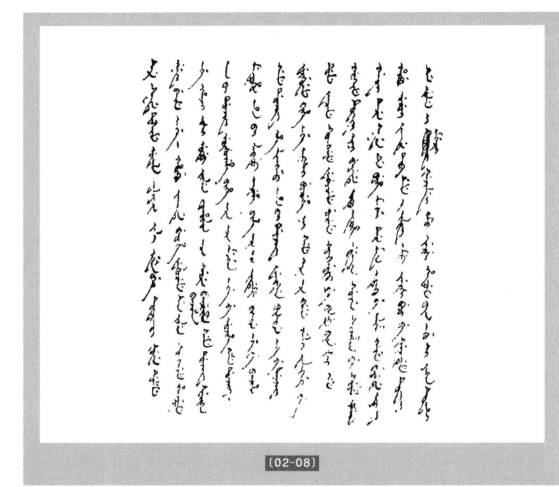

[02-08]

tere sakda dosime   utala waliyara yali efen be tuwarakū  šuwe duleme
그   노인 들어와 이러한 제사할 고기 떡 을 보지 않고 곧바로 지나고

genefi, beile age  i hūbu[50] jakade bethe fehuceme[51] den jilgan songgome hendume
가서  beile age 의 관  곁에  발  뛰고  높은 소리  울며  말하기를

age   haji   absi   udu   jalgan fohūlon[52] ara.  sure   banjiha seme donjifi. suisikan
age 친애하는 정말로 얼마나 수명 짧은가   ara 총명하게 태어났다 하고 듣고서  죄 많은

---

50) hūbu : hobo의 방언으로 추정된다.
51) fehuceme : fekuceme의 방언으로 추정된다.
52) fohūlon : foholon의 방언으로 추정된다.

aka[53]   bi  donjifi  urgunjehe  bihe  ara  ara.     mergen    age  be   ujihe   seme  donjifi,
하인   나   듣고서   기뻐했었다    ara ara 사냥  잘하는 age 를  길렀다 하고  듣고서

mentuhun aha  bi  labdu  erehe  bihe.  ara  ara,  erdemu bisire  age  be  banjiha
우둔한   하인  나  많이  바랐었다   ara  ara    덕    있는 age 를  낳았다

seme  donjifi,  ehe  linggo[54]  aha  bi  donjifi  fengšen  bisire  age  be  donjifi,
하고  듣고서   용렬한     하인  나  듣고서 행복하게  사는  age 를  듣고서

ferguweme  bihe  age   absi   bucehe  ni  seme.  ara  ara,  seme  geli  falanggo[55]  be
기이하였던    age 정말로  죽었는가 하고  ara  ara   하고  또  손바닥    을

dume[56]  fancame  songgome  feguceme[57]  buceme  songgoro  be  baldu  bayan  sar  seme
치고    북받쳐   울며     뛰며     죽고   울기   를  baldu  bayan  하염없이

gosime    tuwafi,  ini  beyede  etuhe  suwayan  suje  sijihiyan[58]  be  sume
아파하며  보고서  또  몸에   입은   누런   비단   옷옷     을  벗어

gaifi     tere  sakda  de  buhe  manggi,  tere  mafa   etuku  be  alime  gaiha  beyede  etufi
가지고서  그  노인 에  준   후    그  할아버지 옷 을  받아 가졌다 몸에  입고서

hūbu  ujui  jakade  tob  seme  ilifi  emu  jergi  buo[59]  be  šurdeme  tuwafi,
관  머리의  곁에   곧바로 서서  한   번   방  을   둘러   보고서

den  jilga  i  emgeri  šejilefi[60]  emu  jergi  hendume  bayan  agu   si   yasa  tuwahai
높은 소리로  한번  탄식하고서   한   번  말하기를  bayan  agu  당신  눈  본 대로

—— ○ —— ○ —— ○ ——

그 노인이 들어와 이토록 많은 제사할 고기와 떡을 보지 않고 곧장 지나가더니, 버일러 아거의 관 곁에서 발로 뛰면서 높은 소리로 울며 말했다.

"친애하는 아거, 어찌 이리도 수명이 짧은가? 아라, 총명하게 태어났다고 듣고서, 죄 많은 아랫사람인 내가 듣고서 기뻐했었다. 아라, 아라, 사냥 잘하는 아거를 길렀다고 듣고서, 우둔한 아랫사람인 내가 많이 바랐다. 아라, 아라, 덕 있는 아거를 낳았다고 들었는데, 용렬한 아랫사람인 내가 들었는데, 행복하게 산다고 들었는데, 기이한 아거라고 들었는데, 어찌 죽었단 말인가? 아라, 아라."

하고는 손바닥을 치고 북받쳐 울면서 뛰고 죽을 듯이 울었다. 발두 바얀이 하염없이 아파하며 입고 있던 누런 비단 옷을 벗어서 그 노인에게 주었다. 그 노인이 옷을 받아 몸에 입고서 관의 머리말에 서서 방을 둘러보고는 높은 소리로 한번 탄식하고서 말했다.

"바얀 아구, 당신은 눈 뜬 채로

---

53) aka : aha의 방언으로 추정된다.
54) ehe linggo : ehe linggū(=ehelinggū)의 방언으로 추정되며, 띄어쓰기되어 있다.
55) falanggo : falanggū의 방언으로 추정된다.
56) dume : tūme의 방언으로 추정된다.
57) feguceme : fekuceme의 방언으로 추정된다.
58) sijihiyan : sijigiyan의 방언으로 추정된다.
59) buo : boo의 방언으로 추정된다.
60) šejilefi : sejilefi의 방언으로 추정된다.

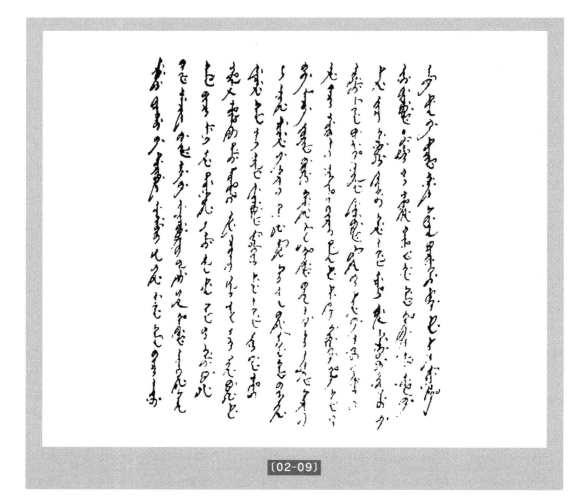

[02-09]

sergudi fiyanggo be duribufi unggimbio.  ya  bade  mangga saman  bici    ainu
sergudi fiyanggo 를 빼앗겨서 보내는가  어느  곳에  뛰어한  샤먼  있으면  어째서

baime  gajifi  beile  age  be    weijuburakū.   baldu  bayan hendume aikabade sain
청해 가지고서 beile age 를 되살리지 않는가  baldu bayan 말하기를  만약에  좋은

saman  bici,   meni  ere  toksode  emu  ilan  duin  saman   bi  gemu  buda
샤먼  있으면  우리의  이  장원에  한  3  4  샤먼  있다  모두  밥

hūlara hūlhatu damu tohoho efen coko yali    nasa[61]  arki  ira  buda  de
부르는 도적놈  다만 실에 꿴 떡  닭  고기 절인 배추 소주 기장  밥  에

---

61) nasa : nasan의 방언으로 추정된다.

wecere saman kai. niyalma weijubume mutembini. sere　anggala　ini beye hono
제사할 샤먼이구나　사람　되살릴 수 있는가　할 뿐 아니라 그의 몸　역시

ai　erinde bucere be sarkū. sakda　mafa　si yaya bade mangga saman bisire
어느 때에　죽는 것 을 모른다 늙은 할아버지 너 여러 곳에 뛰어난 샤먼　있는

bade majige jorime　bufi　serede. mafa　hendume bayan agu si adarame sarkū.
곳에 조금 가르쳐 주어서 함에 할아버지 말하기를 bayan agu 너　어찌 모르는가

ere　baci　goro akū nisihai birai dalin de tenteke gebungge hehe saman bi,
이 곳으로부터 멀지 않은 nisihai 강의 가 에 그렇게　이름난 여자 샤먼이 있다

erdemu mangga bucehe niyalma weijubume muten bi tere be ainu　baihanarakū.
덕　뛰어난 죽은　사람　되살리는 능력 있다 그 를 어째서 찾아가지 않는가

tere　jici, sergudi fiyanggo sere　anggala uthai juwan sergudi fiyanggo be
그　오면 sergudi fiyanggo 할 뿐 아니라 즉시 10　sergudi fiyanggo 를

inu weijubume mutembi kai. hūdun baihaname gene seme　hendufi elhe nuhan be
또　되살려낼 수 있겠구나 빨리　찾으러 가라 하고 말하고서　천천히

amba duka be tucime genefi, sunja boconggo tugi de　tefi　muktehe[62].
큰　문 을 나와 가서　5　색의 구름 에 앉아서 올랐다

—— ◦ —— ◦ —— ◦ ——

서르구다이 피양구를 ~~빼앗겨~~ 보내겠습니까? 어딘가에 뛰어난 샤먼이 있으면, 어찌 청해서 버일러 아거를 되살리지 않습니까?"
발두 바얀이 말했다.
"좋은 샤먼이라면, 우리의 이 마을에도 한 서너 명이 있는데, 모두 밥만 축내는 도적놈이고, 오직 실에 꿴 떡, 닭고기, 김치, 술, 기장 밥 때문에 제사하는 샤먼이니, 사람을 살릴 수 있겠습니까? 하물며 자신의 몸도 언제 죽을지를 모릅니다. 어르신, 당신이 뛰어난 샤먼이 있는 곳을 조금 가르쳐 주십시오."
노인이 말했다.
"바얀 아구, 당신은 어찌 모릅니까? 이곳에서 멀지 않은 니시하이 강가에 이름난 여자 샤먼이 있습니다. 덕이 뛰어나고 죽은 사람을 되살리는 능력이 있습니다. 그녀를 어찌 찾아가지 않습니까? 그녀가 오면, 서르구다이 피양구가 열 명이라도 되살릴 수 있습니다. 빨리 찾으러 가십시오."
그리고는 천천히 대문을 나와서 오색구름을 타고 하늘로 올라갔다.

---

62) muktehe : mukdehe의 방언으로 추정된다.

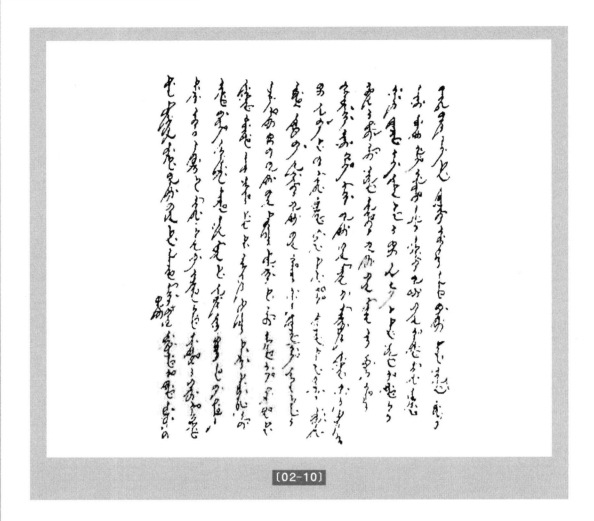

[02-10]

duka tuwakiyara urse baldu bayan de alanjiha manggi, baldu bayan urgunjeme hendume urunako[63]
문 지키는 무리 baldu bayan 에 알리고 온 후 baldu bayan 기뻐하고 말하기를 반드시

dergi abkai enduri sa minde sain be joriha seme, untuhun i baru hengkišeme,
위의 하늘의 신 들 나에 좋은 것 을 가르쳤다 하고 허공 의 쪽으로 거듭 절하고

ekšeme bethe sefere sirha[64] akta morin de yalufi, ini booi aha be dahalafi
서둘러 발 한 줌 누런 반점 있는 악대 말 에 타고서 그의 집의 하인 을 뒤따라서

feksime. goidaha akū. nisihai dalin de isinafi tuwaci, dergi dubede emu
달리고 오래지 않아 nisihai 가 에 이르러서 보니 동쪽 끝에 한

---

63) urunako : urunakū의 방언으로 추정된다.
64) sirha : sirga의 방언으로 추정된다.

ajige hetu boo  bi,  baldu bayan tuwaci, tulergi de emu ašiha[65] gehe[66] darhūn[67] de
작은 행랑 집 있다 baldu bayan 보니   밖 에 한 젊은 여인     장대 에

obuha[68] etuku be walgiyambi. baldu bayan hanci genefi fonjime gehe yasan saman i
썻은   옷  을 볕에 말린다 baldu bayan 가까이 가서 묻기를 여인 yasan 샤먼 의

boo  ya ba de  bi.  minde jorime  bure. tere hehe  jorime  tere wargi dubede
집 어느 곳 에 있는가 나에게 가리켜 주겠는가 그 여인 가리키며 그 서쪽 끝에

bisirengge  inu sehe manggi,  baldu bayan morin be maribufi feksime genefi tuwaci,
있을 것 이다 한  후    baldu bayan 말 을 돌려서 달려서 가서 보니

hūwa i  dolo  emu niyalma ilihabi. baldu bayan morin  ci  ebufi hanci
뜰 의 가운데 한   사람  섰다 baldu bayan 말 에서 내려 가까이

genefi fonjime age yasan saman i boo ya   emke.  tere niyalma hendume si
가서 묻기를 age yasan 샤먼 의 집 어디 하나인가 그   사람 말하기를 너

ainu  uttu  gelehe   goloho adali eksembi. baldu bayan hendume minde ekšere
어째서 이리 두려워하고 놀란 같이 바쁜가 baldu bayan 말하기를   나에 급한

baita bifi  age de fonjimbi, gosici alame  buruo[69]. tere niyalma uthai
일 있어 age 에 묻는다 부디 알려 주겠는가 그   사람   곧

— ◦ —— ◦ —— ◦ ——

문 지키는 무리가 발두 바얀에게 아뢰니, 발두 바얀이 기뻐하며 말했다.
"분명히 하늘의 신들이 나에게 길한 것을 알려준 것이다."
하고는 발두 바얀은 하늘을 향해 거듭 절했다. 그리고 서둘러 발에 한 줌 누런 반점 있는 악대말을 타고서 집의 하인을
따라서 달렸다. 오래 지나지 않아 니시하이 강가에 다다라서 보니, 동쪽 끝에 한 작은 집이 있는데, 밖에 한 젊은 여인
이 장대에 빨래를 걸어 볕에 말리고 있었다. 발두 바얀이 가까이 가서 물었다.
"여인이여, 니샨 샤먼의 집이 어느 곳에 있는지 나에게 가르쳐 주겠습니까?"
그 여인이 가리키며 말했다.
"서쪽 끝에 있을 것입니다."
발두 바얀이 말을 돌려 달려가서 보니, 뜰 안에 한 사람이 서 있었다. 발두 바얀이 말에서 내려 가까이 가서 물었다.
"아거, 니샨 샤먼의 집이 어딥니까?"
그 사람이 말했다.
"당신은 어찌 이리 두렵고 놀란 듯이 바쁩니까?"
발두 바얀이 말했다.
"나에게 급한 일이 있어서 묻습니다. 부디 알려주겠습니까?"
"그 여인이 곧

---

65) ašiha : asiha의 방언으로 추정된다.
66) gehe : gege의 방언으로 추정된다.
67) darhūn : darhūwan의 방언으로 추정된다.
68) obuha : oboho의 방언으로 추정된다.
69) buruo : bureo의 방언으로 추정된다.

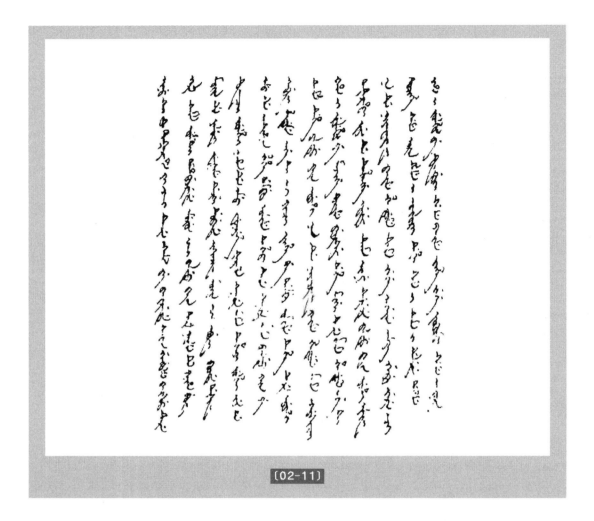

[02-11]

inu. si tašaraha bi kai. tere sama be bairede saikan gingguleme baisu tere
그 너 그릇하여 있구나 그 샤먼 을 청함에 잘 공경하여 청하라 그

sara sama umesi dahaburede emurun[70] kai. baldu bayan tere niyalma de baniha bufi,
아는 샤먼 매우 따르기에 좋아하는구나 baldu bayan 그 사람 에 감사 드리고

morin de yalufi feksime dergi dubede isinjifi morin ci ebufi, boode dosifi
말 에 타서 달려서 동쪽 끝에 다다라서 말 에서 내려 집에 들어가서

tuwaci, julhei nahan de emu funiyehe šaraha sakda mama tehebi. julhei[71] jun de
보니 남쪽 구들방 에 한 머리카락 희게 센 늙은 할머니 앉아있다 앞의 아궁이 에

70) emurun : amuran의 방언으로 추정된다.
71) julhei : julergi의 방언으로 추정된다.

emu se asihan hehe damgu[72) omime  tehebi. tere sakda mama baldu bayan be
한  나이  젊은  여인  담배    마시며  앉아있다  그    늙은  할머니  baldu bayan 을

tebufi    hendume age si  ai bici  jihe    be damgu omime  tehe. tere uthai
앉히고서  말하기를  age 당신  어디에서  왔는가  우리  담배  마시며  앉았다  그    곧

sama sehe. baldu bayan uthai na de niyakorafi[73)  baime hendume mama gosici
샤먼  했다  baldu bayan 즉시  땅 에  꿇고서      청하며  말하기를  할머니  부디

han  i fulehun be majige tuwame  bureo. sehe manggi, tere mama hendume age  si
왕  의  은혜  를  조금    보아  주겠는가  한  후    그  할머니  말하기를  age 당신

tašarahabi,   jun de  dehengge  urun sama inu. serede. baldu bayan uthai   ilifi
그릇하였다  아궁이에  담뱃잎 띄운  며느리  샤먼  이다  하기에  baldu bayan  곧  일어나서

na de niyakūrafi baime hendume sama gege elgiyen amba gebu geren  ci
땅 에  꿇고서  청하며  말하기를  샤먼  여인  넉넉하고  큰  이름  여럿  에게서

tucihe seme, orin sama i  oilori, dehi samai    deleri[74). dahame
나왔다  하고  20  샤먼  의  천박함  40  샤먼의  속임이  없는  따른

han  i  fulehun be tuwabuki seme baime jihe  gege jobombi. seme ainara
왕  의  은혜  를  보이자  하고  찾아  왔다  여인  수고롭다  하고  어떠한가

—— ◦ —— ◦ —— ◦ ——

샤먼입니다. 당신이 잘못 알았습니다. 그 샤먼을 청할 적에 잘 공경하여 하십시오. 그 샤먼은 다른 사람이 따르는 것을
매우 좋아합니다."
발두 바얀이 그 사람에게 감사드리고, 말을 타고 달려서 동쪽 끝에 다다라 말에서 내렸다. 집에 들어가서 보니 남쪽 구
들방에 머리가 희게 센 늙은 할머니가 앉아있고, 아궁이에는 나이가 한 젊은 여인이 담배를 피우며 앉아 있다. 그 늙은
할머니가 발두 바얀을 앉히고서 말했다.
"아거, 당신은 어디에서 왔습니까? 우리는 담배를 피우며 앉아있습니다."
그가 곧 샤먼이라고 여긴 발두 바얀이 즉시 땅에 무릎을 꿇고 청하여 말했다.
"할머니, 부디 왕의 은혜를 조금 봐 주시겠습니까?"
그 할머니가 말했다.
"아거, 당신이 잘못 알았습니다. 아궁이에서 담뱃잎을 띄우는 며느리가 샤먼입니다."
하기에 발두 바얀은 곧 일어서서 다시 땅에 무릎 꿇고서 청하며 말했다.
"샤먼 여인의 넉넉하고 큰 이름이 여럿에게서 자자합니다. 이십 샤먼들의 천박함이나 사십 샤먼들의 속임이 없음을 따
라서, 왕의 은혜를 보고자 하여 찾아왔습니다. 여인은 수고롭겠으나

72) damgu : dambagu의 방언으로 추정된다.
73) niyakorafi : niyakūrafi의 방언으로 추정된다.
74) oilori~ deleri : '천박함이나 속임이 없다'는 의미이다.

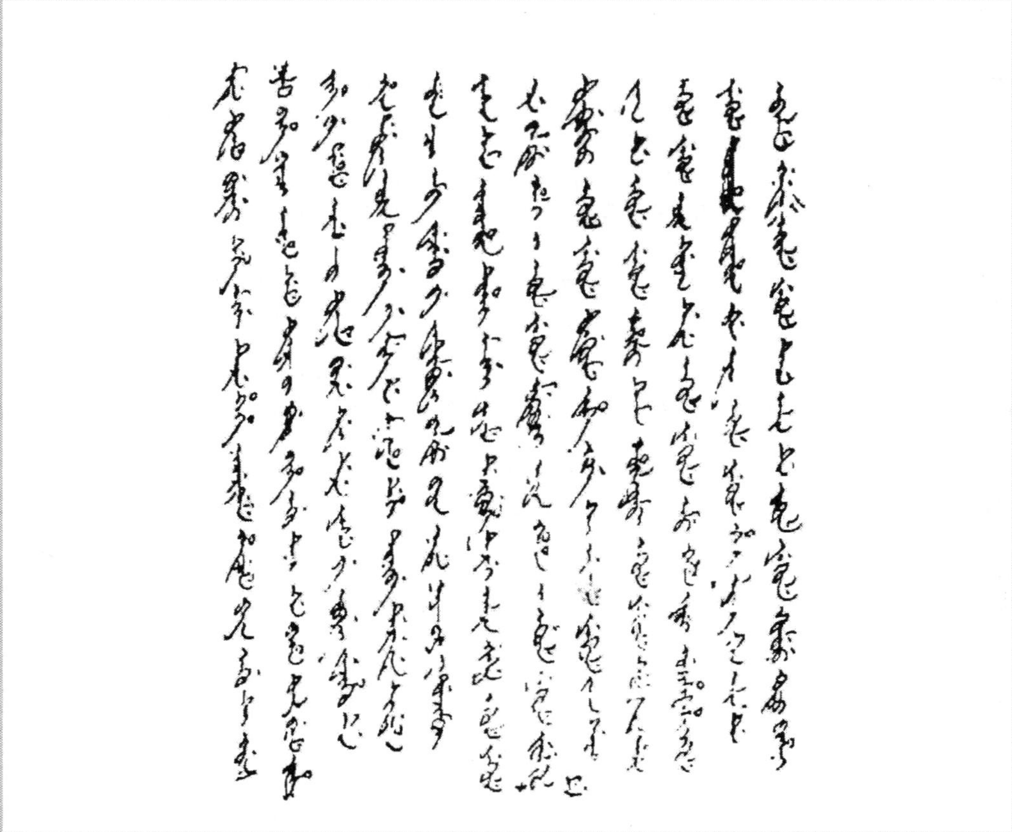

[02-12]

minde tuwame  bureo. sehe manggi, tere hehe niceršeme[75] hendume bayan agu  si  gūwa
나에게 보여 주겠는가 한    후    그 여인 눈 깜박이고  말하기를 bayan agu 너 다른

niyalma  bihe  bici, ainaha seme    tuwarakū bihe.    agu teni  se  baha tuwabume
 사람 이었다 하면 어찌  하여 보지 못하는 것이었다 agu 지금 나이 얻었다 보이러

jihe be dahame, argan akū tuwame bure. sefi, dere yase[76] be obufi. wejihu[77] de
왔음을 따라  싹 없이 보아 주겠다 하고 얼굴 눈  을 씻고서 神靈 에

---

75) niceršeme : nicurseme의 방언으로 추정된다.
76) yase : yasa의 방언으로 추정된다.
77) wejihu : weceku의 방언으로 추정된다.

hiya dabufi, orin   tonibe[78] be muke de maktaha. dehi   tonibe   derede sindaha.
향 태우고 20 바둑돌을 을 물 에 던졌다 40 바둑돌을 탁자에 놓았다

abka ci   amba weceku be wasimbufi,   baldu bayan nade niyakorafi donjimbi.
하늘에서 큰   神靈 을 내리게 하고 baldu bayan 땅에   꿇고서   듣는다

yasan sama oncohūn[79]  tuheke manggi. yayame[80]  deribuhe terei   alara gisun. ekule yekule
yasan 샤먼 쓰러져   넘어진 후   읊조리기 시작한 그의 이르는 말   ekule yekule

ere baldu halai. ekule yekule muduri aniya haha  i. ekule yekule julgun[81]  de
이   baldu 성의   ekule yekule   용   해   남자 의 ekule yekule 수명   에

tuwabumbio. ekule yekule tuwabume jihe  age si ekule yekule. waka   seci
보이는가   ekule yekule   뵈러   왔다 age 너 ekule yekule 아니다 하면

waka   se. ekule yekule holo sama holtombi. ekule yekule   suwede   alare,
아니다 하라 ekule yekule 거짓 샤먼   속인다   ekule yekule 너희들에 알리러

ekule yekule orin sunja sede. ekule  yekule emu haha jui  ujihebihe. ekule
ekule yekule 20   5   살에 ekule  yekule   한   남자 아이 길렀더라 ekule

yekule tofohūn[82]  se   ofi.  ekule yekule heng lang šan alin  de
yekule   15   살 되어서 ekule yekule heng lang 山   산 에

abalame genefi. ekule yekule tere alin de. ekule yekule kumuru hutu   biheni.
사냥하러 가서   ekule yekule 그   산 에 ekule yekule kumuru 귀신 있었구나

—— 。 —— 。 —— 。 ——

나에게 보여주는 것은 어떻습니까?"
그 여인이 눈을 깜박이며 말했다.
"바얀 아구, 당신이 다른 사람이었다면, 어떠한 경우라도 보지 않았을 것입니다. 아구께서 나이가 들어 점을 보러 왔으므로, 어쩔 수 없이 봐주겠습니다."
샤먼은 얼굴과 눈을 씻고, 신령께 향을 태웠다. 그리고 스무 개의 바둑돌을 물에 던지고, 마흔 개의 바둑돌을 탁자 위에 놓았다. 하늘에서 큰 신령을 내리게 하니, 발두 바얀이 땅에 무릎을 꿇고서 들었다. 니샨 샤먼이 쓰러져 넘어진 다음 읊조리기 시작했다.

| | |
|---|---|
| "어쿨러 여쿨러 발두 성을 가진, | 어쿨러 여쿨러 용띠 남자의, |
| 어쿨러 여쿨러 수명이 보이는가? | 어쿨러 여쿨러 보러 온 아거, 당신이, |
| 어쿨러 여쿨러 아니라고 하면 아니라고 하라. | 어쿨러 여쿨러 가짜 샤먼은 속인다. |
| 어쿨러 여쿨러 너희들에 알리라. | 어쿨러 여쿨러 스물다섯 살에. |
| 어쿨러 여쿨러 한 남자 아이를 길렀구나. | 어쿨러 여쿨러 열다섯 살이 되어서, |
| 어쿨러 여쿨러 형랑산에 사냥하러 가서, | 어쿨러 여쿨러 그 산에, |
| 어쿨러 여쿨러 쿠무루 귀신이 있었구나. | |

---

78) tonibe : toniobe의 방언으로 추정된다.
79) oncohūn : oncohon의 방언으로 추정된다.
80) yayame : yayadame의 방언으로 추정된다.
81) julgun : jalgan의 방언으로 추정된다.
82) tofohūn : tofohon의 방언으로 추정된다.

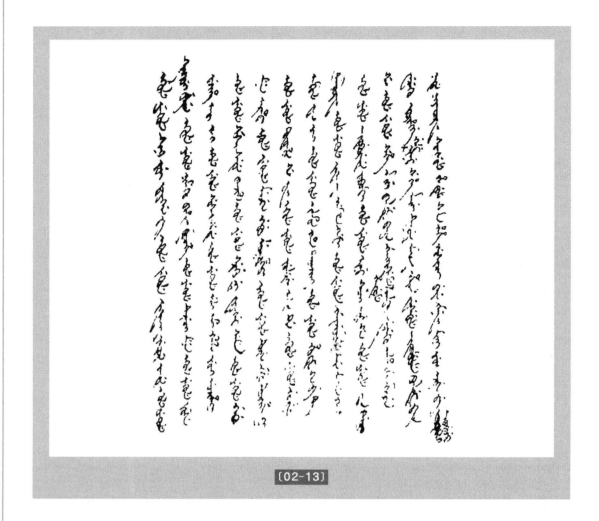

[02-13]

ekule yekule sini jui fayangga be. ekule yekule jafafi jetere jakade. ekule yekule
ekule yekule 너의 아들 fayangga 를 ekule yekule 잡아서 먹을 적에 ekule yekule

sini jui beye. ekule yekule nimeku bahafi bucehe. ekule yekule tereci mene. ekule yekule
너의 아들 몸 ekule yekule 병 얻어서 죽었다 ekule yekule 그로부터 진실로 ekule yekule
juse
아들

ujihe akū kai ekule yekule susai sede. ekule yekule geli emu haha jui ujihebi.
기르지 못하였구나 ekule yekule 50 살에 ekule yekule 다시 한 남자 아이 길렀다

ekule yekule susai sede banjiha. ekule yekule sergudi fiyanggo seme. ekule yekule gebu
ekule yekule 50 살에 낳았다 ekule yekule sergudi fiyanggo 하고 ekule yekule 이름

mene arahabi. ekule yekule mergen gebu mukdehebi. ekule yekule turgen gebu tucihe bi. ekule yekule
저리 지었다 ekule yekule 지혜로운 이름 일어났다 ekule yekule 빠르게 이름 드러났다 ekule yekule

tofohūn[83] se ofi. ekule yekule julergi alin de. ekule yekule gurgu
15 살 되어서 ekule yekule 남쪽 산 에 ekule yekule 길짐승

ambula waha kai. ekule yekule ilmun han fonjifi. ekule yekule hutu sa be
매우 죽였구나 ekule yekule 염라 대왕 듣고서 ekule yekule 귀신 들 을

takūrafi. ekule yekule jafafi gamaha sembi. ekule yekule weijubure de mangga kai.
보내게 해서 ekule yekule 잡아서 데려왔다 한다 ekule yekule 되살리기 에 어렵구나

ekule yekule aituburede jobombi. ekule yekule inu seci inu se. ekule yekule waka seci[84]
ekule yekule 살리기에 근심한다 ekule yekule 옳다 하면 옳다 하라 ekule yekule 아니다 하면

se. ekule yekule. sehe manggi. baldu bayan hengkišeme hendume amba weceku alahangge geren
하라 ekule yekule 한 후 baldu bayan 거듭 절하고 말하기를 큰 神靈 아뢴 것 여러

weceku jorihangge gemu inu. sehe manggi, sakda mafa hiyan fusebume[85] aitumbume[86] baldu bayan
神靈 가리킨 것 모두 옳다 한 후 늙은 할아버지 香 피워서 살리고 baldu bayan

nade niyakūrafi songgome hendume, sama hehe gosici, beye genefi, mini jui ergen be aituburo
땅에 꿇고 울며 말하길 샤먼 여인 부디 몸소 가서 나의 아들 목숨 을 살리겠는가

—— ° —— ° —— ° ——

| | |
|---|---|
| 어쿨러 여쿨러 당신의 아들 피양구를, | 어쿨러 여쿨러 잡아서 먹을 적에, |
| 어쿨러 여쿨러 당신의 아들이, | 어쿨러 여쿨러 병을 얻어서 죽었구나. |
| 어쿨러 여쿨러 그로부터 진실로 | 어쿨러 여쿨러 아들을 기르지 못했구나. |
| 어쿨러 여쿨러 쉰 살에, | 어쿨러 여쿨러 다시 한 남자 아이를 길렀구나. |
| 어쿨러 여쿨러 쉰 살에 낳았구나. | 어쿨러 여쿨러 서르구다이 피양구라 하고, |
| 어쿨러 여쿨러 이름을 그렇게 지었구나. | 어쿨러 여쿨러 지혜로운 이름을 날렸구나. |
| 어쿨러 여쿨러 빠르게 이름이 드러났구나. | 어쿨러 여쿨러 열다섯이 되어, |
| 어쿨러 여쿨러 남쪽 산에서 | 어쿨러 여쿨러 짐승을 많이 죽였구나. |
| 어쿨러 여쿨러 염라대왕이 듣고서 | 어쿨러 여쿨러 귀신들을 보내서 |
| 어쿨러 여쿨러 잡아 데려갔다 한다. | 어쿨러 여쿨러 되살리기에 어렵구나. |
| 어쿨러 여쿨러 살리는 것을 근심한다 | 어쿨러 여쿨러 옳으면 옳다 하라 |
| 어쿨러 여쿨러 아니면 아니라 하라 | 어쿨러 여쿨러" |

발두 바얀이 거듭 절하며 말했다.
"큰 신령이 알려준 것, 여러 신령이 지리킨 것이 모두 옳습니다."
하고는 발두 바얀이 향을 피워 되살리고, 땅에 무릎을 꿇고 울면서 말했다.
"샤먼 여인이여, 부디 몸소 가서 내 아들의 목숨을 살려주겠습니까?

---

83) tofohūn : tofohon의 방언으로 추정된다.
84) seci 다음에 'waka'가 결락된 것으로 추정된다.
85) fusebume : fusembume의 방언으로 추정된다.
86) aitumbume : aitubume의 방언으로 추정된다.

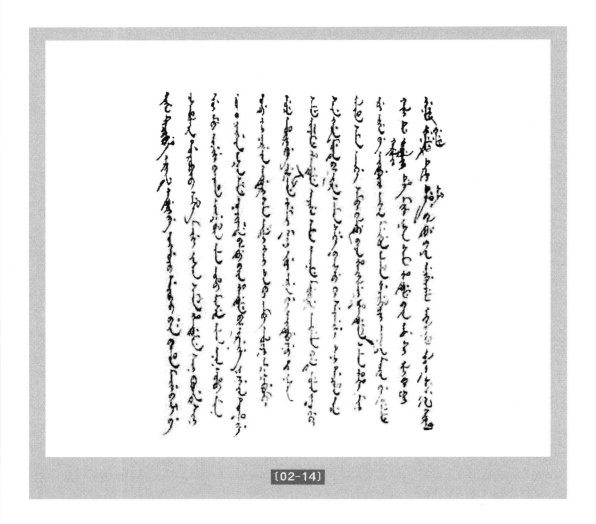

[02-14]

ergen tucibuhe erinde, enduri be onggoro    dorobio.  beye baha manggi baizyi[87] be
목숨 내보낸   때에   신  을   잊을   도리 있는가  몸 얻은  후   은혜   를

cashūlara dorobio.    sehe manggi, yasan sama hendume sini  boode sini
배반할 도리가 있는가  한    후    yasan 샤먼 말하기를 너의  집에 너의

jui  emu inenggi banjiha indahūn, ilan[88] oho misun. ilan aniya oho amina[89]
아들 한  날   태어난  개   3   된 醬  3  년  된  수컷

---

87) baizyi : 'baili'의 잘못 또는 방언으로 추정된다.
88) ilan : 다음에 'aniya'가 결락된 것으로 추정된다.
89) amina : amila의 방언으로 추정된다.

coko yargiyan tašan. seme fonjirede, baldu bayan hendume. bisirengge yargiyan. tuwahangge
닭　진실　거짓　하고　물음에　baldu bayan 말하기를　있는 것　진실이다　본 것

tondo kai. yargiyan enduri sama adali kai. te　bi amba ahūri[90]　aššabumbi
바르구나　진실로　신　샤먼　같구나　이제 나　큰　기물　움직이게 한다

ujen　ahūri be ušame gamafi. mini jui ergen be aitubureo. yasan
무거운 기물 을 끌어 가지고서 나의 아들 목숨 을 살리겠는가 yasan

sama injeme hendume. ajigen sama ainame　mutere. anggala bade ulin　wajimbi.
샤먼 웃으며 말하기를　작은 샤먼 어떻게 할 수 없고 뿐만 아니라 돈 다 써버린다

tere gūwa muten bisire saman sebe baisu. bi　serengge teni tacin ice
그　다른　능력　있는 샤먼 들을 찾으라 나　하는 것 이제 배움 새로

iliha saman.　aibe　sambi. baldu bayan hengkilefi hendume. saman hehe mini
세운 샤먼　무엇을 알겠는가 baldu bayan 절하고서 말하기를　샤먼　여인 나의

jui　ergen be aitubuci, aisin menggun alha gecuhuri akta morin be dalime
아들 목숨 을 살려주면　금　은　閃緞　蟒緞 악대 말 을 쫓아

baili de karulaki. sehe manggi. yasan sama hendume. bayan agu si　ili.　bi bai
은혜 에 갚고 싶다 한　후　yasan 샤먼 말하기를　bayan agu 너 서라 나 단지

geneme tuwaki　sehe　baldu bayan urgunjeme abaliyame[91] ilifi, sefere　sirha[92]
가서　보고싶다 하였다 baldu bayan 기뻐하며　돌아　서서 한 줌 누런 반점 있는

—— ◦ —— ◦ —— ◦ ——

목숨 보내면서 신을 잊을 리가 있겠습니까? 몸을 다시 얻은 후에 은혜를 저버릴 리가 있겠습니까?"
하니, 니샨 샤먼이 말했다.
"당신의 집에 당신 아들과 한 날에 태어난 개, 삼년 된 장(醬), 삼년 된 수컷 닭이 있습니까? 없습니까?"
하고 물으니, 발두바얀이 말했다.
"있는 것이 맞고 본 것도 맞습니다. 참으로 신령한 샤먼이시군요. 이제 내가 큰 기물을 움직이게 하겠습니다. 무거운
기물을 끌고 가서 내 아들의 목숨을 되살리겠습니까?"
니샨 샤먼이 웃으며 말했다.
"작은 샤먼이 어찌 할 수 없을뿐더러 돈만 쓸 것입니다. 그러니 다른 능력 있는 샤먼들을 찾으세요. 나는 이제 갓 배우
기 시작한 샤먼입니다. 무엇을 알겠습니까."
발두바얀이 절하면서 말했다.
"샤먼 여인이여, 내 아들 목숨을 구해주면, 금, 은, 섬단(閃緞), 망룡단(蟒龍緞), 악대말로 은혜를 갚겠습니다."
하니 니샨 샤먼 말했다.
"바얀 아구, 일어서십시오. 제가 가서 보겠습니다."
하니, 발두바얀이 기뻐하며 돌아서서 한 줌 누런 반점 있는

---

90) ahūri : agūra의 방언으로 추정된다.
91) abaliyame : ubaliyame의 방언으로 추정된다.
92) sirha : sirga의 방언으로 추정된다.

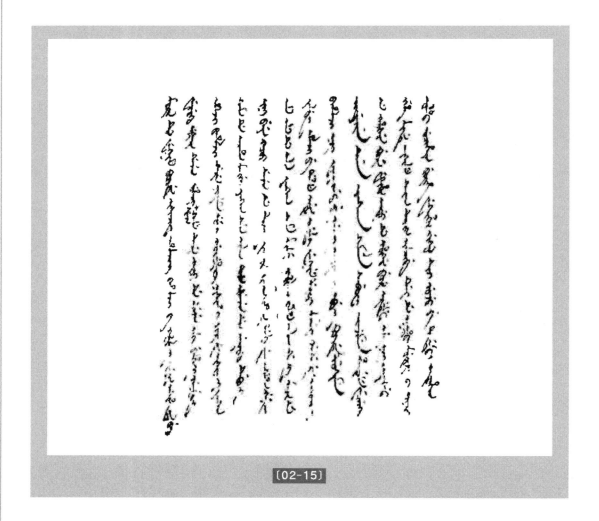

[02-15]

morin de feksime boode isinjifi, ahalji bahalji be hūlafi, juwan asihata  be
　말　에　달려서　집에 다다라서　ahalji bahalji 를 불러서　10　젊은이들 을

weceku ušara sejen uheri sunja sama tere kiyoo de sejen emke　belhefi　genebufi.
　神靈　끄는 수레 모두　5　샤먼　그　轎 에 수레 하나씩 준비하고서 가게하고

ahalji bahalji geren niyalma umai  goidahakū  nisihai birade isinafi, yasan
ahalji bahalji 여러　사람　전혀 오래지 않아 nisihai 강에 이르러서 yasan

saman de acaha manggi, yasan sama ilan sejen de etuku tebufi.
　샤먼 에 만난　후　yasan 샤먼　3　수레 에 옷 담고서

ini  beye kiyoo sejen de  tefi,  jakūn asihata dalbade asihan genefi.
그의 몸  轎  수레 에 앉고서  8 젊은이들 옆에  젊은이 가서

ama     eme de ala  yasan saman mimbe hūlafi gamaha  ala  sefi, morin de
어머니 아버지 에 알려라 yasan  샤먼  나를  불러서 데려갔다 알려라 하고  말 에

yalufi  ahalji be dahame edun adali feksime,  dartai  lolo gašan de isinjifi.
타고서 ahalji 를  따라  바람 같이  달려서  잠간 사이 lolo 마을 에 다다라서

bahalji nari fiyanggo be  gaifi  morinci ebufi,  boode dosime
bahalji nari fiyanggo 를 맞이하고 말에서 내리고서 집에  들어

jidere de, yasan saman sabufi  injeme hendume. weceku
 옴 에 yasan  샤먼 보고서 웃으며 말하기를  神靈

de hūsun bure wesihun endu93) de hūsan bure erdemu age nari fiyanggo
에  힘  줄 귀한 신 에  힘  줄 덕 있는 age nari fiyanggo

gehe94) minde aisilame saikan tungken imcibe95) deo de akdahabi muterakū oci,
여인  나에 도우고 좋은  큰북  남수고를 동생 에 의지한다 할 수 없으면

olho ucihiyan96)  burihe  wesihun gisun sini  uju be tantambi. ketuhen97)
마른  촉촉한  가죽 덮은 멋있는 북채 너의 머리 를  친다  단단한

—— ° —— ° —— ° ——

말을 달려 집에 도착하여 아할지 바할지를 불러서, 젊은이 열 명에게 신령 끄는 수레 모두 다섯과 샤먼이 앉는 가마 하나씩 준비하여 가게 하였다. 아할지 바할지와 여러 사람들이 그리 오래지 않아 니시하이 강에 다다랐다. 니샨 샤먼을 만난 후에, 니샨 샤먼이 세 수레에 옷 담고 몸소 가마에 앉으니 여덟 젊은이들 옆에 어떤 젊은이가 가서는,
"아버지 어머니에게 알려라, 니샨 샤먼이 나를 불러서 데려갔다 알려라."
하고 말한 후 말에 타고 아할지를 따라 바람같이 달려서 잠간 사이에 로로 마을에 다다랐다. 바할지가 나리 피양고를 맞이하고, 말에서 내려 집에 들어오니, 니샨 샤먼이 보고 웃으며 말했다.
"신령에 힘 실어 줄, 귀한 신에게 힘 실어 줄 덕 있는 아거, 나리 피양고여. 누이인 나를 도와 좋은 큰북 남수고를 동생에게 의지할 수 없다면, 마르고 촉촉한 가죽을 씌운 북채로 너의 머리를 치겠다. 단단한

93) endu : enduri의 방언으로 추정된다.
94) gehe : gege의 방언으로 추정된다.
95) imcibe : imcinbe의 방언으로 추정된다.
96) ucihiyan : usihiyan의 방언으로 추정된다.
97) ketuhen : kataha의 방언으로 추정된다.

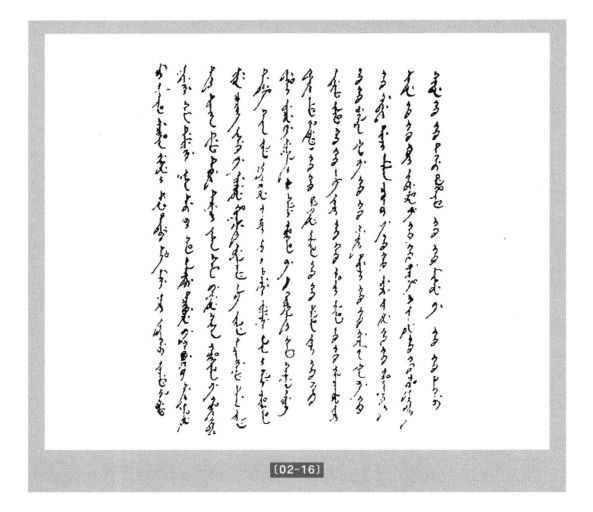

〔02-16〕

moo i araha gincihiyan gisun i dere tantambi. sehe manggi, nari fiyanggo injeme hendume.
나무로 만든 반들반들한 북채 로 얼굴 친다 한 후 nari fiyanggo 웃으며 말하기를

akdanggi sama demungge yasan deo bi saha, labdu tacibure be baiburakū. sefi, nahande
의지하는 샤먼 기이한 yasan 동생 나 알았다 많이 가르침 을 소용않는다 하고서 구들방에

tefi, tungken dume tebufi. tereci yasan sama beyede sisa[98] hūsihan be hūwaitafi[99],
앉고서 큰북 두드려 앉히고서 그로부터 yasan 샤먼 몸에 방울 치마 를 매고서

uyun cecike iseku[100] be ujude hūkšefi[101] uyaljame amba jilgan acinggiyame den jilgan
9 새 神帽 를 머리에 쓰고서 낭창거리며 큰 소리 혼들거리며 높은 소리

---

98) sisa : siša의 방언으로 추정된다.
99) hūwatafi : hūwaitafi의 방언으로 추정된다.
100) iseku : yekse의 방언으로 추정된다.
101) hūkšefi : hukšefi의 방언으로 추정된다.

dendehe saikan jilgan yayarade[102]. gaitai abkai dergi julergi alin i selei hongha[103]
분명한 좋은 소리 읊조림에 갑자기 하늘의 위 남쪽 산 의 쇠의 방울

wehei ucun[104] be uksalafi selei hongha sibšalafi, sama sargan jui
돌의 동굴 을 열고서 쇠의 방울 벗겨내고서 샤먼 여자 아이

wasifi, alame hendume. keku keku dalbade iliha. keku keku dalaha jari[105]. keku keku
내려서 고하여 말하기를 keku keku 곁에 선 keku keku 으뜸인 jari keku keku

adarame iliha. keku keku amba jari. keku keku hanci iliha. keku keku honcihūn[106] jari.
어찌 섰는가 keku keku 큰 jari keku keku 가까이 선 keku keku 준수한 jari

keku keku nekeliyen šan be keku keku neifi donji. keku keku giramin[107] šan be keku
keku keku 엷은 귀 를 keku keku 열고서 들어라 keku keku 두터운 귀 를 keku

keku gidafi donji. amila coko be. keku keku uju jakade. keku keku hūwaitafi
keku 누르고서 들어라 수컷 닭 을 keku keku 머리 곁에 keku keku 매어서

sinda. keku keku kuri indahūn be keku keku bethe i jakade keku keku hūwaitafi
놓아라 keku keku 점박이 개 를 keku keku 발 의 곁에 keku keku 매어서

sinda. keku keku tanggo[108] dalhiyame[109] keku keku misun be. keku keku tanggo
놓아라 keku keku 100 덩이 keku keku 醬 을 keku keku 100

—— ◦ —— ◦ —— ◦ ——
나무로 만든 반들반들한 북채로 얼굴을 치겠다."
하니, 나리 피양고가 웃으며 말했다.
"믿음직한 샤먼, 기이한 니샨 동생 내가 알았다. 많이 가르칠 필요 없다."
하고는 구들방에 앉아 큰북 두드리며 앉았다. 그리고 니샨 샤먼은 몸에 방울 치마를 매고, 새 아홉 마리 달린 신모(神帽)를 머리에 쓰고, 낭창거리면서 큰 소리가 흔들거렸고, 높은 소리가 분명하였고, 좋은 소리로 읊조렸다. 그러자 갑자기 하늘 위 남쪽 산의 쇠 방울이 석굴을 열고서 쇠 방울을 벗겨내고, 샤먼 여자 아이 내려와 아뢰어 말했다.

| | |
|---|---|
| "커쿠 커쿠 옆에 선, | 커쿠 커쿠 으뜸인 자리, |
| 커쿠 커쿠 어찌 서 있는가? | 커쿠 커쿠 큰 자리, |
| 커쿠 커쿠 가까이 서 있는 | 커쿠 커쿠 준수한 자리, |
| 커쿠 커쿠 엷은 귀를 | 커쿠 커쿠 열고서 들어라 |
| 커쿠 커쿠 두터운 귀를 | 커쿠 커쿠 누르고 들어라, 수탉을 |
| 커쿠 커쿠 머리 옆에 | 커쿠 커쿠 매어 놓아라. |
| 커쿠 커쿠 점박이 개를 | 커쿠 커쿠 발 옆에 |
| 커쿠 커쿠 매어 놓아라 | 커쿠 커쿠 백 덩이 |
| 커쿠 커쿠 장을 | 커쿠 커쿠 백 뭉치 |

---

102) yayarade : yayadarade의 방언으로 추정된다.
103) hongha : honggon의 방언으로 추정된다.
104) ucun : uncun의 방언으로 추정된다.
105) jari : 神歌를 부르며 기도하는 것, 혹은 그런 일을 하는 샤먼을 가리킨다.
106) honcihūn : hocikon의 방언으로 추정된다.
107) giramin : jiramin의 방언으로 추정된다.
108) tanggo : tanggū의 방언으로 추정된다.
109) dalhiyanme : dalgan의 방언으로 추정된다.

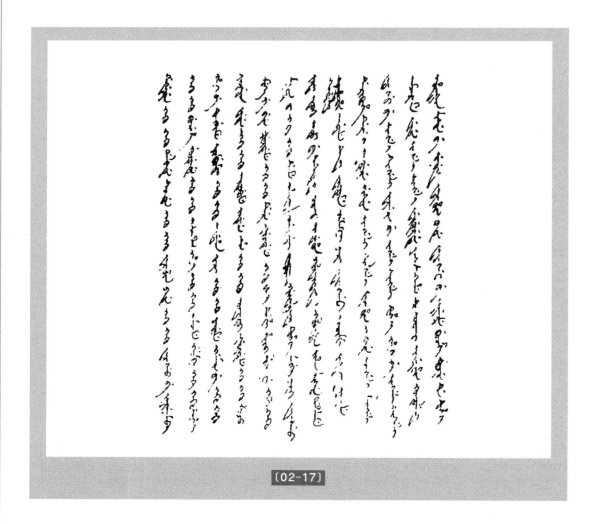

[02-17]

sefere. keku keku dalbade sinda. keku keku farhūn bade. keku keku fayanggo be farganambi.
뭉치   keku keku  곁에  놓아라 keku keku  어두운 곳에  keku keku  fayanggo 를   쫓아간다

keku keku bucehe gurunde. keku keku aljaha hani.[110] keku keku amcame genembi. keku keku tuheke
keku keku  죽은   나라에  keku keku  떠난 동료    keku keku  쫓아서  간다    keku keku  넘어진

hani be tunggiyeme yombumbi[111]. keku keku akdaha jari keku keku  yarume gamara be. keku keku
동료 를   주워     일으킨다     keku keku  의지한 jari keku keku  인도하여  데려감 을  keku keku

yargiyan fede   keku keku aitubume jidere de. keku keku oforo šurdeme. keku keku hunio
진실로  힘쓰고 keku keku  살려서     옴  에 keku keku  코   둘레에   keku keku  물통

---

110) hani : kani의 방언으로 추정된다.
111) yombumbi : yumbumbi의 방언으로 추정된다.

muke be beye šurdeme. keku keku dere šurdeme. keku keku dehi hunio muke be. keku keku
물 을 몸 둘레에 keku keku 낯 둘레에 keku keku 40 물통 물 을 keku keku

makta bi[112]. keku keku. seme alafi, gaitai gūwaliyafi tuheke manggi. nari fiyanggo
던진다 keku keku 하고 말하고서 갑자기 정신을 잃고 넘어진 후 nari fiyanggo

jifi, etuku adu be dasatafi, coko indahūn hūwaitafi, hūwasan[113] jiha menggun dahalame
와서 의 복 을 가지런히 하고 닭 개 매고서 종이 돈 은 뒤를 따라

sindafi, adame tefi fidume[114] gamambi. nari fiyanggo incimbe jafafi, yayame
놓고서 꿇어 앉아서 애쓰며 처리한다 nari fiyanggo 남수고를 잡고서 읊조리기

deribuhe. terei fadere[115] gisun. inggeli singgeli farhūn i bade, inggeli singgeli
시작했다 그의 기도하는 말 inggeli singgeli 어둠 의 땅에 inggeli singgeli

fayanggo be. inggeli singgeli fargara be. inggeli singgeli tuheke hani[116] be. inggeli singgeli
fayangga 를 inggeli singgeli 쫓아가기 를 inggeli singgeli 넘어진 동료 를 inggeli singgeli

amcarame fade. inggeli singgeli fidurede. yasan sama coko indahūn kutulefi,
쫓는 법에 inggeli singgeli 애씀에 yasan 샤먼 닭 개 끌고서

kūwasan misun be unufi farhūn bade fayanggo be fargame. bucehe gurun de tuheke
종이 醬 을 지고 어두운 땅에 fayanggo 를 쫓아 죽은 나라 에 떨어졌다

—— 。 —— 。 —— 。 ——

커쿠 커쿠 옆에 놓아라
커쿠 커쿠 혼을 쫓아간다
커쿠 커쿠 떠난 동료
커쿠 커쿠 쓰러진 동료를 일으킨다.
커쿠 커쿠 이끌고 데려 가는 것을
커쿠 커쿠 되살려 옴에
커쿠 커쿠 물통 물을, 몸 주위에
커쿠 커쿠 물 사십 통을
커쿠 커쿠"

커쿠 커쿠 어두운 곳에
커쿠 커쿠 저승에
커쿠 커쿠 쫓아서 간다.
커쿠 커쿠 의지하는 자리가
커쿠 커쿠 진실로 힘써서
커쿠 커쿠 코 주위에
커쿠 커쿠 얼굴 주위에
커쿠 커쿠 던진다.

하고 말하고는 갑자기 창백해져 넘어지니, 나리 피양고가 와서 의복을 가지런히 하고, 닭과 개를 매고, 종이돈을 뒤이어 늘어 두고서 꿇어 앉아 애쓰며 처리한다. 나리 피양고가 남수고를 잡고서 읊조리며 기도하기 시작했다.

"잉걸리 싱걸리 어둠의 땅에
잉걸리 싱걸리 쫓아가기를
잉걸리 싱걸리 쫓아가기를

잉걸리 싱걸리 혼을
잉걸리 싱걸리 쓰러진 동료를
잉걸리 싱걸리 애씀에."

니샨 샤먼 닭과 개를 끌고, 종이와 장을 지고, 어두운 땅에 혼을 쫓아 저승으로 들어갔다.

---

112) makta bi : maktambi의 방언으로 추정된다.
113) hūwasan : hoošan의 방언으로 추정된다.
114) fidume : fideme의 방언으로 추정된다.
115) fadere : fadare의 방언으로 추정된다.
116) hani : kani의 방언으로 추정된다.

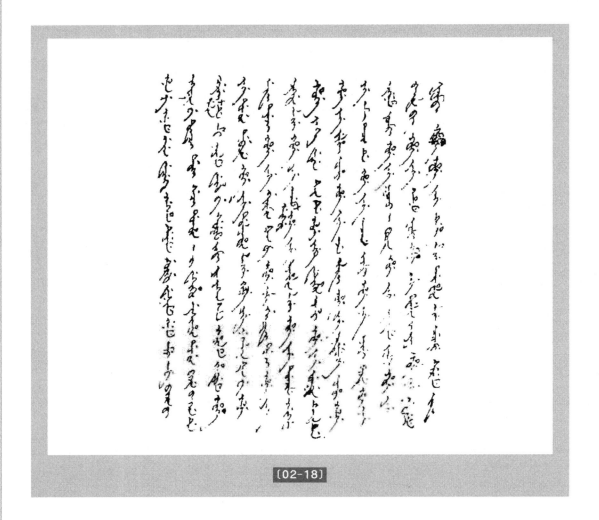

〔02-18〕

han be gamame. geren weceku gasha deyeme gurgu feksime geneme. emu amba bira bi
왕 을 데려와 여러 神靈 새 날고 길짐승 달려서 가고 한 큰 강 있다

isinara be tuwaci, dosi seci dohon[117] akū. wesihun fusihūn dogon bira baire de,
다다른 것 을 보니 들어가라 해도 나루 없다 높고 낮은 나루 강 찾음 에

cargi dalin de emu niyalma weihu be surume[118] jimbi. yasan sama hūlaha hendume. hoge
저쪽 가 에 한 사람 마상이 배를 노저어 온다 yasan 샤먼 소리쳐 말하기를 hoge

yage dogon dobure. hoge yage dolohūn[119] langgi. hoge yage nekeliyen šan be. hoge
yage 나루 멈추게 하는 hoge yage 절름발이 langgi hoge yage 엷은 귀 를 hoge

---

117) dohon : dogon의 방언으로 추정된다.
118) surume : šurume의 방언으로 추정된다.
119) dolohūn : doholon의 방언으로 추정된다.

neifi   donji. hoge yage giramin[120]   šan be. hoge yage gidafi   donji. hoge yage
열고 들어라 hoge yage 두터운     귀 를  hoge yage 감싸고 들어라 hoge yage

ersun     langgi. hoge yage ejeme     gaisu. hoge yage doholon langgi. hoge yage donjime gaisu.
얼굴 추한 langgi  hoge yage 기억하여 취하라 hoge yage 절름발이 langgi hoge yage    듣고 취하라

hoge yage  wecen sain de. hoge yage wesihun   oho.  hoge yage jukten sain de.
hoge yage  신령  좋음 에  hoge yage 귀하게  되었다 hoge yage  혼령  좋음 에

hoge yage julhei[121]   oho. hoge yage ejen   ilifi. hoge yage erdemungge  oho. hoge
hoge yage 앞으로   되었다 hoge yage 주인 서서  hoge yage  덕 있는 이 되었다 hoge

yage   amai   tacin de. hoge yage acame yombi. hoge yage  eniyei boode. hoge yage
yage 아버지의 가르침 에 hoge yage 만나러 간다  hoge yage 어머니의 집에   hoge yage

ergeneme yombi hoge yage nakcu  i bade. hoge yage  akdame yombi. hoge yage
   쉬러     간다 hoge yage nakcu 의 땅에  hoge yage 의지하러 간다   hoge yage

baita  bifi.  hoge yage dahaname yombi. hoge yage. hulin[122] jafafi. hoge yage udame
 일  있어서 hoge yage    따라    간다  hoge yage  재물   잡아서 hoge yage  사러

yombi. hoge yage. sehe manggi, doholon  langgi cuwanbe sureme  jifi
간다  hoge yage.  한    후   절름발이 langgi  배를   노저어  와서


—— ◦ —— ◦ —— ◦ ——
왕을 데려와서 여러 새 신령이 날고, 길짐승 신령이 달려서 가니, 한 큰 강이 있다. 다다라서 보니, 들어가려 해도 나루가 없다. 위쪽 아래쪽 나루와 강을 찾는데, 저쪽 강가에서 한 사람이 마상이 배를 노를 저어 온다. 니샨 샤먼이 소리쳐 말했다.

"호거 야거  나루 멈추게 하는          호거 야거  절름발이 랑기
 호거 야거  엷은 귀를              호거      열고 들어라.
 호거 야거  두터운 귀를             호거 야거  감싸고 들어라.
 호거 야거  얼굴 추한 랑기           호거 야거  기억해 두어라.
 호거 야거  절름발이 랑기           호거 야거  들어 두어라.
 호거 야거  신령이 좋음에           호거 야거  귀하게 되었다.
 호거 야거  혼령이 좋음에           호거 야거  앞서게 되었다.
 호거 야거  주인이 서서            호거 야거  덕 있는 사람 되었다.
 호거 야거  아버지의 가르침에         호거 야거  만나러 간다.
 호거 야거  어머니의 집에           호거 야거  쉬러 간다.
 호거 야거  낙추의 땅에            호거 야거  믿고 간다.
 호거 야거  일이 있어서            호거 야거  따라서 간다.
 호거 야거  재물을 가지고           호거 야거  사서 간다.
 호거 야거"

하니 절름발이 랑기가 배를 저어 와서

120) giramin : jiramin의 방언으로 추정된다.
121) julhei : julesi의 방언으로 추정된다.
122) hulin : ulin의 방언으로 추정된다.

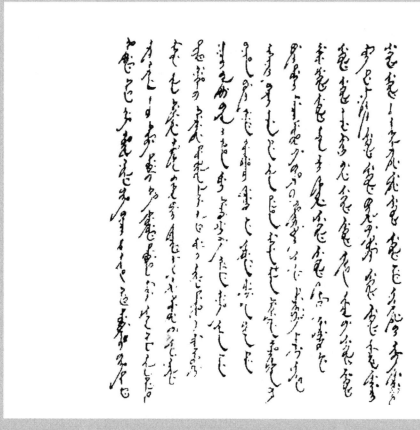

[02-19]

hendume. sama gehe, gūwa niyalma bihe bici    ainaha    seme doburakū bihe. takame
말하기를 샤먼 누이 다른    사람    있었으면 어찌하였는가 하고    건네지  않았다  알아차리게

ofi,   arga akū,  simbe  dobumbi    sehe. šurume dobuha manggi. yasan sama ilan dalhan
되어  계책 없이  너를 건너게 한다 하였다 노저어  건넌    후    yasan 샤먼  3  덩이

misun, ilan sefere hūwasan[123] bisire    bufi fonjime. mafa ere dogūn[124] be yala niyalma
醬   3  뭉치  종이    있는 것 주고서 묻기를  할아버지 이 나루    를 정말로 사람

doome geneheku serede. dohūlon[125] langgi   alame. umai niyalma  doohoku.   monggodi
건너 가지 않았나  함에  절름발이 langgi 말하기를 전혀   사람  건너지 않았다 monggodi

---

123) hūwasan : hooŝan의 방언으로 추정된다.
124) dogūn : dogon의 방언으로 추정된다.
125) dohūlon : doholon의 방언으로 추정된다.

nakcu baldu bayan i haha jui sergudi be gamame genehe. yasan sama
nakcu baldu bayan 의 남자 아이 sergudi 를 데리고 갔다 yasan 샤먼

baniha bufi geneme. goidahakū wecuku[126] se yarume fulgiyan bira de
사례 주고서 가고 오래지 않아 神靈 들 이끌고 붉은 강 에

isinafi. birai ejen de ilan dalhan misun ilan sefere hūwašan be
다다라서 강의 주인 에 3 덩이 醬 3 뭉치 종이 를

bufi, doki seci, dohūn[127] be baharakū. hafirabufi yayame[128] deribuhe terei yayaha
주고서 건너자 하니 나루 를 건널 수 없다 강요하며 읊조리기 시작했다 그의 읊조린

gisun. yekule jekule abka ci wasire, yekule jekule wamba[129] wecuku se,
말 yekule jekule 하늘 에서 내려오는 yekule jekule 큰 神靈 들

yekule jekule ejen mini beye, yekule jekule jafaha, imcin be, yekule jekule
yekule jekule 주인 나의 몸 yekule jekule 잡았다 남수고 를 yekule jekule

muke de maktafi, yekule jekule bira be dombi. yekule jekule imcin fereci,
물 에 던지고서 yekule jekule 강 을 건넌다 yekule jekule 남수고 밑에서

yekule jekule aisilarade fede. yekule jekule seme yayarade[130] bi, imba[131] wecuku
yekule jekule 도울 적에 힘내라 yekule jekule 하고 읊조림에 있다 큰 神靈

—— 。 —— 。 —— 。 ——

말했다.
"샤먼 여인이여, 다른 사람이었으면 어찌하였겠는가?"
하고는 건네주지 않았다. 그러나 니샨 샤먼을 알아보고는
"할 수 없이 너를 건너게 해 준다."
하였다. 노를 저어 건너게 해 주니, 니샨 샤먼이 세 덩이 장과 세 뭉치 종이를 주고서 물었다.
"할아버지, 이 나루를 정말로 사람이 건너가지 않았는가요?"
하니, 절름발이 랑기가 말했다.
"사람이 전혀 건너가지 않았다. 몽골다이 낙추가 발두바얀의 아들 서르구다이를 데려갔다."
니샨 샤먼이 사례를 주고 갔다. 오래지 않아 신령들을 이끌고 붉은 강에 다다라서, 강의 주인에게 세 덩이 장과 세 뭉
치 종이를 주고서 건너고자 하였다. 그러나 나루를 건널 수 없게 되자, 조르며 읊조리기 시작하였다.

"여쿨러 저쿨러 하늘에서 내려오는          여쿨러 저쿨러 큰 신령들이여,
 여쿨러 저쿨러 주인인 내가 몸소          여쿨러 저쿨러 잡은 남수고를
 여쿨러 저쿨러 물에 던지고서          여쿨러 저쿨러 강을 건넌다.
 여쿨러 저쿨러 남수고 밑에서          여쿨러 저쿨러 도울 적에 힘내라.
 여쿨러 저쿨러"

읊조리고 있으니, 큰 신령의

---

126) wecuku : weceku의 방언으로 추정된다.
127) dohūn : dogon의 방언으로 추정된다.
128) yayame : yayadame의 방언으로 추정된다.
129) wamba : amba의 방언으로 추정된다.
130) yayarade : yayadarade의 잘못으로 추정된다.
131) imba : amba의 방언으로 추정된다.

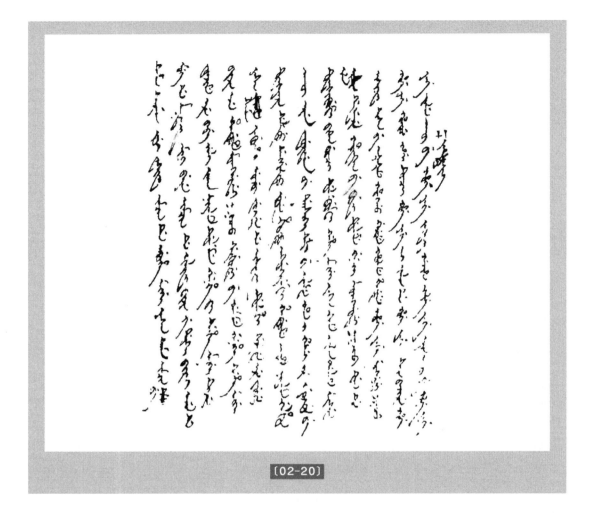

[02-20]

sama sargan jui wasifi, imcin de ebuhe manggi, yasan sama imcin be
샤먼  여자  아이 내려서 imcin 에  내린  후   yasan 샤먼  남수고 를

muke de maktafi, mini beye imcin de ilifi bira be dosi. birai ejen de
물  에 던지고서 나의  몸  남수고 에 서서 강 을 들라 강의 주인 에

fonjime. ere babe geli jaka niyalma duleme genehe bi. sehe manggi, tere
묻기를 이 곳을 또 물건 사람 지나 갔는가 한 후 그

birai ejen hendume. monggodi nakcu sergudi be gamame genehe. sehe manggi,
강의 주인 말하기를 monggodi nakcu sergudi 를 데리고 갔다 한 후

yasan sama yabuhai, uju furdan de isinafi,　dulahi[132) serede, ere furdan
yasan 샤먼 가다가 첫 관문 에 다다라서 지나가자 함에 이 관문

tuwakiyara seledu senggiltu juwe hutu esukiyembi hendume. ainaha niyalma gelhun
지키는 seledu senggiltu 2 귀신 꾸짖는다 말하기를 어찌 사람 겁

akū ere furdan be dosiki sembi. be ilmun han i hesei ere furdan be
없이 이 관문 을 들어가자 하는가 우리 염라 대왕 의 명으로 이 관문 을

tuwakiyabumbi. basa buci, dulebumbi. sehe manggi yasan sama ilan dalhan misun
지키게 한다 삯 주면 지나간다 한 후 yasan 샤먼 3 덩이 醬

ilan sefere hūwašan[133) be bufi duleme geneki. monggodi[134) nakcu duka de
3 뭉치 종이 를 주고서 지나 가자 monggodi nakcu 문 에

isinafi,　sisa[135) be aššame. honggon guweme hūlame hendume hoge yage monggodi nakcu.
다다라서 술 을 움직이고 방울 울리고 부르며 말하기를 hoge yage monggodi nakcu

hoge yage hūdun hahi tuci,　hoge yage ai jalin de, hoge yage sain banjire, hoge
hoge yage 빨리 급히 나오라 hoge yage 무슨 까닭 에 hoge yage 잘 사는 hoge

yage jalga[136) akū be, hoge yage jafafi gajiha.　hoge yage erin akū be, hoge yage
yage 운명 아님 을 hoge yage 잡아서 데려왔는가 hoge yage 때 아님 을 hoge yage

— ∘ — ∘ — ∘ —

샤먼 여자 아이가 내려와 남수고에 내렸다.
"니샨 샤먼은 남수고를 물에 던지고서 몸소 남수고에 서서 강으로 들어가라."
하고는 강의 주인에게 물었다.
"이 곳을 또 물건과 사람이 지나갔는가?"
하니 그 강의 주인이 말했다.
"몽골다이 낙추가 서르구다이를 데리고 갔습니다."
니샨 샤먼이 강을 건너 가다가, 첫 번째 관문에 다다라서 "지나가자." 하였다.
그러자 이 관문을 지키는 설러두와 성길투 두 귀신이 꾸짖으며 말했다.
"어찌 사람이 겁 없이 이 관문을 들어가려 하는가? 우리는 염라대왕의 명으로 이 관문을 지키고 있다. 삯 주면 지나간다."
하니, 니샨 샤먼이 세 덩이의 장과 세 뭉치의 종이를 주고 지나서 갔다. 몽골다이 낙추의 문에 다다라서 술을 혼들고 방울을 울리면서 부르며 말했다.

"호거 야거 빨리 급히 나오라.　　　　　　호거 야거 무슨 까닭으로
　호거 야거 잘 사는 사람을　　　　　　　호거 야거 운명 아님에
　호거 야거 잡아서 데려왔는가?　　　　　호거 야거 때 아님에

---

132) dulahi : duleki의 방언으로 추정된다.
133) hūwašan : hoošan의 방언으로 추정된다.
134) monggodi : monggoldai의 방언으로 추정된다.
135) sisa : siša의 방언으로 추정된다.
136) jalga : jalgan의 방언으로 추정된다.

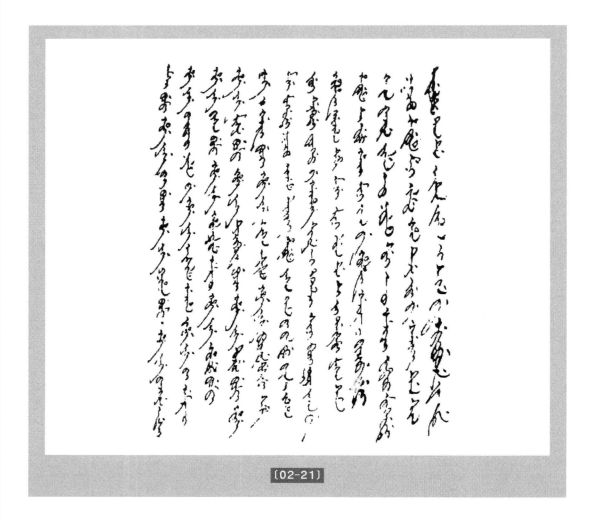

[02-21]

amasi bumbi, hoge yage    baibuci,    hoge yage baniha bumbi, hoge yage banjire adasi[137]
되돌려 준다  hoge yage 청하게 되면 hoge yage 사례   준다  hoge yage   사는   도중

hoge yage  baitakū niyalma be, hoge yage aisilame gajiha, hoge yage bai     gamarakū,
hoge yage 쓸데없이  사람  을  hoge yage 도와서  데려왔다 hoge yage 그저 데려가지 않는다

hoge yage basa bumbi, hoge yage holtolome     gamarakū,   hoge yage hodun[138] bumbi,
hoge yage  삯  준다  hoge yage  속여서   데려가지 않는다 hoge yage  빨리    준다

hoge yage misun bumbi. hoge yage tucibufi   buci, hoge yage turgun[139] bumbi. hoge
hoge yage  醬  준다  hoge yage 나오게 해 주면 hoge yage  삯    준다  hoge

---

137) adasi : aldasi의 방언으로 추정된다.
138) hodun : hūdun의 방언으로 추정된다.
139) turgun : turigen의 방언으로 추정된다.

yage  gajifi  buci, hoge yage sisa[140] aššame, hoge yage boode dosimbi. sehe
yage 데려와 주면  hoge yage 방울    혼들고 hoge yage 집에 들어온다 한

manggi, monggodi nakcu injeme tucifi hendume. yasan sama, bi baldu bayan i haha
    후     monggodi nakcu 웃으며 나와서 말하기를 yasan 샤먼 나 baldu bayan의 남자

jui   sergudi fiyanggo be gajihangge sinde ai   dalji.  sini booi ai jaka be
아이  sergudi fiyanggo 를 데려온 것  너에 무슨 관계인가 너의 집의 어떤 물건 을

hūlhafi    gaijiha[141] sehe manggi, mini duka de si  ji[142]   daišambi.   yasan sama
훔쳐서 가져왔는가  한      후    나의 문 에 너 와서 마구 설치는가 yasan 샤먼

hendume. si udu    gaji  mini jaka be hūlhafi     gajirakū bicibe.  weri
말하기를 너 아무리 가져라 나의 물건 을 훔쳐서     가져가지 않는다 해도  남

sain banjire jalgan akū niyalma sui akū    gajici    ombio.  monggodi
잘 태어나는 운명 아닌 사람  죄 없이 데려가면 되겠는가 monggodi

nakcu hendume. meni ilmun han tere jui be  gajifi,    den sin
nakcu 말하기를 우리  염라 대왕 그 아이 를 데려가서  높은

ta[143] de aisin jiha i  sangga be gabtabure jakade,
깃대 에 금 돈 의 구멍 을 쏘게 할  적에

——— ◦ ——— ◦ ——— ◦ ———

| | |
|---|---|
| 호거 야거  되돌려 주어라. | 호거 야거  청한다면 |
| 호거 야거  사례한다. | 호거 야거  살고 있는 중인데 |
| 호거 야거  쓸데없이 사람을, | 호거 야거  도와서 데려왔다. |
| 호거 야거  그저 데려가지 않는다. | 호거 야거  샀 준다. |
| 호거 야거  속여서 데려가지 않는다. | 호거 야거  빨리 준다. |
| 호거 야거  장 준다. | 호거 야거  나오게 해 주면 |
| 호거 야거  샀 준다. | 호거 야거  데려와 주면 |
| 호거 야거  방울 혼들어 | 호거 야거  집에 들어온다.” |

하니, 몽골다이 낙추가 웃으며 나와서 말했다.
"니샨 샤먼이여, 내가 발두 바얀의 아들 서르구다이 피양구를 데려온 것이 너와 무슨 상관인가? 네 집의 물건을 훔쳐서 온 것인가? 어째서 내 문 앞에 와서 마구 설치는가?"
니샨 샤먼이 말했다.
"네가 아무리 내 물건을 훔쳐서 가져가지 않았다 해도, 잘 태어나 죽을 운명이 아닌 사람을 죄 없이 데려가면 되겠는가?"
몽골다이 낙추가 말했다.
"우리 염라대왕이 그 아이를 데려가서, 높은 깃대에 금으로 된 돈의 구멍을 화살로 쏘게 할 적에

---

140) sisa : siša의 방언으로 추정된다.
141) gaijiha : gaijaha의 방언으로 추정된다.
142) ji : jime의 잘못으로 추정된다.
143) sin ta : siltan의 방언으로 추정되며, 띄어쓰기되어 있다.

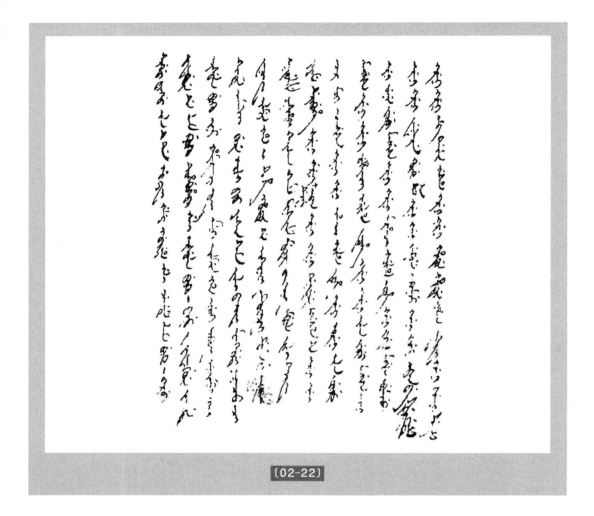

[02-22]

serugudi fiyanggo ilan da gabtafi gemu gabtaha. geli cendeme lama[144] buku  i baru
serugudi fiyanggo 세 발 쏘아서 모두 쏘았다 또 시험하여 남색  씨름꾼 의 쪽

jafanabure   de, lama buku tuhebuhebi. geli arsulan[145] buku  i baru jafanabure jakade,
잡아가게 함 에 남색 씨름꾼 넘어뜨렸다 다시 사자   씨름꾼 의 쪽 잡아가게 할 적에

arsulan buku inu  hamirakū   ofi,  meni ilmun han  jui  obufi ujumbi[146] kai.
 사자  씨름꾼 도 견디지 못하게 되어서 우리의 염라 대왕 아들 삼아서 기르는도다

---

144) lama : laman의 방언으로 추정된다.
145) arsulan : arsalan의 방언으로 추정된다.
146) ujumbi : ujimbi의 방언으로 추정된다.

sinde amasi bure kooli bio. yasan sama jili banjifi monggodi nakcu ci
너에 되돌려 줄 이유 있는가 yasan 샤먼 화 내고서 monggodi nakcu 에게서

fakcafi, ilmun han i tehe huton[147] de isinafi tuwaci, duge[148] be
떠나서 염라 대왕 의 사는 성 에 다다라서 보니 문 을

akdulame yaksihabi. yasan sama dosime muterakū ofi, ambula jili banjifi
굳게 잠갔다 yasan 샤먼 들어갈 수 없게 되어서 매우 화 내고서

yayame deribuhe. kereni kereni dergi abka, kereni kereni dekdere gasha sa, kereni kereni
읊조리기 시작하였다 kereni kereni 위 하늘 kereni kereni 날으는 새 들 kereni kereni

car[149] moo canggisa[150], kereni kereni ihaci gūlha etuhe, kereni kereni ilan juru
박달 나무 학들 kereni kereni 소가죽 신 신었고 kereni kereni 3 쌍

manggisa,[151] kereni kereni ulhiyaci[152] gūlha etuhe, kereni kereni ilan juru manggisa, kereni
정령들 kereni kereni 돼지가죽 신 신었다 kereni kereni 3 쌍 정령들 kereni

kereni uyun juru manggisa, kereni kereni marhaci[153] gūlha etuhe, kereni kereni manggisa ebumju,
kereni 9 쌍 정령들 kereni kereni 노루가죽 신 신었다 kereni kereni 정령들 내려오라

kereni kereni feksire gurgu sa, kereni kereni fekume ebumju, kereni kereni abka be šurdeme,
kereni kereni 달리는 길짐승들 kereni kereni 달려서 내려오라 kereni kereni 하늘 을 돌고

kereni kereni amba damin gasha, kereni kereni hūdun hūdun hasa wasifi, kereni kereni deyeme
kereni kereni 큰 수리 새 kereni kereni 빨리 빨리 서둘러 내려서 kereni kereni 날아서

—— ◦ —— ◦ —— ◦ ——

서르구다이 피양구가 세 발 쏘아서 모두 맞추었다. 다시 시험하기를 남색 씨름꾼에게로 잡아가게 하니, 남색 씨름꾼을 거꾸러뜨렸다. 다시 사자 씨름꾼에게 잡아가게 할 적에 사자 씨름꾼도 견디지 못하여서, 우리 염라대왕이 아들 삼아 기르는도다. 너에게 되돌려 줄 이유가 있는가?"
니샨 샤먼이 화를 내고는 몽골다이 낙추로부터 떠나 염라대왕이 사는 성에 다다라서 보니, 문이 굳게 잠겼다. 니샨 샤먼이 들어갈 수 없어서 크게 화를 내면서 읊조리기 시작했다.

"커러니 커러니 하늘 위를       커러니 커러니 나르는 새들
커러니 커러니 박달나무 위의 학들       커러니 커러니 소가죽 신 신었고,
커러니 커러니 세 쌍의 정령들       커러니 커러니 돼지가죽 신 신었다.
커러니 커러니 세 쌍의 정령들       커러니 커러니 아홉 쌍의 정령들
커러니 커러니 노루가죽 신 신었다.       커러니 커러니 정령들이여, 내려오라.
커러니 커러니 달리는 길짐승들이여,       커러니 커러니 달려서 내려오라.
커러니 커러니 하늘을 맴도는       커러니 커러니 큰 수리여,
커러니 커러니 빨리 서둘러 내려서       커러니 커러니 날아

---

147) huton : hoton의 방언으로 추정된다.
148) duge : duka의 방언으로 추정된다.
149) car : cakūran의 잘못 또는 방언으로 추정된다.
150) canggisa : canggi는 '관 모양의 머리를 한 학(鶴)'을 가리키는 cunggai의 잘못 또는 방언으로 추정된다.
151) manggisa : manggi는 '샤만이 부르는 신을 수반하는 정령'을 의미하는 manggiyan의 잘못 또는 방언으로 추정된다.
152) ulhiyaci : ulgiyaci의 방언으로 추정된다.
153) marhaci : margaci의 방언으로 추정된다.

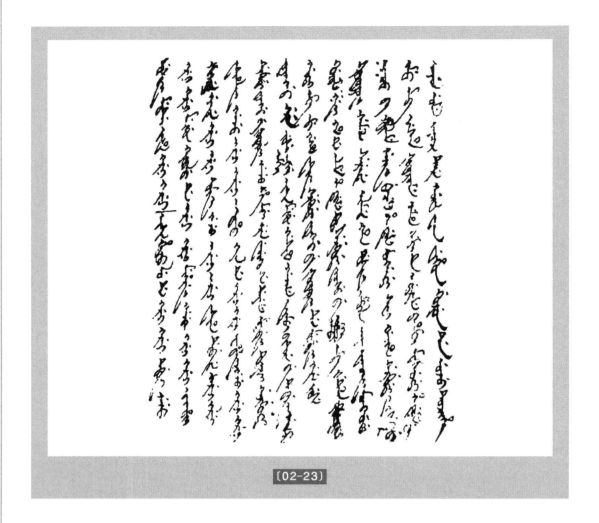

[02-23]

dosifi,    musei jafaha, kereni kereni aisin hiyoo lu[154] de, kereni kereni tebufi    gaju,
들어와서 우리의 잡은 kereni kereni 금    香爐    에 kereni kereni 앉혀서 데려와라

kereni kereni menggun kiyoolu de, kereni kereni meiherefi    gaju,    kereni kereni oihori
kereni kereni    銀    향로 에 kereni kereni 메어서 데려와라 kereni kereni    극히

giyande, kereni kereni somifi    gaju,    kereni kereni wasiha dubede, kereni kereni
확실하게 kereni kereni 감춰서 데려와라 kereni kereni    발톱    끝에    kereni kereni

wasihalafi gaju, kereni kereni    oho keyan[155] de, kereni kereni    oholafi[156]    gaju,
 할퀴어 데려와라 kereni kereni 겨드랑이 間    에 kereni kereni 겨드랑이에 끼고 데려와라

---

154) hiyoo lu : 'hiyoo'는 hiyan의 방언으로 추정되며, 'lu'는 '爐[lú]'의 음차로 추정된다.
155) keyan : '間[jiàn]'의 음차인 kiyan의 잘못으로 추정된다.
156) oholafi : '겨드랑이 아래'라는 의미의 oho에 동사 접미사 la를 결합한 것이다.

kereni kereni
kereni kereni

sergudi fiyanggo be šoforofi　gaju. sehe manggi, geren wecuku[157] se deyeme mukdefi tuwaci.
sergudi fiyanggo 를 잡아채서 데려와라 한　후　여러　神靈　들 날아　올라서　보니
sergudi
sergudi

fiyanggo geren　jusei　emgi aisin menggun gasiha[158] gajime efimbi bisire ba tebufi,
fiyanggo 여러 아이들로 한가지로 금　은　가추하　가지고 논다　있는 곳 앉아서

gaitai amba emu gasha wasifi, sergudi fiyanggo be šoforofi den mukdefi, geren juse
홀연히 큰　한　새 내려와서 sergudi fiyanggo 를 잡아채서 높이 올라서　여러 아이들

sujume genefi han de alame hendume. sergudi fiyanggo be emu amba gasha
달려　가서　왕 에 아뢰어 말하기를 sergudi fiyanggo 를 한　큰　새

šoforofi　gamaha. serede, ilmun han　dosifi ambula fancafi, monggodi
잡아채서 잡아갔다　함에　염라 대왕 듣고서 매우 성내고 monggodi

nakcu be hūlame　gajifi　beceme hendume. monggodi sini gajiha sergudi fiyanggo be
nakcu 를　불러　데려와서 꾸짖어 말하기를 monggodi 너의 데려온 sergudi fiyanggo 를

emu amba gasha šoforome gamaha sembi,　te　adarame bahambi. monggodi hendume.
한　큰　새　잡아채서 데려갔다 한다 이제　어찌　구하겠는가 monggodi 말하기를

ejen　ume fancara. tere　gūwa　waka. weihun gurun de uju　tucihe,
주인　성내지 말라　그 다른 사람 아니다 산　나라 에 제일 드러난


—— ◦ —— ◦ —— ◦ ——

| | |
|---|---|
| 들어와서 우리가 잡은 | 커러니 커러니　금향로에 |
| 커러니 커러니　앉혀서 데려와라. | 커러니 커러니　은향로에 |
| 커러니 커러니　메고서 데려와라. | 커러니 커러니　매우 확실하게 |
| 커러니 커러니　감추어 데려와라. | 커러니 커러니　발톱 끝에 |
| 커러니 커러니　움켜쥐고 데려와라. | 커러니 커러니　겨드랑이 사이에 |
| 커러니 커러니　끼고서 데려와라. | 커러니 커러니　서르구다이 피양구를 잡아채서 데려와라. |

여러 신령들이 날아올라서 보니, 서르구다이 피양구가 여러 아이들과 함께 금과 은으로 만든 가추하를 가지고 놀고 있다. 홀연히 어느 큰 새가 내려앉아 서르구다이 피양구를 잡아채서 높이 오르니, 여러 아이들이 염라대왕에게 달려가서 아뢰었다.
"서르구다이 피양구를 한 큰 새가 잡아채어 갔습니다."
염라대왕이 듣고 크게 화를 내고는 몽골다이 낙추를 불러 와서 꾸짖으며 말했다.
"몽골다이, 네가 데려온 서르구다이 피양구를 한 큰 새가 잡아채어 데려갔다고 한다. 이제 어떻게 찾을 것이냐?"
몽골다이가 말했다.
"대왕님, 화내지 마십시오. 그것은 다른 사람이 아니라, 이승에서 제일 출중하고,

---

157) wecuku : weceku의 방언으로 추정된다.
158) gasiha : 양이나 사슴 등의 정강이뼈로 만든 주사위 같은 놀이 기구인 gacuha의 방언으로 추정된다.

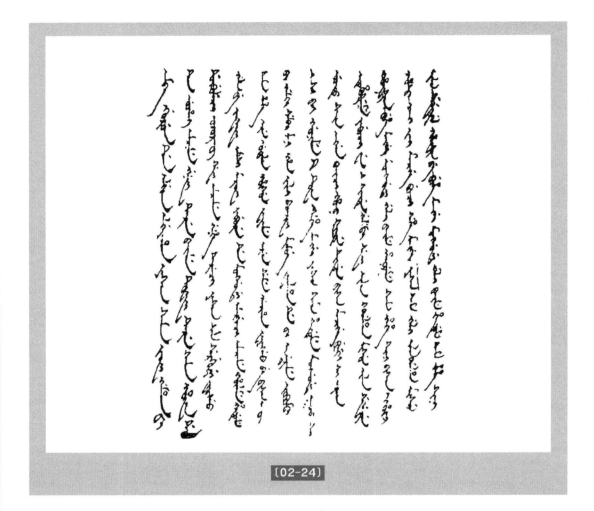

[02-24]

amba gurun de algin algiha yasan sama jifi gamaha. bi
큰   나라 에 명성 유명한 yasan 샤먼 와서 데려갔다 나

te   uthai amcame genefi, tere baime tuwafi, tere sama   gūwa   de
지금 곧   쫓아 가서   그 찾아 보고서   그 샤먼 다른 사람 에

duibuleci ojorakū. sefi, amcame genehe. tereci  yasan sama sergudi fiyanggo
비교할 수 없다 하고서 쫓아   갔다 그로부터 yasan 샤먼 sergudi fiyanggo

gala be jafafi amasi marifi yabure de, monggodi amargici amcame hūlame hendume.
손 을 잡아서 뒤로 돌아서 감 에 monggodi 뒤에서 쫓으며 불러 말하기를

sama hehe, ere utala hūsun fayame argan[159] seme gajiha.  fayanggo be bisa[160] akū
샤먼 여인 이토록 힘 써서 겨우 데려왔다 fayanggo 를 삯 없이

bi  gamaki sembi, meni  han jili banjifi minbe wakalaha de. bi adarame jobombi.
너 데려가자 한다 우리의 왕 화 내고서 나를 나무람 에 나 그토록 근심한다

si  bai  gūnime tuwa. sehe manggi, yasan sama hendume. monggodi nakcu si
너 그저 생각해 보라 한 후 yasan 샤먼 말하기를 monggodi nakcu 너

uttu   sain angga baici, hono sinde bisa majige bumbi, si arkan
이렇게 좋은 입 청하니 오히려 너에 삯 조금 준다 너 다분히

etuhušeme yabuci. we sinde   gelembi.   sefi, ilan dalhan misun, ilan sefere
억지로 행해도 누가 너에 두려워하는가 하고 3 덩이 醬 3 뭉치

hūwašan[161] buhe manggi, monggodi geli  baime  hendume. sama hehe, sini  bisa hon
종이 준 후 monggodi 다시 청하여 말하기를 샤먼 여인 너의 삯 매우

komso kai, jai majige buci. sehe manggi, yasan sama geli ilan dalhan misun,
적구나 다시 조금 주면 한 후 yasan 샤먼 다시 3 덩이 醬

ilan sefere hūwašan be buhe manggi, monggodi geli  baime  hendume. sama hehe. sini
3 뭉치 종이 를 준 후 monggodi 다시 청하여 말하기를 샤먼 여인 너의

──── ◦ ──── ◦ ──── ◦ ────

큰 나라에 소문난 니샨 샤먼이 와서 데려갔습니다. 제가 지금 바로 쫓아가겠습니다. 그녀가 찾아와서 보니, 그 샤먼은 다른 사람과 비교할 수 없습니다."
하고는 쫓아서 갔다. 그로부터 니샨 샤먼이 서르구다이 피양구의 손을 잡고 왔던 길을 되돌아가는데, 몽골다이가 뒤에서 쫓아오면서 불러 말했다.
"샤먼 여인이여, 이토록 힘을 써서 겨우 데려온 피양구를 대가도 없이 데려가려 한다. 우리 대왕께서 화를 내면서 나를 나무람에, 내가 참으로 걱정한다. 한 번 생각해 보시오."
니샨 샤먼이 말했다.
"몽골다이 낙추여, 이렇게 좋게 입으로 청하니, 내가 그대에게 도리어 사례를 조금 주겠다. 그대가 다분히 억지로 행한다 해도, 누가 그대를 두려워하겠는가?"
하고는 세 덩이의 장과 세 뭉치의 종이를 주었다. 몽골다이가 다시 청하여 말했다.
"샤먼 여인이여, 그대가 준 사례가 매우 적다. 조금 더 줄 수 있는가?"
니샨 샤먼이 다시 세 덩이의 장과 세 뭉치의 종이를 주었다. 몽골다이가 다시 청하여 말했다.
"샤먼 여인이여, 그대가

---

159) argan : arkan의 방언으로 추정된다.
160) bisa : basa의 방언으로 추정된다.
161) hūwašan : hoošan의 방언으로 추정된다.

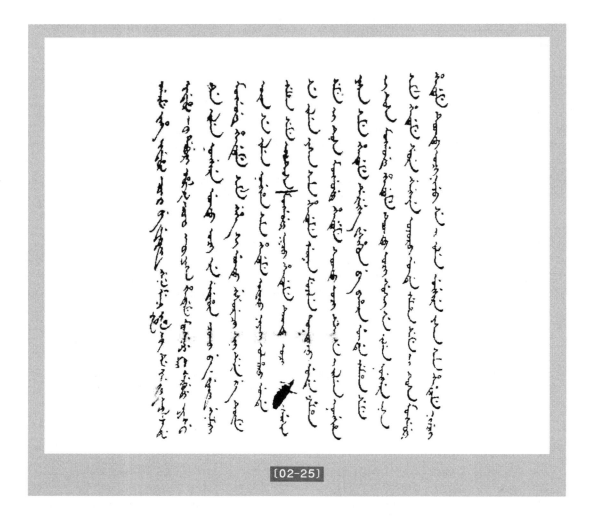

[02-25]

gajime jihe indahūn coko be werifi gene, meni han aba de gaifi abalarade
가져 온 개 닭 을 남겨두고 가라 우리의 왕 사냥 에 데려가서 사냥함에

indahūn akū, dobori hūlara coko akū. yasan hendume. monggodi si sergudi fiyanggo
개 없고 밤 알리는 닭 없다 yasan 말하기를 monggodi 너 sergudi fiyanggo

de jalgen[162] nonggire, uttu oci, ere indahūn coko be werifi genembi.
에 수명 더하겠다 이러면 이 개 닭 을 두고 간다

monggodi hendume. sama gehe[163] si uttu gisureci, sini dere be tuwame,
monggodi 말하기를 샤먼 여인 너 이렇게 말하니 너의 얼굴 을 보고

---

162) jalgen : jalgan의 방언으로 추정된다.
163) gehe : gege의 방언으로 추정된다.

orin se jalgan nonggiha. sama hendume. oforo niyaki olhoro unde,
20 세 수명 더했다 샤먼 말하기를 코 콧물 마르지 않은데

gamaha seme ai tusa. monggodi nakcu hendume. tuttu oci, gūsin
데려갔다 하고 무슨 이익인가 monggodi nakcu 말하기를 그러면 30

se jalgan. yasan sama hendume. gūnin mujilen toktoro unde, gamaha
세 수명 yasan 샤먼 말하기를 생각 마음 정해지지 않은데 데려갔다

seme ai tusa. monggodi hendume. tuttu oci, dehi se i jalgan nonggiha.
하고 무슨 이익인가 monggodi 말하기를 그러면 40 세 의 수명 더했다

yasan sama hendume. derengge wesihun be bahara unde, gamaha seme
yasan 샤먼 말하기를 영광 높음 을 얻지 못한데 데려갔다 하고

ai tusa. monggodi hendume. tuttu oci, susai se jalgan nonggire. yasan
무슨 이익인가 monggodi 말하기를 그러면 50 세 수명 더하겠다 yasan

sama hendume. sure genggiyen ojoro unde, gamaha seme ai tusa. monggodi
샤먼 말하기를 총명하고 맑게 되지 못한데 데려갔다 하고 무슨 이익인가 monggodi

hendume. tuttu oci, ninju se i jalgan unggire[164]. yasan sama hendume. nirui
말하기를 그러면 60 세 의 수명 더하겠다 yasan 샤먼 말하기를 niru의

—— ∘ —— ∘ —— ∘ ——

데려온 개와 닭을 남겨 두고 가시오. 우리 대왕께서 사냥에 데려가서 사냥할 개도 없고, 새벽을 알리는 닭도 없다."
니샨 샤먼이 말했다.
"몽골다이여, 그대가 서르구다이 피양구의 수명을 더해 준다면, 이 개와 닭을 두고 가겠다."
몽골다이가 말했다.
"샤먼 여인이여, 이리 말하니 그대의 얼굴을 보아 스무 살의 수명을 더하겠다."
니샨 샤먼이 말했다.
"콧물도 마르지 아직 않았을 것인데, 데려간다 한들 무슨 이득이 있겠는가?"
몽골다이 낙추가 말했다.
"그렇다면 서른 살의 수명을 더하겠다."
니샨 샤먼이 말했다.
"생각과 마음이 정해지지도 않았을 것인데, 데려간다 한들 무슨 이득이 있겠는가?"
몽골다이가 말했다.
"그러면 마흔 살의 수명을 더하겠다."
니샨 샤먼이 말했다.
"높은 영광을 얻지도 못했을 것인데, 데려간다 한들 무슨 이득이 있겠는가?"
몽골다이가 말했다.
"그렇다면 쉰 살의 수명을 더하겠다."
니샨 샤먼이 말했다.
"총명하고 맑게 되지도 못했을 것인데, 데려간다 한들 무슨 이득이 있겠는가?"
몽골다이가 말했다.
"그렇다면 예순 살의 수명을 더하겠다."
니샨 샤먼이 말했다.

---

164) unggire : nonggire의 방언으로 추정된다.

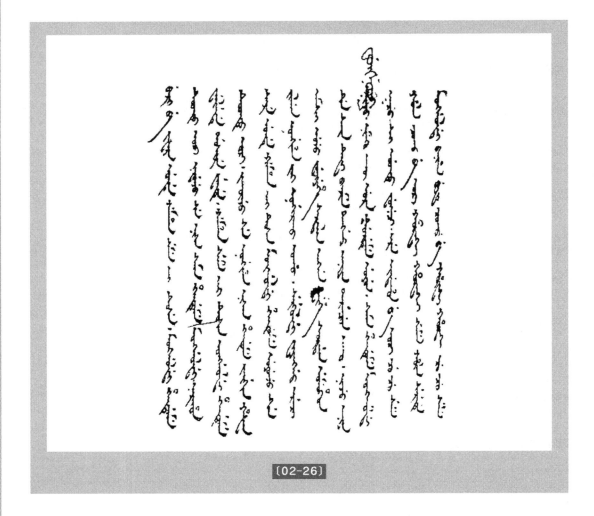

[02-26]

beri be jafara unde, gamaha seme ai    tusa. monggodi hendume.
화살 을  잡지 못한데 데려갔다 하고 무슨 이익인가 monggodi 말하기를

tuttu oci. nadanju se. nisa sama hendume. monggoldi, narhon[165]
 그러면    70  세 nisa 샤먼 말하기를  monggoldi 세밀한

weilede dosire wende[166], gamaha seme  ai    tusa.  monggoldi hendume
 일에   들지 못한데    데려갔다 하고 무슨 이익인가 monggoldi 말하기를

tuttu oci, jakūnju se nonggiha. nisan hendume.  jaigin[167] hafan
 그러면    80  세 더하였다 nisan 말하기를  janggin  벼슬

---

165) narhon : narhūn의 방언으로 추정된다.
166) wende : unde의 방언으로 추정된다.
167) jaigin : janggin의 방언으로 추정된다.

tere unde. gamaha ai tusa. monggoldi hendume. uyunju se
앉지 못한데 데려갔다 무슨 이익인가 monggoldi 말하기를    90  세

jalgan nonggiha, jai    nonggirakū oho.  serguldi fiyanggo    ereci
수명 더하였다 다시 더할 수 없게 되었다 serguldi fiyanggo 이로부터

amasi, uju funiyehe    sartala[168], angga weihe      sortala[169], umuhun
뒤에 머리  털    길어지도록   입   이 누렇게 되도록  발등

de sain  tefi,  banjime tanggo[170] aniya targacun akū, ninju
에  잘 앉고서 태어나   백      년   징계   없고 60

aniya nimeku akū,    ura  šurdeme uyun. saman hendume. monggoldi
년   병  없고 엉덩이 주위   아홉  샤먼  말하기를 monggoldi

nakcu, si  uttu  fungneci, ere indahon[171] be oci cu cu seme
nakcu 너 이렇게 封하니  이  개      를 하면 cu cu 하고

hola[172], coko be oci hūwasi hūwasi seme   hola   serede,
불러라   닭 을 하면 hūwasi hūwasi 하고 불러라  함에

monggoldi baniha bufi, coko be hūwasi hūwasi, indahūn de cu cu seme
monggoldi 사례  주고서  닭 을 hūwasi hūwasi   개  에 cu cu 하고

—— ◦ —— ◦ —— ◦ ——

"니루의 화살을 잡지도 못했을 것인데, 데려간다 한들 무슨 이득이 있겠는가?"
몽골다이가 말했다.
"그렇다면 일흔 살의 수명을 더하겠다."
니샨 샤먼이 말했다.
"몽골다이여, 기밀한 일에 들지도 못했을 것인데, 데려간다 한들 무슨 이득이 있겠는가?"
몽골다이가 말했다.
"그렇다면 여든 살의 수명을 더하겠다."
니샨 샤먼이 말했다.
"장경(章京) 벼슬에 앉지도 못했을 것인데, 데려간다 한들 무슨 이득이 있겠는가?"
몽골다이가 말했다.
"아흔 살의 수명을 더하겠다. 더는 수명을 더할 수가 없다. 서르구다이 피양구는 앞으로 머리가 길어지고 이빨이 누래
지도록, 발등에 잘 앉고 태어나서 100년 동안 징계 없으며, 60년 동안 병 없고 슬하에 아홉 자식을 두게 될 것이다."
니샨 샤먼이 말했다.
"몽골다이 낙추여, 그대가 이렇게 봉하니, 이 개는 '추 추' 하고 부르고, 닭은 '후와시 후와시' 하고 불러라."
몽골다이가 감사드리고 나서, 닭을 '후와시 후와시', 개를 '추 추' 하고

---

168) sartala : saratala의 방언으로 추정된다.
169) sortala : sorotala의 방언으로 추정된다.
170) tanggo : tanggū의 방언으로 추정된다.
171) indahon : indahūn의 방언으로 추정된다.
172) hola : hūla의 방언으로 추정된다.

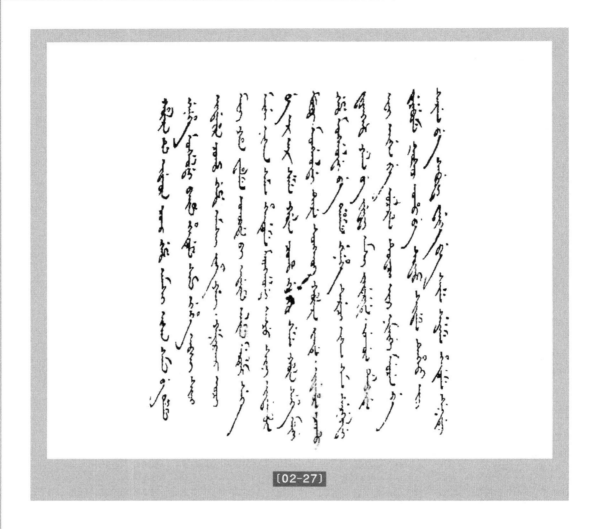

[02-27]

hūlara de, indahuin coko gemu amasi nisan saman be dahame
부름 에 개 닭 모두 되돌아 nisan 샤먼 을 따라

genehe. monggoldi baime hendume saman gehe[173], absi sini
갔다 monggoldi 청하여 말하기를 샤먼 여인 어째서 너의

indahūn coko gemu amasi jihe gai[174], gaimarakū[175] oci.
개 닭 모두 되돌아 간 것인가 데려가지 않으면

---

173) gehe : gege의 방언으로 추정된다.
174) gai : kai의 방언으로 추정된다.
175) gaimarakū : gamarakū의 방언으로 추정된다.

mini han wahalame[176] okūde[177], bi adarame  alime mutembi. seke[178]
나의 왕 나무라게    됨에   나 어떻게  아뢸 수 있겠는가 한

maigi[179], nisan saman hendume. monggoldi nakcu, sini indahūn
 후      nisan 샤먼 말하기를  monggoldi nakcu 너의   개

be ar ar seme hūla, coho[180] gugu seme  hūla. sehe manggi,
를 ar ar 하고 불러라 닭    gugu 하고 불러라 한   후

monggoldi tere songkoi hūlara jakade, indahūn coho
monggoldi 그  같이  부를  적에   개   닭

gemu mongoldi be dahame genehe.  tereci  nisan sama serguldi
모두 mongoldi 를 따라   갔다 그로부터 nisan 샤먼 serguldi

fiyanggo gala be jafafi  amasi jiderede, jugūn dalbade
fiyanggo 손 을 잡아서 되돌아 올 적에  길   가에

ini   eigen be ucaraha. tuwaci nimenggi mucen be
그의 남편 을 만났다 보니   기름   솥 을

fuyebume, šošo[181] oho[182] be tuwa sindame tehebi. ini
 끓이고   수수  풀 을 불 놓아 앉혔다 그의

sargan be sabufi weihe be saime seyeme  hendume. dekdeni
 아내 를 보고서  이  를 갈고 원한 품고 말하기를 뜬 말에

—— ◦ —— ◦ —— ◦ ——

불렀더니, 개와 닭이 모두 니샨 샤먼을 따라 가 버렸다. 몽골다이가 청하여 말했다.
"샤먼 여인이여, 어째서 당신의 개와 닭이 모두 되돌아가는 것인가? 개와 닭을 데려가지 않으면, 우리 대왕께서 나를 나무라게 되니, 어떻게 아뢸 수 있겠는가?"
니샨 샤먼이 말했다.
"몽골다이 낙추여, 그대의 개를 '아르 아르' 하고, 닭을 '구 구' 하고 불러라."
몽골다이가 니샨 샤먼이 알려준 대로 부르니, 개와 닭이 모두 몽골다이를 따라 갔다.
니샨 샤먼은 서르구다이 피양구의 손을 잡고 되돌아오는데, 길가에서 그녀의 남편을 만났다. 살펴보니 남편은 기름 솥을 끓이고자 수수 풀에 불을 놓고 있었다. 그는 아내를 보고서 이를 갈면서 원한을 품고 말했다.

---

176) wahalame : wakalame의 방언으로 추정된다.
177) okūde : ohode의 방언으로 추정된다.
178) seke : sehe의 방언으로 추정된다.
179) maigi : manggi의 방언으로 추정된다.
180) coho : coko의 방언으로 추정된다.
181) šošo : šušu의 방언으로 추정된다.
182) oho : orho의 방언으로 추정된다.

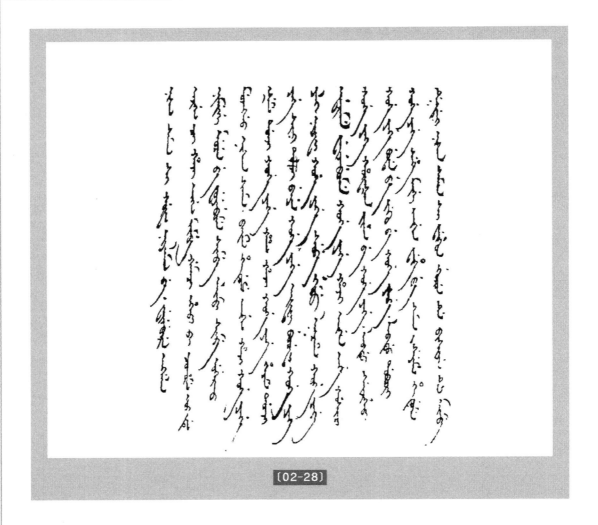

[02-28]

nisan saman  si gūwa niyalma be weijubure   anggala,
nisan 샤먼 너 다른   사람  을   되살릴   뿐만 아니라

ajigen   ci    haji  eigen mimbe gamaci  eheo. bi cohūme[183] ubade
어릴적 부터 사랑하는 남편  나를  데려가면 나쁜가 나 특별히   여기에

nimenggi mucen be fuyebume simbe alimbi, simbe  ugerako[184]
기름    술  을  끓이며   너를 기다린다 너를  보내지 않음

---

183) cohūme : cohome의 방언으로 추정된다.
184) ugerako : unggirakū의 방언으로 추정된다.

mujanggo.[185] nisan saman baime hendume. eigen haji koge yage,
당연하리라 nisan 샤먼 청하여 말하기를 남편 사랑하는 koge yage

ešeme[186] donji koge yage. haha haji koge yage. hejame donji
빨리 들어라 koge yage 남자 사랑하는 koge yage 거친 숨쉬며 들어라

yage, sini beye koge yage, aifini bucefi koge yage,
yage 너의 몸 koge yage 벌써 죽어서 koge yage

yali niyafi koge yage, sube gemu lakcaha koge yage,
살 썩어서 koge yage 힘줄 모두 끊어졌다 koge yage

adarame weijubume koge yage. haji eigen age gosici
어찌 되살리겠는가 koge yage 사랑하는 남편 age 부디

koge yage, hūwašan[187] jiha be koge yage, labdu deijihebi
koge yage 종이 돈 을 koge yage 많이 태웠다

koge yage, buda be jeku be koge yage, labdu doboro
koge yage 밥 을 곡식 을 koge yage 많이 바치겠다

koge yage. sehe manggi, eigen weihe be saman seyeme hendume.
koge yage 한 후 남편 이 를 샤먼 원망하며 말하기를

dekdenggi ni nisan saman si weihun gurun de bisire de, mimbe
뜬 기름 의 nisan 샤먼 너 산 나라 에 있음 에 나를

—— ㅇ —— ㅇ —— ㅇ ——

"풍문에 니샨 샤먼 너는 다른 사람을 되살리면서, 어릴 적부터 사랑하던 나를 함께 데려가면 안 되는 것인가? 내가 특별히 여기에서 기름 솥을 끓이면서 너를 기리고 있었다. 너를 보내지 않을 것이다."
니샨 샤먼이 청하여 말했다.

| "사랑하는 남편이여, | 코거 야거 | 빨리 들어라. | 코거 야거 |
|---|---|---|---|
| 사랑하는 남자여, | 코거 야거 | 빨리 들어라. | 코거 야거 |
| 당신의 몸, | 코거 야거 | 이미 죽어서 | 코거 야거 |
| 살은 썩고 | 코거 야거 | 힘줄 모두 끊어졌으니, | 코거 야거 |
| 어찌 되살리겠는가? | 코거 야거 | 사랑하는 남편이여, 부디, | 코거 야거 |
| 종이돈을 | 코거 야거 | 많이 태웠고, | 코거 야거 |
| 밥과 곡식을 | 코거 야거 | 많이 바쳤다오. | 코거 야거" |

그러자 남편이 이를 갈며 원망하며 샤먼에게 말했다.
"이름난 샤먼, 당신이 이승에 있을 때, 나를

---

185) mujanggo : mujangga에 의문을 나타ㅇ.
186) ešeme : ekšeme의 방언으로 추정된다.
187) hūwašan : hoošan의 방언으로 추정된다.

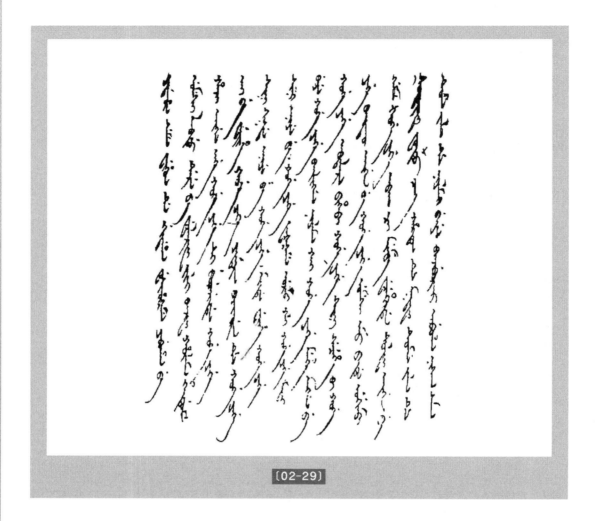

[02-29]

yadahūn seme, weihun de  gidaha fusihūšame yabuha be
가난하다 하고    삶   에 누르고 경멸하며  행함  을

umesi labdu. dere be   fularafi jili banjifi hūlame hendume.
 매우  많다 얼굴 을 붉히고서 화  내고서  불러  말하기를

haji     eigen age koge yage, si bucerede koge yage.
사랑하는 남편 age koge yage 너 죽을 적에 koge yage

ai    be werihe koge yage. yadara boigūn[188] de koge yage.
무엇 을 남겼나 koge yage 가난한  가업     에 koge yage

---

188) boigūn : boigon의 방언으로 추정된다.

sini sakda eniye be koge yage, minde werihe koge yage.
너의 늙은 어머니 를 koge yage   나에 남겼다 koge yage

sini   eniye be koge yage, faššame ujimbi kai   koge yage. mini
너의 어머니 를 koge yage   힘써 봉양하는구나 koge yage 나의

beye koge yage, bailingga niyalma kai koge yage.   mehe   mangga be
몸   koge yage 은혜로운 사람이도다  koge yage 거세한 돼지 뛰어남 을

koge yage, abdalara bihebi koge yage. sini sencehe be koge
koge yage 적출하여 있었다 koge yage 너의   턱   을 koge

yage, baitakū eigen be koge yage, umesi emu bade unggimbi
yage 쓸모없는 남편 을 koge yage 영원히 한 곳에   보낸다

seme koge yage. abka ci  mimbe wecehude[189] solifi, eigen be
하고 koge yage 하늘에서 나를   神靈에   청해서 남편 을

šoforofi fundu ceng hūton[190] de  maktafi, tumen jalan de
잡아채서 酆都 城 성   에 던져서   만 대 에

tumen jalan de niyalmai beye   banjiburakū obuha.   nisan saman
만   대 에 사람의   몸 태어나지 못하게 되었다 nisan   샤먼

—— ○ —— ○ —— ○ ——
가난하다 하고, 삶을 무시하고 경멸한 적이 매우 많았다."
니샨 샤먼은 얼굴을 붉히며 화를 내며 말했다.

| "사랑하는 남편이여, | 코거 야거 | 당신이 죽을 적에, | 코거 야거 |
| 무엇을 남겼는가? | 코거 야거 | 가난한 가업에, | 코거 야거 |
| 늙은 어머니를, | 코거 야거 | 나에게 남겼다. | 코거 야거 |
| 당신의 어머니를 | 코거 야거 | 힘써 봉양하였도다. | 코거 야거 |
| 나의 몸 | 코거 야거 | 은혜로운 사람이로다. | 코거 야거 |
| 거세한 돼지가 능력을, | 코거 야거 | 뽐내고 있었다. | 코거 야거 |
| 당신을 턱을, | 코거 야거 | 쓸모없는 남편을 | 코거 야거 |
| 영원히 어딘가 보내리라. | 코거 야거" | | |

하고는,
"하늘에서 나를 신령에게 청하여 남편을 낚아채서 풍도성(酆都城)에 던져 만 대가 지나도록 사람의 몸으로 태어나지 못하게 되었다."
하였다. 그리고 니샨 샤먼은

---

189) wecehede : wecekude의 방언으로 추정된다.
190) hūton : hoton의 방언으로 추정된다.

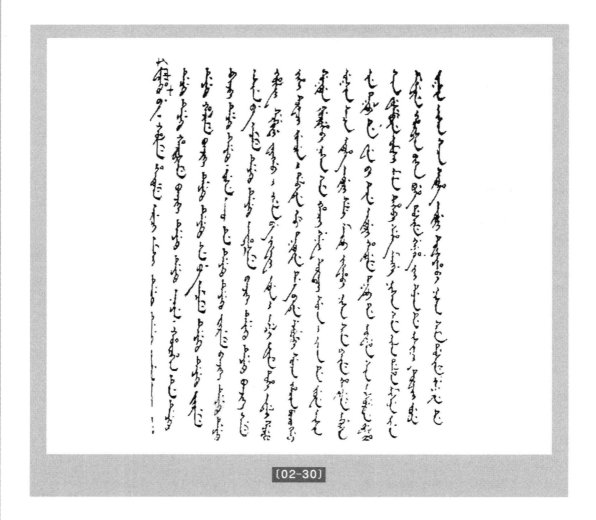

[02-30]

weceku be hūlame hendume. ereci amasi deyeku deyeku[191].
　神靈 을 불러　말하기를 이로부터 뒤에 deyeku deyeku

deyeku deyeku, hartašame[192] banjiki deyeku deyeku. eniye hūncihin de deyeku
deyeku deyeku 검약하며　　살자 deyeku deyeku 어머니　일족 에 deyeku

deyeku, hajilame banjiki deyeku deyeku, se be amcame deyeku deyeku, jirgame
deyeku 친하게 하며 살자　deyeku deyeku 나이 를　따라　deyeku deyeku 편안하게

banjiki deyeku deyeku. juse akū de deyeku deyeku, jirgame banjiki deyeku deyeku.
　살자　deyeku deyeku 아이들 없음 에 deyeku deyeku 편안하게 살자　deyeku deyeku

---

191) 다음에 결락된 구절이 있는 것으로 추정된다.
192) hartašame : hafiršame의 방언으로 추정된다.

asigan[193] be amcame deyeku deyeku, antahašame　banjiki deyeku deyeku. banjiki seme
젊음　을 좇아 deyeku deyeku 손님 행세하며 살자 deyeku deyeku　살자 하고

hūlafi. sergudi fiyanggo i gala be jafafi, edun　i adali efime tuhi[194] adali sujume
부르고 sergudi fiyanggo 의 손 을 잡아서 바람 과 같이 놀고 구름　같이 달려

jihei　tuwaci, jugūn i dalbade emu taktude den bade tebumbi, sunja hacin boconggo
오면서 보니　길 의 가에 한 누각에 높은 곳에 위치한다 5　가지　색

sukdun šurdehebi. nisan sama hanci genefi tuwaci, duka i jaka de juwe aisin
기운 감돌았다 nisan 샤먼 가까이 가서　보니　문 의 곁 에 2　金

uksin saca etuhe enduri selei maitu jafahabi. nisan sama baime hendume. agusa
갑옷 투구 입은　神　쇠의 몽둥이 잡았다 nisan 샤먼 청하여 말하기를 형들

ere taktu de we　bi. tere enduri hendume. taktu de abdaha sain arsubure fulehe
이 누각 에 누가 있는가 그　신 말하기를 누각 에　잎 잘 싹틔우는 뿌리

sain fusembure omosi mama　tehebi. sehe manggi. nisan sama ilan dalhan misun, ilan
잘 번식시키는 omosi mama 살고 있다 한　후　nisan 샤먼 3 덩이　醬 3

sefere hūwašan[195] basa　buhe dosime genehe. jai duka de isinafi tuwaci, juwe
뭉치 종이　삯 주었고 들어 갔다 다시 문 에 다다라서 보니　2

uksin aisin saca etuhe enduri tuwakiyahabi. nisan sama dosime genere de,
갑옷 금 투구 입은 신 지키고 있다 nisan 샤먼 들어　감 에

——　。——　。——　。——
신령을 불러 말했다.

| "앞으로 | 더여쿠 더여쿠 | [중략] | 더여쿠 더여쿠 |
| 검약하며 살자 | 더여쿠 더여쿠 | 어머니 일족과 | 더여쿠 더여쿠 |
| 친하게 살자 | 더여쿠 더여쿠 | 나이를 따라서 | 더여쿠 더여쿠 |
| 편안하게 살자 | 더여쿠 더여쿠 | 아이들 없으니 | 더여쿠 더여쿠 |
| 편안하게 살자 | 더여쿠 더여쿠 | 젊음을 쫓아서 | 더여쿠 더여쿠 |
| 손님처럼 살자 | 더여쿠 더여쿠 | 살자." | |

니샨 샤먼은 이 말을 마치고 서르구다이 피양구의 손을 잡아 바람과 같이, 구름과 같이 달려오면서 보니, 길가의 높은 곳에 한 누각에 오색의 기운이 감돌고 있었다. 니샨 샤먼이 가까이 가서 보니, 문 옆에 금으로 된 갑옷과 투구를 입은 두 신이 쇠몽둥이를 잡고 있었다. 니샨 샤먼이 청하여 말했다.
"신이시여, 이 누각에는 누가 계십니까?"
그 신이 말했다.
"이 누각에는 잎을 잘 싹틔우고, 뿌리를 잘 번식시키는 오모시 마마가 살고 있다."
니샨 샤먼은 장 세 덩이, 종이 돈 세 뭉치를 삯으로 주고 누각으로 들어갔다. 안으로 들어가 다시 어느 문에 이르러서 보니, 또 갑옷을 입고 금으로 된 투구를 쓴 두 신이 지키고 있었다. 니샨 샤먼이 안으로 들어가려고 하니

---

193) asigan : asihan의 방언으로 추정된다.
194) tuhi : tugi의 방언으로 추정된다.
195) hūwašan : hoošan의 방언으로 추정된다.

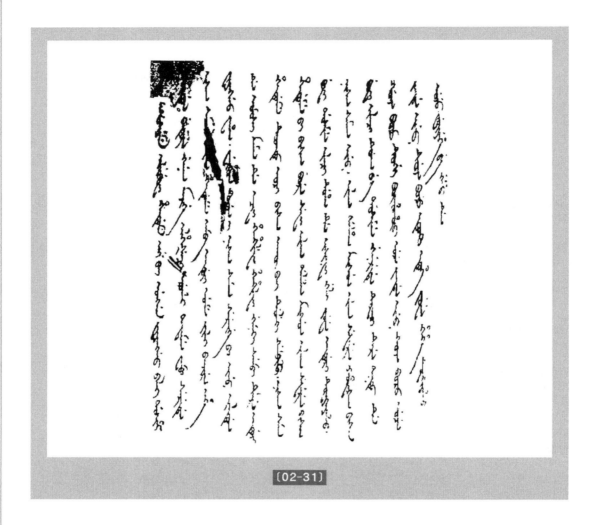

[02-31]

tere enduri esukiyeme ilibufi hendume. ai bai unggan fiyanggo[196], balai dosimbi.
그 신 꾸짖으며 세우고 말하기를 어느 곳의 어르신 혼 함부로 들어오는가

hūdun bedere gene, majige elhešeci uthai tantame wambi. serede,
빨리 돌아 가라 조금 늦어지면 즉시 쳐서 죽인다 함에

nisan saman baime hendume. amba enduri ume jili banjire, ehe
nisan 샤먼 청하여 말하기를 큰 신 화 내지 말라 나쁜

fiyanggo waha[197], weihun gurun i nisan saman serengge bi inu. ildun
혼 아니다 산 나라 의 nisan 샤먼 하는 이 나 이다 기회

---

196) fiyanggo : fayangga의 방언으로 추정된다.
197) waha : waka의 방언으로 추정된다.

de omosi mama de acafi henhilefi[198] geneki sembi. tere enduri
에 omosi mama 에 만나서 절하고서 가자 한다 그 신

hendume. tuttu oci bisan[199] akū bai duleki sembio. nisan sama
말하기를 그러면 삯 없이 그저 지나가자 하는가 nisan 샤먼

hendume. bi bisa[200] bure. sefi, ilan dalhan misun, ilan sefere bisan[201]
말하기를 나 삯 주겠다 하고서 3 덩이 醬 3 뭉치 삯

bufi dosime. ilaci duha[202] de isinafi, geli juwe enduri tuwakiyahabi.
주고서 들어가고 세 번째 문 에 다다라서 다시 2 신 지키고 있다

nisan sama inu ilan dalhan misun, ilan sefere hūwašan bisan
nisan 샤먼 또 3 덩이 醬 3 뭉치 종이 삯

bufi, ilaci duka be dosime generede tuwaci, tere taktu de
주고서 세 번째 문 을 들어서 감에 보니 그 누각 에

sunja boco tugi boihūhubi[203], uce
5 색 구름 솟아난다 지게문

jakade inu sunja boco[204] etuku etuhe juwe hehe tuwakiyahabi.
곁에 또 5 색 옷 입은 2 여인 지키고 있다.

uju funiyehe be gemu den šošome
머리 털 을 모두 높이 틀어올리고

─── ˳ ─── ˳ ─── ˳ ───

그 신이 꾸짖으며 니샨 샤먼을 세우고 말했다.
"어느 곳에서 온 영혼이기에 함부로 들어오는가? 빨리 돌아가라. 조금이라도 꾸물대면 즉시 쳐 죽일 것이다."
니샨 샤먼이 청하여 말했다.
"큰 신이시여, 화 내지 마세요. 나쁜 영혼이 아닙니다. 이승의 니샨 샤먼이라는 사람입니다. 온 김에 오모시 마마를 뵙고 인사드리고 가고자 합니다."
그 신이 말했다.
"그렇다면 사례 없이 그저 지나가려 하는가?"
니샨 샤먼이 말했다.
"사례하겠습니다."
하고서, 장 세 덩이와 종이 돈 세 뭉치를 주고서 들어갔다. 세 번째 문에 다다르니, 다시 두 신이 지키고 있었다. 니샨 샤먼이 또 장 세 덩이와 종이 돈 세 뭉치를 주고서 세 번째 문을 들어가서 보니, 그 누각에서 오색구름이 솟아나고 있었다. 문 옆에는 또 오색 옷을 입은 두 여인이 지키고 있다. 모두 머리를 높이 틀어 올리고 있었는데,

198) henhilefi : hengkilefi의 방언으로 추정된다.
199) bisan : basa의 방언으로 추정된다.
200) bisa : basa의 방언으로 추정된다.
201) bisan : basa의 방언으로 추정된다.
202) duha : duka의 방언으로 추정된다.
203) boihūhubi : bulhūmbi의 방언으로 추정된다.
204) 원문에 'uce jakade inu sunja boco'이 중복되어 있다.

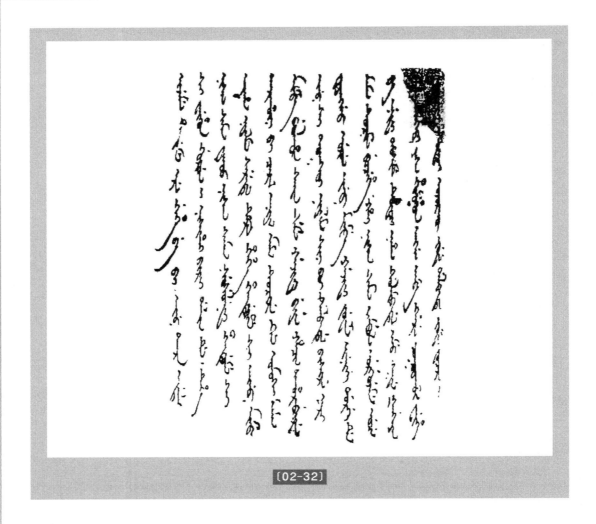

[02-32]

injeme hendume. ere gehe[205] be bi  ainu    takara adali,
웃으며 말하기를  이  여인     을 나 어떻게 아는 것 같다

si weihun gurun  i nisihai birai dalin de tehe
너   산    나라 의 nisihai 강의  가 에 사는

nisan sama  wakoo[206]. nisan saman susulefi[207] hendume. si
nisan 샤먼  아닌가    nisan 샤먼  놀라서     말하기를 너

---

205) gehe : gege의 방언으로 추정된다.
206) wakoo : wakao의 방언으로 추정된다.
207) susulefi : sesulefi의 방언으로 추정된다.

ainaha niyalma. serede, tere hehe hendume. si ainu mimbe
어떤 사람 함에 그 여인 말하기를 너 어째서 나를

takarahūni[208]. bi cara aniya mama tucire de, omosi mama
알지 못하는가 나 재작년 mama 남 에 omosi mama

mimbe bulhūn[209] sain seme gajifi beye hacin[210] tahorabure.[211]
나를 청결하고 좋다 하고 데려가서 몸 가까이 사용하는 것

inu si toksoi niyalma, sini booi dalbade bisire nari
이다 너 장원의 사람 너의 집의 가에 있는 nari

fiyanggo[212] urun inu. mimbe gajifi juwe inenggi dorgi de
fiyanggo 며느리 이다 나를 데려가서 2 날 안 에

mama tucime bucehe kai. nisan sama ambula urgunjeme, uce
mama 내어 죽였도다 nisan 샤먼 매우 기뻐하며 지게문

be neifi dosime tuwaci, naha[213] dulimbade emu sakda šanggiyan
을 열고서 들어가 보니 구들방 중간에 한 늙고 흰

mama tehebi. yasa humuhun[214], angga amba, dere cokcohūn[215], weihe
mama 앉았다 눈 꺼풀 입 크고 얼굴 뾰족하고 이

fu fi[216]. tuwaci ojorakū. juwe dalbade juwan foncara[217]
붉게 되어서 볼 수 없다 2 곁에 열 넘는

──── ° ──── ° ──── ° ────

그 중의 한 명이 웃으며 말했다.
"이 여인을 내가 아는 듯하다. 너는 이승의 니시하이 강가에 사는 니샨 샤먼이 아닌가?"
니샨 샤먼이 놀라서 말했다.
"당신은 누구십니까?"
그 여인이 말했다.
"너는 어찌 나를 알아보지 못하는가? 재작년에 천연두가 창궐할 적에 오모시 마마께서 나를 청결하고 좋다 하여 이곳
으로 데려와서 몸 가까이 두고 있는 것이다. 너는 마을 사람으로 너의 집 근처에 사는 나리 피양고의 며느리다. 나를
데려간 지 이틀도 안 되어 천연두가 나서 죽었다."
니샨 샤먼이 크게 기뻐하며 문을 열고서 들어가 보니, 방 안에 한 늙고 흰 마마가 앉아 있다. 눈꺼풀과 입은 크고, 얼굴
은 뾰족하며, 치아는 붉어서 볼 수가 없었다. 양 옆에는 열 명이 넘는

---

208) takarahūni : takarakūni의 방언으로 추정된다.
209) bulhūn : bolho의 방언으로 추정된다.
210) hacin : hanci의 방언으로 추정된다.
211) tahorabure : takūrabure의 방언으로 추정된다.
212) fiyanggo : fiyanggū의 방언으로 추정된다.
213) naha : nahan의 방언으로 추정된다.
214) humuhun : humsun의 방언으로 추정된다.
215) cokcohūn : cokcohon의 방언으로 추정된다.
216) fu fi : fularafi의 방언으로 추정되며, 띄어쓰기되어 있다.
217) foncara : funcere의 방언으로 추정된다.

※ 내용상으로 볼 때 중간에 결락이 있다.

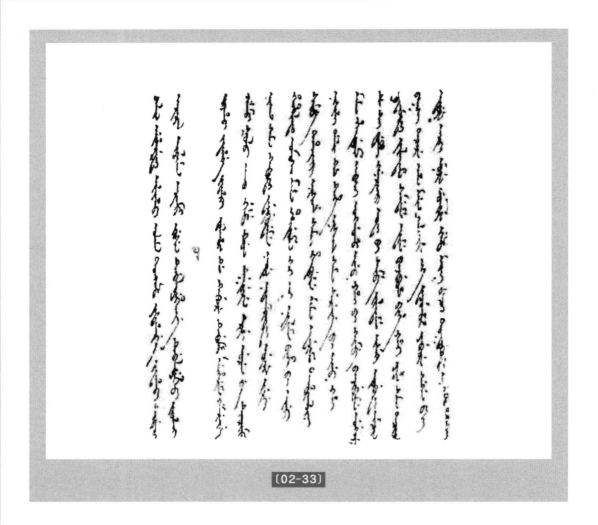

[02-33]

dalin meiherefi ilihabi. ulame tonggo jafahangge jafahabi, sideri
　가　　메고　서있다 전하며　줄　　잡은 이　잡고 있고 지달

arara niyalma arambi, juse tebeliyehengge tebeliyehebi. jijahangge[218]
만드는　사람　만든다 아이들　감싼 이　　감싸고 있다 글쓰는 이

jijahabi[219], jafahangge jafahabi, fulhun[220] de tebure tebumbi. meihereme gamarengge
글쓰고 있다　잡은 이 잡고 있다 주머니　에 담는 이 담는다　　메고　데려가는 이

---

218) jijahangge : jijuhangge의 방언으로 추정된다.
219) jijahabi : jijuhabi의 방언으로 추정된다.
220) fulhun : fulhū의 방언으로 추정된다.

gamambi, šolo aku. gemu sun[221] dekdere dergi uce be tucimbi.
데려간다 쉴 틈 없다 모두 해 뜨는 동쪽 지게문 을 나간다

nisan sama sabufi ferguweme, nade niyakūrafi uyun jergi
nisan 샤먼 보고서 놀라며 땅에 무릎 꿇고서 9 번

henghilefi[222]. omosi mama hendume. si ai niyalma bihe. bi ainu
절하고서 omosi mama 말하기를 너 무슨 사람 이었나 나 어째서

simbe taharakū[223]. nisan sama hendume. mama adarame tahorahūni[224].
너를 알지 못하겠는가 nisan 샤먼 말하기를 mama 어찌 알지 못하겠는가

nisihai dalin de tehe nisan sama serengge bi inu kai.
nisihai 가 에 사는 nisan 샤먼 하는 이 나 이로다

mama hendume. absi onggoho inu hai. bi simbe banjibume unggire
mama 말하기를 어떻게 잊었던 것이겠는가 나 너를 태어나게 보냄

de, si fuhali generakū ofi, bi simbe jilatame, isiku[225] etubufi, imcin
에 너 전혀 가지 않겠다 해서 나 너를 가엾이 여겨 방울 차고서 남수고

jafufi[226], jilatame samdame efime banjibuha bihe hai. yaya sama tacire
잡고서 가엾이 여겨 신 내리고 받들며 살게 했었구나 무릇 샤먼 배우는 것

baksi tacire aha mafa ilire ehe facuhūn yabure sesen[227] pai
baksi 배우는 것 노복 늙은이 서는 것 나쁜 혼란 행하는 것 금실 牌

efire arki nure omire gemu mini baci toktobufi
노는 것 소주 술 마시는 것 모두 나의 곳으로부터 정해져서

——— ◦ ——— ◦ ——— ◦ ———

가에 메고 서 있다. 전하면서 줄을 잡고 있는 사람은 계속 잡고 있고, (말 발을 얽매는) 지달 만드는 사람은 계속 만들고 있다. 아이들을 감싼 사람은 계속 감싸고 있고, 글 쓰는 사람은 계속 쓰고 있다. 잡은 사람은 계속 잡고 있고, 주머니에 담는 사람은 계속 담고 있다. 메고 데려가는 사람은 계속 데려가고 있으며, 쉴 틈 없이 모두 해가 뜨는 쪽에 있는 문으로 나간다. 니샨 샤먼은 이를 보고 놀라며 무릎을 꿇고 아홉 번 절을 했다. 오모시 마마가 말했다.
"너는 누구냐? 내가 어째서 네가 누군지 알지 못하는 것인가?"
니샨 샤먼이 말했다.
"마마, 어찌 저를 알아보지 못하십니까? 니시하이 강가에 살고 있는 니샨 샤먼입니다."
마마가 말했다.
"어찌 잊었던 것이겠는가? 내가 너를 태어나게 보낼 적에, 네가 가지 않겠다고 해서, 내가 너를 가엾이 여겨 방울 매고 남수고 잡고서, 신 내리고 받들며 살게 했었구나. 무릇 샤먼과 박시가 배우는 것, 노복이나 늙은이가 서는 것, 음란을 행하는 것, 골패를 가지고 노는 것, 술 마시는 것이 모두 이곳에서 정해져서

---

221) sun : šun의 방언으로 추정된다.
222) henghilefi : hengkilefi의 방언으로 추정된다.
223) taharakū : takarakū의 방언으로 추정된다.
224) tahorahūni : takarakūni의 방언으로 추정된다.
225) isiku : siša의 방언으로 추정된다.
226) jafufi : jafafi의 방언으로 추정된다.
227) sesen : sese의 방언으로 추정된다.

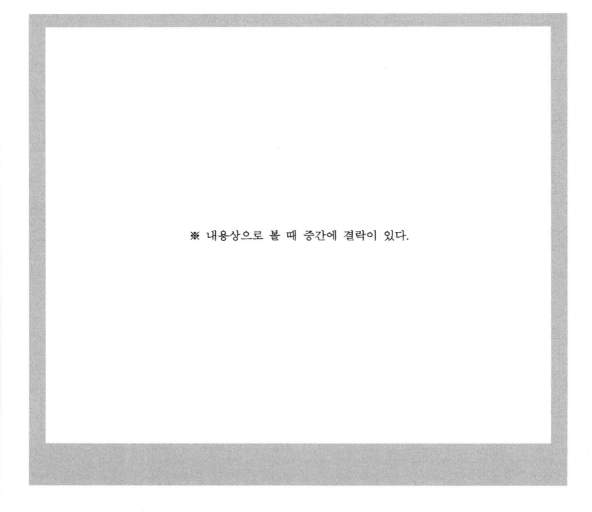

※ 내용상으로 볼 때 중간에 결락이 있다.

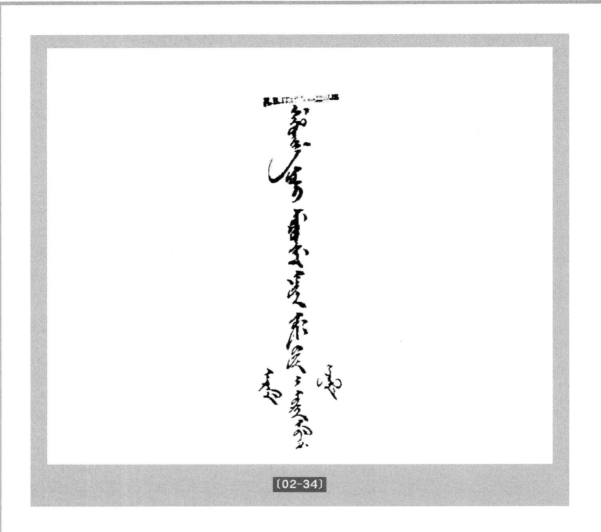

[02-34]

gehungge yoso sucungga aniya juwe biya i orin emu de arame wajiha
宣　　統　　元　　年　　2　月　　20　1　에　쓰고　마쳤다

—— ◦ —— ◦ —— ◦ ——

선통(宣統) 원년 2월 21일에 쓰기를 마쳤다.

**3**

# 아이 훈[璦琿]2본

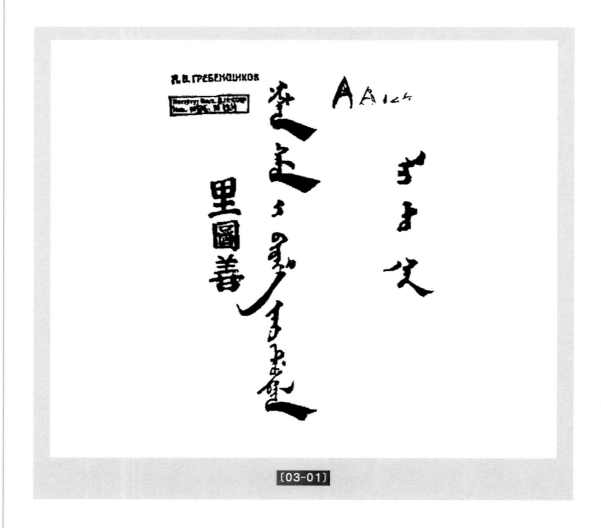

[03-01]

nits'an[1] saman i bithe  jai  debtelin
nits'an  샤먼 의 글 두번째  卷

---

1) nits'an : nisan의 방언으로 추정된다.

—— ◦ —— ◦ —— ◦ ——

[03-]

nits'an saman
nits'an　샤먼

nits'an saman
nits'an　샤먼

── ◦ ── ◦ ── ◦ ──
니샨 샤먼, 니샨 샤먼

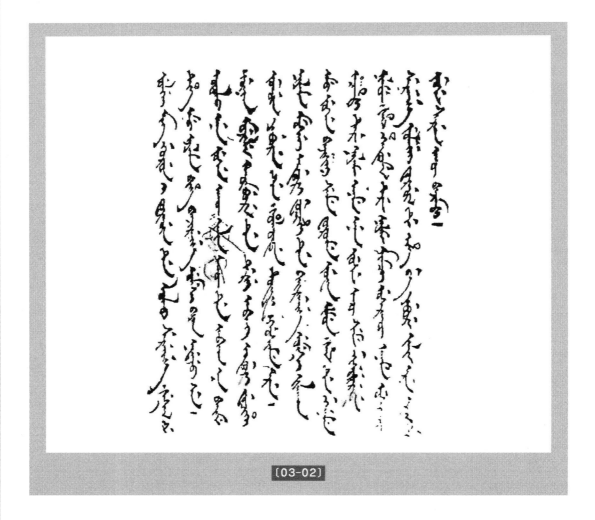

[03-02]

julgei ming gurun i forgūn[2) de lolo serengge gašan de
옛   明   나라 의 시기  에 lolo 하는 것  마을 에

tehe emu niyalma bihe. banjirengge umesi bayan nadanju se
산   한   사람  있었다 사는 것   매우  부유   70   세

otolo   enen juse akū de abka na baime
되도록 자손 아들 없음 에 하늘 땅 구하고

gūnin mujilen akūmbure de dergi abkai enduri fucihi
생각  마음   다함  에 위 하늘의 신   부처

─────────────────
2) forgūn : forgon의 방언으로 추정된다.

jugūn yabure de holkode[3] tuwafi    gosime    ere
길    감    에 홀연히    보고서    가엽게 여기고  이

niyalma musei enduri fucihi de bairengge umeši[4] jilaka
사람    우리의    신    부처 에  구하는 것    매우  가엽다

emu juse banjikini seme forome juwan ilmun han de geneme
한    아들 낳게 하자 하고  향하여    10    염라 대왕 에    가서

acahabi. tere niyalma aname enen juse akū seme gisurerede
만났다.    저    사람    살피니 자손 아들 없다 하고    말함에

nilmun[5] han hendume tere niyalma mimci[6] usarakū    aname    usarakū
염라    대왕 말하기를 저    사람 나보다 원망않는다 구실삼아 원망않는다

serengge julergi forgūn[7] de ehe be yabure jalin ere erin de
하는 것 앞의    시기    에 악 을 행하는 까닭 이 때 에

juse sargan akū banjimbi.
아들    딸    없이  산다

—— ◦ —— ◦ —— ◦ ——

옛날 명나라 때에 로로라는 마을에 한 사람이 살고 있었다. 사는 것이 매우 부유했으나, 일흔 살이 되도록 아들이 없어서 하늘과 땅에 구했는데, 생각과 마음[정성]을 다하였다. 하늘의 신과 부처가 길을 가다가 홀연히 보고서 불쌍히 여기고,
"이 사람이 우리의 신과 부처에게 바라는 것이 매우 가엽다. 아들 하나 낳게 해 주자."
하고, 시왕(十王) 가운데 염라대왕을 가서 만났다.
"저 사람 살펴보니, 아들이 없다."
하고 말하니, 염라대왕이 말했다.
"저 사람은 나보다도 원망하지 않고, 구실 삼아서도 원망하지 않는다. 그러나 전생에 악을 행한 까닭에, 지금 아들딸이 없이 산다.

---

3) holkode : holkonde의 방언으로 추정된다.
4) umeši : umesi의 방언으로 추정된다.
5) nilmun : ilmun의 방언으로 추정된다.
6) mimci : minci의 방언으로 추정된다.
7) forgūn : forgon의 방언으로 추정된다.

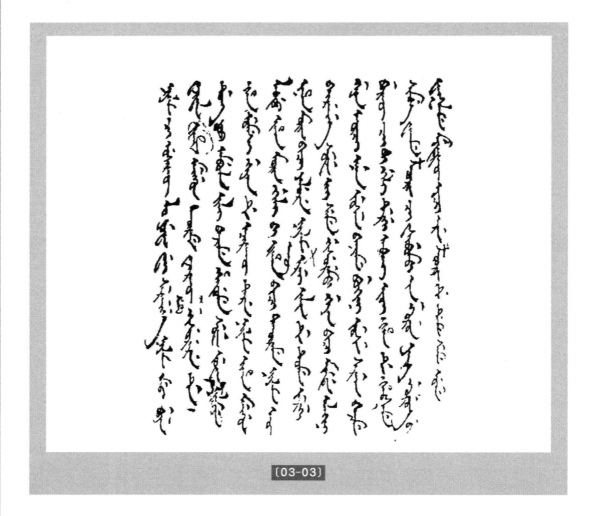

[03-03]

niyalma ci usarakū lo yuwan wei serengge niyalma emu beye
사람 보다 원망않는다 lo 員 外 하는 것 사람 한 몸

wajitala jiha menggun takūrame wajirakū seme gisurere de.
다하도록 돈 은 쓰고 다하지 못한다 하고 말함 에

dung yoo[8] ambula jili banjime hendume suwe juwan ilmun
東 嶽 매우 화 내며 말하기를 너희 10 염라

han umesi giyan de acarakū, tere niyalma jiha menggun
대왕 매우 이치 에 맞지 않다 저 사람 돈 은

---

8) dung yoo : 태산의 다른 말인 '東嶽[dōng yuè]'의 음차이며, 여기서는 東嶽의 신인 '東嶽大帝'를 가리킨다.

labdu ihan morin geli bi jiha bici takūrame niyalma akū,
많다 소 말 또 있다 돈 있어도 부리고 사람 없다

ihan morin bici yalure niyalma akū, erei jalin de tumen jergi
소 말 있어도 타는 사람 없다 이의 까닭 에 일만 번

bairengge suwe ai seme[9] gisurembi. giyan bici mimde[10] alakini
구하는 것 너희 어째서 말하는가 도리 있으면 나에 알리자

giyan akūci enen juse banjime bukini juse sargan banjime
도리 없으면 자손 아들 낳게 해 주자 아들 딸 낳게 해

burakū ci bi geli dergi abkai ioi han[11] de habšame
주지 않으면 나 또 위 하늘의 玉王 에 하소연하고

simbe wakame[12] ts'oorin[13] ci wasibumbi in gurun yang gurung[14] be
너를 나무라고 왕위 에서 내려오게 한다 陰 나라 陽 나라 를

faksalame muterakū oci ere ts'oorin de deme[15] seme ume
나눌 수 없다 하면 이 왕위 에 앉고 하고 생각하지

——○——○——○——

다른 사람들보다 원망하지 않는 로 원외(員外)라는 사람은 평생토록 돈과 은을 다 쓰지 못한다."
그때 동악대제(東嶽大帝)가 매우 화를 내며 말했다.
"너희 시왕은 매우 이치에 맞지 않다. 저 사람은 돈이 많고, 소와 말도 있다. 그러나 돈이 있어도 부릴 사람이 없고, 소와 말이 있어도 탈 사람이 없다. 이런 까닭에 저 사람이 만 번 바라는 것을 너희가 어찌 말하는가? 이유가 있으면 나에게 말하고, 이유가 없으면 아들 낳게 해 주자. 아들딸 낳게 해 주지 않으면, 나는 또 위쪽 하늘의 옥황상제(玉皇上帝)에게 하소연하여 너희를 꾸짖어 왕위에서 내려오게 하겠다. 음(陰)나라와 양(陽)나라를 나눌 수 없다면, 이 왕위에 앉으려고 생각하지

---

9) ai seme : aiseme의 방언으로 추정되며, 띄어쓰기되어 있다.
10) mimde : minde의 방언으로 추정된다.
11) ioi han : '玉王' 또는 '玉皇上帝'를 가리킨다.
12) wakame : wakalame의 방언으로 추정된다.
13) ts'oorin : soorin의 방언으로 추정된다.
14) gurung : gurun의 방언으로 추정된다.
15) deme : teme의 방언으로 추정된다.

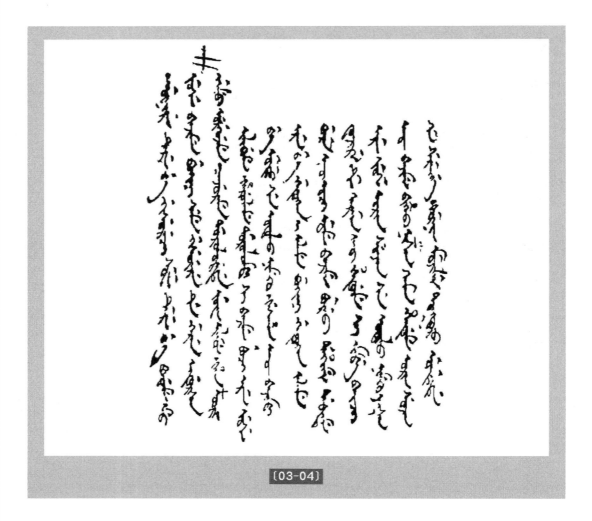

[03-04]

gūnire tere be gisureci suwe  dere be  bodome emu
말라  저  를 말하면 너희 얼굴 을 생각하고 한

juse  banjime bukini seme gisurere de geren endurisa
아들 낳게 해 주자 하고  말함 에 여러  신들

gemu urgunjeme canjurame dorolorede juwan ilmun  han ts'oorin
모두  기뻐하고  인사하고  예를 함에  10  염라 대왕  왕위

ilibume harulame[16] dorolombi  <결락>[17]  si banjime buci ere juse
세우고 은혜 갚으며  예를 한다              너 낳게 해 주면 이 아들

be udu se otolo  nimeku gashan akū banjimbi
을 몇 살 되도록  병    재난 없이 산다

ere be getuken i alame bukini getuken alame
이 를 정확하게  알려  주자 정확하게 알려

bure akū oci ume banjime bureo    dahime    dabtame
주지 않으면 낳게 해 주지 말겠는가 거듭해서 거듭 말하고

fonjire de arga  akū hendume si mimbe  baici
 물음 에 방법 없다 말하기를 너  나를 청하면

ere juse orin sunja se  otolo  nimeku yašan[18]
 이 아들 20  5  세 되도록  병    허약함

akū banjime  biheo.  nits'an sama hengdume[19] orin sunja
없이 살고 있겠는가 nits'an 샤먼 말하기를   20    5

se serengge gūnin mujilen  toktoro  undede
세 라는 것 생각  마음  정해지지 않음에


—— ∘ —— ∘ —— ∘ ——

말라. 저 사람을 말한다면, 너희 얼굴을 생각하여 아들 하나 낳게 해 주자."
그러자 여러 신들이 모두 기뻐하고 인사하며 예를 한다. 시왕이 왕위에서 일어서서 은혜 갚으며 예를 한다.

〈결락〉

"그대가 아들을 낳게 해 주면, 이 아들을 몇 살이 되도록 병과 재난이 없이 살겠는가? 이를 정확하게 알려 주자. 정확
하게 알려 주지 않으면, 낳게 해 주지 말겠는가?"
하고, 거듭하여 물었다.
"방법이 없다."
하니, 말했다.
"그대가 나에게 부탁하면 이 아들이 스물다섯 살 되도록 병과 허약함이 없이 살겠는가?"
니샨 사먼이 말했다.
"스물다섯 살이라는 나이는 생각과 마음이 정해지지 않을 때이므로

---

16) harulame : karulame의 방언으로 추정된다.
17) 여기서부터 문맥이 갑자기 바뀌는데, 중간에 내용에 빠진 것으로 추정된다.
18) yašan : yangšan의 방언으로 추정된다.
19) hengdume : hendume의 방언으로 추정된다.

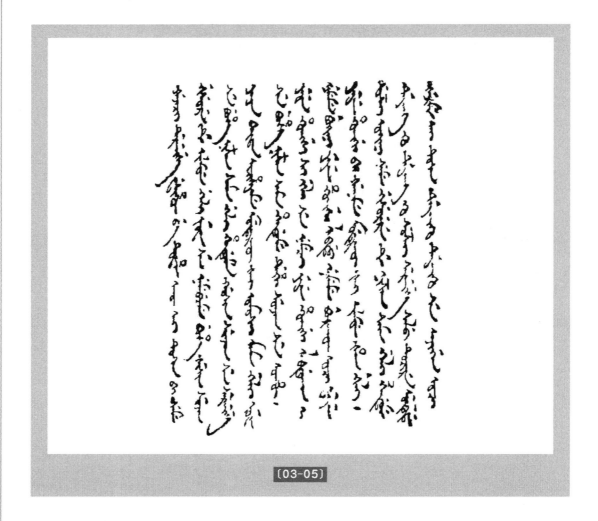

[03-05]

gajici    derengge wesihun be tuwaha akū   ai  tusa   bi   seme
데려오면 영광스럽고 귀함  을 본 것  없다 무슨 이익 있는가 하고

gisure de  ilmun  geli juwan se nemebume  buhe  gosin sunja
　말함 에 염라대왕 또　 10　세 더하게 해  주었다　 30　 5

se  buhe  nits'an sama geli hendume gosin sunja se serengge
세 주었다 nits'an 샤먼  또　말하기를　 30　 5　 세  하는 것

yaya baita icihiyame muterakū kai omosi mama geli juwan
어떤  일　 처리할 수 없으리라  omosi mama  또　 10

se   buhe  nits'an sama hendume dehi sunja se   oho,
세   주었다 nits'an 샤먼 말하기를  40    5  세  되었다

yeye hunggi  si geli se   nemeci yeye hunggi labdukan i
yeye hunggi 너  또  나이 더하면 yeye hunggi 조금 많이

nememe bukini yeye hunggi labdu nememe burakū oci  yeye
  더해   주자  yeye hunggi 많이    더해   주지 않으면 yeye

yeye[20) hunggi  bi ganame muterakū kai ilmun han geli
yeye    hunggi 나  받아서  갈 수 없도다  염라  대왕  또

sudzai[21) okini seme gisurere de nits'an sama geli hendume.
  50     되자 하고   말함   에 nits'an 샤먼   또  말하기를

deyang ku[22) deyang ku sudzai serengge  salu tucire undede
deyang ku    deyang ku   50    하는 것  수염 나오지 않음에

gajime  ai    tusa   deyangku deyangku  se  ajigen oci
데려와 무슨  이익인가 deyangku deyangku 나이  조금  되면

—— ◦ —— ◦ —— ◦ ——

데려오면 영귀(榮貴)함을 볼 수 없다. 무슨 이익이 있겠는가?"
염라대왕이 또 열 살을 더하게 해 주어 서른다섯 살 되게 하였다. 니샨 샤먼이 또 말했다.
"서른다섯 살이라는 나이는 어떤 일도 처리할 수 없으리라."
그러자 오모시 마마가 다시 열 살을 주었다. 니샨 샤먼이 말했다.

"마흔다섯 살 되었다.                    여여 홍기
 당신이 또 나이를 더한다면,            여여 홍기
 조금 많이 더해서 주자                 여여 홍기
 많이 더해 주지 않으면               여여 홍기, 여여 홍기
 내가 받아서 갈 수가 없도다."

염라대왕이 또
"쉰 살 되라."
하고 말하니, 니샨 샤먼이 또 말했다.

"더양쿠 더양쿠    쉰 살이라는 나이는 수염도 나지 않는데, 데려와 무슨 이익이 있겠는가?
 더양쿠 더양쿠      나이 조금 더 먹으면

_____

20) yeye : yeye가 두 번 겹쳐져 나온다.
21) sudzai : susai의 방언으로 추정된다.
22) deyang ku : deyangku로도 표기되어 있다.

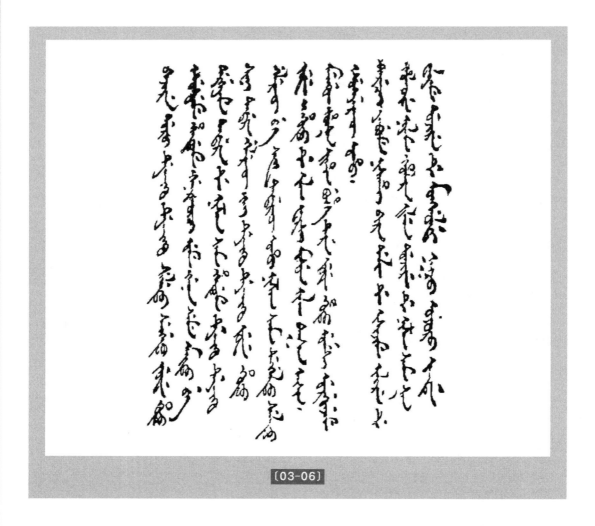

[03-06]

banjire doro deyangku deyangku seletu[23] senggetu[24] juwe hutu
사는 도리 deyangku deyangku seletu  senggetu  2  귀신

esukiyeme hendume    ganarakūci    ume gana seme maitu be
꾸짖으며 말하기를 데려가지 않으려면 가지 말라 하고 몽둥이 를

dargiyame tandara[25] de nidzan sama hendume. deyangku deyangku
휘둘러서    때림    에 nidzan 샤먼 말하기를 deyangku deyangku

---

23) seletu : 귀신의 이름이다.
24) senggetu : 귀신의 이름이다.
25) tandambi : tantambi의 방언으로 추정된다.

sini tandara gelerakū  kai    deyangku deyangku juwe hutu
너의  치기   무섭지 않구나 deyangku deyangku  2  귀신

gelerakū       be safi  tandarakū   oho  nidzan sama senggeltu seletu
무서워하지 않음을 보고 때리지 않게 되었다 nidzan 샤먼  senggeltu seletu

juwe i  hutu de ilan farsi misun ilan  baksa[26)  aisin
 2 의  귀신 에  3  덩이  醬  3  꾸러미   금

menggun hoošan jiha  buhe   tere juwe hutu umesi urgunjeme
  은       종이  돈  주었다  그   2  귀신  매우  기뻐하며

esukiyerakū   oho.
꾸짖지 않게 되었다

tereci     yabume nisihai bira dalin de isinjime   ilire   de
그로부터   가서  nisihai 강  가  에 다다르고 머무름 에

holkore[27)  niyalma hūlara jilgan donjire de nits'an sama šan
홀연히      사람  부르는 소리   들음  에 nits'an 샤먼  귀

waliyame donjire de monggoldi nakcu ojoro jakade
 던지고   들음  에 monggoldi nakcu  될  적에

—— ∘ —— ∘ —— ∘ ——

사는 도리를 알리라."
설러투와 성거투 두 귀신이 꾸짖으며 말했다.
"데리고 가지 않으려면 가지 말라."
하고는 철퇴를 휘둘러서 때렸다. 그러자 니샨 샤먼이 말했다.

"더양쿠 더양쿠    네가 치는 것이 무섭지 않구나.      더양쿠 더양쿠."

하니, 두 귀신이 샤먼이 무서워하지 않음을 보고는 때리지 않았다. 니샨 샤먼이 성걸투와 설러투 두 귀신에게 세 덩이의 장과 세 꾸러미의 금은과 종이돈을 주었다. 두 귀신이 매우 기뻐하며 꾸짖지 않았다.
그로부터 니시하이 강가에 가서 머무를 때에, 홀연히 사람 부르는 소리가 들렸다. 니샨 샤먼이 귀를 기울이고 들어보니, 몽골다이 낙추이다.

---

26) baksa : baksan의 방언으로 추정된다.
27) holkore : holkonde의 방언으로 추정된다.

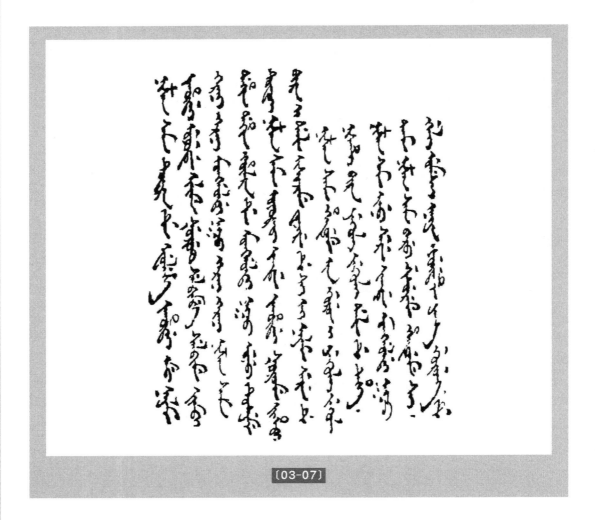

[03-07]

nits'an sama tuwara de efulehe jahūdai emu niyalma
nits'an 샤먼 봄 에 부서진 배 한 사람

jahūdai ujude ilime šuruku[28] selbimbi selbime jimbi
배 머리에 서서 삿대 젓는다 저어서 온다

kerani kerani monggoldi nakcu kerani kerani nits'an sama
kerani kerani monggoldi nakcu kerani kerani nits'an 샤먼

dahin dahin hūlara de monggoldi nakcu uju tukiyeme
거듭 거듭 부름 에 monggoldi nakcu 머리 들고

---

28) šuruku : šurukū의 방언으로 추정된다.

tuwaci nits'an sama ojoro jakade jahūdai šorome[29] jihebi
보니 nits'an 샤먼 있는 까닭에 　배 　노저어 　왔다

bira i dalin isinjime fonjire de si 　ai niyalma sere de
강 의 가 다다라서 들음 에 너 무슨 사람 　함 에

nits'an sama hendume. in gurun i yekuli jekuli
nits'an 샤먼 말하기를 陰 나라 의 yekuli jekuli

nisihai bira yekuli jekuli dalin de tehe.
nisihai 강 yekuli jekuli 가 에 사는

nits'an sama inu sere jakade monggoldi nakcu
nits'an 샤먼 이다 할 　적에 monggoldi nakcu

takame 　nits'an sama baru gisureme hendume si
알아보고 nits'an 샤먼 　쪽 　말하고 말하기를 너

geli umesi aniya goidaha 　yang gurung de
또한 매우 　해 오래되었다 陽 　나라 에

——  ○  ——  ○  ——  ○  ——

니샨 샤먼이 보니, 부서진 배에 한 사람이 뱃머리에 서서 삿대를 저으면서 오고 있다.

"커라니 커라니 몽골다이 낙추, 　　　커라니 커라니"

니샨 샤먼이 거듭해서 불렀다. 몽골다이 낙추가 머리를 들고 보니, 니샨 샤먼이 있다. 배를 저어 와서 강가에 다다라 물었다.
"그대는 누구인가?"
니샨 샤먼이 말했다.

"음(陰)나라의 　　　　　　　여쿨리 저쿨리,
니시하이 강 　　　　　　　여쿨리 저쿨리,
가에 사는 니샨 샤먼이다."

몽골다이 낙추가 알아보고, 니샨 샤먼을 향해 말했다.
"그대는 해가 오래도록 양(陽)나라에

---

29) šorome : šurume의 방언으로 추정된다.

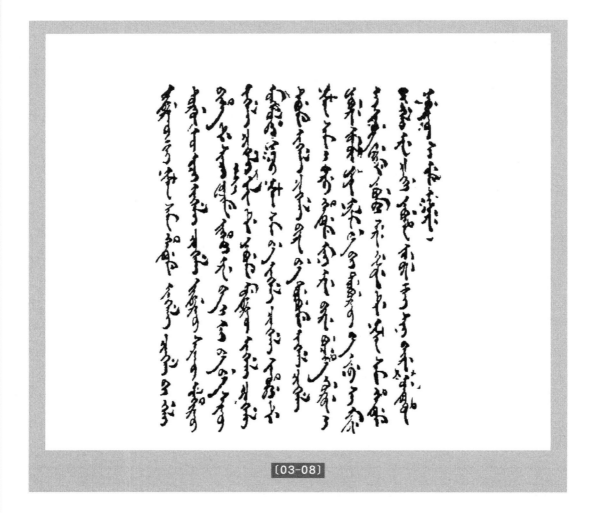

[03-08]

jiderakū  kai  nits'an sama hendume, ingeli cingeli bi  geli
오지 않는구나 nits'an 샤먼 말하기를 ingeli cingeli 나 또한

turgun akū oci ingeli cingeli jiderakū    sarakū    ulhirakū
 까닭  없으면  ingeli cingeli 올 수 없고 알 수 없고 깨달을 수 없고

bihe  de  sinci  fonjime jihebi ere ba  i  ai  ba  be  sarakū
있음 에 너로부터 찾아  왔다 이 곳 의 어느 곳 을 알 수 없는가

ingeli cingeli  ai  i  jalin de yabume muterakū ingeli cingeli
ingeli cingeli 무엇 의 까닭 에  갈 수 없는가  ingeli cingeli

monggoldi nakcu nits'an sama be ingeli cingeli jahūdai de
monggoldi nakcu nits'an 샤먼 을 ingeli cingeli  배  에

tebume   ingeli cingeli bira be  doobume ingeli cingeli
앉게 하고 ingeli cingeli 강 을 건네주고 ingeli cingeli

nits'an sama  i baru hendume mini ere bira bucehe gurun i
nits'an 샤먼 의 쪽 말하기를 나의 이  강  죽은  나라 의

yabure jugūn yaya niyalma be bi    dooburakū   ba inu  si minde
 가는   길  무릇 사람  을 나 건네주지 못하는 곳 이다 너 나에게

ai    jabe[30] werime yabumbi sere gisun de nits'an sama hendume
무슨 물건   남기고 가겠는가 하는  말  에 nits'an 샤먼 말하기를

bi  geli ere canggi yabuha jugūn kai. sini baire de untuhun
나 또한 이   다만   간   길이로다 너의 구함 에 공연히

yaburakū  si    ume ekšere
갈수 없다 너 조급해 하지 말라

—— ◦ —— ◦ —— ◦ ——
오지 않는구나."
니샨 샤먼이 말했다.

"잉걸리 칭걸리   나 또한 이유 없으면,
 잉걸리 칭걸리   올 수도 없고, 알 수도 없고, 이해할 수도 없다. 이유가 있다면 그대로 인해서 찾아 왔다. 여기의 어느
               곳을 알 수 없는가?
 잉걸리 칭걸리   무슨 까닭으로 갈 수가 없는가?
  잉걸리 칭걸리"
몽골다이 낙추가 니샨 샤먼을, 잉걸리 칭걸리 배에 앉게 하고, 잉걸리 칭걸리 강을 건네주고, 잉걸리 칭걸리 니샨 샤먼
을 향해 말했다.

"이 강은 죽은 나라에 가는 길로, 무릇 사람은 건네주지 못하는 곳이다. 그대는 나에게 무엇을 남기고 가겠는가?"
이에 니샨 샤먼이 말했다.
"나 또한 이것만 간 길이로다. 그대가 청하므로 공연히 갈 수는 없다. 조급해 하지 말라.

30) jabe : jaka be의 축약으로 추정된다.

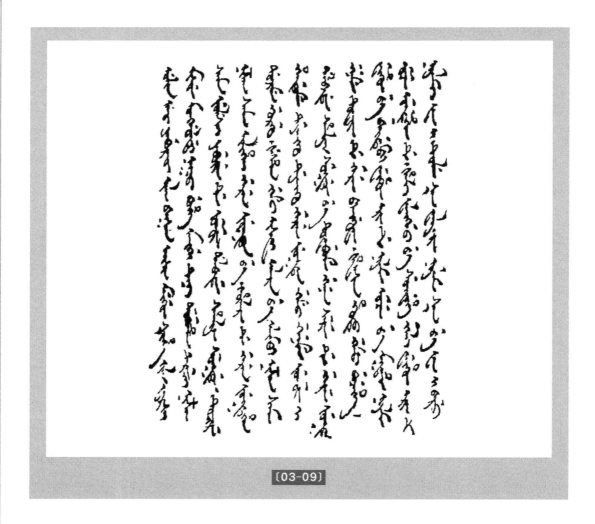

[03-09]

ulin akū yaburakū ilan baksan aisin menggun sihe[31] ilan farsi
재물 없이 갈 수 없다 3 꾸러미 금 은 돈 3 덩이

misun monggoldi nakcu buhe manggi teni dobuha[32] tereci nits'an
醬 monggoldi nakcu 준 후 겨우 건네주었다 그로부터 nits'an

sama julesi yabure de jugūn dalbade sahaliyan sukdun tucire
샤먼 앞으로 나아감 에 길 가에 검은 기운 나오고

---

31) sihe : jiha의 방언으로 추정된다.
32) dobuha : doobuha의 방언으로 추정된다.

nidzan sama ilihei geren jukten be hūlara de geren juktehen
nidzan 샤먼 서서 여러 혼령 을 부름 에 여러 廟

donjime gurgu gasha gemu isafi alara be alimbi nidzan sama
듣고 들짐승 새 모두 모여서 알림 을 받는다 nidzan 샤먼

hendume. deyangku deyangku geren jukten gemu geneme jugūn i
말하기를 deyangku deyangku 여러 혼령 모두 가서 길 의

dalbade sahaliya sukdun be tuwabume gene sere de geren jukten
가에 검은 기운 을 보러 가라 함 에 여러 혼령

geneme tuwara de geren pangguwan hafasa hutu gemu bucehe
가서 봄 에 여러 判官 관리들 귀신 모두 죽음

weihun be beidembi. weihun erin de niyalma uce be maktaha niyalma
삶 을 심판한다 살았던 때 에 사람 문 을 던진 사람

uce undehen de hala[33] falanggū be suifuhe, geli weihun erin de
문 板 에 손 바닥 을 꿰뚫었다 또 살았던 때 에

niyalmai fa i tule šan waliyara niyalma šan be fa i baru
사람의 창 의 밖에 귀 던지는 사람 귀 를 창 의 쪽

—— ◦ —— ◦ —— ◦ ——

재물 주지 않고 가지 않겠다."
하고는 세 꾸러미의 금, 은, 돈과 세 덩이의 장을 몽골다이 낙추에게 주니, 겨우 건네주었다. 다시 니샨 샤먼이 앞으로 나아갈 때에 길가에서 검은 기운이 나온다. 니샨 샤먼이 서서 여러 혼령을 부르니, 묘(廟)에서 듣고 짐승과 새들이 모두 모여 말하는 것을 듣는다. 니샨 샤먼이 말했다.
"더양쿠 더양쿠, 여러 혼령들은 모두 길가의 검은 기운을 살펴보러 가라."
여러 혼령들이 가서 살펴보니, 여러 판관들이 모든 귀신의 죽음과 삶을 심판한다. 살았을 때에 문을 던진 사람은 문짝에 손바닥을 꿰뚫었다. 또 살았을 때에 다른 사람의 창에 귀를 기울여 엿들었던 사람은 귀를 창 쪽으로

---

33) hala : gala의 방언으로 추정된다.

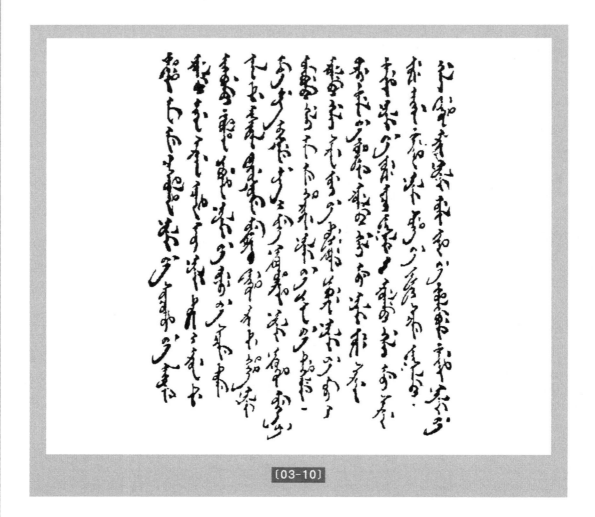

[03-10]

hadaha,  ama eme casholaha[34] niyalma be soncoho be  lakiyame
못박았다 父  母  등진    사람 을 변발 을 늘어뜨리고

erulembi.   eigen sargan acaha akū niyalma tuwa i  erun de
형벌 처한다 남편  아내  맞음 없는 사람  불 의 형벌 에

isebumbi, hūlha yabuha niyalma be  uju be sacime tumen
징벌한다 도적  행한  사람 을 머리 를 베고  만

jalan de  isitala  forgošome muterakū weihun erin de hehe niyalma
 대 에 이르도록   바꿀 수 없다   살았던 때 에 여자 사람

---

34) casholaha : cashūlaha의 방언으로 추정된다.

amba giyang ebišeme giyang i muke natuhūraha[35] niyalma natuhūn[36] muke be
큰　江　미역하고　江 의 물　더럽힌　사람　더러운　물 을

omibumbi,　geli ama eme　harire　niyalma be yasa be deheleme
마시게 한다　또　父　母　치우치는　사람　을　눈　을　갈고리 걸고

erulembi,　geli sargan　jui be dufedume[37] yabure niyalma be moo i
형벌 처한다　또　여자　아이를　간음　행하는　사람　을 나무 의

baru gala be hūtame[38]　erulembi,　geli emu niyalma juwe sargan
쪽　손 을 묶고　형벌 처한다　또　한　사람　2　아내

gaiha niyalma be juwe ici faksalame　erulembi, geli emu sargan
취한　사람 을　2　쪽　가르고　형벌 처한다 또　한　아내

juwe eigen gaiha niyalma suhe be jafafi sacime faksalambi,
2　남편 취한　사람　도끼 를 잡아서　베고　가른다

geli weihun erin niyalma ulin jiha be holimbume[39] gaiha niyalma be
또　살았던 때　사람　재물 돈 을　홀려서　취한　사람 을

—— ◦ —— ◦ —— ◦ ——

못을 박았다. 부모를 등진 사람은 변발을 늘어뜨리고 형벌을 처한다. 남편과 아내의 사이가 맞지 않은 사람은 불의 형벌로 징벌한다. 도적질을 한 사람은 머리를 베고 만대(萬代)에 이르도록 바꿀 수 없게 한다. 살았을 때 큰 강에서 목욕하고 강물을 더럽힌 사람은 더러운 물을 마시게 한다. 또 부모를 흘겨보는 사람은 눈을 갈고리로 걸어 형벌을 처한다. 또 여자 아이를 간음한 사람은 나무에 손을 묶고 형벌을 처한다. 또 두 명의 아내를 취한 사람은 몸을 두 쪽으로 갈라서 형벌을 처한다. 또 두 남편을 취한 아내는 도끼를 잡아 몸을 베어서 가른다. 또 살았을 때에 다른 사람의 재물이나 돈을 속여서 취한 사람은

---

35) natuhūraha : nantuhūraha의 방언으로 추정된다.
36) natuhūn : nantuhūn의 방언으로 추정된다.
37) dufedume : dufedeme의 방언으로 추정된다.
38) hūtame : huthume의 방언으로 추정된다.
39) holimbume : hūlimbume의 방언으로 추정된다.

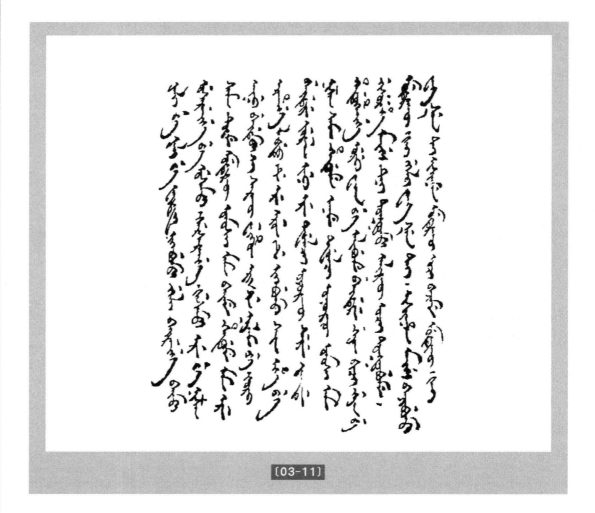

[03-11]

yali be yali be[40]  faitafi  nikebumbi, geli bairengge  baimbi
살 을 살 을  자르고서 받게 한다  또 청하는 것  청한다

usarengge  be  usambi  garsarangge  gasambi, ere be nits'an
슬퍼하는 것 을 슬퍼한다 원한 품은 것 원망한다 이 를 nits'an

sama  tuwame  muterakū. omosi mama  baime hendume  mama ere
샤먼  볼 수 없다  omosi mama 청하여 말하기를 mama 이

aitu  beidembi.  si  sarakū  weihun  erin  de  niyalma  be  koro
왜  재판하는가 너 알 수 없다 살았던 때 에 사람 을 원한

---

arahangge labdu de ere erun de nikebumbi sain  ehe be
지은 것   많음 에 이 형벌 에 받게 한다 좋음 나쁨 을

beidere   jurgan inu ere tafulaci ojorakū sere jakade
재판하는 도리 이다 이  타이를 수 없다   할   적에

nidzan sama hendume ainame  tafulaci ojorakū omosi mama
nidzan 샤면 말하기를   어찌  타이를 수 없는가 omosi mama

henduhengge uru waka be   alibume   beidere  giyan  bici  giyan be
   말한 것   맞음 틀림 을 받아들이고 재판하는 이치 있으니 이치 를

gisurehe manggi teni toktombi.     alirakū oci      toktobume
   말한    후   겨우 진정한다 받아들이지 않으면 진정시킬 수

muterakū kai, geli wang šen tai[41] isinaha manggi  banjibumbi.
   없도다    또 望 鄕 臺   이른    후 살아나게 된다

wang šen tai isiname muterakū oci banjime muterakū kai.
 望   鄕 臺   이를 수 없게 되면    살 수가 없도다

---  。 ---  。 ---  。 ---

살을 자르는 형벌을 받게 한다. 또 청하는 것은 청하고, 슬퍼하는 것을 슬퍼하며, 원한 품은 것은 원망한다.
이를 니샨 샤먼이 차마 볼 수 없어 오모시 마마에게 청하여 말했다.
"마마님, 왜 이렇게 재판합니까?"
하니, 오모시 마마가 말했다.
"너는 알 수가 없다. 살았을 때에 사람에게 원한 지은 것이 많기 때문에 이러한 형벌을 받게 한다. 선악을 재판하는 도
리이니, 이들을 타이를 수는 없다."
하므로 니샨 샤먼이 말했다.
"어찌 타이를 수 없습니까?"
하니, 오모시 마마가 말했다.
"옳고 그름을 받아들이고, 재판하는 이치가 있으니, 이치를 말한 연후에 겨우 진정된다. 받아들이지 않으면 진정시킬
수가 없구나. 또 망향대(望鄕臺)에 이른 다음 살아나게 된다. 망향대에 이르지 못하면 살 수가 없구나."

---

41) wang šen tai : 저승으로 가는 입구에 있는 '望鄕臺[wàngxiāngtái]'의 음차이며, 이승의 고향을 마지막으로 보고
    이별하는 곳이라고 한다.

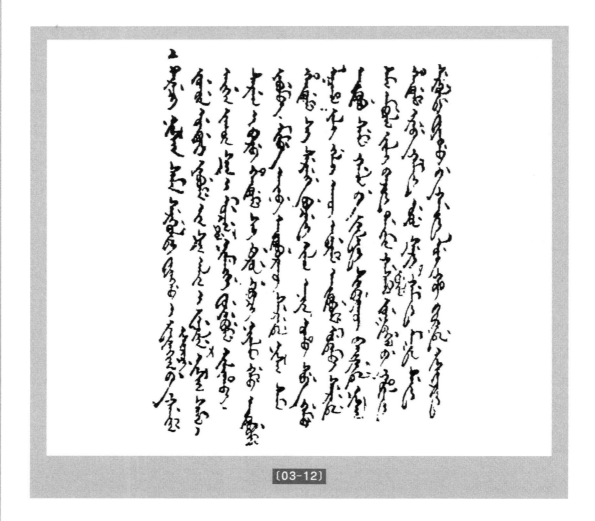

[03-12]

tereci    nits'an sama serguldi fiyanggo  i fayangga be  gaime
그로부터 nits'an 샤먼 serguldi fiyanggo 의    혼     을 데리고

jugūn unduri yabume in šan alin i fejile  isinjifi  nits'an sama i
  길   따라서 가고 陰山 산 의 아래 다다라서 nits'an 샤먼 의

eigen jakūn šan  i mucen de nimenggi    fuyebume    ilihabi,
남편    8   귀 의 솥   에  기름   끓어오르게 하고 섰다

sargan i baru hendume si gurun gubci niyalma gemu aitubume
아내 의 쪽 말하기를 너 나라 두루  사람  모두   살리고

yabumbi. mimbe ainu    aituburakū  serede nits'an sama
간다    나를   어째서  살리지 않는가  함에  nits'an 샤먼

hendume si serengge bucefi ilan aniya  oho   sube gemu
말하기를 너  하는 것  죽어서  3    년   되었다 근육 모두

lakcaha   yali geli  akū adarame aitubume mutembi serede
끊어졌다  살  또  없다  어떻게   살릴 수  있겠는가  함에

aitubu  seme gala be jafafi sindarakū bairede  nits'an
살려라  하고  손 을  잡고  놓지 않고  청함에  nits'an

sama ambula jili  banjifi daimin<sup>42)</sup>  gasha juktehen be  hūlafi
샤먼  매우  화  내고서  수리      새   혼령  을 불러서

hendume erebe gamafi  uyun šeri fejile gamafi  makta   sefi
말하기를 이를 데려가서  九   泉  아래 데려가서  던져라  하고서

serguldi fiyanggo be   gaifi  lung hū<sup>43)</sup>  birade  isinjifi
serguldi fiyanggo 를 데리고  lung hū      강에  다다라서

———。———。———。———
그러고는 니샨 샤먼은 서르구다이 피양구의 혼을 데리고 길을 따라 가서 음산(陰山) 아래에 이르렀다. 그곳에 이르니, 니샨 샤먼의 남편이 귀가 8개 달린 솥에 기름을 끓이고 서 있다. 아내를 향해 말했다.
"너는 나라 사람을 두루 모두 구해주고 가면서, 나는 어찌 구해주지 않는가?"
니샨 샤먼이 말했다.
"당신은 이미 죽어서 3년이 되었다. 근육은 모두 끊어졌고 살도 없으니, 어떻게 구해줄 수 있겠는가?"
하니, "구해 달라!" 하면서 손을 잡고는 놓지 않고 애원하였다. 니샨 샤먼이 매우 화를 내고서 수리 새 혼령을 불러서 말했다.
"이 사람을 데려가서 구천(九泉) 아래로 던져라."
하고는 서르구다이 피양구를 데리고 용호강(龍虎江)에 이르렀다.

42) daimin : damin의 방언으로 추정된다.
43) lung hū : '龍虎[lónghǔ]'의 음차로 추정된다.

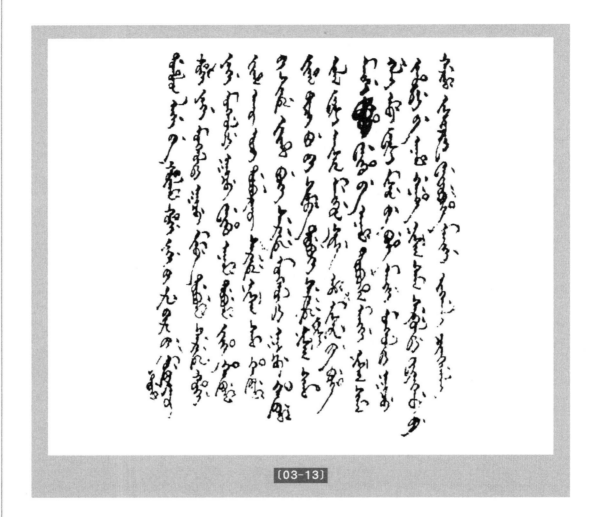

〔03-13〕

doholon  lagi be hūlame, hoge yage  bi ere bira be doome muterakū
절름발이 lagi 를 부르고 hoge yage 나 이  강 을  건널 수 없다

hoge yage monggoldi nakcu mimbe doobume serede hoge
hoge yage monggoldi nakcu 나를 건네주고 함에  hoge

yage monggoldi nakcu weihu aname doobume  jihe hendume
yage monggoldi nakcu  배  밀면서 건네주러 왔다 말하기를

jiha akū oci   dooburakū  serede nits'an sama hendume
돈  없으면 건네줄 수 없다 함에 nits'an 샤먼  말하기를

bi  sinde  jiha  buki  serede  monggoldi  nakcu  hendume
나  너에  돈  주자  함에  monggoldi  nakcu  말하기를

jiha   bici    bu  bi  simbe  doobuki  serede  nidzan  sama
돈   있으면  주라  나  너를  건네주자  함에   nidzan  샤먼

ilan  farsi  aisin  menggun  šoge  emu  farsi  misun  be  buhe
 3  덩이  금    은   塊  한  덩이  醬  을  주었다

manggi  weihu  be  aname  doobuha  manggi  nits'an  sama
 후   배  를  밀면서  건네준   후   nits'an  샤먼

geli  emu  farsi  misun  be  buhe  manggi  monggoldi  nakcu
또  한  덩이  醬  을  준  후   monggoldi  nakcu

jahūdai  be  aname  genehe  nits'an  sama  serguldi  fiyanggo  be
 배   를  밀면서  갔다  nits'an  샤먼  serguldi  fiyanggo  를

gajime   isinjifi   weijubuhe  manggi.  inggali  cinggali
데리고  다다라서  되살린   후   inggali  cinggali

—— ° —— ° —— ° ——
강에서 절름발이 라기를 불렀다.

"호거 야거  내가 이 강을 건널 수 없다.
 호거 야거  몽골다이 낙추는 나를 건네라, 호거 야거."

몽골다이 낙추가 배를 밀면서 건네주러 와서 말했다.
"돈이 없으면 건네줄 수 없다."
니샨 샤먼이 말했다.
"내가 너에게 돈을 주겠다."
몽골다이 낙추가 말했다.
"돈 있으면 주어라. 너를 건너게 해 주겠다."
니샨 샤먼이 세 덩이의 금과 은, 한 덩이의 장을 준 다음에야 배를 밀면서 건너게 해 주었다. 니샨 샤먼이 또 한 덩이의
장을 주니, 몽골다이 낙추가 배를 밀면서 갔다. 니샨 샤먼이 서르구다이 피양구를 데리고 집에 이르러서 되살렸다.

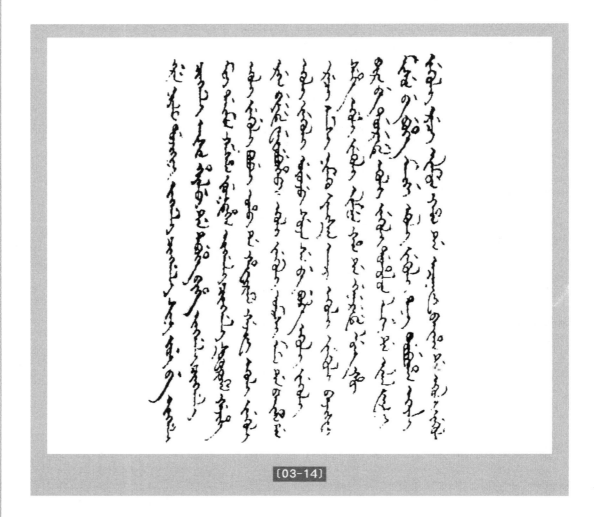

[03-14]

geren niyalma donjikini inggali cinggali sini   jui be inggali
여러   사람   듣게하자 inggali cinggali 너의 아이 를 inggali

cinggali aisin hiyalu de tebuhe bihe inggali cinggali
cinggali 금   자루 에   담았다   inggali cinggali

mini daimin[44] gasha juktehen inggali cinggali šoforome  gajihe
나의 수리   새   혼령   inggali cinggali 잡아채서 데려왔다

ekuli jekuli boobai oho de hafirame  gajifi   ekuli jekuli
ekuli jekuli 보배 됨 에 꽉 끼고 가져와서 ekuli jekuli

---

44) daimin : damin의 방언으로 추정된다.

ergen beyede weijubuhebi ekuli jekuli omosi mama de baiha de
목숨 몸에 　되살렸다 ekuli jekuli omosi mama 에 청함 에

ekuli jekuli uyunju sunja se be buhe ekuli jekuli
ekuli jekuli 90 　5 세 를 주었다 ekuli jekuli

ereci 　amasi nimeku yangšan akū ekuli jekuli banjikini
이로부터 뒤에 　병 　허약함 없이 ekuli jekuli 살게하자

sehe 　ekuli jekuli ilmun han de generede lung hū
하였다 ekuli jekuli 염라 대왕 에 갈 적에 lung hū

bira be doorede ekuli jekuli doholon lagi de ilan farsi
강 을 건넘에 ekuli jekuli 절름발이 lagi 에 3 덩이

misun be buhe manggi ekuli jekuli teni 　doobuha 　ekuli
醬 을 준 후 ekuli jekuli 겨우 건너게 되었다 ekuli

jekuli 　ereci ilmun han de acanafi baiha de ekuli jekuli
jekuli 이로부터 염라 대왕 에 가서 만나 청함 에 ekuli jekuli

—— ∘ —— ∘ —— ∘ ——
니샨 샤먼이 말했다.

"잉갈리 칭갈리 　여러 사람 들어라.
잉갈리 칭갈리 　당신의 아이를,
잉갈리 칭갈리 　금자루에 담았다.
잉갈리 칭갈리 　나의 수리 새 혼령이,
잉갈리 칭갈리 　잡아채서 데려왔다.
어쿨리 저쿨리 　보배인 까닭에 꼭 끼고 데려와서,
어쿨리 저쿨리 　목숨을 몸에 되살렸다.
어쿨리 저쿨리 　오모시 마마에게 청하니,
어쿨리 저쿨리 　구십 오세의 수명을 주었다.
어쿨리 저쿨리 　앞으로 병과 허약함 없이,
어쿨리 저쿨리 　살게 하자 하였다.
어쿨리 저쿨리 　염라대왕에게 갈 때에, 용호강(龍虎江)을 건넜는데,
어쿨리 저쿨리 　절름발이 라기에게 세 덩이 장을 주고서야,
어쿨리 저쿨리 　겨우 건너게 되었다.
어쿨리 저쿨리 　그런 다음 염라대왕에게 가서 청하니,

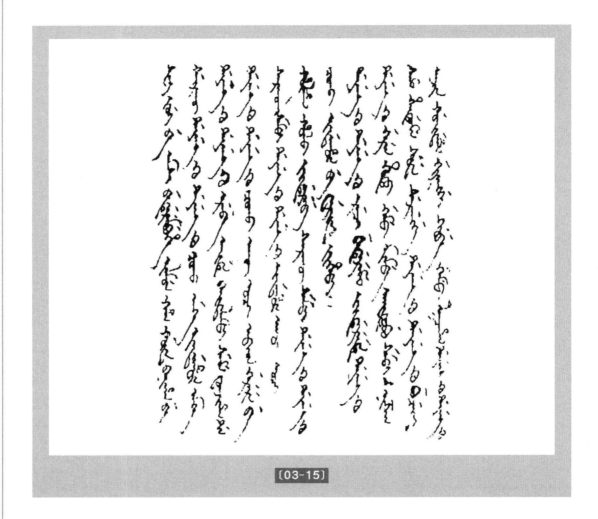

[03-15]

sini   jui   be  amasi   bederembuhe   ilmun  han  gūwa  baniha  be
너의  아들  을  뒤로  돌아가게 하였다  염라  대왕  다른  사례  를

gairakū           deyeng  ku  deyeng  ku  coko  emke  indahūn  emke
취하지 않는다  deyeng  ku  deyeng  ku  닭  하나  개  하나

deyeng  ku  deyeng  ku  erebe   aide   baitalambi  seme  fonjiha  de
deyeng  ku  deyeng  ku  이를  무엇에  쓰는가  하고  물었음 에

deyeng  ku  deyeng  ku  coko  akū  oci  abka  gerere  be
deyeng  ku  deyeng  ku  닭  없  으면 하늘  밝게  됨  을

sarakū　　sembi. deyeng ku deyeng ku indahūn akū oci
알 수 없다 한다　deyeng ku deyeng ku　개　　없으면

hūlha holo[45] jiderebe　sarakū　sembi. deyeng ku deyeng ku
도둑 거짓　　옴을 알 수 없다 한다　deyeng ku deyeng ku

coko indahūn be werifi jihebi
닭　　개　를 남기고 왔다

deyeng ku deyeng ku　ereci　bedereme jiderede deyeng ku
deyeng ku deyeng ku 이로부터 되돌아서　옴에　deyeng ku

deyeng ku geren hutu gemu mimbe aitubu　sembi. nits'an
deyeng ku 여러 귀신 모두 나를 살려라 한다 nits'an

sama hendume suwe derengge deyeng ku deyeng ku bucefi
샤먼 말하기를 너희　얼굴　deyeng ku deyeng ku 죽어서

aniya　goidaha　giranggi sube gemu lakcaha　deyeng ku deyeng ku
해　오래되었다　뼈　근육 모두 끊어졌다 deyeng ku deyeng ku

———　。———　。———　。———

어쿨리 저쿨리　그대의 아들을 다시 돌아가게 하였다. 염라대왕은 따로 사례를 받지 않았다.

더영쿠 더영쿠　닭 한 마리, 개 한 마리,
더영쿠 더영쿠　'이것을 어디에 쓰는가?' 하고 물으니,
더영쿠 더영쿠　'닭 없으면 하늘 밝아짐을 알 수 없다.' 한다.
더영쿠 더영쿠　'개 없으면 도적이 오는 것을 알 수 없다.' 한다.
더영쿠 더영쿠　닭과 개를 남기고 왔다.
더영쿠 더영쿠　그리고 되돌아 올 때에,
더영쿠 더영쿠　여러 귀신들이 모두 '나를 구해 주어라.' 한다. 내가 말하기를 '너희 얼굴
더영쿠 더영쿠　죽은 지 오래되어 뼈와 근육이 모두 끊어졌다.

───────────────

45) holo : hūlha의 잘못으로 보인다.

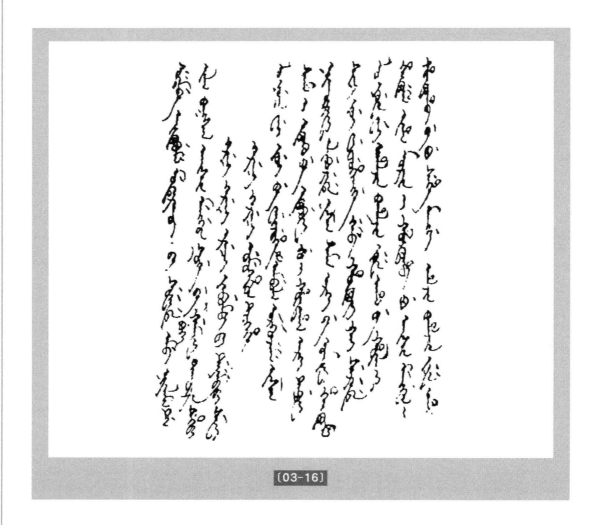

[03-16]

suwembe aitubume muterakū. bi suwede emu niyalma de
　너희를　　　살릴 수 없다　　나 너희에　한　　사람　에

ilan baksan aisin menggun šoge be  buke[46]　 gamafi　　takūra sehebi
　3　꾸러미　금　　은　　덩이 를 주었다　 가지고 가서　쓰라　하였다

kereni kereni　ereci　yabumbi bi deyembibi　sefi
kereni kereni 이로부터　간다　나 날고 있다 하고

---

46) buke : buhe의 방언으로 추정된다.

kereni kereni umusihun tukehe[47]
kereni kereni 엎드리고 나왔다

lo yuwan wei jui be weijuhe de ambula urgunjeme nits'an
lo 員 外 아들 을 되살렸음 에 매우 기뻐하고 nits'an

saman i etuku be etubufi gu i hūntahan arki tebufi
샤먼 의 옷 을 입히고 玉 의 .잔 소주 채우고

niyakūrafi aliburede nits'an saman arki be omifi hendume,
무릎 꿇고 올림에 nits'an 샤먼 소주 를 마시고 말하기를

sini jui weijuhengge gemu hūturi kai serede
너의 아들 되살린 것 모두 복 이로다 함에

lo yuwan wei ahaljin bahaljin juwe aha be hūlafi
lo 員 外 ahaljin bahaljin 2 하인 을 불러서

hendume ihan morin i hontoho bu aisin menggun i
말하기를 소 말 의 반 주라 금 은 의

hontoho be bu sehe manggi ahaljin bahaljin juwe aha
반 을 주라 한 후 ahaljin bahaljin 2 하인

— 。— 。— 。—

더영쿠 더영쿠 너희를 되살릴 수 없다. 내가 너희들 한 사람에게 세 꾸러미 금과 은덩이를 주겠다. 가져가서 쓰라.'
하였다.

커러니 커러니 '이제 간다, 나는 날아서 간다.' 하고,
커러니 커러니 엎드려서 나왔다."

로 원외(員外)는 아들이 살아나자 매우 기뻐하고, 니샨 샤먼의 옷을 입히고 옥잔에 술을 채우고는 무릎을 꿇고서 올렸
다. 니샨 샤먼이 술을 마시고 말했다.
"그대의 아들을 살린 것은 모두 복이로구나."
로 원외는 아할진과 바할진 두 하인을 불러서 말했다.
"소와 말의 반을 주어라. 금과 은의 반을 주어라."
하고는, 아할진과 바할진 두 하인에게

---

47) tukehe : tuhehe의 방언으로 추정된다.

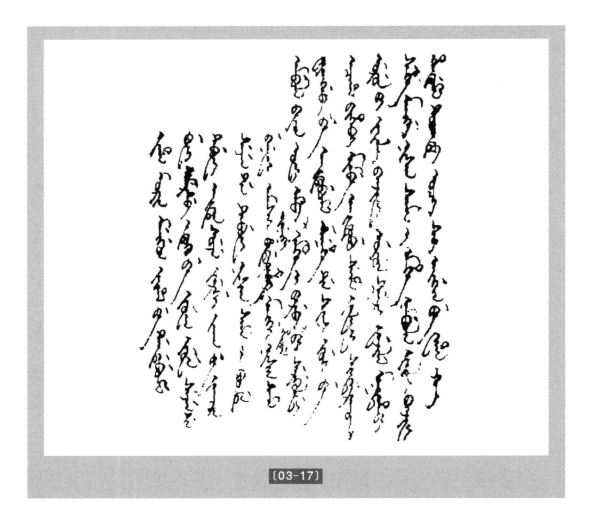

[03-17]

ihan morin menggun jiha be  dendebume
소    말    은    돈  을 나누게 하여

bufi amersu etuku[48] be juwan juwe sejen de
주고 amersu  옷  을 10    2   수레 에

tebufi  eiten suje jergi jaka be jakūn
채우고 여러 비단 등 물건 을  8

sejen de  tebufi  nisan saman i  boo de
수레 에 채우고서 nisan 샤먼  의 집 에

---

48) amersu etuku : emursu etuku의 방언으로 추정된다.

benefi amasi bederehe manggi nisan saman
보내고 뒤로 돌아온 후 nisan 샤먼

ambula bayan ofi emu inenggi emhe i baru hendume bi serguldi
매우 부자 되고 한 날 어머니 의 쪽 말하기를 나 serguldi

fiyanggo be aitubume genehe de sini jui be
fiyanggo 를 살리러 갔음 에 너의 아들 을

acaha bihebi mimbe aitubu seme jafafi sindarakū de
만났 었다 나를 살려라 하고 잡고 놓지 않음 에

urun bi jili banjifi uyun šeri fejile maktahabi
며느리 나 화 내고서 九 泉 아래 던졌었다

sehe manggi nisan saman i emhe ambula jili banjifi
한 후 nisan 샤먼 의 어머니 매우 화 내고서

hendume tuttu oci si eigen be waha kai.
말하기를 그러면 너 남편 을 죽였도다

—— 。—— 。—— 。——

소와 말, 은과 돈을 나누게 하여 주고, 홑옷을 12 수레에 채우고, 여러 가지 비단 등의 물건을 여덟 수레에 채우고서 니샨 샤먼의 집에 보내게 하고 오게 하였다.
니샨 샤먼은 매우 큰 부자가 되었다. 그런던 어느 날 시어머니에게 말했다.
"제가 서르구다이 피양구를 구해주러 갔을 때, 당신 아들을 만났습니다. 자기를 구해달라고 나를 잡고 놓지 않기에 내가 화가 나서 구천(九泉) 아래에 던졌습니다."
하니, 니샨 샤먼의 시어머니가 매우 화를 내며 말했다.
"그러면 네가 남편을 죽였구나."

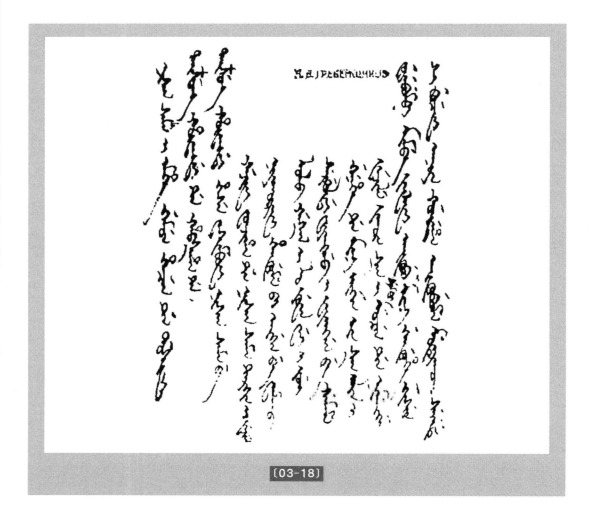

[03-18]

nisan saman  i  emhe  gemun  hecen  de  dosifi
nisan 샤먼 의 어머니 京 城 에 들어가

taits'ung  hūwangdi  de  habšaha  de
太宗 皇帝 에 호소함 에

taits'ung  hūwangdi  hese  wasimbufi  nisan  saman  be
太宗 皇帝 勅旨 내리게 해서 nisan 샤먼 을

gajifi        fonjiha  de  nisan  saman  terkin  i  fejile
데려 와서 물었음 에 nisan 샤먼 섬돌 의 아래

niyakūrafi hendume bi eigen be   wahao
무릎 꿇고 말하기를 나 남편  을 죽였는가

lolo gašan  i  lo yuwan wei  i   jui
lolo 마을 의 lo  員   外 의 아들

serguldi fiyanggo  i fayangga  be gamame
serguldi fiyanggo 의    혼   을 데리러

genehe de mini eigen in šan alin i
 갔음  에 나의 남편 陰 山 산 의

fejile jakūn šan  i mucen  de nimanggi
아래   8   귀 의 가마 에  기름

fuyebumbi.      mimbe jafafi aitubu sembi. mini henduhe gisun
끓어오르게 한다 나를  잡고 살려라 한다 나의  말한   말

si  bucefi aniya  goidaha  aitubume muterakū serede
너 죽어서 해 오래되었다   살릴 수 없다    함에

— 。 — 。 — 。 —

그리고 니샨 샤먼의 시어머니는 경성(京城)에 가서 태종(太宗) 황제(皇帝)에게 호소하니, 태종 황제가 칙지를 내려서 니샨 샤먼을 데려와 물었다. 니샨 샤먼이 섬돌 아래에 무릎을 꿇고 말했다.
"내가 남편을 죽였나요? 로로 마을에 사는 로 원외(員外)의 아들 서르구다이 피양구의 혼을 데리러 갔을 때에, 저의 남편이 음산(陰山) 아래에서 귀가 8개 달린 솥에 기름을 끓이고 있었습니다. 저를 붙잡고 구해 달라고 하였는데, 제가 '당신은 죽은 지 오래되어서 구해 줄 수가 없다.'고 하자,

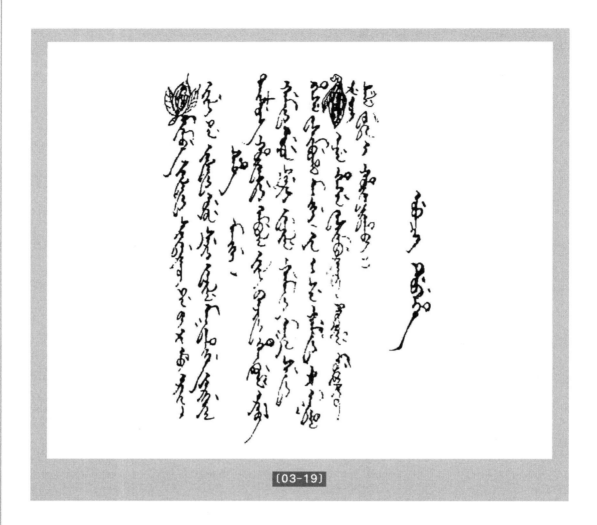

[03-19]

mimbe jafafi sindarakū de bi emu erin i
　나를　잡고　놓지 않음 에 나　한　때 의

jili de jafafi uyun šeri fejile maktahangge yargiyan
화 에 잡고　九　泉　아래　던진 것　진실

sehe manggi.
　한　후

taits'ung hūwangdi ambula jili banjifi hendume erebe
　太宗　　皇帝　매우 화 내고서 말하기를 이를

gamafi uyun šeri fejile gamafi makta sefi
잡아서 九 泉 아래 데려가서 버려라 하고서

hese wasimbuha manggi ya i se gamafi maktaha
勅旨 내려진 후 衙 役 들 데려가서 버렸다

ere oci ejen hese wasimburakū tucime muterakū
이리 되면 천자 勅旨 내려지지 않고 나올 수 없는

sele futa i hūwaitahabi.
쇠 줄 로 묶었다

ubaci dubehe
이로부터 끝났다

—— 。 —— 。 —— 。 ——

나를 붙잡고 놓지 않았습니다. 나는 한 순간의 화를 이기지 못하고 구천(九泉)에 던진 것이 사실입니다."
그러자 태종 황제가 매우 화를 내면서 말했다.
"이 여자를 잡아 구천 아래로 데려가서 버려라."
하고는 칙지(勅旨)를 내리니, 관원들이 데려가서 버렸다. 이리하여 천자(天子)의 칙지가 내려지지 않고는 나올 수 없는 쇠줄로 묶었다.
이로부터 끝났다.

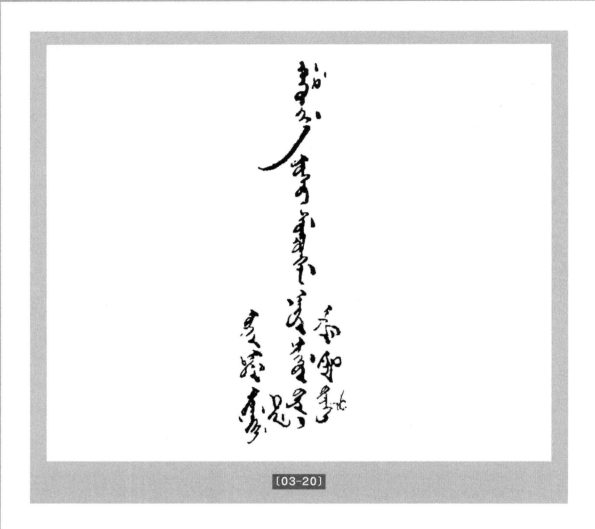

[03-20]

orin nadan inenggi
20   7   일

de
에

gehungge yoso[49] sucungga aniya ninggun biya i
밝은  도리  처음의  해  6  월의

arame wajiha bithe
지어서 마친 글

---

49) gehungge yoso : 宣統帝(1909–1911)의 연호 '宣統'의 만주어 표현이다.

—— ◦ —— ◦ —— ◦ ——
선통(宣統) 원년 6월 27일에 짓기를 마쳤다.

# 4

블라디보스톡[海蔘威]본

[04-00]

nišan saman i bithe
nišan 샤먼 의 글

—— ◦ —— ◦ —— ◦ ——

니샨 샤먼의 글

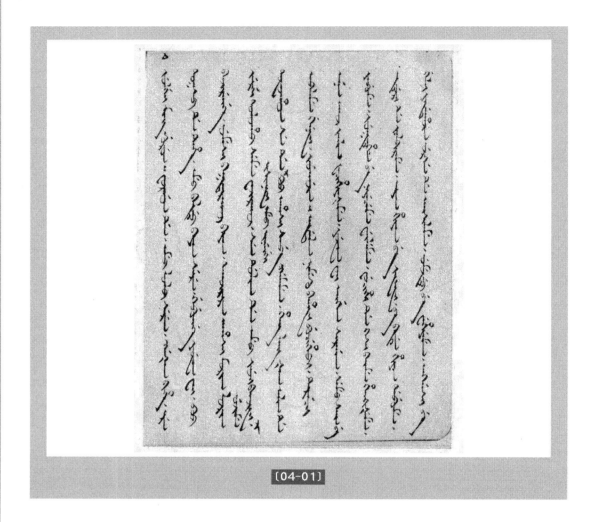

[04-01]

julgei  ming gurun forgon de, emu lolo sere gašan  bihe. ere
옛날의  明  나라  시절  에  한  lolo 하는  마을  있었다  이

tokso de tehe emu baldu bayan sere  gebungge yuwan wai, boo
장원 에  산  한  baldu bayan 하는 이름 가진  員  外  집

banjirengge umesi baktarakū bayan, takūrara ahasi morin lorin
  사는 것  매우  대단한  부자  부리는  하인들  말  노새

jergi toloho seme wajirakū. se dulin de emu jui  banjifi, ujime
  등  센다  해도  끝없다  나이  반  에  한  아들  낳아서  기르고

tofohon se de isinafi, emu inenggi boo ahasi sabe gamame, heng lang šan alin de
15 세 에 이르러 한 날 집 하인들 들을 데리고 heng lang šan 산 에

abalame genefi, jugūn i andala nimeku bahafi bucehebi. tereci
사냥하러 가서 길 의 도중에 병 얻어서 죽었다 그로부터

enen akū jalin facihiyašame, yuwan wai eigen sargan damu sain be
자손 없는 까닭 초조하고 員 外 남편 아내 다만 善 을

yabume, juktehen be niyeceme weileme, fucihi de kesi baime hengkišeme,
행하며 사원 을 보수하고 지으며 부처 에 은혜 구하며 꿇어앉아서

enduri de jalbarime[1], ayan hiyan be jafafi, ba bade hiyan dabume,
신 에 기도하고 芸 香 을 잡고 곳곳에 香 태우며

geli yadahūn urse de aisilame, umudu be wehiyeme, anggasi be
또 가난한 무리들 에 도우며 고아 를 돌보며 과부들 을

——。——。——。——

옛날 명나라 때에, 로로라는 마을이 있었다. 이 마을에 사는 발두 바얀이라는 이름을 가진 원외(員外)가 집이 대단한 부자였고, 부리는 하인과 말과 노새가 셀 수 없이 많았다. 나이 서른에 아들 하나를 낳아 길렀는데, 그 아이가 열다섯 살 되던 어느 날, 집의 하인들을 데리고 형랑산에 사냥하러 가다가 도중에 병을 얻어서 죽었다. 그로부터 자손이 없어서 초조하여, 원외 부부는 다만 선을 행하였다. 사원을 보수하여 짓고, 부처에게 은혜를 구했다. 꿇어앉아 신에게 기도하며, 곳곳에 운향(芸香)을 태웠다. 또 가난한 사람들을 돕고, 고아들을 돌보고, 과부들을

---

1) jalbarame : jalbarime의 방언으로 추정된다.

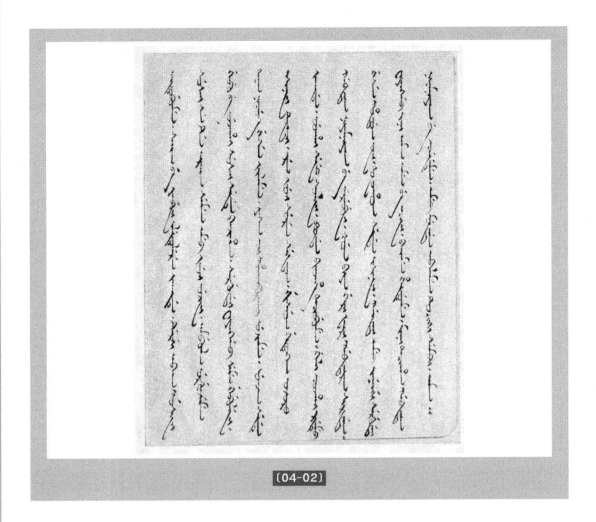

[04-02]

aitubume, sain be yabufi iletulere jakade, dergi abka    gosifi
살리고   선 을 행하여  드러날 적에   위 하늘 가엽게 여겨

susai se de arkan seme emu jui ujifi, ambula urgunjeme
50 세 에 가까스로  한 아들 길러서  매우  기뻐하고

gebu be uthai susai sede banjiha sergudai fiyanggo seme gebulefi,
이름 을 곧 50 세에 낳은 sergudai fiyanggo 하고 이름하고

tana nicuke[2] gese jilame, yasa ci hokoburakū ujime, sunja sede
東珠 珍珠 처럼 자애하며 눈 에서 떠나지 않게 기르며  5 세에

―――――――――――――――
2) nicuke : nicuhe의 방언으로 추정된다.

isinafi　　tuwaci ere jui sure sektu, gisun getuken ojoro
이르러서　보니　이 아이　총명하고　　말　또렷이 되는

jakade, uthai sefu solifi, boo de bithe tacibume, geli coohai erdemu
까닭에　즉시 사부 불러서 집 에　글 가르치며　또 용병의　術

gabtan niyamniyan[3] be　　urebufi,　šun biya geri fari gabtara sirdan
　　마상 활쏘기　　　를 익히게 하니 해 달　빠르게　쏘는　화살

gese hodon[4] ofi, tofohon sede isinafi gaitai emu inenggi sergudai
같이 빠르게 되어　15　세에 이르러 돌연　한　　날　sergudai

fiyanggo ini　ama　eme be acafi, baime hendume, mini taciha gabtan
fiyanggo 그의 아버지 어머니 를 만나서 청하며 말하기를 나의 배운

niyamniyan be cendeme, emu mudan abalame tuciki sembi. ama　i
마상 활쏘기 를 시험하러　한　　번 사냥하러 나가자 한다 아버지 의

---　。　---　。　---　。　---

살렸다. 이렇게 선을 행한 것이 드러나니, 하늘이 가엽게 여겨 쉰 살에 가까스로 아들 하나를 낳아 기르게 되었다. 원
외 부부는 매우 기뻐하며 '쉰 살에 낳은 서르구다이 피양구'로 이름을 짓고, 동주(東珠)나 진주(珍珠)처럼 자애하며,
눈에서 떼지 않고 길렀다. 다섯 살에 이르니, 이 아이가 총명하여 말을 또렷하게 할 수 있게 되어, 즉시 사부를 청하여
집에서 글을 가르쳤고, 또 용병술과 마상 활쏘기를 익히게 하였다. 세월이 쏜살과 같이 빠르게 지나갔다. 열다섯 살이
되던 어느 날 돌연히 서르구다이 피양구가 그의 아버지와 어머니를 뵙고 청하여 말하기를,
"제가 배운 마상 활쏘기를 시험하러 한 번 사냥하러 나가고자 합니다. 아버지의

---

3) gabtan niyamniyan : 말을 타고 달리면서 활을 쏘는 것을 가리킨다.
4) hodon : hūdun의 방언으로 추정된다.

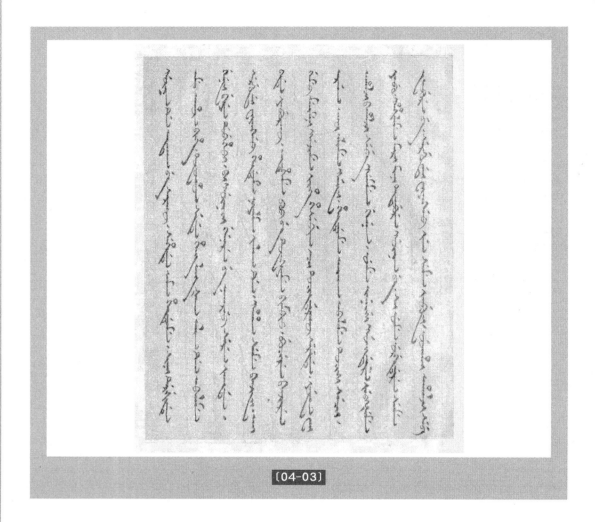

〔04-03〕

gūnin de antaka be  sarakū[5]. sehede,
생각 에 어떠한지 를 알지 못한다 함에

ama  hendume, sini dergide emu ahūn bihe, tofohon sede heng lang šan alin de abalame
아버지 말하기를 너의 위에 한 형 있었다 15 세에 heng lang šan 산 에 사냥하러

genefi beye dubehebi. bi  gūnici genere be nakareo. sere jakade,
가서 몸 마쳤다 나 생각하니 가기 를 말겠는가 할 적에

sergudai fiyanggo hendume, niyalma jalan de haha seme banjifi  ai
sergudai fiyanggo 말하기를 사람 세상 에 사내 하고 태어나서 어느

---

5) sarakū : sarkū의 방언으로 추정된다.

bade    yaburakū. enteheme boo be tuwakiyame  bimbio.  bucere  banjire
곳에 가지 않겠는가 영원히  집 을    지키고   있겠는가 죽는 것 사는 것

gemu meimeni gajime jihe hesebun ci    tucinderakū.  serede, yuwan wai
모두   각자   가지고 온    운명 에서 벗어나지 않는다 함에     員  外

arga akū  alime gaifi, hendume,  aika abalame tuciki seci,
별수 없이 받아 가지고 말하기를  혹시 사냥하러 나가자 하면

ahalji bahalji sebe gamame gene. ume inenggi goidara jebkešeme
ahalji bahalji 들을 데리고 가라   날 길게 하지 말라   조심하여

yabu.  hahilame  mari.   mini tatabure gūnin be, si ume urgedere.  seme
행하라   서둘러 돌아오라 나의 걱정하는 생각 을 너 저버리지 말라   하고

afabure be, sergudai fiyanggo je seme  jabufi, uthai ahalji sebe
부탁하기를 sergudai fiyanggo 예 하고 대답하고 즉시  ahalji 들을

— 。 — 。 — 。—

생각이 어떠한지 모르겠습니다."
아버지가 말했다.
"네 위로 형이 한 명 있었다. 열다섯 살에 형랑산에 사냥하러 가서 죽었다. 내가 생각하기에는, 가는 것을 그만두는 것이 어떻겠느냐?"
하니 서르구다이 피양구가 말했다.
"사람이 세상에 사내로 태어나서 어디를 갈 수 없겠습니까? 영원히 집만 지키고 있겠습니까? 죽고 사는 것 모두 각자 타고난 운명에서 벗어나지 않습니다."
하니, 원외가 할 수 없이 받아들이고 말했다.
"혹시 사냥하러 가고자 하면 아할지와 바할지를 데리고 가라. 날은 오래 걸리지 않게 하고, 조심해서 해라. 그리고 서둘러서 돌아오너라. 내가 걱정하고 있다는 것을 잊지 말아라."
하고 부탁하니, 서르구다이 피양구가 "예."하고 대답하고는, 즉시 아할지와 바할지를

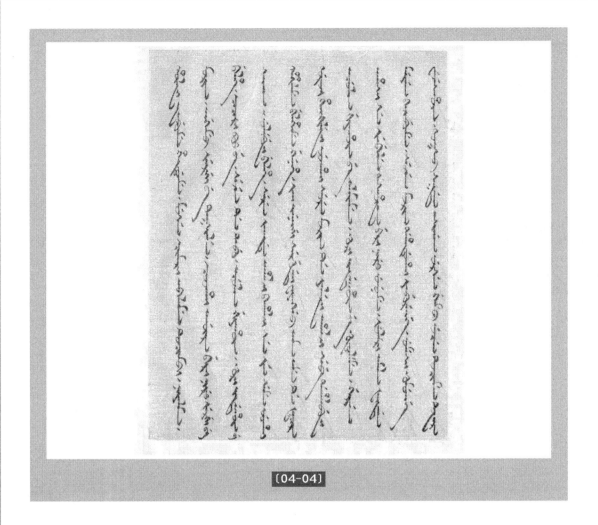

〔04-04〕

hūlafi  afabume hendume, muse cimari abalame tucimbi. niyalma,
불러서 부탁하여 말하기를  우리   내일 사냥하러 나간다   사람

morin, enggemu jergi be  teksile. coohai agura, beri,  niru jergi be
 말   안장 등 을 완비하라   무기   활 화살 등 을

belhe.   cacari boo be, sejen de tebu. aculan[6] giyahūn,  kuri  indahūn[7] be
준비하라  장막 을 수레 에 실어라  수리    매  점박이  개   를

---

6) aculan : anculan의 방언으로 추정된다.
7) kuri indahūn : 범과 같은 무늬가 있는 개를 가리킨다.

saikan i ulebufi  belhe. sere jakade, ahalji bahalji se je seme uthai
잘  먹여서 준비하라 할  적에  ahalji bahalji 들 예 하고 바로

hahilame belheme genehe. jai inenggi sergudai fiyanggo ama eme de fakcara
서둘러 준비하러 갔다 다음 날  sergudai fiyanggo 부  모 에 이별하는

doroi hengkilefi, uthai sure morin[8] de yalufi, ahalji sebe dahalabufi,
예로 절하고 즉시 흰  말  에 타고 ahalji 등을 따르게 하고

anculan[9] giyahūn be almime[10], kuri  indahūn be kutuleme, geren
수리  매 를 지고 점박이 개 를 끌고 여러

ahasi  se jebele dashūwan beri niru unume, juleri amala faidan
하인들 들 살동개 활동개 활 화살 지고 앞 뒤 대열

meyen banjibume, sejen morin dahaduhai yaburengge, umesi kumungge
대오 짓게하고 수레 말  이어서 가는 것  매우  성하고

wenjeshūn[11], tokso sakda asigan[12] urse gemu uce tucime tuwara
성대하다 장원 늙고 젊은 사람들 모두 문 나와서 보지

——— 。——— 。——— 。———

불러서 부탁하며 말했다.
"우리는 내일 사냥하러 간다. 사람, 말, 안장 등을 완비하고, 군장, 활, 화살 등도 준비해라. 장막을 수레에 싣고, 매, 점박이 개를 잘 먹여서 준비해라."
하니, 아할지 바할지들이 "예." 하고 바로 서둘러 준비하러 갔다. 다음날 서르구다이 피양구가 부모님께 이별의 예를 올린 뒤, 즉시 서라말에 타고 아할지 등을 따르게 하고, 수리 매를 지고, 점박이 개를 끌며 출발했다. 여러 하인들이 살동개, 활동개, 활, 화살을 지고, 앞뒤로 대열을 짓게 하니, 수레와 말이 이어서 가는 것이 매우 성대하다. 마을의 남녀노소가 모두 문을 나와서

---

8) sure morin : suru morin의 방언으로 추정된다.
9) aculan : anculan의 방언으로 추정된다.
10) almime : alamime의 방언으로 추정된다.
11) wenjeshūn : wenjehūn의 방언으로 추정된다.
12) asigan : asihan의 방언으로 추정된다.

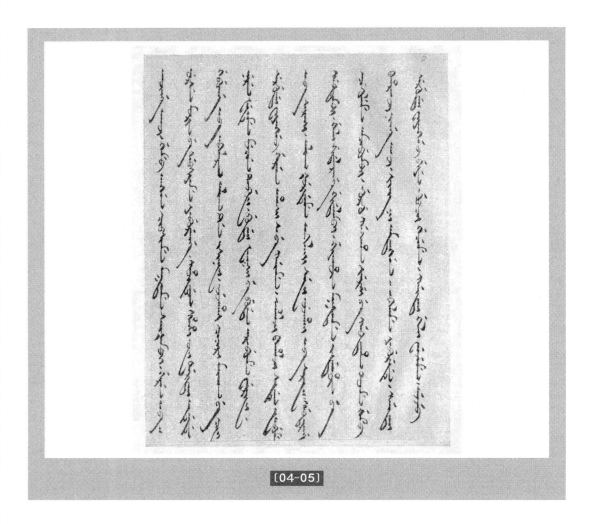

〔04-05〕

akūngge akū. gemu angga cibsime maktame saišambi. geren aba i
않는 이 없다 모두 입 감탄하고 칭송하며 칭찬한다 여러 사냥의

urse   morin be dabkiyame[13] yaburengge, hūdun  hahi   ofi, dartai endende[14]
사람들 말 을 채찍질하여   가는 것 빠르고 급하게 되어 순식간에

gebungge aba  abalara alin de  isinafi, uthai cacari maikan be cafi
이름난 사냥 사냥하는 山 에 이르러서 즉시   천막   을 치고

---

13) dabkiyame : dabkime의 방언으로 추정된다.
14) endende : andande의 잘못으로 추정된다.

nere  feteme, mucen tebufi, budai faksi be buda arabume werifi,
아궁이 파고    솥  앉히고  요리사 를 밥  짓도록 남겨두고

sergudai fiyanggo geren ahasi sabe gaime, ahalji bahalji sede afabume
sergudai fiyanggo 여러 하인들 들을 데리고 ahalji bahalji 들에 지시하여

aba      saraki,  alin surdeme  abalaki sefi,  uthai  aba    sarafi,  gabtarangge
사냥 열을 펼치자 산   둘러서  사냥하자 하고  즉시  사냥 열을 펼치고   쏘는 이

gabtambi, geli    gidalarangge   gidalambi, giyahūn maktame, indahūn be cekuleme[15]
  쏜다    또  창으로 찌르는 이  찌른다    매    풀고   개 를  놓아

amcabumbi, gurgu gasha jergi be gabtaha tome gemu
 쫓게 한다  짐승  새   등 을  쏜 것마다  모두

baharakū ningge akū.  jing ni amtangga i abalame yaburede,  gaitai
잡지 못하는 것 없다 바야흐로 즐거이  사냥하며 갈 적에  갑자기

sergudai fiyanggo beye gubci  geceme,  gaitai geli wenjeme,  uju
sergudai fiyanggo 몸   두루 오한 들고 갑자기 또   열나며  머리

—— 。 —— 。 —— 。 ——

보지 않는 이가 없다. 모두 입으로 감탄하고, 칭송하며 칭찬한다. 여러 사냥꾼들이 급하고 빠르게 말을 채찍질하여 가니, 순식간에 이름난 사냥할 산에 이르렀다. 즉시 천막을 치고 아궁이를 파서 솥을 걸고, 요리사를 밥 짓도록 남겨두고, 서르구다이 피양구가 여러 하인들을 데리고, 아할지와 바할지에게 지시했다.
"사냥 대형을 펼쳐라. 산을 두르고 사냥하자."
하고, 즉시 사냥 대형을 펼치니, 쏘는 이 쏘고, 창으로 찌르는 이 찌른다. 매를 풀고 개를 놓아 쫓게 한다. 짐승과 새 등을 쏘는 것마다 모두 잡지 못하는 것이 없다. 바야흐로 즐겁게 사냥을 해 가는데, 서르구다이 피양구가 갑자기 몸이 두루 오한이 들고 열이 나며, 머리가

---

15) cekuleme : cukuleme의 잘못으로 추정된다.

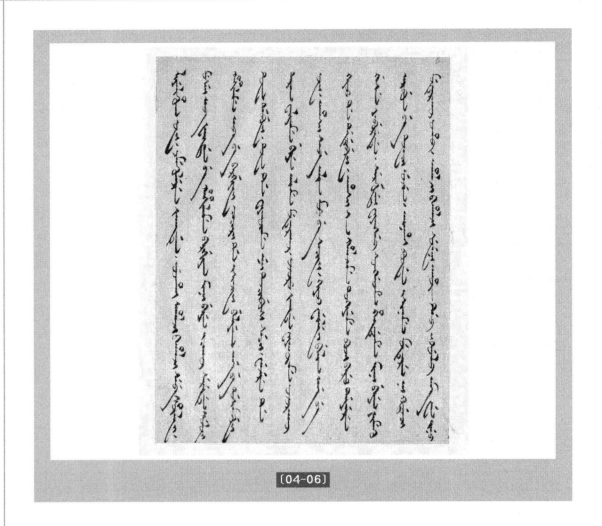

[04-06]

liyeliyehun[16] ofi, nimekulere jakade, uthai ahalji bahalji sebe hūlafi,
혼미하게   되어  병이 나는 까닭에  즉시 ahalji bahalji 들을 불러서

musei   aba faidan be hahilame bargiya mini beye icakū. serede golofi,
우리의 사냥  진  을 서둘러 거두어라 나의 몸 불편하다 함에 놀라서

hahilame aba  be bargiyafi, cacari de  isinjifi,  belyen[17] age be dosimbufi,
서둘러 사냥 을 거두고   천막 에 다다라서 belyen   age 를 들게 하고

_____

16) liyelihun : liyeliyehun의 방언형으로 추정된다.
17) belyen : belin의 잘못으로 추정된다. 나머지 부분에서는 공통적으로 belin age의 형식으로 나타난다.

tuwa dabufi, tuwa de fiyakūme nei tucibuki  seci, wenjere de
불 피우고 불 에   쬐어  땀 내게 하자 하니  열남 에

taran  waliyame beye alime muterakū ojoro jakade, fiyakūme  ojorakū
비지땀 흘리며  몸 견딜 수 없게  될  적에 불 쬐어도 할 수 없게

ofi,   ahasi sabe alin moo be sacifi, kiyoo weilefi, belin age be
되어 하인들 들을 산 나무 를 베어서  轎  만들고 belin age 를

kiyoo de dedubufi, ahasi sa halanjame tukiyeme booi baru deyere
轎 에  눕히고 하인들 들 교대하여  메고 집의 쪽 나는

gese yaburede, sergudai fiyanggo songgome hendume, mini beye nimeku
듯이 갈 적에 sergudai fiyanggo  울며  말하기를 나의 몸  병

arbun be tuwaci  ujen, ainahai boode isiname mutere ni. bodoci
형세 를 보니 심하다 어찌 집에  이를 수 있겠는가 생각할

muterakū oho.  ahalji bahalji suweni ahūn deo i   dolo emke we inu
수 없게 되었다 ahalji bahalji 너희  형  제 의 가운데 하나 누구 도

—— 。 —— 。 —— 。 ——

혼미해지는 병이 났다. 즉시 아할지와 바할지를 불러서,
"우리 사냥 진(陣)을 서둘러 거두어라. 내 몸이 불편하다."
하니, 놀라서 서둘러 사냥을 거두고 천막에 이르러 벌린 아거를 들게 하였다. 불을 피우고서 불에 쬐어 땀을 내게 하려고 하니, 열이 나서 비지땀 흘리며 몸을 견딜 수 없게 되었다. 불을 쬐어도 낫지 않으므로 하인들이 산의 나무를 베어서 가마를 만들고, 벌린 아거를 가마에 눕혔다. 하인들이 교대로 메고서 집으로 나는 듯이 가는데, 서르구다이 피양구가 울며 말했다.
"내 몸의 병세를 보니 심각하다. 어찌 집에 도착할 수 있을지 생각할 수 없게 되었다. 아할지 바할지, 너의 형제 중 누구라도

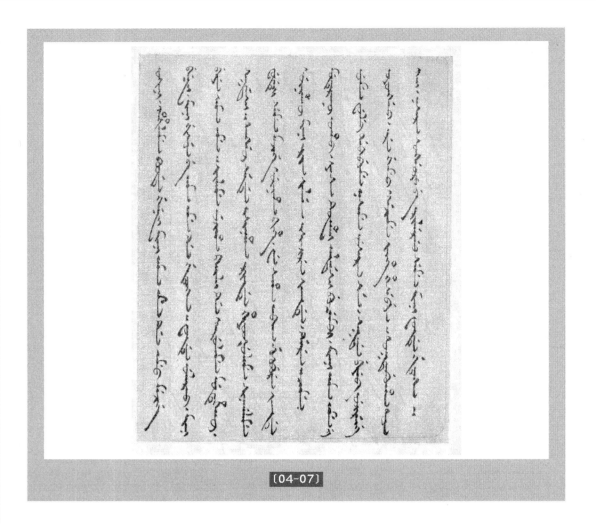

〔04-07〕

okini. hahilame boode genefi, mini ama eme de emu mejige
좋다 서둘러 집에 가서 나의 부 모 에 한 소식

benefi, mini gisun be ama eme de getuken i fonde[18] ulararao. mini
보내어 나의 말 을 부 모 에 분명히 대신 전하겠는가 나의

beye ama eme i jilame ujiha baili de karulame mutehekū.
몸 부 모 의 자애롭게 기른 은혜 에 보답 할 수 없다

---

18) fonde : funde의 방언으로 추정된다.

sakdasi[19] i tanggū sede isinaha erinde hiyoošulame sinagalame
노인들 의 백 세에 이른 때에 효도하며 상복입고

fudeki  seme majige gūniha bihe.  we  saha,  kukubure[20] jakade,
전송하자 하고 적이 생각하고 있었다 누가 알았는가 망하게 할  적에

gūnihakū  mini erin jalgan isinjire jakade, dere acame
생각지 못한 나의 時  命 다다르는 까닭에 얼굴 대하지

muterakū oho. yasa tuwahai  aldasi bucembi. mini ama eme be
못하게 되었다 눈 하는 동안 도중에 죽는다 나의 부  모 를

ume fulu dababume nasame    usara[21]  se. sakda beyebe ujirengge
   너무 지나치게 슬퍼하고 절망하지 말라 하라 늙은 몸을 기르는 것

oyonggo, ere gemu gajime jihe hesebun i toktobuha ton
중요하다 이 모두 가지고 온  운명 의 정해진  수

kai,  nasara songgoro be  erilereo seme mini fonde[22] getuken i
이구나 슬퍼함  울기  를 가리세요 하고 나의 대신에  확실하게

———。——。——。——

좋으니 서둘러 집에 가서 나의 말을 부모님께 대신 전해주겠는가? '제 몸은 부모님이 자애롭게 기른 은혜에 보답할 수 없습니다. 부모님이 백 세에 이르도록 효도하며 상복입어 보내드리자 하고 적이 생각하고 있었는데, 누가 알았겠습니까? 하늘이 죽게 할 줄이야. 생각지 못한 나의 수명 다한 까닭에, 얼굴 뵙지 못하게 되었습니다. 눈 깜짝할 사이에 도중에 죽습니다. 나의 부모님께서는 너무 지나치게 슬퍼하고 절망하지 마십시오. 늙으신 몸을 보양하는 것이 중요합니다. 이는 모두 태어나면서 정해진 운명입니다. 슬퍼하고 울지 마십시오.' 하고 내 대신에 확실하게

---

19) sakdasi : sakdasa의 잘못으로 추정된다.
20) kukubure : gukubure의 방언으로 추정된다.
21) usara : 내용상으로 볼 때, 'ume usara'의 잘못으로 추정된다.
22) fonde : funde의 방언으로 추정된다.

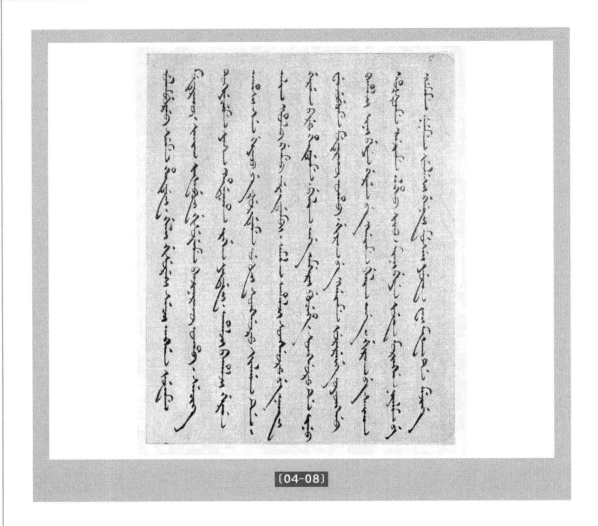

[04-08]

ulambureo.　seme hendufi, geli gisureki seci angga juwame
전해주겠느냐 하고 말하고 또 말하자 하니　입　벌릴 수

muterakū,　jain[23] jafabufi gisureme banjinarakū　oho. sencike[24]
없고　어금니 악물고 말하여도 할 수 없게 되었다　턱

tukiyeceme yasa hadanaha, ergen yadafi,　ahalji bahalji geren
치켜들고　눈 부릅떴다　숨 끊어지고 ahalji bahalji 여러

---

23) jain : jayan의 방언으로 추정된다.
24) sencike : sencehe의 잘못으로 추정된다.

ahasi    sa kiyoo be šurdeme    ukufi  songgoro jilgan de,
하인들 들  轎 를 둘러서  에워싸고  우는  소리 에

alin holo gemu uradumbi[25]. amala ahalji songgoro be nakafi,
산 계곡 모두  울린다   뒤에 ahalji  울기 를 그치고

geren baru hendume, belin age emgeri bucehe, songgoro de  inu
여럿 쪽 말하기를 belin age 이미 죽었다   울음 에 또한

weijubume muterakū  oho.  giran be gaime  jurarengge  oyonggo.
  되살릴 수 없게    되었다 주검 을 데리고 출발하는 것  중요하다

bahalji sini beye geren be gaime, belin age i  giran be saikan
bahalji 너의 몸 여럿 을 데리고 belin age 의 주검 을    잘

hoššome gajime elheo[26]   jio. mini beye juwan moringga niyalma be
추스려 데리고 천천히  오라 나의 몸 10   말 탄  사람 을

gamame, neneme julesi genefi, musei yuwan wai  mafa   de mejige
데리고   먼저 앞으로 가서 우리의  員 外 할아버지 에  소식

—— 。—— 。—— 。——

전해주겠는가?"
하고, 다시 말하고자 하나 입을 벌릴 수 없고, 이를 악물고 말하여도 할 수 없게 되었다. 턱을 치켜들고 눈을 부릅뜨면서 숨이 끊어지니, 아할지 바할지와 여러 하인들이 가마를 둘러싸고 우는 소리에 산과 계곡이 모두 울렸다. 그로부터 아할지가 울기를 그치고 여럿에게 말했다.
"벌린 아거는 이미 죽었다. 울어도 살아날 수 없게 되었다. 주검을 가지고 출발하는 것 중요하다. 바할지 너는 여럿을 데리고 벌린 아거의 주검을 잘 수습해서 천천히 와라. 나는 열 명의 말 탄 사람들을 데리고 먼저 가서 우리의 원외 할아버지에게 소식을

---

25) uradumbi : urandambi의 방언으로 추정된다.
26) elheo : elhei의 잘못으로 추정된다.

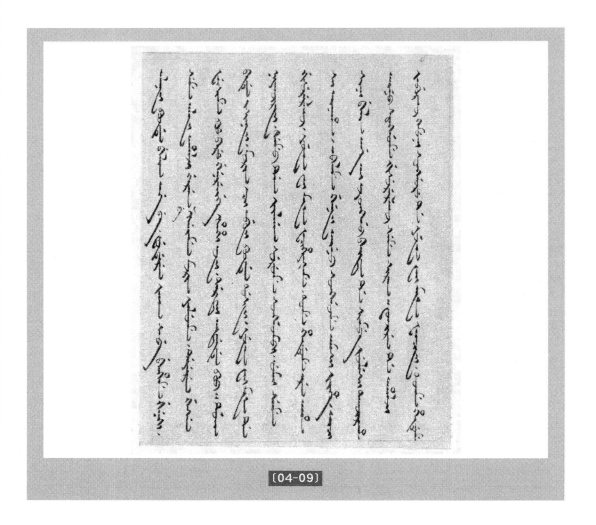

〔04-09〕

alanafi,　　boode belin age be fudere jaka sabe belheme geneki.
고하러가고 집에　belin age 를　보낼　물건 들을　준비해서　가자

seme alafi, ahalji geren be gaime morin yalume, deyere gese
하고 말하고 ahalji 여럿 을 데리고 말　　타고　　나는 듯이

feksime boo baru generengge hahi ofi, dartai andande booi duka
달려서　집 쪽　가는 것　빨리 되고 잠깐 순간에 집의 문

bade isinafi, morin ci ebufi boode dosifi, yuwan wai mafa de
곳에 도착하고 말 에서 내리고 집에 들어가서　員　外 할아버지 에

niyakūrafi damu den jilgan surume[27] songgombi. umai seme
무릎 꿇고 다만 높은 소리 외치며 　 운다 　 결코 하고

gisurerakū. yuwan wai mafa facihiyašame, tome hendume. ere aha
말하지않는다 　員 外 할아버지 안달하며 　꾸짖으며 말하기를 이 하인

si ainaha. abalame genefi ainu songgome amasi jihe. eici
너 어쩐 일인가 사냥하러 가서 어째서 　울며 　돌아서 왔는가 혹

sini belin age ai oyonggo baita de simbe julesi takūraha.
너의 belin age 무슨 중요한 　일 에 너를 먼저 보냈는가

ainu songgome gisurerakū seme siran i fonjire de, ahalji
어째서 　울며 　말하지 않느냐 하며 계속해서 물음 에 ahalji

jaburakū kemuni songgoro de yuwan wai mafa fancafi, tome hendume
대답하지 않고 여전히 　울 　에 　員 外 할아버지 성내고 꾸짖으며 말하기를

—— ◦ —— ◦ —— ◦ ——

알리고, 집에 벌린 아거를 보내는 물건들을 준비하러 가겠다."
하고는 아할지가 여럿을 데리고 말을 타고 나는 듯이 달려 집을 향해 빠르게 가니, 순식간에 집의 문 앞에 도착했다.
말에서 내려 집으로 들어가 원외 할아버지에게 무릎을 꿇고는 다만 높은 소리로 울부짖기만 할 뿐 말을 하지 않는다.
원외 할아버지가 안달하면서 꾸짖으며 말했다.
"너, 무슨 일이냐? 사냥하러 가서 왜 울며 돌아왔느냐? 혹시 벌린 아거가 무슨 중요한 일로 너를 먼저 보냈느냐? 왜 울기만 하고 말을 하지 않느냐?"
하고 계속 물었다. 아할지가 대답을 하지 않고 여전히 울기만 하니, 원외 할아버지가 화를 내고 꾸짖으며 말했다.

27) surume : sureme의 방언으로 추정된다.

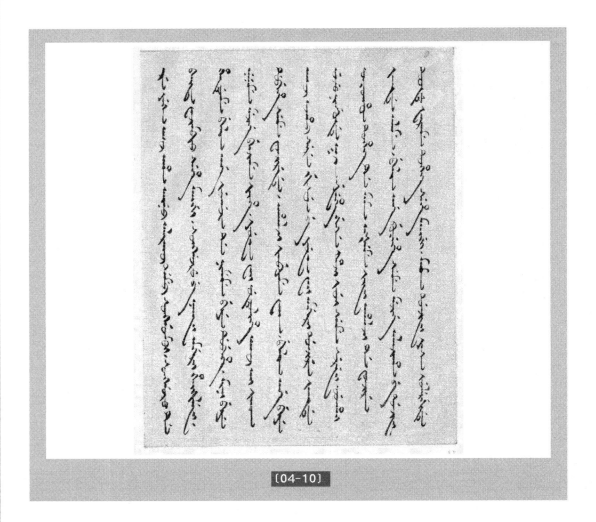

[04-10]

ere yeken akū aha ainu alarakū damu songgombi. songgorode
이 능력 없는 하인 어째서 말하지 않고 다만 우느냐 옮에

baita wajimbio. sehe manggi, songgoro be nakafi, emgeri hengkilefi
일 끝나느냐 한 후 울기 를 그치고 한번 절하고

hendume. belin age jugūn de nimeme beye dubehe. mini beye
말하기를 belin age 길 에 병나서 몸 끝났다 나의 몸

neneme mejige benjime jihe. yuwan wai utulihe akū ai jaka
먼저 소식 전하러 왔다 員 外 이해하지 못하고 무슨 일

dubehe    seme fonjirede, ahalji    jabume.    waka, belin age beye
끝났느냐 하고    물음에    ahalji 대답하기를 아니다 belin age 몸

akū    oho    sere gisun be yuwan wai emgeri donjire jakade,
없게 되었다 하는 말 을    員  外  한번  들을  적에

uju  ninggude akjan guwehe gese    haji    jui seme surefi, uthai
머리 위에    우레 친    듯이 사랑하는 아들 하며 외치고 즉시

oncohon tuheke de, mama ekšeme jifi  ahalji de fonjire
쓰러져 넘어짐 에 할머니 서둘러 오고 ahalji 에 물을

jakade, alame. belin age bucehe seme mejige    alanjiha  be donjifi,
적에 고하기를 belin age 죽었다 하고  소식  알리러왔음 을 듣고

tuttu    farame    tuheke. sehe manggi, mama  donjifi yasa julergide
그렇게 기절하여 넘어졌다 한    후  할머니 듣고서 눈    앞에

—— 。—— 。—— 。——

"이 쓸 데 없는 하인 놈아, 왜 고하지 않고 그저 울고만 있느냐? 운다고 일이 끝나느냐?"
라고 하자, 울음을 그치고 한 번 절하고 말했다.
"벌린 아거가 길에서 병이 들어 몸이 끝이 났습니다. 제가 먼저 소식을 전하러 왔습니다."
원외가 무슨 말인지 이해하지 못하고,
"무슨 일이 끝났느냐?"
하고 묻자 아할지가 대답했다.
"아닙니다. 벌린 어거의 몸이 죽었습니다."
라고 하는 말을 원외가 듣자, 머리 위에 우레가 친 듯이
"사랑하는 아들아!"
하고 외치고는 바로 쓰러져 넘어졌다. 원외의 부인이 서둘러 와서 아할지에게 묻자 고하기를,
"벌린 아거가 죽었다는 소식을 듣고 저렇게 기절하여 넘어졌습니다."
하니, 원외의 부인이 듣고서 눈앞에

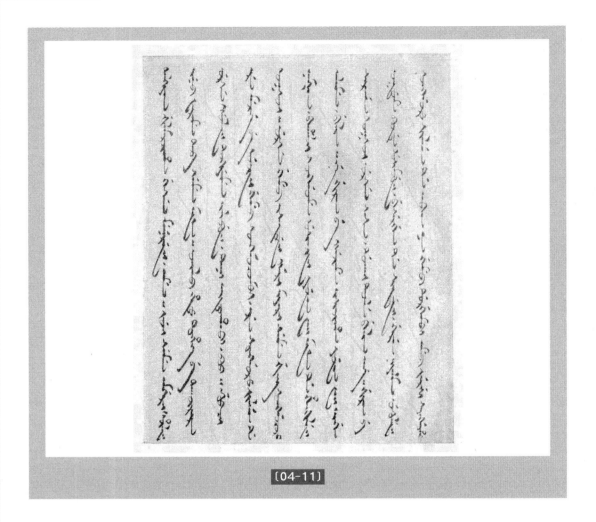

〔04-11〕

talkiyan gilmarjiha[28] gese menerefi,　emei　jui seme emgeri hūlafi,
　번개　　번쩍인　　듯이 혼미하고 어머니의 아들 하고　한번 외치고

inu farame tob seme　mafa　i oilo hetu tuheke be takūrara
또 기절하여　바로　할아버지 의 위로 가로 넘어짐 을 부리는

urse golofi, tukiyeme ilibufi,　teni　aituhabi. booi gubci
무리 놀라고　들어서 세우니 비로소 살아났다 집의 두루

ere mejige be donjifi gemu songgocombi. ere songgoro jilgan de
이 소식 을 듣고 모두　운다　이 우는　소리 에

---

28) gilmarjiha : gilmarjaha의 잘못으로 추정된다.

toksoi[29] i urse gemu isandufi, gari miyari[30] seme　ging[31] songgocoro
장원　의 무리 모두 서로모여　어이어이　하고 바야흐로　울

namšan[32], bahalji songgome dosinjifi, yuwan wai　mafa　de hengkilefi
적에　bahalji　울며　들어오고　員　外 할아버지 에　절하고

alame.　belin age giran be gajime isinjiha. yuwan wai eigen
말하기를 belin age 주검 을 데리고 다다랐다　員　外　남편

sargan toksoi urse sasa dukai tule belin age i　giran be
아내 장원의 무리 함께 문의　밖 belin age 의　주검 을

okdome　boode　dosimbufi,　besergen de sindafi, geren niyalma　ukulefi[33]
맞이하여 집에 들어오게 하고 침상 에 놓고 여러　사람 둘러 모이고

songgoro jilgan de abka na gemu durgembi. emu jergi songgoro
우는　소리 에 하늘 땅 모두 진동한다 한 번　운

―― 。 ―― 。 ―― 。 ――

번개가 번쩍인 듯이 혼미해지면서,
"내 아들!"
하고 한 번 외치고 또 기절하여 바로 원외의 위로 쓰러졌다. 부리는 무리들이 놀라서 들쳐 세우니 비로소 깨어났다. 집
안이 두루 이 소식을 듣고 모두 운다. 이 울음소리에 마을사람들이 모두 모여 함께 울었다. 그때에 바할지가 울면서 들
어와 원외 할아버지에게 절하고 말했다.
"벌린 아거의 주검을 데리고 도착했습니다."
원외 부부와 마을사람들이 함께 문밖으로 벌린 아거의 주검을 맞이하여 집에 들이고 침상에 놓았다. 여러 사람들이 둘
러 모여서 우는 소리에 하늘과 땅이 모두 진동한다. 한 차례 울고

---

29) toksoi : tokso의 잘못으로 추정된다.
30) gari miyari : gar miyar의 방언으로 추정된다.
31) ging : jing의 방언으로 추정된다.
32) namšan : namašan의 잘못으로 추정된다.
33) ukulefi : ukufi의 잘못으로 추정된다.

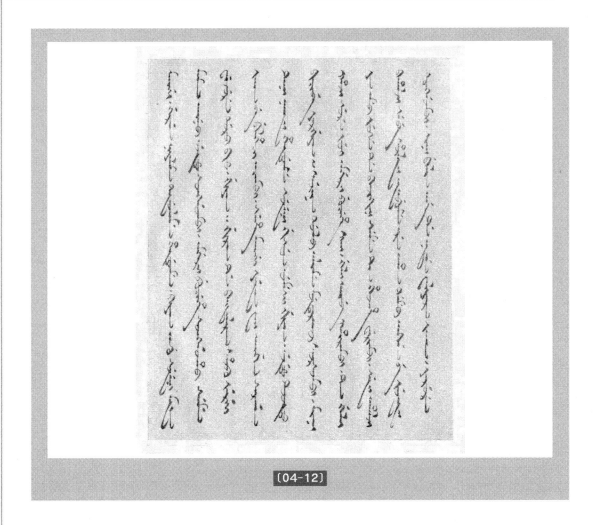

〔04-12〕

manggi, geren niyalma tafulame hendume. bayan agu suweni    mafa
　후　　여러　사람　달래며　말하기를　bayan agu 너희들의　할아버지

mama    ainu    utu[34] songgombi. emgeri bucehe songgoho seme
할머니 어째서 이리　우는가　이미 죽었다 울었다 해도

weijure doro    bio.  giyan i giran de baitalara hobo jergi
되살릴 도리 있는가 마땅히 주검 에　쓸　관　등

jakabe   belheci acambi. sehe manggi, yuwan wai eigen sargan
물건을 준비하면 맞다　한　후　　員　外 남편 아내

---

34) utu : uttu의 잘못으로 추정된다.

teni nakafi hendume, suweni gisun umesi giyan, udu tuttu bicibe,
곧 그치고 말하기를 너희들의 말 매우 마땅하다 비록 그러하다 하더라도

yargiyan i gūnin dolo alime muterakū korsombi. mini
진실로 마음 속 받아들일 수 없어서 한스럽다 나의

haji sure jui emgeri bucehe kai, geli aibe hairambi. te geli
사랑하는 총명한 아들 이미 죽었도다 또 무엇을 아끼겠는가 지금 또

ya emu juse de banjikini seme ten hethe werimbi. sefi, ahalji
어느 한 아들 에 낳자 하고 토대 가산 남기겠는가 하고 ahalji

bahalji sebe hūlafi afabume. ere aha damu angga be juwafi
bahalji 들을 부르고 당부하기를 이 하인 다만 입 을 벌리고

songgombi, sini belin age de nadan waliyara jaka, yalure
운다 너의 belin age 에 7 공양드리는 물건 탈

—— 。 —— 。 —— 。 ——

난 뒤, 여러 사람들이 달래며 말했다.
"바얀 아구, 왜 이리 우십니까? 이미 죽었는데 운다고 살아날 리가 있겠습니까? 마땅히 주검에 쓸 관 등의 물건을 준비하는 것이 맞습니다."
하니, 원외 부부가 곧 울음을 그치고 말했다.
"너희들의 말이 매우 마땅하다. 비록 그렇다 하더라도 진실로 마음속으로는 받아들일 수가 없어 한스러워 하는 것이다. 나의 사랑하는 총명한 아들이 이미 죽어 버렸구나! 또 무엇을 아끼겠는가? 이제 또 어떤 아들을 낳아서 가산을 물려주겠는가?"
하고, 아할지와 바할지 등을 불러서 당부했다.
"이 하인들이 입을 벌리고 울기만 한다. 벌린 아거에게 일곱 번 공양 올릴 물건과 탈

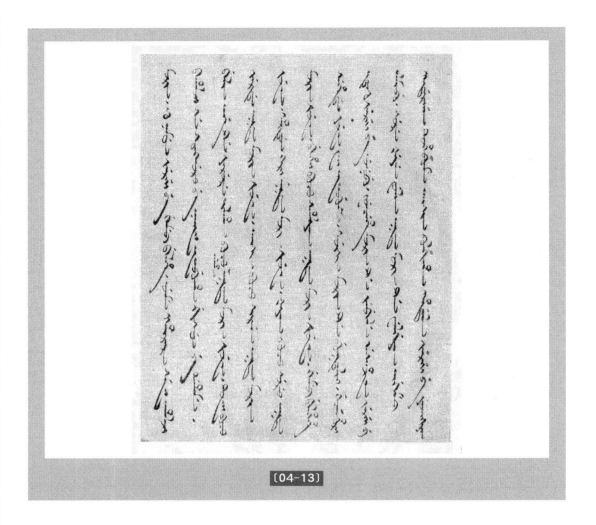

〔04-13〕

morin, ku namun jergi be gemu  belhe,  ume hairara.  sefi, ahalji
　말　庫 창고　등 을 모두 준비하라 아끼지 말라　하니 ahalji

bahalji se songgoro be nakafi, afabuha gisun be dahame,
bahalji 들　울기　를 멈추고 당부한　말 을 따라서

belin age de  yarure ilha boco　　alha　　akta morin juwan, tuwai boco
belin age 에 인도하는 꽃　빛 색이 섞인 악대　말　　10　불의 빛

jerde akta morin juwan, aisin boco　　sirga　　akta morin
절따 악대　말　10　금　빛 누런 반점 있는 악대　말

juwan, hūdun keri[35)] akta morin juwan, šayan[36)] boco suru akta
　10　　빠른 오류 악대 말　10　　흰　　빛 서라 악대

morin juwan, behei boco sahaliyan akta morin juwan, gemu belhehe
　말　　10　 먹의 빛　 검은 악대 말　　10　 모두 준비했다

sehede, yuwan wai afabume. gūsin morin de buktelii[37)] gecuhuri[38)],
　함에　　員　外 당부하기를 30　 말 에　 자루　　蟒龍緞

etuku jergi be unubu, funcehe morin de jebele dashūwan jergi be
　옷　 등 을 실어라　 남은　 말 에 화살통　활통　 등 을

alamibu,　　sure[39)] šayan fulan akta morin de fulgiyan enggemu
비껴 실어라 서라　 흰 푸른 악대 말 에　 붉은　 안장

kadargan[40)] tuhebume, aisin bolgiha[41)] hadala jergi be yongkiyan
간다개　 드리우고　 금　 입힌　 굴레 등 을 완전히

—— ◦ —— ◦ —— ◦ ——

말과 창고 등을 모두 준비하라. 아끼지 말라!"
하니, 아할지와 바할지가 울음을 멈추고, 당부한 말을 따라서 벌린 아거를 저승으로 인도할 꽃빛 색이 섞인 악대 말 열 마리, 불빛 악대 절따말 열 마리, 금빛 누런 반점 있는 악대 말 열 마리, 빠른 악대 오류 말 열 마리, 흰빛 악대 서라말 열 마리, 먹빛 악대 검은 말 열 마리를 모두 준비했다. 원외가 또 당부했다.
"30마리 말에 옷 담는 자루를 올리고 망룡단(蟒龍緞) 비단과 옷 등을 실어라. 남은 말에는 화살통, 활통 등을 비껴 실어라. 흰빛 푸른 악대 서라 말에 붉은 안장과 간다개를 드리우고, 금실을 넣은 굴레 등을 모두 단단히

---

35) keri : keire의 방언으로 추정된다.
36) šayan : šanyan의 방언으로 추정된다.
37) buktelii : buktulin의 방언으로 추정된다.
38) gecuhuri : gecuheri의 방언으로 추정된다.
39) sure : suru 방언으로 추정된다.
40) kadargan : kandarhan의 방언으로 추정된다.
41) bolgiha : bulgiyaha의 방언으로 추정된다.

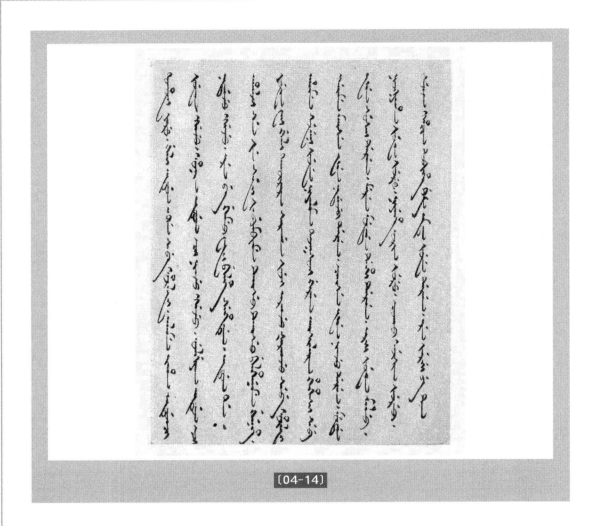

〔04-14〕

tohofi yaru. geli adun i da sabe hūlafi alame. ihan adunci
매고 인도하라 또 목장 의 우두머리 들을 부르고 말하기를 소 목장에서

juwan gaju, honin adun ci ninju gaju, ulgiyan adun ci
10 가져오라 양 목장 에서 60 가져오라 돼지 무리 에서

nadanju gaju, ere be gemu wafi belhe. sehede, adun da,
70 가져오라 이 를 모두 죽여서 준비하라 함에 목장 우두머리

ahalji se je sefi jabumbime, teisu teisu belheneme genehe.
ahalji 들 예 하고 대답하며 각 각 준비하러 갔다

yuwan wai geli takūrara sargan jui  aranju šaranju sebe hūlafi,
員　外　또　부리는　여자 아이 aranju šaranju 들을 부르고

alame.　　suweni juwe niyalma toksoi geren aisilara hehesi sebe
말하기를 너희들의 2　　사람 장원의 여러 일하는 여인들 들을

gaime, maise efen nadanju deren[42] caise efen ninju deren, mudan
데리고 밀 떡　70　상　산자 떡　60　상　경단

efen susai deren, meren mudan dehi deren, arki juwan malu
떡　50　상　메밀 경단 40　상　소주 10　병

niongniyaha juwan juru, niyehe orin juru, coko gūsin juru
　거위　　10　쌍 오리 20　쌍 닭 30　쌍

sunja hacin tubihe buya emte juwe deren, ere jergi be  te
　5　가지 과일 작은 하나씩 2　상　이　등 을 지금

— ∘ — ∘ — ∘ —

매어서 인도하게 하라."
또 목장의 우두머리들을 불러서 말했다.
"소 목장에서 열 마리를 가져오고, 양 목장에서 예순 마리를 가져오고, 돼지 무리에서 일흔 마리를 가져와라. 이를 모두 죽여서 준비하라."
하니, 목장의 우두머리와 아할지가 "예."하고 대답하며 각각 준비하러 갔다. 원외가 또 부리는 여자 아이인 아란주와 샤란주를 불러서 말했다.
"너희 두 사람은 마을의 여러 일하는 여인들을 데리고 밀떡 일흔 상, 산자 떡 예순 상, 경단 떡 쉰 상, 메밀 경단 마흔 상, 소주 열 병, 거위 열 쌍, 오리 스무 쌍, 닭 서른 쌍, 다섯 가지 과일을 작은 것으로 하나씩 두 상, 이것들을 지금

---

42) deren : dere의 방언으로 추정된다.

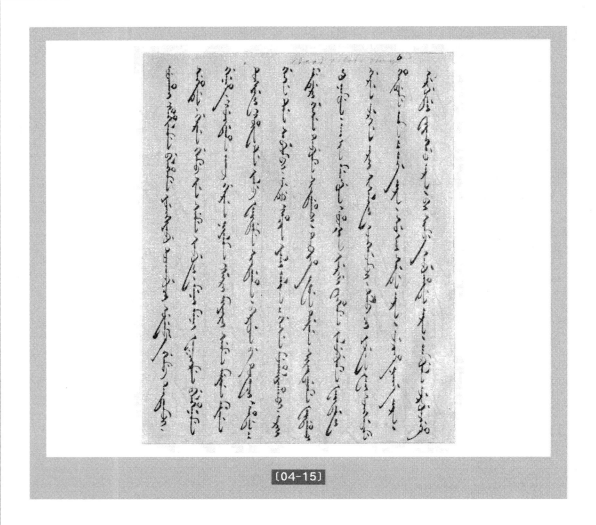

〔04-15〕

uthai hahilame belheme   yongkiyabu, tookabuci suwembe gemu tantambi.
즉시 서둘러서 준비하여 완전하게 하라 늦어지면 너희를 모두  때린다

sehede, geren gemu je seme  jabufi,  meni meni fakcame belheneme
 함에   여럿 모두 예 하며 대답하고  각  각  헤어져 준비하러

genehe. goidaha akū geren niyalma geri miyari[43] seme meyen meyen
 갔다 오래지 않아 여러  사람  웅성웅성     하고 무리 무리

---

43) geri miyari : gar miyar의 방언으로 추정된다.

tukiyefi, hūwa de jalu faidame sindaha. barun[44] be tuwaci, hada i
지고　　뜰 에 가득 늘어　놓았다　형세　　를　보니 산봉우리 의

gese den sabumbi. udu hacin yali alin i gese muhaliyahabi. arki
처럼 높게 보인다　몇 가지 고기 산 의 처럼　쌓여있다　　소주

mederi gese tebume sindahabi. tubihe efen deren sirandume faidahabi.
바다의 처럼 담겨져 놓여있다　과일 떡 상　　잇달아 늘어놓았다

ku namun aisin menggun hoošan jergi fiheme jalubume[45] faidafi,
庫 창고 금　은　종이 등 가득 가득하게 늘어놓고

geren urse arki sisalafi[46] songgombi. dalbaci yuwan wai songgome
여러 무리 소주 부어넣고　운다　옆에서 員 外 울며

hendume. amai age ara, susai sede ara, ujihe ningge ara,
말하기를 아버지의 age ara　50 살에 ara 기른 것 ara

sergudai fiyanggo ara, bi simbe sabuhade ara, ambula urgunjehe
sergudai fiyanggo ara 나 너를 보게됨에 ara 매우 기뻤다

─── ∘ ─── ∘ ─── ∘ ───

즉시 서둘러 준비하여 완비하여라. 늦어지면 너희들을 모두 때리겠다."
하니, 모두가 "예."라고 대답하고는 각각 헤어져 준비하러 갔다. 오래지 않아 여러 사람들이 웅성웅성 무리 지어서 뜰
가득 늘어놓았는데, 그 모습을 보니 산봉우리처럼 높게 보인다. 몇 가지 고기가 산처럼 쌓여 있고, 소주가 바다처럼 담
겨 있고, 과일과 떡을 담은 상이 잇달아 늘어놓았다. 창고에는 금, 은, 종이 등이 가득하게 채워서 늘어놓았다. 여러 사
람들이 소주를 부어 놓고 울고, 그 옆에서 원외가 울면서 말했다.

| "아버지의 아거 | 아라, | 쉰 살에 | 아라, |
| 낳아 기른 | 아라, | 서르구다이 피양구 | 아라, |
| 내가 너를 보게 되어 | 아라, | 매우 기뻤다. | 아라, |

---

44) barun : baran의 방언으로 추정된다.
45) jalumbume : jalubume의 방언으로 추정된다.
46) sisalafi : sisafi의 방언으로 추정된다.

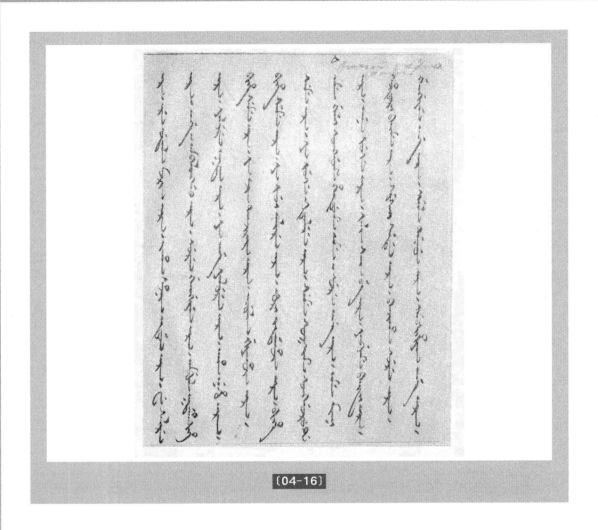

[04-16]

ara, ere utala morin ara, ihan honin adun ara, we  salire
ara 이 이토록 말 ara 소  양 목장 ara 누가 이어받을

ara, age i ambalinggo[47] ara,   sure  genggiyen ara, ambula akdahabihe
ara age 의 위엄있는  ara 총명하고 영민한 ara  매우 믿음직했다

ara, yalure akta ara, ya age yalure ara,  aha nehu ara,
ara 타는 악대 ara 어느 age 탈까 ara 하인 하녀 ara

---

47) ambalinggo : ambalinggū의 방언으로 추정된다.

bihe seme ara, ya ejin[48] takūrara ara, anculan giyahūn ara,
있다 하여 ara 어느 주인 부릴까 ara 수리 매 ara

bihe seme ara, ya jui alire ara, kuri indahūn ara, bihe
있다 하여 ara 어느 아들 이어받을까 ara 점박이 개 ara 있다

seme ara, ya juse kutulere ara. seme soksime songgoro de,
하여 ara 어느 아들 끝까 ara 하며 흐느끼며 욺 에

eme geli songgome hendume. eme i sure age ara, eme mini
어머니 또 울며 말하기를 어머니 의 총명한 age ara 어머니 나의

ara, enen juse ara, jalin sain be ara, yabume baifi ara,
ara 자손 아들 ara 때문에 선 을 ara 행하고 구하며 ara

hūturi baime ara, susai sede ara, banjiha sure ara,
복 구하며 ara 50 살에 ara 낳았다 총명한 ara

genggiyen age ara, gala dacun ara, gabsihiyan age ara,
영민한 age ara 손 야무진 ara 민첩한 age ara

———  。 ——— 。 ——— 。 ———

| | | | |
|---|---|---|---|
| 이토록 많은 말 | 아라, | 소와 양 무리 | 아라, |
| 누가 물려받을까? | 아라, | 아거의 위엄 있는 | 아라, |
| 총명하고 영민하여 | 아라, | 매우 믿음직했다. | 아라, |
| 타는 악대말 | 아라, | 어느 아거가 탈까? | 아라, |
| 하인과 하녀 | 아라, | 있다고 하나 | 아라, |
| 어느 주인이 부릴까? | 아라, | 수리 매 | 아라, |
| 있다고 하나 | 아라, | 어느 아들이 받을까? | 아라, |
| 점박이 개 | 아라, | 있다고 하나 | 아라, |
| 어느 아들이 끝까? | 아라." | | |

하고 흐느끼며 울었다. 어머니가 또 울면서 말했다.

| | | | |
|---|---|---|---|
| "어머니의 총명한 아거 | 아라, | 어머니인 나의 | 아라, |
| 자손들 | 아라, | 위해 선을 | 아라, |
| 행하여 구하고 | 아라, | 복을 구하여 | 아라, |
| 쉰 살에 | 아라, | 낳은 총명하고 | 아라, |
| 영민한 아거 | 아라, | 손이 야무지고 | 아라, |
| 민첩한 아거 | 아라, | | |

---

48) ejin : ejen의 방언으로 추정된다.

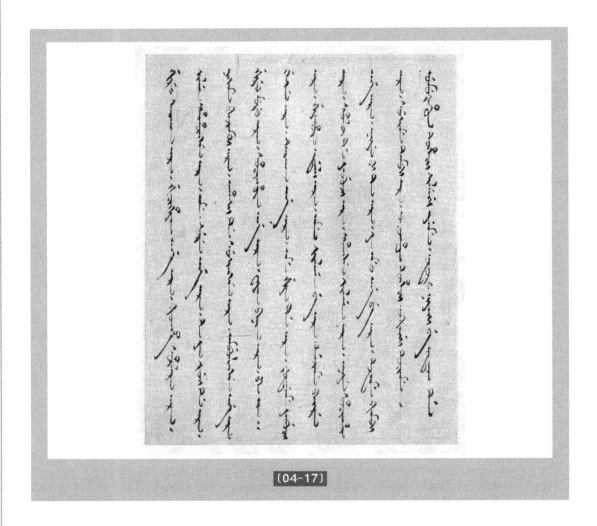

〔04-17〕

giru　saikan　ara, gincihiyan age ara, bithe hūlara ara,
모습 아름다운 ara　빛나는 age ara 글　읽는 ara

jilgan haihūngga ara, eme　sure　age ara, te　ya　jui de ara,
소리　부드러운 ara 어머니 총명한 age ara 이제 어느 아들 에 ara

nikeme　banjimbi ara, ahasi de gosingga ara, ambulingga[49] age ara,
의지하여　산다　ara 하인들 에 자비로운 ara　위엄있는　　age ara

---

49) ambulingga : ambalinggū의 방언으로 추정된다.

giru muru ara, hocohūn[50] age ara, fiyan banin ara, pan an[51] i
모습 자태 ara 빼어난 age ara 안색 성품 ara 潘 安 의

gese ara saikan age ara, eme giya de ara, šodome yabuci
같은 ara 아름다운 age ara 어머니 街 에 ara 한가히 다니면

ara giyahūn adali ara. eme jilgan be ara donjime baire
ara 매 같이 ara 어머니 소리 를 ara 듣고 찾는구나

ara. holo de yabuci ara honggo[52] jilgan ara. eniye hocohūn[53]
ara 골짜기 에 가면 ara 방울 소리 ara 어머니 준수한

age ara eniye bi te ara, ya emu age be ara, tuwame bimbi
age ara 어머니 나 지금 ara 어느 한 age 를 ara 보고 있나

ara, gosime tembi ara oncohon tuheci obinggi[54] tucime,
ara 사랑하며 사나 ara 쓰러져 넘어지니 거품 나오고

umušhun[55] tuheci silenggi eyeme, oforo niyaki be oton de
엎어져 넘어지니 침 흐르며 코 콧물 을 구유 에

—— ◦ —— ◦ —— ◦ ——

| 모습이 아름답고 | 아라, | 빛나는 아거 | 아라, |
|---|---|---|---|
| 글 읽는 | 아라, | 소리가 낭랑한 | 아라, |
| 어머니의 총명한 아거 | 아라, | 이제 어느 아들에게 | 아라, |
| 의지하며 살까? | 아라, | 하인들에게 자비롭고 | 아라, |
| 위엄 있는 아거 | 아라, | 모습과 자태가 | 아라, |
| 빼어난 아거 | 아라, | 안색과 성품이 | 아라, |
| 반안(潘安)과 같이 | 아라, | 아름다운 아거 | 아라, |
| 어머니가 길에서 | 아라, | 한가히 다니면 | 아라, |
| 매와 같이 | 아라, | 어머니 소리를 | 아라, |
| 듣고 찾는구나! | 아라, | 골짜기에 가면 | 아라, |
| 방울 소리 | 아라, | 어머니의 준수한 아거 | 아라, |
| 어머니는 이제 | 아라, | 어느 아거를 | 아라, |
| 보며 살겠는가? | 아라, | 사랑하며 살겠는가? | 아라." |

하고는 쓰러져 넘어지니, 입에서 거품이 나오고, 앞으로 엎어지니 침이 흘렀다. 콧물을 나무 대야에

---

50) hocohūn : hocikon의 방언으로 추정된다.
51) pan an : '潘安[pān'ān]'의 음차이다. 본명은 악(岳)이고, 서진 때의 문학가로 재능도 뛰어났을 뿐 아니라 외모가 잘 생겼다고 한다. 「西征賦」 등을 지었다.
52) honggo : honggon의 방언으로 추정된다.
53) hocohūn : hocikon의 방언으로 추정된다
54) obinggi : obonggi의 방언으로 추정된다.
55) umušhun : umušuhun의 방언으로 추정된다.

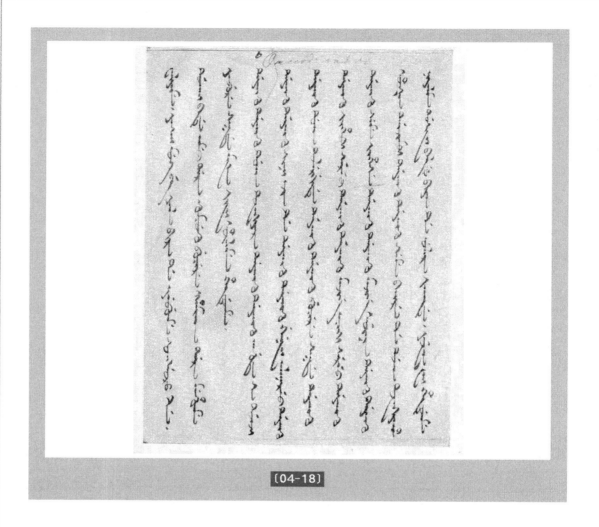

[04-18]

waliyame, yasai muke be yala bira de eyebume songgoro de,
토하며   눈의 물 을 yala 강 에 흘려보내며   옮 에

dukai bade emu dara kumcuku[56] bucere hamika dara mehume
문의 곳에 한 허리 굽은     죽기 다다른 허리 구부리고

yabure sakda  mafa   jifi hūlame hendume,
다니는 늙은 할아버지 와서 부르며 말하기를

---

56) kumcuku : kumcuhun의 방언으로 추정된다.

deyangku deyangku duka tuwakiyara deyangku deyangku aguta[57] sa    donji
deyangku deyangku 문      지키는    deyangku deyangku 노형    들 들어라

deyangku deyangku sini ejende deyangku deyangku genefi alarareo[58] deyangku
deyangku deyangku 너의 주인에 deyangku deyangku 가서    고하라    deyangku

deyangku duka tulergide deyangku deyangku bucere sakda deyangku
deyangku 문     밖에    deyangku deyangku 죽을 노인 deyangku

deyangku jihebi sereo    deyangku deyangku majige acaki    sereo    deyangku
deyangku 왔다 하겠느냐 deyangku deyangku    좀   만나자 하겠느냐 deyangku

deyangku seme    jihese[59] deyangku deyangku majige gūnin deyangku deyangku
deyangku 하며 왔다 하라 deyangku deyangku 작은   생각 deyangku deyangku

hoošan deijimbi deyangku deyangku seme baire de duka tuwakiyaha
  종이   불태운다 deyangku deyangku 하며 청함 에 문    지키던

niyalma  dosifi   baldu bayan de ulara jakade yuwan wai hendume,
  사람   들어가서 baldu bayan 에 전할 적에      員   外 말하기를

―― 。 ―― 。 ―― 。 ――

토하고, 눈물을 알라강에 흘려보내며 울었다.
그때 대문 앞에 허리가 구부정하고 다 죽어가는 듯한 늙은 할아버지가 와서 부르며 말했다.

"더양쿠 더양쿠  문 지키는
 더양쿠 더양쿠  노형들 들어라.
 더양쿠 더양쿠  너희 주인에게
 더양쿠 더양쿠  가서 전해라.
 더양쿠 더양쿠  문 밖에
 더양쿠 더양쿠  죽어가는 늙은이가
 더양쿠 더양쿠  왔다고 하겠는가?
 더양쿠 더양쿠  잠깐 만나자 하겠는가?
 더양쿠 더양쿠  하며 왔다고 하라.
 더양쿠 더양쿠  작은 생각이 있어
 더양쿠 더양쿠  종이를 불태운다.
 더양쿠 더양쿠."

하며 청하니, 문을 지키던 사람이 들어가 발두 바안에게 전달했다. 그러자 원외가 말했다.

---

57) aguta : ahūta의 방언으로 추정된다.
58) alarareo : alanareo의 방언으로 추정된다.
59) jihese : jihe se로 되어야 한다.

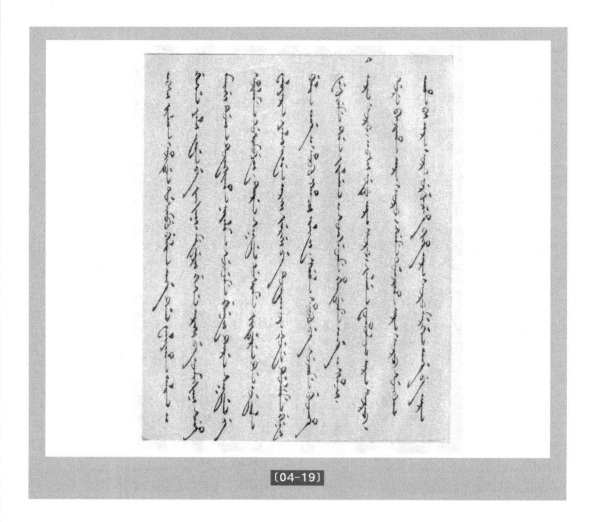

[04-19]

absi    jilaka hūdun  dosimbu    belin age de waliyaha alin i
얼마나 불쌍한가 빨리 들어오게 하라 belin age 에 제사지낸 산 의

gese  yali efen be  jekini,  mederi gese arki be   omikini  sehe
같은 고기 떡 을 먹게하자 바다 같은 소주 를 마시게하자 한

manggi duka tuwakiyaha niyalma sujume genefi tere sakda be
  후   문   지키던   사람 뛰어 가서 그 노인 을

hūlame dosimbufi, tere sakda dosime jidere de  utala
불러서 들게하니 그 노인 들어서  옴 에 이렇게

waliyara yali, efen arki jergi be tuwarakū, šuwa duleme genefi
제사지낸 고기 떡 소주 등 을 보지 않고 곧바로 지나 가서

belin age i hobo hanci ilifi, gala hobo be sujame bethe
belin age 의 관 가까이 서서 손 관 을 짚고 발

fekuceme den jilgan i songgome hendume age i haji
구르며 높은 소리 로 울며 말하기를 age 의 사랑스러운

ara koro, absi udu ara koro, jalgan foholon ara koro,
ara koro 정말로 얼마인가 ara koro 수명 짧구나 ara koro

sure banjiha ara koro seme donjiha ara koro sungken[60]
총명하게 태어났다 ara koro 하고 들었다 ara koro 머리 흰

aha bi ara koro urgunjehe bihe ara koro mergen age be ara
아랫사람 나 ara koro 기뻐하고 있었다 ara koro 지혜로운 age 를 ara

—— ° —— ° —— ° ——

"얼마나 불쌍한가? 어서 들어오게 하라. 벌린 아거에게 제사 지낸 산 같은 고기와 떡을 먹게 하자, 바다 같은 소주를 마시게 하자."
하니, 문 지키던 사람이 뛰어가서 그 노인을 불러서 들어오게 했다. 그 노인이 들어와 제사 지낸 고기와 떡, 술 등은 쳐다보지도 않고 곧바로 지나치고는 벌린 아거의 관 가까이 서서 손으로 관을 짚고 발을 구르며 큰 소리로 울며 말했다.

"사랑스러운 아거          아라 코로,
정말로 얼마인가?          아라 코로,
수명이 짧구나!          아라 코로,
총명하게 태어났다          아라 코로,
하고 들었다.          아라 코로,
머리 흰 늙은 나는          아라 코로,
기뻐하고 있었다          아라 코로,
지혜로운 아거를          아라 코로,

---

60) sungken : sungke의 방언으로 추정된다.

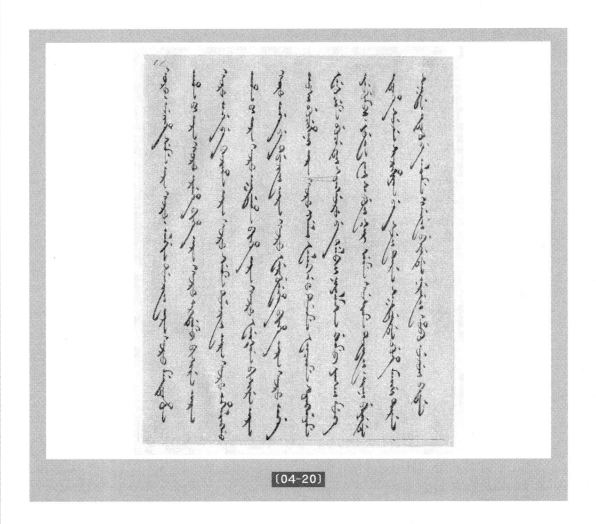

〔04-20〕

koro ujihe  seme ara koro, algin donjifi ara koro mentuhun
koro 길렀다 하며 ara koro 명성  듣고 ara koro  우매한

aha      bi ara koro  erehe   bihe   ara koro erdemu bisire ara
아랫사람 나 ara koro 기대하고 있었다 ara koro   덕    있는 ara

koro age be banjiha ara koro seme donjifi ara koro ehelinggo[61]
koro age 를 낳았다 ara koro 하며  듣고 ara koro  우둔한

aha      bi ara koro  akdaha  bihe   ara koro fengšen bisire ara
아랫사람 나 ara koro 의지하고 있었다 ara koro 행복하게 사는  ara

_____
61) ehelinggo : ehelinggu의 방언으로 추정된다.

koro age be donjifi ara koro ferguwehe  bihe  ara koro age
koro age 를 듣고  ara koro 기묘해하고 있었다 ara koro age

absi    buceheni ara koro galai falanggo[62) dume fancame songgome
정말로 죽었는가 ara koro 손의  바닥    치며 북받쳐    울며

fekuceme    bucetei   songgoro be dalbai niyalmasa gemu yasai muke
발로 뛰며 목숨을 걸고 우는 것 을  곁의   사람들   모두  눈의  물

eyebumbi, yuwan wai sabufi šar seme gosime tuwafi, ini beyede
 홀린다    員  外  보고  가엾게  여겨서  보고  그의 몸에

etuhe  suje sijihiyan be  sufi  tere sakdade buhe manggi tere
입었던 비단  웃옷  을 벗어서 그 노인에  준   후   그

sakda etuku be alime   gaifi  beyede nerefi hobo  ujui   bade
노인   옷  을 받아 가지고서 몸에  입고  관 머리의 곳에

—— ◦ —— ◦ —— ◦
길렀다 하는          아라 코로,
명성을 듣고          아라 코로,
어리석은 나는        아라 코로,
기대하고 있었다.      아라 코로,
덕 있는              아라 코로,
아거를 낳았다.        아라 코로,
하는 것을 듣고        아라 코로,
어리석은 나는        아라 코로,
의지하고 있었다.      아라 코로,
행복하게 사는        아라 코로,
아거라고 듣고        아라 코로,
기묘해 하고 있었다.   아라 코로,
아거가 정말 죽었는가?  아라 코로."

손바닥을 치고 북받쳐 울면서 발을 구르며 죽을 듯이 우니, 주변 사람들도 모두 눈물을 흘린다. 원외가 보고 측은하게 여겨 입고 있던 비단 웃옷을 벗어 그 노인에게 주었다. 노인은 옷을 받아 몸에 걸치고는 관의 머리 쪽에

62) falanggo : falanggū의 방언으로 추정된다.

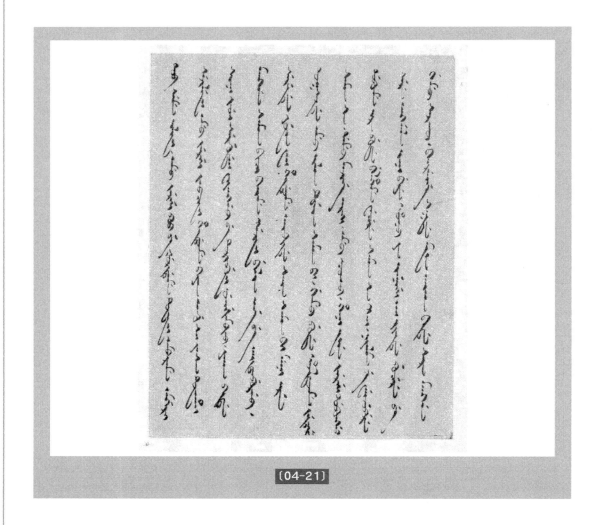

[04-21]

tob seme ilifi, emu jergi boobe šurdeme tuwafi ambarame emgeri
똑바로 서서 한 번 집을 둘러서 보고 크게 한번

sejilefi emu jergi jabcafi hendume bayan agu si yasa tuwahai
탄식하고 한 번 딱하게 여기며 말하기를 bayan agu 당신 눈 깜짝할 사이에

sini jui sergudai fiyanggo be turibufi unggimbio yaka bade
당신의 아들 sergudai fiyanggo 를 놓아 보내겠는가 어느 곳에

mangga saman bici baime gajifi belin age be aitubureo,
훌륭한 샤먼 있으면 청하여 데려다 belin age 를 살리겠는가

serede yuwan wai hendume aibide sain saman bi meni ere
함에 員 外 말하기를 어디에 좋은 샤먼 있는가 우리의 이

toksode emu ilan duin saman bi, gemu buda holtome jetere
장원에 한 3 4 샤먼 있다 모두 밥 속여 먹는

saman sa, damu majige arki, emu coko, heni efen jergi dobonggo[63]
샤먼 들 다만 약간의 소주 한 닭 조금 떡 등 공양물

dobome ira buda belheme wecere saman sa kai, niyalma be weijubure
바치며 기장 밥 준비하여 제사지내는 샤먼 들 이로다 사람 을 되살리기

sere anggala ini beye hono ya inenggi ai erinde bucere be
뿐 아니라 그의 몸 조차 어느 날 무슨 때에 죽을 것 을

gemu sarkū, bairengge sakda mafa aika bade sara mangga
모두 모른다 청하는 것 노인 할아버지 어느 곳에 아는 훌륭한

—— ◦ —— ◦ —— ◦ ——

똑바로 서서 한 차례 집을 둘러보고는, 크게 탄식하고 딱하게 여기며 말했다.
"바얀 아구, 당신은 눈 깜짝할 사이에 당신의 아들 서르구다이 피양구를 놓아 보내겠습니까? 어딘가 훌륭한 샤먼이 있으면 청하여 데려와서 벌린 아거를 살아나게 하십시오."
하니, 원외가 말했다.
"어디에 좋은 샤먼이 있습니까? 우리 마을에 샤먼이 서넛 있으나, 모두가 속여서 밥이나 얻어먹는 샤먼들입니다. 그저 소주 조금과 닭 한 마리, 그리고 약간의 떡이나 공양물로 바치면서 기장밥이나 준비하여 제사지내는 샤먼들입니다. 사람을 되살리기는커녕 자신들이 언제 어느 때 죽을지도 모두 모릅니다. 바라건대, 노인께서는 훌륭한

---

63) dobonggo : dobon과 같다.

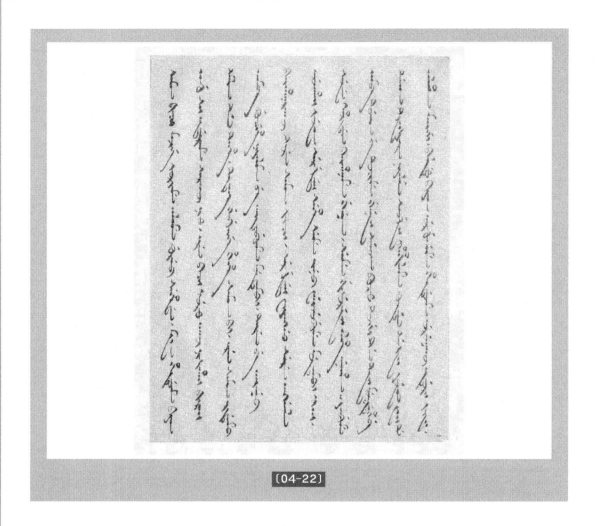

[04-22]

saman bici  majige jorime alame  bureo  sehede   mafa   hendume bayan
샤먼 있으면 조금  가리켜 알려  주겠는가 함에  할아버지 말하기를 bayan

agu   si adarame sarkū nio, ere baci   goro akū  nisihai birai
agu 당신 어찌  모르는가  이 곳에서 멀지 않은 nisihai 강의

dalin de tehe, tenteke gebungge hehe saman  bi, ere saman erdemu
  가 에 사는 그러한  이름난 여자 샤먼 있다 이  샤먼   덕

amba bucehe niyalma be aitubume mutembi tere be  ainu
크고 죽은  사람 을   살릴 수 있다   그 를 어째서

baihanarakū    tere saman jici, sergudai fiyanggo sere anggala
찾아가지 않는가  그  샤먼 오면 sergudai fiyanggo  뿐  아니라

uthai juwan sergudai sehe seme inu weijubume mutembi kai,
즉   10    sergudai 했다 하여  도   되살릴 수 있으리라

suwe  hūdun baihaname gene, seme gisurefi  elhe  nuhan i yabume
너희들 빨리  찾아가러  가라  하여  말하고 천천히 조용히  걸으며

amba duka be tucime genefi sunja boco tugi de tefi  mukdehebe
 큰   문  을 나와  가서  5   색 구름 에 타고 오르는 것을

duka tuwakiyara niyalma sabufi hahilame boode  dosime yuwan wai de
 문   지키는   사람   보고 서둘러 집에 들어가서  員  外 에

alaha manggi, baldu bayan urgunjeme hendume urunakū enduri jifi,
고한   후   baldu bayan 기뻐하며 말하기를 반드시  신  와서

—— ◦ —— ◦ —— ◦ ——

샤먼이 어디에 있는지 아신다면 좀 가르쳐 주시겠습니까?"
하니, 노인이 말했다.
"바얀 아구, 당신은 어찌 모르십니까? 여기에서 멀지 않은 니시하이 강가에 그러한 일을 잘하는 유명한 여자 샤먼이 살
고 있습니다. 이 샤먼은 덕이 크고 죽은 사람을 살릴 수 있습니다. 그를 왜 찾아가지 않습니까? 그 샤먼이 오면, 서르구
다이 피양구뿐 아니라 서르구다이 열 명이라도 되살릴 수 있을 것입니다. 당신은 빨리 찾으러 가십시오."
하고는 조용히 걸어 대문을 나와서 갔다. 오색구름을 타고 하늘로 오르는 것을 문지키는 사람이 보고는 서둘러 집에
들어가 원외에게 하니, 발두 바얀이 기뻐하며 말했다.
"분명 신이 와서

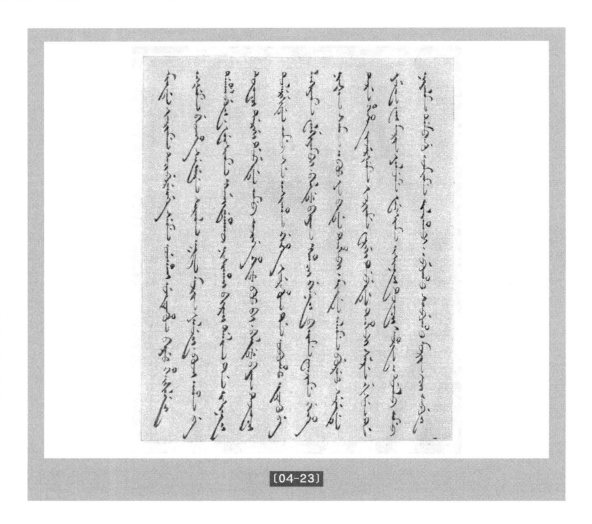

[04-23]

minde jorime taciburengge seme uthai untuhun baru henkilefi
나에 가리켜 가르쳐준 것 하고 곧 허공 쪽 절하고서

ekšeme bethe sefere[64] sarla akta morin yalufi, booi aha be
서둘러 발 한 줌 회색 악대 말 타고 집의 하인 을

dahalabufi,    feksime  goidahakū nisihai birai dailin de isinafi
뒤따르게 하고 달려서 오래지 않아 nisihai 강의 가 에 도착해

tuwaci dergi dubede emu ajige hetu boo bi,  baldu bayan tuwaci
보니 동쪽 끝에 한 작은 가로 집 있다 baldu bayan 보니

---

64) sefere : seberi의 방언으로 추정된다.

tulergide emu se asihan gehe[65] jurhun[66] de oboho etuku be
밖에 한 나이 젊은 여인 줄 에 씻은 옷 을

lakiyame walgiyambi baldu bayan hanci genefi, baime fonjime. gege
걸고 햇볕에 말린다 baldu bayan 가까이 가서 청하여 묻기를 여인

nišan saman i boo ya bade tehebi minde alame bureo serede
nišan 샤먼 의 집 어느 곳에 사는가 나에게 알려 주겠는가 하니

tere hehe ijaršame jorime. wargi dubede tehebi sere gisun de,
그 여인 빙그레 웃으며 가리키며 서쪽 끝에 산다 하는 말 에

yuwan wai morin yalume feksime isinafi tuwaci hūwai dolo emu
員 外 말 타고 달려 이르러서 보니 뜰 안 한

niyalma dambagu omime ilihabi ebuho sabuho[67] morin ci ebufi
사람 담배 피우며 서있다 허둥지둥 말 에서 내려

— ◦ — ◦ — ◦ —

나에게 지시하여 가르쳐준 것이다."
하고, 바로 허공을 향하여 절하고, 서둘러 발목이 흰 회색 악대말을 타고 하인을 뒤따르게 하고는 니시하이 강가로 달려갔다. 오래지 않아 니시하이 강가에 도착해서 보니, 동쪽 끝에 한 작은 가로로 된 집이 있다. 발두 바얀이 보니, 밖에 한 나이 젊은 여인이 줄에 씻은 옷을 걸어 햇볕에 말리고 있기에 가까이 가서 청하며 물었다.
"여인이여, 니샨 샤먼은 어느 집에 살고 있는가? 나에게 알려주겠는가?"
하니, 그 여인은 빙그레 웃으며 한 쪽을 가리키며,
"서쪽 끝에 삽니다."
하였다. 여인의 말대로 원외가 말을 타고 달려서 도착해 보니, 뜰 안에 한 사람이 담배를 피우며 서있다. 허둥지둥 말에서 내려

---

65) gehe : gege의 잘못으로 추정된다.
66) jurhun : jurgan의 방언으로 추정된다.
67) ebuho sabuho : ebuhu sabuhū의 방언으로 추정된다.

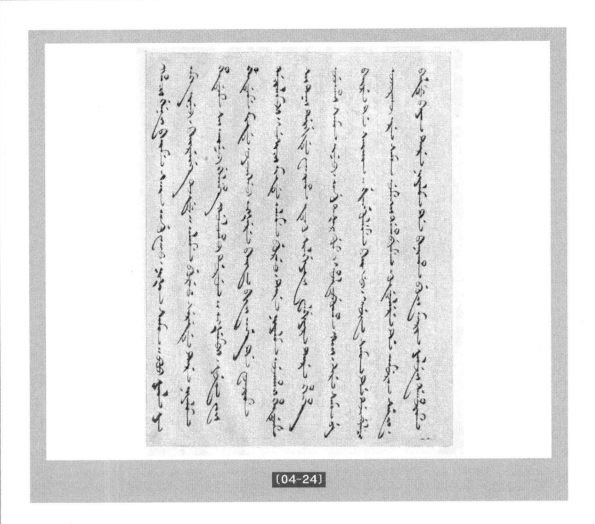

〔04-24〕

hanci  genefi  baime    sain agu wakao nišan saman i  boo  yala   ya    emke
가까이   가서  청하기를  좋은  agu 아닌가 nišan  샤먼  의 집 정말로 어느 것인가

inu  bairengge  tondo i  alame   bureo.  serede  tere  niyalma
또   청하는 것   바로   알려 주겠는가 함에   그    사람

hendume  si    ainu  gelehe  goloho  durun i   ekšembi  yuwan wai
말하기를  당신  어째서  두렵고   놀란   모양으로 서두르는가   員    外

hendume  minde  oyonggo  ekšere  baita  bifi    age de  fonjime
말하기를  나에게  중요한    급한    일   있어서  age 에   묻고

dacilambi   gosici minde alame bureo  tere niyalma uthai hendume.
거듭 묻는다 부디 나에  알려 주겠는가 그    사람   바로 말하기를

si    teni dergide fonjiha etuku silgiyafi walgiyara tere hehe
당신 방금 동쪽에 물었던  옷   씻어서  말리는  그  여인

uthai saman inu agu    tašarabume   holtobuha kai, tere saman be
바로  샤먼 이다 agu 잘못 생각하도록   속였구나   그   샤먼 을

bairede saikan i gingguleme baisu, gūwa saman de duibuleci
청함에    잘    공경하며 청하라 다른  샤먼  에 비교하면

ojorakū ere saman umesi dahabume kutulere de amuran.  sefi
안 된다 이   샤먼   매우 따르게 하고 이끌기 에 잘한다 하고서

baldu bayan tere niyalma de baniha bufi  morin yalufi dahūme
baldu bayan 그    사람  에 감사 드리고 말  타고서 다시

──── ◦ ──── ◦ ──── ◦ ────

가까이 가서 청했다.
"안녕하세요? 니샨 샤먼의 집이 정말 어디입니까? 부탁드리니 바로 알려 주겠습니까?"
하니, 그 사람이 말했다.
"당신은 어찌 두렵고 놀란 모양으로 서두릅니까?"
원외가 말했다.
"나에게 중요하고 급한 일이 있어서 아거에게 거듭거듭 묻습니다. 부디 나에게 알려 주겠습니까?"
그 사람이 바로 말했다.
"당신이 방금 동쪽에서 물어보았던 옷을 씻어서 말리고 있던 그 여인이 바로 그 샤먼입니다. 아구께서 잘못 생각하도록 속인 것입니다. 그 샤먼에게 청할 때는 잘 공경하여 청하십시오. 다른 샤먼과 비교하면 안 됩니다. 이 샤먼은 사람들을 매우 따르게 하고 이끌기를 잘합니다."
발두 바얀은 그 사람에게 감사드리고, 말을 타고 다시

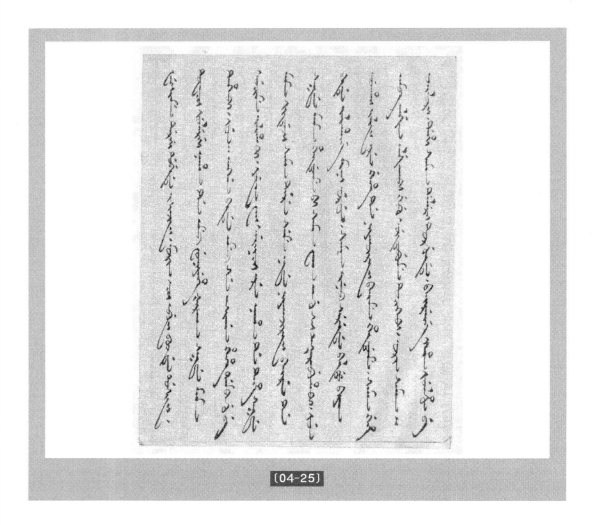

〔04-25〕

feksime dergi dubede isinjifi, morin ci ebufi boode dosifi,
달려서 동쪽 끝에 다다라서 말 에서 내려 집에 들어가서

tuwaci julergi nahan de emu funiyehe šaraka sakda mama
보니 남쪽 구들방 에 한 머리카락 회게 센 늙은 할머니

tehebi jun i angga bade emu se asihan hehe dambagu be
있다 왼쪽 의 입구 곳에 한 나이 젊은 여인 담배 를

gocime ilihabi. yuwan wai gūnici ere nahan de tehe sakda
피우며 서있다 員 外 생각하니 이 구들방 에 앉은 늙은

mama  jiduji  saman dere  seme nada[68] niyakūrafi baire  de
할머니 반드시  샤먼 이리라 하며 땅에   무릎 꿇고 청함 에

sakda mama hendume bi saman waka  agu  si  tašarabuhabi. jun
늙은 할머니 말하기를 나 샤먼 아니다 agu 당신    속았다   왼쪽

bade ilihangge  mini  urun. saman  inu serede baldu bayan
곳에 서있는 것 나의 며느리 샤먼 이다 함에  baldu bayan

uthai ilifi ere gege de niyakūrafi baime hendume, saman gege,
바로 서서 이 여인 에 무릎 꿇고 청하며 말하기를   샤먼  여인

amba algin algikabi  gebu gūtubume tucikebi. orin saman  i
 큰   소문 유명하다 이름  등지고  드러났다 20  샤먼  의

oilori.  dehi saman   deleri[69]  turgunde, bairengge han julhun[70] be
천박함 40  샤먼 속임이 없는 까닭에  청하는 것 왕  운세    를

——— ∘ ——— ∘ ——— ∘ ———

달려서 동쪽 끝에 다다랐다. 말에서 내려 집에 들어가 보니, 남쪽 구들방에 머리가 희게 센 늙은 할머니가 있고, 왼쪽
입구에는 한 나이 젊은 여인이 담배를 피우며 서 있었다. 원외 생각에 '이 방에 앉아있는 늙은 할머니가 샤먼이리라.'
하며 땅에 무릎을 꿇고 청하니, 늙은 할머니가 말했다.
"나는 샤먼이 아닙니다. 아구께서 속았습니다. 왼쪽에 있는 나의 며느리가 샤먼입니다."
하니, 발두 바얀이 바로 서서 이 여인에게 무릎을 꿇고 청하며 말했다.
"샤먼 여인의 큰 소문이 자자하고, 이름이 드러났습니다. 이십 샤먼들의 천박함이나 사십 샤먼들의 속임이 없는 까닭
에, 청하건대 왕의 운세를

---

68) nada : nade의 잘못으로 추정된다.
69) oilori~ deleri : '천박함이나 속임이 없다'는 의미이다.
70) julhun : julhen(=julgen=jabšan)의 방언으로 추정된다.

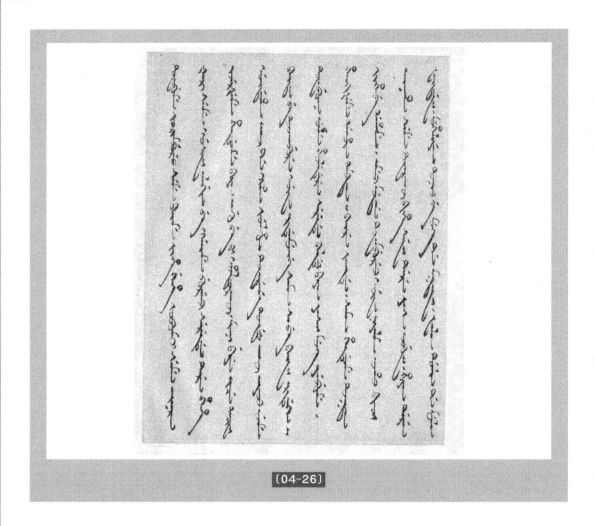

[04-26]

tuwabume　jorimbureo[71]. seme baima jihe. gege jobombi seme　ainara
봐 주어　가르쳐 주겠는가 하고 청하러 왔다 여인 수고롭다 하고 어쩌겠는가

šar seme gosifi. algin be gaime　bureo.　serede. tere hehe
측은하다 여기고 명성 을 취하여 주겠는가　함에　그 여인

injeršeme[72] hendume bayan agu be bi　holtorakū,　mini beye ice tacifi
미소지으며 말하기를 부자 agu 를 나 속이지 않는다 나의　몸 처음 배우고

---

71) jorimbureo : joribureo의 방언으로 추정된다.
72) injeršeme ; ijaršame의 방언으로 추정된다.

goidaha akū    de, han julhun[73] tuwarengge  tondo    akū ayoo,    ume
오래지 않았음 에  왕  운세       보는 것     바르지 않을까 한다

baita be  tookabure, gūwa erdemungge saman sabe  baifi,  erdeken i
 일  을 늦추지 말라 다른    덕 있는   샤먼 들을 청하고  빨리

tuwabuna,    ume heoledere. serede, baldu bayan yasai muke eyebume.
보이러 가라 게을리 하지 말라 함에  baldu bayan 눈의  물    흘리며

henkišeme dahūn dabtan i baire jakade, saman hendume. tuktan
 절하고    거듭거듭   청할 적에  샤먼 말하기를  처음

jihebe dahame, emu mudan tuwambureo. gūwa niyalma oho bici,
옴을   따라  한  번  봐 줄까요  다른   사람  이었으면

ainaha seme tuwarakū bihe. sefi,  dere yasa obofi, hiyan deren[74]
어찌 해도  보지 않았다 하고서 얼굴 눈 씻고   향   상

faidafi,  muheliyen tonio be muke de maktafi, falan dulin  de mulan
늘어놓고  둥근 바둑돌을 물 에 던지고 바닥 가운데 에  걸상

——— 。——— 。——— 。———

보아 알려 줄 수 있을까 하고 청하러 왔습니다. 샤먼 여인이 수고롭겠지만 어찌하겠습니까? 측은히 여겨서 명성을 생각해 알려 주겠습니까?"
하니, 그 여인이 미소 지으며 말했다.
"바얀 아구를 나는 속이지 않습니다. 내가 배운 지 오래지 않아 왕의 운세 보는 것이 바르지 않을까 합니다. 일을 미루지 말고, 다른 덕 있는 샤먼들을 청하여 빨리 운세를 보러 가십시오. 게을리 하지 마십시오."
발두 바얀이 눈물을 흘리며 절하면서 거듭거듭 청하니, 샤먼이 말했다.
"처음 왔으니, 한 번 봐 드릴까요. 다른 사람이었으면, 어찌 하더라도 보지 않았을 것입니다."
하고는 얼굴과 눈을 씻고, 향을 상에 늘어놓으며, 둥근 바둑돌을 물에 던졌다. 바닥 가운데에 의자와

73) julhun : julhen(=julgen=jabšan)의 방언으로 추정된다.
74) deren : dere의 방언으로 추정된다.

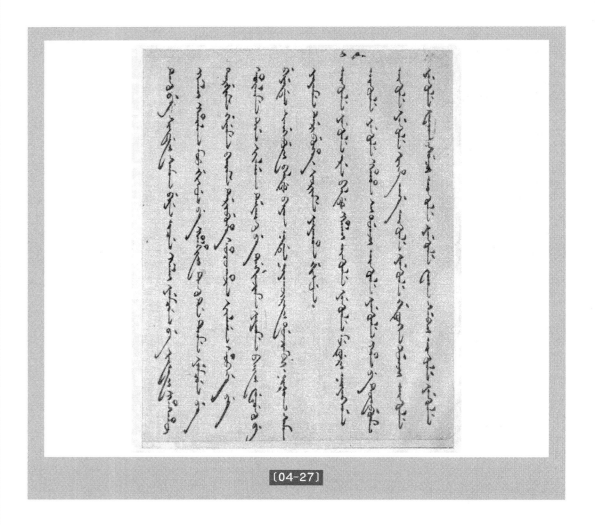

[04-27]

teku be sindafi, saman beye ici  galai  yemcen[75] be jafafi, hashū
자리 를 놓고   샤먼   몸 오른 손으로 남수고   를 잡고   왼

galai  hailan moo gisun be halgifi, teku de teme, yemcen[76] be
손으로 느릅나무 북채 를 잡고   자리 에 앉아   남수고   를

torgime geyeme baime  deribuhe  hocohūn[77] jilgan hobage be
돌리고 새기며 청하기 시작하였다   좋은   목소리 hobage 를

---

75) yemcen : imcin의 방언으로 추정된다.
76) yemcen : imcin의 방언으로 추정된다.
77) hocohūn : hocikon의 방언으로 추정된다.

hūlame, den  jilan  deyangku be dahinjime yayame[78]  baifi, weceku be
부르고 높은 목소리 deyangku 를 거듭하여 읊조리며 청하고  神靈  을

beyede singgebufi, baldu bayan nade niyakūrafi donjimbi, nišan saman
몸에  들게 하고 baldu bayan 땅에 무릎 꿇고 듣는다  nišan 샤먼

yayame[79]  deribuhe,  jorime  yayadaha[80]  gisun.
읊조리기 시작하였다 가리키며  읊조린     말

eikule yekule ere baldu halai, eikule yekule muduri aniyangga,
eikule yekule 이  baldu 성의  eikule yekule  용  해 태어난

eikule yekule haha si  donji, eikule yekule han be tuwabume,
eikule yekule 남자 너 들어라 eikule yekule  왕 을    보러

eikule yekule jihe age. eikule yekule getuken  donji, eikule
eikule yekule 온 age  eikule yekule 분명히 들어라 eikule

yekule waka  seci, eikule yekule waka    sebai[81], eikule yekule
yekule 아니다 하면 eikule yekule 아니다 하는구나  eikule yekule

── 。 ── 。 ── 。 ──

자리를 놓고는 샤먼이 몸소 오른손으로 남수고를 잡고, 왼손으로 느릅나무 북채를 잡고 자리에 앉아 남수고를 돌리듯이 두드리며 청하기 시작했다. 좋은 소리로 호바거를 부르고, 높은 목소리로 더양쿠를 거듭해서 읊조리며 청했다. 신령을 몸에 들어오게 하니, 발두 바얀이 땅에 무릎을 꿇고 듣는다. 니샨 샤먼이 읊조리기 시작했다.

"어이쿨러 여쿨러  이 발두 성씨의
어이쿨러 여쿨러  용 띠 해에 태어난
어이쿨러 여쿨러  남자, 너는 들어라.
어이쿨러 여쿨러  왕의 점을 보러
어이쿨러 여쿨러  온 아거여,
어이쿨러 여쿨러  분명히 들어라.
어이쿨러 여쿨러  아니면
어이쿨러 여쿨러  아니다 하여라.

---

78) yayame : yayadame의 방언으로 추정된다.
79) yayame : yayadame의 방언으로 추정된다.
80) yayaha : yayadaha의 방언으로 추정된다.
81) sebai : se bai로 되어야 한다.

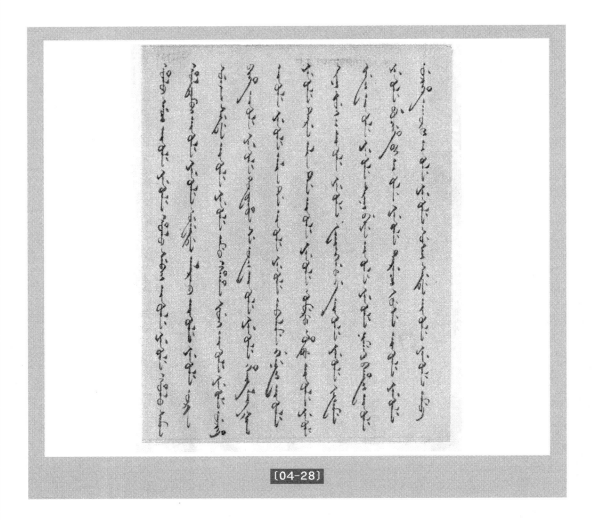

[04-28]

holo   seci, eikule yekule  holo      sebai[82], eikule yekule holo saman
가짜다 하면 eikule yekule 가짜다 하는구나  eikule yekule 가짜  샤먼

holtombi, eikule yekule suwende     alareo,     eikule yekule  orin
 속인다   eikule yekule 당신들에 고하겠는가 eikule yekule  20

sunja sede, eikule yekule emu  hahajui   eikule yekule  ujihe
 5   세에  eikule yekule 한   남자아이 eikule yekule 낳았

bihe, eikule yekule tofohon se ofi,  eikule yekule heng lang šan
었다 eikule yekule     15   세 되어 eikule yekule heng lang šan

---

82) sebai : se bai로 되어야 한다.

eikule yekule alin de eikule yekule abalame genefi, eikule
eikule yekule 산 에 eikule yekule 사냥하러 가서 eikule

yekule tere alin de eikule yekule kumuru hutu, eikule yekule
yekule 그 산 에 eikule yekule kumuru 귀신 eikule yekule

sini jui i eikule yekule fainggo[83] be, eikule yekule jafame
너의 아들 의 eikule yekule 혼 을 eikule yekule 잡아

jefi, eikule yekule ini beye, eikule yekule nimeku bahafi, eikule
먹어서 eikule yekule 그의 몸 eikule yekule 병 얻어서 eikule

yekule bucehe bi, eikule yekule tereci juse, eikule yekule ujihe
yekule 죽었다 eikule yekule 그로부터 아들 eikule yekule 기르지

akūbi, eikule yekule susai sede, eikule yekule emu
못했다 eikule yekule 50 세에 eikule yekule 한

—— 。 —— 。 —— 。 ——
어이쿨러 여쿨러 가짜라면,
어이쿨러 여쿨러 가짜라 하여라,
어이쿨러 여쿨러 가짜 샤먼은 속인다.
어이쿨러 여쿨러 당신들에게 (사실대로) 고하겠는가?
어이쿨러 여쿨러 스물다섯 살에
어이쿨러 여쿨러 한 남자아이를
어이쿨러 여쿨러 낳았다.
어이쿨러 여쿨러 열다섯 살이 되어
어이쿨러 여쿨러 헝랑산
어이쿨러 여쿨러 산으로
어이쿨러 여쿨러 사냥하러 가서
어이쿨러 여쿨러 그 산의
어이쿨러 여쿨러 쿠무루 귀신이
어이쿨러 여쿨러 네 아들의
어이쿨러 여쿨러 혼을
어이쿨러 여쿨러 잡아먹어서
어이쿨러 여쿨러 그의 몸이
어이쿨러 여쿨러 병을 얻어
어이쿨러 여쿨러 죽었다.
어이쿨러 여쿨러 그 후로 아들
어이쿨러 여쿨러 기르지 못했다.
어이쿨러 여쿨러 쉰 살에
어이쿨러 여쿨러 한 남자아이

---

83) fainggo : fayangga의 방언으로 추정된다.

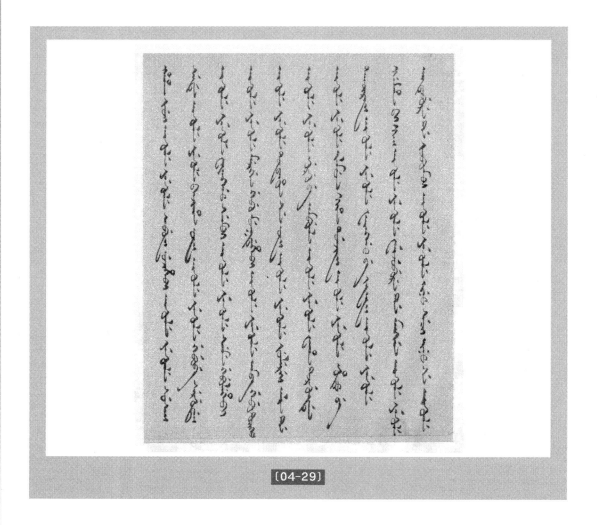

[04-29]

haha   jui, eikule yekule  sabufi ujihebi, eikule yekule susai
남자 아이 eikule yekule 보아서 길렀다   eikule yekule   50

sede eikule yekule banjiha ofi, eikule yekule gebube sergudai,
세에 eikule yekule 낳게 되어 eikule yekule 이름을 sergudai

eikule yekule fiyanggo sembi, eikule yekule seme gebulehebi,
eikule yekule fiyanggo 한다   eikule yekule 하고 이름지었다

eikule yekule  mergen gebu mukdehebi, eikule yekule amba gebu tucikebi,
eikule yekule 지혜로운 이름  높았다   eikule yekule 큰  이름 드러났다

eikule yekule tofohon se ofi,  eikule yekule julergi alin de,
eikule yekule    15    세  되어 eikule yekule  남쪽  산 에서

eikule yekule gurgu be ambula,  eikule yekule waha turgunde,
eikule yekule  짐승  을  매우   eikule yekule  죽인  까닭에

eikule yekule ilmun han donjifi,  eikule yekule hutu be
eikule yekule  염라 대왕 듣고서 eikule yekule  귀신 을

takūrafi, eikule yekule fainggo[84] be  jafafi, eikule yekule
보내어  eikule yekule    혼     을  잡아서 eikule yekule

gamaha bi kai, eikule yekule weijubure de mangga, eikule yekule
데려갔구나   eikule yekule 되살리기 에  어렵다  eikule yekule

aitubure de jobombi, eikule yekule  inu   seci   inu   se. eikule
살리기 에 수고롭다 eikule yekule 그렇다 하면 그렇다 하라 eikule

—— 。 —— 。 —— 。 ——

어이쿨러 여쿨러  보아서 길렀다.
어이쿨러 여쿨러  쉰 살에
어이쿨러 여쿨러  낳게 되어
어이쿨러 여쿨러  이름을 서르구다이
어이쿨러 여쿨러  피양구라 한다.
어이쿨러 여쿨러  하고, 이름을 지었다
어이쿨러 여쿨러  지혜로운 이름이 높았다.
어이쿨러 여쿨러  이름이 크게 드러났다.
어이쿨러 여쿨러  열다섯 살 되어
어이쿨러 여쿨러  남쪽 산에서
어이쿨러 여쿨러  짐승을 많이
어이쿨러 여쿨러  죽인 까닭에
어이쿨러 여쿨러  염라대왕이 듣고서
어이쿨러 여쿨러  귀신을 보내어
어이쿨러 여쿨러  피양구의 혼을 잡아서
어이쿨러 여쿨러  데려갔구나.
어이쿨러 여쿨러  되살리기가 어렵다.
어이쿨러 여쿨러  살리기에 수고롭다.
어이쿨러 여쿨러  맞으면, 맞다고 하여라.

---

84) fainggo : fayangga의 방언으로 추정된다.

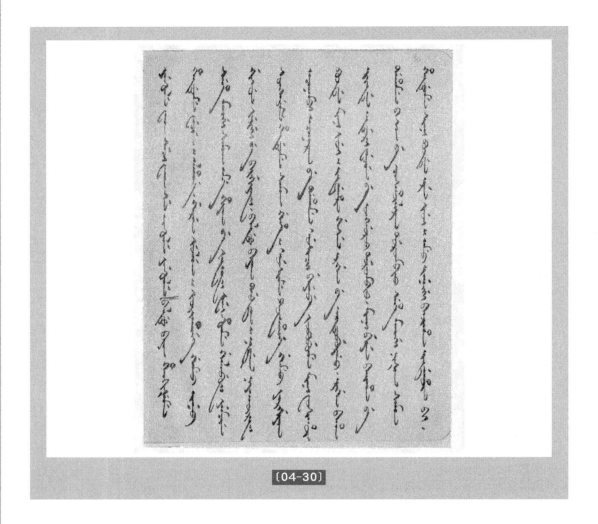

〔04-30〕

yekule waka   seci waka   se, eikule yekule. baldu bayan henkišeme
yekule 아니다 하면 아니다 하라 eikule yekule   baldu bayan   절하고

hendume. wecen i alahangge, geren julen i jorihangge, gemu inu,
말하기를   신령 의 말한 것   여러 이야기 의 가리킨 것   모두 맞다

sehe manggi, saman emge[85] hiyan be jafafi wesihume   gelabufi   yemcen[86]
한   후   샤먼 한   향 을 잡고 올려서   정신을 가다듬고 남수고

---

85) emge : emke의 방언으로 추정된다.
86) yemcen : imcin의 방언으로 추정된다.

gisun jergi be bargiyafi, baldu bayan dabtan i nade niyakūrafi,
북채 등 을 거두고   baldu bayan 거듭해서 땅에 무릎 꿇고

songgome hendume. saman gege i    gosime  tuwahangge gemu yargiyan
울며 말하기를 샤먼 여인 의 가엾게 여겨  본 것    모두 진실로

acanambi, acanara be dahame gosici, beyebe    jobobume    mini fosihūn[87]
맞는다    맞음 을 따라 부디 몸을 수고롭게 하여 나의 누추한

boode mini  jui indahūn gese ergen be aitubureo, ergen baha
집에 나의 아들  개   같은 목숨 을 살리겠는가 목숨 얻은

erinde, enduri wecen be onggoro dorombio[88]. mini  beye   baiha  be
때에  신  신령 을 잊을 리 있겠는가    나의 스스로 청한 것 을

dahame, basan[89] be cashūlara dorombio[90]. sehe manggi nišan saman
따라    삯  을 되돌릴 리 있겠는가   한  후  nišan 샤먼

hendume  sini boode ere jui  i emu inenggi banjiha indahūn  bi,
말하기를 너의 집에 이 아이의 한  날  태어난  개  있다

—— 。 —— 。 —— 。 ——
어이쿨러 여쿨러  아니면, 아니다 하여라.
어이쿨러 여쿨러."

발두 바얀이 절하고 말했다.
"신령이 말한 것, 여러 이야기에서 가리킨 것이 모두 맞습니다."
하니, 샤먼이 향을 하나 잡고 올리고서 정신을 가다듬고는 남수고와 북채를 거두었다. 발두 바얀이 거듭 땅에 무릎을 꿇고 울며 말했다.
"샤먼 여인이 가엾게 여기며 본 것이 모두 사실입니다. 그 일을 받아들여서 부디 수고롭겠지만, 나의 누추한 집에서 우리 아들의 보잘것없는 목숨을 되살려 주시겠습니까? 목숨 얻으면 신과 신령을 잊을 리 있겠습니까? 내가 스스로 청한 것에 따라 삯을 저버릴 리 있겠습니까?"
하니 니샨 샤먼 말했다.
"당신의 집에 이 아이와 같은 날 태어난 개가 있을 것입니다.

---

87) fosihūn : fusihūn의 방언으로 추정된다.
88) dorombio : doro ombio의 의미이다.
89) basan : basa와 같다.
90) dorombio : doro ombio의 의미이다.

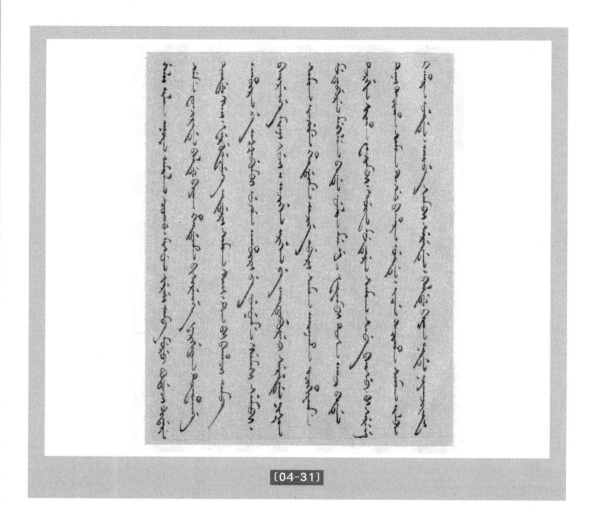

[04-31]

geli ilan aniya amila coko, misun jergi amba muru bodoci    bidere
또   3   년   수컷 닭   醬  등  큰   모양  헤아리면  있으리라

seme fonjirede, baldu bayan hendume bisirengge yargiyan, tuwahangge
하고  물음에  baldu bayan 말하기를  있는 것   진실이다    본 것

tondo kai, ferguwecuke enduri saman kai, te  bi     bahaci    amba
맞구나   기묘한   신  샤먼이구나 이제 나 할 수 있으면  큰

ahūra[91] be aššabumbi   ujen ahūra be unume gamaki sembi,
기물   을 움직이게 하고 무거운 기물 을 지고 데려가자 한다

---

91) ahūra : agūra의 방언으로 추정된다.

bairengge mini jui i ajigen ergen be aitubureo. serede, nišan
청하는 것 나의 아들 의 작은 목숨 을 살리겠는가 함에 nišan

saman injeme hendume ajige eberi saman ainaha icihiyame
샤먼 웃으며 말하기를 작은 약한 샤먼 어찌 처리할

mutebure, mekelen[92] bade ulin menggun fayambi, tusa akū bade
수 있겠는가 헛된 곳에 재물 은 낭비한다 이익 없는 곳에

turgin[93] jiha wajimbi, gūwa mutere saman sabe baisu, bi serengge
품삯 돈 없어진다 다른 능력있는 샤먼 들을 청하라 나 하는 것

teni taciha saman tesu bahara unde, ice taciha saman ilban[94]
이제 배운 샤먼 근원 아직 얻지 못했다 처음 배운 샤먼 관의 허가

bahara unde, aibe sambi serede baldu bayan nade niyakūrafi
아직 받지 못했다 무엇을 알겠는가 함에 baldu bayan 땅에 무릎 꿇고

—— 。 —— 。 —— 。 ——

또 삼년 된 수탉, 장 등 큰 것이 살펴보면 있을 것입니다."
하고, 물으니 발두 바얀 말했다.
"있는 것이 사실이고, 본 것이 맞습니다. 신령한 샤먼입니다. 이제 내가 할 수 있다면, 큰 기물을 옮기고 무거운 도구를 지고 데려가려고 합니다. 청컨대 내 아들의 작은 목숨을 살려 주겠습니까?"
하니, 니샨 샤먼이 웃으며 말했다.
"어리고 약한 샤먼이 어찌 처리할 수 있겠습니까? 헛된 곳에 재물과 은을 낭비하는 것입니다. 이익 없는 곳에 삯과 돈이 없어지는 것입니다. 다른 능력 있는 샤먼들을 청하십시오. 나는 이제 갓 배운 샤먼이어서, 일의 근본 이치를 아직 얻지 못했습니다. 처음 배운 샤먼이 관의 허가를 아직 받지 못했는데, 무엇을 알겠습니까."
하니, 발두 바얀이 땅에 무릎 꿇고

---

92) mekelen : mekele의 방언으로 추정된다.
93) turgin : turigen의 방언으로 추정된다.
94) ilban : alban의 잘못으로 추정된다.

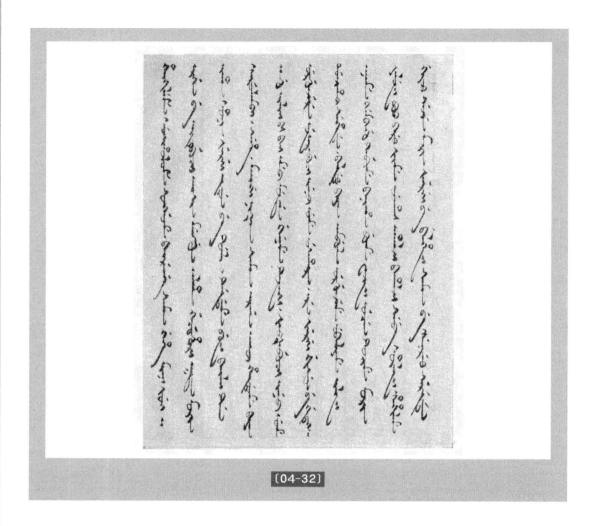

[04-32]

henkileme gosiholome songgome bairengge saman gege mini jui i
절하며 　통곡하고 　울며 　청하는 것 　샤먼 　여인 　나의 아들 의

ergen be aitubuci aisin menggun alha gecuhuri[95] akta morin
목숨 을 살려주면 금 　　은 　閃緞 蟒龍緞 　악대 말

ihan honin jergi adun de dulin dendeme bufi baili de
소 　양 등 무리 를 반 나누어 주고 은혜 에

karulambi. sehe manggi nišan saman arga akū hendume bayan
보답한다 한 후 nišan 샤먼 방법 없이 말하기를 bayan

---

95) gecuhuri ∶ gecuheri의 방언으로 추정된다.

agu    ilii[96],  bi  bai emu mudan geneme tuwaki,   jabšabuci,   inu ume
agu 일어나라 나 그저 한    번    가서    보자  운 좋다 해도 또한

urgunjere,        ufarabuci    inu ume ushara. ere jergi gisun be getuken i
기뻐하지 말라 실패한다 해도 또한 한하지 말라 이 종류 말 을 분명히

donjihao. sehede, baldu bayan ambula urgunjeme, ubaliyame   ilifi,
들었는가 함에  baldu bayan 매우 기뻐하며     고쳐    일어나서

aname   dambagu tebume, baniha bume  wajifi uce tucime morin
누르면서   담배   담으며  사례 드리기 마치고 문 나와서   말

yalufi, boo baru jime, uthai ahalji bahalji sebe  hūlafi hahilame
타고  집   쪽 오고 즉시 ahalji bahalji 들을 불러서 서둘러

kiyoo sejen morin jergi be belhefi, saman be     gamareo.   serede
轎   수레  말  등 을 준비하여 샤먼 을 데리러 가겠는가 함에

—— ◦ —— ◦ —— ◦ ——

절하고 통곡하며 청했다.
"샤먼 여인이여, 내 아들의 목숨을 살려주면 금과 은, 섬단(閃緞)과 망룡단(蟒龍緞), 악대말, 소, 양 등의 무리를 반을
나누어 주고 은혜에 보답하겠습니다."
하니, 니샨 샤먼 할 수 없이 말했다.
"바얀 아구, 일어나세요. 한 번 가서 보겠습니다. '운이 좋아도 기뻐하지 말고, 실패하더라도 한하지 말라.' 이러한 말을
분명히 들어보았겠지요?"
하니, 발두 바얀 크게 기뻐하며 고쳐 일어나서 담배를 담아 감사드리고, 문을 나와 말 타고 집으로 왔다. 즉시 아할지,
바할지 등을 불러서 말했다.
"서둘러 가마와 말 등을 준비하여 샤먼을 데리러 가겠는가?"
하니,

---

96) ilii : ili의 잘못으로 추정된다.

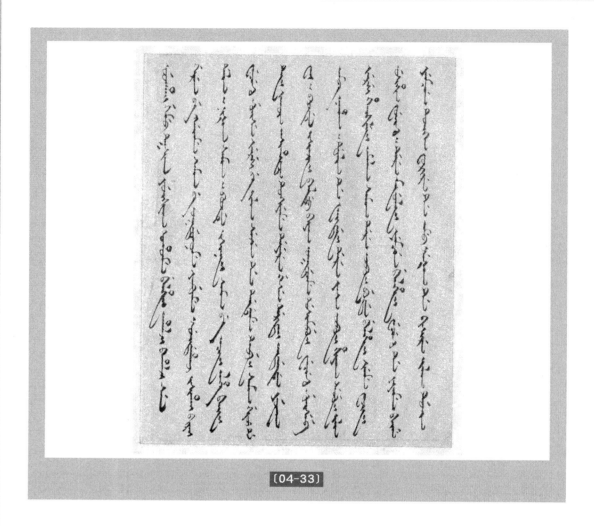

〔04-33〕

uthai  gemu  teksin  yonkiyan[97]  tohome    belhefi,  ahalji  bahalji  se
즉시  모두  가지런히  완전히    길마  지어  준비하고  ahalji  bahalji  들

geren  be  gaime,  saman  be  okdome  yabume,  goidahakū   nisihai  birai
여럿  을  데리고  샤먼  을  마중하러  가고   오래지  않아  nisihai  강의

dalin  i  nišan  saman  i  boode   isinafi,  saman  be  acafi,  elhe   baifi,
가  의  nišan  샤먼  의  집에  다다르고  샤먼  을  만나서  평안  청하고

weceku  guise  jergi  be  ilan  sejen  de  dendeme  tebufi,  saman  kiyoo  de
神靈   櫃들  등  을  3  수레  에  나누어  두고  샤먼   轎  에

97)  yonkiyan : yongkiyan의 잘못으로 추정된다.

tefi, jakūn asihata tukiyeme, deyere gese dartai andande yuwan
앉고 8 젊은이 메고 나는 듯 순식간에 員

wai i boode isinjifi, baldu bayan okdome dosimbufi. weceku guisebe
外 의 집에 다다르고 baldu bayan 맞이하여 들이고서 神靈 櫃들을

amba nahan  i dulin de  faidafi, dere yasa obofi hiyan dabufi, ilan
 큰 구들방 의 반 에 진열하고 얼굴 눈 씻고 향 피워 3

jergi henkilefi.  amala saman dere obofi, buda belhefi, jeme wajifi,
 번 절하고 그러고서 샤먼 얼굴 씻고 밥 준비하여 먹기 마치고

usihin fungku i  dere mafulafi[98] yemcen[99] belhefi, weceku de  yayame[100] baime
젖은 수건으로 얼굴 닦고 남수고 준비하여 神靈 에 읊조리며 청하고

yemcen[101] tungken forire de emu gašan de bisire ilan duin
남수고 큰북 침 에 한 마을 에 있는 3 4

——— 。 ——— 。 ——— 。 ———
즉시, 모두 다 갖추어 말을 갈마지어 엊어서 준비하고, 아할지 바할지 등이 여러 명을 데리고 샤먼을 마중하러 갔다. 오래지 않아 니시하이 강가의 니샨 샤먼의 집에 이르러 샤먼을 만나 안부를 묻고, 신령을 모신 궤 등을 세 수레에 나누어 싣고, 샤먼이 교자에 앉으니, 여덟 젊은이가 메고서 나는 듯이 순식간에 원외의 집에 다다랐다. 발두 바얀이 맞이하여 집으로 들이고, 신령을 모신 궤를 큰 구들방에 진열하고는 얼굴과 눈을 씻었고, 향을 피워 세 번을 절했다. 그러고서 샤먼이 얼굴을 씻고, 밥을 준비해서 먹기를 마친 후 젖은 수건으로 얼굴 닦고 남수고를 준비해 신령에게 읊조리며 청했다. 남수고 큰북을 치니 같은 마을에 사는 서너

98) mafulafi : mabulafi의 방언으로 추정된다.
99) yemcen : imcin의 방언으로 추정된다.
100) yayame : yayadame의 방언으로 추정된다.
101) yemcen : imcin의 방언으로 추정된다.

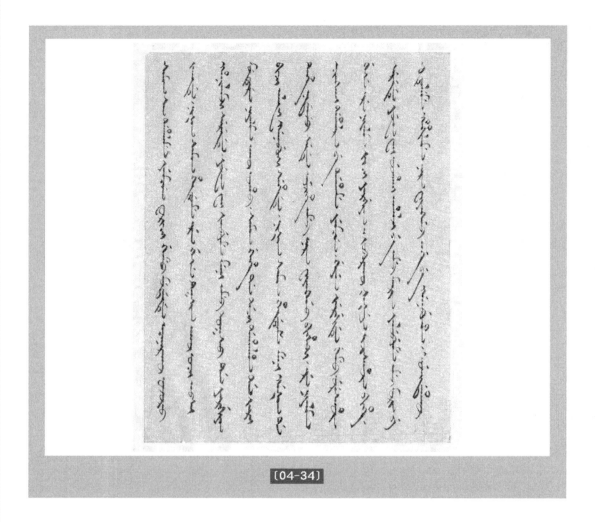

[04-34]

saman sa dahalame, yemcen[102] forici gemu mudande acanarakū ojoro
샤먼 들 따라서 남수고 치니 모두 곡조에 들어맞지 않게 될

jakade, nišan šaman hendume. ere gese teksin akū oci absi
적에 nišan 샤먼 말하기를 이 같이 가지런하지 않게 되면 어찌

kanilambi serede yuwan wai jabume. meni emu tokso de yargiyan
어우러지겠는가 함에 員 外 대답하기를 우리의 한 마을 에 진실로

---

102) yemcen : imcin의 방언으로 추정된다.

mutere    niyalma akū saman gege de daci dahalaha da jari[103]
할 수 있는 사람 없다 샤먼 여인 에 본래 따르던 da jari

bici    alafi  genebuki. sehede. nišan saman hendume  meni gašan de
있으면 알리러 가게 하자 함에   nišan 샤먼 말하기를 우리의 마을 에

tehe nadanju sede ujihe emu nara[104] fiyanggo bihebi ere niyalma
사는 70   세에 맡은 한 nara    fiyanggo 있다 이   사람

cingkai dahalara be dahame yemcen[105] geyen jergide gemu ureshūn
  매우   따르기 때문에   남수고   곡조  등에 모두 정통한

gese ere niyalma jici yargiyan i joborakū  šašun[106)  ijishūn  bihe.
같다 이   사람 오면 진실로  근심없는 잘 갖춤  순조로움 있다

serede, yuwan wai uthai ahalji be emu morin yalubume emu morin be
  함에   員 外 곧 ahalji 를 한   말   태우고  한  말 을

kutuleme, hahilame nara fiyanggo age be     ganabuha.     goidahakū
  끌고   서둘러서 nara fiyanggo age 를 데리고 오게 했다 오래지 않아

―― 。―― 。―― 。――

샤먼들이 따라서 남수고를 치는데, 모두 곡조에 에 들어맞지 않았다. 니샨 샤먼이 말했다.
"이처럼 조화롭지 않으면 어찌 어우러질 것인가!"
하니, 원외가 대답했다.
"우리 마을에 진실로 곡조를 맞출 수 있는 사람이 없습니다. 샤먼 여인에게 본래부터 따르는 으뜸가는 자리가 있으면 고하여 데려오도록 보내겠습니다."
하니, 니샨 샤먼이 말했다.
"우리 마을에 나이 칠십에 맡은 나리 피양고가 있습니다. 이 사람은 매우 잘 따르기 때문에, 남수고의 곡조 등에 모두 정통한 듯합니다. 이 사람이 오면 진실로 걱정 없이 잘 갖추어 순조롭게 될 겁니다."
하니, 원외가 곧바로 아할지를 말에 태우고, 또 말 한 마리를 끌고 서둘러 가서 나리 피양고를 데리고 오게 하였다. 오래지 않아

103) jari : 神歌를 부르며 기도하는 것, 혹은 그런 일을 하는 보조 샤먼을 가리킨다.
104) nara : nari의 잘못으로 추정된다.
105) yemcen : imcin의 방언으로 추정된다.
106) šašun : šašun akū의 의미가 '빠짐없이 갖추어지지 않다'인 것으로 볼 때, šašun은 '갖추어진 상태'를 나타내는 것으로 추정된다.

※ 내용상으로 볼 때 중간에 결락이 있다.

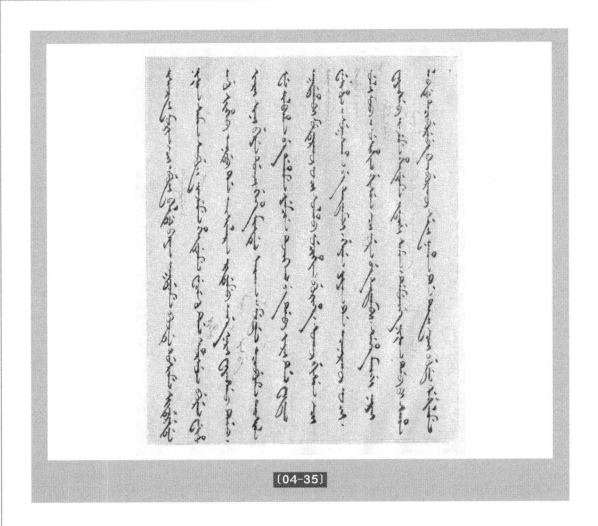

〔04-35〕

isinjifi, morin ci ebufi, baldu bayan okdome boode dosime jiderede.
다다라서 말 에서 내리고 baldu bayan 맞이하여 집에 들어 옴에

nišan saman sabufi injeme hendume weceku de hūsun bure wesihun
nišan 샤먼 보고 웃으며 말하기를 神靈 에 힘 줄 존귀한

agu jiheo. endu[107] de aisilara erdemu age nari fiyanggo deo
agu 왔는가 신 에 도울 덕 있는 age nari fiyanggo 동생

_____

107) endu : enduri의 잘못으로 추정된다.

jari[108] sini beye donji, gehe[109] minde saikan i mudan acabume aisila,
jari　너의 몸 들어라 여인　나에 알맞게 곡조 맞추어 도와라

fe　ilbaha[110] be dahame, yemcen[111] tungken be deo jari de fita
예전 익숙해졌음 을 따라 남수고　큰북 을 동생 jari 에 단단히

akdahabi. muterakū oci solho[112] uncehen burihe sukū gisun ci
부탁했다 할 수 없으면 족제비　꼬리 감싼 가죽 북채에서

wesihun i suksaha be tantambi. geyen yayan de acanarakū oci
　높게　허벅지 를 친다 곡조 말함 에 맞지 않으면

uli moo[113] i　usihin gisun ci　ura be tantambi. sehe manggi, nari
산앵도나무의 젖은 북채 에서 엉덩이 를 친다　한　후　nari

fiyanggo injeme hendume. etenggi saman demungge nišan deo bi saha,
fiyanggo 웃으며 말하기를　힘센　샤먼 기괴한 nišan 동생 나 알았다

labdu taciburebe baiburakū.　sefi, nahan de tefi, cai buda dagilafi
많은　가르침을 구하지 않는다 하고 구들방 에 앉아서 차 밥 준비해서

──── ◦ ──── ◦ ──── ◦ ────

다다라서 말에서 내렸다. 발두 바얀이 맞이하여 집으로 들어 올 때에 니샨 샤먼이 보고 웃으며 말했다.
"신령에 힘을 줄 존귀한 아구 왔는가? 신을 도울 덕 있는 아거 나리 피양고, 더오 자리, 그대는 들어라. 여인인 나의 곡조에 맞추어 알맞게 도와라."
하고는 예전에 했던 것처럼 남수고 큰북을 동생 자리에게 확실히 부탁하였다. 그리고는
"잘 하지 못하면 족제비 꼬리로 감싼 가죽 북채를 높이 들어 허벅지를 칠 것이다. 곡조를 말할 때에 맞지 않으면 산앵도나무로 만든 젖은 북채로 엉덩이를 칠 것이다."
하자, 나리 피양고가 웃으며 말했다.
"힘센 샤먼이여, 기묘한 니샨이여, 동생인 내가 알겠다. 많이 가르칠 필요 없다."
하고는 온돌에 앉고, 차 밥을 준비해서

---

108) deo jari : da jari 다음의 jari로 추정된다.
109) gehe : gege의 잘못으로 추정된다.
110) ilbaha : ilimbaha의 잘못으로 추정된다.
111) yemcen : imcin의 방언으로 추정된다.
112) solho : solohi의 방언으로 추정된다.
113) uli moo : uli는 '郁李[yùlǐ]'의 음차로 추정된다.

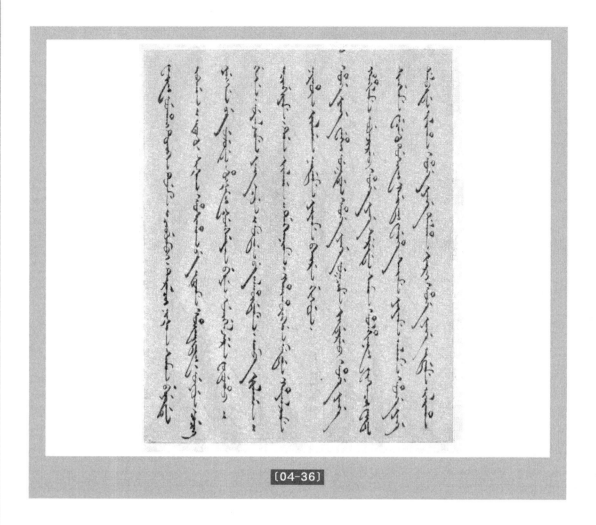

[04-36]

wajifi, uthai tungken tūme acabumbi.  tereci  nišan saman beyede
마치고  곧   큰북   치며   맞춘다 그로부터 nišan 샤먼 몸에

ibagan i etuku,   siša   hosihan[114] be etume hūwaitafi, uyun cecike
기이하게 옷   허리방울  치마    를 입고  묶고서   9   참새

yekse be ujude hukšefi, šunggayan beye sunggeljere fodoho i
모자 를 머리에  쓰고   호리한  몸  혼들리는   버들

gese, uyaljame yang cun i mudan be alhūdame, amba jilgan i
같이 낭창거리며 陽 春 曲 을 본떠서   큰 목소리로

114) hosihan : hūsihan의 방언으로 추정된다.

acingiyame[115],   den jilgan i dekdeme, haihūngga mudan hayaljame,
올리게 하고     높은 소리로 떠오르고 부드러운  곡조  구불거리며

narhūn    jilgan nandame yayame[116] baire gisun,
가느다란 목소리  청하고  읊조리며  청하는 말

hoge yage wehei ukdun, hoge yage  ukcame jidereo, hoge yage
hoge yage 돌의  동굴  hoge yage  벗어나  오소서  hoge yage

hahilame ebunjireo, hoge yage. serede. saman holhinafi[117]    fisaci    fita
서둘러  내려오소서 hoge yage   함에   샤먼 몽롱해지고  등으로부터 완전히

singgeme weceku  dosifi, gaitai weihe saime yayame   alame. hoge yage
스며들어   神靈 들어오니 돌연  이   물고 읊조리며 말하기를 hoge yage

dalbade iliha, hoge yage    dalaha    jari[118], hoge yage  adame iliha,
걸에   선   hoge yage 우두머리된 jari   hoge yage 나란하게 선

—— 。 —— 。 —— 。 ——

마치고, 곧 큰북을 치며 맞춘다. 그로부터 니샨 샤먼이 몸에 기이한 옷과 방울 달린 치마를 동여매어 입고서, 구작모(九雀帽)를 머리에 쓰고, 호리호리한 몸이 흔들거리는 것이 버들과 같이 낭창거린다. 양춘곡(陽春曲)을 본떠서, 큰 소리로 울려서 소리 높이 올리고, 부드러운 곡조로 휘감으며 가느다란 목소리로 청하며 읊조리며 말했다.

"호거 야거  돌의 동굴,                        호거 야거  벗어나 오소서.
 호거 야거  서둘러 내려오소서.                호거 야거."

하니, 샤먼이 몽롱해지고, 신령이 등으로부터 완전히 스며들어 들어오니, 돌연 이를 물고 읊조리며 말했다.

"호거 야거  걸에 선,                          호거 야거  우두머리가 된 자리,
 호거 야거  나란하게 선,

---

115) acingiyame : acinggiyame의 방언으로 추정된다.
116) yayame : yayadame의 방언으로 추정된다.
117) holhinafi : hūlhinafi의 방언으로 추정된다.
118) jari : 神歌를 부르며 기도하는 것, 혹은 그런 일을 하는 샤먼을 가리킨다.

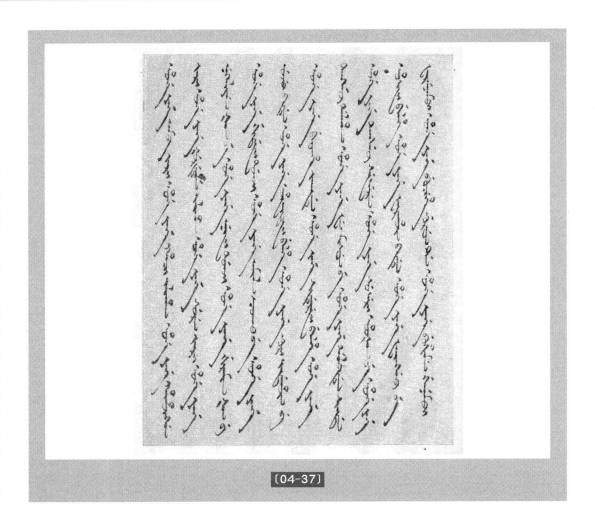

〔04-37〕

hoge yage amba jari, hoge yage  hanci iliha, hoge yage haihūngga
hoge yage  큰  jari hoge yage 가까이 선   hoge yage 낭창낭창한

jari, hoge yage šurdeme iliha, hoge yage  sure  jari, hoge yage
jari hoge yage 둘러서  선   hoge yage 총명한 jari hoge yage

nekeliyen šan, hoge yage neifi donji, hoge yage giramin[119] šan be,
    엷은  귀  hoge yage 열고 들어라 hoge yage 두터운    귀 를

hoge yage  gidafi  donji, hoge yage amila coko be, hoge yage
hoge yage 누르고 들어라 hoge yage 수컷  닭  을  hoge yage

---

119) giramin : jiramin의 방언으로 추정된다.

uju    bade, hoge yage hūwaitafi belhe,    hoge yage    kuri indahūn be
머리 곳에    hoge yage 묶어서 준비하라 hoge yage 점박이 개    를

hoge yage bethe jakade, hoge yage siderefi  belhe,    hoge yage
hoge yage 다리    곁에    hoge yage 매어서 준비하라 hoge yage

tanggū dalhan, hoge yage  fe  misun be, hoge yage dalbade sinda,
    백    덩이 hoge yage 오랜    醬 을 hoge yage    곁에 놓아라

hoge yage tanggū sefere, hoge yage suseri hoošan be, hoge yage
hoge yage    백    뭉치 hoge yage 白礬    紙 를 hoge yage

hūsifi  belhe,  hoge yage farhūn bade, hoge yage fainggo[120] be
싸서 준비하라 hoge yage 어두운 곳에  hoge yage    혼    을

farganambi, hoge yage bucehe gurun de, hoge yage buhiyeme genembi,
쫓아간다  hoge yage 죽은 나라 에 hoge yage 짐작하며    간다

—— ∘ —— ∘ —— ∘ ——

호거 야거  큰 자리,              호거 야거  가까이 선,
호거 야거  낭창낭창한 자리,        호거 야거  둘러서 선,
호거 야거  총명한 자리,           호거 야거  엷은 귀를
호거 야거  열고 들어라,           호거 야거  두터운 귀를,
호거 야거  누르고 들어라.         호거 야거  수탉을,
호거 야거  머리 있는 곳에,         호거 야거  묶어서 준비하라.
호거 야거  점박이 개를,           호거 야거  다리 곁에,
호거 야거  매어서 준비하라.        호거 야거  백 덩이,
호거 야거  묵은 장을,            호거 야거  곁에 놓아라.
호거 야거  백 뭉치              호거 야거  백란지(白礬紙)를,
호거 야거  싸서 준비하라.         호거 야거  어두운 곳에,
호거 야거  혼을 쫓아간다.         호거 야거  죽은 나라에,
호거 야거  더듬어 간다.

120) fainggo : fayangga의 방언으로 추정된다.

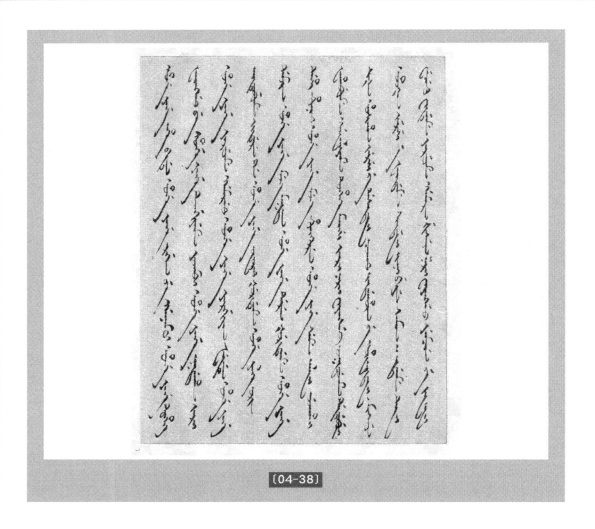

[04-38]

hoge yage ehe bade, hoge yage ergen be ganambi,  hoge yage tuheke
hoge yage 나쁜 곳에  hoge yage 목숨 을 가지러간다 hoge yage 떨어진

fainggo[121] be, hoge yage tungiyeme[122] yombi, hoge yage akdaha  jari,
  혼    을 hoge yage  주우러     간다 hoge yage 믿음직한 jari

hoge yage yarume   gamareo,   hoge yage yargiyan fede, hoge yage
hoge yage 이끌고 데려 가겠는가 hoge yage  진실로 힘내라 hoge yage

---

121) fainggo : fayangga의 방언으로 추정된다.
122) tungiyeme : tunggiyeme의 방언으로 추정된다.

aitubume jidere de, hoge yage oforo šurdeme, hoge yage orin
살려서   옴 에 hoge yage 코   둘러서  hoge yage 20

damjin[123)], hoge yage muke makta, hoge yage dere šurdeme, hoge yage
물지게    hoge yage 물  던져라 hoge yage 얼굴  둘러서   hoge yage

dehi hunio, hoge yage muke hungkure[124)], hoge yage. seme   alafi   uthai
 40  물통 hoge yage 물  부어라     hoge yage  하고 말하고서  곧

fahabume gūwaliyame tuheke manggi. jari nari fiyanggo okdome dedubufi
 던지고 정신을 잃고 넘어진  후   jari nari fiyanggo 맞이하여  눕히고

siša    hosihan[125)] jergi be   dasatafi   coko indahūn be hūwaitafi, misun
허리방울 치마    등 을 가지런히 하고 닭  개 를  묶고  醬

hoošan jergi be faidame sindafi, ini beye saman i  adame  tefi,
 종이  등 을 늘여서  놓고 그의 몸  샤먼 의 나란히 앉고

weceku fideme yarume gamara gisun i nari fiyanggo yemcen[126)] be jafafi,
 神靈  옮기고 이끌고 데려가는 말 의 nari fiyanggo 남수고   를 잡고

—— 。 —— 。 —— 。 ——
호거 야거  나쁜 곳에,
호거 야거  떨어진 혼을,
호거 야거  믿음직한 자리,
호거 야거  진실로 힘내어,
호거 야거  코를 둘러서,
호거 야거  물을 던져라.
호거 야거  물통 마흔 개
호거 야거."

호거 야거  목숨을 가지러 간다.
호거 야거  주우러 간다.
호거 야거  이끌어 데려가겠는가?
호거 야거  되살려서 올 때에,
호거 야거  스무 물지게,
호거 야거  얼굴을 둘러서,
호거 야거  물을 부어라.

하고는 바로 혼미해지면서 넘어져 쓰러졌다. 자리인 나리 피양고가 받아서 눕히고, 허리방울 치마 등을 가지런히 하고, 닭과 개를 묶고, 장과 종이 등을 늘여놓고서, 몸소 샤먼과 나란히 앉았다. 신령이 (샤먼의 혼을) 옮겨서 이끌고 데려가는 말로 나리 피양고가 남수고를 잡고

---

123) damjin : damjan의 방언으로 추정된다.
124) hungkure : hungkere의 방언으로 추정된다.
125) hosihan : hūsihan의 방언으로 추정된다.
126) yemcen : imcin의 방언으로 추정된다.

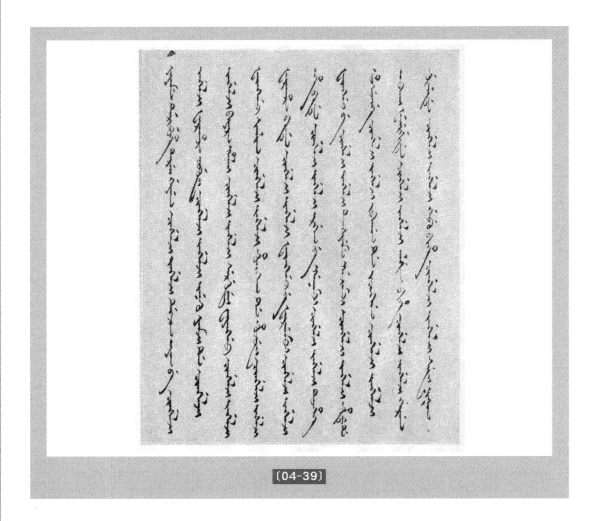

〔04-39〕

yayame[127] deribuhe. terei geyen. cinggelji inggelji dengjan ayan be, cinggelji
옮조리기  시작했다 그의 곡조 cinggelji inggelji  등잔  초 를 cinggelji

inggelji farhūn obufi, cinggelji inggelji ineku yamji de, cinggelji
inggelji 어둡게 하고  cinggelji inggelji 오늘  밤 에 cinggelji

inggelji bayara halai, cinggelji inggelji sergudai fiyanggo, cinggelji inggelji
inggelji bayara 성의  cinggelji inggelji sergudai fiyanggo cinggelji inggelji

---

127) yayame : yayadame의 방언으로 추정된다.

fainggo[128]  jalin, cinggelji inggelji hengkin de  hujufi,  cinggelji inggelji
  혼      위해서 cinggelji inggelji    절함 에 엎드려서 cinggelji inggelji

farhūn bade, cinggelji inggelji fainggo be fargambi, cinggelji inggelji
어두운 곳에  cinggelji inggelji    혼  을  쫓는다  cinggelji inggelji

ehe  bade, cinggelji inggelji ergen be  ganambi,   cinggelji inggelji tuheke
나쁜 곳에  cinggelji inggelji 목숨 을 데리러 간다 cinggelji inggelji 떨어진

fainggo be, cinggelji inggelji tunkiyeme[129]  gajimbi, cinggelji inggelji hutu de
  혼  을 cinggelji inggelji    매고      가져온다 cinggelji inggelji 귀신 에

hūsungge, cinggelji inggelji ibagan de icangga, cinggelji inggelji
 힘 있는  cinggelji inggelji  요괴 에 능력있는 cinggelji inggelji

abkai  fejergide, cinggelji inggelji algin bihe, cinggelji inggelji geren
하늘의 아래에  cinggelji inggelji 명성 있는  cinggelji inggelji 여러

gurun de, cinggelji inggelji  gebu bihe, cinggelji inggelji. sefi, nišan
나라 에  cinggelji inggelji 이름 있는 cinggelji inggelji 하고 nišan

—— ◦ —— ◦ —— ◦ ——

읊조리기 시작했다. 그 곡조는 다음과 같다.

"칭걸지 잉걸지  등잔과 초를          칭걸지 잉걸지  어둡게 하고
 칭걸지 잉걸지  오늘 밤에            칭걸지 잉걸지  바야라 성씨의
 칭걸지 잉걸지  서르구다이 피양구의    칭걸지 잉걸지  혼을 위해서
 칭걸지 잉걸지  절하고 엎드려서        칭걸지 잉걸지  어두운 곳에
 칭걸지 잉걸지  혼을 쫓는다.          칭걸지 잉걸지  나쁜 곳에
 칭걸지 잉걸지  목숨을 데리러 간다.    칭걸지 잉걸지  떨어진 혼을
 칭걸지 잉걸지  매고서 가져 온다.      칭걸지 잉걸지  귀신보다 힘세고
 칭걸지 잉걸지  요괴보다 능력 있다.    칭걸지 잉걸지  하늘 아래
 칭걸지 잉걸지  명성 있고,           칭걸지 잉걸지  여러 나라에,
 칭걸지 잉걸지  이름났다.            칭걸지 잉걸지."

128) fainggo : fayangga의 방언으로 추정된다.
129) tunkiyeme : tukiyeme의 방언으로 추정된다.

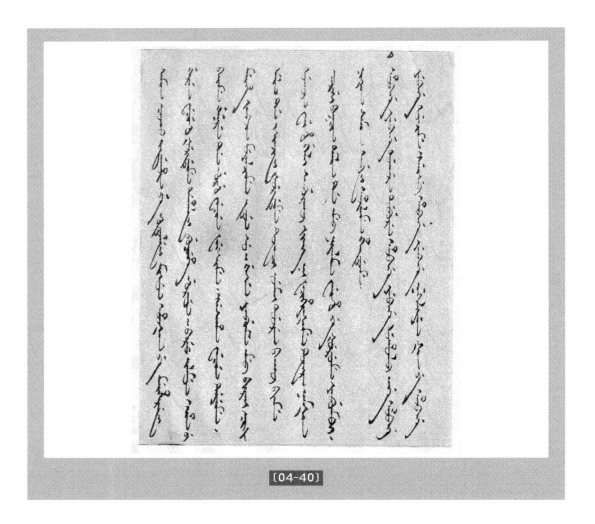

[04-40]

saman coko indahūn be kutulefi misun hoošan be meiherefi
샤먼 닭 개 를 끌고 醬 종이 를 어깨에 매고

geren weceku šurdeme dahalafi, bucehe gurun i baru ilmun han be
여러 神靈 둘러서 쫓아가고 죽은 나라 의 쪽 염라 대왕 을

baime generede, gurgu wecen feksime, gasha wecen deyeme,
찾아 감에 짐승 神靈 달리고 까마귀 神靈 날고

meihe jabjan midaljame[130] edun su i gese yabume, emu birai cikin
뱀 이무기 꾸물거리며 가고 바람 회오리바람 의 같이 가고 한 강의 언덕

---

130) muyaljime : midaljame의 잘못으로 추정된다.

dalin de isinjifi, šurdeme tuwaci, umai doore bakū[131] bime
가 에 다다라서 둘러서 보니 전혀 건널 바 없이 있고

dogūn[132] weihu geli saburakū. jing ni facihiyašame tuwara namašan,
나루 나룻배 또한 볼 수 없다 바야흐로 초조해하고 볼 적에

cargi bakcin dalin de emu niyalma weihu be šurume yabumbi.
저쪽 건너편 가 에 한 사람 나룻배 를 삿대질하고 간다

nišan saman sabufi hūlame hendume
nišan 샤먼 보고서 부르며 말하기를

hobage yebage dogūn dobure, hobage yebage doholo[133] age, hobage
hobage yebage 나루 건네주는 hobage yebage 절름발이 age hobage

yebage donjime gaisu, hobage yebage nekeliyen šan be, hobage
yebage 듣고 취하라 hobage yebage 엷은 귀 를 hobage

—— ◦ —— ◦ —— ◦ ——

하고, 니샨 샤먼이 닭과 개를 끌고, 장과 종이를 어깨에 메고, 여러 신령들이 둘러싸서 쫓아갔다. 저승 쪽으로 염라대왕을 찾아가니, 짐승 신령들은 치달리고, 까마귀 신령은 날고, 뱀과 이무기는 꾸물거리며 회오리바람과 같이 간다. 어느 강가에 이르러서 둘러보니, 전혀 건널 방법이 없고, 나루에는 나무배 또한 볼 수가 없다. 바야흐로 초조해하면서 보고 있는데, 저쪽 건너편 강가에 한 사람이 배를 저어서 간다. 니샨 샤먼이 보고서 부르며 말했다.

"호바거 여바거 나루 건너게 해주는　　　　　　호바거 여바거 절름발이 아거,
　호바거 여바거 들어 보시오.　　　　　　　　호바거 여바거 엷은 귀를

---

131) bakū : ba akū로 되어야 한다.
132) dogūn : dogon의 잘못으로 추정된다.
133) doholo : doholon의 방언으로 추정된다.

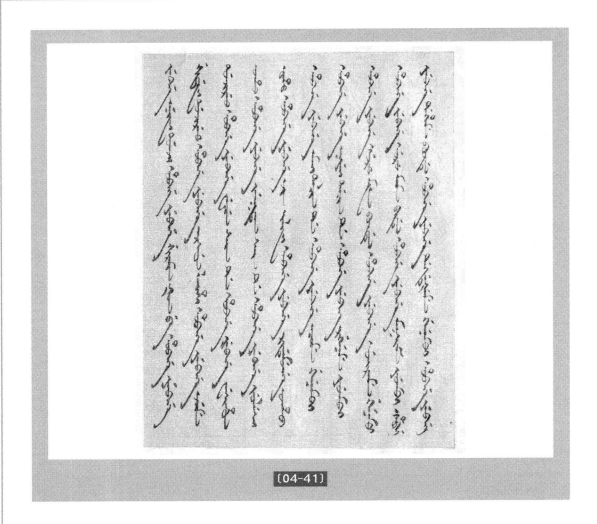

〔04-41〕

yebage neifi  donji, hobage yebage giramin[134] šan be, hobage yebage
yebage 열고 들어라 hobage yebage 두터운    귀 를 hobage yebage

gidafi   donjireo, hobage yebage ersun laihi, hobage yebage ejeme
누르고 듣겠는가 hobage yebage 못생긴 laihi  hobage yebage 새겨서

donjireo, hobage yebage wecen sain de, hobage yebage wesihun
듣겠는가 hobage yebage  신령 좋음 에  hobage yebage 귀하게

oho,    hobage yebage jukten sain de, hobage yebage julesi
되었다 hobage yebage 혼령 좋음 에  hobage yebage 앞에

---

134) giramin : jiramin의 방언으로 추정된다.

oho,   hobage yebage ejin[135] ilifi, hobage yebage erdemungge   oho,
되었다 hobage yebage 주인   서서 hobage yebage   덕 있는 이 되었다

hobage yebage   amai  dacin[136] de, hobage yebage acame genembi,
hobage yebage 아버지의 집   에 hobage yebage 만나러   간다

hobage yebage   eniyei dacin de, hobage yebage ergeneme yombi,
hobage yebage 어머니의 집 에 hobage yebage   쉬러   간다

hobage yebage goro mafa boode, hobage yebage   goirame[137]  genembi,
hobage yebage 외할아버지 집에   hobage yebage 멋있게 움직이며   간다

hobage yebage goro mama bade, hobage yebage maksime yumbi[138], hobage
hobage yebage   외할머니 곳에 hobage yebage   춤추며   간다   hobage

yebage deheme boode, hobage yebage dekdešeme[139] genembi, hobage yebage
yebage  이모  집에 hobage yebage 날아가며   간다   hobage yebage

—— ○ —— ○ —— ○ ——

| | |
|---|---|
| 호바거 여바거  열고 들어라. | 호바거 여바거  두터운 귀를 |
| 호바거 여바거  누르고 듣겠는가. | 호바거 여바거  못생긴 라이히 |
| 호바거 여바거  새겨서 듣겠는가. | 호바거 여바거  신령 좋음에 |
| 호바거 여바거  귀하게 되었다. | 호바거 여바거  혼령 좋음에 |
| 호바거 여바거  앞서게 되었다. | 호바거 여바거  주인이 일어나서 |
| 호바거 여바거  덕 있는 사람 되었다. | 호바거 여바거  아버지의 집에 |
| 호바거 여바거  만나러 간다. | 호바거 여바거  어머니의 집에 |
| 호바거 여바거  쉬러 간다. | 호바거 여바거  외할아버지 집에 |
| 호바거 여바거  멋 내며  간다. | 호바거 여바거  외할머니 계신 곳에 |
| 호바거 여바거  춤추며 간다. | 호바거 여바거  이모 집에 |
| 호바거 여바거  날아서 간다. | |

---

135) ejin : ejen의 방언으로 추정된다.
136) dacin : dancan의 방언으로 추정된다.
137) goirame : goimarame의 방언으로 추정된다.
138) yumbi : yombi의 잘못으로 추정된다.
139) dekdešeme : dekdeme와 동의어로 추정된다.

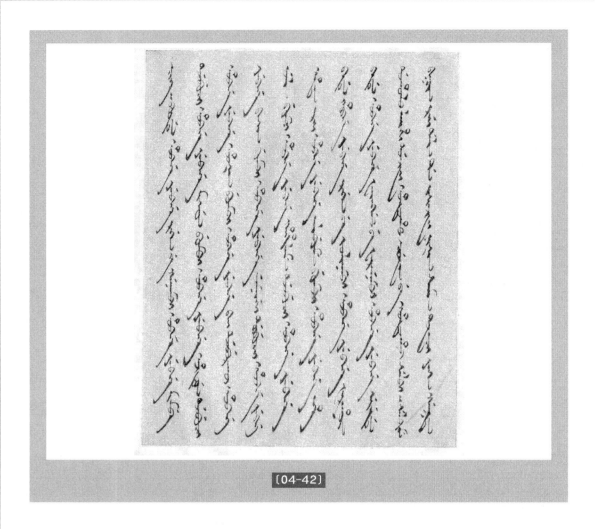

[04-42]

ecike  i  boode,  hobage  yebage  ergen  be    ganambi,   hobage  yebage  mimbe
숙부 의 집에   hobage yebage  목숨 을 가지러 간다 hobage yebage 나를

doobuci, hobage yebage misun bumbi, hobage yebage hūdun doobuci,
건네주면 hobage yebage   醬   준다   hobage yebage   빨리 건네주면

hobage yebage hoošan bumbi, hobage yebage bai    dooburakū,   hobage
hobage yebage   종이   준다   hobage yebage 거저 건네주지 않고 hobage

yebage basan[140] bumbi, hobage yebage unenggi doobuci, hobage yebage
yebage   삯     준다 hobage yebage   진실로 건네주면 hobage yebage

---

140) basan : basa와 같다.

ulin bumbi, hobage yebage hahilame doobuci. hobage yebage
재물 준다　hobage yebage　서둘러 건네주면 hobage yebage

hatan arki, hobage yebage alibume bumbi, hobage yebage ehe
강한 소주 hobage yebage 받게 해 준다　hobage yebage 나쁜

bade, hobage yebage ergen be　jolinambi,　hobage yebage farhūn
땅에　hobage yebage 목숨 을 받으러 간다 hobage yebage 어두운

bade, hobage yebage fainggo[141] be farganambi, hobage yebage serede
땅에　hobage yebage 혼　　을 쫓아서 간다 hobage yebage 함에

doholo[142]　laihi donjifi, hontoho cuwan be hontoho selbi i selbime
절름발이　laihi 듣고서　반쪽　배 를　반쪽　노로　저어

bakcin ergi dalin de isinjifi,　nišan saman tuwaci, yasa gakta[143]
맞은 편 강가 에 다다라서 nišan 샤먼　보니　눈　한쪽

—— ◦ —— ◦ —— ◦ ——

| | | |
|---|---|---|
| 호바거 여바거　숙부의 집에 | 호바거 여바거　목숨을 가지러 간다. |
| 호바거 여바거　나를 건네주면 | 호바거 여바거　장을 주겠다. |
| 호바거 여바거　빨리 건네주면 | 호바거 여바거　종이를 주겠다. |
| 호바거 여바거　거저 건네주지 않고 | 호바거 여바거　삯을 주겠다. |
| 호바거 여바거　진실로 건네주면 | 호바거 여바거　재물을 주겠다. |
| 호바거 여바거　서둘러 건네주면 | 호바거 여바거　독한 소주 |
| 호바거 여바거　받게 해 주겠다. | 호바거 여바거　나쁜 땅에 |
| 호바거 여바거　목숨을 받으러 간다. | 호바거 여바거　어두운 땅에 |
| 호바거 여바거　혼을 쫓아서 간다. | 호바거 여바거" |

하니, 절름발이 라이히가 듣고 반쪽 배를 반쪽 노로 저어 맞은 편 강가에 이르렀다. 니샨 샤먼이 보니 눈은 한쪽이고,

---

141) fainggo : fayangga의 방언으로 추정된다.
142) doholo : doholon의 방언으로 추정된다.
143) gakta : gakda의 방언으로 추정된다.

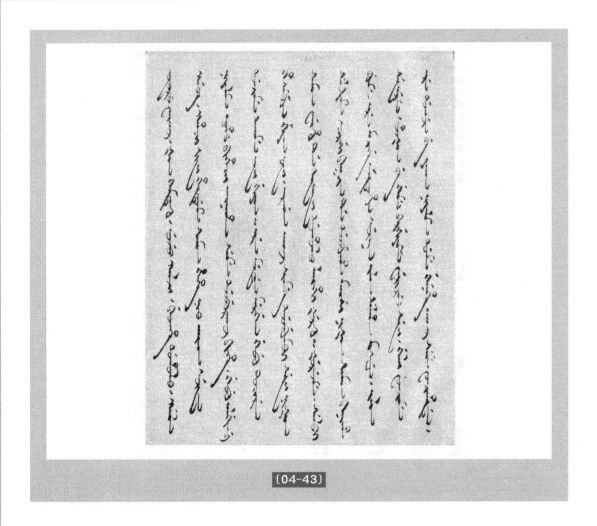

〔04-43〕

oforo waikū[144], šan  kemteku[145] uju  kalja. bethe doholo[146], gala
코 삐딱하고 귀 허물어지고 머리 벗겨진 발 절름발이   손

gaba[147],  hanci  jifi  hendume. saman hehe nio. aika gūwa
굽고   가까이 와서 말하기를  샤먼 여인 인가 만약 다른

niyalma oho biheci, ainaha seme dooburakū bihe  gebu algin be
    사람이었으면   어찌  해도 건네주지 않았다 이름 명성 을

---

144) waikū : waihū의 방언으로 추정된다.
145) kemteku : 정확한 의미는 불명이나, kengcehe의 의미로 추정된다.
146) doholo : doholon의 방언으로 추정된다.
147) gaba : gafa의 방언으로 추정된다.

donjime takame ofi,  giyan i ere mudan mergen gebu tucire
들고서  알게 되어서 마땅히 이   번  덕 있는 이름   날

hesebun giyan ofi,  arga  akū simbe doobumbi sefi nišan
 천명   도리 되어 할 수 없이 너를 건네준다 하고 nišan

saman weihu de   tafafi.   doholo[148] laihi šurkū[149] i šurume. selbi
 샤먼  배 에 올라타고 절름발이 laihi  삿대로    저어    노

selbime cargi bakcin de doobuha manggi, nišan saman baniha
노저어 저쪽 맞은편에  건네준   후    nišan 샤먼  사례

bume ere majige untuhun  gūnin ilan dalgan misun, ilan
주고 이  작은 별 것 아닌 생각  3  덩이  醬   3

sefere hoošan be gemu bargiyame werireo. sefi geli fonjime
 뭉치  종이  를 모두  거두어 두겠는가 하고 다시 묻기를

ere dogūn[150] be yaka niyalma dome   genehe akū.  seme fonjihade,
 이   나루   를 어떤  사람  건너서 가지 않았는가 하고  물음에

—— 。 —— 。 —— 。 ——

코는 삐딱하고 귀는 허물어졌다. 머리는 대머리에 발은 절름발이이고 손은 굽었다. 가까이 와서 말했다.
"샤먼 여인입니까? 만약 다른 사람이었으면 어찌 하더라도 건네주지 않았을 것입니다. 이름과 명성을 들어 알게 되었고, 확실히 이번에 덕 있는 이름을 드러낼 천명의 도리가 되어서 할 수 없이 당신을 건네주겠습니다."
하자, 니샨 샤먼이 배에 올라타고, 절름발이 라이히가 삿대로 노를 저어 저쪽 맞은편에 건네주었다. 니샨 샤먼이 사례를 주면서,
"이 별 것 아닌 세 덩이 장과 세 뭉치 종이를 모두 거두어 주겠는가?"
하였다. 그리고 다시 물었다.
"이 나루를 어떤 사람이 건너가지 않았는가?"
하니,

---

148) doholo : doholon의 방언으로 추정된다.
149) šurkū : šuruku의 방언으로 추정된다.
150) dogūn : dogon의 잘못으로 추정된다.

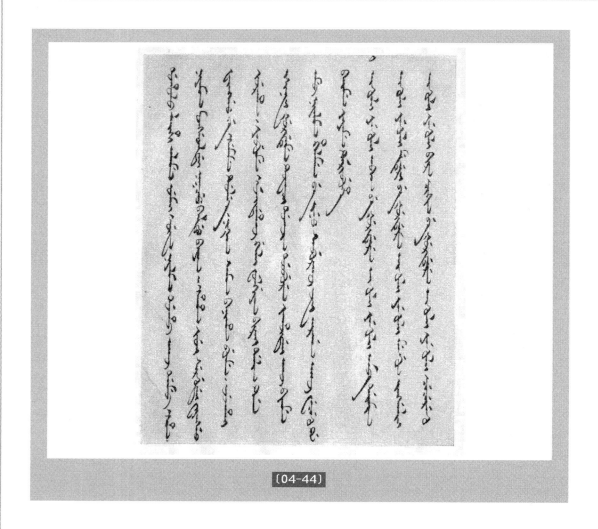

〔04-44〕

doholo[151] laihi    alame. umai gūwa niyalma doho    akū  damu han
절름발이 laihi 고하기를 전혀 다른    사람   건너지 않았다 다만  왕

niyalman[152] monggoldai nakcu baldu bayan i haha  jui  serudai[153] fiyanggo
  친척      monggoldai nakcu baldu bayan 의 남자 아이 serudai    fiyanggo

fainggo[154] be gamame  duleke. nišan saman baniha bume, uthai
  영혼    을 데리고 지나갔다 nišan 샤먼 사례 주고 즉시

---

151) doholo : doholon의 방언으로 추정된다.
152) niyalman : niyaman의 잘못으로 추정된다.
153) serudai : sergudai의 잘못으로 추정된다.
154) fainggo : fayangga의 방언으로 추정된다.

juraha[155], yabume   goidahakū  geli  fulgiyan  birai  dalinde
출발했다   가고   오래지 않아  또   붉은   강의   가에

isinafi    šurdeme  tuwaci,  dogūn[156]  doobure  jahūdai  akū  bime
도착하여   둘러   보니   나루   건네줄   배   없으며

emu  niyalma  helmen  be  inu  saburakū  ofi,  arga  akū  weceku  be
한   사람   그림자   를  또한  볼 수 없어서  방법 없이  神靈   을

baime   yayame[157]   deribuhe.
청하여  읊조리기   시작하였다

eikuli yekuli abka de šurdere eikuyli yekuli amba daimin[158]
eikuli yekuli 하늘 에 맴도는 eikuyli yekuli 큰   수리

eikuli yekuli mederi be šurdere, eikuli yekuli menggun inggali,
eikuli yekuli  바다 를 맴도는 eikuli yekuli   은   할미새

eikuli yekulki bira cikin be šurdere, eikuli yekuli cecereku[159]
eikuyli yekuli 강  가 를 맴도는 eikuli yekuli   성난

——— ◦ ——— ◦ ——— ◦ ———

절름발이 라이히가 말했다.
"다른 사람은 아무도 건너지 않았습니다. 다만 염라대왕의 친척인 몽골다이 낙추가 발두 바얀의 아들 서르구다이 피양구의 혼을 데리고 지나갔습니다."
니샨 샤먼이 사례를 주고 즉시 출발했다. 가다가 오래지 않아 또 붉은 강가에 도착해 둘러보니, 나루에 건네 줄 배가 없고, 한 사람의 그림자도 볼 수가 없다. 할 수 없이 신령을 청하여 읊조리기 시작했다.

"어이쿨리 여쿨리  하늘에서 맴도는
 어이쿨리 여쿨리  큰 수리여,
 어이쿨리 여쿨리  바다를 맴도는
 어이쿨리 여쿨리  은 할미새여,
 어이쿨리 여쿨리  강가를 맴도는
 어이쿨리 여쿨리  성난 뱀이여,

155) juraha : juraka의 방언으로 추정된다.
156) dogūn : dogon의 잘못으로 추정된다.
157) yayame : yayadame의 방언으로 추정된다.
158) daimin : damin의 방언으로 추정된다.
159) cecereku : cecercuke의 방언으로 추정된다.

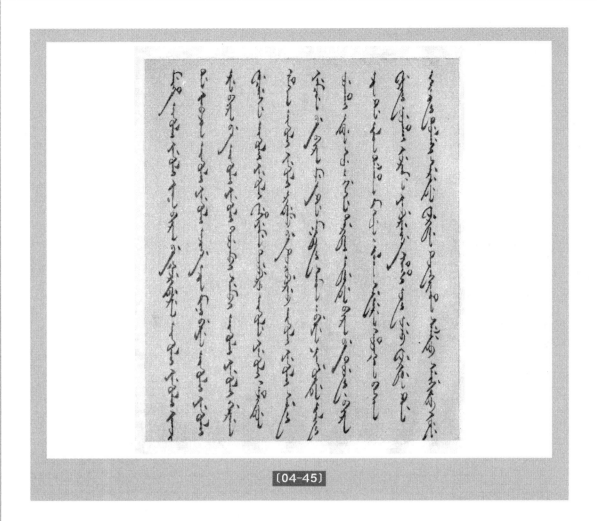

〔04-45〕

meihe, eikuli yekuli jan bira be šurdere, eikuli yekuli jakūn
뱀　eikuli yekuli jan 강 을 맴도는 eikuli yekuli 8

da jabjan, eikuli yekuli ajige ejin[160] mini beye, eikuli yekuli
발 구렁이 eikuli yekuli 작은 주인　나의　몸　eikuli yekuli

ere bira be, eikuli yekuli dombi sembi eikuli yekuli geren
이 강 을 eikuli yekuli 건넌다 한다 eikuli yekuli 여러

---

160) ejin : ejen의 방언으로 추정된다.

wecense, eikuli yekuli wehiyeme    dooburo[161],   eikuli yekuli
신령들   eikuli yekuli 도와주어 건너게 하겠는가  eikuli yekuli

hasa, eikuli yekuli erdemu be  tucibureo,  eikuli yekuli  safi,
급히 eikuli yekuli    덕   을 내 주겠는가 eikuli yekuli 하고,

yemcen[162] be bira muke  de maktafi, saman i beye ninggude ilifi,
남수고   를 강  물  에 던지고 샤먼 의 몸    위에 서고

uthai edun   su   i gese dartai andande bira be doofi bira
곧   바람 회오리바람 의 처럼   순식간에   강 을 건너고 강

ejen de ilan dalgan misun, ilan sefere hoošan basan[163]
주인 에 3  덩이   醬  3  뭉치 종이   샀

werifi, uthai jurame yaburengge hahi  ofi  uju furdan de
두고 즉시 출발하여 가는 것 급하게 되어 첫째 관문 에

isinjifi.   duleki  serede. furdan tuwakiyaha seletu senggitu juwe
다다라서 지나가자 함에  관문   지키는 seletu senggitu  2

—— 。—— 。—— 。——

어이쿨리 여쿨리  강을 맴도는
어이쿨리 여쿨리  여덟 발 구렁이여,
어이쿨리 여쿨리  작은 주인 내 몸이
어이쿨리 여쿨리  이 강을
어이쿨리 여쿨리  건너려 한다.
어이쿨리 여쿨리  여러 신령들이여,
어이쿨리 여쿨리  도와서 건네주겠는가?
어이쿨리 여쿨리  급히 빨리
어이쿨리 여쿨리  재능을 내보이겠는가?
어이쿨리 여쿨리"

하고, 남수고를 강물에 던지고 샤먼의 몸소 위에 서니, 곧 회오리바람처럼 순식간에 강을 건넜다. 강 주인에게 세 덩이의 장과 세 뭉치의 종이를 샀으로 두고는 즉시 출발했다. 급히 가서 첫째 관문에 이르러 지나가고자 할 때에, 관문을 지키는 설러투와 성기투라는 두

---

161) dooburo : doobureo의 잘못으로 추정된다.
162) yemcen : imcin의 방언으로 추정된다.
163) basan : basa와 같다.

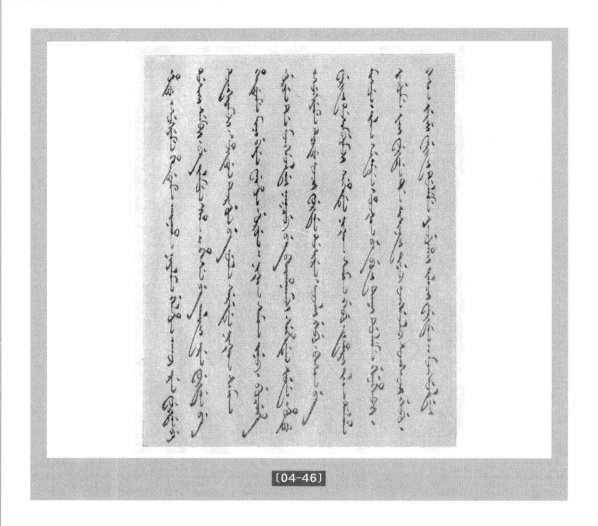

[04-46]

hutu esukiyeme hendume. ainaha niyalma gelhun akū ere furdan be
귀신 꾸짖으며 말하기를 어찌 사람 겁 없이 이 관문 에

dosiki    sembi, be  ilmun han  i hese be  alifi, ere furdan be
들어가자 하는가 우리 염라 대왕 의 명 을 받아서 이 관문 을

tuwakiyambi. hūdun turgen be   ula.  serede, nišan saman
  지킨다    빨리 이유 를 말하라 함에 nišan 샤먼

hendume. mini beye weihun gurun  i nišan saman inu, bucehe
말하기를 나의 몸 산 나라 의 nišan 샤먼 이다 죽은

gurun de monggoldai nakcu be baihanambi. sehede, juwe hutū
나라 에 monggoldai nakcu 를 찾으러간다 함에 2 귀신

esukiyeme. tuttu oci furdan  dosire  kooli gebu basan[164] be
꾸짖기를  그러면 관문 들어가는 규칙 이름  샀  을

werifi   dosimbumbi. sehede nišan saman gebu afahari ilan dalhan
남기고 들어가게 한다 함에 nišan 샤먼 이름 쪽지 3 덩이

misun, ilan sefere hoošan be bufi teni duleme genehebi.
醬  3 뭉치 종이 를 주고 곧 지나서 갔다

yabume jai furdan de isinafi, inu onggolo songkoi gebu
가고서 다시 관문 에 이르러서 또한 전처럼 따라 이름

basan[165] jergi werifi, duleme yabuhai  ilaci  furdan i monggoldai
샀  등 남기고 지나서 가면서 세 번째 관문 의 monggoldai

—— 。—— 。—— 。——

귀신이 호통치며 말했다.
"어찌 사람이 겁도 없이 이 관문에 들어가려 하는가? 우리는 염라대왕의 명을 받아 이 관문을 지킨다. 속히 이유를 말하라!"
하니, 니샨 샤먼이 말했다.
"내 몸은 이승의 니샨 샤먼이다. 저승에 몽골다이 낙추를 찾으러 간다."
하니, 두 귀신이 꾸짖기를,
"그러면 관문에 들어가는 규칙은 이름과 샀을 남기고 들어가는 것이다."
하였다. 니샨 샤먼이 이름을 적은 쪽지와 세 덩이의 장, 세 뭉치의 종이를 주고서야 곧 지나갔다. 가다가 또 관문에 이르러서는 역시 앞에서 한 것처럼 이름과 샀 등을 주고서 지나갔다. 세 번째 관문인 몽골다이

---

164) basan : basa와 같다.
165) basan : basa와 같다.

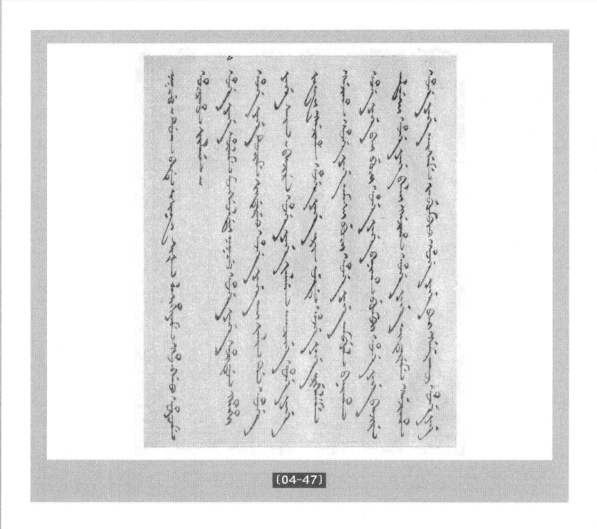

〔04-47〕

nakcu i duka bade  isinafi,  siša laisihiyame[166] honggo[167] hoyome[168]
nakcu의  문  곳에 이르러서  방울  흔들고          종          울리며

hocokon[169] jilgan i
준수한    목소리로

hoge yage  hūlame. monggoldai nakcu,  hoge yage hūdun hahi,
hoge yage 부르기를 monggoldai nakcu  hoge yage 빨리  급히

---

166) laisihiyame : lasihime의 방언형으로 추정된다.
167) honggo : honggon의 방언형으로 추정된다.
168) hoyome : hūyame(울리다, 흔들다)의 방언형으로 추정된다.
169) hocokon : hocikon의 잘못으로 추정된다.

hoge yage tucime jidereo, hoge yage  ai  jalinde, hoge
hoge yage  나서 오겠는가 hoge yage 무엇 때문에  hoge

yage sain i banjire, hoge yage jalgan  akūngge,  hoge yage
yage 잘  사는  hoge yage 수명 다하지 않은 것 hoge yage

jafafi  gajiha,  hoge yage erin  unde,  hoge yage ergeleme
잡아서 데려왔는가 hoge yage 때  아직인데 hoge yage  억지로

gaijiha,  hoge yage amasi buci, hoge yage ambula baniha,
데려왔는가 hoge yage 되돌려 주면 hoge yage  매우  감사하다

hoge yage  bai buci hoge yage baniha bumbi, hoge yage  banjire
hoge yage 그저 주면 hoge yage  사례  준다  hoge yage 살아가는

aldasi, hoge yage  balai  gajiha,  hoge yage eitereme  gajiha,
도중에 hoge yage 함부로 데려왔다 hoge yage  속여서  데려왔다

hoge yage  aiseme  jabumbio, hoge yege bai  gamarakū  hoge yage
hoge yage 무어라하고 답하겠는가 hoge yage 그저 데려가지 않고 hoge yage

—— ◦ —— ◦ —— ◦ ——

낙추의 문 앞에 이르렀다. 니샨 샤먼은 방울을 흔들고, 종을 울리며 멋진 목소리로 '호거 야거' 하고 불렀다.

| "몽골다이 낙추여! | 호거 야거 | 속히 빨리, | 호거 야거 |
| 나오겠는가? | 호거 야거 | 무엇 때문에, | 호거 야거 |
| 잘 살고 있는, | 호거 야거 | 수명 다하지 않은 이를, | 호거 야거 |
| 잡아서 데려왔는가? | 호거 야거 | 때가 아직 인데, | 호거 야거 |
| 억지로 데려왔는가? | 호거 야거 | 되돌려 주면, | 호거 야거 |
| 매우 감사하겠다. | 호거 야거 | 그저 주면, | 호거 야거 |
| 사례 주겠다. | 호거 야거 | 살고 있는 도중에, | 호거 야거 |
| 함부로 데려왔다. | 호거 야거 | 속여서 데려왔다. | 호거 야거 |
| 무어라 답하겠는가? | 호거 야거 | 그저 데려가지 않고, | 호거 야거 |

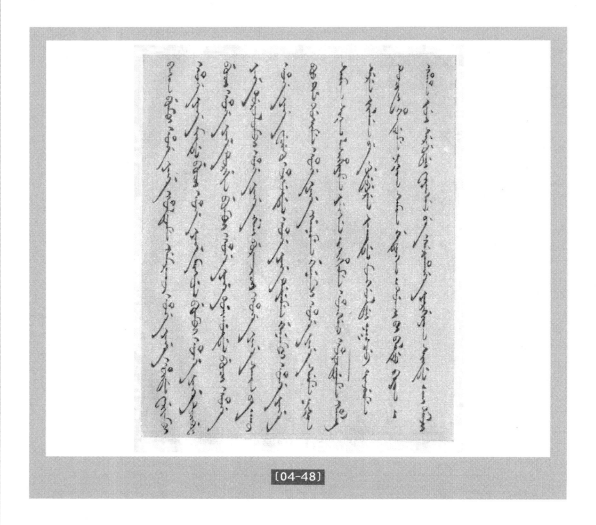

[04-48]

basan[170] bumbi, hoge yage holtome   gamarakū,   hoge yage hūda werimbi,
　삯　　준다　hoge yage　속이고　데려가지 않고　hoge yage　값　　남긴다

hoge yage  minde buci, hoge yage misun bumbi, hoge yage   tucibufi
hoge yage 나에게 주면 hoge yage　醬　준다　hoge yage 나가게 해

buci, hoge yage turgin[171] bumbi, hoge yage doigonde buci, hoge
주면 hoge yage 품삯　준다　hoge yage　미리　주면　hoge

---

170) basan : basa와 같다.
171) turgin : turigen의 방언으로 추정된다.

yage dorolombi,  hoge yage geli  burakūci,  hoge yage  sain ba akū
yage 답례한다  hoge yage  또 주지 않으면 hoge yage 좋은 것 없다

hoge yage weceku hūsun de, hoge yage deyeme genembi, hoge yage
hoge yage 神靈  힘  에 hoge yage 날아서  간다  hoge yage

boo de dosime, hoge yage ganame genembi, hoge yage. seme nišan
집 에 들어가 hoge yage 데리고  간다  hoge yage 하며 nišan

saman siša lasihiyame[172] yekse isihime honggo[173] hoyodome[174], halang[175]
 샤먼 방울 흔들며  모자 털고  종  울리며  쨍그렁

sere jilgan be guwebure[176] jakade monggoldai nakcu injeme
하는 소리 를 퍼뜨릴  적에  monggoldai nakcu 웃으며

tucifi  hendume. nišan saman getuken i donji. bi baldu bayan  i
나와서 말하기를 nišan 샤먼  잘  들어라 나 baldu bayan 의

haha  jui sergudai fiyanggo be gajihangge yargiyan, sinde  ai  dalji.
사내 아이 sergudai fiyanggo 를 데려온 것 진실이다 너에 무슨 관계인가

—— 。 —— 。 —— 。 ——

| | | | |
|---|---|---|---|
| 삯 주겠다. | 호거 야거 | 속여서 데려가지 않고, | 호거 야거 |
| 값 남기겠다. | 호거 야거 | 나에게 주면, | 호거 야거 |
| 장 주겠다. | 호거 야거 | 나가게 해 주면, | 호거 야거 |
| 품삯 주겠다. | 호거 야거 | 미리 주면, | 호거 야거 |
| 답례 하겠다. | 호거 야거 | 또 주지 않으면, | 호거 야거 |
| 좋을 것이 없다. | 호거 야거 | 신령의 힘으로, | 호거 야거 |
| 날아서 가겠다. | 호거 야거 | 집에 들어가서, | 호거 야거 |
| 데리고 가겠다. | 호거 야거" | | |

니샨 샤먼이 방울을 흔들며, 신모(神帽)를 털고, 종을 울리며 쨍그렁 하는 소리를 퍼뜨릴 적에 몽골다이 낙추가 웃으며 나와서 말했다.
"니샨 샤먼이여, 잘 들어라. 내가 발두바얀의 아들 서르구다이 피양구를 데려온 것이 사실이다. 너와 무슨 관계인가?"

---

172) lasihiyame : lasihime의 방언으로 추정된다
173) honggo : honggon의 방언으로 추정된다.
174) hoyodome : hūyadume의 방언으로 추정된다.
175) halang : kalang의 방언으로 추정된다.
176) guwebure : guwembure의 방언으로 추정된다.

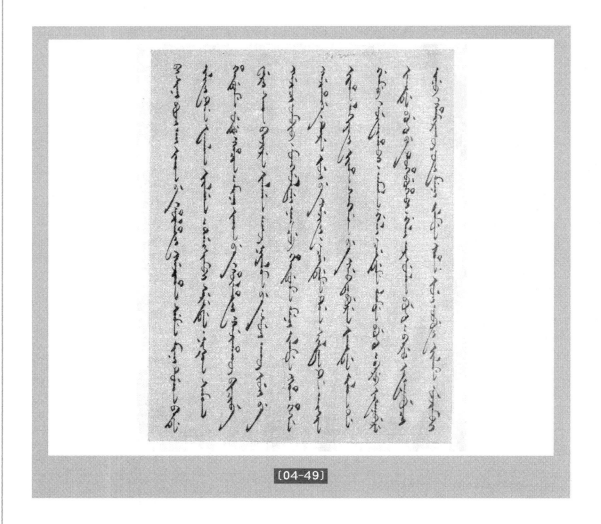

[04-49]

bi  sini  booi   ai  jaka be hūlhafi  gajiha   seme, mini duka bade
나 너의 집의 어떤 물건 을 훔쳐 가져왔다 하고 나의 문 곳에

ilifi   den  wakalan jilgan i  dangsimbi.  serede,  nišan saman
서서 높은 나무라는 소리로 캐묻는가   함에   nišan  샤먼

hendume. udu  hacin i  mini jaka be hūlhafi    gajihakū    bicibe,
말하기를 비록 갖가지의 나의 물건 을 훔쳐  가져오지 않았다 해도

weri  sain banjire jalgan akū niyalma be sui akū  jui  be
 남  잘  사는 수명 없는 사람 을 죄 없는 아이 를

gajici　　　ombio. monggoldai nakcu hendume. meni ilmun han hese
데려오면 되겠는가 monggoldai nakcu 말하기를 우리의 염라 대왕　명

gajihangge. tere jui　be　gajifi,　cendeme den siltan de aisin
데려온 것　　그 아이 를 데려와서 시험해서 높은 깃대 에　금

jiha lakiyafi, jiha sangga be gabtabure jakade, ilan da
돈　걸어서　돈　구멍 을 쏘게 할 적에　　3 발

gemu gūwaihabi[177]. amala geli cendeme lamun　buku　i baru jafanabure[178]
모두　　맞았다　　　뒤에 또 시험해서 남색 씨름꾼 의 쪽 씨름하게 할

jakade, buka　be tuhebuhebi geli arsulan[179]　bukui　baru　jafanabuci[180]
적에　씨름꾼 을 넘어뜨렸다 또　사자　씨름꾼의 쪽 씨름하게 하니

inu　　　hamirakū ofi,　　meni ilmun han　jui　obufi　jilame　ujimbi
또한 견디지 못하게 되어 우리의 염라 대왕 아들 삼아서 자애롭게 기른다

─── 。 ─── 。 ─── 。 ───

내가 네 집에서 '무언가를 훔쳐 왔다.' 하고, 내 문 앞에 서서 높은 소리로 나무라며 캐묻는가?"
하니, 니샨 샤먼 말했다.
"비록 나의 온갖 물건을 훔쳐오지는 않았지만, 잘 살고 있는 수명이 다하지 않은 죄 없는 아이를 데려오면 되겠는가?"
몽골다이 낙추가 말했다.
"우리 염라대왕의 명으로 데려온 것이다. 그 아이를 데려와서 시험 삼아 높은 깃대에 금돈을 걸고 돈의 구멍을 쏘게 하니, 세 발 모두 맞았다. 뒤에 또 시험 삼아 남색 씨름꾼과 씨름을 시키니, 씨름꾼을 넘어뜨렸다. 또 사자 씨름꾼과 씨름을 시키니 또한 견디지 못하므로, 우리 염라대왕이 아들로 삼아 자애롭게 기르느니라.

---

177) gūwaihabi : goihabi의 방언으로 추정된다.
178) jafanabure : jafunubure의 방언으로 추정된다.
179) arsulan : arsalan의 방언으로 추정된다.
180) jafanabuci : jafunubuci의 방언으로 추정된다.

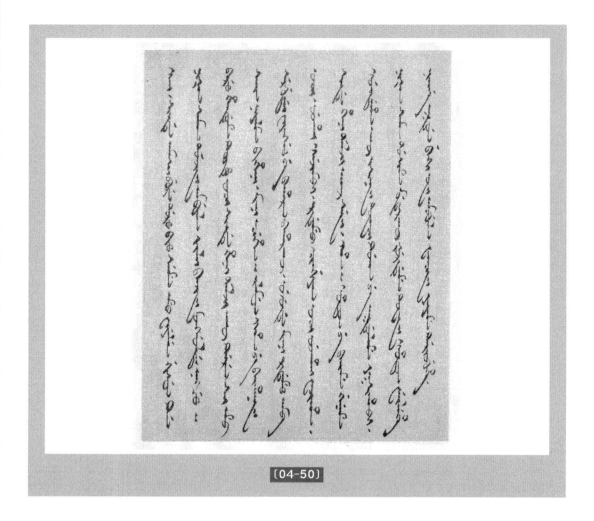

〔04-50〕

kai, sinde amasi bure doro  bio.  seme emu fiyelen gisun de
　　너에 되돌려 줄   리 있겠는가 하고 한　마디 말 에

nišan saman donjifi, ambula jili banifi, monggoldai nakcu  i
nišan 샤먼 듣고서　 매우 화 내고서 monggoldai nakcu 의

baru hendume. tuttu oci sinde heni   dalji akū dere, si emu
　쪽 말하기를　 그러면 너에 조금도 관계 없구나 너 한

sain niyalma  biheni, mini ecehen[181] i ilmun han be  baihanafi
좋은 사람  이었구나 나의 능력으로　 염라 대왕 을 찾으러 가서

―――――――――――――――――
181) ecehen : encehen의 방언으로 추정된다.

sergudai fiyanggo be bahara    baharakū    ujude  mini  erdemu  amba
sergudai fiyanggo 를 얻을지 얻지 못할지 처음에 나의    덕    크게

oci, uthai    gajimbi  erdemu  cingiyan[182]  oci  uthai  wajiha.
되면 곧 데리고 온다    덕    부족하게    되면 곧 끝난다

sinde  heni   dalji  akū   sefi,  han  i hoton  be  baime  geneme
너에 조금도 관계 없다 하고서 왕 의 성 을 찾아서 가고

goidaha  akū  isinafi  tuwaci,  duka  be  akdulame  yaksihabi.
오래지 않아 다다라서 보니    문 을    굳게    닫았다

nišan  saman  dosime  muterakū  šurdeme  tuwafi,  hoton  weilehe
nišan 샤먼 들어갈 수 없어 둘러서 보고서    성    지은

ningge  akdun  beki   ofi,   ambula  fancafi,  yayame[183]  deribuhe.
  것    堅    固 하여서 매우    북받쳐    읊조리기    시작하였다

——— ◦ ——— ◦ ——— ◦ ———
너에게 돌려 줄 이유가 있는가?"
하는 한 마디 말을 니샨 샤먼이 듣고서, 크게 화를 내면서 몽골다이 낙추를 향해 말했다.
"그러면 너와 조금도 관계가 없구나! 너는 좋은 사람이었구나! 내 능력으로 염라대왕을 찾아가서 서르구다이 피양구를 구할지 구하지 못할지는 나에게 달렸구나. 처음에 내 덕이 크다면, 즉시 데려올 것이고, 덕이 부족하면 데려오지 못할 것이니, 너와는 조금도 관계가 없다."
하고는 염라대왕의 성을 찾아갔다, 오래지 않아 다다라서 보니, 문을 굳게 닫고 있었다. 니샨 샤먼이 들어갈 수가 없어 주위를 둘러보니, 성을 지은 것이 견고하였다. 이에 크게 북받쳐 올라서 읊조리기 시작했다.

182) cingiyan : cinggiyan(=cinggiya)의 잘못으로 추정된다.
183) yayame : yayadame의 방언으로 추정된다.

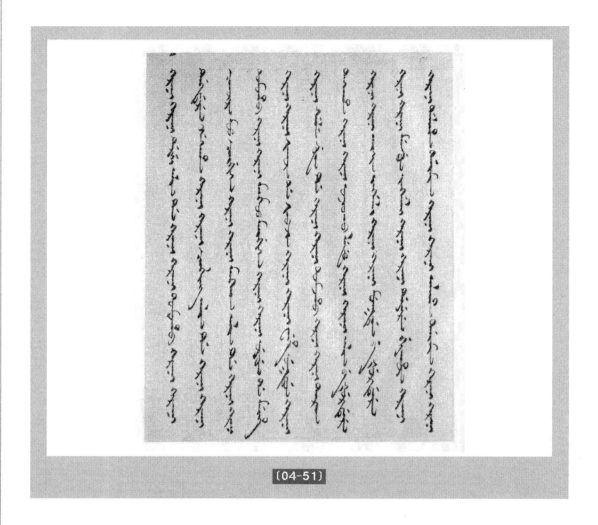

〔04-51〕

kerani kerani dergi alin de, kerani kerani tomoho kerani kerani
kerani kerani 동쪽  산 에 kerani kerani  깃든   kerani kerani

dekdere gasha, kerani kerani cangling alin de kerani kerani
 나는   새   kerani kerani cangling 산 에 kerani kerani

cakūra[184] moo cangisa[185]. kerani kerani mangkan alin de, kerani kerani
 박달   나무 학들    kerani kerani 모래언덕 산 에  kerani kerani

---

184) cakūra : cakūran과 동의어이다.
185) canggisa : canggi는 '관 모양의 머리를 한 학(鶴)'을 가리키는 cunggai의 잘못 또는 방언으로 추정된다.

tomoho, kerani kerani mangmoo[186) manggisa[187), kerani kerani uyun da meihe
깃든   kerani kerani 상수리나무   정령들   kerani kerani  9  발 뱀

kerani kerani jakūn da jabjan, kerani kerani wehe ukdun kerani
kerani kerani  8  발 구렁이 kerani kerani  돌  동굴  kerani

kerani sele guwan de kerani kerani tomoho, kerani kerani taran[188)
kerani 쇠   館  에 kerani kerani   깃든   kerani kerani 표범

tasha,  kerani kerani onioko[189) lefu, kerani kerani alin be sūrdere,
호랑이 kerani kerani 脆牲   곰  kerani kerani  산 을 맴도는

kerani kerani aisin inggali, kerani kerani mukden be sūrdere,
kerani kerani  금  할미새  kerani kerani mukden 을 맴도는

kerani kerani menggun inggali, kerani kerani deyere giyahūn, kerani
kerani kerani   은   할미새 kerani kerani  나는   매   kerani

kerani   dalaha  daimin[190), kerani kerani  alaha daimin[191), kerani kerani,
kerani 우두머리인 수리    kerani kerani 알리는 수리     kerani kerani

—— ∘ —— ∘ —— ∘ ——

| | |
|---|---|
| "커라니 커라니  동쪽 산에 | 커라니 커라니  깃든 |
| 커라니 커라니  날아오르는 새여, | 커라니 커라니  창링산 |
| 커라니 커라니  박달나무의 학들이여, | 커라니 커라니  모래언덕 산에 |
| 커라니 커라니  깃든 | 커라니 커라니  상수리나무 정령들이여, |
| 커라니 커라니  아홉 발 뱀이여, | 커라니 커라니  여덟 발 구렁이이여, |
| 커라니 커라니  돌 동굴과 | 커라니 커라니  쇠로 된 관(館)에 |
| 커라니 커라니  깃든 | 커라니 커라니  표범과 호랑이이여, |
| 커라니 커라니  취생(脆牲) 곰이여, | 커라니 커라니  산을 맴도는 |
| 커라니 커라니  금 할미새여, | 커라니 커라니  묵던을 맴도는 |
| 커라니 커라니  은 할미새여, | 커라니 커라니  날으는 매여, |
| 커라니 커라니  우두머리 수리여, | 커라니 커라니  알리는 수리여, |

---

186) mangmoo : mangga moo의 방언으로 추정된다.
187) manggisa : manggi는 '샤만이 부르는 신을 수반하는 정령'을 의미하는 manggiyan의 잘못 또는 방언으로 추정된다.
188) taran : targan과 동의어이다.
189) onioko : ongnika와 동의어로 한자어로 '취생(脆牲)'이라 하고, 곰과 닮았으나 작으며, 담황색에 흰 줄이 있다.
190) daimin : damin의 방언으로 추정된다.
191) daimin : damin의 방언으로 추정된다.

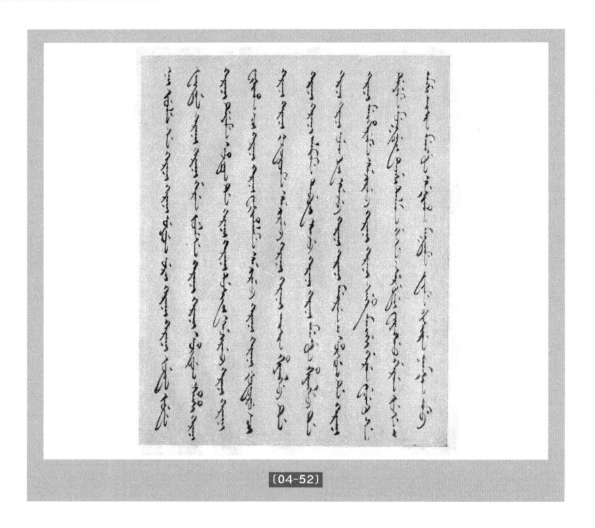

[04-52]

nai    jule[192])se,  kerani kerani uyun  uri,   kerani kerani juwan juwe
땅의  검둥수리들 kerani kerani  9  둥우리 kerani kerani  10    2

faidan, kerani kerani geren   jule[193])se,  kerani kerani  hūdun hahi, kerani
  陣   kerani kerani 여러 검둥수리 들 kerani kerani  빨리 급히 kerani

kerani deyeme hoton de, kerani kerani  dosifi     gajireo,    kerani kerani
kerani  날아   성  에  kerani kerani 들어가서 데려오겠는가 kerani kerani

192) jule : 앞 뒤 문맥으로 볼 때, yolo의 잘못으로 추정된다.
193) jule : 앞 뒤 문맥으로 볼 때, yolo의 잘못으로 추정된다.

wašiha[194] ci, kerani kerani wašihalame[195] gajireo, kerani kerani šoforo ci,
발톱 으로 kerani kerani 할퀴어 데려오겠는가 kerani kerani 한 줌 으로

kerani kerani šoforome gajireo, kerani kerani aisin hiyanglu de,
kerani kerani 잡아채서 데려오겠는가 kerani kerani 금 香爐 에

kerani kerani alamime tebufi gaju, kerani kerani menggun hiyanglu de,
kerani kerani 짊어지고 싸서 데려오라 kerani kerani 은 香爐 에

kerani kerani ungkufi[196] gaju, kerani kerani meiren i hūsun de, kerani
kerani kerani 엎드리고 데려오라 kerani kerani 어깨 의 힘 에 kerani

kerani meihereme gajireo, kerani kerani sehe manggi, geren weceku se
kerani 메고서 데려오겠는가 kerani kerani 한 후 여러 神靈 들

deyeme mukdefi tugi talman gese sergudai fiyanggo geren juse i
날아 올라서 구름 안개 같이 sergudai fiyanggo 여러 아이들 의

emgi aisin menggun i gašiha[197] maktame efime bisire namšan[198], emu
함께 금 은 의 가추하 던지며 놀고 있을 적에 한

— ◦ — ◦ — ◦ —

| | |
|---|---|
| 커라니 커라니 땅의 검둥수리들이여, | 커라니 커라니 아홉 둥우리, |
| 커라니 커라니 열 두 진(陣)의 | 커라니 커라니 여러 검둥수리들이여, |
| 커라니 커라니 빠르고 급히 | 커라니 커라니 날아서 성에 |
| 커라니 커라니 들어가서 데려오겠는가? | 커라니 커라니 발톱으로 |
| 커라니 커라니 할퀴어 잡아 데려오겠는가? | 커라니 커라니 한 줌에 |
| 커라니 커라니 잡아채서 데려오겠는가? | 커라니 커라니 금향로에 |
| 커라니 커라니 싸서 짊어지고 데려오라. | 커라니 커라니 은향로에 |
| 커라니 커라니 엎드리게 하고서 데려오라. | 커라니 커라니 어깨의 힘으로 |
| 커라니 커라니 메고서 데려오겠는가? | 커라니 커라니" |

하니, 여러 신령들이 날아올라서 구름과 안개 같이 되었다. 서르구다이 피양구가 여러 아이들과 함께 금은의 가추하를 던지며 놀고 있는데,

---

194) wašiha : wasiha의 방언으로 추정된다.
195) wašihalame : wasihalame의 방언으로 추정된다.
196) ungkufi : ungkefi의 방언으로 추정된다.
197) gašiha : 양이나 사슴 등의 정강이뼈로 만든 주사위 같은 놀이 기구인 gacuha의 방언으로 추정된다.
198) namšan : namašan의 방언으로 추정된다.

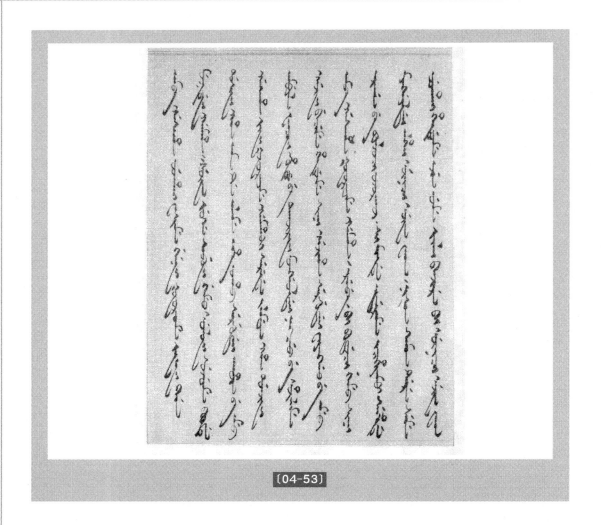

[04-53]

amba gasha uthai wasime genefi šoforome jafafi, den
큰   새   즉시   내려   가서   잡아채어 잡고서   높이

mukdefi gamaha. gūwa juse   sabufi gemu golofi. sujume boode
올라서 데려갔다 다른 아이들  보고 모두 놀라서 달려  집에

dosifi,  han ama de alame.   ehe    oho.  sergudai ahūn be emu
들어가서 왕 아버지 에 고하기를 나쁘게 되었다 sergudai  형  을  한

gasha jifi šoforome gamahabi. serede,  ilmun han  donjifi
새  와서 잡아채서 데려갔다  함에  염라 대왕 듣고서

ambula fancafi, hutu be takūrafi, monggoldai nakcu be hūlame
매우　성내고　귀신 을 보내어서 monggoldai nakcu 를　불러

gajifi,　beceme hendume. sini gajiha sergudai fiyanggo be emu
데려와서　꾸짖어 말하기를 너의 데려온 sergudai fiyanggo 를　한

amba gasha šoforome gamaha. erebe bi　bodoci gemu sini
큰　새 잡아채서 데려갔다 이를 나 헤아리니 모두 너의

arga be boljoci ojorakū, si minde adarame icihiyambi serede.
계책 을 예측할 수 없다 너 나에　어떻게 처리하는가 함에

monggoldai elhei　gūnici.　gūwa　waka nišan saman dere. seme
monggoldai 천천히 생각하니 다른 사람 아니다 nišan 샤먼이로구나 하고

uthai hendume. ejen ume jili banjire, bi gūnici　gūwa　waka,
즉시 말하기를 주인　화 내지 말라　나 생각하니 다른 사람 아니다

——　。——　。——　。——

큰새 한 마리가 즉시 내려가서 잡아채 잡고서, 높이 날아올라 데려갔다. 다른 아이들이 보고 모두 놀라서, 집으로 달려가 염라대왕인 아버지에게 고하였다.

"큰일 났습니다! 서르구다이 형을 새 한 마리가 와서 잡아채 데려갔습니다."

염라대왕이 듣고는 매우 성을 내고서, 귀신을 보내 몽골다이 낙추를 불러 데려다가 꾸짖어 말했다.

"네가 데려온 서르구다이 피양구를 큰새 한 마리가 잡아채 데려갔다. 이를 내가 헤아리려 보니, 너의 계책을 모두 예측할 수가 없다. 너는 이제 어떻게 처리하겠느냐?"

몽골다이가 가만히 생각해 보니, '다른 사람이 아니라 니샨 샤먼이로구나!' 하고는 즉시 말했다.

"대왕님, 화내지 마십시오. 내가 생각해 보니 다른 사람이 아니라,

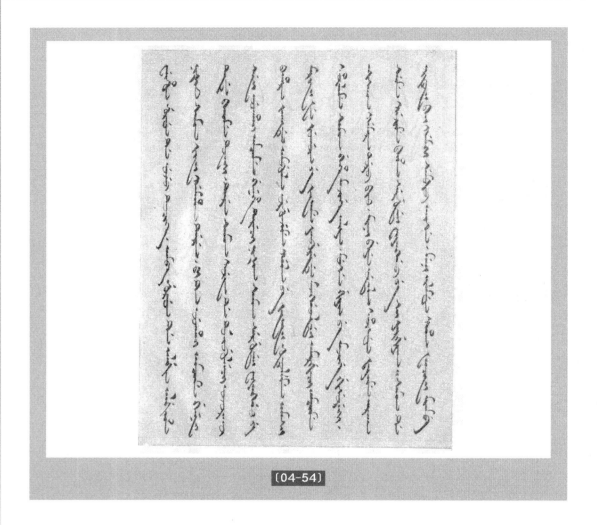

[04-54]

weihun gurun de uju tucike, amba gurun de algin algika
산 나라 에 제일 드러난 큰 나라 에 소문 소문난

nišan saman jifi gamaha dere, bi te uthai amcame genefi,
nišan 샤먼 와서 데려갔으리라 나 이제 즉시 쫓아 가서

tede baime tuwaki, tere saman gūwa de duibuleci ojorakū
그에 청해 보자 그 샤먼 다른 사람 에 견줄 수 없다

sefi, uthai amcame genehe. tereci nišan saman sergudai fiyanggo be
하고서 즉시 쫓아 갔다 그로부터 nišan 샤먼 sergudai fiyanggo 를

bahara jakade ambula urgunjeme, gala be jafafi kutuleme amasi
얻을 적에 매우 기뻐하고 손 을 잡아 끌고 뒤로

marifi fe jugun be jafame yaburede, monggoldai amargici amcame
돌아서 예전 길 을 파악하며 감에 monggoldai 뒤에서 쫓으며

hūlame saman gege majige aliya. muse giyan be majige gisureki.
부르기를 샤먼 여인 조금 기다려라 우리 도리 를 조금 말하자

ekisaka gamara doro bio. mini beye utala hūsun fayame, arkan
조용하게 데려가는 법 있는가 나의 몸 이토록 힘 쓰고 겨우

seme gajime baha sergudai fiyanggo be si yargiyan i saman de
데려와 얻은 sergudai fiyanggo 를 너 진실로 샤먼 에

ertufi bai gamaki sembio aise. meni ilmun han fancafi mimbe
의지하고서 그저 데려가자 하는가 하는 것은 아닌가 우리의 염라 대왕 성내고 나를

─── ◦ ─── ◦ ─── ◦ ───

이승에서 제일로 드러났고, 큰 나라에서 소문한 니샨 샤먼이 와서 데려갔을 것입니다. 내가 이제 즉시 쫓아가서, 그에게 청해 보겠습니다. 그 샤먼은 다른 사람과 견줄 수 없습니다."
하고서, 즉시 쫓아갔다. 한편 니샨 샤먼은 서르구다이 피양구를 구하고는 매우 기뻐했다. 손을 잡아끌고서 왔던 길을 뒤로 되돌아 더듬어 가는데, 몽골다이가 뒤에서 쫓으며 불렀다.
"샤먼 여인이여, 잠시 기다리시오. 우리 사리를 좀 따져봅시다. 그렇게 몰래 조용히 데려가는 법이 어디 있는가? 내가 그토록 힘써서 겨우 데려와 얻은 서르구다이 피양구를, 당신은 진실로 샤먼의 술만 믿고 그저 데려가고자 하는 것은 아닌가? 우리 염라대왕이 성을 내고 나를

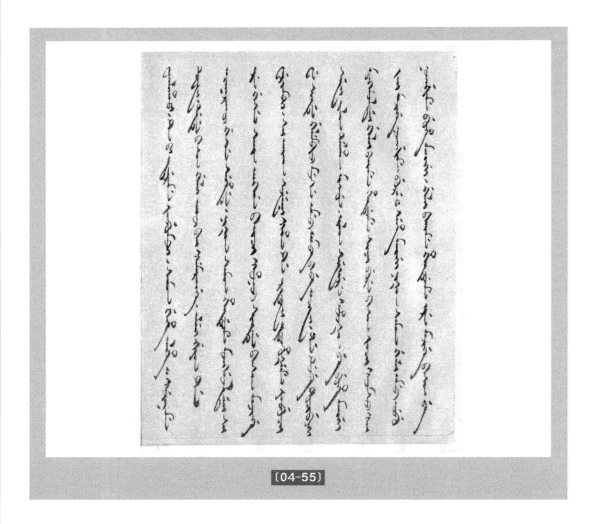

[04-55]

wakalahabi, te bi adarame jabumbi. saman gege elhei gūnime
나무랐다 이제 나 어떻게 대답하겠는가 샤먼 여인 천천히 생각해

tuwafi, dade basan[199] geli akū bai gamarangge elei giyan de
보고서 게다가 삯 또한 없이 그저 데려가는 것 더욱 도리 에

acanarakū gese. sehede. nišan saman monggoldai si
맞지 않는 것 같다 함에 nišan 샤먼 monggoldai 너

---

199) basan : basa과 동의어이다.

ere gese sain angga baici   hono  sinde basan[200] majige
이 같이 좋은  입 청하니 오히려 너에  삯    조금

werimbi, si aika suweni han de   ertufi  etuhušeme yabuci
 남긴다 너 만일 너희들의  왕 에 의지하고서  강제해서  행하면

we  sinde   gelembio.  muse emu amba babe  acafi,  da  dube tucibuki.
누가 너에 무서워하겠는가 우리  한   큰  곳을 맞추어서 처음 끝을   내자

sefi,   ilan dalhan misun ilan sefere hoošan be buhe manggi,
하고서 3  덩이   醬  3 뭉치 종이 를 준  후

monggoldai geli  baime hendume. sini bure basan jaci komso kai
monggoldai 또한 청하여 말하기를 너의 주는  삯  매우 적구나

jai  majige nonggime  bureo. sehe manggi, nišan saman geli emu ubu
다시 조금   더하여 주겠는가 한    후   nišan 샤먼 또한 한 몫

nonggime buhe manggi, geli  baime hendume. ere mejige basan be
  더하여  준  후   또한 청하여 말하기를 이 적은  삯  을

—— 。 —— 。 —— 。 ——
나무랐다. 이제 나는 어찌 대답하겠는가? 샤먼 여인이여, 천천히 생각해 보니, 본래 삯도 없이 그저 데려가는 것은 더욱 도리에 맞지 않는 것 같다."
하니, 니샨 샤먼이 말했다.
"몽골다이여, 그대가 이처럼 좋은 말로 청하니 오히려 그대에게 삯을 조금 남기겠다. 그대가 만일 그대들의 대왕만 믿고 강제해서 행한다면, 누가 그대를 무서워하겠는가? 우리 중요한 것을 맞추어서 처음과 끝을 내보자."
하고서, 세 덩이의 장과 세 뭉치의 종이를 주었다. 몽골다이가 또 청하여 말했다.
"당신이 주는 삯은 너무 적구나! 다시 조금 더 더하여 주겠는가?"
니샨 샤먼이 또 한 몫을 더해 주니, 또 청하여 말했다.
"이 적은 삯을

200) basan : basa과 동의어이다.

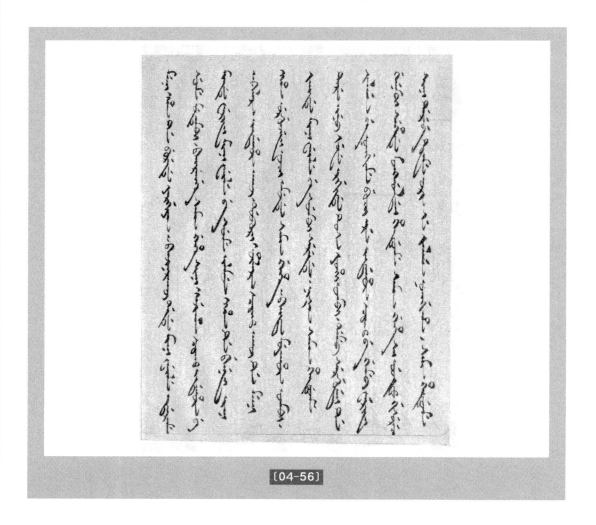

〔04-56〕

meni　han de burede yargiyan i banjinarakū.　dade　mini weile adarame
우리의　왕 에 줌에　진실로　살지 못한다 게다가 나의　죄　어찌

sume mutembi.　bairengge saman gege sini gajiha coko indahūn be
벗을 수 있겠는가 청하는 것 샤먼 여인 너의 가져온 닭　개　를

minde werifi, mini weile be sume, ilmun han de　benefi,　ini
나에　두고서 나의　죄　를 벗어서 염라 대왕 에 보내어서 그의

abalara indahūn akū dobori hūlara coko akū de meni
사냥할　개　없고 밤　알리는 닭 없음 에 우리의

han  urgunjefioci,  emude saman gege  i baita muyahūn ombi,
왕  기뻐하게 되면  한번에  샤먼  여인  의  일    온전히  된다

jaide    mini weile be sumbi. serede, nišan saman hendume.
다음에 나의    죄 를 벗는다  함에  nišan  샤먼  말하기를

tere inu. juwe ergi de tusa yohi ombi. damu   sergudai   de
  그 또한  2    쪽 에 이익 다  된다  다만 서르구다이 에

jalgan be nonggime buci ere indahūn coko be gemu werifi
  수명 을  더하여  주면 이    개    닭 을 모두 두고서

genembi. serede, monggoldai hendume. saman gege si   uttu gisureci
  간다    함에    monggoldai 말하기를  샤먼  여인 너  이렇게 말하면

sini   derebe tuwame, orin se jalgan nonggiha. saman hendume.
너의 얼굴을    보아    20 세 수명    늘렸다  샤먼 말하기를

—— 。—— 。—— 。——

우리 대왕에게 주면, 진실로 살지 못할 것이다. 게다가 나의 죄를 어찌 벗을 수 있겠는가? 청컨대 샤먼 여인이여, 당신이 데려온 닭과 개를 나에게 주면, 나의 죄를 벗을 수 있도록 염라대왕에게 보내겠다. 그는 사냥할 개가 없고 새벽을 알리는 닭이 없으므로, 우리 대왕이 기뻐하면 단번에 샤먼 여인의 일이 끝나게 된다. 그러면 나의 죄를 벗는다."
하자, 니샨 샤먼이 말했다.
"그 또한 양 쪽 모두에게 이익이 되겠다. 다만 서르구다이에게 수명을 더해 주면, 이 개와 닭을 모두 주고 가겠다."
몽골다이가 말했다.
"샤먼 여인이여, 당신이 이렇게 말하니, 당신의 얼굴을 봐서 (서르구다이에게) 스무 살로 수명을 더하겠다."
샤먼이 말했다.

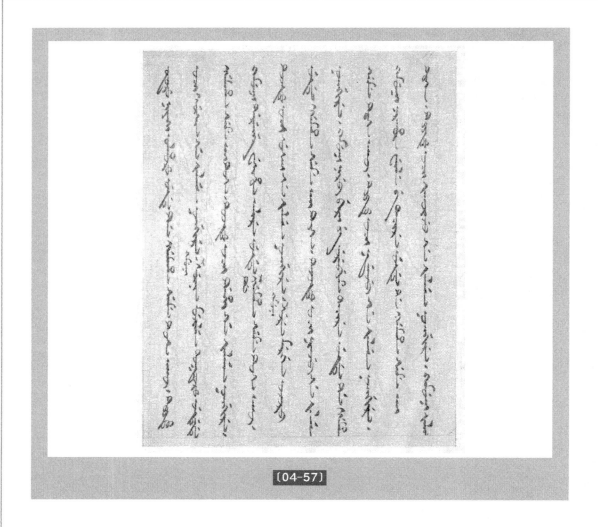

〔04-57〕

oforo niyaki olhoro unde de gamaha seme tusa akū. tuttu
코　물 마르기 전 에 데려갔다 하고 이익 없다 그러

oci gūsin se jalgan nonggire. kemuni gūnin mujilen toktoro undede
면 30 세 수명 더하겠다　아직　생각　마음 정해지기 전에

gamaha seme ai　tusa. tuttu oci dehi se jalgan nonggire.
데려갔다 하고 무슨 이익인가　그러면　40 세　수명 더하겠다

kemuni derengge wesihun alire unde de gamaha seme tusa akū.
아직　명성　높음　받기 전 에 데려갔다 하고 이익 없다

tuttu oci susai se jalgan nonggire. kemuni sure mergen ojoro
그러면　50　세　수명　더하겠다　아직　총명　지혜　이루기

unde gamaha seme ai　tusa.　tuttu oci ninju jalgan
전　데려갔다　하고　무슨　이익인가　그러면　60　수명

nonggire. kemuni niru beri be urebume tacire unde de gamaha
더하겠다　아직　활 화살 을 익히고 배우기 전 에 데려갔다

seme tusa akū. tuttu oci nadanju se jalgan nonggire.
하고　이익　없다　그러면　70　세　수명　더하겠다

kemuni narhūn weile be tacire unde de gamaha seme ai
아직 세밀한 일 을 배우기 전 에 데려갔다 하고 무슨

tusa.　tuttu oci jakūnju se jalgan nonggire. kemuni jalan
이익인가　그러면　80　세　수명　더하겠다　아직　세상

---

—— 。 —— 。 —— 。 ——

"콧물이 마르기도 전에 데려갔는데, 아무런 이익이 없다."
"그러면 서른 살로 수명을 더하겠다."
"아직 생각과 마음이 정해지기도 전에 데려갔는데, 무슨 이익인가?"
"그러면 마흔 살로 수명을 더하겠다."
"아직 명성과 지위를 받기도 전에 데려갔는데, 이익이 없다."
"그러면 쉰 살로 수명을 더하겠다."
"아직 총명함과 지혜를 이루기도 전에 데려갔는데, 무슨 이익인가?"
"그러면 예순 살로 수명을 더하겠다."
"아직 활과 화살을 익히고 배우기도 전에 데려갔는데, 이익이 없다."
"그러면 일흔 살로 수명을 더하겠다."
"아직 세밀한 일을 배우기도 전에 데려갔는데, 무슨 이익인가?"
"그러면 여든 살로 수명을 더하겠다."
"아직 세상

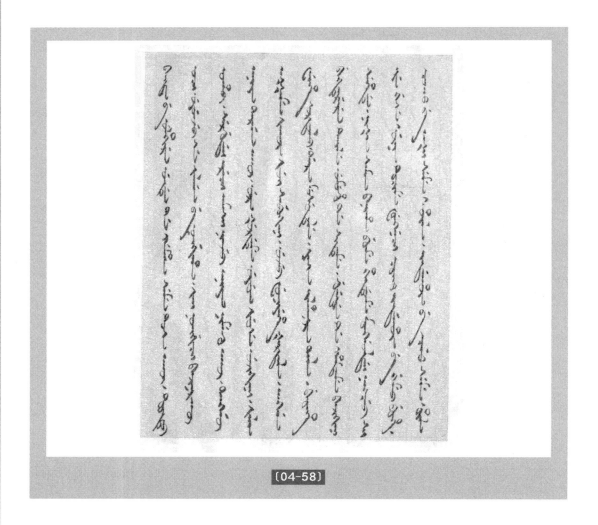

〔04-58〕

baita be ulhire unde de gamaha seme tusa akū. tuttu
일 을 알기 전 에 데려갔다 하고 이익 없다 그러

oci uyunju se jalgan be nonggiha, jai nonggici banjinarakū
면 90 세 수명 을 더했다 다시 더하면 살지 못하게

oho. sergudai ereci amasi ninju aniya nimeku akū tangū
되었다 sergudai 이로부터 후에 60 년 병 없고 100

aniya targa akū, ura sūrdeme uyun juse ujikini, jalan
년 불운 없이 엉덩이 주위에 9 아이들 기르게 하자 세상

aššame  jakūn  jui  sabukini,  uju funiyehe   šartala[201] angga
움직이며   8   아이 보게 하자   머리   털   희게 되도록   입

weihe   sorotolo   dara  musetele,  yasa ilhanara tala, bethe
이   누렇게 되도록 허리 굽게 되도록   눈 흐리게 되도록   발

bekterere  teile,  umuhu[202] de  siteme,  guweye[203] de hamtame banjikini.
비실거리기 까지   발등   에  오줌누고  발뒤꿈치  에 대변보며 살게 하자

sehede. nišan saman baniha bume hendume. monggoldai nakcu si
함에   nišan  샤먼   감사 드리고 말하기를   monggoldai nakcu 너

ere gese gūnin tucime fungneci coko indahūn be gemu buhe.
이 같이 생각 내고 封하니 닭   개 를 모두 준다

coko be aši seme  hūla, indahūn be ceo seme  hūla.
닭 을 aši 하고 불러라   개   를 ceo 하고 불러라

—— 。 —— 。 —— 。 ——

일을 알기도 전에 데려갔는데, 이익이 없다."

"그러면 아흔 살로 수명을 더하겠다. 다시 더하면 살지 못하게 된다. 그리고 서르구다이는 이로부터 앞으로 육십 년은 병이 없고, 백 년은 불운이 없으며, 슬하에 아홉 자식을 기르게 하겠다. 세상 움직이며 여덟 아들을 보게 하자겠다. 머리털이 희게 되도록, 이가 누렇게 되도록, 허리가 굽게 되도록, 눈이 흐릿하게 되도록, 발이 비실거릴 때까지, 발등에 오줌 누고, 발뒤꿈치에 대변보며 살게 하겠다."

하였다. 니샨 샤먼이 감사하며 말했다.

"몽골다이 낙추여, 그대가 이와 같이 생각을 내고 봉하니, 닭과 개를 모두 주겠다. 닭을 '아시' 하고 부르고, 개를 '처오' 하고 불러라."

---

201) šartala : šaratala의 방언으로 추정된다.
202) umuhu : umuhun의 방언으로 추정된다.
203) guweye : guye의 방언으로 추정된다.

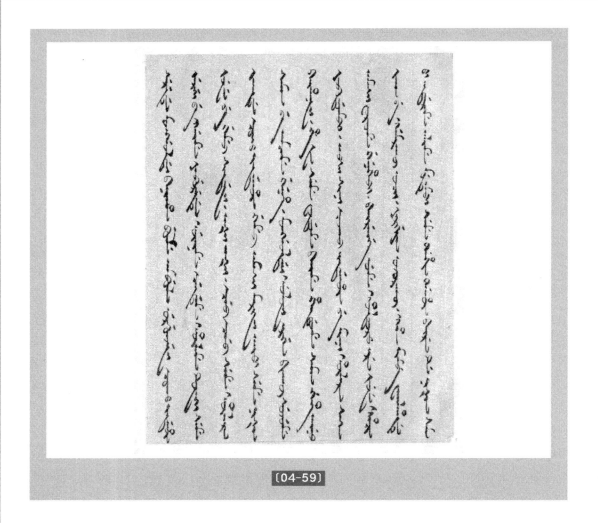

〔04-59〕

serede, monggoldai baniha bume, ambula urgunjefi, coko indahūn
함에   monggoldai 감사 드리고 매우 기뻐하고서 닭   개

jergi be gaime yaburede, gūnime   cendeme hūlame tuwaki seme,
등 을 데리고 감에  생각하기를 시험삼아 불러  보자 하고

juwe be gemu sindafi, aši, aši, ceo, ceo seme hūlara
 2  를 모두 놓고서 aši aši ceo ceo 하고 부를

jakade, coko indahūn gemu amasi marifi   aibi   seme nišan
 적에   닭   개   모두 뒤로 돌아서 웬일인가 하고 nišan

saman be amcame genehe. monggoldai golofi, ergen  biakū[204] sujume baihanafi,
샤먼 을 따라서  갔다  monggoldai 놀라서  숨 남김없이  달려  찾아가서

he fa seme fodome  baime hendume. saman gege  ainu
he fa 하고 헐떡이며 청하여 말하기를  샤먼  여인 어째서

yobodombi.  absi  sini coko indahūn be mini hūlara  sasa
희롱하는가 어째서 너의  닭   개  를 나의 부름 일제히

amasi forome  genehebi, bairengge ume holtoro ere juwe hacin
뒤로  향해서 가버렸는가 청하는 것 속이지 말라 이   2   가지

jaka be  gamarakū oci  yargiyan ojorakū. han mimbe wakalahade
것 을 데려가지 않으면 진실로 안 된다 왕   나를   나무람에

bi adarame alime mutembi. seme dahin dahūn baire de, nišan saman
나 어떻게 견딜 수 있겠는가 하고  3    4   청함 에 nišan 샤먼

── 。── 。── 。──

하니, 몽골다이가 감사하며 매우 기뻐했다. 닭과 개 등을 데리고 가면서 생각하기를, '시험 삼아 불러보자.' 하고는 모두 땅에 놓고서,
"아시 아시, 처오 처오."
하고 불렀다. 그러자 닭과 개가 모두 되돌아가서, '웬일인가?' 하고 니샨 샤먼을 따라 갔다. 몽골다이가 놀라서 숨도 쉬지 않고 달려가서 '헉, 헉.' 하고 헐떡이며 청하여 말했다.
"샤먼 여인이여, 어찌 희롱하는가? 어째서 당신의 닭과 개가 나의 부름에 일제히 뒤돌아서 가버리는가? 청컨대 속이지 말라. 이 두 가지를 데려가지 않으면, 진실로 안 된다. 대왕이 나를 나무람에 어떻게 견딜 수 있겠는가?"
하고 세 번 네 번 청하니, 니샨 샤먼이

---

204) biakū : bi akū로 되어야 한다.

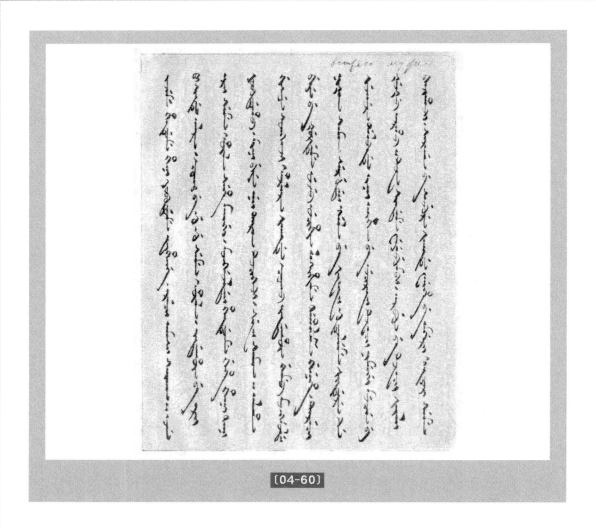

[04-60]

injeme hendume. heni yobodome efihengge ereci amasi saikan i    eje.
웃으며 말하기를 조금 희롱하여   논 것 이로부터 후에   잘   기억하라

bi sinde   alara.  coko be gugu seme hūla. iundahūn be eri
나 너에 알리겠다 닭 을 gugu 하고 불러라  개    를 eri

eri seme   hūla sehe manggi monggoldai hendume. gege  heni tani
eri 하고 불러라 한   후   monggoldai 말하기를 여인 아주 조금

yobodoho   mini beye nei taran tucikebi. sefi, saman i alaha
희롱하였다 나의  몸  땀  땀   나왔다 하고서 샤먼 의 말한

gisun songkoi hūlara jakade, coko indahūn gemu monggoldai
말　　대로　부를　적에　닭　개　모두 monggoldai

beyebe šurdeme uju ucihin[205] lasihime dahalame genehe. tereci
몸을　에워싸고 머리 꼬리　　흔들며　따라서　　갔다 그로부터

nišan saman sergudai gala be jafafi kutuleme jidere de
nišan 샤먼 sergudai 손 을 잡고서 끌고　　옴　에

jugūn dalbade ini　eihen[206] be ucirafi[207] tuwaci, nimenggi mucen be
길　가에 그의 남편　을 만나서　보니　기름　솥　을

šušu orho i tuwa sindame fuyebumbi. arbun be tuwaci jili
수수 풀 의 불　놓고　끓인다　모습을 보니 화

banjihabi. sargan be sabure jakade weihe be emgeri katur seme
났었다　아내를　볼　적에　이를 한번 katur 하고

—— ◦ —— ◦ —— ◦ ——

웃으며 말했다.

"조금 희롱하여 논 것이니, 앞으로 잘 기억하라. 내가 그대에게 알려주겠다. 닭을 '구구' 하고 부르고, 개를 '어리 어리' 하고 불러라."

하니, 몽골다이가 말했다.

"여인이 아주 조금 희롱하였는데, 내 몸은 땀으로 젖었다."

하고는 샤먼이 알려준 말대로 부르니, 닭과 개가 모두 몽골다이 몸을 에워싸고 머리와 꼬리를 흔들며 따라 갔다. 그로 부터 니샨 샤먼이 서르구다이의 손을 잡아끌고 가다가 길가에서 그의 남편을 만났다. 그는 기름 솥을 수숫대로 불 놓아 끓이고 있었다. 모습을 보니 화가 나있다. 아내를 보더니 이를 한번 '빠드득' 하고

---

205) ucihin : uncehen의 방언으로 추정된다.
206) eihen : eigen의 방언으로 추정된다.
207) ucirafi : ucarafi의 방언으로 추정된다.

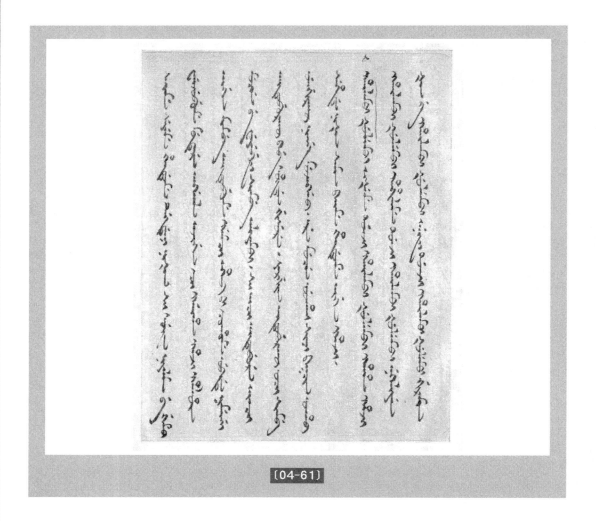

[04-61]

saime seyeme handume. dekdeni nišan si gūwa niyalma be gemu
물고 원망하며 말하기를 뜬 것의 nišan 너 다른 사람 을 모두

weijubume mutere anggala ajigen ci gaiha haji halhūn
되살릴 수 있고 뿐만 아니라 어릴 때부터 취한 사랑하고 뜨거운

eihen[208] mimbe aitubume gamaci eheo. bi cohome ubade nimenggi
남편 나를 살려서 데려가면 나쁜가 나 특별히 여기에 기름

mucen be fuyebufi simbe aliyambi. si eici aitubure eici
솥 을 끓이고 너를 기다린다 너 혹 살릴지 혹

---

208) eihen : eigen의 방언으로 추정된다.

artuburakū    babe   hūdun gisure yargiyan aituburakū oci simbe
구해주지 않을 것인지를 빨리 말하라 진실로 살리지 않으면 너를

unggirakū  ningge    mujanggo[209]. ere mucern uthai sini bakcin  oho.
보내지 않은 것   당연하지 않은가 이    솥    곧 너의 적수  되었다

sehede. nišan saman baime hendume. eijen    haji
 함에   nišan  샤먼 청하여 말하기를  남편 사랑하는

hailambi šulembi ekšeme  donji, hailambi šulembi haha    haji,
hailambi šulembi 서둘러 들어라 hailambi šulembi 남자 친애하는

hailambi šulembi hahilame donji. hailambi šulembi nekeliyen
hailambi šulembi  서둘러 들어라 hailambi šulembi    엷은

šan be, hailambi šulembi neifi   donji. hailambi šulembi giramin[210]
 귀 를  hailambi šulembi 열고 들어라 hailambi šulembi 두터운

—— ∘ —— ∘ —— ∘ ——

깨물고 원망하며 말했다.
"이름난 니샨, 네가 다른 사람을 모두 되살릴 수 있을 뿐만 아니라 어려서부터 너에게 장가든 사랑하고 다정한 남편인 나를 되살려서 데려가는 것은 나쁜 것인가? 내가 특별히 여기에서 기름 솥을 끓이면서 너를 기다리고 있었다. 너는 되살릴지 구해주지 않을지를 빨리 말하라. 진실로 되살리지 않는다면, 너를 보내지 않는 것이 당연하지 않겠는가? 이 솥이 즉시 너의 적수가 될 것이다!"
하니, 니샨 샤먼이 청하여 말했다.

"사랑하는 남편이여,        하일람비 슐럼비      서둘러 들어라.       하일람비 슐럼비
친애하는 남자여,         하일람비 슐럼비      서둘러 들어라.       하일람비 슐럼비
엷은 귀를            하일람비 슐럼비      열고 들어라.        하일람비 슐럼비

209) mujanggo : mujanggao의 방언으로 추정된다.
210) giramin : jiramin의 방언으로 추정된다.

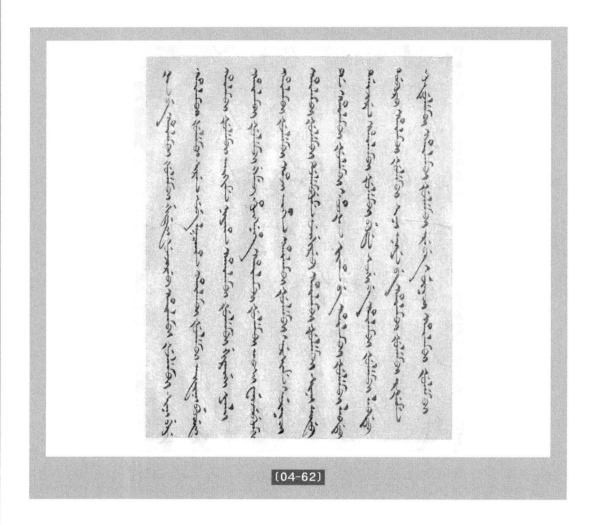

〔04-62〕

šan be, hailambi šulembi gidafi  donjireo, hailambi šulembi sini beye,
귀 를  hailambi šulembi 숨기고 듣겠는가 hailambi šulembi 너의 몸

hailambi šulembi siren sube  lakcaha. hailambi šulembi aifini bucefi,
hailambi šulembi 핏줄 근육 끊어졌다 hailambi šulembi 벌써 죽어서

hailambi šulembi aikime[211] niyaha, hailambi šulembi giranggi yali.
hailambi šulembi 마르고  썩었다 hailambi šulembi 뼈  살

---

211) aikime : akiyame의 방언으로 추정된다.

hailambi šulembi gemu hungkenehe[212], hailambi šulembi absi   weijubumbi
hailambi šulembi 모두   부서졌다      hailambi šulembi 어떻게 되살리겠는가

hailambi šulembi   haji   eihen[213] hailambi šulembi gūsime[214]   gūnici
hailambi šulembi 사랑하는 남편    hailambi šulembi 불쌍하게   생각하면

hailambi šulembi dulembume   unggireo, hailambi šulembi sini eifu
hailambi šulembi 지나게 하여 보내겠는가 hailambi šulembi 너의   묘

de, hailambi šulembi hoošan jiha be, hailambi šulembi labdu
에 hailambi šulembi   종이   돈 을 hailambi šulembi 많이

deijire,   hailambi šulembi buda sogi be, hailambi šulembi labdu
태우겠다 hailambi šulembi   밥   나물 을 hailambi šulembi 많이

doboro   hailambi šulembi sini eniye be, hailambi šulembi eršeme
바치겠다 hailambi šulembi 너의 어머니 를 hailambi šulembi 봉양하고

kutulembi[215], hailambi šulembi erebe   gūnici   hailambi šulembi
공양한다    hailambi šulembi 이를 생각하면 hailambi šulembi

—— ◦ —— ◦ —— ◦ ——

| | | | |
|---|---|---|---|
| 두터운 귀를 | 하일람비 슐럼비 | 숨기고 듣겠는가? | 하일람비 슐럼비 |
| 당신의 몸은 | 하일람비 슐럼비 | 핏줄과 근육이 끊어졌다. | 하일람비 슐럼비 |
| 오래 전에 죽어서 | 하일람비 슐럼비 | 마르고 썩었다. | 하일람비 슐럼비 |
| 뼈와 살이 | 하일람비 슐럼비 | 모두 부서졌다. | 하일람비 슐럼비 |
| 어떻게 되살리겠는가? | 하일람비 슐럼비 | 사랑스런 남편이여, | 하일람비 슐럼비 |
| 불쌍히 여겨서 | 하일람비 슐럼비 | 지나가게 보내주겠는가? | 하일람비 슐럼비 |
| 당신의 묘에 | 하일람비 슐럼비 | 종이돈을 | 하일람비 슐럼비 |
| 많이 태우겠다. | 하일람비 슐럼비 | 밥과 나물을 | 하일람비 슐럼비 |
| 많이 바치겠다. | 하일람비 슐럼비 | 당신의 어머니를 | 하일람비 슐럼비 |
| 모시고 봉양하니 | 하일람비 슐럼비 | 이를 생각하면 | 하일람비 슐럼비 |

212) hungkenehe : honggonoho의 방언으로 추정된다.
213) eihen : eigen의 방언으로 추정된다.
214) gūsime : gosime의 방언으로 추정된다.
215) kutulembi : kundulembi의 방언으로 추정된다.

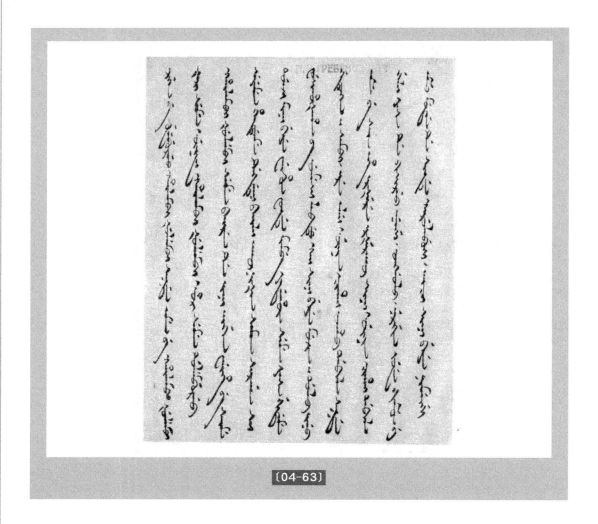

[04-63]

ergen be  guwebureo, hailambi šulembi sakda eme  be, hailambi šulembi
목숨 을 놓아주겠는가 hailambi šulembi 늙은 어머니 를  hailambi šulembi

šar seme  gūnifi  hailambi šulembi hor seme  dulembureo,
측은하게 생각해서 hailambi šulembi 획  하고 지나게 하겠는가

hailambi šulembi. seme baire de, ini  eigen weihe be  saime
hailambi šulembi 하고 청함 에 그의 남편  이  를 악물고

seyeme  hendume. dekdeni  baili akū  nišan saman sargan si
원망하며 말하기를 뜬 것의 정  없는 nišan 샤먼  아내 너

donji.　mini beye weihun fonde mimbe yadahūn seme yasa gidame
들어라 나의　몸　살았던　때에　나를　가난하다 하여　눈　덮고

fusihūšaha ba umesi labdu kai, sini beye mujin i dolo　inu
낯잡아본 바 매우　많구나　너의　몸　마음 의 속　또한

getuken i sambi, ere　elei　gūnin　cihai　　oho　dabala, sakda
분명히　　안다　이　대부분 생각　생각대로 되었을 따름　늙은

eme　be sain　ehe　eršeme　　eršerakū　　sini gūnin　cihai dabala,
어머니 를 좋고 나쁘게 봉양하고 봉양하지 않음 너의 생각 생각대로 따름

geli yasa de bisireo. enenggi onggolo nergin juwe kimun be
또한 눈 에 있겠는가 오늘　이전의　기회　2　원수 를

emu mudan de sinde karulabuki, eici sini beye nimenggi
한　번　에 너에　되갚자　혹 너의 몸　기름

──── ° ──── ° ──── ° ────

| | | | |
|---|---|---|---|
| 목숨을 놓아주겠는가? | 하일람비 슐럼비 | 늙은 어머니를 | 하일람비 슐럼비 |
| 측은히 여겨서 | 하일람비 슐럼비 | '획' 지나가게 하겠는가? | 하일람비 슐럼비" |

하니, 그의 남편이 이를 악물고 원망하며 말했다.
"경박하고 정 없는 니샨 샤먼, 나의 아내인 너는 들어라. 내 몸이 살아있을 때에, 나를 가난하다 하여 눈 덮고 낯잡아본 적이 매우 많았다. 너의 몸과 마음속을 분명히 알고 있으니, 이는 대부분 생각대로 되었을 따름이다. 늙은 어머니를 좋아하거나 싫어하거나, 봉양하거나 봉양하지 않는 것은 너의 생각대로일 따름이니, 또한 눈에 있겠는가? 오늘과 지난번의 두 원한을 한 번에 너에게 되갚고자 한다. 네가 스스로 기름

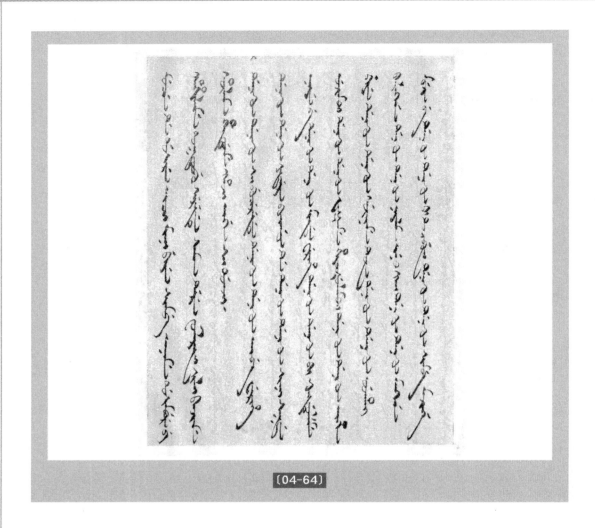

[04-64]

mucen de  dosire, eici mini beye simbe aname   dosimbure  be
솥  에 들어갈지 혹 나의 몸   너를  밀어  들어가게 할지 를

hahilame toktobu. serede, saman dere  fularafi, jili banjifi,
서둘러 정하라   함에    샤먼  얼굴 붉히고서 화 내고서

hūlame hendume.   haji  eihen[216] si  donji.
부르며 말하기를 사랑하는 남편    너 들어라

denikun denikun si bucerede, denikun denikun  aibe  werihe,
denikun denikun 너  죽음에   denikun denikun 무엇을  남겼나

---

216) eihen : eigen의 방언으로 추정된다.

denikun denikun yadara boigonde, denikun denikun sini sakda
denikun denikun 가난한　집에　　denikun denikun 너의 늙은

eniye　be, denikun denikun minde werihe, denikun denikun bi kunduleme
어머니 를 denikun denikun 나에　남겼다 denikun denikun 나 공양하고

ujimbi,　denikun denikun faššame hiyoošulambi, denikun denikun eigen
봉양한다 denikun denikun　힘써　　孝順한다　denikun denikun　남편

beye, denikun denikun gūnime tuwa, denikun denikun uthai
　몸　denikun denikun 생각해 보라 denikun denikun　곧

balingga[217], denikun denikun niyalma inu kai. denikun denikun mangga
정 많은　　denikun denikun　사람 이로구나 denikun denikun　강한

mujin be dinikun denikun bi tucibufi, denikun denikun simbe majige,
마음 을 denikun denikun 나 내어서　denikun denikun 너를　조금

——　。——　。——　。——
솥에 들어갈지, 아니면 내가 직접 너를 밀어서 들어가게 할지를 서둘러 정하라."
하니, 샤먼이 얼굴을 붉히며 화를 내고 부르며 말했다.

"사랑하는 남편이여, 들어라.　더니쿤 더니쿤　　당신이 죽을 적에　더니쿤 더니쿤
무엇을 남겼는가?　　　　더니쿤 더니쿤　　가난한 집에　　　더니쿤 더니쿤
당신의 늙은 어머니를　　　더니쿤 더니쿤　　나에게 남겼다.　　더니쿤 더니쿤
내가 공양하고 봉양한다.　　더니쿤 더니쿤　　힘써 효도한다.　　더니쿤 더니쿤
남편 스스로　　　　　　　더니쿤 더니쿤　　생각해 보라.　　　더니쿤 더니쿤
당신은 곧 정 많은　　　　더니쿤 더니쿤　　사람이로구나.　　더니쿤 더니쿤
강하게 마음을　　　　　　더니쿤 더니쿤　　내가 내어서　　　더니쿤 더니쿤

217) balingga : bailingga의 방언으로 추정된다.

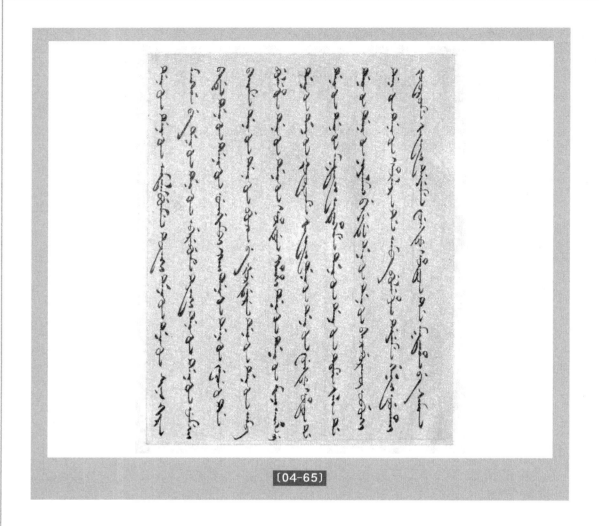

[04-65]

denikun denikun amtalambume tuwaki, denikun denikun sini  kira[218]
denikun denikun 맛보게 하여  보자   denikun denikun 너의 굳고

mangga be, denikun denikun eberebume[219] tuwaki, denikun umesi
 강함 을  denikun denikun 쇠하게 하여     보자   denikun 심한

bade, denikun denikun unggimbi kai. denikun denikun weceku de
곳에  denikun denikun 보내는구나   denikun denikun 神靈 에

---

218) kira : cira의 방언으로 추정된다.
219) eberebume : eberembume의 방언으로 추정된다.

baime, denikun denikun bujan be šurdere, denikun denikun amba
청하고 denikun denikun  숲 을 맴도는  denikun denikun  큰

bulehun[220] denikun hūdun hahi, denikun denikun mini eihen[221],
　학　　　 denikun  빨리 급히 denikun denikun  나의 남편

denikun denikun šoforome jafafi, denikun denikun fungtu hoton[222] de,
denikun denikun 잡아채어 잡고서 denikun denikun fungtu  성　　에

denikun denikun maktafi enteheme, denikun denikun tumen jalan de,
denikun denikun 던져서　영원히　denikun denikun　만　대 에

denikun denikun niyalmai beyede, denikun denikun　banjiburakū　obuki,
denikun denikun 사람의　몸에　denikun denikun 태어나지 못하게 하자

denikun denikun. hūlara de amba bulehan[223] deyeme genefi uthai
denikun denikun 부름 에 큰　　학　　날아 와서 즉시

šoforome jafafi, deyeme fungtu hoton de maktaha be saman
잡아채어 잡고서 날아 fungtu 성　에 던진 것 을 샤면

— ◦ —— ◦ —— ◦ ——

| | | | |
|---|---|---|---|
| 너를 조금 | 더니쿤 더니쿤 | 맛보게 해 보자. | 더니쿤 더니쿤 |
| 너의 단단하고 강함을 | 더니쿤 더니쿤 | 쇠하게 해 보자. | 더니쿤 더니쿤 |
| 지독한 곳에 | 더니쿤 더니쿤 | 보내겠도다. | 더니쿤 더니쿤 |
| 신령에게 청하니, | 더니쿤 더니쿤 | 숲을 맴도는 | 더니쿤 더니쿤 |
| 큰 학이여, | 더니쿤 더니쿤 | 급히 빨리 | 더니쿤 더니쿤 |
| 나의 남편을 | 더니쿤 더니쿤 | 잡아채서 | 더니쿤 더니쿤 |
| 풍도성(酆都城)에 | 더니쿤 더니쿤 | 영원히 던져서 | 더니쿤 더니쿤 |
| 만 대에 걸쳐 | 더니쿤 더니쿤 | 사람의 몸으로 | 더니쿤 더니쿤 |
| 태어나지 못하게 하자. | 더니쿤 더니쿤" | | |

하고 부르니, 큰 학이 날아와서 즉시 남편을 잡아채고 날아서 풍도성에 던졌다. 샤먼이

---

220) bulehun : bulehen의 방언으로 추정된다.
221) eihen : eigen의 방언으로 추정된다.
222) fungtu hoton : 酆都地獄의 만주어 표현이다.
223) bulehan : bulehen의 방언으로 추정된다.

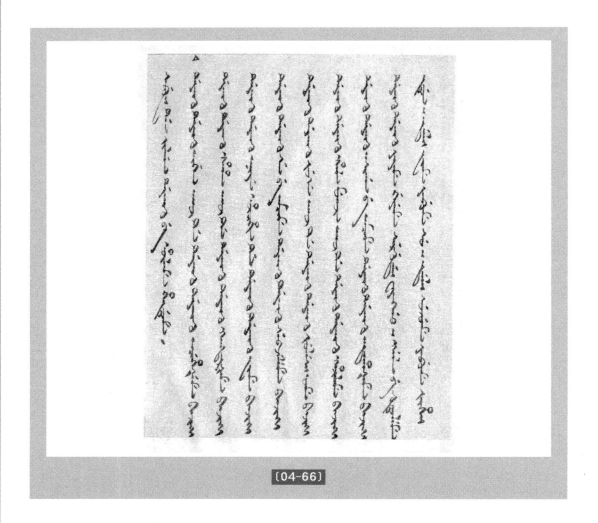

[04-66]

sabufi, den jilan deyangku be hūlame hendume.
보고서 높은 소리 deyangku 를 부르며 말하기를

deyangku deyangku eigen akū de, deyangku deyangku encehešeme banjiki
deyangku deyangku 남편 없음 에 deyangku deyangku 아첨하며 살자

deyangku deyangku haha akū de, deyangku deyangku kangtaršame banjiki
deyangku deyangku 남자 없음 에 deyangku deyangku 고개 들고 살자

deyangku deyangku eniye hūcihin[224] de, deyangku deyangku efime banjiki,
deyangku deyangku 어머니 친척 에 deyangku deyangku 즐기며 살자

---

224) hūcihin : hūncihin의 방언으로 추정된다.

deyangku deyangku se be amcame, deyangku deyangku sebjeleme banjiki,
deyangku deyangku 歲 를 좇아서 deyangku deyangku 기뻐하며 살자

deyangku deyangku juse akū de, deyangku deyangku julesi ome banjiki,
deyangku deyangku 아들 없음 에 deyangku deyangku 앞으로 되어 살자

deyangku deyangku hala mukūn akū de, deyangku deyangku hajilame bajiki,
deyangku deyangku 姓 일족 없음 에 deyangku deyangku 사이좋게 살자

deyangku deyangku asigan be amcame, deyangku deyangku antahašame banjiki,
deyangku deyangku 젊은이 를 좇아서 deyangku deyangku 손님처럼 살자

deyangku deyangku yayame[225] geyeme sergudai fiyanggū i gala be kutuleme,
deyangku deyangku 읊조리며 새기며 sergudai fiyanggū 의 손 을 이끌고

edun i adali efime yabume su i adali sujume yabume jihei
바람 같이 즐기고 다니며 회오리바람 같이 뛰어 다니며 오면서

—— ◦ —— ◦ —— ◦ ——

보고서 높은 소리로 더양쿠를 부르며 말했다.

"더양쿠 더양쿠 남편이 없으니          더양쿠 더양쿠 아첨하며 살자.
더양쿠 더양쿠 남자 없으니            더양쿠 더양쿠 고개 들고 살자.
더양쿠 더양쿠 어머니 친척과          더양쿠 더양쿠 즐기며 살자.
더양쿠 더양쿠 나이에 따라            더양쿠 더양쿠 기뻐하며 살자.
더양쿠 더양쿠 아이들 없으니          더양쿠 더양쿠 앞서게 되어 살자.
더양쿠 더양쿠 일족이 없으니          더양쿠 더양쿠 사이좋게 살자.
더양쿠 더양쿠 젊은이를 좇아          더양쿠 더양쿠 손님처럼 살자.
더양쿠 더양쿠"

하고 읊조리며 새겼다. 그리고 서르구다이 피양구의 손을 이끌고 바람처럼 즐겁게 다니다가, 회오리바람처럼 뛰어다니면서 왔다.

──────────────

225) yayame : yayadame의 방언으로 추정된다.

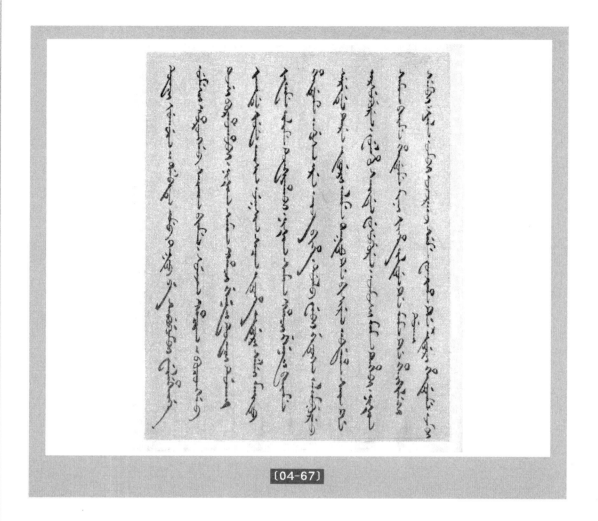

〔04-67〕

tuwaci. jugūn i dalbade emu taktu be sabubumbi. weilehengge
 보니   길 의 가에   한 누각 을 보게된다   지은 것

umesi horonggo saikan bime, sunja hacin i boconggo
매우 위엄있고 아름다우며   5  가지 의   색

tugi   borhohobi. nišan saman hanci genefi tuwaci, dukai
구름 포개어 있다 nišan 샤먼 가까이 가서   보니 문의

jakade juwe aisin uksin saca etuhe enduri selei  maitu
 곁에   2  금  갑옷 투구 입은 신   쇠의 몽둥이

jafame ilime tuwakiyahabi. nišan saman hanci genefi baime
　잡고　서서　지키고 있다　 nišan　샤먼　가까이　가서　청하여

hendume. agusa ere aiba bihe. dolo　webi　　getuken alambureo.
말하기를　agu들　이　어느 곳인가　안　누가 있는가　명백히 알려주겠는가

serede. tere enduri　alame. taktu de bisire abdaha sain de
　함에　그　신　말하기를　누각　에　있는　잎　좋음　에

arsubure fulhu[226)]　sai[227)]　de　　fusubure[228)]　omosi mama　　tehebi.　nišan
싹틔우는 새싹　　좋음　에 잘 자라게 하는 omosi mama　살고 있다　 nišan

saman baime hendume. mini jihe ildun de mama de hengkileki
　샤먼　청하여 말하기를　나의 온 기회 에　mama 에　　절하자

sembi, yala ombi　　ojorakū.　seme fonjiha de dukai enduri hendume. ombi.
　한다　과연 되는가 되지 않는가 하고 물음 에 문의　신　말하기를 된다

―― 。 ―― 。 ―― 。 ――

오면서 보니, 길가에 한 누각이 보인다. 지은 것이 매우 위엄이 있고 아름다우며, 오색구름이 포개어져 있다. 니샨 샤먼이 가까이 가서 보니, 문 옆에 금으로 된 갑옷을 입고 투구를 쓴 두 신이 쇠로 된 몽둥이를 잡고 서서 지키고 있다. 니샨 사먼이 가까이 가서 청하여 말했다.

"아구들, 이곳은 어떤 곳입니까? 안에 누가 있습니까? 자세히 알려주겠습니까?"

하니, 그 신이 말했다.

"누각에는 잎을 좋게 잘 싹틔우고, 새싹을 좋게 잘 자라게 하는 오모시 마마가 살고 있다."

니샨 샤먼이 청하여 말했다.

"내가 온 김에 마마께 인사드리고자 한다. 과연 되겠는가, 안 되겠는가?"

하고 물으니, 문을 지키던 신이 말했다.

"된다."

---

226) fulhu : fulhun의 방언으로 추정된다.
227) sai : sain의 잘못으로 추정된다.
228) fusubure : fusebure의 방언으로 추정된다.

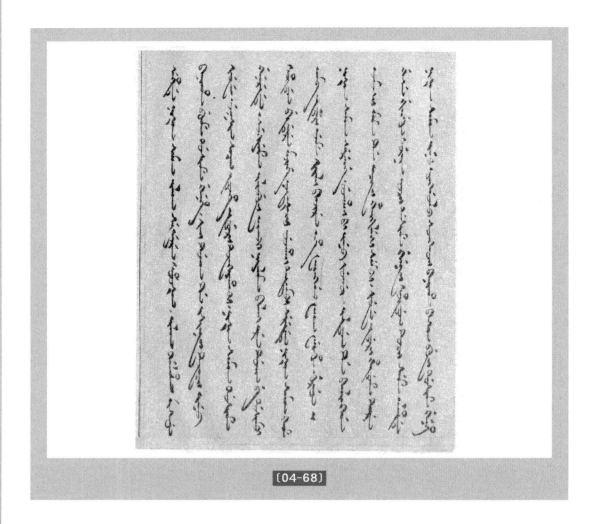

[04-68]

sehede, nišan saman ilan sefere hoašan, ilan dalgan misun
함에   nišan 샤먼  3  뭉치  종이  3  덩이  醬

baniha bume dosime genehe. jai  duka de  isinafi. tuwaci inu
사례 주고  들어  갔다 다시 문 에 도착하여 보니 또한

juwe uksin saca etuhe enduri tuwakiyahabi. nišan saman dosime
 2  갑옷 투구 입은 신   지키고 있다 nišan 샤먼  들어

generede esukiyeme ilibufi, aibi niyalma  balai ere duka be  dosimbi.
 감에   꾸짖으며 세우고 어디  사람  함부로 이  문 을 들어오는가

hūdun bedere    majige   notašaci[229] uthai tantambi. serede, nišan saman baime
빨리 돌아가라 조금이라도 진입하면   즉시 때린다  함에  nišan 샤먼 청하기를

amba enduri ume jili banjre,  ehe fainggo[230] waka, weihun gurun  i
큰   신  화 내지 말라  나쁜  혼     아니다  산   나라  의

nišan saman serenge uthai bi  inu. jugūn ildun de bailingga
nišan 샤먼  하는 것  곧  나 이다  길  기회 에  자비로운

omosi mama de   acafi henkileki sembi. juwe enduri hendume. tere
omosi mama 에 만나서 절하자  한다  2   신  말하기를   그

gese  ginggun   gūnin oci, dosime genefi hūdun tuci.  seme alahade,
같은  공경스러운  생각 이면  들어  가서  빨리 나오라 하고 말함에

nišan saman inu onggolo songkoi baniha basan[231] bufi, dosime genehe.
nišan 샤먼 또한 전의  처럼  사례  삿  주고  들어  갔다

—— ◦ —— ◦ —— ◦ ——

하므로, 니샨 샤먼이 세 뭉치의 종이와 세 덩이의 장을 사례로 주고 들어갔다. 다시 문에 다다라서 보니, 또 갑옷 입고
투구를 쓴 두 신이 지키고 있다. 니샨 샤먼이 들어가려고 하니 세우고 꾸짖으며 말했다.
"어디 사람이 함부로 이 문을 들어가는가? 빨리 돌아가라. 조금이라도 들어가면 즉시 때린다."
하니, 니샨 샤먼이 청했다.
"큰 신이시여, 화내지 마십시오. 저는 나쁜 혼이 아닙니다. 이승의 니샨 샤먼이라는 이가 곧 저입니다. 길 가던 김에 자
비로운 오모시 마마를 만나 인사드리고자 합니다."
두 신이 말했다.
"그와 같은 공경스러운 생각이라면, 들어갔다가 빨리 나오너라."
하니, 니샨 샤먼은 또 전처럼 사례로 삿을 주고 들어갔다.

229) notašaci : 의미상으로 볼 때, nushuci의 잘못으로 추정된다.
230) fainggo : fayangga의 방언으로 추정된다.
231) basan : basa와 같다.

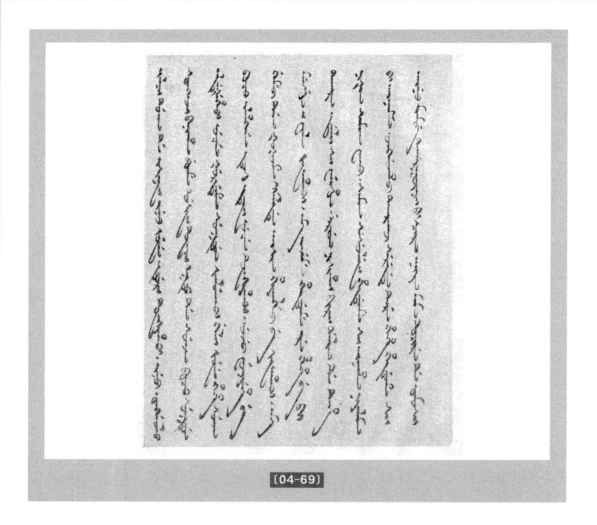

〔04-69〕

ilaci    duka de  isinafi,  inu juwe enduri tuwakiyahabi. inu onggolo
세 번째 문 에 도착하니 또  2    신  지키고 있다 또  전의

songkoi baniha bume  dosifi  tuwaci,  taktu de sunju boco sukdun
처럼 사례 주고 들어가서 보니 누각 에  5  색  기운

eldešehebi.  uce šurdeme sukdun    jalukabi.  geli juwe hehe sunja
빛나고 있다 문 둘러서  기운 가득차 있다 또  2 여인 5

boco ilhangga etuku etufi uce tuwakiyahabi. uju funiyehe be
색 꽃무늬의 옷  입고 문 지키고 있다 머리  털  을

gemu den  šošome gala de aisin hiyanglu be  jafahabi, emke
모두 높이 올려묶고 손 에 금    향로   를 잡고 있다 한 개

menggun i  fila jafahabi,   emke injeme hendume. ere hehe be bi
  은  의 접시 잡고 있다 한 사람 웃으며 말하기를 이 여인 을 나

takara adali, si weihun gurun nisihai birai dalin de tehe
알 것 같다 너  산   나라 nisihai 강의 가 에 사는

nišan saman wakao. saman sesulafi hendume. si ainaha niyalma.
nišan 샤먼 아닌가  샤먼  놀라서 말하기를 너 어떤 사람인가

bi ainame onggoho  takarakū.   serede, tere hehe hendume. si
나 아무래도 잊었다 알지 못하겠다  함에   그 여인 말하기를 너

ainu  mimbe takarakūnii[232]. bi cara aniya mama tucire de omosi
어째서 나를 알지 못하는가   나 지난  해  mama 나올 적에 omosi

—— 。—— 。—— 。——

세 번째 문에 도착하니, 역시 두 신이 지키고 있다. 또 이전처럼 사례를 주고 들어가서 보니, 누각에 오색 기운이 빛나고 있고, 문을 둘러서 기운이 가득 차 있다. 또 두 여인이 오색 꽃무늬 옷을 입고 문을 지키고 있는데, 모두 머리를 높이 올려서 묶었고, 손에는 금향로를 잡고 있다. 은 접시 하나를 들고 있는 한 사람이 웃으며 말했다.
"이 여인을 내가 알 것 같다. 너는 이승의 니시하이 강가에 사는 니샨 샤먼이 아닌가요?"
샤먼이 놀라서 말했다.
"당신은 누구십니까? 저는 아무래도 잊어버린 듯 하여 알지 못하겠습니다."
하니, 그 여인이 말했다.
"너는 어찌 나를 알지 못하는가? 나는 지난해에 천연두가 창궐할 때 오모시

---

232) takarakūnii : takarakūni의 잘못으로 추정된다.

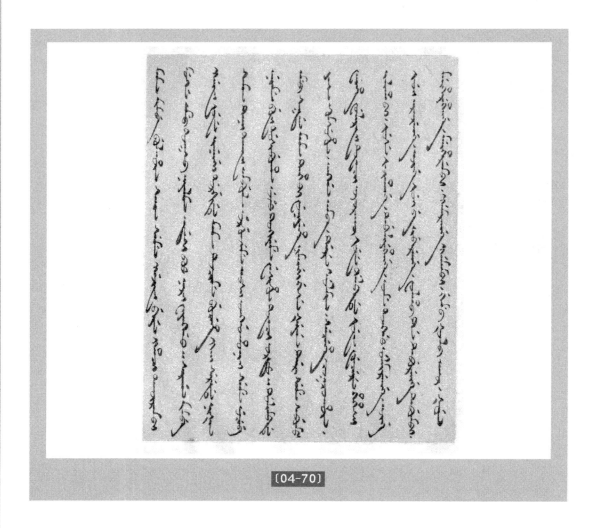

[04-70]

mama mimbe  bolhūn[233] sain seme gajifi. beye  hanci  takūrambi.
mama 나를  깨끗하고  좋다 하여 데려와 몸 가까이 부린다

muse emu tokso niyalma adaki boo nari fiyanggo i sargan mimbe
우리  한 장원  사람  이웃  집 nari 피양구 의 아내  나를

gaifi,  juwe inenggi dorgide mama tucime bucehe kai. serede, nišan
취하고 2  일  안에 mama 나서  죽었도다 함에 nišan

---

233) bolhūn : bolhon(=bolgon)의 방언으로 추정된다.

saman teni takafi, ambula urgunjeme, absi onggohonii²³⁴⁾ seme uce be
샤먼 비로소 알아보고 매우 기뻐하며 어떻게 잊었겠는가 하고 문 을

neime bufi dosibuha²³⁵⁾. uju tukiyeme wesihun tuwaci, ordoi dulimbade
열어 주고 들게 하였다 머리 치올려 위로 보니 전각의 중간에

emu sakda mama tehebi, funiyahe nimanggi gese šeyen der seme sabumbi.
한 늙은 mama 앉아있다 머리털 눈 처럼 새하얗고 회게 보인다

yasa kumsuhun²³⁶⁾, angga amba, dere golmin, sencehe cokcohūn²³⁷⁾,
눈 굽고 입 크고 얼굴 길고 아래턱 튀어나오며

weihe fularfi²³⁸⁾, tuwaci ojorakū. juwe dalbade juwan funcere hehesi
이 붉어져서 볼 수 없고 양 곁에 10 餘의 여인들

illihabi, juse jajihangge²³⁹⁾ tebeliyehengge ome²⁴⁰⁾ tonggo ulmirengge, ajige
서 있다 아이들 업은 이 안은 이 구멍 줄 꿰매는 이 작은

jui ararangge, ajige jui be iberengge. fulho²⁴¹⁾ de teburengge tebumbi.
아이 만드는 이 작은 아이 를 내오는 이 자루 에 넣는 이 넣는다

meiherehengge meiherembi. gamarangge gamambi, gemu šolo akū, šun
메는 이 멘다 가지고 가는 이 가지고 간다 모두 틈 없이 해

─── ° ─── ° ─── • ───

마마께서 나를 깨끗하고 좋다고 하여 이곳으로 데려와 몸 가까이 두고 부린다. 우리 한 마을 사람인 이웃집의 나리 피양고의 아내가 나를 데려갔는데, 이틀도 안 되어 천연두를 앓다가 죽었다."

하니, 니샨 샤먼이 비로소 알아보고는 매우 기뻐하며 말했다.

"어찌 잊었겠습니까?"

하니, 문을 열어 주고 들어가게 하였다. 머리를 들어 올려 위로 보니, 전각의 중간에 한 늙은 마마가 앉아 있다. 머리카락이 눈처럼 새하얗고 회게 보인다. 눈은 굽고 입은 크며, 얼굴은 길고 아래턱은 튀어나오며, 이는 붉어서 볼 수가 없다. 양 곁에는 십여 명의 여인들이 서 있는데, 아이를 업은 사람, 안은 사람, 구멍에 줄 꿰는 사람, 작은 아이 만드는 사람, 작은 아이를 내오는 사람이다. 또 자루에 넣는 사람은 넣고 있고, 메고 있는 사람은 메고 있고, 가지고 가는 사람은 가지고 간다. 모두 쉴 틈 없이 해

234) onggohonii : onggoho ni의 잘못으로 추정된다.
235) dosibuha : dosimbuha의 방언으로 추정된다.
236) kumsuhun : kumcuhun의 방언으로 추정된다.
237) cokcohūn : cokcohon의 방언으로 추정된다.
238) fularfi : fularafi의 방언으로 추정된다.
239) jajihangge : jajahangge의 방언으로 추정된다.
240) ome : '穴'의 의미인 omi의 잘못 또는 방언으로 추정된다.
241) folho : fulhū의 방언으로 추정된다.

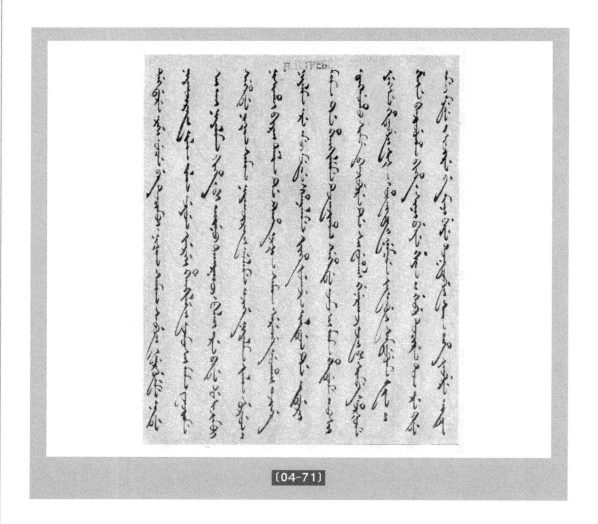

[04-71]

dekdere ergi uce be tucimbi. nišan saman sabufi ferguweme nade
뜨는  쪽  문 을  나간다  nišan  샤먼  보고  기이하여  땅에

niyakūrafi, ilan ilan uyun jergi hengkilefi omosi mama fonjime.
무릎 꿇고  3   3   9   번  절하니   omosi mama 묻기를

si  ai  niyalma bihe. bi  ainu      takarakū.     balai  ere  bade dosinjimbi.
너 무슨  사람  인가  나 어째서  알아보지 못하는가  함부로  이 곳에  들어오는가

sehede, nišan saman niyakūrafi  ulame.  ajige niyalma jalan gurun i
함에    nišan  샤먼  무릎 꿇고 전하기를  작은  사람   세상  나라 의

nisihai birai dalin de tehe nišan saman serengge uthai ajige
nisihai 강의 가 에 사는 nišan 샤먼 하는 것 곧 작은

niyalma, ere emu mudan hacilame jihe jugūn ildun de enduri
사람 이 한 번 여러 가지로 온 길 기회 에 신

mama de hengkileme tuwanjiha. sehede omosi mama hendume. absi
mama 에 절하러 찾아왔다 함에 omosi mama 말하기를 어떻게

onggoho, simbe banjirede si fuhali generakū ofi, bi simbe horšome
잊었겠는가 너를 나게 함에 너 끝내 가지 않겠다 하여 나 너를 위세 있도록

yekse hetebufi, siša hūwaitafi, yemcen[242] jafabufi, samdabume efin i
모자 씌우고 방울 매고 남수고 잡히고 신 내리게 하고 놀이 의

gese banjibuha bihe. sini beye giyan i gebu tucire ton, ere bade
같이 살게 하였다 너의 몸 마땅히 이름 드러날 운수 이 곳에

emu mudan isinjire be mini beye toktobufi, sain ehe yabure eiten
한 번 다다르기 를 나의 몸 정하게 하고 선 악 행하는 모든

— ° — ° — ° —
뜨는 쪽 문으로 나간다. 니샨 샤먼이 보고 기이해하며 땅에 무릎 꿇고 아홉 번을 절 하니, 오모시 마마가 물었다.
"너는 어떤 사람인가? 내가 어찌 알아보지 못하는가? 어찌 함부로 이곳에 들어오는가?"
하니, 니샨 샤먼이 무릎을 꿇고 말했다.
"소인은 이승의 니시하이 강가에 사는 니샨 샤먼이 곧 저입니다. 이번에 여러 가지 일로 이곳에 한 번 온 김에 마마 신께 절하러 찾아 왔습니다."
하니, 오모시 마마가 말했다.
"어떻게 잊었겠는가? 너를 태어나게 할 때, 네가 끝내 이승에 가지 않겠다고 하여 내가 너를 위세 있게 모자 씌우고, 방울 매고, 남수고 잡히고, 신 내리게 하여 마치 놀이처럼 살게 하였다. 너는 분명히 이름이 드러날 운명이다. 이곳에 한번 이르게 된 것도 내가 정한 것인데, 선악을 행하는 모든

---

242) yemcen : imcin의 방언으로 추정된다.

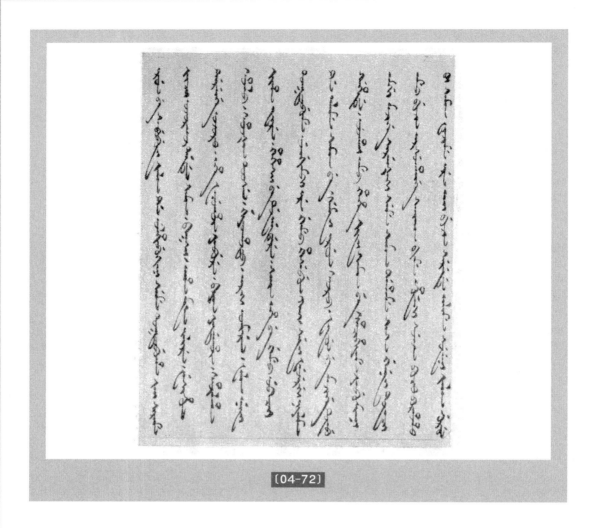

〔04-72〕

erun be sabubufi, jalan de ulhibukini seme toktobuha,　jai sirame
형벌 을 보게하여 세상 에 알게 하자 하고 정해졌다 다시 이어

jici ojirakū　dade saman baksi aha　mafa　　ilire,　wesihun
오면 안 된다 본래　샤먼　박시 하인 할아버지 서는 것　귀하고

derengge ojoro,　　ehe　facuhūn　yabure. bayan, yadahūn, hūlha
영광있게 되는 것 나쁘고 혼란하게 행하는 것 부자 가난한 자　盜

holo, hoošan[243], toose[244] giyohoto[245], arki omire, falan neifi
賊 화상 도사 걸인 소주 마시는 것 바닥 열고

jiha efire, hehesi be dufendere[246], sain ehe be gemu ubaci
돈 노는 것 여인들 을 탐닉하는 것 선 악 을 모두 여기에서

toktobume unggimbi, ere gemu hesebun kai. sefi fejergi niyalma
정해서 보낸다 이 모두 천명이로다 하고 아래 사람

de alame. saman be gamafi. erun koro fafun be majige tuwabu.
에 말하기를 샤먼 을 데려가서 형벌 법도 를 조금 보이라

sehede, uthai emu hehe jifi saman be hacihiyame, yabu, mini
함에 즉시 한 여인 와서 샤먼 을 재촉해서 가라 나의

emgi majige sargašaki. seme saman dahame, sasa genefi tuwaci,
함께 조금 구경다니자 하고 샤먼 따라서 함께 가서 보니

emu bujan arsuhangge saikan bime huweki sunja boco borhoho
한 숲 싹튼 것 아름답게 있고 비옥한 5 색 겹쳐져

bi. saman fonjime. ere ai bujan serede, alame. suweni jalan gurun
있다 샤먼 묻기를 이 무슨 숲인가 함에 말하기를 너희의 세상 나라

—— 。 —— 。 —— 。 ——

형벌을 보게 하여 세상에서 알게 하고자 정한 것이다. 다시 이곳에 이어서 오면 안 된다. 본래 샤먼, 박시, 하인, 할아버지가 서는 것, 귀하고 영광되게 되는 것, 악행과 혼란을 행하는 것, 부자, 가난한 자, 도적, 화상, 도사, 걸인, 술 마시는 것, 바닥 열고 돈놀이하는 것, 여인들을 탐닉하는 것, 선악 등을 모두 여기에서 정해서 보낸다. 이는 모든 것들이 천명이로다."
하고 아랫사람에게 말했다.
"샤먼을 데려가서 형벌과 법도를 조금 보게 하라."
하니, 즉시 한 여인이 와서 샤먼을 재촉했다.
"가자. 나와 함께 조금 구경을 다니자."
하여 샤먼이 따라서 함께 가서 보니, 한 숲에 싹이 돋아난 것이 아름답고 비옥하며, 오색이 겹쳐져 있다. 이것을 보고 샤먼이 물었다.
"이것은 무슨 숲입니까?"
하니 말했다.
"너희들의 세상

---

243) hoošan : hūwašan의 방언으로 추정된다.
244) toose : doose의 방언으로 추정된다.
245) giyohoto : giohoto의 방언으로 추정된다.
246) dufendere : dufedere의 방언으로 추정된다.

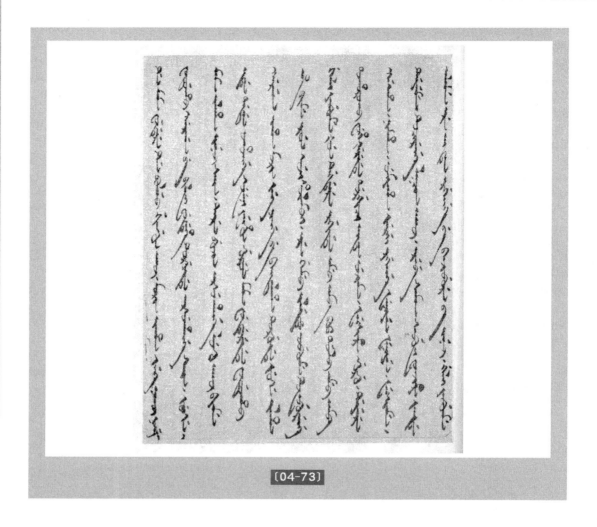

[04-73]

de mama fudere de  bolgo ginggun  akū[247] morin ihan  jekeakū ningge
에 mama 보냄 에 깨끗함 공경 다하여     말   소 먹지 않은 것

fodoho gargan be  bilafi fudehe turgunde arsuhangge sain.  juse  i
버들  가지 를 꺾어서 보낸  까닭에   싹튼 것 좋다 아이들의

mama ilha inu  sain, tere bujan arfuhangge   luku  akū   bime
mama 꽃 역시 좋다 그   숲   싹 튼 것 무성하지 않게 되고

---

247) akū : akūbume의 의미로 쓰인 듯하다.

eden dadan[248] ohongge suweni weihun gurun mama fuderede, fodoho
불구 불구자   된 것 너희의   산   나라 mama 보냄에   버들

gargan ihan morin jeke ningge be baitalaha turgunde,   juse ilha
가지 소 말 먹은 것 을   쓴   까닭에 아이들 꽃

ehe   bime erun sui hūlambi. ere gemu iletu   obume tuwaburengge.
나쁘게 되고 죄업 부른다 이 모두 명백히 하여   보게하는 것

geli yabume šun dekdere ergi de emu amba boo dolo emu amba
또   가서 해 뜨는 쪽 에 한 큰   집 안 한 큰

tohoroko[249] fuhešerede dorgici eiten ujima, feksire gurgu. deyere
굴렁돌     구름에   속에서 모든 가축   달리는 짐승   나는

gasha. nimaha umiyaha jergi ergengge feniyen feniyen feksime
새   물고기 벌레   등   산 것   무리   무리   달리고

deyeme tucirengge lakcan akū, erebe saman sabufi, fonjire jakade,
날아서 나오는 것 끊임 없다 이를 샤먼 보고서 물을 적에

alame.   ere eiten ergengge be   banjibure   ba inu, geli yabume
말하기를 이 모든   산 것 을 태어나게 하는 곳 이다 또   가서

—— 。 —— 。 —— 。 ——

에 마마[천연두]를 보낼 적에 깨끗함과 공경을 다하고, 말이나 소가 먹지 않은 버들가지를 꺾어서 보내는 까닭에 싹이 튼 것이 좋으며, 아이들의 마마꽃도 좋다. 그 숲에서 싹이 튼 것이 무성하지 않게 되고, 굽거나 상처를 입은 것은 너희 이승에 마마[천연두]를 보낼 적에 버들가지를 소나 말이 먹은 것을 쓴 까닭이며, 아이들의 마마꽃이 나쁘게 되고 죄업을 부른다. 이 모두를 명백히 하여 보게 하는 것이다."
또 가서 보니, 해 뜨는 쪽에 한 큰 집 안에 한 큰 굴렁돌이 구르는데, 그 속에서 모든 가축, 달리는 짐승, 나는 새, 물고기, 벌레 등의 살아 있는 것들이 무리를 지어 달리고, 날아서 나오는 것이 끊임이 없다. 이를 샤먼이 보고서 물으니, 대답했다.
"이것은 모든 살아 있는 것들을 태어나게 하는 곳이다."
또 가서

248) dadan : dadun의 방언으로 추정된다.
249) tohoroko : '겨울철 보리 등의 싹을 눌러주는 돌로 만든 롤러'를 가리키며, tohorokū의 방언으로 추정된다.

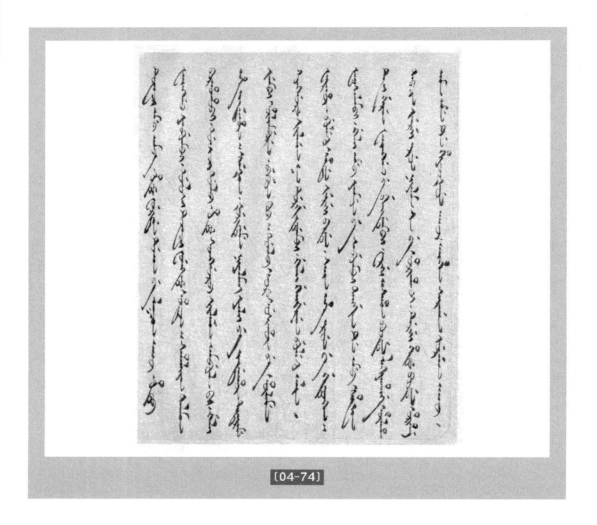

[04-74]

tuwaci, emu amba hutu furdan duka be lakcan akū hutu
보니  한  큰  귀신  관문  문  을  끊임  없이  귀신

fainggo[250] yabumbi, dolosi[251] tuwaci, fungtu hoton i sahaliyan talman
혼  다닌다  안으로  보니  酆都  성  의  검은  안개

borhohobi. donjici dolo hutu songgoro jilgan ambula bi, geli
쌓여 있다  들으니  안  귀신  우는  소리  매우  있다  또한

---

250) fainggo : fayangga의 방언으로 추정된다.
251) dolosi : julesi, amasi 등과 같이 dolo에 '−si'가 붙은 것으로 추정된다.

ehe  indahūn i  gašan šurdeme niyalmai yali be indahūn   tatarame
나쁜   개   의 마을  주위에  사람의  살 을   개   갈기갈기 찢어

jembi,  hūlimbure ebubun boo[252) i dolo koro gosihūn[253) be  hūlame
먹는다 미혹시키는  전별  집   의 안  벌   고통   을 소리치며

songgoro jilgan na durgidumbi[254), geli  genggiyen buleku alin
 우는   소리 땅  울린다    또한    밝은   거울   산

farhūn buleku hada  jergi bade sain ehe erun be getuken i
어두운 거울 봉우리 등 곳에  선   악 형벌 을 분명히

faksalambi. geli emu yamun be sabumbi tanggin de emu hafan
 갈라낸다 또한 한   衙門 을  본다    堂  에  한 관리

tefi,   geren fainggo[255) be beidembi. wargi ashan boode lakiyahangge hūlha
앉아서 여러  혼    을 심리한다 서쪽  곁  방에  걸어둔 것   도둑

tabcin jergi erun niyalma sa be horihabi. dergi hetu boode horihangge
 약탈 등 형벌  사람 들 을 가두었다 동쪽 측  방에  가둔 것

ama     eme  de hiyoošun akū eihen[256) sargan jurgan akū,
아버지 어머니 에   孝順  없고 남편     아내  도리 없는

—— ◦ —— ◦ —— ◦ ——
보니, 한 큰 귀신의 혼이 길목의 문을 끊임없이 다닌다. 안으로 보니, 풍도성의 검은 안개가 쌓여 있었다. 들어보니, 안에서 귀신이 우는 소리가 매우 많다. 또 나쁜 개가 마을 주위에서 사람의 살을 갈기갈기 찢어서 먹는다. 사람을 마혹시키는 객사 안에서는 벌을 받는 고통에 소리치며 우는 소리가 땅을 울린다. 또 밝은 거울 산과 어두운 거울 봉우리 등의 곳에서 선악의 형벌을 분명히 가린다. 또 한 아문(衙門)을 보니, 그 당(堂)에 한 관리가 앉아서 여러 혼을 심리한다. 서쪽 측방에는 도둑질과 약탈 등으로 형벌 받은 사람들을 매달아 가두었다. 동쪽 측방에는 부모에게 효도하지 않고 부부간의 도리가 없는

252) ebubun boo : 손님을 맞이하고 전별하는 객사의 의미로 추정된다.
253) gosihūn : gosihon과 동의어이다.
254) durgidumbi : durgedumbi의 잘못으로 추정된다.
255) fainggo : fayangga의 방언으로 추정된다.
256) eihen : eigen의 방언으로 추정된다.

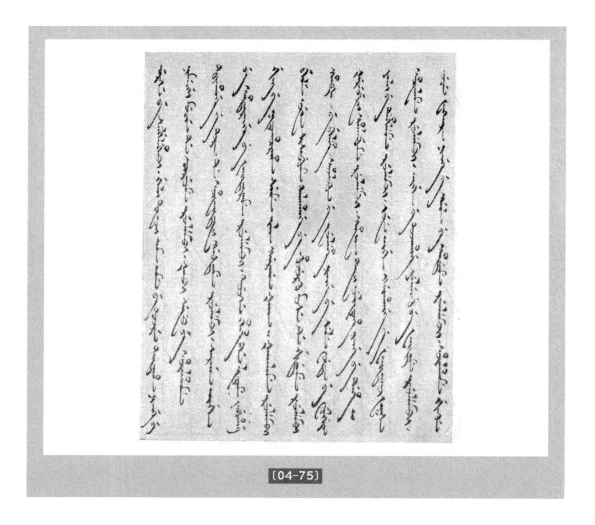

〔04-75〕

urse be selgelehebi[257]. geli tuwaci ama　eme　be toore tantaha ningge be
무리 를 칼 채웠다　　또　보니 아버지 어머니 를 욕하고 때린　이 를

nimenggi mucen de carume erulembi. šabi sefu be hūlhame
　기름　　솥　에 튀겨서 형벌 처한다 제자 사부 를　몰래

toohangge be tura de hūwaitafi gabtame　erulembi. sargan eigen
　욕한 이 를 기둥 에 묶고서 화살쏘아 형벌 처한다 아내　남편

be hatarangge be faitarame　erulembi. doose hehe de latume　yabuhangge
을 싫어하는 이 를 잘게 썰어 형벌 처한다 도사 여자 에 사통하여　통한 이

---

257) selgelehebi : 죄인의 목에 채우는 칼을 의미하는 selhen을 동사화한 것으로 추정된다.

ging be natuhūraha[258] seme ilan gargan šaka i šakalame    erulembi.
經 을 더럽혔다    하여 3    갈래 창으로 가로로 쳐서 형벌 처한다

bele ufa sisabume    talahangge    be hujurku[259] mose[260] de gidame erulembi.
쌀 가루 흘리며 반죽을 펴서 구운 이 를 맷돌의 윗돌 아랫돌 에 눌러서 형벌 처한다

habšan be belehe holbon be efulehe ningge be sele futa be fulgiyan
송사 를 무고하여 상대 를 여윈    이 를 쇠 사슬 을 붉게

šerebufi halabume erulembi. hafan tefi ulintuhe ningge be    dehe i
달구어    지져서 형벌 처한다 관리 앉아서 뇌물 받은 이 를 낚시 바늘로

yali be deheleme    erulembi. juwe eigen gaihangge be faitakū faksa
살 을 갈고리걸어 형벌 처한다 2    남편    취한 이 를 작은 톱 곧장

hūwalame    erulembi. eigen be toohangge yelenggu[261] be faitame    erulembi.
찢어서 형벌 처한다 남편 을 욕한 이    혀    를 잘라 형벌 처한다

uce    fangkara    ningge be gala be hadame    erulembi. hūlhame gigun[262]
문 아래로 던지는 이 를 손 을 못 박아 형벌 처한다 몰래    말

—— ◦ —— ◦ —— ◦ ——

사람들을 칼을 채워 가두었다. 또 보니, 부모를 욕하고 때린 자를 기름 솥에 튀겨서 형벌을 처한다. 제자로서 사부를 몰래 욕한 자를 기둥에 묶고서 화살을 쏘아 형벌을 처한다. 아내로서 남편을 싫어하는 자를 잘게 썰어 형벌을 처한다. 도사로서 여자와 사통한 자는 경(經)을 더럽혔다 하여 세 갈래 창으로 가로로 쳐서 형벌을 처한다. 쌀가루 흘리며 반죽을 펴서 구운 자를 맷돌의 윗돌과 아랫돌에 눌러서 형벌을 처한다. 송사를 무고하여 상대를 여윈 자를 쇠사슬을 붉게 달구어 지져서 형벌을 처한다. 관리로서 앉아서 뇌물을 받은 자를 낚시 바늘로 살을 걸어 형벌을 처한다. 두 남편을 얻은 자를 작은 톱으로 썰어서 형벌을 처한다. 남편을 욕한 자는 혀를 잘라 형벌을 처한다. 문을 아래로 던지는 자는 손을 못 박아 형벌을 처한다. 몰래 말을

258) natuhūraha : nantuhūraha의 방언으로 추정된다.
259) hujurku : hujureku의 방언으로 추정된다.
260) mose : moselakū의 방언으로 추정된다.
261) yelenggu : ilenggu의 방언으로 추정된다.
262) gigun : gisun의 잘못으로 추정된다.

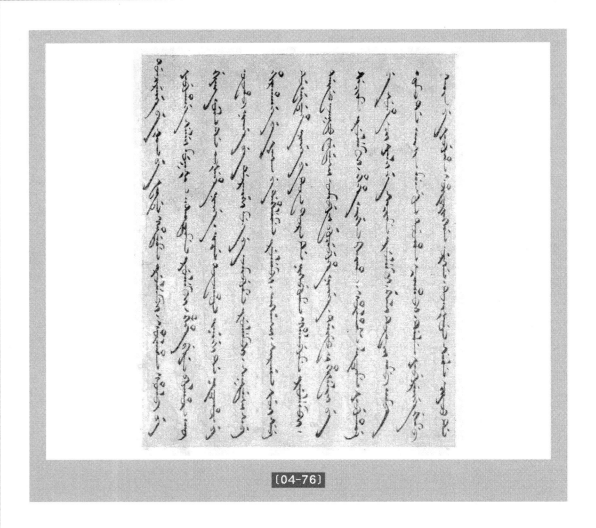

[04-76]

donjirengge be šan be fade hadame erulembi, hūlha holo be
　듣는 이　를 귀 를 창에 못박아 형벌 처한다 도둑질 거짓 을

yabuhangge selei mukšan i tantame erulembi. hehe beye bolhūn[263] akū
　행한 이 쇠의　봉 으로 쳐서 형벌 처한다 여자 몸 청정함　없이

giyang ula de ebišehe ningge ice tofohon inenggi de natuhūn[264] be
　江　내에 목욕한 이 첫 보름　날 에 때 를

---

263) bolhūn : bolhon(=bolgo)의 방언으로 추정된다.
264) natuhūn : nantuhūn의 방언으로 추정된다.

ofoho[265] ningge be duranggi muke be　omibume　　erulembi. sakdasi sabe
썻은　　　이 를 흐린　물 을 마시게 하여 형벌 처한다 노인 들을

hirahangge be yasa be deheleme　erulembi. anggasi sargan jui sebe
흘겨본 이 를　눈 을 갈고리걸어 형벌 처한다 과부　여자 아이 들을

dufedehe ningge be tuwa tura de　nikebume　　halabume　　erulembi.
간음한　　이 를 불 기둥 에 맡기게 하고 지져지게 하여 형벌 처한다

daifu okto fudasi omibufi bucehe ningge daifu i hefelii[266] be
의사 약 잘못 먹여서 죽게 한 이 의사 의　배　　를

sacime　erulembi. hehe eigen baiha hūlhame latume　yabuhangge
갈라 형벌 처한다 부인 남편 구한　몰래 사통하여　통한 이

be suhe ci yali be sacime　erulembi. geli tuwaci, emu amba
를 도끼 로 살 을 잘라서 형벌 처한다 또　보니　한 큰

omo de aisin menggun dooha[267]　cahabi, dele yaburengge gemu
못 에 금　은　다리　걸렸다 위 다니는 이 모두

sain be yabuhe hūturingga urse. tuišun[268] sele ciyoo[269] de
선 을 행한　복 있는 무리 황동　철 橋　에

—— ◦ —— ◦ —— ◦ ——
엿듣는 자는 귀를 창에 못 박아 형벌을 처한다. 도둑질과 거짓을 행한 자는 쇠로 된 봉으로 쳐서 형벌을 처한다. 청정하지 않은 몸으로 강에서 목욕한 여자와 정월 보름날에 때를 씻은 자는 더러운 물을 마시게 하는 형벌을 처한다. 노인들을 흘겨본 자는 눈을 갈고리로 거는 형벌을 처한다. 과부와 여자들을 간음한 자는 불기둥에 기대게 하여 지져지는 형벌을 처한다. 약을 잘못 먹여서 사람을 죽게 한 의사는 그 의사의 배를 갈라서 형벌을 처한다. 남편과 결혼을 하고도 몰래 사통한 여자는 도끼로 살을 잘라서 형벌을 처한다. 또 보니, 한 큰 못에 금과 은으로 된 다리가 걸렸는데, 그 위로 다니는 자는 모두 선을 행한 복 있는 무리이다. 황동과 철로 된 다리에

265) ofoho : oboho의 방언으로 추정된다.
266) hefelii : hefeli의 잘못으로 추정된다.
267) dooha : doohan의 방언으로 추정된다.
268) tuišun : teišun의 잘못으로 추정된다.
269) ciyoo : kiyoo의 잘못으로 추정된다.

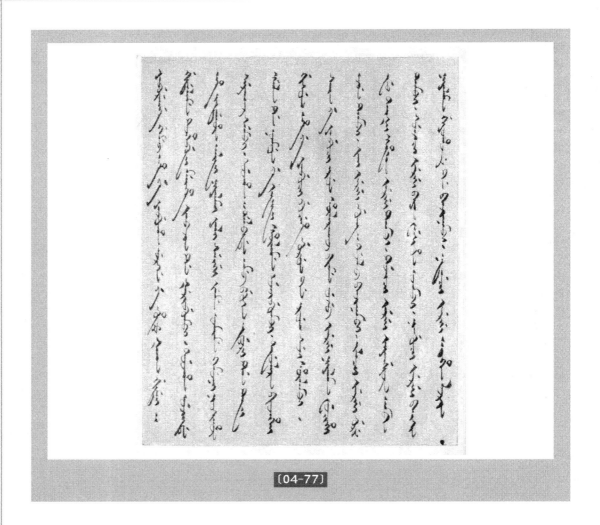

[04-77]

yaburengge gemu ehe be yabuha urse be hutu šaka[270] gida i
다니는 이  모두  악 을  행한  무리 를  귀신 šaka  창으로

gidalame tuhebufi, meihe jabjan de šeribumbi. dooha[271]  ujan de
찔러  넘어뜨리고  뱀  이무기 에  모이게한다  다리  모퉁이 에

ehe indahūn alifi niyalma i yali senggi jeme omime kemuni niosihūn[272]
나쁜  개  받아서  사람 의 살  피  먹고 마시며  항상  화난 것

---

270) šaka : 2가닥의 창날이 반원처럼 된 창인 杈를 가리킨다.
271) dooha : doohan의 방언으로 추정된다.
272) niosihūn : niošuhun의 잘못 또는 방언으로 추정된다.

serakū[273] sembi. dooha[274] i dalbade emu pusa enduri de   tefi
아닌가     한다   다리  의 곁에    한  보살  신  에 앉아서

gala de nomun be jafafi hūlame donjibumbi. tafulara bithei
손 에    경   을 잡고  읽고  듣게 한다   설교하는  글의

gisun. ehe be yabuci bucehe gurun de erun sui hūlambi.
말    악  을 행하면  죽은  나라 에  죄업   부른다

sain be yabuci erun   hūlarakū   bime uju jergi niyalma fucihi
선  을 행하면  죄  부르지 않게 되고 첫째 등급   사람    부처

ejen tembi,  jai  jergi gung i dolo banjinambi, ilaci jergi gurun
주인 앉는다 둘째 등급   公 의 안   태어난다 셋째 등급 나라

efu   taiši hafan jergi tembi, duici jergi jiyanggiyūn amban
駙馬  太師 관리  등   산다  넷째 등급    장군       대신

tembi. sunjaci jergi bayan wesihun ombi. ningguci jergi baisin
산다  다섯째 등급  富    貴   된다  여섯째 등급 평민

niyalma giyohoto[275] de banjinambi, nadaci jergi eihen lorin
 사람     거지    에 태어난다  일곱째 등급 나귀 노새

—— 。 —— 。 —— 。 ——

다니는 자는 모두 악을 행한 무리들로, 귀신이 차(杈)라는 창으로 찔러 넘어뜨리고, 뱀과 이무기에게로 모이게 하며, 다리 모퉁이에서 나쁜 개가 사람의 살과 피를 받아서 먹고 마시면서 항상 화난 것이 아닌가 하고 있다. 다리 곁에는 한 보살신이 앉아서 손에 경(經)을 잡고 읽으며 들려주는데, 설교하는 말은 다음과 같다.
"악을 행하면 저승에서 죄업을 부르고, 선을 행하면 죄를 부르지 않게 된다. 첫 번째 등급의 사람은 부처가 주인으로 앉는다. 두 번째 등급의 사람은 공가(公家)에서 태어나고, 세 번째 등급의 사람은 나라의 부마(駙馬)나 태사(太師), 관리 등으로 살며, 네 번째 등급은 장군과 대신으로 산다. 다섯 번째 등급은 부귀하게 되며, 여섯 번째 등급은 평민이나 거지로 태어난다. 일곱 번째 등급은 나귀나 노새,

273) serakū : serahū의 방언으로 추정된다.
274) dooha : doohan의 방언으로 추정된다.
275) giyohoto : giohoto의 방언으로 추정된다.

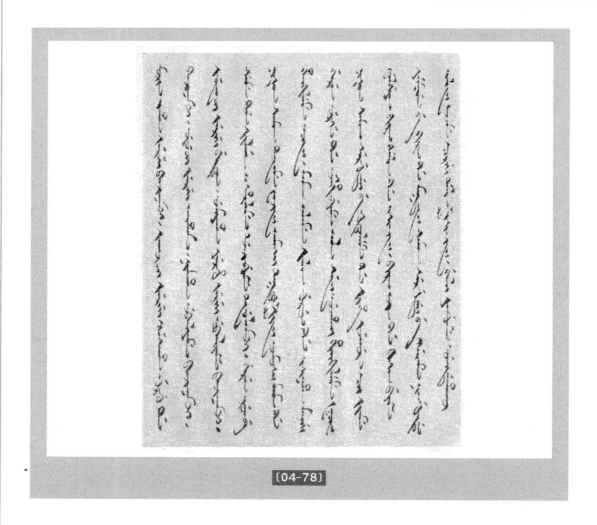

[04-78]

morin ihan jergi banjinambi. jakūci jergi gasha gurgu de
말 소 등 태어난다 여덟째 등급 새 가축 에

banjinambi. uyuci jergi aihama[276] nimaha ubaliyame banjinambi,
태어난다 아홉째 등급 자라 물고기 바꾸어 태어난다

juwanci jergi beten umiyaha yerhu[277] jergi ubaliyame banjinambi.
열째 등급 지렁이 벌레 개미 등 바꾸어 태어난다

---

276) aihama : aihūma의 방언으로 추정된다.
277) yerhu : yerhuwe의 방언으로 추정된다.

seme den  jilgen i hūlame donjibume tafulambi. geren erunbe
하고 높은 목소리로 부르며 듣게 하여 설교한다 여러 형벌을

nišan saman tuwame wajifi, amasi taktu de jifi  omosi mama de
nišan 샤먼  보기를 마치고 뒤로 누각 에 와서 omosi mama 에

hengkileme acafi, mama   alame. jalan gurun de isinaha manggi
  절하고 만나니 mama 말하기를 세상 나라 에 다다른  후

geren urse de ulhibume   ala  sefi, uthai henkileme fakcafi,
  여러 무리 에 알도록 알려라 하고 즉시  절하고 헤어져서

nišan saman sergudai be kutuleme da  jihe jugūn   ci   jime,
nišan 샤먼 sergudai 를 이끌고 본래 온  길 로부터 오며

fulgiyan bira dalin de  isinjifi, bira ejin[278] de basan[279] bume,
  붉은 강 가 에 다다라서 강 주인  에  삯   주고

yemcen[280] be bira de maktafi, saman sergudai be gaime, ninggude
남수고   를 강 에 던지고  샤먼 sergudai 를 데리고  위에

ilifi   dome. cargi dalin de  isinjifi, geli yabume,  goidahakū
서서 건너고 저쪽  가 에 다다라서 또  가고  오래지 않아

—— ◦ —— ◦ —— ◦ ——

말이나 소 등으로 태어나며, 여덟 번째 등급은 새나 가축으로 태어난다. 아홉 번째 등급은 자라나 물고기로 바꾸어 태
어나며, 열 번째 등급은 지렁이나 벌레, 개미 등으로 바꾸어 태어난다."
하며 큰 목소리로 부르며 들려주고 설교한다. 여러 형벌을 니샨 샤먼이 보기를 마치고, 누각에 돌아와서 오모시 마마에
게 절하며 만나니, 마마가 말했다.
"이승의 세상에 돌아가면, 여러 사람들에게 알도록 알려라."
하니, 즉시 절하고 헤어졌다. 니샨 샤먼은 서르구다이를 이끌고 본래 왔던 길로 돌아왔다. 붉은 강가에 이르러서는 강
의 주인에게 삯을 주고, 남수고를 강에 던지고는 서르구다이를 데리고 그 위에 서서 강을 건너 반대편 강가에 이르렀
다. 또 가다가 오래지 않아

---

278) ejin : ejen의 방언으로 추정된다.
279) basan : basa와 같다.
280) yemcen : imcin의 방언으로 추정된다.

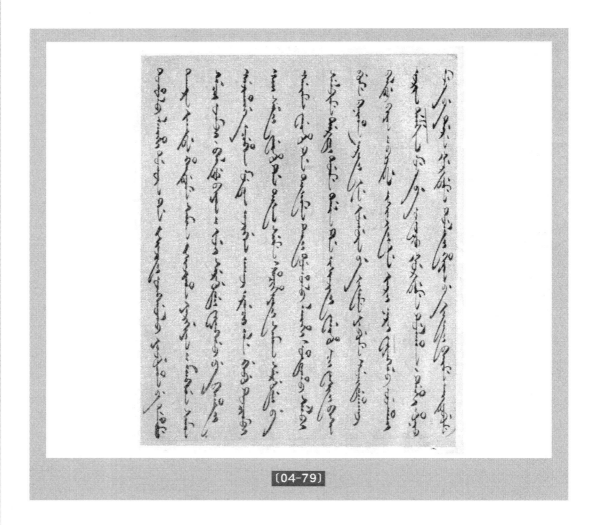

[04-79]

doholo[281] laihi dogūn[282] de  isinjifi, onggolo yabuha be dahame
절름발이 laihi 나루   에 다다르고 전에   간 것 을 따라

takara jakade hendume. saman isinjiha, yargiyan i mangga saman
알아볼 적에 말하기를 샤먼 다다랐다 진실로   강한   샤먼

seci ombi. baldu bayan i  jui  sergudai fiyanggo be bahafi
할 수 있다 baldu bayan 의 아들 sergudai fiyanggo 를  얻어

---

281) doholo : doholon의 방언으로 추정된다.
282) dogūn : dogon의 방언으로 추정된다.

gajihangge ecehen[283] muten ajigen akū, ereci　　ele gebu tucimbi
데려온 것　재주　　능력 작지 않다 이로부터 더욱 이름　나겠

kai.　sefi,　tafa　seme hacihiyafi saman sergudai be
구나 하고 오르라 하고　재촉하여 샤먼 sergudai 를

gaime weihu de tafame tefi,　doholo[284] laihi hontoho selbi
데리고 배 에 올라 앉고 절름발이　laihi　반쪽　노

selbime, dartai dome dalin de isinjifi, weihu ci　wasifi basan[285]
저으니 순식간에 건너 가 에 다다라서 배 에서 내려　삿

bume baniha arafi, fe jugūn be jafame yabume,　goidahakū
주고 감사 짓고 옛 길 을 데려서　가고 오래지 않아

baldu bayan　i boode isinjifi,　da　jari[286] nari fiyanggo uthai
baldu bayan 의 집에 다다라서 으뜸 jari　nari fiyanggo 즉시

orin damgin[287] muke be oforo šurdeme dulaha[288] dehi hunio
20 막대기　물 을 코 주위에 부었다　40 물통

muke be dere šurdeme dulafi[289], hiyan be jafafi baime, aitubume
　물 을 얼굴 주위에 붓고　　香 을 잡고서 청하고　살리고

―― ◦ ―― ◦ ―― ◦ ――

절름발이 라이히의 나루에 이르니, 라이히가 전에 갔던 것을 알아보고는 말했다.
"샤먼께서 이르렀습니까? 진실로 강한 샤먼이라 할 만합니다. 발두 바얀의 아들 서르구다이 피양구를 데리고 돌아온 재주와 능력이 대단합니다. 앞으로 더욱 이름이 날 것입니다."
하고 배에 오르라고 재촉하였다. 니샨 샤먼이 서르구다이를 데리고 배에 올라앉자 절름발이 라이히가 반쪽 노를 저으니, 순식간에 건너서 건너편 강가에 다다랐다. 니샨 샤먼은 배에서 내려 삿을 주며 감사드리고, 왔던 길을 데려서 갔다. 오래지 않아 발두 바얀의 집에 다다르니, 으뜸 자리인 나리 피양고가 즉시 스무 통의 물을 코 주위에 붓고, 마흔 통의 물을 얼굴 주위에 부었다. 향을 잡고서 청하며, 되살려

---

283) ecehen : encehen의 방언으로 추정된다.
284) doholo : doholon의 방언으로 추정된다.
285) basan : basa와 같다.
286) jari : 神歌를 부르며 기도하는 것, 혹은 그런 일을 하는 샤먼을 가리킨다.
287) damgin : damjan의 방언으로 추정된다.
288) dulaha : doolaha의 방언으로 추정된다.
289) dulafi : doolafi의 방언으로 추정된다.

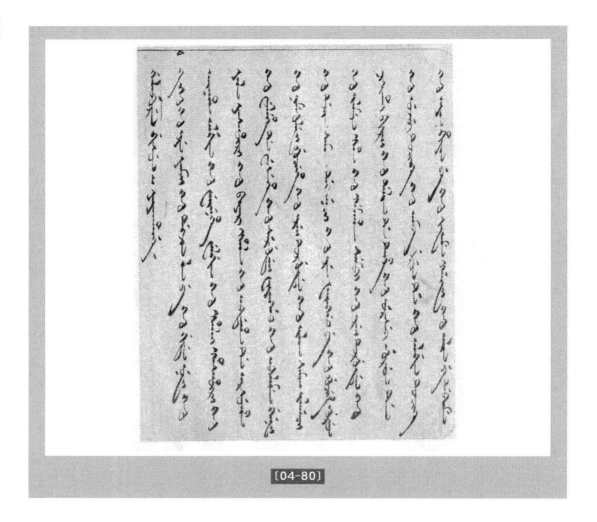

[04-80]

gelabure gisun i yayadahangge[290],
　깨우는　말　의　읊조린 것

ke keku keku ere yamji keku dengjan la be keku gida　nufi[291] keku
ke keku keku 이　밤　keku 등잔 초 를 keku 일제히　끄고　keku

ainaha algin keku weinehe welgin[292] keku halai hashūri[293] keku
어떤　명성 keku weinehe welgin　keku 성의 hashūri　　keku

---

290) yayahangge : yayadahangge의 방언으로 추정된다.
291) gida numbi : gidambi에 접미사 '함께, 서로, 일제히'의 뜻을 가지는 nu가 결합한 것이다.
292) weinehe welgin : 의미 미상이다.
293) hashūri : 의미 미상이다.

yala    hashūri294) keku bayari hala keku abdaha de arsuha
진실로  hashūri    keku bayari 성 keku   잎  에 싹이 튼

keku fulehe de  fusehe keku sergudai fiyanggo keku  abalame genefi
keku  뿌리 에 잘 자란 keku sergudai fiyanggo keku 사냥하러  가서

keku nimekulefi bucehe keku erei turgunde keku ilan saman    ilgaci
keku  병이 나서 죽었다 keku 이의   까닭에 keku   3    샤먼 변별한다면

keku duin saman dekeneci keku ere fainggo be keku bucehe gurun
keku  4    샤먼  높아지면 keku 이   혼   을 keku 죽은    나라

keku ilmun han  keku  gamaha sembi keku  erei turgunde keku
keku  염라 대왕 keku 데려갔다  한다 keku 이의   까닭에  keku

nisihai birai keku  dalin de tehe keku ursu gurun de
nisihai 강의 keku   가 에 사는 keku 거듭 나라  에

keku  uju  tucike keku  amba gurun de keku  algin tucike
keku  제일 드러난 keku  큰    나라 에 keku 명성 드러난

keku  ayan hiyan be keku jafame   gaifi  keku  alin de dabame
keku  芸    香  을 keku 잡아 가지고 keku 산 을   넘어


───∘───∘───∘───
깨우는 말로 읊조렸다.

"커 커쿠 커쿠  이 밤                    커쿠  등잔과 초를
　커쿠  일제히 숨기고                  커쿠  어떠한 명성인가?
　커쿠  워이너허 월긴                  커쿠  성씨의, 하스후리
　커쿠  진실로 하스후리                커쿠  바야리 성씨이다.
　커쿠  잎에 싹이 트고                 커쿠  뿌리가 잘 자란
　커쿠  서르구다이 피양구가            커쿠  사냥하러 가서
　커쿠  병이 나서 죽었다.              커쿠  이런 까닭에
　커쿠  세 샤먼 변별해도               커쿠  네 샤먼 높다해도
　커쿠  이 혼을                        커쿠  저승의
　커쿠  염라대왕이                     커쿠  가져갔다 한다.
　커쿠  이런 까닭에                    커쿠  니시하이 강의
　커쿠  강가에 사는                    커쿠  거듭 나라에서
　커쿠  제일 드러났고                  커쿠  큰 나라에서
　커쿠  명성이 드러났다.               커쿠  운향(芸香)을
　커쿠  잡고서                         커쿠  산을 넘어

─────────────────
294) hashūri : 의미 미상이다.

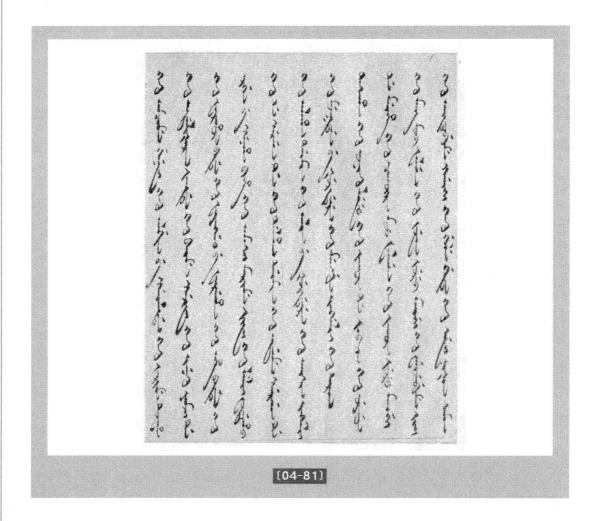

[04-81]

keku amcame genefi keku algin be gaihade keku jorime tuwaha
keku 쫓아 가서 keku 명성 을 얻음에 keku 가리키며 보았다

keku adališara jakade keku baime gajifi keku ineku yamji de
keku 닮은 까닭에 keku 구하여 데려와서 keku 이의 저녁 에

keku farhūn bade keku fayanggo be fargaha keku ehe bade keku
keku 어두운 곳에 keku 혼 을 쫓았다 keku 나쁜 땅에 keku

ergen be ganaha bihe keku amasi marime jifi keku leli fodoho
목숨 을 데리러 갔었다 keku 뒤로 되돌아 와서 keku 널찍한 버들

keku da gargan de keku  dalaha daimin[295] keku adame gargan de
keku 큰  가지  에 keku 우두머리 수리      keku 나란히  가지  에

keku  alaha daimin keku  alin be šurdere keku aisin inggali
keku 꽃무늬 수리 keku  산  을 맴도는 keku  금  할미새

keku mukden be šurdere keku menggun inggali keku taran[296]
keku mukden 을  맴도는 keku    은    할미새 keku 표범

tasha   keku oniku[297] lefu keku jakūn da jabjan keku uyun
호랑이 keku 脆牲   곰 keku  8  발 구렁이 keku  9

da meihe keku cakūra[298] moo falga keku jakūn juru manggi[299]
발  뱀 keku 박달  나무 군락 keku  8  쌍  정령

keku  mang moo falga, keku juwan juru manggi keku weijubume jiki,
keku 상수리나무 군락 keku  10   쌍  정령 keku  되살려  오자

keku aitubume   gaiki keku  gela   gete keku sefi nišan saman
keku  살려서  데려오자 keku 눈을 떠라 깨어라 keku 하니 nišan  샤먼

——— 。 ——— 。 ——— 。 ———

커쿠  쫓아가서
커쿠  가리키며 보았다.
커쿠  구해 데려와서
커쿠  어두운 곳에
커쿠  나쁜 땅에
커쿠  뒤로 되돌아 와서
커쿠  큰 가지에 앉은
커쿠  나란히 가지에 앉은
커쿠  산을 맴도는
커쿠  묵던을 맴도는
커쿠  표범과 호랑이여,
커쿠  여덟 발 구렁이여,
커쿠  박달나무 군락의
커쿠  상수리나무 군락의
커쿠  되살려서 오자.
커쿠  눈을 떠라, 깨어라.

커쿠  명성을 얻음에
커쿠  닮은 까닭에
커쿠  그날 저녁에
커쿠  혼을 뒤쫓아 갔다.
커쿠  목숨을 가지러 갔다.
커쿠  넓직한 버드나무의
커쿠  우두머리 수리여,
커쿠  꽃무늬 수리여,
커쿠  금 할미새여,
커쿠  은 할미새여,
커쿠  취생(脆牲) 곰이여,
커쿠  아홉 발 뱀이여,
커쿠  여덟 쌍 정령들이여,
커쿠  열 쌍 정령들이여,
커쿠  살려서 오자.
커쿠"

하니, 니샨 샤먼이

---

295) daimin : damin의 방언으로 추정된다.
296) taran : targan의 방언으로 추정된다.
297) oniku : ongnika와 동의어로 한자어로 '脆牲'이라 하고, 곰과 닮았으나 작으며, 담황색에 흰 줄이 있다.
298) cakūra : cakūran과 동의어이다.
299) manggi : manggiyan의 잘못 또는 방언으로 추정된다.

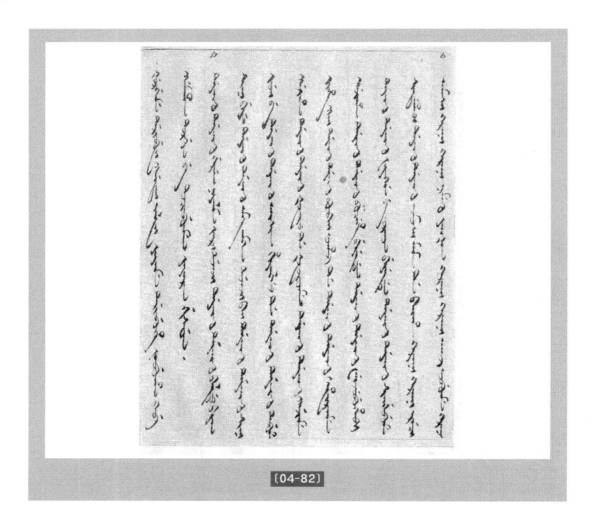

[04-82]

šurgeme deribufi gaitai  ilifi  yayame[300] deribuhe yabuha babe
  떨기  시작하고 갑자기 서서  읊조리기  시작했다  간  곳을

gamaha  turgun be tucibume yayara[301] gisun,
데리러간 사정  을 드러내어 읊조리는  말

deyangku deyangku geren niyalma jari  donji  deyangku deyangku baldu bayan
deyangku deyangku 여러  사람 jari 들어라 deyangku deyangku baldu bayan

---

300) yayame : yayadame의 방언으로 추정된다.
301) yayara : yayadara의 방언으로 추정된다.

sini  beye deyangku deyangku emke emken donji bai deyangku deyangku  sini
너의  몸  deyangku deyangku 하나  하나  듣자구나 deyangku deyangku 너의

jui   be deyangku deyangku aisin hiyanglu de deyangku deyangku tebume
아들 을 deyangku deyangku 금    香爐   에 deyangku deyangku 담아서

gajiha     deyangku deyangku šoforo de šoforome deyangku deyangku gajime
데려왔다 deyangku deyangku  한줌 에 잡아채어 deyangku deyangku 데려서

jihe kai deyangku deyangku boobai oho de deyangku deyangku   hafirame
왔도다 deyangku deyangku 보배  됨 에 deyangku deyangku 단단히 끼고

gajiha     deyangku deyangku bucehe beyede deyangku deyangku weijubuhebi
데려왔다 deyangku deyangku 죽은  몸에  deyangku deyangku 되살렸다

deyangku deyangku fayangga be oron beyede deyangku deyangku singgebume
deyangku deyangku 혼  을 빈  몸에 deyangku deyangku 붙게 하여

sindahabi deyangku deyangku omosi mama de baiha kerani kerani   ereci
놓았다  deyangku deyangku omosi mama 에 청했다 kerani kerani 이로부터

amasi kerani kerani nimeku yangšan kerani kerani akū obume kerani
후에  kerani kerani 병    허약  kerani kerani 없게 되고 kerani

―― ∘ ―― ∘ ―― ∘ ――
떨기 시작하고, 갑자기 서서 읊조리기 시작했다. 샤먼이 간 곳과 데리러간 사정을 드러내어 읊조렸다.

"더양쿠 더양쿠  여러 사람들과 자리는 들어라.　　더양쿠 더양쿠  발두 바얀 당신은 몸소
더양쿠 더양쿠  하나하나 들어보아라.　　　　더양쿠 더양쿠  당신의 아들을
더양쿠 더양쿠  금 향로에　　　　　　　　더양쿠 더양쿠  담아서 데려왔다.
더양쿠 더양쿠  한줌에 잡아채서　　　　　　더양쿠 더양쿠  데리고 왔도다.
더양쿠 더양쿠  보배 되었으므로　　　　　　더양쿠 더양쿠  단단히 끼고 데려왔다.
더양쿠 더양쿠  죽은 몸에　　　　　　　　　더양쿠 더양쿠  되살렸다.
더양쿠 더양쿠  혼을 빈 몸에　　　　　　　더양쿠 더양쿠  붙게 해 놓았다.
더양쿠 더양쿠  오모시 마마에게서 구했다.

커라니 커라니  '이로부터 후에　　　　　　　커라니 커라니  병과 허약함이
커라니 커라니  없이 되게 하여

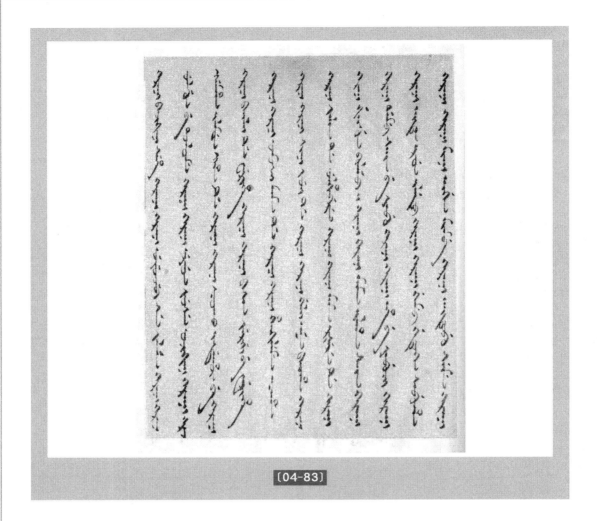

〔04-83〕

kerani banjikini sehe kerani kerani uyunju se jalgan, kerani kerani
kerani 살게하자 하였다 kerani kerani  90  세 수명  kerani kerani

ulgun[302] be tolome kerani kerani uyun juse  ujikini  kerani kerani
기쁨  을 헤아리며 kerani kerani  9 아이들 기르게 하자 kerani kerani

gamaha ilmun han de, kerani kerani coko indahūn be kerani
데려간 염라 대왕 에 kerani kerani 닭  개  를 kerani

---

302) ulgun : urgun의 잘못 또는 방언으로 추정된다.

kerani baili de werihe kerani kerani basan[303] jergi be werihe
kerani 정성 에 남겼다 kerani kerani 삯    등 을 남겼다

kerani kerani omosi mama de kerani kerani hengkileme acaha,
kerani kerani omosi mama 에 kerani kerani    절하고    만났다

kerani kerani sini  jui de kerani kerani geli enen  baiha kerani
kerani kerani 너의 아들에 kerani kerani  또 자손 청했다 kerani

kerani jalan de  ulhibure  kerani kerani mama eršere de kerani
kerani 세상 에 알게 하려 kerani kerani mama  모심  에 kerani

kerani ginggun   bolgo i  kerani kerani mama ilha sain kerani
kerani 공경하고 청결하게 kerani kerani mama 꽃 좋다 kerani

kerani damu  sain be   yabu kerani kerani ehe be   yabuci kerani
kerani  다만 좋은 것을 행하라 kerani kerani 나쁜 것을 행하면 kerani

kerani eiten erun   iletu   kerani kerani gemu getuken sabuha,
커라니 온갖 형벌 명백하다 kerani kerani 모두  확실히  알았다

kerani kerani mini eigen mimbe kerani kerani aitubu seme kerani
kerani kerani 나의 남편  나를  kerani kerani 살려라 하고 kerani

——— ∘ ——— ∘ ——— ∘ ———

커라니 커라니  살게 하자.' 하였다.
커라니 커라니  기쁨을 헤아리며
커라니 커라니  피양구를 데려간 염라대왕에게
커라니 커라니  정성으로 남겼다.
커라니 커라니  오모시 마마를
커라니 커라니  당신의 아들에게
커라니 커라니  세상 사람들을 알게 하고자
커라니 커라니  '공경하고 청결하게 하면
커라니 커라니  다만 선(善)을 행하라.
커라니 커라니  온갖 형벌이 명백함을
커라니 커라니  나의 남편이 '나를

커라니 커라니  '90세 수명에
커라니 커라니  아홉 아이를 키우게 하자.' 하였다.
커라니 커라니  닭과 개를
커라니 커라니  삯 등을 남겼다.
커라니 커라니  절하고 만났다.
커라니 커라니  또 자손을 청했다.
커라니 커라니  마마 모실 때에
커라니 커라니  마마꽃이 좋다.' 하였다.
커라니 커라니  악(惡)을 행하면,
커라니 커라니  모두 확실히 알았다.
커라니 커라니  다시 살려라.' 하고

303) basan : basa와 같다.

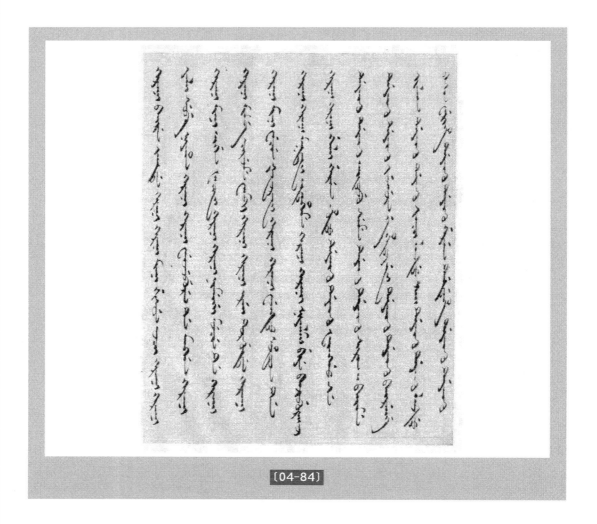

〔04-84〕

kerani baire jakade kerani kerani mini gisun oci kerani kerani
kerani 청할 적에 kerani kerani 나의 말 되면 kerani kerani

yali sube niyaha kerani kerani weijubure de mangga kerani
살 근육 부패했다 kerani kerani 되살리기 에 어렵다 kerani

kerani mini eigen fancafi kerani kerani nimenggi mucen de kerani
kerani 나의 남편 화내고 kerani kerani 기름 솥 에 kerani

kerani mimbe carume wambi kerani kerani erei turgunde kerani
kerani 나를 튀겨서 죽인다 kerani kerani 이것의 까닭에 kerani

kerani mini wecen šoforofi kerani kerani fungtu hoton de
kerani 나의 신령 잡아채서 kerani kerani 酆都 성 에

kerani kerani maktafi enteheme kerani kerani niyalmai beye banjiburakū
kerani kerani 던져 영원히 kerani kerani 사람의 몸 태어날 수 없다

kerani kerani geli geren hutu deyangku deyangku fainggo[304] sa
kerani kerani 또 여러 귀신 deyangku deyangku 혼 들

deyangku deyangku aitubu seme deyangku deyangku siran i baime,
deyangku deyangku 살려라 하고 deyangku deyangku 잇달아 청하며

deyangku deyangku jugūn be heturefi deyangku deyangku bairengge
deyangku deyangku 길 을 가로막고 deyangku deyangku 청하는 것

jilaka[305] deyangku deyangku jaci labdu kai deyangku deyangku labdu
불쌍했다 deyangku deyangku 너무 많도다 deyangku deyangku 많은

basan[306] werihe deyangku deyangku geren dekdehe[307] deyangku deyangku
삯 남겼다 deyangku deyangku 여럿 나누어주었다 deyangku deyangku

―― 。―― 。―― 。――
커라니 커라니 청할 적에
커라니 커라니 '살과 근육이 썩었다.
커라니 커라니 나의 남편이 화를 내며
커라니 커라니 나를 튀겨서 죽인다' 한다.
커라니 커라니 나의 신령이 잡아채서
커라니 커라니 던져서 영원히
커라니 커라니 또 여러 귀신과

커라니 커라니 내가 말하기를.
커라니 커라니 되살리기 어렵다.' 하니,
커라니 커라니 '기름 솥에
커라니 커라니 이런 까닭에
커라니 커라니 풍도성(酆都城)에
커라니 커라니 사람의 몸으로 태어날 수 없다.

더양쿠 더양쿠 혼들이
더양쿠 더양쿠 잇달아 청하며
더양쿠 더양쿠 청하는 것이 불쌍했다.
더양쿠 더양쿠 많은 삯을 남겼다.

더양쿠 더양쿠 살려 달라고
더양쿠 더양쿠 길을 가로막고
더양쿠 더양쿠 너무나 많았도다!
더양쿠 더양쿠 여럿에게 나누어 주었다.

304) fainggo : fayangga의 방언으로 추정된다.
305) jilaka : jilakan과 동의어이다.
306) basan : basa와 같다.
307) dekdehe : dendehe의 잘못으로 추정된다.

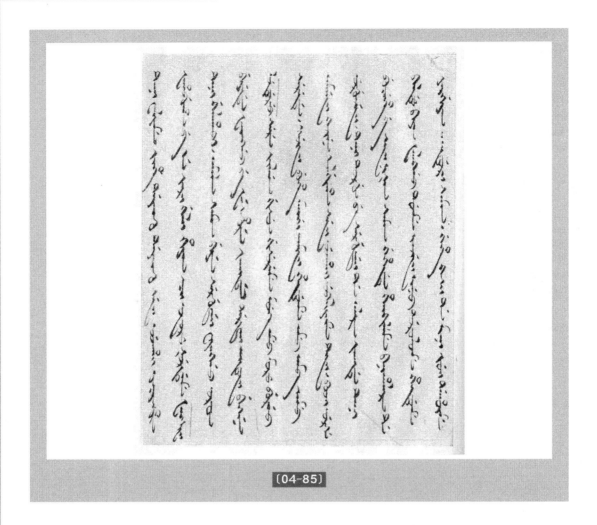

[04-85]

teni waliyame jihe deyangku deyangku sefi uthai oncohūn[308]
지금 다 쓰고 왔다 deyangku deyangku 하고 즉시 거꾸로

fahabuha be da jari geli hiyan ci oforo šurdeme fangsifi,
넘어진 것을 da jari 또 香 에서 코 주위에 피우니

teni gelahabi. amala saman beye sergudai fiyanggo oron
바로 깨어났다 뒤에 샤먼 몸 sergudai fiyanggo 빈

---

308) oncohūn : oncohon의 방언으로 추정된다.

beyede fainggo[309] be feshure[310] jakade dartai aitufi bekene[311]
몸에  혼  을 부채질할  적에  바로 살아나서 bekene

luduru[312] sere jilgan gisun gisureme muke emu moro bureo
조는 듯 한  소리  말 말하기를 물  한 그릇 주겠는가

serede, gajifi buhe manggi omifi hendume emu amba amu
함에  가져와서 준  후  마시고 말하기를 한  큰  잠

amgafi kejine tolgiha sefi uthai ubaliyame tefi, booi urse
자서  많이 꿈꿨다 하고 즉시 몸을 돌려 앉고 집의 무리

urgunjefi, teni turgun be sergudai de alara jakade teni
기뻐하고 바로 사정 을 sergudai 에 말할 적에 이윽고

bucuhe  be safi, nišan saman gehede hengkileme banihalara de
죽었던 것 을 알고 nišan 샤먼 여인에 절하고 감사드림 에

baldu bayan falanggo[313] dume injefi, inu dorolome hendume
baldu bayan 손바닥  치며 웃고 또 예를 하며 말하기를

yargiyan i enduri saman gehe kesi de mini jui dahūme
진실로  神 샤먼 여인 은혜 에 나의 아들 다시

──  。 ── 。 ── 。 ──
더양쿠 더양쿠 지금 다 쓰고 왔다.              더양쿠 더양쿠"

하고, 바로 거꾸로 넘어졌다. 으뜸 자리가 또 향을 니샨 샤먼의 코 주위에 피우니 바로 깨어났다. 그리고 샤먼이 몸소 서르구다이 피양구의 빈 몸에 혼을 부채질해 채우니, 바로 살아나서 조는 듯한 소리로 말했다.
"물 한 그릇 주겠는가?"
물을 가져와서 주니 마시고 말했다.
"한잠 크게 자서 꿈을 많이 꾸었습니다."
하고는 즉시 몸을 돌려 앉았다. 집에 있던 사람들이 기뻐하며, 바로 지금까지의 사연을 서르구다이에게 말하니, 비로소 죽었다 살아난 것을 알고서, 니샨 샤먼 여인에게 절하고 감사드렸다. 발두 바얀이 손바닥을 치며 웃고, 또 예를 하면서 말했다.
"진실로 신(神) 샤먼 여인의 은혜로 나의 아들이 다시

---
309) fainggo : fayangga의 방언으로 추정된다.
310) feshure : fushere의 잘못으로 추정된다.
311) bekene : 의미 미상이다.
312) luduru : ludur의 잘못으로 추정된다.
313) falanggo : falanggū의 방언으로 추정된다.

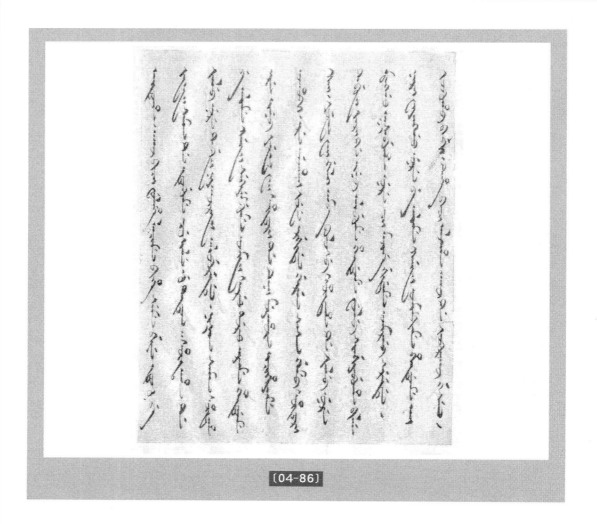

[04-86]

aituha,　akū bici fulehe lakcame　bihe　seme beye etuku be
살아났다 아니면 뿌리 끊어지게 되었다 하고 자신　옷 을

jafafi saman de etubume cusile gu tetun i hūntaha[314] de
잡고 샤먼 에 입히고 수정 옥 그릇 의 잔　　에

jalu nure tebufi niyakūrafi　aliburede,　nišan saman hūntaha[315]
가득 술 채워서 무릎을 꿇고 받게 할 적에 nišan 샤먼　잔

---

314) hūntaha : hūntahan의 방언으로 추정된다.
315) hūntaha : hūntahan의 방언으로 추정된다.

be alime gaifi, sekiyembume[316] omifi,　karu　doro arame hendume
을 받아 가지고 넘치게 해서　마시고 보답으로 예의 지으며 말하기를

ere inu yuwan wai hūturi de teni muyahūn icihiyame
이 또한　員　外　복 에 겨우 완전히 처리하게

ohobi. ere uthai juwe ergide geren sasa gemu hūturi
되었다 이　곧　2　쪽에 여럿 함께 모두 복

kai.　yuwan wai geli amba bolosu hūntaha[317] de jalu nure
이로다 員　外　또 큰 유리　잔　　에 가득 술

tebufi jari de inu　alibume hendume fulu singiyabuha[318] bilga[319]
채워서 jari 에 또한 받게 하며 말하기를 너무 수고하였다　목

monggo[320] akšabuha nure ci majige gidame　omireo serede,
목구멍　역해졌다 술 부터 많이 눌러 마시겠는가 함에

nari fiyanggo nure be alime gaifi omimbime hendume　ai
nari fiyanggo 술 을 받아 가지고 마시며 말하기를 무슨

joboho　babi, tehe baci aljaha akū de　joborakū　gese,
수고롭던 바 있는가 앉은 곳에서 떠나지 않음 에 수고롭지 않음 같다

──　。──　。──　。──

살아났습니다. 그렇지 않았다면 대가 끊어질 뻔 했습니다."
하고는 자신의 옷을 벗어 샤먼에게 입히고, 수정 옥으로 만든 잔에 술을 가득 채워 무릎을 꿇고 드렸다. 니샨 샤먼이 술이 넘치도록 잔을 받아서 마시고, 예를 하면서 말했다.
"이 또한 원외의 복으로 인해 깔끔히 처리하게 되었습니다. 이는 곧 양쪽 여럿과 함께 모두의 복입니다."
원외가 또 큰 유리잔에 가득 술을 채워서 자리에게도 드리며 말했다.
"매우 수고하였습니다. 목구멍이 컬컬해졌으니, 술부터 많이 담아서 마시겠습니까?"
나리 피양고가 술을 받아 마시면서 말했다.
"무슨 고생한 것이 있습니까? 앉은 자리에서 떠나지 않았으니, 수고롭지 않은 것 같습니다.

316) sekiyembume : sekiyebume의 방언으로 추정된다.
317) hūntaha : hūntahan의 방언으로 추정된다.
318) singiyabuha : singgiyabuha의 오류로 추정된다.
319) bilga : bilha의 방언으로 추정된다.
320) monggo : monggon의 방언으로 추정된다.

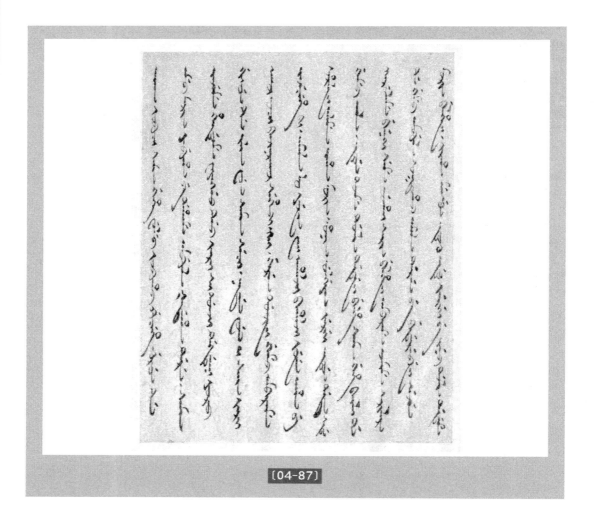

〔04-87〕

aika   joboci   saman gege fulu   joboho   bucehe gurun de
혹 수고롭다면  샤먼  여인 너무 수고하였다 죽은   나라 에

emu marin[321] yabuha de dahame ambula šadaha dere, saman
한   번    다녀옴 에 따라서   매우  지쳤으리라   샤먼

injeme hendume fiyanggo deo jari si  donji  dekdeni yoro
웃으며 말하기를 fiyanggo 동생 jari 너 들으라 뜬 것의  빈

gisun de ilan fun saman seci, nadan fun i  sain jari
   말 에 3 分 샤먼  하면   7   分 의  좋은 jari

---

321) marin : mari의 방언으로 추정된다.

akū   oci   banjinarakū sehebi kai, geren donjifi gemu ambarame
없다 하면 이룰 수 없다 하였도다   여럿   듣고   모두     크게

injecehe bi, amala lo yuwan wai ahalji bahalji juwe aha be
함께 웃었다 뒤에 老   員   外 ahalji bahalji  2  하인 을

hūlafi   alame   ihan morin honin ulgiyan jergi adun    data    sede
불러서 말하기를 소   말   양   돼지   등 목장 우두머리들 들에

gemu   ala,   adun tome dulin dendefi   belhe,   saman gege baili de
모두 알려라 목장 마다   반   나누어 준비하라   샤먼  여인 배려 에

karulame beneki seme uthai sarin   belhefi ambarame omime  sarilara
보답하여 보내자  하고 즉시 술잔치 준비하여    크게   마시며 술잔치함

de gemu ambula soktoho amala deren[322] be bederebufi, sejen
에 모두   매우   취했다 뒤에   상     을 물리게 하고 수레

morin  belhefi, jiha menggun etuku adu jergi be  inu dulin dendeme
 말   준비하고 돈    은    의   복   등 을 또한 반   나누어

--- ° --- ° --- ° ---

혹 수고로웠다면 샤먼 여인이 너무 수고하였습니다. 저승에 다녀왔기 때문에, 매우 지쳤을 것입니다."
샤먼이 웃으며 말했다.
"피양고 동생 자리여, 너는 들어라. 떠도는 빈 말에 '삼 할이 샤먼이라면, 칠 할의 좋은 자리가 없으면 이룰 수 없다.'고
하더구나!"
여럿이 듣고 모두 함께 크게 웃었다. 그러고 나서 원외가 아할지 바할지 두 종을 불러서 말했다.
"소, 말, 양, 돼지 등 목장의 우두머리들에게 모두 알려라. 목장마다 반을 나누어서 준비하라. 샤먼 여인의 배려에 보답
하여 보내자."
하고, 즉시 술잔치를 준비하여 크게 마시며 잔치를 하니, 모두가 매우 취했다. 그리고 상을 물리게 하고는 수레와 말을
준비하여 돈, 은, 의복 등을 반으로 나누어서

322) deren : dere의 방언으로 추정된다.

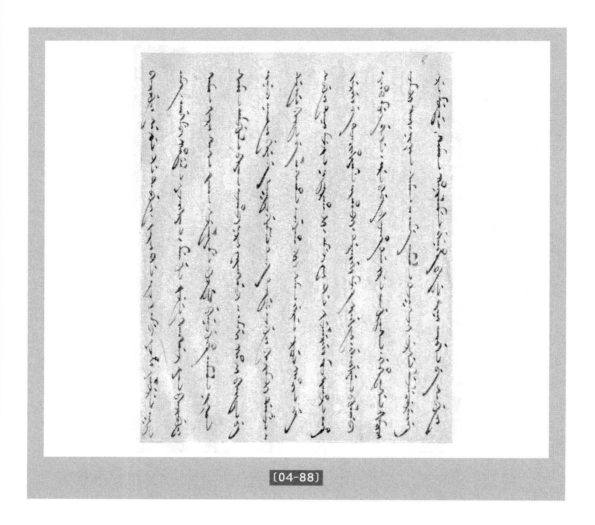

[04-88]

banjibufi sejen de tebufi, jari de etuku emu yohi yalure  akta
만들어  수레 에 얹고   jari 에  옷   한  벌  탈  악대말

emke, enggemu hadala yongkiyan, menggun juwe tanggū yan banjibufi
하나  안장  굴레  완비      은   2   백   냥  만들어

saman jari sasa jaka suwaliyame boode benebuhe amala nišan
샤먼  jari 함께  물건  섞어서    집에 보내주었다 뒤에  nišan

saman ambula bayan  oho,  nari fiyanggo i emgi  haji   baita be
샤먼  매우  부자 되었다 nari fiyanggo 함께 사랑하는 일 을

inu    nakafi, beyebe toktobume tob tondo obufi banjimbi demun i
또한 멈추고   몸을   안정시키고   바르게   하고   산다   기이 의

dufen[323] baita be   lasha   obuhabi, saman geren erun hacin be
음란한    일   을   딱 짤라   하였다   샤먼   여러   형벌   종류   를

sabufi    teni   mujin nitarahabi, emu fi de julergi miosihūn ehe
보고서   비로소   뜻   누그러졌다   한   筆 에   이전의   삿됨   나쁨

jergi be toncihiyame[324] arahabi, duranggi muke singifi[325], genggiyen   bolgo
등 을   교훈하여   알렸다   더러워진   물   걸러져       맑고   깨끗하게

oho muke gese, ere babe bithe donjire agutasa, gehetese kimcici
된   물   같다   이것을   글   듣는   agu 들   여인들   살피면

ombi kai, nišan saman i   emge[326] amala toksoi urse leolecerengge
되는구나 nišan 샤먼 의 시어머니   뒤에   마을의   무리   서로   논하는 것

ere mudan saman  hailame genehe bade   ini  eigen be sabufi
이    번     샤먼 물리치러   간    곳에 그의 남편 을 보고서

—— ◦ —— ◦ —— ◦ ——
수레에 싣게 하였다. 또 자리에게는 옷 한 벌과 악대말 한 마리에 안장과 굴레를 완비해 주었다. 은 이백 냥을 내어 샤먼과 자리에게 각각 물건과 함께 섞어서 집으로 보내주었다. 니샨 샤먼은 매우 부자가 되었다. 나리 피양고와 함께 사랑하는 일을 또한 멈추고, 몸을 안정시키고 바르게 하며 살았다. 기이하거나 음란한 일을 딱 잘라 끊었다. 샤먼이 저승에서 여러 가지 형벌을 보고서 비로소 뜻이 누그러졌으며, 또 그것을 글로 써서 이전의 삿되고 나쁜 것 등을 교훈하여 알리니, 더러워진 물이 걸러져 맑고 깨끗하게 된 것과 같았다. 이것을 글 읽고 듣는 아거들과 여인들이 살펴서 주의하면 되었도다!
그 후에 니샨 샤먼의 시어머니가 마을 사람들이 서로 논하며 이야기하는 것을 들었다.
"이번에 샤먼이 서르구다이 피양구를 구하러 간 곳에서 그의 남편을 보았는데,

---

323) dufen : dufe의 방언으로 추정된다.
324) toncihiyame : tacihiyame의 방언으로 추정된다.
325) singifi : singgifi의 방언으로 추정된다.
326) emge : emeke의 방언으로 추정된다.

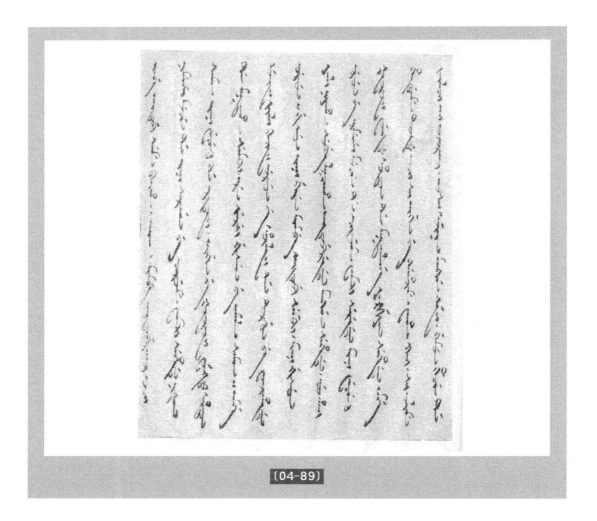

〔04-89〕

inbe[327] aitubu seme  baiha,  aika mimbe aituburakū oci
그를    살려라 하고 청하였다 만약  나를   살리지 않으면

nimenggi mucen de  ini  sargan be carume wambi sehede nišan
  기름      솥   에 그의 아내  를 튀겨서  죽인다  함에  nišan

saman ini  weceku de  ertufi,  eigen be šoforofi fungtu hoton
  샤먼 그의  神靈  에 의지하여  남편 을 잡아채서  酆都    성

---

327) inbe : imbe의 잘못으로 추정된다.

de maktaha sembi, ere jergi gisun be amala saman i    emge[328]
에 던졌다 한다 이 종류 말 을 뒤에 샤먼 의 시어머니

donjifi jili banjifi   urun be hūlafi   da turgun be fonjihade,
듣고 화 내고서 며느리 를 불러서 본래 사정 을 물음에

urun   i gisun ini beye mimbe aitubu sembi, mini gisun
며느리의 말 그의 몸 나를 살려라 한다 나의 생각

yali niyaha sube lakcaha aituburede mangga sehede, uthai
살 썩었고 힘줄 끊어졌다 살리기에 어렵다 함에 즉시

urun  be nimenggi mucen de carume wambi serede mini weceku
며느리를 기름 솥 에 튀겨 죽인다 함에 나의 神靈

šoforofi fungtu hoton de maktahangge yargiyan sehede emge
잡아채서 酆都 성 에 던진 것 사실이다 함에 시어머니

hendume tuttu oci si eigen be dahūme    waha kai,   si olime
말하기를 그러면 너 남편 을 한 번 더 죽인 것이구나 너 비켜서

jailaci   ai    ojorakū,  absi gūnin mangga sefi, gemun hecen de
피하면 무엇 할 수 없는가 어찌 마음 잔혹한가 하고   京   城  에

―― 。―― 。―― 。――

남편이 살려달라고 청했다. 만약 그를 살려주지 않으면, 기름 솥에 그의 아내를 튀겨 죽이겠다고 하자, 니샨 샤먼이 그
의 신령에 의지하여 남편을 잡아채서 풍도성(酆都城)에 던져버렸다."
이와 같은 말을 샤먼의 시어머니가 듣고 화를 내고서, 며느리를 불러 본래 까닭을 물으니, 며느리가 말했다.
"그가 '나를 되살려라.'고 하였습니다. 나의 생각에 '살이 썩었고, 힘줄이 끊어져서 되살리기 어렵다.' 하였더니, 곧바로
나를 '기름 솥에 튀겨 죽이겠다.' 하였습니다. 그러자 나의 신령이 잡아채서 풍도성에 던진 것이 사실입니다."
하니, 시어머니가 말했다.
"그렇다면 너는 남편을 한 번 더 죽인 것이구나. 네가 비켜서 피하면 되지 않았겠느냐? 어찌 마음이 그리도 잔혹한가?"
하고, 경성(京城)에

328) emge : emeke의 방언으로 추정된다.

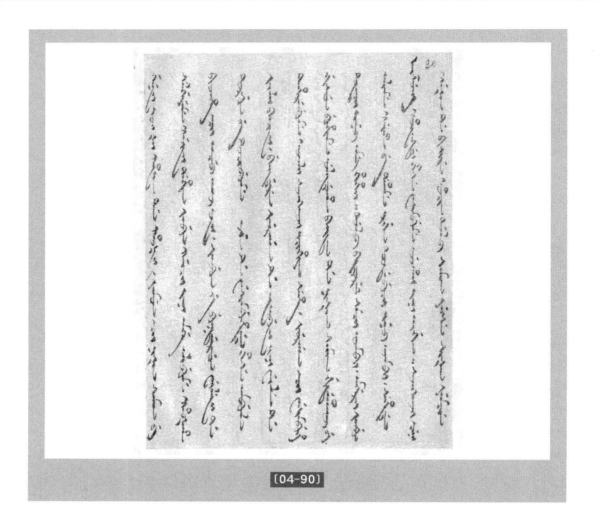

〔04-90〕

genefi ioi ši hafan de habšafi, yamun  ci  nišan saman be
가서 御 使 관원 에 고소하니 衙門 에서 nišan 샤먼  을

selgiyeme  gajifi  dahin jabun gaici  ini   emge[329] alibume habšaha
명하여  데려와서 다시 진술 취하니 그의  시어머니  알려서  고소한

bithe  ci  encu akū ofi,  jabun be  bukdarun weilefi   da
글  에서 다름 없게 되어 진술 을   試卷 만들고서 본래

turgun be tucibume  ejen de  wesimbuhede hese ambula
사정 을 드러내 황제 에 올려짐에   旨 매우

---

329) emge : emeke의 방언으로 추정된다.

jili banjifi, beidere jurgan de afabufi  ini weile de
화 내고서 심판하는 부서 에 맡겨서 그의 죄 에

teherebume   kooli songkoi icihiya   sehe, jurgan ci wesimbuhe
합당하게 하여 관례 따라서 처리하라 하였다 부서 에서  올린

gisun buhime[330] uladuha[331] baita de nišan saman   gidahakū   be
 말 추정하고   전해진   일 에 nišan 샤먼 숨기지 않은 것 을

tuwaci inu  emu hehei i dolo baturu   seci ombi, emgeri jabun
 보니 또한 한 여자의   안 용감하다 할 만 하다 이미  진술

alime gaiha be dahame ergen toodabuci  inu ombi, sehede
받아 취함 을 따라서  목숨 보상시키면 또한 된다   함에

taidzung hūwangdi hese wasimbume uthai  ini eigen i songkoi ceni
 太宗   皇帝  勅旨 내려지고 즉시 그의 남편  같이 그들의

gašan de bisire hocin[332] dolo saman yekse  siša   yemcen[333]
마을 에 있는 우물  안 샤먼 모자 허리방울 남수고

―― 。―― 。―― 。――

가서 어사(御使)에게 고소하였다. 아문(衙門)에서 니샨 샤먼을 명으로 데려와 다시 진술을 취하니, 그의 시어머니가 알려서 고소한 글과 다름이 없었다. 진술을 시권(試卷)처럼 만들고, 본래 연유를 드러나도록 적어 황제에게 올리니, 크게 화를 내는 말을 하고서, '형부(刑部)에 맡겨서 그의 죄에 합당하게 하고, 관례에 따라 처리하라.'고 하였다. 형부에서는 다음과 같이 상주하였다.

"근거 없이 추정하고 전해진 일에, 니샨 샤먼이 숨기지 않은 것을 보니, 이 여자의 마음이 용감하다 할 만 합니다. 이미 진술을 받아 취한 것에 근거하여 목숨을 보상하게 하면 옳게 됩니다."

이에 태종(太宗) 황제가 칙지(勅旨)를 내렸다.

"즉시 그의 남편에게 했던 것과 같이 그들 마을에 있는 우물 안에 샤먼의 모자, 허리방울, 남수고 등의

330) buhime : buhiyeme의 방언으로 추정된다.
331) uladuha : ulanduha의 방언으로 추정된다.
332) hocin : hūcin의 방언으로 추정된다.
333) yemcen : imcin의 방언으로 추정된다.

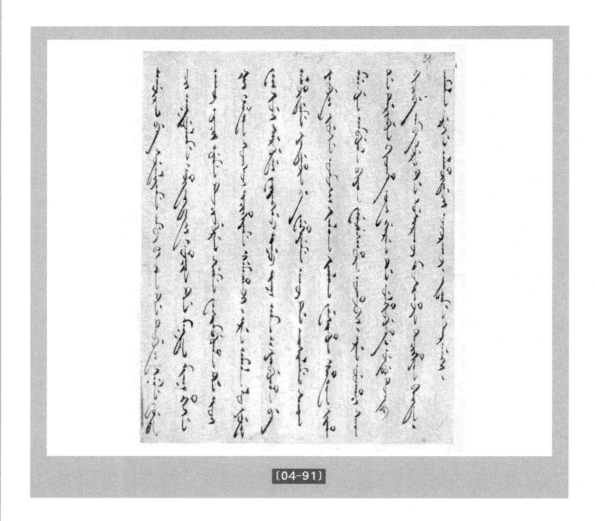

〔04-91〕

agūra be suwaliyame emu　pijan　de tebufi sele futa
기물 을　모아　한 가죽 상자 에 넣어　쇠 밧줄

ci akdulame hūwaitafi hocin[334] de makta mini hese
에　단단히　매어　우물　에 던져라 나의 勅旨

akū oci ume tucibure seme wasimbuha de ioi
없으면 꺼내지 말라 하고　내려짐　에 御

ši hafan songkoi icihiyame gamahabi, ere amala lo yuwan
使 관원 따라서　처리하고 데려갔다 이 후에 老　員

---

334) hūcin : hocin의 방언으로 추정된다.

wai jui sergudai fiyanggo inu ini ama i yabuha be
外 아들 sergudai fiyanggo 또한 그의 아버지의 행함 을

alhūdame yadahūn be wehiyeme akū de aisilame sain
본받아 가난한 이 를 돕고 없는 이 를 조력하고 善

yabufi juse omosi jalan jalan wesihun hafan jiha
행하여 아들 손자들 대 대 귀한 관직 돈

menggun ambula bayan wenjeshūn[335] ohobi, ere uthai sain
은 매우 부자 부유하게 되었다 이 곧 좋은

da deribun bithe ofi geren de ulhibuhe, udu tuttu
근본 시작 글 되어서 여럿 에 알게 하였다 비록 그러하다

bicibe amba doro de dosirakū miosihūn[336] tacihiyan baita,
하더라도 큰 도리 에 들어오지 않는 삿된 가르침 일

amala urse alhūdaci ojorakū, eteme targaki,
뒤의 무리 본받으면 안 된다 이겨서 계를 지키자

―― 。―― 。―― 。――

도구를 모아서 가죽 상자 하나에 넣고, 쇠밧줄에 단단히 묶어 우물에 던져라. 나의 칙지가 없으면 꺼내지 말라."
하고 명하니, 어사(御使)가 그대로 따라서 처리하고 니샨 샤먼을 데려갔다.
이 후 원외의 아들 서르구다이 피양구 또한 그의 아버지가 행한 것을 본받아 가난한 사람들과 없는 사람들을 도우며
선을 행하였다. 자손들은 대대로 높은 관직에 오르고, 돈과 금은이 넘쳐나고 매우 부유하게 되었다. 그리고 이 일은 곧
좋은 근본이 시작된 글이 되어서 여러 사람들에게 알게 하였다. 또 비록 그렇다 하더라도 큰 도리에 들지 않는 삿된 가
르침이나 일을 뒷사람들이 본받으면 안 되므로, 이겨내고 계를 지키자.

―――――――――――――
335) wenjeshūn : wenjehun의 방언으로 추정된다.
336) miosihūn : miosihon의 방언으로 추정된다.

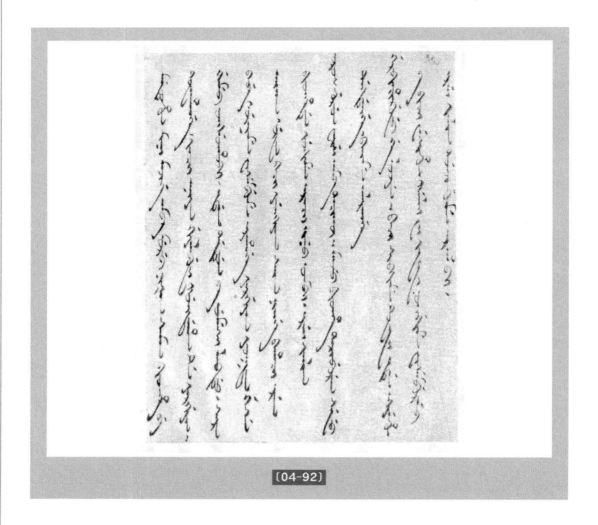

[04-92]

mentuhun mini majige amba muru  nišan saman bithe be
어리석은 나의 조금  큰  대략 nišan 샤먼  글  을

tuwahangge, jaci aniya  giyalabufi goidaha de yargiyan i
  본 것  심히 해  내려오게 되고 오래됨 에  진실로

gemu onggohobi, eden  dadun  ba umesi labdu, sara
 모두  잊었다  빠진 절름발이 곳 매우 많다  아는

babe gūnime    fisembume    arahangge yargiyan yokta[337] gese
바를 생각하며  늘려서 서술하여  만든 것  사실  yokta  같은

---

337) yokta : 지명으로 추정된다.

aika gūwa baci yungkiyan[338] sain ningge bahaci ere
혹 다른 곳에서 완전한 좋은 것 얻으면 이

bithede jukime araci inu ombi, erei jalin
글에 메워 만들면 또한 된다 이 까닭

oros gurun wargi amba tacikū i manju bithe tacibure sefu
러시아 나라 서쪽 큰 학교 의 만주 글 가르치는 사부

dekdengge i baime alarangge
dekdengge 의 청하여 말하는 것

gerbincig'ufu ge looye i baci sibkime tuwafi eden ekiyehun
gerbincig'ufu ge 老爺 의 곳에서 연구하여 보고 빠진 부족한

ba bici wesihun galai fi jafafi nonggime fisembureo
것 있으면 귀한 손으로 筆 잡고 더하여 부연 설명해 주겠는가

erei jalin donjibume arahabi
이를 위하여 듣게 하게 지었다

—— 。 —— 。 —— 。 ——

어리석은 내가 니샨의 샤먼 글을 대략 본 것이 여러 해 지나고 심히 오래되어서 진실로 모두 잊어버려서 빠지거나 절름발이가 된 곳이 매우 많다. 알고 있는 것을 생각해 내서 늘리고 덧붙여 서술하여 만든 것이 사실이다. 욕타 지역이나 혹 다른 곳에서 완전하고 좋은 것을 얻게 되면, 이 글을 보충하면 될 것이다. 이런 까닭에 러시아의 서쪽 대학에서 만주 글을 가르치는 덕덩거 교수에게 청한다.

"거르빈치구푸거 선생께서 연구해 보시고, 빠지고 부족한 것이 있으면, 삼가 귀한 손으로 붓을 잡고서 더하고 부연하여 설명해 주시겠습니까?"

이를 위하여 읽도록 지었다.

---

338) yungkiyan : yongkiyan의 방언으로 추정된다.

# 5

스타리코프(Starikov)본

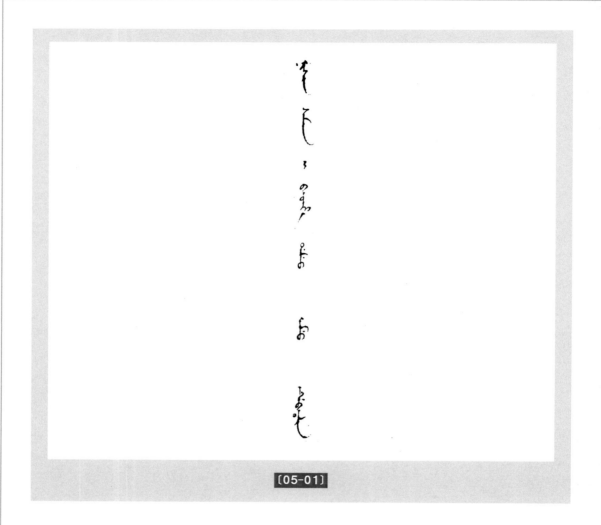

[05-01]

nisan saman i bithe damu emu debtelin
nisan 샤먼 의 글  다만 한   卷

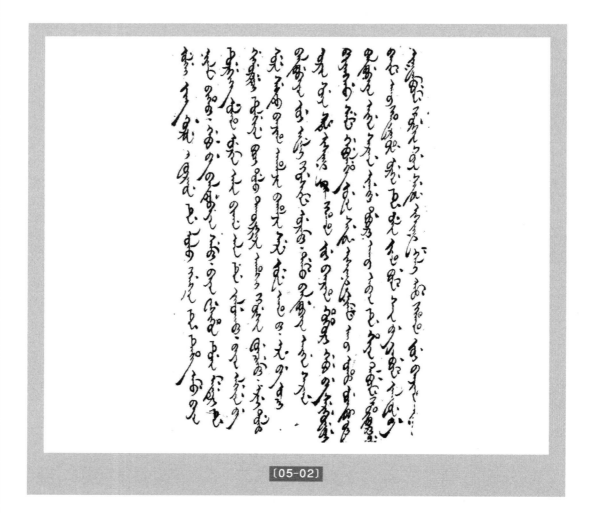

[05-02]

julgei jing[1] gurun i forgon de lolo gasan de tehe emu bayan
옛    jing   나라 의 시기 에 lolo 마을 에  산  한  부자

niyalma bihebi. gebu be baldubayan sembi. bayan wesihun duin mederi de
사람  있었다 이름 을 baldubayan 한다   富   貴   四   海   에

durgeke. ulha ujime alin bigan elen de jalukabi. bayan elgiyen be
떨쳤다 가축 길러 산  들 충분히 가득했다   富  풍족함 을

gisurereci   tulgiyen booi dolo takūršara ahasi gūsin funcembi. erei dolo
말하는 것보다 이외에 집의 안  부리는 하인들 30   넘는다 이의 안

───────────────

1) jing : '金[jīn]'의 음차로 추정된다.

sure      sektu banjiha ahaljin bahaljin sere juwe aha   bi. ere be oci
총명하고 영리하게 태어난 ahaljin bahaljin 하는  2   하인 있다 이 를 하면

baldubayan   jui adali   gosime ujimbi. damu baldubayan eigen sargan
baldubayan 아들 같이 사랑하고 기른다 다만 baldubayan 남편   아내

orin sunja sede isinafi haha jui  banjiha huhuri gebu be serguwedai
20   5    살에 이르러 사내 아이 낳았다 젖먹이 이름 을 serguwedai

piyanggo seme gebulehe. juwan sede isinafi nimeme akū    oho    uttu ofi
piyanggo 하고 이름했다   10    살에 이르러 병나서 죽게 되었다 이리 하여

baldubayan eigen sargan inenggi dobori akū abka de hiyan dabume hūturi be
baldubayan 남편   아내    낮    밤 없이 하늘 에  향   태워   복 을

baime akū hafirhūn[2] urse de dulin jiha bume sain be yabume jalafun be
구함 없이 가난한 무리 에 절반 돈 주고 선 을 행하고 壽 를

iktambume gūsin sunja sede isinafi geli emu haha jui  banjiha   ineku
쌓고    30   5    살에 이르러 다시 한 사내 아이 낳았다 본래대로

──○──○──○──

옛 금나라 때에 로로라는 마을에 한 부자가 살고 있었는데, 이름을 발두 바얀이라 하였다. 부귀가 사해에 떨쳤으며, 가축을 길러 산과 들이 충분히 가득했다. 부와 풍족함을 말하기 그지없고, 집안에는 부리는 하인들이 서른 명이 넘는다. 그 가운데 아할진과 바할진이라는 이름을 가진 총명하고 영리한 두 하인이 있었는데, 발두 바얀은 이들을 아들처럼 사랑하며 길렀다. 발두 바얀 부부는 스물다섯 살에 겨우 사내아이를 낳았는데, 젖먹이의 이름을 서르구다이 피양고라고 하였으나 열 살에 이르러 병이 나서 죽게 되었다. 그래서 발두 바얀 부부는 밤낮 없이 하늘에 향을 태우고, 복을 구하는 것 없이 가난한 사람들에게 재산의 절반을 나누어 주고, 선(善)을 행하고 수(壽)를 쌓아서 서른다섯 살에 이르러 다시 사내아이 하나를 낳았다. 이름을 이전처럼

---

2) hafirhūn : hafirahūn의 방언으로 추정된다.

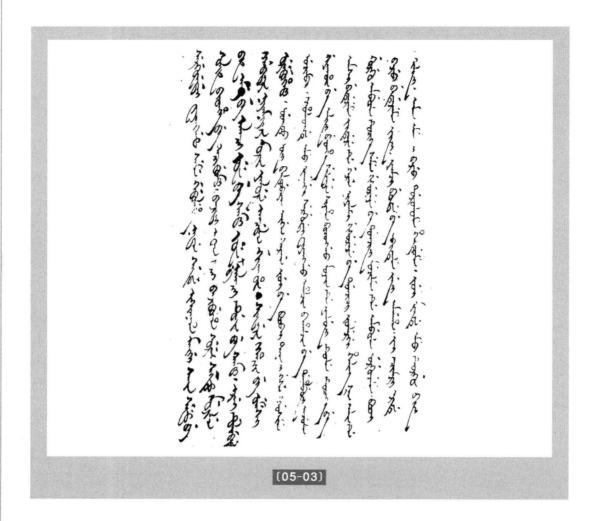

[05-03]

serguwedai fiyanggo seme gebulehe. nadan sede isinaha manggi sain sefu be
serguwedai fiyanggo 하고 이름했다  7 살에 이른  후 좋은 스승 을

solifi bithe be tacibumbi. banjitai abka ci banjibuha sure sektu mujilen
청하여 글 을 가르친다 태어나면서부터 하늘 에서 태어나게 한 총명하고 영리한 마음

bifi emu be alaci juwe be sambi, juwe be alaci duin be sambi. erei dulimbade
있어 하나 를 알려주면 둘 을 안다  둘 을 알려주면 넷 을 안다 이의 가운데에

gabtara niyamniyara morin yalure anculan giyahūn sindara hacin be umesi
활쏘기 마상 활쏘기 말 타기 수리 매 놓기 종류 를 매우

urebuhebi. uttu ofi  baldubayan eigen sargan jui be boobai  tana  i  gese  gosime
익혔다  이리 하여 baldubayan 남편  아내  아들 을 보배의  진주  같이  사랑하고

ujimbi. holkonde  emu  inenggi sergudai fiyanggo ahaljin bahaljin be dahalabufi anculan
기른다  홀연히  어느  날    sergudai fiyanggo ahaljin bahaljin 을 거느리고  수리

giyahūn be  alifi  bethe sefere    sirha[3)    boconggo morin de yalufi tule tucike be
 매  를 가지고 발  한 줌 누런 반점 있는 색깔의    말 에 타고 밖 나갔음 을

amasi bedereme jidere de geren niyalmai gisurere be donjici julergi heling šan alin de
뒤로  물러나  옴 에 여러  사람의   말함 을 들으니 남쪽 heling šan 산 에

gurgu ambula tucike seme gisurere be donjifi mujilen de ambula urgunjeme, booi
길짐승 매우 나왔다 하고  말함 을 듣고서 마음 에 매우  기뻐하고  집의

baru  bedereme jifi, yamji buda be  ebitele    jefi amgaha. jai cimari erde
쪽으로 물러나 와서 저녁  밥 을 배부르도록 먹고  잤다 다시 아침 일찍

ilifi.    ama   eme  i  baru dorolome hendume, jui minde emu turgun bifi
일어나서 아버지 어머니 의  쪽 예를 하며 말하기를 아들 나에  한  사정 있어

―― 。 ―― 。 ―― 。 ――

서르구다이 피양고라고 지었다. 아이가 일곱 살이 되자 발두 바얀 부부는 좋은 스승을 청하여 글을 가르쳤다. 태어나면 서부터 하늘에서 태어나게 하였기에 총명하고 영리함을 가지고 있어서 하나를 알려주면 둘을 알고, 둘을 알려주면 넷을 알았다. 그 중에서 활쏘기, 마상 활쏘기, 말타기, 수리 매 사냥 등을 매우 잘 익혔다. 그래서 발두 바얀 부부는 아들을 진주 보배 같이 사랑하며 길렀다.

그러던 어느 날 서르구다이 피양고는 아할진과 바할진을 거느리고 수리 매를 데리고, 발에 한 줌 누런 반점 있는 색깔 있는 말을 타고 밖으로 나갔다가 집으로 돌아오고 있었다. 여러 사람들이 남쪽의 헐링산에 길짐승이 많이 나왔다고 말하는 것을 듣고, 마음속으로 매우 기뻐하며 집으로 돌아와서 저녁밥을 배불리 먹고 잤다. 다음날 아침 일찍 일어나 부모님께 예를 드리며 말했다.

"저에게 사정이 하나 있어서

―――――――――――――――――

3) sirha : sirga의 방언으로 추정된다.

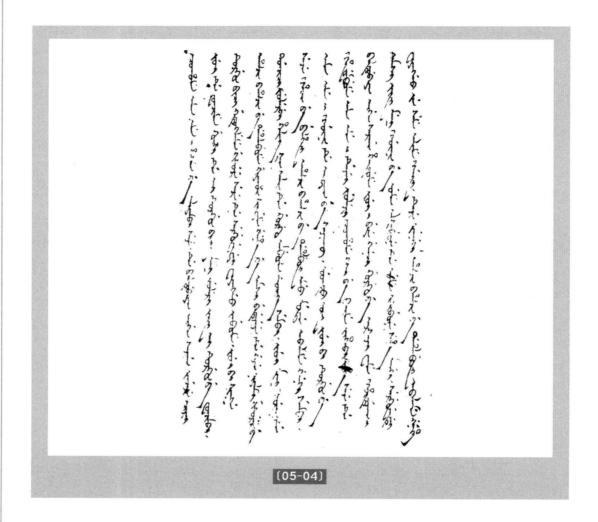

〔05-04〕

cohome ama　eme i hese be aliyambi sere de baldubayan eigen sargan injere cirai
특별히 아버지 어머니의 命 을 기다린다 함 에 baldubayan 남편　아내　웃는 얼굴로

jui　de fonjime gungzi de ai turgun bifi. meni julergi jifi　ai turgun be fonjimbi.
아들 에 묻기를 公子 에 무슨 사정 있어 우리의 앞에 와서 무슨 사정 을 묻는가

turgun bici getukeleme gisure sere de serguwedai fiyanggo　jabume.　jui be sikse
사정 있으면 명백히 하여 말하라 함 에 serguwedai fiyanggo 대답하기를 아들 을 어제

ahaljin bahaljin be dahalabume giyahūn sindame genehe be amasi bederere de geren niyalmai gisurere be
ahaljin bahaljin 을 거느리고　　매　놓고　갔음 을 돌아 물러남 에 여러 사람의　　말함

을

donjici julergi heling šan alin de gurgu ambula tucike sembi. jui mini gūnin de
들으니 남쪽 heling šan 산 에 길짐승 매우 나왔다 한다 아들 나의 생각 에

sejen hacin be belhefi ahaljin babaljin be dahalabufi emu mudan abalame geneki sembi.
수레 종류 를 준비하여서 ahaljin babaljin 을 거느리고 한 번 사냥하러 가자 한다

ama eme i gūnin de adaka be sarakū. uttu ofi jui bi turgun be
아버지 어머니 의 생각 에 맞음 을 모르겠다 이리 하여 아들 나 사정 을

hafumbume ama eme i derei juleri cohome kesi be baime jihebi. sere de
통하게 하여 아버지 어머니 의 얼굴의 앞에 특별히 은혜 를 구하러 왔다 함 에

baldubayan eigen sargan hendume, jui i beye geneci gurgu be arsari wame hūdukani
baldubayan 남편 아내 말하기를 아들 의 몸소 가면 길짐승 을 반만 죽이고 조금 빠르게

amasi jifi meni gūnin be umeališabure de isibure sehe manggi. serguwedai
돌아 와서 우리의 생각 을 고민하게 함 에 미치게 말라 한 후 serguwedai

fiyanggo je seme alime gaifi. tere inenggi ahaljin babaljin de dahalabufi abalame genehe
fiyanggo 예 하고 받아 가지고 그 날 ahaljin babaljin 에 거느리고 사냥하러 갔다

—— 。—— 。—— 。——
특별히 어머니 아버지의 명을 기다립니다."
발두바얀 부부는 웃는 얼굴로 아들에게 물었다.
"공자에게 무슨 사정이 있어서 우리 앞에 와서 묻는 것이냐? 명확하게 말해 보아라."
서르구다이 피양고가 대답했다.
"제가 어제 아할진과 바할진을 거느리고 매 사냥을 갔다가 돌아오던 중에 사람들이 말하는 것을 들었습니다. 남쪽 헐링산에 길짐승이 많이 나왔다고 합니다. 제가 수레 등을 준비해서 아할진과 바할진을 거느리고 사냥을 하러 가고자 합니다. 어머니 아버지의 생각이 어떤지를 모르겠습니다. 이러한 사정을 통하게 하고자, 어머니 아버지 앞에서 특별히 은혜를 구하고자 왔습니다."
발두 바얀 부부가 말했다.
"네가 직접 사냥을 가면 길짐승을 반만 죽이고, 조금 빠르게 돌아와서 우리가 걱정하지 않도록 하여라."
서르구다이 피양고는 "예." 하고 대답하고는, 즉시 아할진과 바할진을 거느리고 사냥하러 갔다.

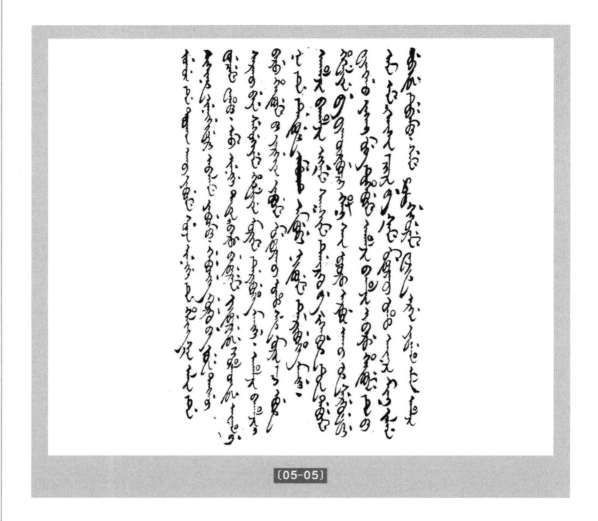

[05-05]

jugūn de tookan akū yabume sunja inenggi de heling šan alin de
　길 에　지체 없이 가서　5　　날 에 heling šan 산 에

isinafi inenggidari abalame yabumbi. gebungge gurgu be juwe tanggū
이르러 날마다 사냥하러 다닌다 이름난 길짐승 을　2　　백

funceme wahabi. emu inenggi tatan i baru bedereme jidere de holkonde ainaha be
넘게 죽였다 어느　날 막사 의 쪽 물러나 옴 에 홀연히 어찌됨 을

sarakū beye sesukiyeme hefeliyen murime deribuhe manggi. ahaljin babaljin i
모르게 몸 추위로 떨며 가슴 구부러지기 시작한　후　　ahaljin babaljin 의

baru hendume bi yargiyan yabume muterakū  oho  sefi morin  ci  ebufi
쪽 말하기를 나 진실로     갈 수 없게  되었다 하고  말  에서 내려서

na de dedufi emdubei  nidume deribuhe manggi.
땅 에 누워  연달아 신음하기 시작한   후

ahaljin bahaljin ekšeme  saksime deijiku be isabufi tuwa dabume
ahaljin bahaljin 애태우며 서두르고 땔감 을 모아서  불  붙여

hefeliyen be fiyakūrabuci[4]  heni  sain ojoro arbun akū   ofi   serguwedai
  가슴  을 쬐여 말리니 조금도 좋게 되는  모습  없게 되어서 serguwedai

fiyanggo yasai muke  tuhebume  ahaljin bahaljin  i baru hendume  te  bi
fiyanggo 눈의   물  떨어뜨리며 ahaljin bahaljin 의  쪽 말하기를 지금 나

ama    eme   i aisin cira be šame muterakū  oho   ainara  mini jalgan
아버지 어머니 의 金 얼굴 을  볼 수 없게  되었다 어떡하나 나의 수명

ubade   dubembi. seme gisureme wajifi ergen yadaha amala ahaljin
이곳에 끝나는가 하며  말하기 마치고  숨   거둔   후   ahaljin

—— ◦ —— ◦ —— ◦ ——

길에서 지체하지 않고 5일 동안 가서 헐링산에 이르러 날마다 사냥하며 다니면서 이름난 길짐승을 이백 마리 넘게 죽
였다. 어느 날 서르구다이 피양고가 막사로 돌아오던 중 갑자기 어찌된 영문인지 모르게 몸이 추위로 떨리며 가슴이
구부러지기 시작하여 아할진과 바할진에게 말했다.
"내가 아무래도 갈 수가 없게 되었다."
하고, 말에서 내려서 땅에 누워 연달아 신음하기 시작했다. 아할진과 바할진이 애태우며 서둘러 땔감을 모아 불을 붙여
가슴을 쬐어도 조금도 좋아지지 않았다. 서르구다이 피양고는 눈물을 흘리며 아할진과 바할진을 향해 말했다.
"이제 내가 어머니 아버지의 금빛 얼굴을 볼 수 없게 되었다. 어찌하나, 나의 수명이 이곳에서 끝나는 것인가!"
하고 말하기를 마치고서 숨을 거두었다. 아할진과

---

4) fiyakūrabuci : fiyakūbuci

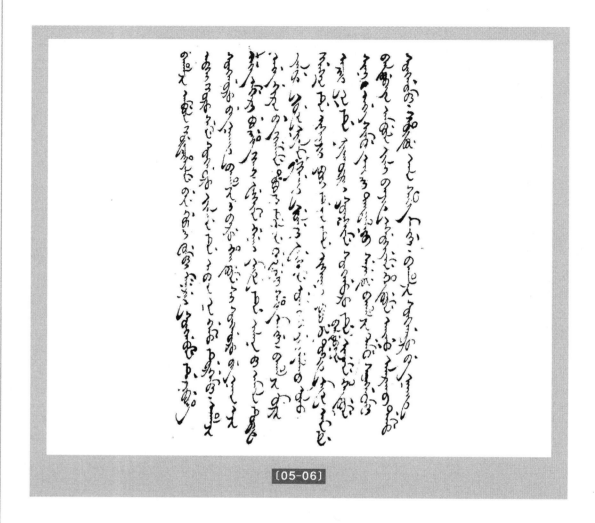

[05-06]

bahaljin ambula gūwacihiyalame beye gubci fumpi menerefi songgome deribuhe
bahaljin 매우　　놀라고　　몸　두루 굳고 멍해져서　울기　시작했다.

absi　　　koro　seme songgoro jilgan de abka na gemu durgembi. ahaljin
얼마나 한스러운가 하고　우는　소리 에 하늘 땅 모두 진동한다 ahaljin

songgoro be nakafi bahaljin i baru hendume si songgoro be naka　ejin[5]
　울기　를 멈추고 bahaljin 의 쪽 말하기를 너　울기　를 멈춰라 주인

age emgeri bucehe kai. feksime genefi mafa　de　alana　bi amala tutafi
age 이미　죽었도다　말달려 가서 할아버지 에 알리러 가라 나 뒤에 남아서

---

5) ejin : ejen의 방언으로 추정된다.

age giran be gamame dobori dulime bedereki sehe manggi. bahaljin morin
age 주검 을 데려가서 밤 새어 돌아가자 한 후 bahaljin 말

yalufi juwan niyalma be gaifi juleri feksime umai goidahakū lolo
타고 10 사람 을 데리고 앞으로 달려서 전혀 오래지 않아 lolo

gašan de isinjifi booi duka be isinafi boode dosifi mafa mama de
마을 에 다다르고 집의 문 을 다다라 집에 들어가서 할아버지 할머니 에

acafi na de niyakūrafi soksime songgoro de baldibayan injeme hendume
만나 땅 에 무릎 꿇고 목놓아 옮 에 baldibayan 웃으며 말하기를

sini age simbe aici[6] tantahanio serede bahaljin damu songgombi.
너의 age 너를 아마도 때렸나보구나 함에 bahaljin 다만 운다

baldubayan ambula jili banjifi esukiyeme hendume ainu alarakū damu
baldubayan 매우 화 내고서 꾸짖으며 말하기를 어째서 말하지 않고 다만

songgombi. hūdun ala sehe manggi. bahaljin songgoro be nakafi
우는가 빨리 말하라 한 후 bahaljin 울기 를 멈추고

—— ◦ —— ◦ —— ◦ ——

바할진은 매우 놀라고 온 몸이 두루 굳어져 멍하니 울기 시작했다.
"얼마나 한스러운가!"
하고 우는 소리에 하늘과 땅이 모두 진동한다. 그때에 아할진이 울음을 멈추고 바할진을 향해 말했다.
"너는 울기를 멈춰라. 주인 아거는 이미 돌아가셨다. 말을 달려 주인 할아버지께 알리러 가라. 나는 뒤에 남아서 아거의 주검을 데리고 밤을 새서 돌아가겠다."
하자, 바할진이 말을 타고 열 사람을 데리고 앞으로 말을 달려서 그리 오래지 않아 로로 마을에 이르렀다. 문에 다다르자마자 집으로 들어가 주인 할아버지와 할머니를 만나 무릎을 꿇고 목 놓아 울었다. 그러자 발두바얀이 웃으며 말했다.
"너희 아거가 너를 때렸나 보구나."
하여도 바할진은 다만 울기만 한다. 발두바얀이 매우 화를 내고 꾸짖으며 말했다.
"어찌 말도 않고 다만 울기만 하느냐? 빨리 말해라."
하니, 바할진이 울음을 멈추고

---

6) aici : 내용으로 볼 때 ainci로 추정된다.

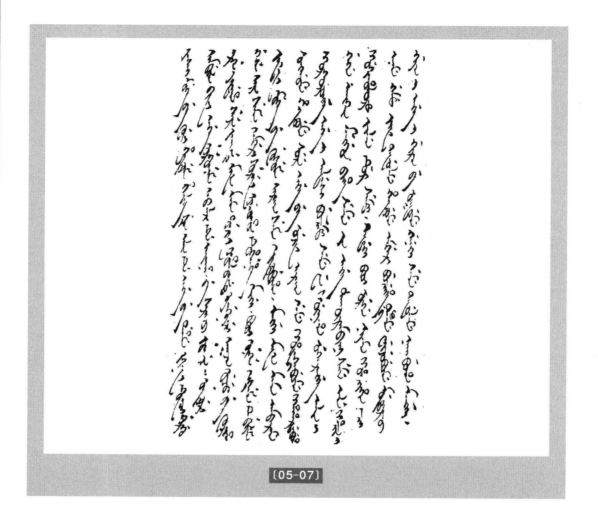

[05-07]

yasai muke be fufi hendume heling šan alin de age be dahame isinafi tuwaci gurgu
눈의 물 을 닦고 말하기를 heling šan 산 에 age 를 따라 이르러 보니 길짐승

ambula bifi age urgunjeme abalara de ainaha be sarakū jugūn i unduri
매우 있어 age 기뻐하며 사냥함 에 어찌됨 을 모르게 길 의 언저리

ergen yadaha sere jakade mafa mama donjifi holkonde niyengniyeri akjan uju be foriha
목숨 다했다 할 적에 할아버지 할머니 듣고 홀연히 봄 우레 머리 를 침

gese sar seme emgeri surefi oncohon tuhenehe manggi. booi urse ekšeme tebeliyeme
같이 스르르 하고 한번 소리지르고 거꾸로 쓰러진 후 집의 무리 서둘러 안아

jafafi muke be fusume arkan seme aitubuha. manggi    mafa    mama ambarame
잡고  물 을  뿌려  간신히  하여  살린   후  할아버지 할머니  크게

songgome hendume  sure  age be  ujifi   arkan seme hūwašabume hahardabuha
울며  말하기를 총명한 age 를 길러서 간신히 하여  성장시켜  남자로 만들었다

korsorongge age  i  aldasi bucembi seme we    gūniha   usarangge alin i
한스러운 것  age 의 도중에 죽었다 하고 누가 생각했겠는가 애통한 것  산

gese aisin menggun   bihe seme  ya  age takūrambini seme ele hacin i
같은 금   은  있었다 해도 어느 age  쓰겠는가 하며 모든 종류 의

gosiholoro jilgan   dur   sembi. adaki booi urse niyaman honcihin[7] ci
통곡하는 소리 시끌시끌 한다  이웃 집의 무리  친척  일족  에서

aname    gemu jifi tafulame hendume emgeri bucehe be dahame weijubume muterakū
하나하나 모두 와서 달래며 말하기를 이미  죽음 을 따라   되살릴 수 없다

giyan i age  i giran be okdome geneki seme tafulame nakabuha manggi
마땅히 age 의 주검 을 맞으러 가자 하고 달래며 멈추게 한  후

——— ◦ ——— ◦ ——— ◦ ———

눈물을 닦으며 말했다.
"헐링산에 아거를 따라서 다다라서 보니, 길짐승이 많이 있어 아거가 기뻐하며 사냥을 했습니다. 그러다가 어찌된 영문인지도 모르게 길 가에서 목숨을 다했습니다."
할아버지와 할머니는 이를 듣고 봄에 우레가 갑자기 머리를 친 것처럼 한 번 소리를 지르고는 스르르 땅으로 거꾸러지며 쓰러졌다. 집안의 사람들이 서둘러 안아 잡고 물을 뿌려 간신히 정신을 차리게 하였다. 할아버지와 할머니는 크게 울며 말했다.
"총명한 아들을 길러서 간신히 다 키워 남자로 만들었는데, 한스럽구나, 아들이 도중에 죽을 것이라 누가 생각이나 했겠는가? 애통하구나, 산과 같은 금은이 있다 한들 어느 아들이 쓰겠는가?"
하고는 온갖 종류의 소리로 통곡하였다. 이웃 사람들과 일가친척들이 하나하나 모두 와서 달래며 말했다.
"이미 죽은 사람은 되살릴 수 없습니다. 마땅히 아들의 주검을 맞이하러 갑시다."
하고 달래며 울음을 멈추게 하였다.

---

7) honcihin : hūncihin의 방언으로 추정된다.

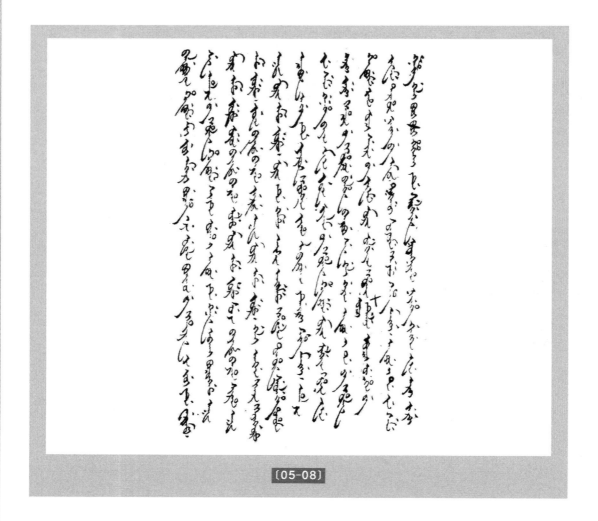

[05-08]

baldubayan hendume mini  jui emgeri bucehe ere utala boigon be hairafi  ya   jui de  werimbi.
baldubayan 말하기를 나의 아들  이미  죽었다 이 이토록 가산  을 아껴서 어느 아들 에 남기겠는가

sefi ahaljin be  hūlafi hendume si. te  uthai adun de genefi  abkai boconggo akta
하고 ahaljin 을 불러서 말하기를 너 지금 곧  목장 에 가서 하늘의  색의  악대

morin emu juru uyun biyade banjiha ulu morin emu juru sunja biyade banjiha      sirha[8)]     akta
  말   1  쌍 9  월에 태어난 ulu  말  1  쌍  5   월에 태어난 누런 반점 있는 악대

emu juru. juwan biyade banjiha jerde akta morin emu juru. geli angga kara konggoro
  1  쌍   10  월에 태어난 절다 악대  말  1  쌍  또  입  검은 황색 말

---

8) sirha : sirga의 방언으로 추정된다.

akta morin emu juru. morin de gemu aisin enggemu hadalan[9] tohūfi[10]   šeolehe   tohome
악대 말   1   쌍   말 에 모두 금   안장   굴레   얹고 자수를 놓아 얹어

acabufi age de   yarufi   hoošan jiha labdukan deijiki sehe manggi. ahaljin
맞추고 age 에 이끌어 가서 종이 돈 꽤 많이 태우자 한   후   ahaljin

je seme genehe bayan   mafa   juwan niyalma be hūlafi hendume morin ulgiyan honin efen
네 하고 갔다 bayan 할아버지 10   사람 을 불러서 말하기를 말   돼지   양 떡

arki jergi hacin be hūdun belhefi   banjibu   sefi geli geren adun i   da   be hūlafi
소주 등 종류 를 빨리 준비하고 만들어내라 하고 또 여러 목장 의 우두머리 를 불러서

hendume ihan oci   seire   be jafame morin ulgiyan honin oci delun ebci uncehen be
말하기를 소 하면 척추뼈 를 잡고 말   돼지 양 하면 갈기 갈비뼈 꼬리 를

jafame tarhūn ningge be   emde   tanggū sonjome   gaju   sehe manggi. adun i   da   je seme
잡고 살찐 것 을 한꺼번에 백   뽑아서 가져와라 한   후   목장 의 우두머리 예 하고

genehe geli booi hehesi de selgiyefi niongniyaha niyehe genggen efen arki  jergi
갔다 또 집의 여인들 에 명하여   거위   오리 부드러운 떡 소주 등

—— ∘ —— ∘ —— ∘ ——

발두 바얀이 말했다.
"나의 아들은 이미 죽었다. 이토록 많은 가산을 아껴서 어느 아들에게 남기겠는가?"
하고는 아할진을 불러 말했다.
"너는 지금 곧 목장에 가서 하늘색 악대 말 한 쌍, 구월에 태어난 울루 말 한 쌍, 오월에 태어난 누런 반점 있는 악대 말 한 쌍, 시월에 태어난 절다 악대 말 한 쌍, 또 입이 검은 황색 악대 말 한 쌍에 모두 금으로 된 안장과 굴레를 얹고, 자수를 놓아 얹어 맞추고, 아거를 이끌고 가게 하라. 그리고 종이돈도 많이 태우도록 하라."
아할진이 "예." 하고 갔다. 바얀 할아버지는 또 열 명의 사람을 불러서 말했다.
"말, 돼지, 양, 떡, 소주 등을 빨리 준비하여 만들어라."
그리고 여러 목장의 우두머리들을 불러서 말했다.
"소는 척추뼈를 취하고, 말은 갈기를 취하고, 돼지는 갈비뼈를 취하고, 양은 꼬리를 취하며, 살찐 것들로 한번에 백 마리를 골라서 가져와라."
목장의 우두머리들이 "예." 하고 갔다. 또 집의 여인들에게 명하여,
"거위, 오리, 부드러운 떡, 소주 등을

---

9) hadalan : hadala의 방언으로 추정된다.
10) tohūfi : tohofi의 방언으로 추정된다.

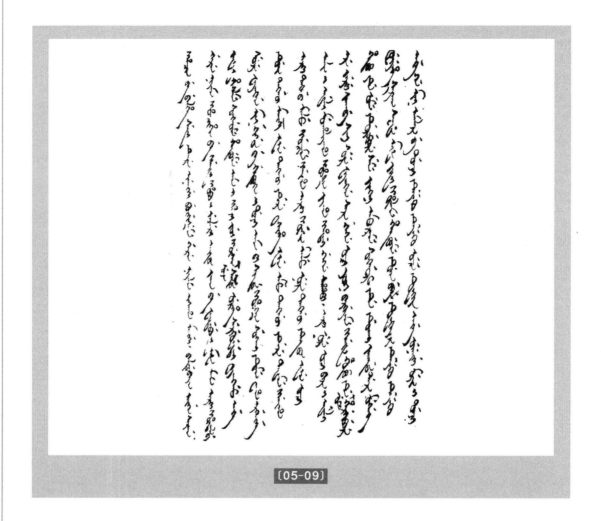

[05-09]

hacin be belhe sefi tere inenggi burgišame geren niyalma isaha manggi. baldubayan eigen sargan
종류 를 준비하라 하고 그 날 북적대며 여러 사람 모인 후 baldubayan 남편 아내

geren niyaman honcihin[11] be gaifi hobo i juleri eiten jaka be faidabufi mafa mama arki
여러 친척 일족 을 데리고 관 의 앞에 모든 물건 을 늘어놓고 할아버지 할머니 소주
hūntaha be
     잔 을

jafafi hisalame songgome hendume ama i haji jui gūsin sunja se de ujihe serguwedai
잡고 부으며 울며 말하기를 아버지 의 사랑하는 아들 30 5 살 에 기른 serguwedai

---

11) honcihin : hūncihin의 방언으로 추정된다.

fiyanggo age
fiyanggo age

sure  fayangga mini gisun be getuken i donji    ama  bi sinde hoošan susai tumen waha ergengge
총명한  영혼  나의  말  을  분명히  들어라  아버지  나  너에  종이  50  만  죽인  목숨

duin tanggū maizi efen tanggū  dere fisihe efen emu tanggū  dere tatame gaiha
4  백  麥子 떡  백  상  기장 떡  1  백  상  당겨  얻은

arki tanggū malu gocime gaiha arki gūsin malu nure tanggū tetun efen oci
소주  백  병  뽑아  얻은  소주  30  병  술  백  관  떡  하면

alin i adali  muhaliyaha  hoošan jiha  hadai gese sahahabi. arki nure  oci bira i adali
산  의 같이  둥그렇게 쌓은  종이  돈  바위의 같이  쌓여있다  소주  술  하면 강  의 같다

ere jergi jakabe sini  sure fayangga sara gese  oci yooni bargiyame  gaifi
이  등  물건을 너의  총명한  혼  아는 듯이 되면 전부  거두어  가지고

hutu de ume hergibure hetu de  ume duribure seme jinkini ambarame songgoro de dukai jakade
귀신 에 배회하지 말라 귀신 에  빼앗기지 말라  하며 정말로  크게  옮  에 문의 곁에
dara museke
허리  굽고

funiyehe šaraka sakda  mafa    jifi hūlame hendume. duka tuwakiya[12) deyeku deyeku
머리카락 희게 센  노인  할아버지 와서 부르며 말하기를  문  지키는  deyeku deyeku

age se[13) mini  amalara[14) be donji deyeku deyeku uce tuwakiya age unenggi mujin i donji
age 너  나의  알리는 것  을 들어라 deyeku deyeku 문  지키는  age 진실로  뜻있게 들어라

—— ∘ —— ∘ —— ∘ ——
준비하라."
하였다. 그날 여러 사람들이 북적대며 모이자, 발두 바얀 부부는 여러 일가친척을 데리고 관 앞에 준비했던 모든 음식물들을 늘어놓고, 술잔을 잡고 술을 부으며 울면서 말했다.
"아버지의 사랑스러운 아들, 서른다섯 살에 낳은 서르구다이 피양고야! 총명한 영혼이여, 나의 말을 분명히 들어라. 아버지인 나는 너에게 종이돈 오십 만, 희생 사백 두, 밀떡 백 상, 기장 떡 백 상, 가라앉혀 얻은 청주 백 병, 뽑아 얻은 소주 삼십 병, 발효한 술 백 관, 떡은 산처럼 둥그렇게 쌓았고, 종이돈은 바위처럼 쌓았으며, 술은 강과 같다. 이러한 음식들을 너의 총명한 영혼이 알아차린다면 모두 거두어 가지고, 귀신에게 배회하거나 빼앗기지 말아라."
하고는 정말로 크게 울고 있었다. 그때에 문 옆에 허리가 굽고 머리가 하얗게 센 노인이 와서 부르며 말했다.

"문 지키는 아거,                    더여쿠 더여쿠    너는 내가 말하는 것을 들어라.       더여쿠 더여쿠
문 지키는 아거여, 진실로 새겨들어라. 더여쿠 더여쿠

---

12) tuwakiya : tuwakiyara의 잘못으로 추정된다.
13) se : si의 잘못으로 추정된다.
14) amalara : alara의 잘못으로 추정된다.

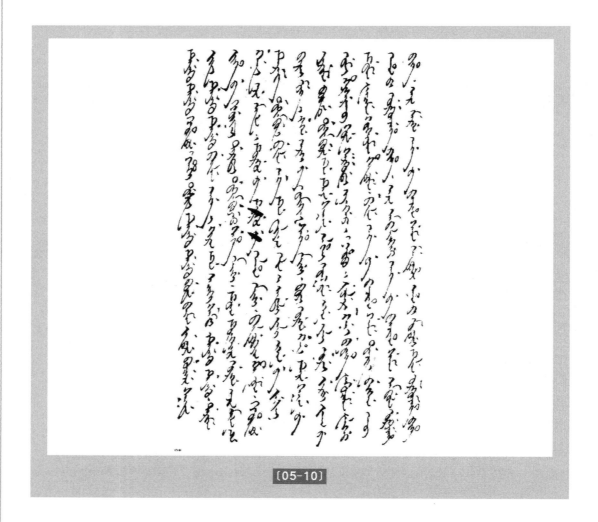

[05-10]

deyeku deyeku hūdun hahi  dosifi    deyeku deyeku buda baime jetere bucere sakda
deyeku deyeku 빨리 속히 들어가서 deyeku deyeku 밥  빌어 먹는  죽을  노인

jifi   deyeku deyeku beile age  i giran de  acaki sembi. deyeku deyeku    derime
와서 deyeku deyeku beile age 의 주검 에 만나자 한다  deyeku deyeku 마음 바꾸고

jihe  be  gūnici dartai dosimbureo sehe manggi. duka tuwakiyara urse ejin[15]  mafa   de
왔음 을 생각하면 잠시 들이겠는가  한   후   문  지키는  무리 주인 할아버지 에

genefi ere  mafa   i  turgun be alaha manggi. baldubayan hendume. hūdun
 가서 이 할아버지 의  사정 을 알린  후     baldubayan 말하기를  빨리

---

15) ejin : ejen의 방언으로 추정된다.

terebe dosimbufi beile age de waliyara alin i adali yali efen be  jekini
그를  들이고서 beile age 에 제사하는 산 의 같은 고기 떡 을 먹게 하자

birai muke i gese arki be   omikini   sehe manggi. booi urse genefi tere sakda be
강의  물 의 같은 소주 를 마시게 하자 한   후   집의 무리 가서  그  노인 을

yarume boode dosimbure de tere sakda elhei oksome efen  yali nure jergi jaka be
이끌고 집에   들임  에  그  노인 평안히 걸으며 떡 고기 술 등 물건 을

umai   herserakū šuwe serguwedei fiyanggo i hobo i juleri genefi bethe fekuceme falanggo[16]
전혀  개의치 않고 곧장 serguwedei fiyanggo 의 관 의 앞에  가서  발   춤추며  손바닥

dume fancame songgome hendume. beile age be banjiha seme donjifi bengse akū
치고  북받쳐   울며   말하기를 beile age 를 낳았다 하고 듣고서 재주 없는

aha  bi urgunjehe bihe. ara ambalinggo[17] age be banjiha seme ambula urgunjehe
하인 나  기뻐했었다   ara 기개 있는   age 를 낳았다 하여   매우 기뻐했었다

bihe. ara  mergen age be banjiha seme mentuhun aha  bi mutere teile urgunjehe bihe
      ara 지혜로운 age 를 낳았다 하여  어리석은 하인 나 할 수 있는 만큼 기뻐했었다

—— ◦ —— ◦ —— ◦ ——
빨리 속히 들어가서            더여쿠 더여쿠     밥 빌어먹는 죽을 듯한 노인이 와서     더여쿠 더여쿠
버일러 아거의 시신을 보고자 한다.  더여쿠 더여쿠     마음먹고 온 것을 생각하여 잠시 들이겠는가?"

문을 지키던 무리들이 주인 할아버지에게 가서 찾아온 노인에 대해 말하자, 발두 바얀이 말했다.
"빨리 그를 들여서 버일러 아거에게 제사하는 산과 같은 고기와 떡을 먹게 하라. 강물과 같은 술을 마시게 하라."
하니, 집의 사람들이 가서 그 노인을 데리고 집으로 들였다. 그 노인은 편안하게 걸으며 떡과 고기, 술 등의 음식을 전
혀 개의치 않고 곧장 서르구다이 피양고의 관 앞으로 가서는 손바닥을 치고 춤을 추면서 북받쳐 울면서 말했다.

"버일러 아거를 낳았다 들고서 재주 없이 미천한 나는 기뻐했었다.        아라
기개 있는 아거를 낳았다 하여 매우 기뻐했었다.                아라
지혜로운 아거를 낳았다 하여 어리석고 미천한 나는 마음껏 기뻐했었다.     아라

---

16) falanggo : falanggū의 방언으로 추정된다.
17) ambalinggo : ambalinggū의 방언으로 추정된다.

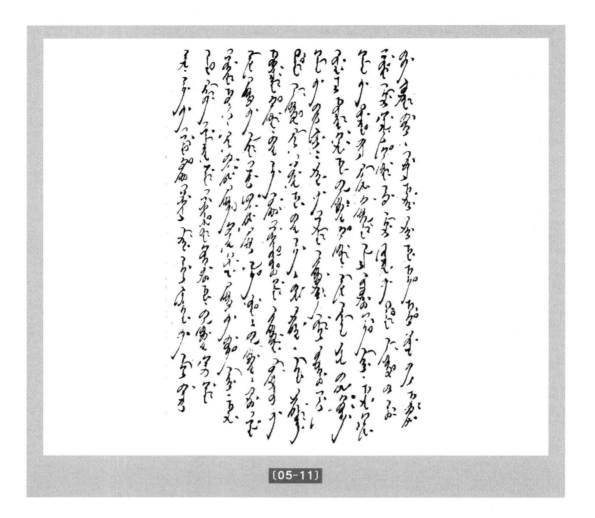

[05-11]

ara. age be gamaha hutu gosici mergen agei fayangga be amasi benjifi
ara age 를 데려간 귀신 부디 지혜로운 age의 혼 을 뒤로 보내고서

aha mimbe gamcina seme gosiholome songgoro de. baldubayan šar seme
하인 나를 데려가려무나 하고 통곡하며 옮 에 baldubayan 불쌍하고

gosime tuwafi ini beyede etuhe suwayan suje etuku be buhe manggi. tere
가엽게 여겨 보고서 그의 몸에 입은 노란 비단 옷 을 준 후 그

mafa etuku be alime gaifi beyede etufi elhe nuhan i baldubayan i baru gala
할아버지 옷 을 받아 가지고 몸에 입고 평안하고 고요하게 baldubayan 의 쪽 손

tukiyeceme hendume. bayan age　udu　gosiholoho seme aitubume muterakū be
치켜올리며 말하기를　bayan age 아무리 통곡하였다 해도　살릴 수 없음　을

dahame mentuhun mini gūnin de bayan age　i beye erdeken i mangga erdemungge
따라　어리석은 나의 생각 에 bayan age 의 몸　재빨리　강하고　덕 있는

saman be　baifi　jui　i ergen be karmame aituburengge umesi oyonggo sefi
샤먼 을　청해서　아들 의 목숨 을 보전하며　살리는 것　매우 중요하다 하고

uce　ci　tucime genere de baldubayan hendume.　mafa　aimaka yaya bade gebungge
문 에서 나와서　감　에 baldubayan 말하기를 할아버지 혹여라도 모든 곳에 이름난

saman be　donjiha　bici　minde getukeleme　alaci ojoro　sehe manggi. tere sakda
샤먼 을　들음 있으면 나에　명백하게 알려줄 수 있는가 한　후　그 노인

golmin emgeri šejilefi[18] hendume agu emgeri fonjire be dahame mentuhun bi emu
길게　한번 탄식하며 말하기를 agu 한번　물음 을 따라 어리석은 나 한

babe jorime buki.　ubaci　dergi ergi de tehe dehi sunja ba　i dubede
곳을 가리켜 주자 이곳에서 동쪽 편 에 사는 40　5 里 의 끝에

——　。——　。——　。——

아거를 데려간 귀신이여, 부디 지혜로운 아거의 혼을 돌려보내고 미천한 나를 데려가려무나."

하고 통곡하며 울자, 발두 바얀이 불쌍하고 가엽게 여기며 그의 몸에 입고 있던 노란 비단옷을 주었다. 그 노인이 옷을 받아 입고서 편안하고 조용히 발두 바얀 쪽으로 손을 치켜 올리며 말했다.
"바얀 아거, 아무리 통곡한다 해도 살릴 수는 없습니다. 어리석은 나의 생각으로는, 바얀 아거께서는 빨리 강하고 덕 있는 샤먼을 청해서 아드님의 목숨을 보전하여 되살리는 것이 매우 중요합니다."
하고 문으로 나와 가려 하자, 발두 바얀이 말했다.
"노인께서는 혹시라도 어느 곳에 이름난 샤먼을 들은 것이 있으면, 저에게 확실하게 알려줄 수 있겠습니다."
그 노인이 길게 한 번 탄식하며 말했다.
"아구께서 이렇게 물으시니, 어리석은 제가 한 곳을 가르쳐 주겠습니다. 이곳에서 동쪽으로 사오십리 끝에

18) šejilefi : sejilefi의 방언으로 추정된다.

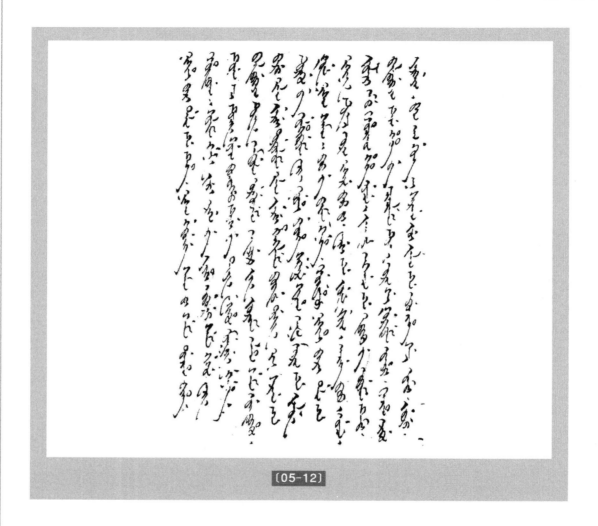

[05-12]

nisihai birai dalin de tehe, nisan gebungge saman  bi  seme donjjha bihe.
nisihai 강의  가 에 사는 nisan 이름난  샤먼 있다 하고  들었었다

hūdukan i solime genefi jui ergen be   yohi   obureo seme gisun wajifi
재빨리  청하러 가서 아들 목숨 을 온전하게 하겠는가 하고  말 마치고

duka ci   tucifi sunja boconggo tugi be tatafi wesihun mukdefi genehe.
문 에서 나와서 5   색깔의 구름 을 당겨 위로 올라서 갔다

baldubayan tuwafi ambula urgunjeme enduri jifi jorime  alaha seme untuhun i
baldubayan 보고  매우 기뻐하며  신 와서 가르쳐 알렸다 하고  허공 의

baru ilan jergi dorolome ilan jergi hengkileme boode dosifi   ini  sargan de
쪽   3   번  예를 하며  3  번   절하고   집에 들어가 그의 아내 에

turgun be ulhibume  wajifi uthai bethe sefere      sirha[19)]    akta morin de yalufi
사정  을 알게 하기 마치고  곧   발  한 줌 누런 반점 있는 악대  말  에 타고

šuwe nisan saman i boo be baime genehe.  goidahakū
곧장 nisan 샤먼 의 집 을 찾으러   갔다  오래지 않아

nisihai birai dalin de isinafi  tuwaci orin  isire boo bi. wargi de juwe giyan i ajige boo i uce i
nisihai 강의  가 에 이르러서 보니  20 달하는 집 있다 서쪽 에   2   間 의 작은 집 의 문 의

juleri emu hocikon hehe uce  i jakade anggara de etuku be obume[20)] tembi.
앞에  한 아름다운 여인 문 의 곁에  항아리 에  옷 을  씻고   앉았다

baldubayan tere hehe be cincileme[21)] tuwaci orin sei  šurdeme ohobi. banjiha arbun
baldubayan  그  여인 을   살펴서    보니  20 살의 언저리  되었다 태어난 모습

yargiyan i  pan an gung[22)]  ni sargan jui  jalan de ebunjihe  seci ombi. juru
진실로   潘 安 公   의   딸 아이 세상 에 내려왔다 할 수 있다 쌍

—— 。 —— 。 —— 。 ——

니시하이 강가에 니샨이라는 이름난 샤먼이 산다고 들었습니다. 재빨리 그녀를 청하러 가서 아드님의 목숨을 온전하게
하십시오."
노인은 말을 마치고 문으로 나와 오색구름을 타고 하늘 위로 올라서 갔다. 발두 바얀이 그것을 보고 매우 기뻐하며 말
했다.
"신이 오셔서 가르쳐 알려 주신 것이구나!"
하고는 허공을 향해 세 번 예를 하고 세 번 절을 한 후, 집에 들어가 아내에게 사정을 알려서 알게 해 주었다. 그리고는
바로 발에 한 줌 누런 반점 있는 악대말을 타고 곧장 니샨 샤먼의 집을 찾으러 갔다. 오래지 않아 니시하이 강가에 이
르러서 보니, 스물에 달하는 집이 있다. 서쪽에 두 칸의 작은 집 문 앞에 한 아름다운 여인이 항아리에 옷을 씻고 앉아
있다. 발두 바얀이 그 여인을 살펴보니, 나이는 스무 살 언저리가 되었고, 타고난 모습은 정말로 반안공(潘安公)의 딸
이 세상에 내려온 듯 하였다.

---

19) sirha : sirga의 방언으로 추정된다.
20) obume : obome의 방언으로 추정된다.
21) cincileme : cincilame의 방언으로 추정된다.
22) pan an gung : '潘安公[pān'āngōng]'의 음차이다. 본명은 악(岳)이고, 서진 때의 문학가로 재능도 뛰어났을 뿐
    아니라 외모가 잘 생겼다고 한다. 「西征賦」 등을 지었다.

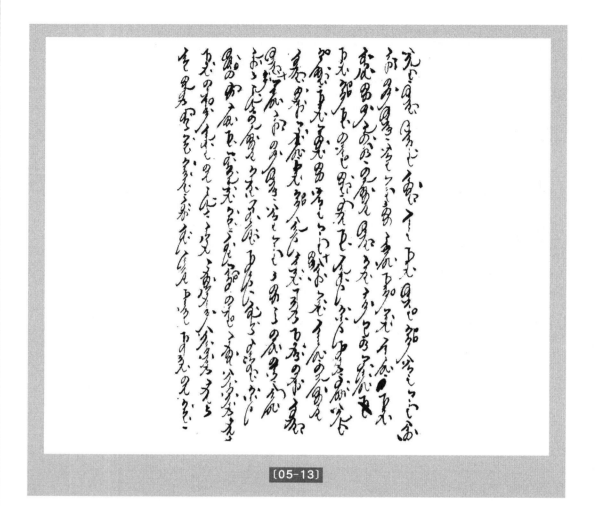

[05-13]

yasa bolori muke gese genggiyen, juru juwe faitan teniken tucire biya gese,
눈 가을 물 같이 맑다 쌍 2 눈썹 이제 막 나오는 달 같다

dere banjihangge jalukan biya adali, ašara[23] arbušarangge niyengniyeri erin i
얼굴 생긴 것 가득 찬 달 같다 움직이고 행동하는 것 봄 때 의

fodoho moo edun de sunggiljere[24] gese, juwan simhun[25] banjiha arbun niyengniyeri erin i
버들 나무 바람 에 혼들림 같다 10 손가락 생긴 모양 봄 때 의

---

23) ašara : aššara의 잘못으로 추정된다.
24) sunggiljere : sunggeljere의 방언으로 추정된다.
25) simhun : šumhun의 방언으로 추정된다.

elu i adali, baldubayan kejine goidame tuwafi, julesi oksome genefi
파　　같다 baldubayan 잠시　기다려　보고　앞으로　걸어　가서

fonjime gege sinde emu babe fonjiki. nisan saman i boo ai bade bini, minde
묻기를 여인 너에 한　곳을 묻자 nisan 샤먼 의 집 어느 곳에 있는가 나에

jorime bureo serede. tere hehe ilifi injere cirai dergi baru jorime
가리켜 주겠는가 함에　그 여인 서서 웃는 얼굴로 동　쪽 가리키며

hendume, tere sabure boo nisan saman i boo inu sere jakade. baldubayan
말하기를　그 보이는 집 nisan 샤먼 의 집 이다 하는 까닭에 baldubayan

tere hehe de baniha bume, morin de yalufi genefi tuwaci, udu niyalma
그 여인 에 감사 드리고 말 에 타고 가서　보니 몇 사람

jušen boo[26] be elbembi. baldubayan fonjime geren age sa, bi suwende
맞배지붕 집　을 지붕엎었다 baldubayan 묻기를 여러 age 들 나 너희에

emu babe fonjiki. nisan saman i boo aibade tehe sere jakade, tere
한 곳을 묻자 nisan 샤먼 의 집 어디에 있는가 할　적에　그

niyalma, fonjime wajinggala jabume jakan tere fonjiha hehe nisan saman inu.
사람　묻기 마치기 전에 대답하기를 조금 전 그 물었던 여인 nisan 샤먼 이다

—— 。 —— 。 —— 。 ——

두 눈은 가을 물처럼 맑았고, 두 눈썹은 이제 막 나온 초승달 같았다. 얼굴 생김새는 보름달 같으며, 움직이고 행동하는 것이 봄날 버드나무가 바람에 흔들리는 것 같으며, 열 손가락의 모양은 봄날 돋아나는 파와 같다. 발두 바얀이 잠시 기다렸다가 앞으로 걸어가서 물었다.

"여인이여, 하나만 물어 봅시다. 니샨 샤먼의 집이 어디에 있습니까? 나에게 가르쳐 줄 수 있겠습니까?"

그 여인을 일어서서 웃는 얼굴로 동쪽을 가리키며 말했다.

"저기 보이는 집이 니샨 샤먼의 집입니다."

하므로 발두 바얀이 그 여인에게 감사를 하고 말을 타고 가서 보니, 몇 사람들이 맞배지붕 집의 지붕을 얹고 있다. 발두 바얀이 물었다.

"여러 아거들, 한 가지만 묻겠습니다. 니샨 샤먼의 집이 어디에 있습니까?"

그러자 한 사람이 묻기를 마치기도 전에 대답했다.

"조금 전 당신이 물었던 여인이 니샨 샤먼입니다."

---

26) jušen boo : 맞배지붕이 있는 집을 가리킨다.

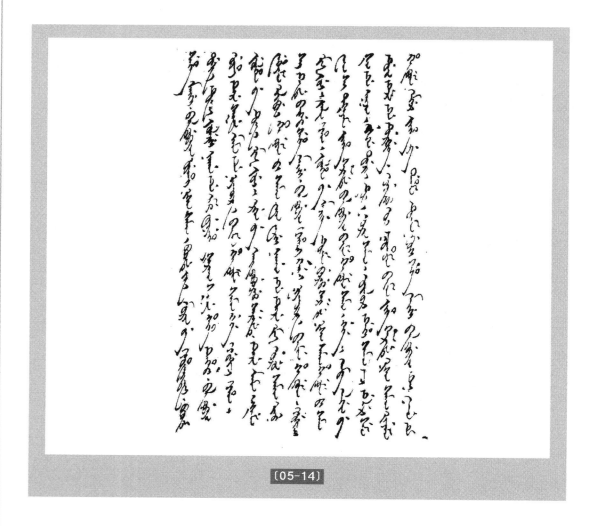

〔05-14〕

sehe manggi. baldubayan uthai nisan saman i boode jifi morin be hūwaitafi, boode
한 후 baldubayan 곧 nisan 샤먼 의 집에 와서 말 을 묶고서 집에

dosifi tuwaci julergi nagan[27] de emu funiyehe šaraka sakda hehe tehebi. baldubayan
들어가서 보니 남쪽 구들방 에 한 머리카락 회게 센 노인 여인 앉았다 baldubayan

uthai tere sakda mama de niyakūrafi baime hendume saman gege gosici han i
곧 그 노인 할머니 에 무릎 꿇고 청하여 말하기를 샤먼 여인 부디 왕 의

---

27) nagan : nahan의 방언으로 추정된다.

julhen[28] be tuwafi mini jui i ergen be aitubureo serede. tere mama ekšeme
운세 를 보아서 나의 아들 의 목숨 을 살리겠는가 함에 그 할머니 서둘러

wehiyeme ilibufi hendume, bi saman waka wargi nagan[29] de tere mini urun saman inu
도와서 일으키고 말하기를 나 샤먼 아니다 서쪽 구들방 에 그 나의 며느리 샤먼 이다

si tede baisu sehe manggi. baldubayan hanci genefi niyakūrafi baime hendume. gosici
너 그에 청해라 한 후 baldubayan 가까이 가서 무릎 꿇고 청하여 말하기를 부디

mini jui i jalin han i julhen[30] be majige tuwame bureo serede nisan saman hendume bi saman
나의 아들 의 위해 왕 의 운세 를 조금 보아 주겠는가 함에 nisan 샤먼 말하기를 나 샤먼

waka si tašarame jihe serede baldubayan baime hendume saman gege i amba algin be
아니다 너 착각하여 왔다 함에 baldubayan 청하여 말하기를 샤먼 여인 의 큰 명성 을

šan de akjan i gese donjifi tuwaci orin saman i oilori dehi saman ci deleri[31] seme
귀 에 우레 의 같이 듣고서 보니 20 샤먼 의 천박함 40 샤먼 보다 속임이 없는 하고

duin dere de durgike[32]. uttu ofi cohome baime jihe serede nisan saman injeme
4 방 에 진동했다 이리 하여 특별히 청하러 왔다 함에 nisan 샤먼 웃으며

hendume emgeri jihe be dahame tuwame buki sehe manggi baldubayan teni nagan de
말하기를 한번 왔음 을 따라 보아 주자 한 후 baldubayan 비로소 구들방 에

—— ◦ —— ◦ —— ◦ ——

발두 바얀은 곧장 니샨 샤먼의 집에 와서 말을 묶고서 집으로 들어가서 보니, 남쪽 구들방에 머리가 하얗게 센 할머니가 한 명 앉아 있다. 발두 바얀이 그 할머니에게 무릎을 꿇고 청하며 말했다.
"샤먼 여인이여, 부디 왕의 운세를 보아, 저의 아들의 목숨을 되살려 주겠습니까?"
그러자 그 할머니가 서둘러 일어서며 말했다.
"저는 샤먼이 아닙니다. 서쪽 구들방에 있는 저의 며느리가 샤먼입니다. 그녀에게 청하십시오."
발두 바얀이 가까이 가서 다시 무릎을 꿇고 청했다.
"부디 저의 아들을 위해 왕의 운세를 조금 보아 주겠습니까?"
니샨 샤먼이 말했다.
"저는 샤먼이 아닙니다. 당신이 착각하여 왔습니다."
그러자 발두바얀이 재차 청하여 말했다.
"샤먼 여인의 큰 명성을 귀에 우레와 같이 들었는데, 스물 샤먼의 천박함이나 사십 샤먼보다 속임이 없다 하고 이름이 사방에 진동합니다. 그래서 특별히 청하러 왔습니다."
하니, 니샨 샤먼이 웃으며 말했다.
"이렇게 한 번 오셨으니, 보아 드리겠습니다."
하자, 발두 바얀이 비로소 구들방에

---

28) julhen : julgen(=jabšan)의 방언으로 추정된다.
29) nagan : nahan의 방언으로 추정된다.
30) julhen : julgen(=jabšan)의 방언으로 추정된다.
31) oilori~ deleri : '천박함이나 속임이 없다'는 의미이다.
32) durgike : durgeke의 방언으로 추정된다.

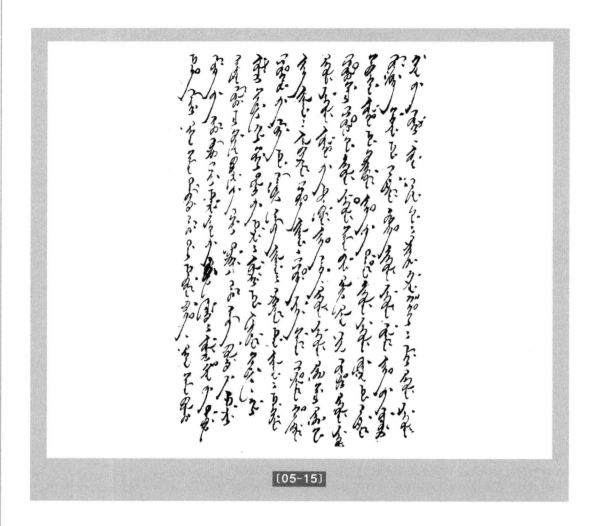

[05-15]

tehe manggi nisan saman dambagu emu dai tebume buhe. nisan saman bolgo
앉은 후 nisan 샤먼 담배 한 대 앉혀 주었다 nisan 샤먼 깨끗한

muke be emu moro　gaifi　dere yasa be obufi[33) weceku i juleri hiyan be dabufi
물 을 한 사발 가지고서 얼굴 눈 을 씻고 神靈 의 앞에 香 을 피우고

afiyan molu[34) ci suwayan boofun be　gaifi　dorgici emu amba buleku be derei
대들보 마루 에서 노란 보자기 를 가지고 안쪽에서 한 큰 거울 을 얼굴의

---

33) obufi : obofi의 방언으로 추정된다.
34) afiyan molu : afiya mulu의 방언으로 추정된다.

juleri sindafi geli susai toli[35] be dere i julergi de faidame sindafi. geli
앞에 놓고 또 50 明圖 를 얼굴 의 앞쪽 에 늘어서 놓고 또

hohon be muke de maktafi amba jilgan i erkiyeme den jilgan i dekiyeme
물통 을 물 에 던지고서 큰 소리로 마음껏 높은 소리로 높게

jing jilgan i jalbarime hūng jilgan i hoge yege seme hūlame hendume
바른 소리로 빌며 hūng 소리로 hoge yege 하고 부르며 말하기를

ikule yekule julhen[36] be tuwabume jihe age ikule yekule inu seci inu se
ikule yekule 운세 를 보러 온 age ikule yekule 맞다 하면 맞다 하라

holo seci holo se ikule yekule saman beye ilifi ilan aniya ohobi ikule yekule
틀리다 하면 틀리다 하라 ikule yekule 샤먼 몸 서서 3 년 되었다 ikule yekule

sabingga julhen de kuribume[37] jihe be dahame ikule yekule fukjin de adarame
길조 있는 운세 에 옮겨 왔음 을 따라 ikule yekule 처음 에 어찌

mukdeke sekiyen de adarame ebsihe ikule yekule ulame jihe be ucuri
올랐는가 유래 에 어찌 여기까지인가 ikule yekule 전해 왔음 을 時

giyan be ulhi. juwan nadan se i erinde geren hehesi i emgi ikule yekule
間 을 알라 10 7 살 의 때에 여러 여인들 의 함께 ikule yekule

—— 。 —— 。 —— 。 ——

앉으니, 니샨 샤먼이 담배 한 대를 재워서 주었다. 니샨 샤먼은 깨끗한 물을 한 사발 가지고 와서 얼굴과 눈을 씻고, 신령 앞에 향을 피웠다. 그리고 대들보 마루에서 노란 보자기를 가져와 그 속에서 큰 거울을 꺼내 얼굴 앞에 가져다 놓고, 오십의 명도(明圖)를 얼굴의 앞쪽에 늘어놓았다. 또 물통을 물에 던지고서 크고 높은 소리를 목청껏 높게 하고, 바른 소리로 빌며, '훙' 하는 소리로 '호거 야거' 하고 부르며 말했다.

"이쿨러 여쿨러 운세를 보러 온 아거여,
이쿨러 여쿨러 맞으면 맞다 하고, 틀리면 틀리다 하라.
이쿨러 여쿨러 샤먼을 시작한지 삼년이 되었다.
이쿨러 여쿨러 길한 운세로 옮겨 왔으니,
이쿨러 여쿨러 처음에 어찌 시작하였는가, 이래로 어찌 여기까지인가?
이쿨러 여쿨러 전해 온 내력을, 시간을 알라. 열일곱 살에 여러 여인들과 함께

---

35) toli : '무당이 쓰는 청동으로 만든 거울'인 명도(明圖)를 가리킨다.
36) julhen : julgen(=jabšan)의 방언으로 추정된다.
37) kuribume : guribume의 방언으로 추정된다.

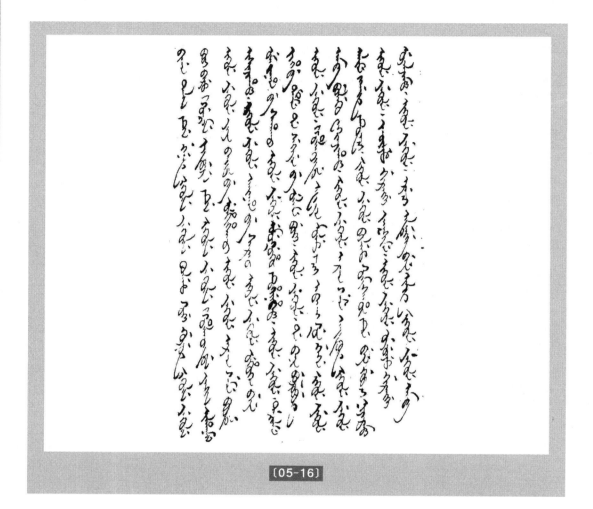

[05-16]

bigan tala de genefi ikule yekule bolgo sogi gurufi ikule yekule
들 길 에 가서 ikule yekule 깨끗한 나물 캐어서 ikule yekule

booi baru gocime jidere de ikule yekule holkonde yasa ilhaname
집의 쪽 옮겨 옴 에 ikule yekule 홀연히 눈 흐려지고

ikule yekule yaya baita be ulhihekū ikule yekule arkan seme boode
ikule yekule 모든 일 을 알지 못했다 ikule yekule 겨우 하고 집에

isinjihabi. ikule yekule ainaha be sarakū ikule yekule uhuken beye
다다랐다 ikule yekule 어찌됨 을 모르고 ikule yekule 약한 몸

umainaha be sahakū ikule yekule   umušuhun  tuhenehebi. ikule yekule   dacilame
 어찌됨  을 몰랐다 ikule yekule 엎드러뜨려져  넘어졌다 ikule yekule 자세히 물어

jihebe dahame da sekiyen be ulame buki. ikule yekule   da banin burubufi
왔음을 따라 근본 근원  을 전하여 주자 ikule yekule 근본 성품  사라져서

ikule yekule holkonde afiyan molu[38)   ci     abkai  šun gese ikule yekule
ikule yekule 홀연히 대들보 마루 로부터 하늘의 태양 같이 ikule yekule

amba buleku wasinjihabi. ikule yekule arkan seme   aitufi    ikule yekule
 큰  거울   내려왔다  ikule yekule 겨우  하고 살아나서 ikule yekule

alime  gaifi tuwaci ikule yekule   bolgo  somishūn de beye gubci  nijarambi
받아 가지고 보니 ikule yekule 깨끗하고  그윽함  에 몸  두루 잘게 부순다

ikule yekule jakūnju giranggi jaksime.[39)  ikule yekule uyunju giranggi
ikule yekule   80    뼈   아프고  ikule yekule   90    뼈

uyaljambi. ikule yekule   ereci  eldengge beye ilifi ikule yekule amba
낭창거린다 ikule yekule 이로부터  빛나는  몸 서서 ikule yekule  큰

― ∘ ― ∘ ― ∘ ―

| | |
|---|---|
| 이쿨러 여쿨러  들길에 가서 | 이쿨러 여쿨러  깨끗한 나물 캐서 |
| 이쿨러 여쿨러  집으로 가져올 때 | 이쿨러 여쿨러  갑자기 눈이 흐려져 |
| 이쿨러 여쿨러  모든 일을 알지 못하고 | 이쿨러 여쿨러  겨우 집에 돌아왔다. |
| 이쿨러 여쿨러  어찌된 영문인지 모르고 | 이쿨러 여쿨러  연약한 몸이 어찌된 영문인지 모르고 |
| 이쿨러 여쿨러  엎드러뜨려져 넘어졌다. | 이쿨러 여쿨러  자세히 물으러 왔으니 근원을 알려 주겠다. |
| 이쿨러 여쿨러  타고난 근본 성품이 사라지고 | 이쿨러 여쿨러  홀연히 대들보 마루에서 하늘의 태양 같은 |
| 이쿨러 여쿨러  큰 거울이 내려왔다. | 이쿨러 여쿨러  겨우 되살아나 |
| 이쿨러 여쿨러  그 거울을 받아서 보니 | 이쿨러 여쿨러  깨끗하고 그윽함에 몸 두루 잘게 부서지고 |
| 이쿨러 여쿨러  여든 마디의 뼈가 아프고 | 이쿨러 여쿨러  아흔 마디의 뼈가 낭창거린다. |
| 이쿨러 여쿨러  이로부터 몸이 빛나게 서서 | |

38) afiyan molu : afiya mulu의 방언으로 추정된다.
39) jaksime : caksime의 방언으로 추정된다.

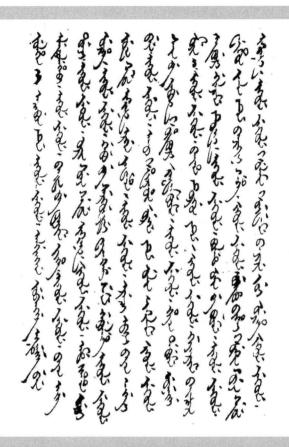

[05-17]

julhen[40] i acabun de ikule yekule algingga   jubengge ekdengge[41] beye
운세   의   맞음 에 ikule yekule 소문나고 이야기되고   뜬     몸

iletulehebi. ikule yekule baita be fonjime jihe ikule yekule bayan age
 드러났다 ikule yekule   일   을 물으러   온 ikule yekule bayan age

donji.   ikule yekule orin sunja sede isinafi. ikule yekule emu haha  jui
들으라 ikule yekule  20    5   살에 이르러 ikule yekule   한   사내 아이

ujihe    ikule yekule gebu be serguwedai fiyanggo seme gebulehe ikule yekule
길렀다 ikule yekule 이름 을 serguwedai fiyanggo 하고 이름했다 ikule yekule

---

40) julhen : julgen(=jabšan)의 방언으로 추정된다.
41) ekdengge : dekdengge의 잘못으로 추정된다.

juwan sede isinafi ergen yadaha. ikule yekule   ereci  ebsi bayan age  i
 10   살에 이르러 목숨 다했다 ikule yekule 이로부터 이후 bayan age 의

beye. ikule yekule akū hafirhūn[42] urse de ulin aisilame ikule yekule
몸소 ikule yekule 없고 궁핍한   무리 에 재물  돕고   ikule yekule

sain be yabufi hūturi iktambume. ikule yekule hiyan dabume unenggi
 선 을 행하고 복     쌓고    ikule yekule 香  피우며 진실로

mujin i. ikule yekule baiha turgun de. ikule yekule giyarime baicara
 뜻 의 ikule yekule 구한   까닭 에   ikule yekule 순찰하며 살피는

enduri giljame tuwafi. ikule yekule bolgo omin[43] be bume. ikule yekule
 신 너그러이 보고   ikule yekule 깨끗한 omin  을 주어   ikule yekule

weihun jalan de banjikini sehe. ikule yekule   uttu   bihei gūsin sunja sede
 산   세상 에 살게하자 하였다 ikule yekule 이렇게 있다가 30    5  살에

isinafi. ikule yekule golmin goidame banjire jui ujihe ikule yekule
이르러 ikule yekule  길고   오래   사는 아들 길렀다 ikule yekule

—— ◦ —— ◦ —— ◦ ——

| | |
|---|---|
| 이쿨러 여쿨러 큰 운세가 잘 맞으니 | 이쿨러 여쿨러 소문이 나고 이야기되어 몸이 드러났다. |
| 이쿨러 여쿨러 일을 물어 보러 온 | 이쿨러 여쿨러 바얀 아거는 들어라. |
| 이쿨러 여쿨러 스물다섯 살에 이르러 | 이쿨러 여쿨러 한 사내아이를 낳아 |
| 이쿨러 여쿨러 이름을 서르구다이 피양고라 지었는데 | 이쿨러 여쿨러 열 살이 되어 죽고 말았다. |
| 이쿨러 여쿨러 그로부터 바얀 아거는 몸소 | 이쿨러 여쿨러 없고 궁핍한 사람들을 재물로 돕고 |
| 이쿨러 여쿨러 선을 행하고 복을 쌓고 | 이쿨러 여쿨러 향 피우며 진실한 마음으로 |
| 이쿨러 여쿨러 구한 까닭에 | 이쿨러 여쿨러 돌아다니며 살피는 신이 너그러이 보고서 |
| 이쿨러 여쿨러 깨끗한 오민을 주어 | 이쿨러 여쿨러 이승에서 살게 하자 하였다. |
| 이쿨러 여쿨러 그러다가 서른다섯 살에 이르러 | 이쿨러 여쿨러 오래 사는 아들을 낳았는데, |

---

42) hafirhūn : hafirahūn의 방언으로 추정된다.
43) omin : 의미 미상이다.

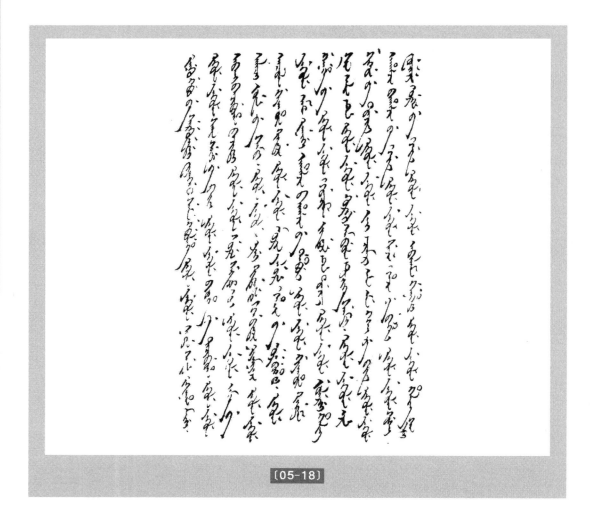

〔05-18〕

ineku gebu be serguwedai fiyanggo seme gebulehe ikule yekule nadan sede isinaha manggi.
본래 이름 을 serguwedai fiyanggo 하고 이름하였다 ikule yekule 7 살에 이른 후

ikule yekule sain sefu be baifi ikule yekule bithe be tacibuha ikule yekule
ikule yekule 좋은 스승 을 구하여 ikule yekule 글 을 배우게 했다 ikule yekule

abkai banjibuha banjitai ikule yekule sure sektu ofi ikule yekule emke be
하늘의 타고난 천성 ikule yekule 총명하고 영리하게 되어 ikule yekule 하나 를

alaci juwe be sambi. ikule yekule erei sidende gabtara niyamniyara ikule yekule
알려주면 둘 을 안다 ikule yekule 이의 사이에 활쏘기 마상 활쏘기 ikule yekule

anculan giyahūn sindara ikule yekule morin yalure hacin be urebuhebi ikule
수리 　매 　놓기 ikule yekule 　말 　타기 종류 를 　익혔다 ikule

yekule emu inenggi ahaljin bahaljin be dahabufi ikule yekule giyahūn sindame
yekule 어느 　날 　ahaljin bahaljin 을 거느리고서 ikule yekule 　매 　놓으러

genehe be ikule yekule gocime jidere de donjici ikule yekule julergi heling
갔음 을 ikule yekule 　옮겨 　옴 에 들으니 ikule yekule 남쪽 heling

šan alin de ikule yekule gurgu ambula tucike sembi. ikule yekule ere
šan 산 에 ikule yekule 길짐승 매우 나왔다 한다 ikule yekule 이

gisun be donjifi ikule yekule jai cimari ama eme kesi be baifi ikule yekule
말 을 　듣고 ikule yekule 다음 아침 아버지 어머니 은혜 를 구하고 ikule yekule

ahaljin bahaljin be gaifi ikule yekule sejen hacin be belhefi ikule yekule susai
ahaljin bahaljin 을 데리고 ikule yekule 수레 종류 를 준비해서 ikule yekule 　50

funcere urse be gaifi ikule yekule abalame genehebi ikule yekule heling šan
넘는 무리 를 데리고 ikule yekule 사냥하러 　갔다 ikule yekule heling šan

—— ◦ —— ◦ —— ◦ ——

| | |
|---|---|
| 이쿨러 여쿨러 본래 이름을 서르구다이 피양고라 하였다. | 이쿨러 여쿨러 일곱 살에 이르러 |
| 이쿨러 여쿨러 좋은 스승을 청하여 | 이쿨러 여쿨러 글을 배우게 하였다. |
| 이쿨러 여쿨러 하늘의 타고난 천성이 | 이쿨러 여쿨러 총명하고 영리하여서 |
| 이쿨러 여쿨러 하나를 알려 주면 둘을 안다. | 이쿨러 여쿨러 자라면서 활쏘기, 마상 활쏘기 |
| 이쿨러 여쿨러 수리매 사냥 | 이쿨러 여쿨러 말 타기 등을 익혔다. |
| 이쿨러 여쿨러 어느 날 아할진과 바할진을 거느리고 | 이쿨러 여쿨러 매사냥을 갔다가 |
| 이쿨러 여쿨러 돌아오는 길에 들으니 | 이쿨러 여쿨러 남쪽 힐링산에 |
| 이쿨러 여쿨러 길짐승이 많이 나왔다 한다. | 이쿨러 여쿨러 이 말을 듣고 |
| 이쿨러 여쿨러 다음날 아침 부모님의 은혜를 구하고 | 이쿨러 여쿨러 아할진과 바할진을 데리고 |
| 이쿨러 여쿨러 수레 등을 준비하여 | 이쿨러 여쿨러 오십이 넘는 무리를 데리고 |
| 이쿨러 여쿨러 사냥하러 갔다. | 이쿨러 여쿨러 힐링산에 이르러 |

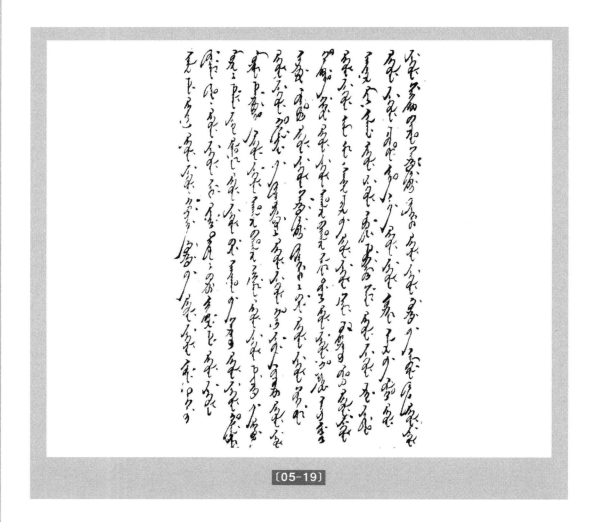

[05-19]

alin de isinafi ikule yekule gebungge gurgu be ikule yekule juwe tanggū
산 에 이르러서 ikule yekule 이름난 길짐승 을 ikule yekule 2 백

funceme waha. ikule yekule emu inenggi tatan i baru jidere de ikule yekule
넘게 죽였다 ikule yekule 어느 날 막사 의 쪽 옴 에 ikule yekule

morin i dele yasa ilhaname ikule yekule beye ainaha be sarakū ikule yekule hefeliyen
말 의 위 눈 흐려지고 ikule yekule 몸 어찌됨 을 모르게 ikule yekule 가슴

murime deribuhe ikule yekule ahaljin bahaljin ekšeme ikule yekule deijiku be isabufi
구부러지기 시작하였다 ikule yekule ahaljin bahaljin 서둘러 ikule yekule 땔감 을 모아서

ikule yekule hefeliyen be fiyakūrabuci[44] ikule yekule heni yebe ojoro ikule yekule
ikule yekule　가슴　을 쬐여 말리니　 ikule yekule 조금 호전 되는 ikule yekule

arbun ohobi ikule yekule serguwedei fiyanggo i beye ikule yekule songgome
모습 되었다 ikule yekule serguwedei fiyanggo 의 몸　 ikule yekule　 울며

henduhe gisun ikule yekule ahaljin bahaljin alime donji ikule yekule hiyoošun akū　 jui bi
말하였다 말　 ikule yekule ahaljin bahaljin 받아 들어라 ikule yekule　 孝順　 없는 아들 나

ikule yekule ama　 eme　 i aisin cira be ikule yekule šame muterakū oho　 ikule yekule
ikule yekule 아버지 어머니 의 금　 얼굴 을 ikule yekule　 보지　 못하게 되었다 ikule yekule

ainara mini jalgan ikule yekule　 ubade　 dubembi seme ikule yekule ergen　 yadaha
어찌　 나의　 수명 ikule yekule 이곳에서 다하는가 하고 ikule yekule　 숨　 거두었다

ikule yekule cohome jihe age ikule yekule jorime alara　 be　 ulhi　 ikule
ikule yekule 특별히　 온　 age ikule yekule 가리켜 알리기 를 알아라 ikule

yekule　 sektu　 banjiha serguwedei fiyanggo ikule yekule　 gurgu be ambula wafi　 ikule yekule
yekule 영리하게 태어난 serguwedei fiyanggo ikule yekule　 길짐승 을　 매우　 죽이고 ikule yekule

──　。──　。──　。──
이쿨러 여쿨러　 이름난 길짐승을　　　　　　이쿨러 여쿨러　 이백 넘게 죽였다.
이쿨러 여쿨러　 어느 날 막사 쪽으로 돌아오다가　이쿨러 여쿨러　 말 위에서 눈이 흐려지고
이쿨러 여쿨러　 몸이 영문도 모르게　　　　　이쿨러 여쿨러　 가슴이 구부러지기 시작했다.
이쿨러 여쿨러　 아할진과 바할진이 서둘러　　이쿨러 여쿨러　 땔감을 모아 불을 피워
이쿨러 여쿨러　 가슴을 쬐여 말리니　　　　　이쿨러 여쿨러　 조금 호전 되는
이쿨러 여쿨러　 모습을 보였다.　　　　　　　이쿨러 여쿨러　 서르구다이 피양고가
이쿨러 여쿨러　 울며 말했다. '내가 하는 말을　이쿨러 여쿨러　 아할진과 바할진은 잘 받아 들어라.
이쿨러 여쿨러　 효도하지 못한 아들인 내가　　이쿨러 여쿨러　 아버지와 어머니의 금 같은 얼굴을
이쿨러 여쿨러　 보지 못하게 되었다.　　　　 이쿨러 여쿨러　 어찌 나의 수명이
이쿨러 여쿨러　 이곳에서 다하는가?' 하고　　이쿨러 여쿨러　 숨을 거두었다.
이쿨러 여쿨러　 특별히 오신 아거여,　　　　 이쿨러 여쿨러　 가르쳐 알리는 것을 알아라.
이쿨러 여쿨러　 영리하게 태어난 서르구다이 피양고　이쿨러 여쿨러　 길짐승을 많이 죽이고

───────────
44) fiyakūrabuci : fiyakūbuci의 방언으로 추정된다.

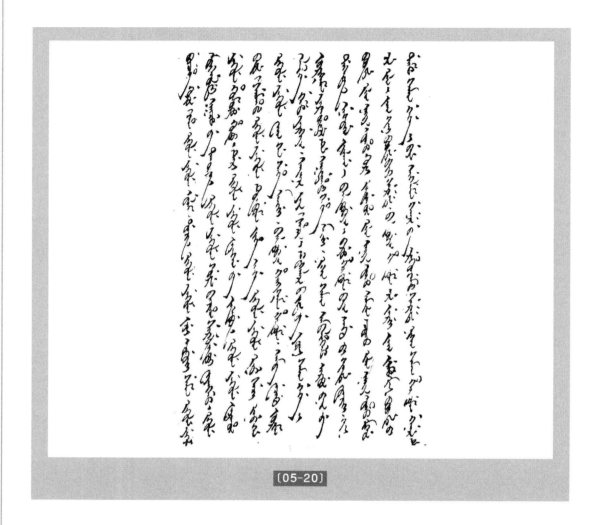

〔05-20〕

bucehe gurun han ikule yekule ulame donjifi ikule yekule   jui  obuki seme ikule yekule
죽은   나라   왕  ikule yekule 전하여 듣고  ikule yekule 아들 하자  하고  ikule yekule

monggoldai nakcu be takūrafi ikule yekule   sure   banjiha serguwedei fiyanggo ikule
monggoldai nakcu 를 시켜서 ikule yekule 총명하게 태어난 serguwedei fiyanggo ikule

yekule humuru hutu  i   deri  ikule yekule fayangga be  jafabufi  ikule yekule farhūn
yekule humuru 귀신 의 로부터 ikule yekule   영혼   을 잡게 하여 ikule yekule 어두운

bade gamahabi ikule yekule tuwabume jihe age ikule yekule inu  seci  inu  se
곳에  데려갔다 ikule yekule   보러   온  age ikule yekule 맞다 하면 맞다 하라

ikule yekule waka se[45] sehe manggi. baldubayan hengkišeme hendume. amba weceku jorime
ikule yekule 아니다 하라 한 후 baldubayan 절하며 말하기를 큰 神靈 가리켜

alahangge gemu yargiyan ainara yaya hacin i tusalara baita be yooni saman gege i
알려준 것 모두 진실 어찌하겠는가 모든 종류 의 이익되는 일 을 모두 샤먼 여인 의

jorišame yarhūdara de akdahabi sehe manggi. nisan saman ambalinggū arbun banin be
지시하며 인도함 에 믿었다 한 후 nisan 샤먼 기개있는 모습 천성 을

dasatafi nesuken jilgan i baldubayan i baru hendume bayan agu bi sinde fonjiki. sini
가지런히 하고 온화한 소리로 baldubayan 의 쪽 말하기를 bayan agu 나 너에 묻자 너의

boode ilan aniya oho kuri indahūn ilan aniya oho amila coko ilan aniya oho misun
집에 3 년 된 점박이 개 3 년 된 수컷 닭 3 년 된 醬

ere ilan i jaka sini boode bio serede. baldubayan hendume ere jergi jaka gemu mini boode bi
이 3 의 물건 너의 집에 있는가 함에 baldubayan 말하기를 이 종류 물건 모두 나의 집에 있다

damu saman gege i beye senggeleme genere be erehunjembi serede nisan saman hendume genere de
다만 샤먼 여인 의 몸 관을 쓰고 가기 를 항상 바란다 함에 nisan 샤먼 말하기를 가기 에

—— ° —— ° —— ° ——

이쿨러 여쿨러 저승의 왕이 　　　이쿨러 여쿨러 전해 듣고서
이쿨러 여쿨러로 '아들로 삼자.' 하고 　이쿨러 여쿨러 몽골다이 낙추를 시켜
이쿨러 여쿨러 총명하게 태어난 서르구다이 피양고를 　이쿨러 여쿨러 후무루 귀신을 통해
이쿨러 여쿨러 그 영혼을 잡아오게 하여 　이쿨러 여쿨러 저승으로 데려갔다.
이쿨러 여쿨러 운세를 보러 온 아거여, 　이쿨러 여쿨러 맞으면 맞다 하라,
이쿨러 여쿨러 아니면 아니다 하라."

발두 바얀이 절하며 말했다.
"큰 신령께서 가르쳐 알려주신 것이 모두 사실이니, 어찌하겠습니까? 모든 이익 되는 일을 모두 샤먼 여인이 가르쳐주고 이끌어준 것을 믿었습니다."
니샨 샤먼은 기개 있는 모습을 가지런히 하고 온화한 목소리로 발두 바얀을 향해 말했다.
"바얀 아구께 제가 묻겠습니다. 당신의 집에 삼년 된 점박이 개와 삼년 된 수탉, 삼년 된 장의 세 가지 물건이 당신의 집에 있습니까?"
발두 바얀이 대답했다.
"그와 같은 물건이 모두 저의 집에 있습니다. 다만 샤먼 여인이 몸소 관을 쓰고 가기를 바랍니다."
하니, 니샨 샤먼이 말했다.
"가는 데에

---

45) waka se : 앞에 waka seci가 누락된 것으로 추정된다.

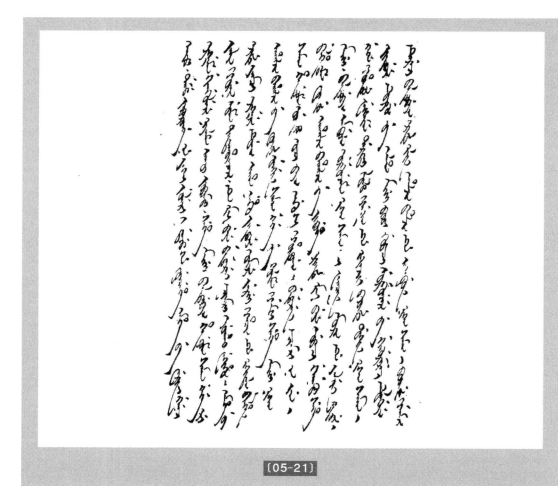

[05-21]

aibi.　　　damu joborongge　ne yasai juleri nadanju se funcehe emhe　be werifi geneci
무엇 있겠는가 다만 근심하는 것 지금 눈의 앞에　70　살　넘은 시어머니 를 남기고 가면

eršeme ginggulere niyalma akū jobombi. sehe manggi baldubayan hendume saman gege erei
돌보며 공경하는　사람 없어 근심한다 한　후　baldubayan 말하기를 샤먼 여인 이의

jalin　gūnin ume tathūnjara. te　mini beye bederefi cimari uthai wesihun i　emhe　be
때문에 생각 주저하지 말라 지금 나의 몸 돌아가서 내일　곧　귀한　의 시어머니 를

erde yamji eršere duin aha nehu[46] jetere omire jergi hacin de　isitala　belhefi
아침 저녁 돌보는　4　하인 하녀　먹고 마시는 등 종류 에 이르도록 준비하고

---

46) nehu : nehū의 방언으로 추정된다.

ahaljin bahaljin be fonde unggifi  saman gege be solime  gamaki sehe manggi nisan
ahaljin bahaljin 을 때에 보내어서 샤먼 여인 을 청하여 데려가자 한    후    nisan

saman hendume uttu   oci  bayan agu si hūdukan i bederefi cimari na je[47] i
샤먼  말하기를 이리 하면 bayan agu 너  재빨리   돌아가서  내일  바로

belheteme[48] fonde ahaljin bahaljin be jibuhe erinde mini beye  ubaci  genembi sehe
준비하여    때에 ahaljin bahaljin 를 오게한 때에 나의 몸 이곳에서  간다   한

manggi. baldubayan ambula urgunjeme nisan saman  ci   fakcafi morin de yalufi edun i
후     baldubayan 매우 기뻐하며 nisan 샤먼 으로부터 떠나  말 에 타고 바람 의

gese hūdun feksime  dartai  lolo gašan de isinjifi boode dosifi   nisan saman i
같이  빨리  달려서 순식간에 lolo 마을 에 다다라 집에 들어가서 nisan  샤먼 의

jidere turgun be alaha manggi booi gubci urgunjere be  gisurereci  tulgiyen
오는  사정 을 알린 후 집의 전체  기쁨  을 말하는 것보다 이외에

tereci   baldubayan erde   ilifi  ahaljin bahaljin de afabufi nisan saman i boode gamara
그로부터 baldubayan 빨리 일어나서 ahaljin bahaljin 에 명령해서 nisan 샤먼 의 집에 가져갈

—— 。 —— 。 —— 。 ——

무슨 어려움이 있겠습니까? 다만 근심되는 것은 지금 일흔 살이 넘은 시어머니를 남겨 두고 가면, 돌보며 공양할 사람이 없다는 것입니다."
하니, 발두 바얀이 말했다.
"샤먼 여인, 그런 이유로 주저하지 마십시오. 지금 제가 돌아가서 내일 곧 시어머님을 아침저녁으로 돌볼 하인과 하녀 네 사람과 먹고 마실 것 등에 이르기까지 준비하겠습니다. 그리고 아할진과 바할진을 때에 맞추어 보내어 샤먼 여인을 청하여 데려오게 하겠습니다."
하자, 니샨 샤먼이 말했다.
"그렇다면 바얀 아구, 재빨리 돌아가서 내일 바로 준비하여, 때에 맞추어 아할진과 바할진을 오게 하십시오. 그때에 제가 이곳에서 가겠습니다."
발두 바얀이 매우 기뻐하며 니샨 샤먼의 집을 떠나 말을 타고, 바람과 같이 빠르게 달려 순식간에 로로 마을에 다다라 집으로 들어갔다. 니샨 샤먼이 오게 된 사정을 알리자, 집안 전체가 기쁨을 말하기가 그지없었다. 그로부터 발두 바얀은 빠르게 일어나서 아할진과 바할진에게 명하여 니샨 샤먼의 집에 가져갈

---

47) na je : ne je의 방언으로 추정된다.
48) belheteme : belhembi에 '끊임없이, 항상'의 의미를 가지는 '-te-'가 붙은 것으로 추정된다.

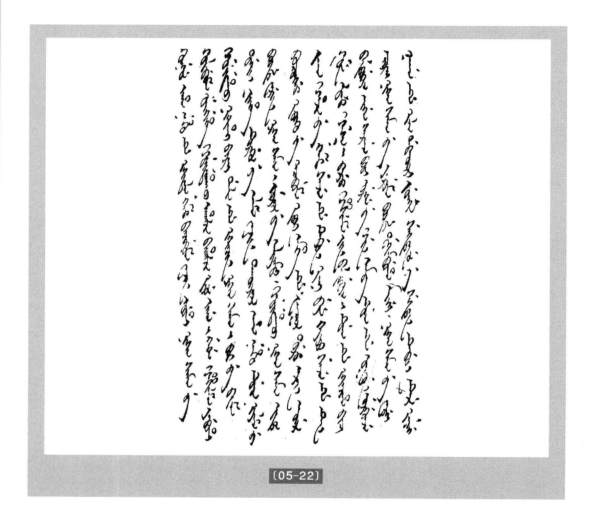

[05-22]

kunesun aha nehu[49] de isitala gemu banjibume wajifi uthai nisan saman be
식량 하인 하녀 에 이르도록 모두 구성하기 마치고 곧 nisan 샤먼 을

solibume unggihe goidahakū ahaljin bahaljin edun aga i gese hahilame yabuhai
부르러 보냈다 오래지않아 ahaljin bahaljin 바람 비 의 같이 서둘러 가면서

goidahakū nisihai birai dalin de isinjifi nisan saman i boo be baime
오래지않아 nisihai 강의 가 에 다다라서 nisan 샤먼 의 집 을 찾아

---

49) nehu : nehū의 방언으로 추정된다.

dosifi　　jihe turgun be alame wajifi takūrara aha　nehu[50] duin niyalma be
들어가서　온　까닭 을 고하기 끝내고 파견한 하인 하녀　　4　　사람　을

boode werifi　nisan saman i jorira be aliyambi. goidahakū nisan saman eiten
집에 남기고 nisan 샤먼 의 지시 를 기다린다 오래지않아 nisan　샤먼 갖가지

boconggo etuku be acabume etufi　emhe　de fakcara doro arafi agūra
　색　　　옷 을 맞추어 입고 시어머니 에 떠나는 예의 짓고 기물

jaka be hacin be gemu sejen de tebufi　ini beye kiyoo sejen de tefi
물건 을 종류 를 모두 수레 에 채우고 그의 몸　轎　수레 에 앉고

šuwe　lolo gašan i baru hahilame jifi　baldubayan i duka de isinjiha bici
곧바로 lolo 마을 의 쪽　서둘러 가서 baldubayan의 문 에 다다랐으니

baldubayan eigen sargan booi urse be gaifi amba duka de　okdofi urgunjen[51]
baldubayan 남편　아내 집의 무리 를 데리고 큰　문 에 마중하고 기쁜

cirai　nisan saman be yarume boode dosimbuha manggi. nisan saman be wargi
얼굴로 nisan 샤먼 을 인도하여 집에 들어오게 한 후　nisan 샤먼 을 서쪽

nagan[52] de ilan dabkūri junggin sektefun be sektefi tebufi tere inenggi
구들방 에 3 겹　비단　방석 을 놓고 앉히고 그　날

―― ◦ ―― ◦ ―― ◦ ――

하인과 하녀 및 식량에 이르기까지 모두 준비하기를 마치게 하고, 바로 니샨 샤먼을 부르러 보냈다. 오래지 않아 아할 진과 바할진은 바람과 비와 같이 서둘러 가서는 머지않아 니시하이 강가에 다다랐다. 니샨 샤먼의 집을 찾아 들어가서 온 이유를 말하고, 보낸 하인과 하녀 네 사람을 집에 남겨두고 니샨 샤먼의 지시를 기다렸다. 오래지 않아 니샨 샤먼이 갖가지 색의 옷을 갖추어 입고, 어머니에게 떠나는 예를 하였다. 그리고 필요한 도구와 기물 등을 모두 수레에 싣고, 스스로는 가마에 앉아 곧바로 로로 마을을 향하여 서둘러 갔다. 발두 바얀의 문에 다다라서 보니, 발두 바얀 부부가 집 안의 사람들을 데리고 대문에서 마중하였고, 기쁜 얼굴로 니샨 샤먼을 인도하여 집으로 들어오게 하였다. 서쪽 구들방 에 세 겹으로 된 비단 방석을 놓고서 그 위에 니샨 샤먼을 앉혔으며, 그날로

---

50) nehu : nehū의 방언으로 추정된다.
51) urgunjen : urgunjerenehū의 방언으로 추정된다.
52) nagan : nahan의 방언으로 추정된다.

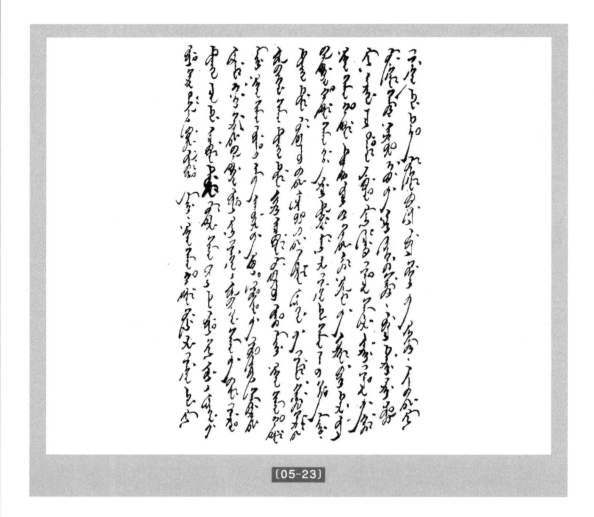

[05-23]

uthai sarin dagilafi buda ulebuhe manggi. nisan saman hendume suweni ere gašan de mini
즉시 잔치 준비하여 밥 먹게 한 후      nisan 샤먼 말하기를 너희의 이 마을 에 나의

tungken can de acabume dume[53] mutere saman bici  te uthai sini  jui  i fayangga be
큰북 징 에 맞추어   칠 수 있는  샤먼 있으면 지금 즉시 너의 아이 의  혼  을

fargame geneki serede baldubayan uthai  ini gašan  i  jolbingga saman[54] be baime  gajiha
쫓아서  가자  함에 baldubayan 즉시 그의 마을 의 jolbingga 샤먼    을 청하여 데려온

---

53) dume : tūme와 같다.
54) jolbingga saman : 'jolbingga'라는 샤먼을 가리킨다.

manggi nisan saman uthai amba agūra be etufi hosiha[55] be hūwaitafi samdarade
후　nisan 샤먼 즉시 큰 기물 을 입고 치마 를　매고 신 내림에

jolbingga saman tungken dume jira[56] acabume muterakū oho manggi nisan saman hendume
jolbingga 샤먼 　큰북 　치며 잘 　맞출 수 없게 된 후 nisan 샤먼 말하기를

tungken dume muterakū bade farhūn bade adarame fayangga be gamame genembi serede
큰북 　칠 수 없는 데에 어두운 땅에 어찌 　혼 을 데리러 가겠는가 함에

baldubayan hendume saman gege ereci tulgiyen meni ere gašan de saman akū sehe manggi.
baldubayan 말하기를 샤먼 여인 이보다 이외에 우리의 이 　마을 에 샤먼 없다 한 　후

nisan saman hendume tuttu oci bi sinde emu niyalma be jorime buki tere oci
nisan 샤먼 말하기를 그러면 나 너에 한 　사람 을 가리켜 주자 그 　면

mini ajigen　ci dahame yabuha mini weceku hacin samdara[57] jergi hacin be gemu
나의 어릴 때 부터 따라서 다닌 나의 神靈 종류 신 내리는 등 종류 를 모두

muwašame sambi. narhūn gebu be nari fiyanggo sembi.　ubaci　dergi ergi holo
대략 안다 상세한 이름 을 nari fiyanggo 한다 이곳에서 동쪽 쪽 holo

gašan de tehe muwašame bodoci　ubaci　susai ba isimbi. aikabade mini
마을 에 산다 대략 하여 헤아리면 여기에서 50 리 미친다 만약 나의

—— ∘ —— ∘ —— ∘ ——

즉시 잔치를 준비하여 식사를 대접하였다. 먹기를 마치자 니샨 샤먼이 말했다.
"이 마을에 나의 큰북과 징에 맞추어 칠 수 있는 샤먼이 있으면, 지금 즉시 당신 아들의 혼을 쫓아서 가겠다."
하니, 발두 바얀이 즉시 그 마을의 졸빙가 샤먼을 청하여 데려왔다. 니샨 샤먼이 즉시 큰 기물을 입고 치마를 매고서
신을 내릴 때에, 졸빙가 샤먼이 큰북을 쳤지만 잘 맞출 수가 없었다. 그러자 니샨 샤먼이 말했다.
"큰북을 칠 수도 없는데, 어두운 땅에 어찌 혼을 데리러 가겠는가?"
하자 발두바얀이 말했다.
"샤먼 여인이여, 우리 마을에 이외의 샤먼은 없습니다."
니샨 샤먼이 말했다.
"그러면 제가 당신에게 한 사람을 가르쳐 주겠습니다. 그는 제가 어릴 적부터 따라 다녀서, 저의 신령의 종류나 신 내
리는 등을 모두 대략 압니다. 그의 이름은 나리 피양고라 하며, 이곳에서부터 동쪽에 있는 '홀로'라는 마을에 사는데,
대충 헤아리면 여기에서 오십 리 정도 됩니다. 만약 나의

---

55) hosiha : hūsihan의 방언으로 추정된다.
56) jira : '빽빽하거나 울창하고 성한 모습'을 의미하지만, 여기서는 그와 같이 잘 맞춘다는 의미로 추정된다.
57) samdara : samadara와 같다.

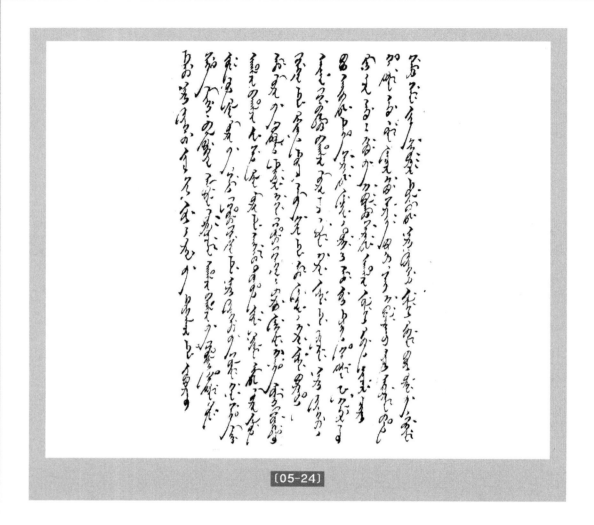

[05-24]

deo  nari  fiyanggo  jici  sini  jui  i ergen  be  tusalara  de  joborakū
동생  nari fiyanggo 오면 너의 아이 의 목숨 을 이익 되게 함 에 근심 없다

sehe  manggi.  baldubayan  ambula  urgunjeme  ahaljin  bahaljin  be  hūlafi  hendume  suwe
한  후  baldubayan 매우 기뻐하며 ahaljin bahaljin 을 불러서 말하기를 너희

juwe  nofi  ilan  morin  be  gamafi  holo  gašan  de  nari  fiyanggo  be  solime  gene  sehe  manggi
2  명  3  말  을 가지고 holo 마을 에 nari fiyanggo 를 부르러 가라 한 후

ahaljin  bahaljin  je  sefi  ilan  morin  de  enggemu  tohofi  juwe  niyalma  emte  morin  yalufi
ahaljin bahaljin 예 하고 3 말 에 안장 얹고 2 사람 하나씩 말 타고

emu morin be kutulefi deyere gese holo gašan i baru feksime genehe umai goidahakū
한 말 을 끌고 나는 듯 holo 마을 의 쪽 달려서 갔다 전혀 오래지 않아

gašan de isinafi tuwaci amba giya de emu feniyen i geren juse borhofi
마을 에 이르러 보니 큰 거리 에 한 무리 의 여러 아이들 수숫대 쌓아서

aigan gabtambi bahaljin morin ci ebume geren juse de fonjime nari fiyanggo i
과녁 맞춘다 bahaljin 말 에서 내려 여러 아이들 에 묻기를 nari fiyanggo 의

boo aibade tehe serede feniyen i dorgici emu jui tucifi hendume we gelhun akū
집 어디에 있는가 함에 무리 의 안에서 한 아이 나와서 말하기를 누가 겁 없이

mini ejin[58] agu i gebu be gebulembi serede ahaljin julesi ibefi injere cirai
나의 주인 agu 의 이름 을 말하는가 함에 ahaljin 앞으로 나아가 웃는 얼굴로

hendume agu ume fancara gebu serengge boco kai gebulerakū oci adarame bahafi
말하기를 agu 성내지 말라 이름 하는 것 색이로다 이름말하지 않으면 어찌 능히

sambi seme jing gisurere dulimbade nari fiyanggo julesi ibeme booi urse be esukiyeme
알겠는가 하고 마침 말하는 중간에 nari fiyanggo 앞으로 나아가 집의 무리 를 꾸짖으며

———— ◦ —— ◦ —— ◦ ——

동생인 나리 피양고가 온다면, 당신 아이의 목숨을 구하는 것에 근심이 없을 것입니다."
발두 바얀은 매우 기뻐하며 아할진과 바할진을 불러서 말했다.
"너희 두 사람은 말 세 마리를 끌고 홀로라는 마을에 나리 피양고를 부르러 가라."
아할진과 바할진이 "예." 하고 대답하고는 말 세 마리에 안장을 얹고서 두 사람이 각각 한 마리씩 타고, 한 마리는 끌고 나는 듯이 홀로라는 마을로 달려갔다. 그리 오래지 않아 마을에 이르러 보니, 큰 거리에 한 무리의 여러 아이들이 수숫대를 쌓아 놓고 과녁 맞추기를 한다. 바할진이 말에서 내려 여러 아이들에게 물었다.
"나리 피양고의 집이 어디에 있는가?"
하자 무리 가운데에서 한 아이가 나와서 말했다.
"누가 겁 없이 나의 주인님의 이름을 함부로 말하는가?"
이에 아할진이 앞으로 나아가 웃는 얼굴로 말했다.
"아구, 성내지 마시오. 이름이라는 것은 색일 뿐이오. 이름을 말하지 않으면, 어찌 능히 알 수 있겠는가?"
하고 말하는 중간에 나리 피양고가 앞으로 나와서 집안사람들을 꾸짖으며

---

58) ejin : ejen의 방언으로 추정된다.

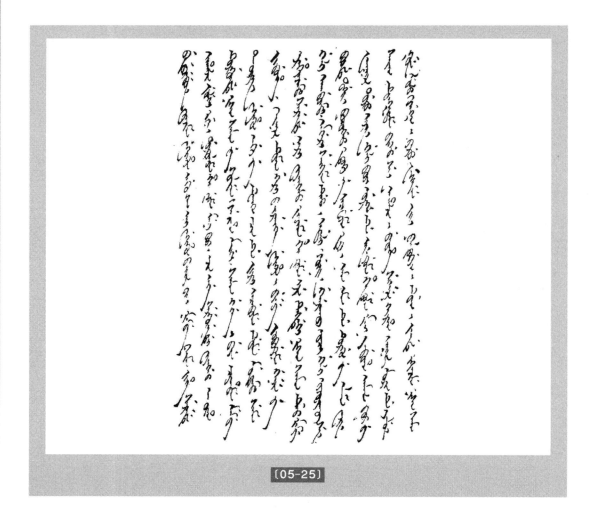

[05-25]

bederebufi fonjime wesihun agu sa　ai wesihun baita　bifi　mimbe baime　jihe　serede
물리고서 묻기를 높으신 agu 들 무슨 귀한 　일 있어서 나를 찾아서 왔는가 함에

ahaljin julesi　ibeme　dorolome hendume meni booi ejin[59] age serguwedei fiyanggo akūha
ahaljin 앞으로 나아가 예를 차려 말하기를 우리 집의 주인　age serguwedei fiyanggo 죽은

turgunde nisan saman be solime gajiha manggi saman gege i beye cohome membe
　까닭에 nisan 샤먼 을 불러서 데려온 후　샤먼 여인 의 몸소 특별히 우리들을

---

59) ejin : ejen의 방언으로 추정된다.

takūrafi wesihun agu be tungken can de    jiri[60] acabume dume mutembi seme
보내어 존귀한 agu 를 큰북 징 에 기도소리 맞추어서 칠 수 있다 하고

jibuhe.    ainara tumen geri bairengge wesihun i beyebe    jobobume genere be
오게 하였다 아무쪼록 만 번 구하는 것 존귀한 몸을 수고롭게 하여 가기 를

erehunjembi    serede nari fiyanggo injeme hendume ere dekdeki[61] nisan saman deo mimbe
바라마지않는다 함에 nari fiyanggo 웃으며 말하기를 이 뜬 것의 nisan 샤먼 동생 나를

geli akabumbi. emgeri senggime deo i adali  gūnifi  generakū oci geli ojorakū sefi
또 귀찮게 한다 한번 친애하여 동생 같이 생각하니 가지 않을 수 또한 없다 하고

boode dosifi boconggo etuku be acabume etufi ama    eme de turgun be alame  wajifi
집에 들어가서 색 있는 옷 을 맞추어 입고 아버지 어머니 에 사정 을 알리기 마치고

fakcara doro arafi geli booi urse de afabume hendume mini yabuha amala boo be
떠나는 도리 짓고 또 집의 무리 에 당부하며 말하기를 나의 간 뒤에 집 을

saikan tuwašatame bisu  sefi ahaljin i bethe sefere    sirha[62]    akta morin de yalufi
잘 보호하고 있으라 하고 ahaljin 의 발 한 줌 누런 반점 있는 악대 말 을 타고

šuwe lolo gašan i baru feksime jifi baldubayan i duka i jakade isinjime nisan saman
직접 lolo 마을 의 쪽 달려서 가서 baldubayan 의 문 의 곁에 다다르고 nisan 샤먼

—— ◦ —— ◦ —— ◦ ——

물러나게 한 다음 물었다.
"높으신 아구들께서 무슨 귀하신 일이 있어서 저를 찾아서 오셨습니까?"
하니, 아할진이 앞으로 나아가 예를 갖추며 말했다.
"우리 집의 주인 아거인 서르구다이 피양고가 돌아가신 까닭에, 니샨 샤먼을 불러서 데려왔습니다. 샤먼 여인이 특별히 우리들을 이곳으로 보내어 존귀한 아구를 큰북과 징을 기도 소리에 맞추어 칠 수 있다 하고 오게 하였습니다. 아무쪼록 만 번 구하는 것은 귀하신 몸을 수고롭게 하여 가기를 바라마지 않습니다."
나리 피양고가 웃으며 말했다.
"이름난 니샨 샤먼이 동생인 나를 또 귀찮게 하는군요. 사랑하는 동생처럼 생각하니, 가지 않을 수도 없겠군요."
하고는 집으로 들어가서 색깔 있는 옷을 갖추어 입고, 부모님께 사정을 말하고 나서 떠나는 예를 하였다. 또 집안사람들에게 당부하며 말했다.
"내가 간 뒤에 집을 잘 보호하고 있으라."
하고는, 아할진이 데려온 발에 흰 누런 반점 있는 악대말을 타고 직접 로로 마을을 향해 달려가서 발두바얀의 집 문 앞에 다다르니, 니샨 샤먼과

---

60) jiri : jari의 잘못으로 추정된다. jari는 神歌를 부르며 기도하는 것, 혹은 그런 일을 하는 샤먼을 가리킨다.
61) dekdeki : dekdeni의 잘못으로 추정된다.
62) sirha : sirga의 방언으로 추정된다.

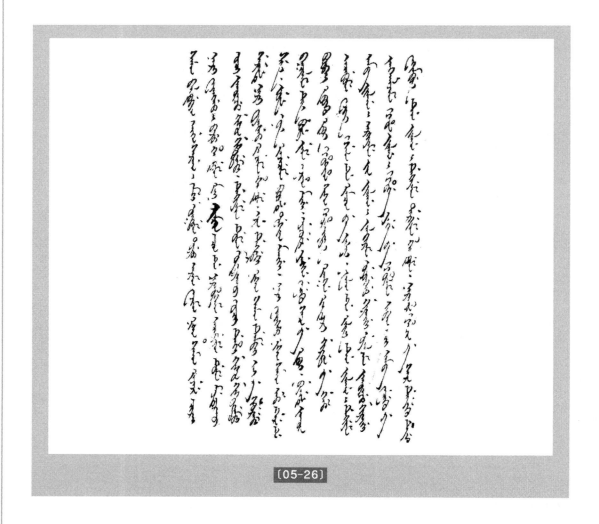

[05-26]

saman baldubayan eigen sargan i emgi okdome  doro arame wajime nisan saman injere  cirai
샤먼 baldubayan 남편  아내   함께 맞이하여 예의  짓기 마치고 nisan  샤먼  웃는 얼굴로

nari fiyanggo  i  baru hendume mini  imcin can de narhūšame acabume dume muterakū
nari fiyanggo 의 쪽  말하기를 나의 남수고 징 에  면밀하게  맞추어  칠 수 없으면

oci jakūnju gisun gisudambi. dekiyeme dume muterakū oci dehi gisun gisudambi
        80  말   말한다    높게     칠 수 없으면  40  말   말한다

serede nari fiyanggo injeme hendume. ere dekdeki[63] nisan saman dembei   ai  be gisurembi
함에  nari fiyanggo 웃으며 말하기를  이 뜬 것의   nisan  샤먼 절실하게 무엇 을 말하는가

────────────────

63) dekdeki : dekdeni의 잘못으로 추정된다.

sefi. juwe nofi injeceme boode dosika manggi. nari fiyanggo nisan saman emu dere de
하고 2 사람 함께 웃고 집에 들어간 후 nari fiyanggo nisan 샤먼 한 쪽 에

bakcilame tefi buda jeme wajiha manggi. ujude yekse weceku saca be etufi. beyede jakūn
마주보고 앉아 밥 먹기 마친 후 머리에 모자 神靈 투구 를 입고 몸에 8

boobai etuku etufi hosiha sisa[64] hūwaitafi ikse[65] inturi[66] girdan be gemu
보배의 옷 입고 치마 허리방울 매고서 모자 언저리에 깃 을 모두

acabume wajifi gala de imcan be jafafi. falan de ilifi den jilgan i dekiyeme
맞추기 마치고 손 에 남수고 를 잡고 바닥 에 서서 높은 소리로 높게 하고

amba jilgan i argiyame jin[67] jilgan i jalbarime uyungju giranggi uyaljame jakūnju giranggi
큰 소리로 깎고 바른 소리로 빌고 90 뼈 낭창거리며 80 뼈

janggalcame hon jilgan i hoge yege be hūlame abka ci amba weceku be
뛰는 듯이 걸어가며 대단한 소리로 hoge yege 를 외치고 하늘에서 큰 神靈 을

wasimbufi den jilgan i dekiyeme dargime hendume. narhūn hacin be sara deyeku deyeku
내리게 하고 높은 소리로 높게 하고 떨며 말하기를 자세한 갖가지 를 아는 deyeku deyeku

—— 。 —— 。 —— 。 ——

다른 샤먼, 그리고 발두 바얀 부부가 함께 맞이하며 예를 하였다. 니샨 샤먼이 웃는 얼굴로 나리 피양고에게 말했다.
"나의 남수고와 징에 면밀하게 맞추어 칠 수 없으면, 팔십 마디의 말을 하겠다. 높게 칠 수 없으면, 사십 마디의 말을 하겠다."
그러자 나리 피양고가 웃으며 말했다.
"이 이름난 니샨 샤먼께서 절실하게 무슨 말을 하는가?"
두 사람은 함께 웃으며 집으로 들어갔다. 나리 피양고와 니샨 샤먼은 한 쪽에 마주보고 앉아 밥 먹기를 마친 후, 머리에 모자와 신령 투구를 쓰고, 몸에 여덟 가지의 보배로 된 옷을 입고, 치마와 허리 방울을 맸다. 모자 언저리에 깃을 모두 가지런하게 맞추고 나서, 손에 남수고를 잡고 바닥에 서서 높은 소리로 높게 하고, 큰 소리로 깎고, 바른 소리로 빌었다. 구십 마디의 뼈가 낭창거리며, 여든 마디의 뼈가 뛰는 듯이 걸어가면서 대단히 큰 소리로 '호거 여거'를 외치고, 하늘에서 큰 신령을 내려오게 하고, 높은 소리로 높게 하면서 떨면서 말했다.

"자세한 갖가지를 아는            더여쿠 더여쿠

---

64) hosiha sisa : '허리 부분에 방울을 단 치마'를 가리키며, hosiha는 hūsiha의 방언으로 추정된다.
65) ikse : yekse의 방언으로 추정된다.
66) inturi : unduri의 방언으로 추정된다.
67) jin : jing의 잘못으로 추정된다.

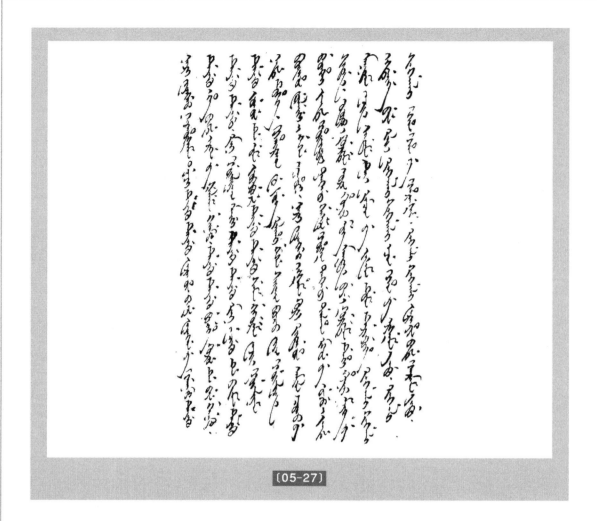

[05-27]

nari fiyanggo narhūšame donji  deyeku deyeku farhūn bade fayangga be ganambi   deyeku
nari fiyanggo 자세히 들어라 deyeku deyeku 어두운 곳에       혼   을 데리러간다 deyeku

deyeku  ehe bade ergen be šeleme genembi. deyeku deyeku bucehe gurun de beye genembi.
deyeku 나쁜 곳에 목숨 을 내놓고     간다    deyeku deueku 죽은 나라 에 몸소   간다

deyeku deyeku. mini  gūwaliyaka manggi deyeku deyeku mini weceku de baime  deyeku
deyeku deyeku 나의 정신을 잃은   후     deyeku deyeku 나의  神靈  에 청하여 deyeku

deyeku jugūn de    ume jobobure    deyeku deyeku seme gisureme wajifi gūwaliyame
deyeku  길   에 수고롭게 하지 말라 deyeku deyeku  하고   말하기 마치고 정신을 잃고

nade tuheke.　hairakan　fu ǰung[68]　ilhai gese　saikan boco fiyan gūwaliyafi
땅에 넘어졌다 사랑스러운 芙 蓉　꽃의 같은 아름다운 색　안색 변하여져

boihon fulenggi i gese　ohobi. nari fiyanggo ekšeme kuri indahūn amila coko be
흙　재　같이 되었다 nari fiyanggo 서둘러 점박이　개　수컷 닭 을

bethei jakade hūwaitafi tanggū sefere hoošan tanggū dalhan misun be uju i jakade
발의 곁에 매고　100 뭉치 종이 100 덩이 醬 을 머리 의 곁에

sindafi. oforo i šurdeme orin hunio muke maktafi beyei šurdeme dehi hunio muke be
놓고서 코 의 주위에 20 통 물 던지고 몸의 주위에 40 통 물 을

maktame wajifi adame tefi imcan be jafame dume　deribuhe inggalai singgalai
던지기 마치고 나란히 앉아 남수고 를 잡고 치기 시작하였다 inggalai singgalai

eldengge　　beye ilifi inggalai singgalai ejen han be eršeme yabu. inggalai
눈부시게 빛나는 몸 서서 inggalai singgalai 주인 왕 을 지키러 가라 inggalai

singgalai han han be hargašame inggalai singgalai farhūn bade karmame yabu.
singgalai 왕 왕 을 우러러 보며 inggalai singgalai 어두운 곳에 보호하러 가라

━━ 。━━ 。━━ 。━━

나리 피양고는 자세히 들어라.　더여쿠 더여쿠　어두운 곳에 혼을 데리러 간다.　더여쿠 더여쿠
나쁜 곳에 목숨을 내놓고 간다.　더여쿠 더여쿠　죽은 나라에 몸소 간다.　더여쿠 더여쿠
내가 정신을 잃은 후　더여쿠 더여쿠　내 신령에게 청하여　더여쿠 더여쿠
가는 길에 수고롭게 하지 마라.　더여쿠 더여쿠."

하고 말을 마치고는 정신을 잃고 땅에 쓰러졌다. 사랑스러운 부용(芙蓉) 꽃 같은 아름다운 얼굴색이 변하여서 흙과 재처럼 되었다. 나리 피양고가 서둘러 점박이 개와 수탉을 발 옆에 매고, 백 뭉치의 종이와 백 덩이의 장을 머리 옆에 놓았다. 그리고는 코 주위에 물 스무 통을 뿌리고, 몸 주위에 물 마흔 통을 뿌리고 나서, 나란히 앉아 남수고를 잡고 치기 시작했다.

"잉갈라이 싱갈라이 눈부시게 빛나는 몸이 서서　잉갈라이 싱갈라이 주인인 왕을 지키러 가라.
잉갈라이 싱갈라이 왕을 우러러 보며　잉갈라이 싱갈라이 어두운 곳에 보호하러 가라.

___

68) fu ǰung : '芙蓉[fúróng]'의 음차로 추정된다.

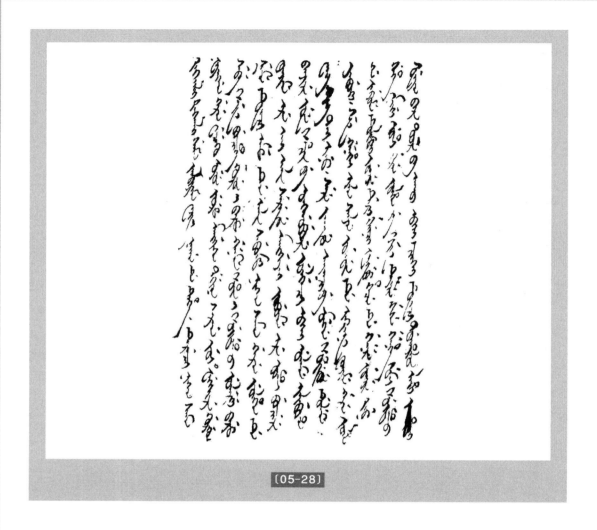

〔05-28〕

inggalai singgalai seme jalbarime wajifi nagan[69] de tehe.　tereci　nisan saman
inggalai singgalai 하고　　빌기　마치고 구들방　에 앉았다 그로부터 nisan 샤먼

fayangga geren weceku uyun juru manggisa[70] dagina[71] sargan jui　feksire　gurgu
　혼　　여러　神靈　9　쌍　정령들　dagina　여자 아이　달리는　길짐승

sebe　gaifi　bucehe gurun i baru geneme hūn[72] i goidahakū julergi baru
들을 데리고 죽은　나라 의 쪽　가고　빠르게　머지않아　앞의 쪽

---

69) nagan : nahan의 방언으로 추정된다.
70) manggisa : manggi는 '샤만이 부르는 신을 수반하는 정령'을 의미하는 manggiyan의 잘못 또는 방언으로 추정된다.
71) dagina : 의미 미상이다.
72) hūn : hūdun의 잘못으로 추정된다.

šame tuwaci emu  den alin sabumbi nisan saman geren julhen[73] de
흘깃  보니  한  높은 산  보인다  nisan  샤먼  여러  julhen  에

fonjime ere  ai    alin  serede manggisa  jabume  ere uthai bucere
묻기를  이  무슨  산인가  함에  정령들  대답하기를 이  곧    죽고

banjire  juwe hacin be onggobure  julgeci    ebsi  ulame ilibuha
태어나는 2  가지 를  잊게 할  예전부터 이래로 전하여 세워진

wang ting tai[74]  inu. sere jakade   ainacibe  muse hūdun duleme
望    鄉   臺  이다 할  적에 어찌하더라도 우리  빨리  지나서

yabuki. sefi genehei ilan salja jugūn de isinafi fonjime geren julhen
가자  하여 가는데  3  갈림  길  에 이르러  묻고  여러  julhen

se    jabume   dulimbai jugūn deri  geneci fengdu hecen de genere jugūn inu
들 대답하기를 가운데의  길  통해서 가면  酆都  城  에  가는 길 이다

sehe manggi uthai geren julhen be  gaifi  deyere gese genehe umai goidahakū
한    후  즉시 여러 julhen 을 데리고 나는  듯  갔다 전혀 오래지 않아

suwayan bira doora ba akū ebsi casi tuwaci dohūlon lagi
황색    강 건너는 곳 없다 이쪽 저쪽 보니  절름발이 lagi

—— ◦ —— ◦ —— ◦ ——
잉갈라이 싱갈라이"

하고 빌기를 마치고 구들방에 앉았다. 그로부터 니샨 샤먼의 혼은 여러 신령들과 아홉 쌍의 정령들, 다기나 여자아이, 달리는 길짐승 등을 데리고 저승을 향해 갔다. 머지않아 앞을 흘끗 보니 한 높은 산이 보인다. 니샨 샤먼이 여러 신령들에게 물었다.
"이것은 무슨 산인가?"
하니, 정령들이 대답했다.
"이 산은 곧 죽고 태어나는 두 가지를 잊게 하는, 예전부터 이어지며 전해지고 세워진 망향대(望鄉臺)이다."
하고,
"어쨌든 우리 빨리 지나서 가자."
하였다. 또 가다가 세 갈림길에 이르러 물으니 여러 신령들이 대답했다.
"가운데 길로 통해서 가면 풍도성(酆都城)에 가는 길이다."
하고 즉시 여러 신령들을 데리고 나는 듯이 갔다. 그리 오래지 않아 황색 강에 다다랐으나, 건널 곳이 없다. 이쪽저쪽을 살펴보니 절름발이 라기가

---

73) julhen : julgen의 방언으로 추정되나, 내용상으로 볼 때, '神' 또는 '神靈'을 가리키는 것으로 보인다.
74) wang ting tai : '망향대[wàngxiāngtái]'의 음차이다.

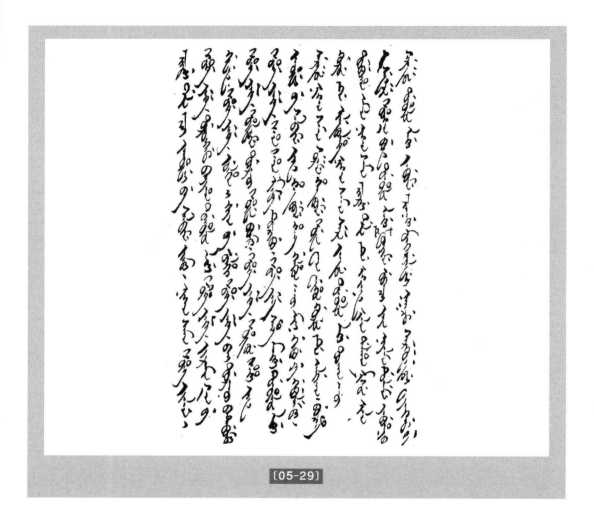

〔05-29〕

cargi dalin ci jahūdai be selbime jimbi. nisan saman hūng jilgan i
저쪽 가 에서 배 를 저어 온다 nisan 샤먼 hūng 소리로

hoge yege doronggo banjiha dohūlon lagi hoge yege jiramin šan be
hoge yege 도리 따라 태어난 절름발이 lagi hoge yege 두터운 귀 를

gidafi. hoge yege julhen[75] i giyan be ulhi hoge yege bai doorakū basa bumbi
누르고 hoge yege julhen 의 도리 를 깨달아라 hoge yege 그저 건너지 않고 삯 준다

hoge yege holtome doorakū hūda bumbi hoge yege hūdun hahi jifi
hoge yege 속이고 건너지 않고 값 준다 hoge yege 빨리 급히 와서

---

75) julhen : julgen의 방언으로 추정되나, 내용상으로 볼 때, '神' 또는 '神靈'을 가리키는 것으로 보인다.

hoge yege han han[76] mimbe   tucibu.   hoge yege sehe manggi dohūlon lagi
hoge yege 왕 왕     나를 내보내라 hoge yege 한     후   절름발이 lagi

jahūdai be selbime jifi hendume heng[77] gelhun akū mini gebu be gebulembi.
   배   를   저어 와서 말하기를 heng     겁   없이 나의 이름 을 부르는가

serede nisan saman sureme   hendume     gūwa     waka weihun gurun de algika bucehe
   함에 nisan 샤먼   말하여 대답하기를   다른   사람 아니다   산   나라 에 유명한 죽은

gurun de iletulehe nisan saman sere jakade dohūlon   lagi tookan akū
   나라 에 나타낸 nisan 샤먼   할   적에 절름발이 lagi 지체 없이

doobuha      amala   nisan saman cargi dalin de  isinafi   ilan dalhan misun ilan
건네주었다 그로부터 nisan 샤먼 저쪽   가 에 이르러서  3   덩이     醬   3

sefere hoošan bufi   dohūlon lagi de fonjime   ubaci   yaya niyalma duleme yabuhanio
뭉치   종이   주고 절름발이 lagi 에 묻기를 여기에서 무릇   사람   지나서   갔는가

serede dohūlon lagi   jabume  canaggi monggoldai nakou serguwedei fiyanggo be
   함에 절름발이 lagi 대답하기를   전에  monggoldai nakou serguwedei fiyanggo 를

—— ◦ —— ◦ —— ◦ ——

저편 강가에서 배를 저어 온다. 니샨 샤먼이 '훙' 소리로 말했다.

"호거 여거  도리 있게 태어난 절름발이 라기여,       호거 여거  두터운 귀를 누르고
호거 여거  신령들의 도리를 깨달아라.            호거 여거  그저 건너기 않고 샀 주겠다.
호거 여거  속여서 건너지 않고 값 주겠다.         호거 여거  급히 빨리 와서
호거 여거  왕인 나를 내보내라.  호거 여거."

하자, 절름발이 라기가 배를 저어 와서 말했다.
"누가 겁 없이 나의 이름을 부르는가?"
하니, 니샨 샤먼이 대답하며 말했다.
"다름이 아니라 이승에서 유명하고, 저승에서도 드러난 니샨 샤먼이다."
하니, 절름발이 라기가 지체없이 건네주었다. 그 후 니샨 샤먼이 반대편 강가에 이르러서 세 덩이의 장과 세 뭉치의 종
이를 주면서 절름발이 라기에게 물었다.
"여기에서 무릇 사람이 지나서 간 적이 있는가?"
절름발이 라기가 대답했다.
"전에 몽골다이 낙추가 서르구다이 피양고를

76) han : 같은 단어가 중복되어 있는 것으로 보인다.
77) heng : 의미 미상이다.

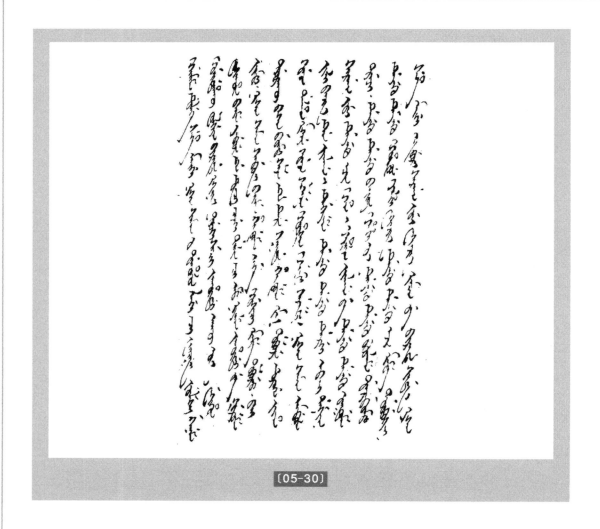

〔05-30〕

gamame duleke sehe manggi nisan saman dohūlon lagi  ci   fakcafi julesi geneme
데리고 지나갔다 한     후   nisan 샤먼 절름발이 lagi 로부터 떠나서 앞으로  가고

goidahakū fulgiyan birade isinafi  dooki   seci jahūdai akū  ofi
머지않아  붉은  강에 이르러서 건너자 하여도 배   없게 되어

wesihun wasihūn baime yabure de tuwaci cargi dalin ci  emu niyalma jahūdai be šurume
위    아래 구하러 다님 에 보니 저쪽 가 에서 한   사람  배  를 저어

jimbi. nisan saman sabufi baime hendume age gosici mimbe  dobureo.   bai
온다 nisan 샤먼  보고 청하여 말하기를 age 부디  나를 건네주겠는가 그저

dooraku    basan[78] bumbi sere de tere sakda hendume mini dobure turigen jiha
건너지 않고 샀     준다  함 에  그  노인  말하기를  나의  건네주는  뱃가  돈

sunja dalhan misun sunja sefere hoošan gaimbi serede. nisan saman ambula
 5   덩이  醬   5   뭉치  종이  취한다  함에  nisan  샤먼   매우

jili banjifi den jilgan i  dekiyeme deyeku deyeku dergi abkai  dagina[79]
화 내고서 높은 소리로   높게 하고 deyeku deyeku 위의 하늘의 dagina

sargan jui  deyeku ejin[80] han i  hūlara  jilgan be  deyeku deyeku okdome
 여자 아이 deyeku 주인  왕 의  부르는  목소리 를  deyeku deyeku 맞이하고

donji.  deyeku deyeku baita hahi   ofi  deyeku deyeku boolame donjibumbi
들어라 deyeku deyeku  일 급하게 되어 deyeku deyeku 보고하고  듣게 한다

deyeku deyeku hūdun hahi  wasinjifi deyeku deyeku ejin[81] mimbe doobukini
deyeku deyeku 빨리 급히 내려와서 deyeku deyeku 주인   나를   건네주자

sehe manggi enduri sargan jui  wasinjifi imcan be birade  sindafi  nisan
 한    후  신령한  여자 아이 내려와서 남수고를  강에  던지고서 nisan

—— ◦ —— ◦ —— ◦ ——

데리고 지나갔다."
니샨 샤먼은 절름발이 라기를 떠나 앞으로 갔다. 머지않아 붉은 강에 이르렀는데, 강을 건너고자 하여도 배가 없어서 위아래로 구하러 다니다가 보니, 저편 강가에서 한 사람이 배를 저어 온다. 니샨 샤먼이 보고서 청하여 말했다.
"아거, 부디 나를 건네주겠습니까? 그저 건너지 않고 샀을 주겠습니다."
하니, 그 노인이 말했다.
"내가 건네주는 뱃가로 다섯 덩이의 장과 다섯 뭉치의 종이를 받고자 한다."
니샨 샤먼은 크게 화를 내며 높은 소리로 높게 했다.

"더여쿠 더여쿠  하늘 위의 다기나 여자 아이여,        더여쿠       주인 왕의 부르는 목소리를
 더여쿠 더여쿠  맞이하여 들어라.               더여쿠 더여쿠  일이 급하게 되어
 더여쿠 더여쿠  알려서 듣게 한다.              더여쿠 더여쿠  급히 빨리 내려와서
 더여쿠 더여쿠  주인인 나를 건너게 해 주어라."

그러자 신령한 여자 아이가 내려와서 남수고를 강에 던져서 니샨

---

78) basan : basa와 같다.
79) dagina : 의미 미상이다.
80) ejin : ejen의 방언으로 추정된다.
81) ejin : ejen의 방언으로 추정된다.

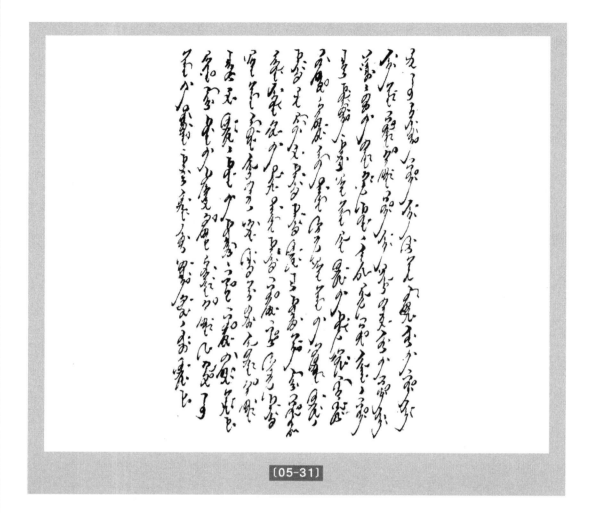

[05-31]

saman be doobuha.　tereci　jurame　yabufi bucehe gurun i　uju furdan de
샤먼 을 건네주었다 그로부터 길을 떠나 가서　　죽은　나라 의 처음 관문 에

isinsha manggi duka be tuwakiyara hutusa esukiyeme hendume we gelhun akū
이른　　후　　문 을　지키는　귀신들 꾸짖으며 말하기를 누가 겁　없이

cisui　　ere furdan i duka be tucimbi. hasa hūdun bedere sere de
마음대로 이 관문 의 문 을 나가는가 급히 빨리 돌아가라 함 에

nisan saman ambula jili banjifi geren weceku sei baru jalbarime hendume
nisan 샤먼 매우 화 내고서 여러 神靈 들의 쪽　　빌며　말하기를

ikule yekule šun be dalire daimin deyeku hūdun hahi wasinjifi deyeku
ikyle yekule 해 를 덮는 수리 deyeku 빨리 급히 내려와서 deyeku

deyeku ejin[82] mimbe ere deyeku deyeku furdan ci   tucibu   sehe manggi holkonde
deyeku 주인   나를   이 deyeku deyeku 관문 에서 나가게 하라 한   후   돌연

untuhun i sidende amba daimin wasinjifi nisan saman be šoforome furdan i
  허공 의 사이에   큰   수리 내려와서 nisan 샤먼 을 잡아채어 관문 의

casi   dulembuhe.   tereci nisan saman ilan furdan be dulefi šuwe monggoldai
저쪽에 지나게 하였다 그로부터 nisan 샤먼   3   관문 을 지나서 바로 monggoldai

nakcu i boo be baime genefi duka i  jakade ilifi hūn[83] jilgan i hoge
nakcu의 집 을 찾아 가서   문 의 곁에 서서 hūn 소리로 hoge

yege same hūlame hendume. hoge yege niyalmai   banjire   jui be hoge yege
yege 하고 외치며 말하기를   hoge yege 사람의   태어나는 아이를 hoge yege

erin akū ekiyebuhe hoge yege weri sain muture jui  be hoge yege
때 없이 줄게 했다 hoge yege   남 좋은 성장한 아이 를 hoge yege

—— 。—— 。—— 。——

샤먼을 건네주었다. 그로부터 길을 떠나가다가 저승의 첫 번째 관문에 이르렀는데, 그 문을 지키는 귀신들이 꾸짖으며 말했다.
"누가 겁도 없이 마음대로 이 관문을 지나가느냐? 급히 빨리 돌아가라."
니샨 샤먼이 매우 화를 내고서 여러 신령들을 향해 빌면서 말했다.

"이쿨러 여쿨러  해를 덮는 수리여,                   더여쿠          급히 빨리 내려와서
 더여쿠 더여쿠  주인인 나를 이                   더여쿠 더여쿠  관문에서 나가게 하라."

그러자 돌연히 허공 속에서 큰 수리가 내려와서 니샨 샤먼을 잡아채어 관문의 저쪽으로 지나가게 하였다. 그로부터 니샨 샤먼은 관문 세 개를 지나고, 바로 몽골다이 낙추의 집을 찾아가 문 앞에 서서 '훙' 소리로 '호거 여거' 하고 외치며 말했다.

"호거 여거  사람이 낳은 아이를                   호거 여거  불시에 줄어들게 했다.
 호거 여거  남의 잘 자란 아이를

---

82) ejin : ejen의 방언으로 추정된다.
83) hūn : hūng의 잘못으로 추정된다.

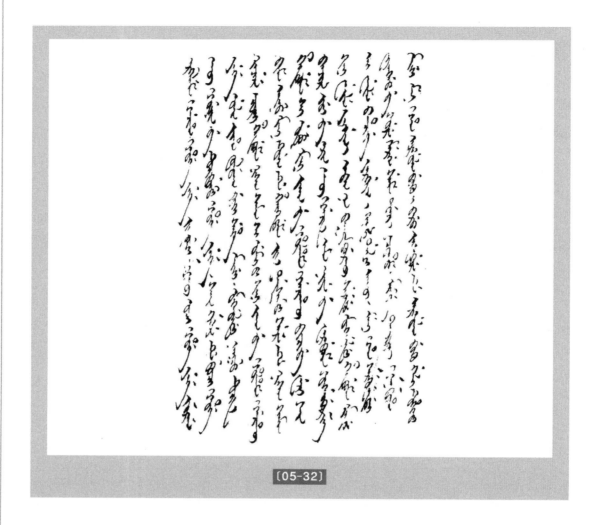

[05-32]

ergeleme gajiha hoge yege jiduji burakū oci hoge yege jurgan
강제로 데려왔다 hoge yege 끝내 주지 않으면 hoge yege 도리

akū gūnin be tucibumbi hoge yege sain gisun de buci hoge
없이 생각 을 해낸다 hoge yege 좋은 말 에 주면 hoge

yege ulin jiha fulukan buki sehe manggi. monggoldai nakcu tucifi
yege 재물 돈 풍족하게 주자 한 후 monggoldai nakcu 나와서

injere cirai hendume nisan saman si umai bi sini jaka be hūlhame gajihakū
웃는 얼굴로 말하기를 nisan 샤먼 너 결코 나 너의 물건 을 훔쳐서 가져오지 않았

bime   ainu  mini duka de heikedeme[84]  jifi    daišambi sere de nisan saman
는데 어째서 나의  문 에 흔들거리며    와서 트집잡는가  함 에 nisan 샤먼

hendume si udu mini jaka be hūlhame    gajihakū bicibe    weri sain
말하기를 너 비록 나의 물건 을  훔쳐서 가져오지 않았다 해도 남의 좋은

banjire  jui  be erin akū   gajifi    ama    eniye be   farabume[85] songgoburengge
태어난 아이 를  때 없이 데려와서 아버지 어머니 를 기절하게 하고   울게 한 것

sini weile yargiyan i abka na  baktamburakū serede mongoldai hendume minde
너의 죄    진실로   하늘 땅 용납하지 않는다 함에  mongoldai 말하기를 나에

ai   weile  bahacibe   yargiyan i sinde dalji akū.  meni han serguwedei
어떤 죄  얻었다 해도 진실로    너에 관련 없다 우리의 왕 serguwedei

fiyanggo be    sure    mergen seme donjifi cohome mimbe takūrafi genebuha
fiyanggo 를 총명하고 지혜롭다 하고 듣고서 특별히   나를   보내어 가게 한

manggi meni  han arsulan[86]  buku i  baru jafabure  de arsulan  buku  geli tuhekebi
  후  우리의 왕   사자    씨름꾼의 쪽 잡게 함 에  사자 씨름꾼 역시 넘어졌다

—— 。 —— 。 —— 。 ——

호거 여거  강제로 데려왔다.                     호거 여거  끝내 주지 않으면
호거 여거  도리 없이 생각나게 하겠다.           호거 여거  좋은 말에 주면
호거 여거  재물과 돈을 풍족하게 주겠다."

그러자 몽골다이 낙추가 나와서 웃는 얼굴로 말했다.
"니샨 샤먼이여, 내가 결코 너의 물건을 훔쳐오지 않았는데, 어찌 나의 문에서 건들거리며 와서 트집을 잡는가?"
하니, 니샨 샤먼이 말했다.
"네가 비록 나의 물건을 훔쳐서 가져오지 않았다 해도, 남의 훌륭한 아이를 불시에 데려와서 그 부모를 기절하게 하고 눈물 흘리게 하였으니, 너의 죄는 진실로 천지에 용납되지 않는다."
하자, 몽골다이 낙추가 말했다.
"내가 어떤 죄를 지었다고 해도 진실로 너와는 아무 관련이 없다. 우리의 왕께서 서르구다이 피양고가 총명하고 지혜롭다고 들으시고 특별히 나를 보내어 가게하신 것이다. 그 후에 우리의 왕께서 사자 씨름꾼으로 하여금 그를 잡게 하였는데, 사자 씨름꾼이 넘어졌다.

---

84) heikedeme : heihedeme의 방언으로 추정된다.
85) farabume : farambume의 잘못으로 추정된다.
86) arsulan : arsalan의 방언으로 추정된다.

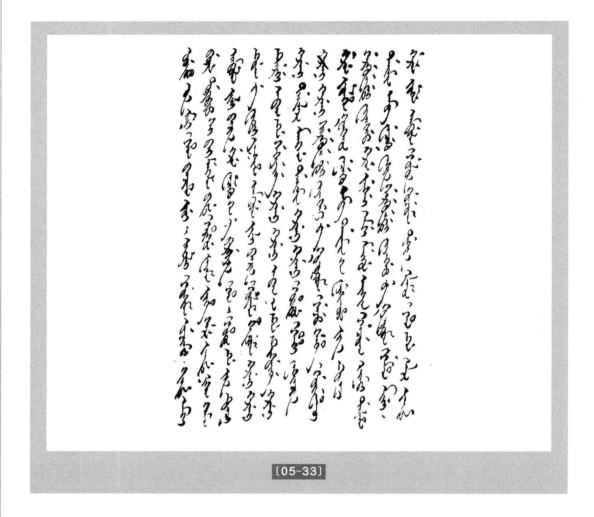

[05-33]

uttu ofi meni han banjiha jui i adali gosime ujimbi. sinde amasi
이리 하여 우리의 왕 낳은 아들 같이 사랑하고 기른다 너에 되돌려

bure dorobio si bai mekele bade hūsun fayame jihe sere jakade nisan saman
줄 도리있는가 너 그저 덧없이 땅에 힘 허비하여 왔다 할 적에 nisan 샤먼

ambula jili banjifi geren weceku sa be bargiyafi han i hoton de jifi tuwaci
매우 화 내고서 여러 神靈 들 을 거두어서 왕 의 성 에 와서 보니

duka be fitai yaksiha ambula jili banjifi hūlame hendume kereni kereni
문 을 굳건히 닫았다 매우 화 내고서 부르며 말하기를 kereni kereni

dergi abka de    sekiyengge   kereni kereni abka na de teisungge kereni
위쪽 하늘 에 뚝뚝 떨어진 것 kereni kereni 하늘 땅 에 적합한 것 kereni

kereni   dailara  mangga daimin kereni kereni hūdun hahi  wasinjifi
kereni 토벌하는 강한    수리 kereni kereni 빨리 급히 내려와서

kereni kereni serguwedei fiyanggo be šoforome    gaju   sege[87] goidahakū
kereni kereni serguwedei fiyanggo 를 잡아채서 데려오라 했다 오래지않아

geren julhen[88] šongkon weceku amba daimin sa fusihūn jifi  tuwaci
여러 julhen   송골매   神靈   큰   수리 들 밑으로 와서   보니

serguwedei fiyanggo geren jusei  emgi menggun aisin gacuha[89] efimbi dalaha
serguwedei fiyanggo 여러 아이와 함께    은   금 가추하   논다 우두머리

daimin amba weceku wasifi serguwedei fiyanggo be šoforome gamaha manggi.
수리   큰   神靈 내려서 serguwedei fiyanggo 를 잡아채어 데려간   후

geren juse  ambula  golofi  sucume   dosifi  ilmun han de alara jakade
여러 아이들  매우  놀라서 들이닥쳐 들어가서 염라 대왕 에 알릴   적에

───  。 ───  。 ───  。 ───

이리하여 우리의 왕께서 낳은 아들같이 사랑하고 기르신다. 너에게 되돌려 줄 이유가 있는가? 너는 그저 덧없이 이곳에 힘을 허비하여 왔다."
그러자 니샨 샤먼이 매우 화를 내고, 여러 신령들을 불러들여 염라왕의 성에 와서 보니, 문을 굳건히 닫았다. 니샨 샤먼이 매우 화를 내고서 부르며 말했다.

"커러니 커러니   하늘 위에서 뚝뚝 떨어진 것,            커러니 커러니   하늘과 땅에 적합한 것,
커러니 커러니   토벌하는 강한 수리여,            커러니 커러니   급히 빨리 내려와서
커러니 커러니   서르구다이 피양고를 잡아채서 데려오라."

그러자 오래지 않아 여러 신령한 송골매와 큰 수리들이 하늘에서 밑으로 내려와서 보니, 서르구다이 피양고가 여러 아이들과 함께 금은의 가추하를 가지고 논다. 우두머리 수리와 큰 신령이 내려가서 서르구다이 피양고를 낚아채어 데려가니, 여러 아이들이 매우 놀라서 들이닥치듯 들어가서 염라대왕에서 아뢰었다.

────────────

87) sege : sehe의 잘못으로 추정된다.
88) julhen : julgen의 방언으로 추정되나, 내용상으로 볼 때, '神' 또는 '神靈'을 가리키는 것으로 보인다.
89) gacuha : 양이나 사슴 등의 정강이뼈로 만든 주사위 같은 놀이 기구를 가리킨다.

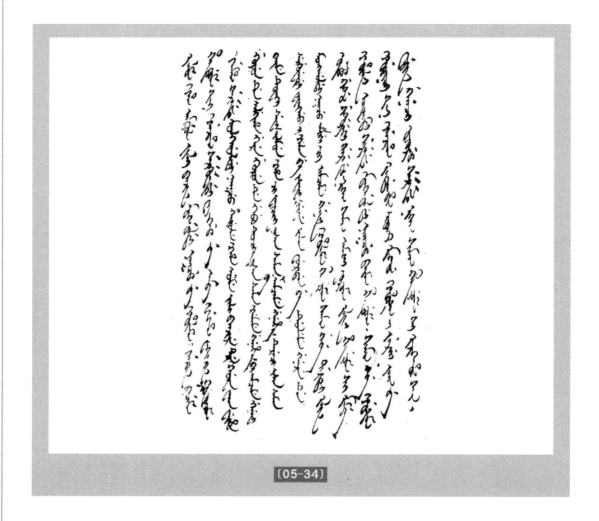

[05-34]

ilmun han ambula jili banjifi monggoldai nakcu be hūlame gajifi beceme
염라 대왕 매우 화 내고서 monggoldai nakcu 를 불러 데려와 꾸짖어

hendume sini gajiha serguwedei fiyanggo be amba gasha wasinjifi šoforome
말하기를 너의 데려온 serguwedei fiyanggo 를 큰 새 내려와서 잡아채어

gamaha serede monggoldai nakcu hendume han ume jili banjire tere gūwa waka weihun
데려갔다 함에 monggoldai nakcu 말하기를 왕 화 내지 말라 그 다른 사람 아니다 산

gurun de algiha geren gurun de gebu tucike nisan saman gamame genehe. bi amcame genefi
나라 에 유명한 여러 나라 에 이름 드러난 nisan 샤먼 데려 갔다 나 쫓아 가서

baime tuwaki sefi ilmun han    ci  fakcafi nisan saman be amcame genehe. tereci  nisan saman
청해  보자  하고 염라 대왕 에게서 떠나 nisan 샤먼 을  쫓아  갔다 그로부터 nisan  샤먼

serguwedei fiyanggo  i gala be jafafi šuwe ilan furdan be duleme genere de
serguwedei fiyanggo 의 손 을 잡고 직접 3  관문 을 지나서  감 에

monggoldai nakcu amargi ci amcame genefi hūlame hendume saman gege dartai ilifi
monggoldai nakcu  뒤 에서 쫓아  와서 외치며 말하기를 샤먼 여인 잠시 서서

udu    gisun gisureki serede nisan saman amasi forome ilifi hendume  si mimbe
얼마간 말  말하자 함에  nisan 샤먼 뒤로 향하여 서서 말하기를 너  나를

hūlafi   ainambi   serede monggoldai nakcu baime hendume saman gege   gosime
불러 어찌하려는가 함에 monggoldai nakcu 청하여 말하기를 샤먼 여인 가엾게 여겨

gūnici   sini gajiha indahūn coko misun hoošan i jergi jaka be
생각하면 너의 데려온 개   닭  醬  종이  등의 물건 을

werifi   geneci ojoro  serede nisan saman hendume si  ijishūn  sain i
남기고 갈 수 있겠는가 함에  nisan  샤먼 말하기를 너 고분고분 좋게

──── ◦ ──── ◦ ──── ◦ ────

염라대왕이 매우 화를 내고서 몽골다이 낙추를 불러서 데려와 꾸짖으며 말했다.
"네가 데려온 서르구다이 피양고를 큰 새가 내려와서 낚아채어 데려갔다."
하니, 몽골다이 낙추가 말했다.
"왕이시여, 화 내지 마십시오. 그는 다른 사람이 아니라 이승에서 유명하고, 여러 나라에 이름 드러난 니샨 샤먼이 데려갔습니다. 제가 쫓아가서 청해 보겠습니다."
하고는 염라대왕을 떠나 니샨 샤먼을 쫓아갔다. 한편 니샨 샤먼은 서르구다이 피양고의 손을 잡고 직접 세 개의 관문을 지나서 가고 있었다. 그때 몽골다이 낙추가 뒤에서 쫓아와서 외치며 말했다.
"샤만 여인, 잠시 서서 잠깐 말 좀 합시다."
그러자 니샨 샤먼이 뒤를 향하여 서서 말했다.
"네가 나를 불러 어찌하려는 것인가?"
몽골다이 낙추가 청하며 말했다.
"샤먼 여인, 부디 당신이 데려온 개와 닭, 장과 종이 등을 남겨 두고 갈 수 있겠는가?"
니샨 샤먼이 말했다.
"그대가 고분고분 좋게

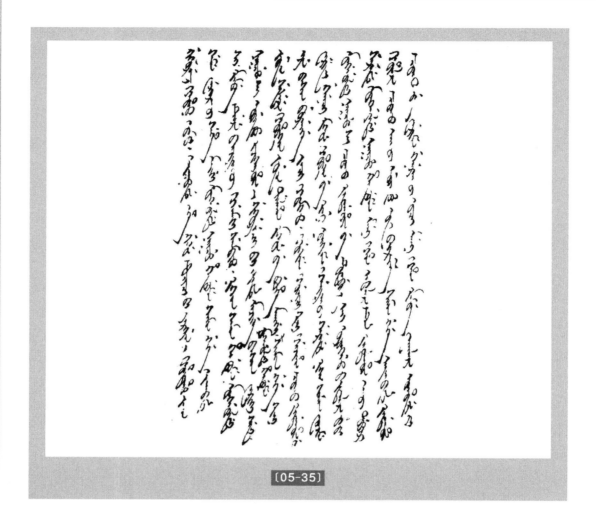

〔05-35〕

gisureci hono ombi. aikabede ehe gisun tucici  bi yargiyan i hontoho jaka
말하면 역시 된다   만약  나쁜  말 나오면 나  진실로    반쪽 물건

seme   werirakū   sehe manggi monggoldai nakcu hendume saman gege aikabade
해도 남기지 않는다 한    후   monggoldai nakcu 말하기를 샤먼  여인  만약에

si mimbe dere  banjirakū  gamaki  sembio. nisan saman hendume monggoldai
너 나를 얼굴 생기지 않고 데려가자 하겠는가 nisan 샤먼  말하기를 monggoldai

nakcu  si  uttu  ijishūn i gisureci bi sinde majige basan[90]  weriki   sefi
nakcu 너 이렇게  좋게   말하니 나 너에  많은   삯   남기자 하고서

---

90) basan : basa와 같다.

juwan sefere hoošan juwan dalhan misun be buhe manggi. monggoldai hendume saman gege sini
　10　뭉치　종이　10　덩이　醬　을　준 후　　monggoldai 말하기를　샤먼 여인 너의

ere basan burengge jaci komso.　gosime　gūnici　sini gajiha coko indahūn be
이　삯　준 것 매우 적다 가엽게 여겨 생각하면 너의 가진　닭　개　를

werifi geneci misun hoošan be inu nonggime　gairakū　serede nisan saman fonjime
남기고 가면　醬　종이 를 또한 더하여 가지지 않는다 함에 nisan 샤먼 묻기를

monggoldai nakcu si coke indahūn be tutabufi ai oyonggo baitalara　babi
monggoldai nakcu 너　닭　개　를 남겨서 무슨 중요한　쓸　곳 있는가

serede monggoldai nakcu hendume meni han abalara de indahūn akū dobori
함에 monggoldai nakcu 말하기를 우리의 왕 사냥함 에 개 없고 밤

hūlara coko akū utu[91] ofi bairengge saman gege aikabade indahūn
알리는 닭 없다 이리 하여 청하는 것 샤먼 여인 만약에　개

coko be werime generakū oci meni han mimbe wakalara ohode bi
닭 을 남겨두고 가지 않게 되면 우리의 왕 나를 나무라게 됨에 나

— 。 — 。 — 。 —

말한다면, 남겨 줄 수도 있다. 만약 나쁜 말이 나오면 진실로 반쪽짜리 물건이라 해도 남기지 않겠다."
하니, 몽골다이 낙추가 말했다.
"샤먼 여인, 만약에 당신이 나의 얼굴을 생각하지도 않고 데려가려고 하겠는가?"
니샨 샤먼이 말했다.
"몽골다이 낙추여, 그대가 이렇게 좋게 말하니, 내가 너에게 많은 삯을 남기겠다."
하고는 열 뭉치의 종이와 열 덩이의 장을 주었다. 그러자 몽골다이 낙추가 말했다.
"샤먼 여인, 당신이 준 이 삯이 너무 적다. 부디 당신이 가진 닭과 개를 남기고 간다면, 장과 종이는 더 이상 더하여 가지지 않겠다."
하자 니샨 샤먼이 물었다.
"몽골다이 낙추여, 그대에게 닭과 개를 남겨서 무슨 중요하게 쓸 곳이 있는가?"
몽골다이 낙추가 말했다.
"우리 대왕께서 사냥할 때 데려갈 개가 없고, 새벽을 알리는 닭이 없다. 그래서 청하는 것이다. 샤먼 여인, 만약에 개와 닭을 남겨두고 가지 않으면, 우리 대왕께서 나를 나무라게 됨에 내가

91) utu : uttu의 잘못으로 추정된다.

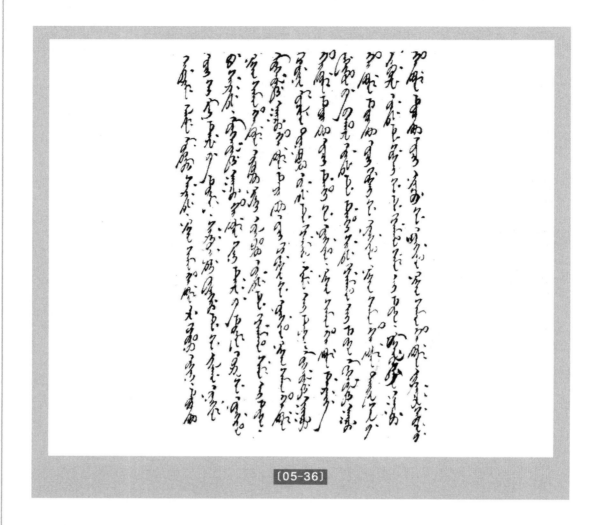

[05-36]

adarame alime mutembi serede. nisan saman hendume ere hono okini. tuttu
　어찌　받을 수 있겠는가 함에　　nisan 샤먼 말하기를 이 역시 이루자 그러

oci si mini dere be tuwame. serguwedei fiyanggo de se jalgan nonggime
면 너 나의 얼굴 을 보아서　serguwedei fiyanggo 에 나이 수명　더하여

bu serede. monggoldai nakcu hendume sini dere be tuwame orin se nonggiha
달라 함에　monggoldai nakcu 말하기를 너의 얼굴 을　보아　20 세 더했다

nisan saman hendume oforo niyanggi[92] olhoro unde de gamaha seme ai tusa.
nisan 샤먼 말하기를 코　콧물　마르기 전 에 데려갔다 하고 무슨 이익인가

---

92) niyanggi : niyaki의 잘못으로 추정된다.

monggoldai nakcu hendume tuttu oci gūsin se nonggiha nisan saman hendume
monggoldai nakcu 말하기를　그러면　30　세　더했다 nisan 샤먼 말하기를

gūnin mujilen toktoro unde de gamaha seme ai　tusa.　monggoldai nakcu
생각　마음　정하기　전　에 데려갔다 하고 무슨 이익인가 monggoldai nakcu

hendume tuttu oci dehi se nonggiha. nisan saman hendume derengge
말하기를　그러면　40　세　더했다 nisan 샤먼 말하기를　체면

wesihun be bahara unde de dehi sede gamaha　ai　tusa monggoldai nakcu
　귀함　을　얻기　전　에 40 세에 데려갔다 무슨 이익인가 monggoldai nakcu

hendume tuttu oci susai se nonggiha nisan saman hendume taifin sain be
말하기를　그러면　50　세　더했다 nisan 샤먼 말하기를 太平　善　을

yabure unde de susai se gamaha seme ai　tusa.　monggoldai nakcu
행하기　전　에　50　세 데려갔다 하고 무슨 이익인가 monggoldai nakcu

hendume tuttu oci ninju se nonggiha nisan saman hendume jirgacun sebjen be
말하기를　그러면　60　세　더했다 nisan 샤먼 말하기를 안락한 즐거움 을

——　ㅇ　——　ㅇ　——　ㅇ　——

그 책망을 어찌 받을 수 있겠는가?"
니샨 샤먼이 말했다.
"그렇게 하자. 그러면 그대가 나의 얼굴을 보아서 서르구다이 피양고에게 니이와 수명을 더하여 달라."
몽골다이 낙추가 말했다.
"당신의 얼굴을 보아 스무 살로 더했다."
니샨 샤먼 말했다.
"콧물도 마르기 전에 데려갔는데, 무슨 이익인가?"
몽골다이 낙추 말하였다.
"그러면 서른 살로 더했다."
니샨 샤먼이 말했다.
"생각과 마음이 정해지기도 전에 데려갔는데, 무슨 이익인가?"
몽골다이 낙추가 말했다.
"그러면 마흔 살로 더했다."
니샨 샤먼이 말했다.
"체면을 귀함을 얻기도 전인 마흔 살에 데려갔는데, 무슨 이익인가?"
몽골다이 낙추가 말했다.
"그러면 쉰 살로 더했다."
니샨 샤먼이 말했다.
"태평과 선을 행하기도 전인 쉰 살에 데려갔는데, 무슨 이익인가?"
몽골다이 낙추가 말했다.
"그러면 예순 살로 더했다."
니샨 샤먼이 말했다.
"안락한 즐거움을

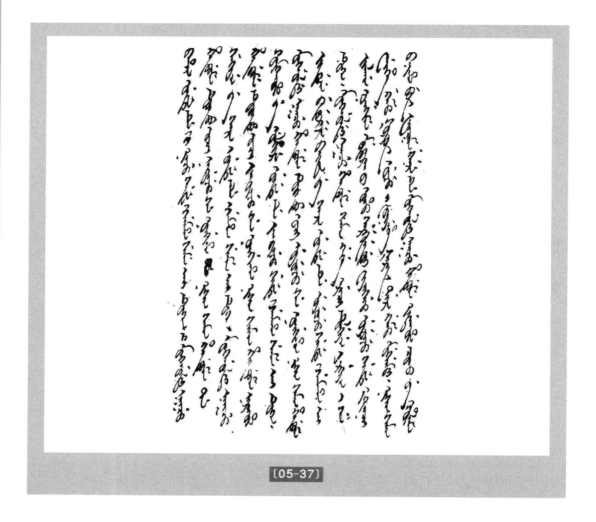

[05-37]

bahara unde de ninju sede gamaha seme ai    tusa.  monggoldai nakcu
얻기   전 에  60   세에  데려갔다 하고  무슨  이익인가 monggoldai nakcu

hendume tuttu oci nadanju se nonggiha nisan saman hendume  da
말하기를  그러면    70   세  더했다 nisan  샤먼  말하기를  근본

sekiyen be sara unde de  gamaha seme  ai    tusa.  monggoldai nakcu
 근원  을 알기  전 에  데려갔다 하고  무슨  이익인가 monggoldai nakcu

hendume tuttu oci jakūnju se nonggiha nisan saman hendume  narhūn
말하기를  그러면    80   세  더했다 nisan  샤먼  말하기를  자세하고

somishūn be ulhire unde de jakūnju sede gamaha seme  ai    tusa.
은밀함 을 알기 전 에   80  세에 데려갔다 하고 무슨 이익인가

monggoldai nakcu hendume tuttu oci uyunju se nonggiha nisan saman hendume
monggoldai nakcu 말하기를  그러면  90  세 더했다 nisan  샤면 말하기를

jidere bederere baita be sara unde de uyunju sede  gamaha   ai
오고 돌아가는 일 을 알기 전 에   90  세에 데려갔다 무슨

tusa.    monggoldai nakcu hendume saman gege  ereci tulgiyen yargiyan i se
이익인가 monggoldai nakcu 말하기를 샤면 여인 이보다 이외에   진실로   나이

jalgan nonggime muterakū oho serguwedei fiyanggo uyunju sede isinaci
수명   더할 수 없게 되었다  serguwedei fiyanggo  90  세에 이르면

weihe gemu   šorofi[93]  uju  i  funiyehe  šarafi   dara gemu musembi. nisan saman
이   모두 누렇게 되고 머리 의 머리카락 희게 되고 허리 모두  굽는다  nisan  샤면

baniha bufi  fakcame genere de monggoldai nakcu hendume indahūn coko be hūlame
감사 드리고 헤어져서  감  에 monggoldai nakcu 말하기를  개   닭 을 부르고

—— 。 —— 。 —— 。 ——

얻기도 전인 예순 살에 데려갔는데, 무슨 이익인가?"
몽골다이 낙추가 말했다.
"그렇다면 일흔 살로 더했다."
니샨 샤먼이 말했다.
"근본과 근원을 알기도 전에 데려갔는데, 무슨 이익인가?"
몽골다이 낙추가 말했다.
"그러면 여든 살로 더했다."
니샨 샤면이 말했다.
"자세하고 은밀함을 알기도 전인 여든 살에 데려갔는데, 무슨 이익인가?"
몽골다이 낙추가 말했다.
"그러면 아흔 살로 더했다."
니샨 샤면이 말했다.
"오고 돌아가는 일을 알기도 전인 아흔 살에 데려갔는데, 무슨 이익인가?"
몽골다이 낙추가 말했다.
"샤먼 여인, 진실로 이것보다 위로 더 나이와 수명을 더할 수 없게 된다. 서르구다이 피양고가 아흔 살에 이르면, 이가
모두 누렇게 되고, 머리카락도 희어지고, 허리도 굽는다."
니샨 샤먼이 감사드리고 헤어져서 갈 때에 몽골다이 낙추가 말했다.
"개와 닭을 부르고

---

93) šorofi : sorofi의 잘못 또는 방언으로 추정된다.

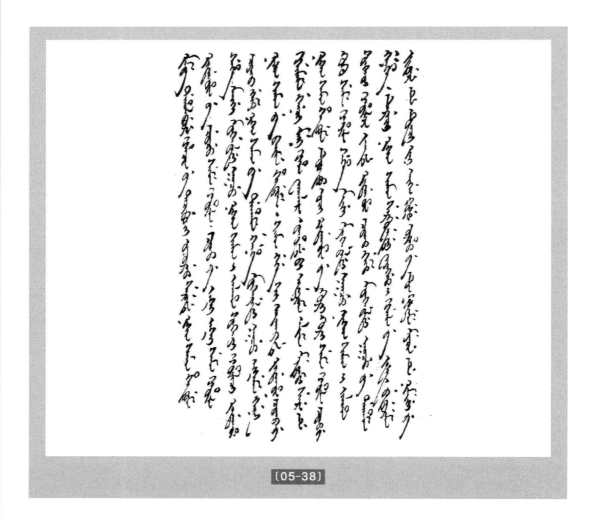

[05-38]

mimbe dahalabure hacin be    tacibuci ojoreo    serede nisan saman hendume
나를 따르게 하는 등  을 가르칠 수 있겠는가 함에  nisan 샤먼 말하기를

indahūn be cucu seme hūla. coko be aši aši seme hūla
개  를 cucu 하고 불러라 닭 을 aši aši 하고 불러라

sehe manggi monggoldai nakcu nisan saman i alaha songkoi hūlaci indahūn
한  후  monggoldai nakcu nisan 샤먼 의 알린  대로 부르니  개

coko gemu nisan saman be dahame genehe monggoldai nakcu ekšeme genefi
닭 모두 nisan 샤먼 을 따라서  갔다 monggoldai nakcu 서둘러 가서

nisan saman be baime hendume. saman gege si aikabade indahūn coko be
nisan 샤먼 을 청하여 말하기를 샤먼 여인 너 만약에 개 닭 을

gamame geneci meni han wakalara ohode bi adarame alime mutembi  sere de
데리고 가면 우리의 왕 나무라게 됨에 나 어떻게 받을 수 있겠는가 함 에

nisan saman hendume tuttu oci indahūn be kuri kuri seme  hūla coko be
nisan 샤먼 말하기를 그러면 개 를 kuri kuri 하고 불러라 닭 을

kuku seme  hūla sehe manggi monggoldai nakcu nisan saman i alaha
kuku 하고 불러라 한 후 monggoldai nakcu nisan 샤먼 의 알린

songkoi hūlara jakade indahūn coko gemu monggoldai nakcu be dahame
대로 부를 적에 개 닭 모두 monggoldai nakcu 를 따라서

genehe. tereci  nisan saman serguwedei fiyanggo  i gala be jafafi bedereme
갔다 그로부터 nisan 샤먼 serguwedei fiyanggo 의 손 을 잡고서 돌아서

jidere de tuwaci  ini  eigen šušu orho be tuwa sindame mucen de nimenggi be
옴 에 보니 자신의 남편 수수 풀 을 불 놓고 솥 에 기름 을

—— 。 —— 。 —— 。 ——

나를 따르게 하는 방법 등을 가르쳐 줄 수 있겠는가?"
하니, 니샨 샤먼이 말했다.
"개를 '추추' 하고 부르고, 닭을 '아시 아시' 하고 불러라."
몽골다이 낙추가 니샨 샤먼이 알려준 대로 부르니, 개와 닭이 모두 니샨 샤먼을 따라서 갔다. 몽골다이 낙추가 서둘러 가서 니샨 샤먼을 청하여 말했다.
"샤먼 여인, 당신이 만약에 개와 닭을 데리고 가면, 우리 대왕께서 나무라게 됨에, 내가 어떻게 받을 수 있겠는가?"
니샨 샤먼이 말했다.
"그렇다면 개를 '쿠리 쿠리' 하고 부르고, 닭을 '쿠쿠' 하고 불러라."
몽골다이 낙추가 니샨 샤먼이 알려준 대로 불러 보니, 개와 닭이 모두 몽골다이 낙추를 따라서 갔다. 그로부터 니샨 샤먼이 서르구다이 피양고의 손을 잡고 돌아오다가, 보자니 자신의 남편이 수수 풀로 불을 붙여 솥에 기름을

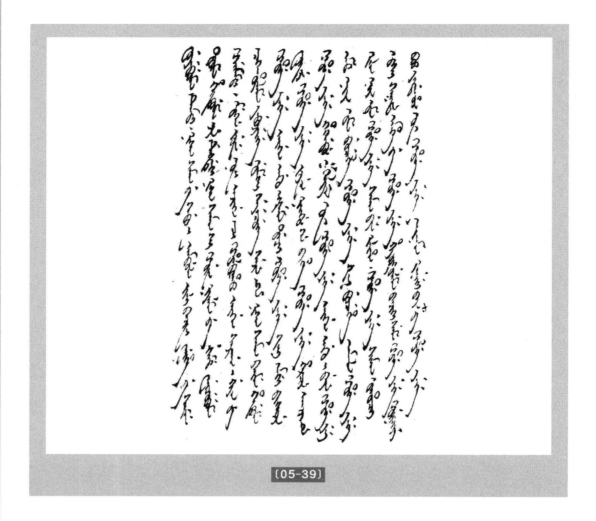

[05-39]

fuyebume  tembi.  nisan  saman  be  sabufi  ambula  jili  banjifi  weihe  be  saime
 끓이고  앉아있다 nisan  샤먼  을  보고  매우  화  내고서  이  를  갈고

toome  hendume  ere  dekdeki[94]  nisan  saman  si  gūwa  niyalma  be  gemu  weijubume
욕하며 말하기를  이  뜬 것의  nisan  샤먼  너  다른  사람  을  모두  되살려

gamambi.  muse  juwe  nofi  ajigen  ci  holboho  eigen  sargan  i  giyan  be
데려간다  우리  2  사람  어릴때부터  부부가  된  남편  아내  의  도리  를

cashūlame  yaburengge  umesi  seyecuke  sere  de  nisan  saman  baime  hendume
 등지고  가는 것  매우  원망스럽다  함  에  nisan  샤먼  청하여  말하기를

---

94) dekdeki : dekdeni의 잘못으로 추정된다.

hoge yege eigen agu ekšeme donji  hoge yege  sini emgi bisire
hoge yege  남편  agu    어서  들어라  hoge yege  너의  함께  있는

fonde hoge yege juwan ninggun se bihe hoge yege hercun akū de
때에  hoge yege  10    6    세 였다 hoge yege  모르는  사이에

hoge yege hesebun nekeliyen ofi  hoge yege  eigen agu  i beye hoge yege
hoge yege  천명    얇게  되어 hoge yege  남편 agu  의 몸  hoge yege

emu aniya ome bucehe hoge yege  sini bucehe amala hoge yege
일    년  되어 죽었다 hoge yege  너의  죽은    뒤로  hoge yege

ilan aniya ome hoge yege saman beye iliha hoge yege saman  ohoci
3   년  되어 hoge yege 샤먼    몸  섰다 hoge yege  샤먼  됨으로부터

ebsi  sakda  emhe be hoge yege hiyoošulame banjiki seme hoge yege gūnicibe
이래로 늙은 시어머니를 hoge yege   孝順하며   살자  하고 hoge yege 생각해도

boo yadahūn  ofi   hoge yege  ainame inenggi biya be
집 가난하게 되어서 hoge yege 그럭저럭  날    달  을

─── ∘ ─── ∘ ─── ∘ ───

끓이고 앉아 있다. 남편은 니샨 샤먼을 보고 매우 화를 내고, 이를 갈면서 욕을 하면서 말했다.
"이 이름난 니샨 샤먼아, 너는 다른 사람들은 모두 되살려서 데려가는구나! 우리 두 사람은 어릴 때부터 부부가 되었는
데, 남편과 아내의 도리를 등지고 가는 것이 매우 원망스럽구나!"
니샨 샤먼이 청하여 말했다.

"호거 여거  남편이 아구여, 어서 들어 보아라.          호거 여거  너와 함께 살 때에
 호거 여거  열여섯 살이었다.                          호거 여거  모르는 사이에
 호거 여거  천명이 엷어져서                            호거 여거  당신 아구의 몸이
 호거 여거  일 년이 되어 죽었다.                        호거 여거  당신이 죽은 뒤로
 호거 여거  삼 년이 되어                                호거 여거  샤먼이 몸에 섰다.
 호거 여거  샤먼이 된 후 이래로 늙은 시어머니를          호거 여거  효도하며 살자 하고
 호거 여거  생각해도 집이 가난하게 되어서                호거 여거  그럭저럭 날과 달을

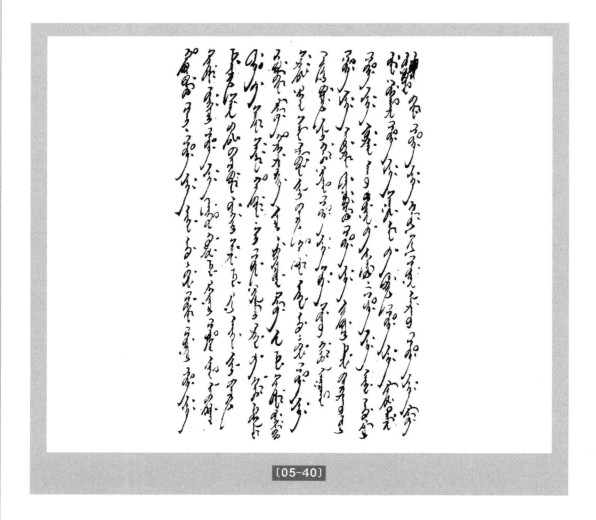

[05-40]

hoge yege hetubumbi[95] kai. hoge yege eigen agu i beye   gosime    gūnici  hoge yege
hoge yege 보내게 되었구나 hoge yege 남편 agu 의 몸 가엽게 여겨 생각하면 hoge yege

sindame unggici hoge yege weihun gurun de isinaci hoošan jiha labdukan
  놓아 보내면 hoge yege    산   나라 에 이르면 종이   돈  좀 많이

deijifi sain bade banjibume unggiki sere de  ini  eigen jili banjifi
태워 좋은 곳에 태어나게 보내자 함 에 그의 남편 화 내고서

weihe be saime seyeme hendume. si gūwa niyalmai ergen be gemu    tusalame
이   를 갈며 원망하여 말하기를 너 다른 사람의   목숨 을 모두 이익 되게 하고

---

95) hetubumbi : hetumbumbi의 잘못으로 추정된다.

yabumbime mimbe herserakūngge   jaci  ubiyacun  simbe ja de sindame unggimbio
다니면서   나를  걱정하지 않는 것 매우 미워할 만한 너를  쉽게   두고  보내겠는가

serede nisan saman ambula jili banjifi hendume eigen agu  i beye hoge yege
함에  nisan  샤먼   매우  화 내고서 말하기를  남편 agu 의  몸  hoge yege

aifini bucefi yali gemu niyaha hoge yege sube sukū gemu  lakcaha
이미  죽어서 살  모두  썩었다 hoge yege 힘줄 가죽  모두  끊어졌다

hoge yege adarame weijubumbi  hoge yege jiduji dere  banjirakū   oci
hoge yege  어떻게  되살리겠는가 hoge yege  결국 얼굴 생기지 않게 되면

hoge yege jurgan akū gūnin be jafambi hoge yege eigen agu   minci
hoge yege  도리  없이 생각 을  잡는다 hoge yege  남편 agu 나로부터

ume ushara hoge yege sakda eme be  werifi hoge yege minde damjan
한하지 말라 hoge yege  늙은 어머니를 남기고 hoge yege   나에  天秤棒[96]

unubuha bime hoge yege kemuni sini gūnin    elerakū    hoge yege mimbe
지게 하였고  hoge yege 여전히 너의  생각  족하지 않는다 hoge yege   나를

─── ∘ ─── ∘ ─── ∘ ───

호거 여거   보내게 되었도다!                     호거 여거   남편, 당신의 몸을 가엾게 여긴다면
호거 여거   놓아 보내주면                        호거 여거   이승에 이르면 종이돈을 좀 많이 태워서 좋은 곳
                                                              에 태어나도록 보내겠다."

하니, 그의 남편이 화를 내고서 나이를 갈며 원망하면서 말했다.
"너는 다른 사람의 목숨을 모두 이익 되게 하고 다니면서, 나를 걱정하지 않는 것이 매우 미워할만 하니, 너를 쉽게 보내 줄 수 있겠는가?"
하자, 니샨 샤먼이 매우 화를 내고서 말했다.

| "남편, 당신의 몸은 | 호거 여거 | 이미 죽어서 살이 모두 썩었다. | 호거 여거 |
| 힘줄과 피부가 모두 끊어졌다 | 호거 여거 | 어떻게 되살리겠는가? | 호거 여거 |
| 결국 얼굴을 생각하지 않게 되면 | 호거 여거 | 도리 없이 생각을 잡는다. | 호거 여거 |
| 남편, 당신은 나를 한하지 말라. | 호거 여거 | 늙은 어머니를 남기고 | 호거 여거 |
| 나에게 짐을 지게 하였다. | 호거 여거 | 여전히 당신은 생각이 부족하다. | 호거 여거 |

96) 天秤棒 : 양 끝에 짐을 메달아 어깨에 메고서 이동시키는 나무로 만든 봉을 가리킨다.

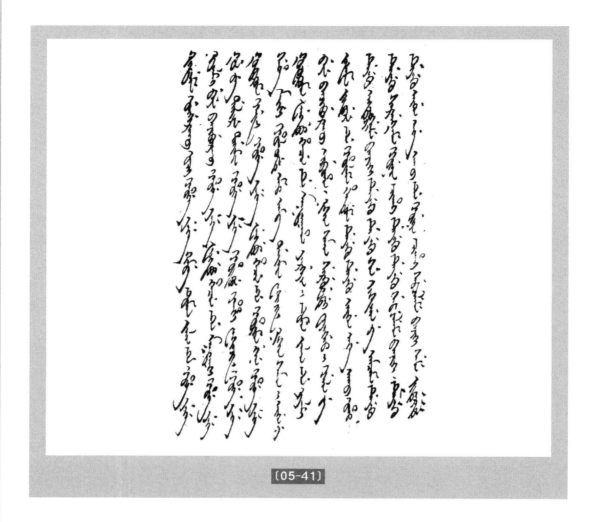

[05-41]

sindame unggirakū oci hoge yege simbe tumen jalan de hoge yege
놓아  보내지 않으면 hoge yege 너를   만  대 에 hoge yege

niyalmai beye banjiburakū   hoge yege fengdu hecen de maktanaki   hoge yege
사람의  몸 태어나지 않게 hoge yege 酆都  城 에 던지러 가자 hoge yege

šun be dalire daimin hoge yege hūdun hahi wasinjifi hoge yege
해 를 덮는  수리  hoge yege 빨리 급히 내려와서 hoge yege

šoforome   gaifi   hoge yege fengdu hecen de horime gene hoge yege
잡아채  가지고서 hoge yege 酆都  城 에 가두러 가라 hoge yege

sehe manggi holkonde emu amba daimin wasinjifi nisan saman i eigen be
한　　후　　돌연히　한　큰　수리　내려와서　nisan 샤먼　의　남편　을

šoforome fengdu hecen de maktanaha yargiyan i tumen jalan de niyalmai
잡아채어　鄭都　城　에　던지러 갔다　진실로　만　대　에　사람의

beye banjiburakū obuha. nisan saman serguwedei fiyanggo i gala be
몸　태어나지 않게 되었다　nisan 샤먼 serguwedei fiyanggo 의　손　을

jafame jidere de hūlame hendume deyeku deyeku eigen age akū oho
잡고　옴　에　부르며 말하기를　deyeku deyeku 남편 age 없게 되었다

deyeku ekteršeme banjiki deyeku deyeku se asigan[97] be amcame deyeku
deyeku 강행하여　살자 deyeku deyeku 나이 젊음　을　따라　deyeku

deyeku sargašame gūnin cihai deyeku deyeku sebjeleme banjiki deyeku
deyeku 놀고 즐기며 생각 마음대로 deyeku deyeku　즐기며　살자 deyeku

deyeku eigen age akū de gūnin cihai sebjeleme banjiki seme jiderede
deyeku 남편 age 없음에 생각 마음대로　즐기며　살자　하고　옴에

—— 。 —— 。 —— 。 ——

| | | | |
|---|---|---|---|
| 나를 놓아 보내지 않으면 | 호거 여거 | 당신을 만 대에 걸쳐 | 호거 여거 |
| 사람의 몸으로 태어나지 않도록 | 호거 여거 | 풍도성(鄭都城)에 던지겠다. | 호거 여거 |
| 해를 덮는 수리여, | 호거 여거 | 급히 빨리 내려와서 | 호거 여거 |
| 낚아채 가지고서 | 호거 여거 | 풍도성에 가두러 가라. | 호거 여거" |

하자, 돌연히 큰 수리가 한 마리가 내려와서 니샨 샤먼의 남편을 잡아채어 풍도성에 던지러 갔다. 진실로 만 대에 걸쳐 사람의 몸으로 태어나지 않게 되었다. 니샨 샤먼은 서르구다이 피양고의 손을 잡고 올 때에, 노래 부르듯 말했다.

| | |
|---|---|
| "더여쿠 더여쿠　남편 아거가 없어졌으니 | 더여쿠 더여쿠　힘써 행하며 살자. |
| 더여쿠 더여쿠　나이가 아직 젊으므로 | 더여쿠 더여쿠　놀고 즐기면서 마음대로 |
| 더여쿠 더여쿠　즐기며 살자. | 더여쿠 더여쿠　남편 없으니 마음대로 즐기며 살자." |

하며 왔다.

_____

97) asigan : asihan의 방언으로 추정된다.

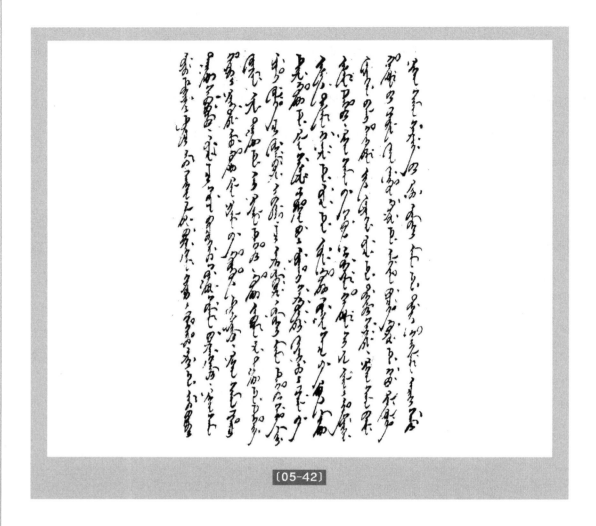

[05-42]

uju tukiyefi tuwaci emu aisin elden burgašame kiyoo i hasho[98] ergi de emu boobai
머리 들어서 보니 한 금 빛 솟아오르는 橋 의 왼 쪽 에 한 보배

taktu sabubumbi. use  ci sunja boconggo sukdun sumame burgašambi. nisan saman[99]
누각 보인다 근원 에서 5 색 기운 피어서 끓어오른다 nisan 샤먼

kiyoo i ninggude emu hutu ilan niyalma be huthufi tuwakiyambi. nisan saman hanci
橋 의 위에 한 귀신 3 사람 을 묶어서 지킨다 nisan 샤먼 가까이

---

98) hasho : hashū의 방언으로 추정된다.
99) nisan saman : 중간에 잘못 들어간 것으로 추정된다.

fonjime ere taktu de  ai niyalma tehebi. hutu jabume ere taktu de tehengge
묻기를 이 누각 에 무슨 사람  사는가 귀신 답하기를 이 누각 에 사는 것

uthai fulehe  ci  fusembure abdaha  ci  arsumbure omosi mama   tehebi   sehe manggi
곧  뿌리 에서 번식시키는  잎  에서 싹틔우는 omosi mama 살고 있다 한   후

tere hutu de ilan sefere hoošan bufi uthai serguwedei fiyanggo  i gala be
그 귀신 에 3   뭉치 종이 주고 즉시 serguwedei fiyanggo 의 손 을

jafafi tafame genere de uce de juwe hutu uksin saca be etufi  maitu
잡고 올라서  감 에 문 에 2 귀신 갑옷 투구 를 입고 몽둥이

jafame tehebi.  nisan saman be sabufi esukiyeme hendume si  ya  jalan i  ehe suingga
쥐고 앉아 있다 nisan 샤먼 을 보고 꾸짖으며 말하기를 너 어느 세상 의 나쁜 죄 있는

fayangga  balai heikedeme[100]  jifi farangga uce de  dosimbi  serede. nisan saman baime
혼   함부로 흔들거리며  와서 지키는 문 에 들어가는가 함에  nisan 샤먼 청하여

hendume bi    gūwa    waka weihun gurun de  algiha  bucehe gurun de gebu iletulehe
말하기를 나 다른 사람 아니다 산   나라 에 유명하고 죽은 나라 에 이름 드러난

nisan saman serengge bi inu omosi mama de  dosifi  hengkileme  acaki sembi
nisan 샤먼  하는 이 나 또한 omosi mama 에 들어가서  절하고  만나자 한다

—— ◦ —— ◦ —— ◦ ——

그렇게 오다가 머리를 들어서 보니, 금빛이 솟아오르는 다리의 왼쪽에 한 보배 누각이 보인다. 그 누각의 밑 부분에서
는 오색 기운이 피어오른다. 다리 위에는 한 귀신이 세 사람을 묶어놓고 지키고 있다. 니샨 샤먼이 가까이 가서 물었다.
"이 누각에 어떤 사람이 살고 있습니까?"
귀신이 답했다.
"이 누각에서 사는 분은 뿌리에서 번식시키고 잎에서 싹트게 하는 오모시 마마가 살고 있다."
니샨 샤먼은 그 귀신에게 세 뭉치의 종이를 주고 즉시 서르구다이 피양고의 손을 잡고 올라가니, 문에 두 귀신이 갑옷
과 투구를 입고 몽둥이를 쥐고 앉아 있다. 니샨 샤먼을 보고 꾸짖으며 말했다.
"너는 어느 세상에서 온 죄 있는 나쁜 영혼이기에 함부로 흔들거리며 와서 지키는 문으로 들어가는가?"
하니, 니샨 샤먼은 청하며 말했다.
"저는 다름이 아니라 이승에서도 유명하고 저승에도 이름이 드러난 니샨 샤먼이라는 자입니다. 저도 오모시 마마에게
가서 절하고 뵙고자 합니다."

---

100) heikedeme : heihedeme의 방언으로 추정된다.

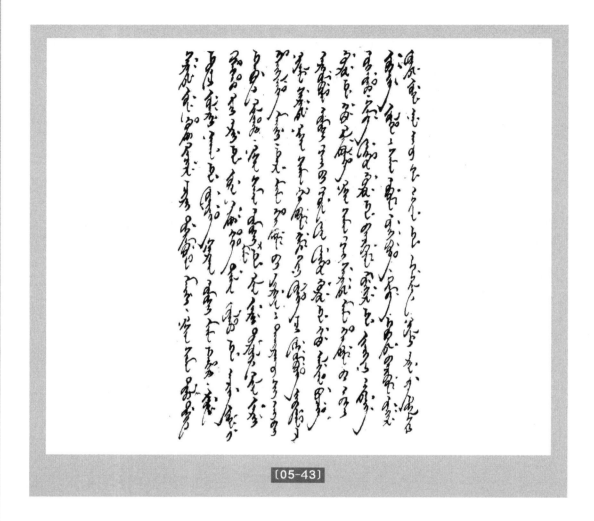

〔05-43〕

serede juwe hutu injere  cirai   dosimbuha manggi. nisan saman dolo   dosifi
함에   2  귀신 웃는 얼굴로 들어가게 한  후   nisan 샤먼 안에 들어가서

tuwaci julergi nagan[101] de funiyehe šaraka omosi mama   tehebi.
보니   남쪽 구들방  에 머리카락 희게 센 omosi mama 앉아 있다

hasho[102] ici ergi de juwan udu hehe dalin[103] fulho[104] de ajige  juse  be
원   쪽 방향 에  10  몇 여인 dalin 주머니  에 어린 아이들 을

---

101) nagan : nahan의 방언으로 추정된다.
102) hasho : hashū의 방언으로 추정된다.
103) dalin : '전대'를 의미하는 '褡褳[dālián]'의 음차로 추정된다.
104) fulho : fulhū의 방언으로 추정된다.

tebufi    ilihabi. nisan saman omosi mama de ilan jergi dorolofi ilan jergi
채워두고 서있었다 nisan 샤먼 omosi mama 에  3   번  예를 하고 3   번

hengkilehe manggi. tere mama hendume bi yargiyan i    takarakū   si  ai  bai
    절한     후    앉은 mama 말하기를 나  진실로   알아보지 못한다 너 어느 곳의

niyalma serede nisan saman hendume gemu sini fulehe ci  fusumbuhe[105] abdaha  ci
사람인가 함에 nisan 샤먼 말하기를 모두 너의 뿌리 에서 번식시킨       잎  에서

arsumbuha omosi   kai  bi   gūwa   waka weihun gurun de gebu algiha bucehe
싹틔운   omosi 로구나 나 다른 사람 아니다 산   나라 에 이름 유명한 죽은

gurun de gebu iletulehe nisan saman  kai  serede mama hendume bi absi
나라 에 이름 드러난 nisan 샤먼 이로다 함에 mama 말하기를 너 어찌

onggoho. simbe weihun gurun de banjibume munggire de jingkini ekdengge[106]
잊겠는가 너를 산    나라 에 나게 하여 들떠서 높에 바르고   뜬

jubengge julhen[107] i  saman  obume  unggibuhe. simbe tubade   banjibume  unggire
명성있는 julhen  의 샤먼  되게 하여 보냈다   너를 그곳에 태어나게 하러 보낼

fonde juse enen akū  se  asigan[108]de anggasilafi niyalmai ergen be   tusalakini
때에 아들 자손 없는 나이 젊음 에 과부 되어 사람의   목숨 을 이익 되게 하자

———  ∘ ——— ∘ ——— ∘ ———

하니, 두 귀신이 웃는 얼굴로 들어가게 하였다. 니샨 샤먼이 안에 들어가서 보니, 남쪽 구들방에 머리가 하얗게 센 오모시 마마가 앉아 있다. 왼쪽 방향에 열 명 남짓한 여안들이 전대 주머니에 어린 아이들을 채워두고 서 있었다. 니샨 샤먼이 오모시 마마에게 세 번 예를 하고 세 번 절을 하자 앉아 있던 오모시 마마가 말했다.
"진실로 너를 알아보지 못하겠구나. 너는 어느 곳에서 온 사람인가?"
하자, 니샨 샤먼 말했다.
"모두 당신의 뿌리에서 번식시키고, 잎에서 싹트게 하신 오모시 마마시군요. 저는 다름 아니라 이승에서도 유명하고 저승에서도 이름이 드러난 니샨 샤먼입니다."
하니, 오모시 마마가 말했다.
"어찌 잊을 수 있겠는가? 너를 이승에 태어나게 하여 살게 할 적에, 바르고 명성있는 신령한 샤먼이 되게 하여 보냈다. 너를 그곳에 태어나게 하러 보낼 적에, '자손 없이 젊은 나이에 과부가 되어서 사람의 목숨에 이익이 되도록 하자.'

105) fusumbuhe : fusembuhe의 방언으로 추정된다.
106) ekdengge : dekdengge의 잘못으로 추정된다.
107) julhen : julgen의 방언으로 추정되나, 내용상으로 볼 때, '神' 또는 '神靈'을 가리키는 것으로 보인다.
108) asigan : asihan과 같다.

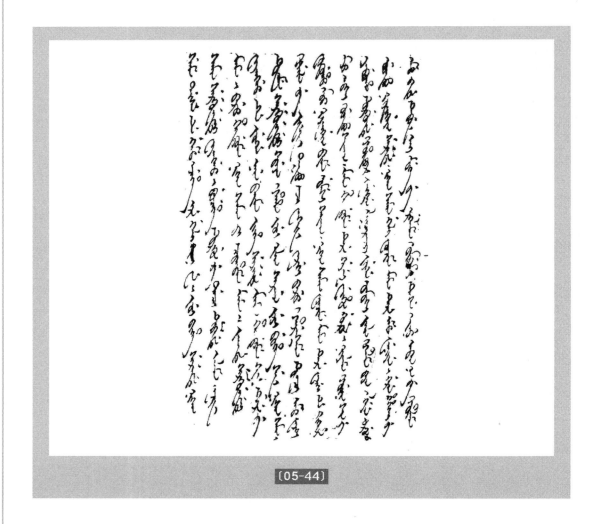

[05-44]

seme dangse de gemu ejehe ere geli we i  jui    bihe  serede nisan
하고 檔子 에 모두 기록한 이 또 누구의 아이 이었겠는가 함에 nisan

saman serguwedei fiyanggo i bucehe turgun be   daci   dubede alame wajifi
 샤먼 serguwedei fiyanggo 의 죽은  사정 을 처음부터 끝까지 알리기 마치고

mama  i baru hendume nisan saman bi cohome mama i jakade serguwedei
mama 의 쪽 말하기를 nisan 샤먼 나 오로지 mama 의 곳에 serguwedei

fiyanggo de juse enen baime jihe serede mama hendume sini dere be
fiyanggo 에 아들 자손 청하러 왔다 함에  mama 말하기를 너의 얼굴 을

tuwame serguwedei sunja haha jui ilan sargan jui  buhe   sefi  nisan saman i
보아  serguwedei  5  남자 아이  3   여자 아이  주었다  하고서  nisan  샤먼 의

gala be jafafi taktu  ci   wasifi wargi baru hargašame tuwaci emu farsi
손 을 잡고서 누각 에서 내려서 서 쪽 우러러 보니 한 조각

fodoho moo niowanggiyan bime umesi saikan nisan saman fonjime mama tere wargi de bisire
버드 나무   푸르게   있고  매우  좋다  nisan  샤먼  묻기를  mama  저  서쪽 에 있는

moo  absi  uttu   saikan.  mama hendume tere suweni weihun gurun i niyalma gūnin sain be
나무 어떻게 이리 아름다운가 mama 말하기를 그 너희의  산   나라 의 사람 생각 善 을

yabuha turgunde hūturi fengšen  lakcarakū  juse omosi jalan halame  bayan  elgiyen turgun de
행한  까닭에  복   행복  끊이지 않아 아들 손자들 세대 바꾸어 부유하고 풍족한 까닭 에

uttu niowanggiyan serede. nisan saman geli fonjime mama tere emu feniyen i geren hehesi be
이것  푸른가  함에 nisan 샤먼 또 묻기를 mama 저 한  무리 의 여러 여인들 을

emu bade tebufi  ai muke be ergeleme  omibumbi  tese  ainu  abka na be hūlame
한  곳에 보내어 어찌 물 을 강제로 마시게 하는가 그들 어째서 하늘 땅 을 부르며

—— 。 —— 。 —— 。 ——

하고 당자(檔子)에 모두 기록하였는데, 이 또한 누구의 아이이었겠는가?"
하자, 니샨 샤먼이 서르구다이 피양고의 죽은 사정을 처음부터 끝까지 고하기를 마치고 오모시 마마를 향해 말했다.
"저는 마마가 계신 곳에 오로지 서르구다이 피양고에게 자손를 청하러 왔습니다."
하니, 오모시 마마가 말했다.
"너의 얼굴을 보아 서르구다이에게 다섯 아들과 세 딸을 주겠다."
하고, 니샨 샤먼의 손을 잡고 누각에서 내려와 서쪽을 우러러 보니, 푸르른 버드나무 하나가 푸르게 있는데, 매우 좋다.
이를 보고 니샨 샤먼이 물었다.
"마마, 저 서쪽에 있는 저 나무는 어찌 이리도 아름답습니까?"
오모시 마마가 말했다.
"그것은 너희 이승 사람들이 선을 행한 까닭에 복과 행복이 끊이지 않아, 자손들이 대를 이어 부유하고 풍족하게 된 까
닭에 이렇게 푸르른 것이다."
니샨 샤먼이 또 물었다.
"마마, 저 한 무리의 여러 여인들을 한 곳에 보내어 어찌 물을 강제로 마시게 합니까? 그들은 어찌 하늘과 땅을 부르며

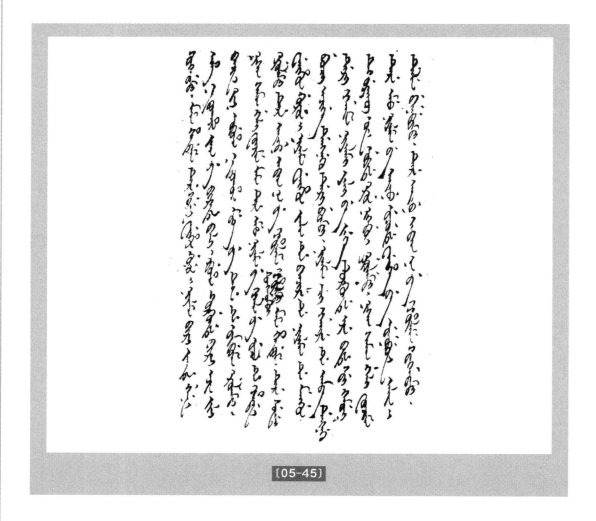

〔05-45〕

songgombi. mama hendume tere suweni weihun gurun i niyalma birai jakade genefi
우는가    mama 말하기를 그 너희의    산    나라 의 사람 강의 곳에   가서

ehe    nantuhūn jaka be birade balai obuha turgunde birai ejin[109] jili
나쁘고 더러운 물건 을 강에 함부로 씻은 까닭에 강의 주인    화

banjifi  ini obuha nantuhūn muke be tese de   omibume    erulembi.
내고서 그의 씻은 더러운   물 을 그들 에 마시게 하여 형벌 처한다

nisan saman geli fonjime mama tere emu niyalma be gala be uce de hadafi
nisan 샤먼 또 묻기를 mama 저 한 사람 을 손 을 문 에 못박아

---

109) ejin : ejen의 방언으로 추정된다.

erulembi    tere ainu  abka na be hūlame songgombi mama hendume tere suweni
형벌 처한다  그 어째서 하늘 땅 을 부르며   우는가  mama 말하기를  그 너희의

weihun gurun i niyalma weihun jalan de banjire de niyalma de menggun
 산    나라 의 사람   산  세상 에 살기 에  사람 에  은

buci ajige dengneku  deri  bumbi. niyalma  ci  gaire de amba dengneku
주면 작은  저울  통하여 준다  사람 에게 받음 에  큰  저울

deri   gaime niyalmai yali be jeke turgunde ere bade sui kemuni
통하여 받고 사람의 고기 를 먹은 까닭에  이 곳에 죄 여전히

tesurakū     ofi ubade erun   nikebufi    erulembi. nisan saman geli fonjime
족하지 않게 되어 이곳에 형벌 받게 하고서 형벌 처한다 nisan 샤먼  또 묻기를

tere emu niyalma be ainu   ujude wehe bu[110] unubufi alin i
 저  한  사람 을 어째서 머리에 돌      지게 하여 산 의

dele benebumbi. tere ainu  abka na be hūlame songgombi.
 위 보내게 하는가 그 어째서 하늘 땅 을 부르며   우는가

—— 。 —— 。 —— 。 ——

우는 것입니까?"
오모시 마마가 말했다.
"저들은 너희 이승의 사람으로 강에 가서 나쁘고 더러운 물건을 강에서 함부로 씻은 까닭에, 강의 주인이 화가 나서 그들이 씻은 더러운 물을 그들에게 마시게 하는 형벌에 처한다."
니샨 샤먼이 또 물었다.
"마마, 저기 있는 한 사람을 손을 문에 못 박는 형벌에 처하고 있습니다. 그는 어째서 하늘과 땅을 부르며 우는 것입니까?"
오모시 마마가 말했다.
"그는 너희 이승의 사람으로 이승에 살적에, 다른 사람에게 은을 줄 때에는 작은 저울을 통해서 주고, 다른 사람에게서 받을 때에는 큰 저울을 통해서 받으며, 사람 고기를 먹은 까닭에, 죄가 여전히 충분하지 않아 이곳에서 형벌을 받게 하고서 형벌에 처한다."
니샨 샤먼이 또 물었다.
"저기 있는 한 사람을 어째서 머리에 돌을 지게 하여 산 위에 보내는 것입니까? 그는 어째서 하늘과 땅을 부르며 우는 것입니까?"

---

110) bu : be의 잘못으로 추정된다.

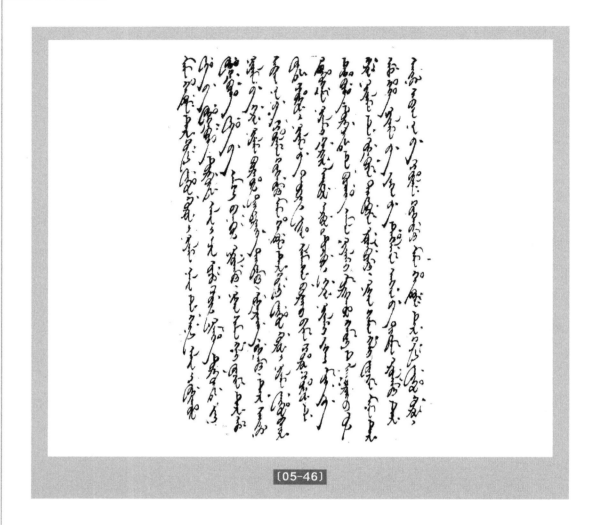

〔05-46〕

mama hendume tere suweni weihun gurun i niyalma alin de genefi alin i fusihūn
mama 말하기를 그 너희의 산 나라 의 사람 산 에 가서 산 의 아래

wehe be fuhešebuhe turgunde alin i ejin[111] uju goifi nimehe turgunde ini
돌 을 굴린 까닭에 산 의 주인 머리 맞아 아픈 까닭에 자기의

fuhešebuhe wehe be amasi benebufi erulembi. nisan saman geli fonjime tere emu
굴린 돌 을 되돌려 보내주고서 형벌 처한다 nisan 샤먼 또 묻기를 저 한

---

111) ejin : ejen의 방언으로 추정된다.

niyalma be geren niyalma  borhūfi[112] tantarangge tantambi. ušarangge ušambi. tere ainu
사람 을 여러 사람 둘러 감싸서 때리는 자 때린다 할퀴는 자 할퀸다 그 어째서

abka na be hūlame songgombi mama hendume tere suweni weihun gurun i niyalma weihun banjire
하늘 땅 을 부르며 우는가 mama 말하기를 그 너희 산 나라 의 사람 삶 살

fonde hūsun i niyalma be takūrafi jiha elemangga burakū bime horon hūsun de
때에 힘 의 사람 을 시켜서 돈 돌려 주지 않고 있고 위엄 힘 에

etuhušeme niyalmai  šerire  laidara arbun tucibufi geren niyalmai yasai muke be
강제하여 사람의 공갈협박하고 트집잡는 모습 드러내고 여러 사람의 눈의 물 을

tuhebuhe  turgunde te bucehe amala niyalmai morishūn[113] kemuni  lakcarakū  ofi
드리우게 한 까닭에 이제 죽은 뒤에 사람의 morishūn 여전히 끊어지지 않게 되어서

geren niyalma de ušabume tantabume  erulembi. nisan saman geli fonjime mama tere
여러 사람 에 할켜지고 때려져서 형벌 처한다 nisan 샤먼 또 묻기를 mama 저

emu hehe niyalma be yasa be deheleme angga be tatame  erulembi tere
한 여자 사람 을 눈 을 갈고리걸고 입 을 당기어 형벌 처한다 그

ainu  abka na be hūlame songgombi mama hendume tere suweni weihun gurun i
어째서 하늘 땅 을 부르며 우는가 mama 말하기를 그 너희 산 나라 의


—— ○ —— ○ —— ○ ——

오모시 마마가 말했다.
"그는 너희 이승의 사람으로, 산에 가서 산 아래로 돌을 굴려서 산 주인이 머리를 맞아 아픈 까닭에 자기가 굴린 돌을 되돌려 보내게 하는 형벌에 처한다."
니샨 샤먼이 또 물었다.
"저기 있는 한 사람을 여러 사람이 둘러 감싸서 때리는 자는 때리고, 할퀴는 자는 할큅니다. 그는 어째서 하늘과 땅을 부르며 우는 것입니까?"
오모시 마마가 말했다.
"그는 너희 이승의 사람으로, 이승에서 삶을 살 때에 힘 있는 사람을 시켜서 빌린 돈을 돌려주지 않고, 위엄과 힘으로 강제하여 사람을 공갈협박하고 트집 잡는 모습을 드러내어 여러 사람에게 눈물을 드리우게 한 까닭에, 이제 죽은 뒤에 사람들의 원한이 여전히 끊어지지 않아서 여러 사람에게 할퀴고 때림을 당하는 형벌에 처한다."
니샨 샤먼이 또 물었다.
"마마, 저기 있는 한 여자를 갈고리로 눈을 걸고 입을 당기어 형벌에 처합니다. 그는 어째서 하늘과 땅을 부르며 우는 것입니까?"
오모시 마마가 말했다.
"그는 너희 이승의

---

112) borhūfi : borhofi의 방언으로 추정된다.
113) morishūn : 의미 미상이다.

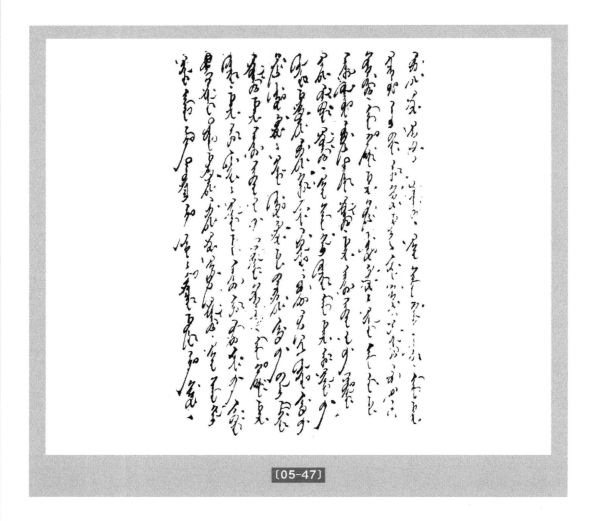

〔05-47〕

niyalma amha    emhe takūraci ehe yasa  i  hiracame tuwame ehe gisun i
사람  시아버지 시어머니 시키면 나쁜 눈 으로 힐긋 노려  보고  나쁜  말 로

karulame tooha turgunde ubade erun nikebufi    erulembi. nisan saman geli
갚고  꾸짖은 까닭에 이곳에 형벌 받게 하고 형벌 처한다 nisan 샤먼  또

fonjime. tere emu feniyen i niyalma de  ainu  emu moro yeye be jebume
묻기를  저 한  무리 의  사람  에 어째서 한 사발 구더기 를 먹이고

erulembi       tere  ainu  abka na be hūlame songgombi. mama hendume tere
형벌 처하는가 그 어째서 하늘 땅 을 부르며  우는가  mama 말하기를  그

suweni weihun gurun i niyalma weihun gurun de banjirede jeku be balai mamgiyame
너희    산    나라 의 사람    산    나라 에 살 때에 곡식 을 함부로  사치하고

waliyaha turgunde ubade gemu yeye ubaliyaha. uttu  ofi  ini waliyaha jeku be
버린    까닭에 이곳에 모두 구더기 바뀌었다 이리 하여 그의    버린    곡식 을

inde ulebume  erulembi.  nisan saman geli fonjime mama tere emu niyalma be
그에 먹이며 형벌 처한다 nisan 샤먼  또  묻기를 mama 저 한  사람  을

ainu   fulahūn obufi tantame  erulembi.  tere  ainu  abka na be hūlame
어째서  붉게  하고서 때리며 형벌 처하는가 그  어째서 하늘 땅 을 부르며

songgombi. mama hendume tere suweni weihun gurun i niyalma  ama   eme  de
우는가  mama 말하기를 그 너희    산    나라 의 사람 아버지 어머니 에

ijishūn    akū bime emu gisun tucici juwe gisun karulambi uttu  ofi
순종하지 않고 있어  한   말 내면  2   말   갚는다 이리 하여

ubade erun nikebufi   erulembi.  nisan saman geli fonjime mama tere
이곳에 형벌 받게 하고 형벌 처한다 nisan 샤먼  또  묻기를 mama 저

─── ∘ ─── ∘ ─── ∘ ───

사람으로, 시아버지와 시어머니가 일을 시키면 나쁜 눈으로 힐끗 노려보고, 나쁜 말로 되받아치고 꾸짖은 까닭에 이곳에서 형벌 받게 하고서 형벌에 처한다."
니샨 샤먼이 또 물었다.
"저기 있는 한 무리의 사람들에게 어째서 한 사발의 구더기를 먹이는 형벌에 처하는 것입니까? 그는 어째서 하늘과 땅을 부르며 우는 것입니까?"
오모시 마마가 말했다.
"그는 너희 이승의 사람으로, 이승에서 살 때 곡식을 함부로 사치하며 버린 까닭에, 이곳에서 곡식이 모두 구더기로 변하였다. 그래서 그가 버린 곡식을 그에게 먹이는 형벌에 처한다."
니샨 샤먼이 또 물었다.
"마마, 저기 있는 사람을 어째서 붉게 피를 흘리도록 때리는 형벌에 처합니까? 그는 어째서 하늘과 땅을 부르며 우는 것입니까?"
오모시 마마가 말했다.
"그는 너희 이승의 사람으로, 부모에게 순종하지 않고 부모가 한마디 하면 두 마디 말로 되받아쳤다. 그래서 이곳에서 형벌을 받게 하고 형벌에 처한다."
니샨 샤먼이 또 물었다.
"마마, 저기 있는

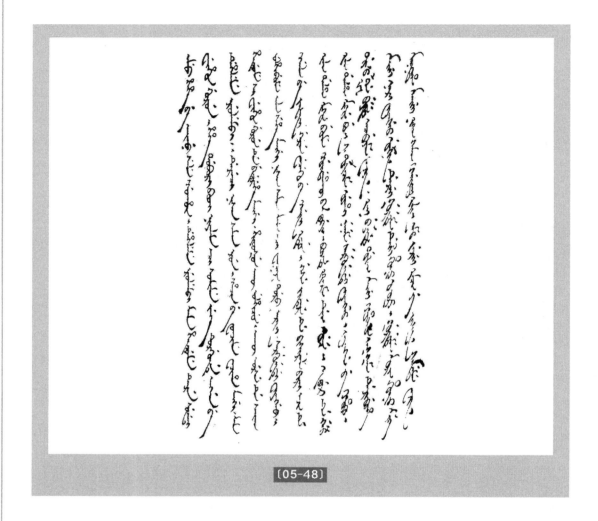

〔05-48〕

emu hehe be  ainu  sele gohūn[114] i  deheleme     erulembi    mama hendume tere suweni
한  여자 를  어째서  쇠  꼬챙이      갈고리걸어 형벌 처하는가 mama 말하기를  그   너희

weihun gurun i hehe dobori booi niyalma  ci  somime jeke turgunde angga be
 산   나라 의 여자  밤  집의  사람 에게 감추고 먹은 까닭에  입 을

deheleme     erulembi.  tereci  nisan saman erun  i hacin be fonjime wajiha manggi.  mama
갈고리걸어 형벌 처한다 그로부터 nisan 샤먼  형벌 의 종류 를 묻기  마친  후    mama

hendume si weihun gurun de bederehe manggi.  hiyoošun  akū ulhicun akū   urse  de saikan
말하기를 너  산   나라 에 돌아간  후    孝順  없고 분별 없는 무리들 에  잘

---

114) gohūn : gohon의 방언으로 추정된다.

ulhibume  ala  sehe  manggi  nisan  saman  mama  ci    fakcara  doro  arafi.  serguwedei  fiyanggo  i
알게  알려라  한    후    nisan  샤먼    mama  에게  헤어지는  도리  짓고  serguwedei  fiyanggo  의

gala  be  jafafi  geren  weceku  be    gaifi  edun  i  gese  jidere  de  bisirele  birai  ejin[115]  de
손  을  잡고  여러    神靈  을  데리고  바람  같이  옴  에  있는  강의  주인    에

ilan  dalhan  misun  bume  goidahakū  baldubayan  i  boode  isinjime  duka  uce  i  enduri  de  gemu
세  덩이    醬  주고  오래지 않아  baldubayan  의  집에  다다르고    문  의  신  에  모두

ilan  dalhan  misun  bufi    dosinjime  uthai  neneme  serguwedei  fiyanggo  i  fayangga  be  hobo  i
3    덩이    醬  주고서  들어와  즉시  먼저  serguwedei  fiyanggo  의    혼    을  관  의

dolo  ini    da  beyede  acabume  wajifi.    ini  beyede  dosika  manggi  hongkon[116]  aššame  deribuhe
속  그의  본래  몸에    맞추기  끝내고서  그의  몸에  들어간  후    방울    움직이기 시작했다

manggi  nari  fiyanggo  ulhifi    derei  šurdeme  dehi  hunio  oforo  i  šurdeme  orin  hunio  muke
후    nari  fiyanggo  알고서  얼굴의  주위에  40  물통  코  의  주위에  20  물통  물

maktaha  manggi  nisan  saman  gaitai  ilifi  emu  jergi  imcan  be    jafafi  samdame  wajifi
던진    후    nisan  샤먼  갑자기  서서  한    번  남수고  를  잡고서  신 내리기  마치고

—— ◦ —— ◦ —— ◦ ——
한 여자를 어째서 쇠꼬챙이로 걸어 매다는 형벌에 처하는 것입니까?"
오모시 마마가 말했다.
"그는 너희 이승의 여자로, 밤에 집안사람들에게 감추고 몰래 음식을 먹은 까닭에 입을 갈고리로 걸어 매다는 형벌에
처한다."
니샨 샤먼이 형벌의 종류에 대해 묻는 것을 마치고 나서 오모시 마마가 말했다.
"너는 이승으로 돌아간 후에, 효도하지 않고 분별없는 사람들에게 잘 알도록 알려 주어라."
니샨 샤먼은 마마에게서 헤어지는 도리를 하고, 서르구다이 피양고의 손을 잡고 여러 신령을 데리고 바람과 같이 돌아
오는데, 강이 있어 강의 주인에게 세 덩이의 장을 주었다. 오래지 않아 발두 바얀의 집에 이르고, 문의 신에게 모두 세
덩이의 장을 주고서 들어와서는 맨 먼저 서르구다이 피양고의 혼을 관속 그의 본래 몸에 맞추기를 마쳤다. 서르구다이
피양고의 혼이 그의 몸에 들어가자 방울이 움직이기 시작했다. 나리 피양고가 이를 알고서 얼굴 주위에 마흔 개의 물
통과 코 주위에 스무 개의 물통의 물을 던졌다. 그러자 니샨 샤만이 갑자기 서서 남수고를 잡고 주문을 외며 신 내리기
를 마쳤다.

---

115) ejin : ejen의 방언으로 추정된다.
116) hongkon : honggon의 방언으로 추정된다.

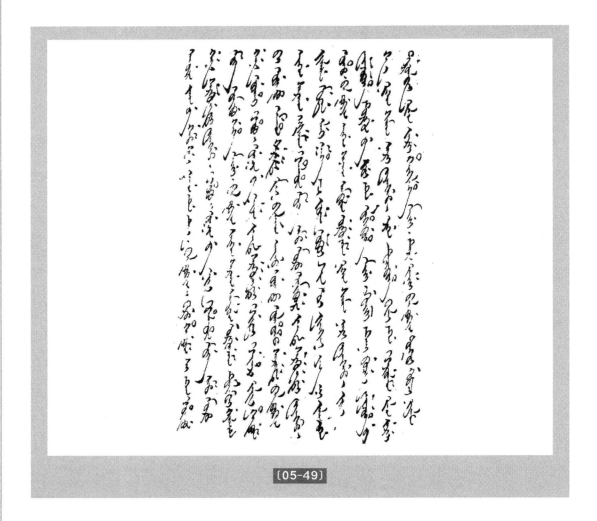

[05-49]

agūra jaka be gemu sufi nagan[117] de tefi. baldubayan i baru hendume     ai     te hūdun
기물 종류 를 모두 풀고 구들방   에 앉아서 baldubayan 의 쪽  말하기를 아무쪼록 지금 빨리

genefi serguwedei fiyanggo i hobo i ukcin[118] be neifi   halhūn muke emu moro
가서 serguwedei fiyanggo 의 관 의 뚜껑   을 열어서 따뜻한 물  한 사발

muke   omibu   sehe manggi. baldubayan eigen sargan ambula urgunjeme dulimbai giyalan de
물 마시게 하라 한   후  baldubayan 남편 아내 매우 기뻐하며 가운데의 칸막이 에

---

117) nagan : nahan의 방언으로 추정된다.
118) ukcin : 의미 미상이나, 내용상으로 볼 때 '뚜껑'의 의미로 추정된다.

genefi uthai hobo i ukcin[119] be neire jakade serguwedei gaitai gaihari ilifi hendume
가서 즉시 관 의 뚜껑 을 열 적에 serguwedei 갑자기 돌연 서서 말하기를

bi uttu amgaha mini bilagan[120] ainu uttu olhoho serede baldubayan
나 이렇게 잤다 나의 목구멍 어째서 이렇게 말랐는가 함에 baldubayan

eigen sargan ekšeme halhūn muke emu moro omibure jakade serguwedei fiyanggo i
남편 아내 서둘러 따뜻한 물 한 사발 마시게 할 적에 serguwedei fiyanggo 의

jilgan mudan elei nenehe ci juwe ubui sain ofi jingkini yang ni jalan de
소리 곡조 거의 이전 보다 2 몫의 좋게 되어서 바른 陽 의 세상 에

oho. baldubayan eigen sargan ambula urgunjeme nisan saman nari fiyanggo i jifi
되었다 baldubayan 남편 아내 매우 기뻐하며 nisan 샤먼 nari fiyanggo 의 와서

weijubuhe turgun be jui de ulhibihe manggi. gungzi teni bucefi weijuhe be
되살린 사정 을 아들 에 알게 한 후 公子 그제야 죽고서 되살아났음 을

safi nisan saman nari fiyanggo i ergen tucibuhe baili de karulame ilan jergi
알고서 nisan 샤먼 nari fiyanggo 의 목숨 나오게 한 은혜 에 보답하고 3 번

dorolofi ilan jergi nengkilehe[121] manggi. tere inenggi baldubayan tokson[122] gubci niyalma
예를 하고 3 번 절한 후 그 날 baldubayan 장원 두루 사람

—— ◦ —— ◦ —— ◦ ——
그리고 기물들을 모두 정리하고 구들방에 앉고서 발두 바얀에게 말했다.
"아무쪼록 지금 빨리 가서 서르구다이 피양고의 관 뚜껑을 열고 따뜻한 물 한 사발을 마시게 하십시오."
발두 바얀 부부는 매우 기뻐하며 가운데에 있는 칸막이로 가서 즉시 관 뚜껑을 여니, 서르구다이 피양고가 갑자기 일어서서 말했다.
"내가 잠을 잤는데, 목이 어째서 이리 말랐습니까?"
하니, 발두 바얀 부부가 서둘러 따뜻한 물 한 사발을 마시게 하였다. 그러자 서르구다이 피양고의 목소리 음색이 이전보다도 거의 두 배가 좋아져 양기가 넘치게 되었다. 발두 바얀 부부는 매우 기뻐하며 니샨 샤먼과 나리 피양고가 와서 되살려 준 사정을 아들에게 알게 하였다. 그제야 죽었다가 되살아난 것을 알고서, 니샨 샤먼과 나리 피양고에게 목숨을 살려 준 은혜에 보답하며 세 번 예를 하고 세 번 절을 했다. 그날 발두 바얀은 두루 마을 사람들과

119) ukcin : 의미 미상이나, 내용상으로 볼 때 '뚜껑'의 의미로 추정된다.
120) bilagan : bilga(=bilha)의 잘못 또는 방언으로 추정된다.
121) nengkilehe : hengkilehe의 잘못으로 추정된다.
122) tokson : tokso의 잘못으로 추정된다.

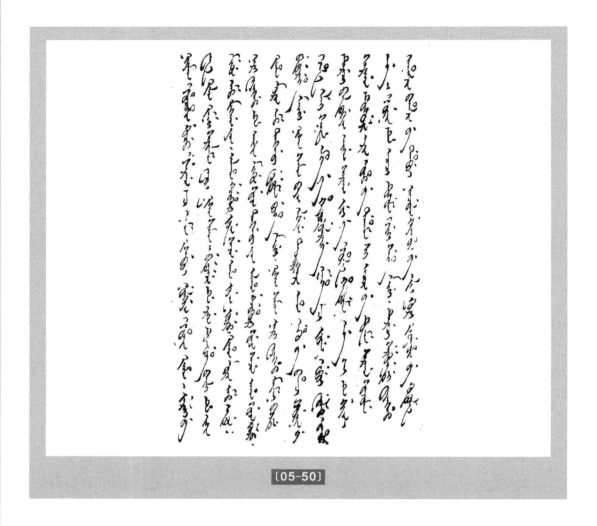

[05-50]

niyaman honcihin[123] gucu gargan  ci    aname  isabufi ulgiyan honin ihan i  jergi be
　친척　　일족　　　벗　친구 로부터 하나하나 모아서　돼지　양　소 의　등 을

wafi   ilan inenggi sarilame wajifi nisan saman i bederere de ergen tucibuhe   baili de aisin
죽이고　3　일　잔치하기 마치고 nisan 샤먼 의　돌아감 에 목숨 나오게 한 은혜 에 금

menggun emu minggan yan. alha gecuhuri[124] juwan sejen  aha juwan juru. ihan morin emu adun.
　은　일　천　냥 閃緞 蟒龍緞　　10　수레 하인 10　쌍　소　말 한 무리

---

123) honcihin : hūncihin의 방언으로 추정된다.
124) gecuhuri : gecuheri의 잘못으로 추정된다.

nari fiyanggo de aisin menggun sunja tanggū yan alha gecuhuri[125] sunja sejen aha sunja juru
nari fiyanggo 에 금 은 5 백 냥 閃緞 蟒龍緞 5 수레 하인 5 쌍

ihan morin emu tanggū fudeme buhe manggi. nisan saman nari fiyanggo meimeni boode
소 말 1 백 보내 준 후 nisan 샤먼 nari fiyanggo 각각 집에

bederehe manggi nisan saman bayan elgiyen takūršara aha nehu be bahaci gūnin be
돌아간 후 nisan 샤먼 부유하고 넉넉하고 부리는 하인 하녀 를 얻으니 생각 을

halafi elei sakda emhe be hiyoošularangge nenehe ci juwe ubui fulu ohobi.
바꾸어서 거의 늙은 시어머니 를 효도하는 것 이전 보다 2 몫의 낫게 하였다

tereci baldubayan eigen sargan jui be hūlafi hendume age si te giyan i
그로부터 baldubayan 남편 아내 아들 을 불러서 말하기를 age 너 이제 마땅히

sargan tusure erin oho be dahame si acara be tuwame sargan sonjome
아내 장가들 때 됨 을 따라 너 맞음 을 보고 아내 뽑아서

age i gūnin de acaci tusume gaiki sehe manggi. tereci serguwedei fiyanggo
age 의 생각 에 맞으면 장가들어 취하자 한 후 그로부터 serguwedei fiyanggo

ahaljin bahaljin be dahabufi anculan giyahūn be alifi kuri indahūn be kutulefi
ahaljin bahaljin 을 시켜서 수리 매 를 가지고 점박이 개 를 이끌고

—— 。 —— 。 —— 。 ——

친척들, 그리고 친구들을 하나하나 모아서 돼지, 양, 소 등을 잡아서 3일 동안 잔치를 벌였다. 잔치를 마치고 니샨 샤만이 돌아갈 때에, 아들의 목숨을 살려준 은혜에 보답하기 위해 금과 은 일천 냥, 섬단과 망룡단 열 수레, 하인 열 쌍, 소와 말 한 무리를 보내주었다. 또 나리 피양고에게는 금과 은 오백 냥, 섬단과 망룡단 다섯 수레, 하인 다섯 쌍, 소와 말 백 마리를 보내주었다. 니샨 샤만과 나리 피양고는 각각 집으로 돌아갔다. 그 후 니샨 샤만은 부유하고 넉넉해지고, 부리는 하인과 하녀를 얻으니, 생각을 고쳐먹고는 늙은 시어머니에게 효도하는 것이 이전보다 두 배로 더 낫게 하였다.
그로부터 발두 바얀 부부는 아들을 불러서 말했다.
"아들아, 너는 이제 마땅히 여인에게 장가들 때가 되었으니, 적당한 여인을 가려 뽑아 마음에 맞으면 장가들어 취하도록 하여라."
그로부터 서르구다이 피양고는 아할진과 바할진을 시켜서 수리 매를 받아 가지고 점박이 개를 이끌고서

125) gecuhuri : gecuheri의 잘못으로 추정된다.

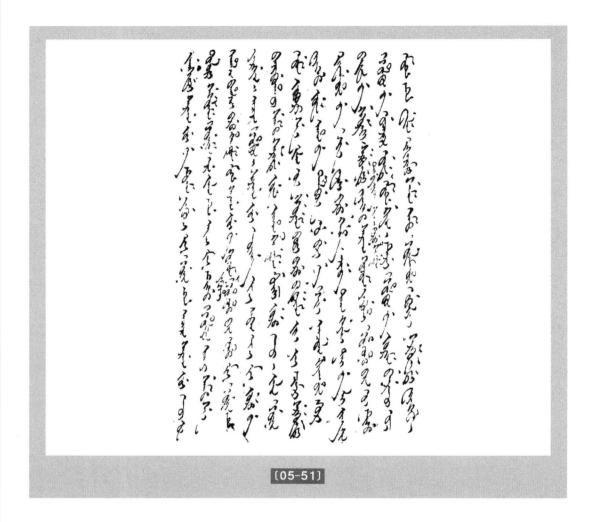

〔05-51〕

inenggidari sargan jui be tuwame yabuci ini gūnin de acara sargan jui  akū ofi
날마다    여자 아이 를  보러   가면 그의 생각 에 맞는 여자 아이 없어서

dolori sesulame  gūnime  ere jalan de eici mini teisu holbon akū  semeo  sefi
짐짓  놀라서 생각하기를 이  세상 에 혹 나의 상대  짝  없게 하는가 하고서

ahaljin bahaljin i  baru hendume muse sargan jui be sonjome yabuhai hontoho biya  oho
ahaljin bahaljin  쪽 말하기를 우리 여자 아이 를 뽑으러 다니면서  반   달 되었다
mini gūnin de
나의 생각 에

yargiyan i acara holbon i sargan jui akūngge eici abka eici mini juru be
진실로　맞는　짝　의　여자　아이　없는 것　혹　하늘　혹　나의　짝　을

banjibuhakū semeo serede juwe aha hendume gungzi juru akū i jalin gūnin
생기지 않게 하는가 함에　　2　하인 말하기를　公子　짝　없는　이유　생각

ume joboro　　sefi ilan nofi gisureme booi baru bedereme jifi　jai cimari serguwedei
근심하지 말라　하고　3　사람　말하고　집의　쪽　　돌아　와서　다시　내일　serguwedei

fiyanggo juwe aha be dahalabufi　nu beri be　gaifi anculan giyahūn kuri
fiyanggo　2　하인 을 따르게 하고 弩 활 을 잡고서　수리　　매　점박이

indahūn be　gaifi wargi baru genehe. erebe taka giyalafi tai be jing sin[126] i
　개　를 데리고 서　쪽　갔다　이를 잠간 막고서　太 白 金 星　의

baita be gisureki serguwedei fiyanggo sargan sonjome yabuhai hontoho biya　ofi　teisu
　일　을　말하자 serguwedei fiyanggo　아내　뽑으러 다니면서　반　　달 되어서　상대

holbon be ucarara unde[127] (tai be jing sin i baru hendume[128]) muse giyan i deri holbon be
　짝　을 만나기 전에　　太 白 金 星 쪽 말하기를　우리　도리　따라　짝　을
jorime benerakū oci
가리켜　보내지 않으면

muse de weile isinjimbi seme emu gūlmahūn ubaliyafi serguwedei fiyanggo　i
우리 에　죄　미친다　하고　한　토끼　변하여 serguwedei fiyanggo 의

──　。──　。──　。──

날마다 여자 아이를 보러 다녔으나, 그의 마음에 맞는 여자 아이가 없어서 속으로 짐짓 놀라며 생각했다.
'이 세상에 혹 나의 상대가 되는 짝이 없는 것인가?'
하고서 아할진과 바할진에게 말했다.
"우리가 여자 아이를 뽑으러 다닌 지 반달이 되었다. 내 생각에 진실로 나에게 맞는 짝의 여자 아이가 없는 것이 혹시 하늘이 나의 짝을 태어나지 않게 한 것은 아닐까?"
하자 두 종이 말했다.
"공자, 짝이 없는 이유를 생각하며 근심하지 마십시오."
하고 세 사람이 말하면서 집으로 돌아왔다. 다음날 서르구다이 피양고가 두 하인을 따르게 하고 쇠뇌를 잡고 수리 매와 점박이 개를 데리고서 서쪽으로 갔다.
이를 잠간 멈추고서 태백금성의 일을 말하자. 서르구다이 피양고가 아내를 뽑으러 다닌 지 보름이 되어 상대가 될 짝을 만나지 못하고, 〈중략〉 (태백금성을 향해 말했다.)
"우리가 이치에 맞게 짝을 가르쳐 주지 않으면 우리에게 죄가 미칠 것이다."
하고는 토끼로 변하여 서르구다이 피양고의

126) tai be jing sin : '太白金星[tàibái jīnxīng]'의 음차이다.
127) 내용상으로 볼 때, 내용의 일부가 생략된 것으로 보인다.
128) tai be jing sin i baru hendume : 이 부분이 중간에 삽입되어 있다.

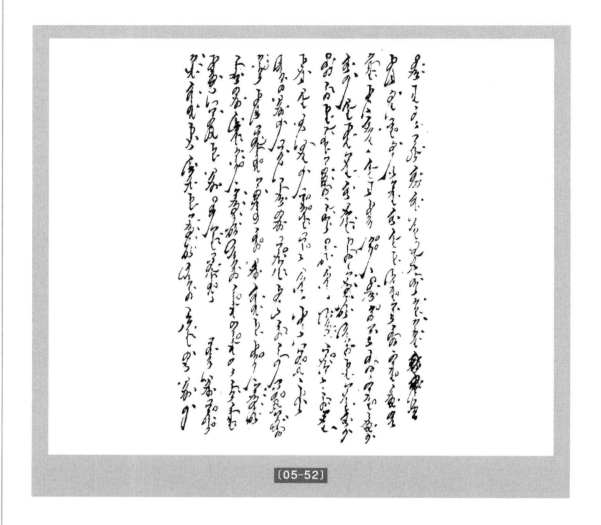

[05-52]

genere jugūn deri feksire de serguwedei fiyanggo ekšeme beri niru be
가는    길    따라 달림 에 serguwedei fiyanggo 서둘러 활 화살 을

tucibufi gabtara de niru tob seme gūlmahūn i goifi niru hadahai
내어서    쏨  에 화살 정확하게    토끼    맞아서 화살 박힌 채로

amargi baru feksime genehe. serguwedei fiyanggo ahaljin bahaljin i emgi amcame
북  쪽 뛰어서 갔다 serguwedei fiyanggo ahaljin bahaljin 함께 쫓아

genehei tuwaci gūlmahūn saburakū oho niru jugūn de tuheke. serguwedei
가다가 보니  토끼   보이지 않게 되었다 화살 길 에 떨어졌다 serguwedei

fiyanggo niru be  gaifi amargi baru hargašame tuwaci emu amba hoton sabumbi
fiyanggo 화살 을 잡고서 북  쪽  우르러  보니 한  큰  성  보인다

tereci   ilan nofi morin be hacihiyame hanci   isinafi tuwaci hoton i dukai
그로부터 3  명   말  을  재촉하여 가까이 이르러서 보니   성  의 문의

dolo emu den leose sabubumbi. leosei dade   isinafi wesihun hargašaci. emu sargan
안에 한 높은 성루  보인다  성루의 밑에 이르러서 위로 우르러니  한   여자

jui   be ilan duin sargan jui   eršeme tembi. serguwedei fiyanggo tere sargan jui be
아이 를 3   4  여자 아이 시중들고 앉는다 serguwedei fiyanggo 그  여자 아이 를

kimeime[129]   tuwaci yargiyan i jalan  ci   tucike hehe i dorgi heo  seci ombi. banjiha arbun be
자세히 살펴 보니  진실로   세상 에서 드러난 여자 가운데 后 할 수 있다 타고난 모습 을

tuwaci guwan han gung[130]  ai sargan jui  jalan de wasinjiha seci ombi. banjiha arbun biyai
보니  廣  寒  宮  어느 여자 아이 세상 에 내려왔다 할 수 있다 타고난 모습 달의

dorgi cano[131] i adali juru juwe yasa bolori muke gese genggiyen
속  嫦娥  같이 쌍 2  눈 가을 물 처럼  맑다

—— ◦ —— ◦ —— ◦ ——

가는 길을 따라 달렸다. 이를 보고 서르구다이 피양고가 서둘러 활과 화살을 꺼내어 쏘니 화살이 정확하게 토끼를 맞추었고, 토끼는 화살이 박힌 채로 북쪽으로 뛰어서 갔다. 서르구다이 피양고가 아할진, 바할진과 함께 쫓아 가다가 보니, 토끼는 보이지 않고 화살만 길에 떨어져 있다. 서르구다이 피양고가 화살을 잡고 북쪽을 우러러 보니 큰 성이 하나 보인다. 그로부터 세 사람이 말을 재촉하여 성 가까이 이르러서 보니, 성문 안에 높은 성루가 하나 보인다. 성루 밑에 이르러서 위로 우러러 보니, 한 여자 아이를 서너 명의 여자 아이들이 시중들며 앉아 있다. 서르구다이 피양고가 그 여자 아이를 자세히 살펴보니, 진실로 세상에서 이름 드러난 여자 가운데 으뜸이라 할 수 있다. 타고난 모습을 보니, 광한궁(廣寒宮)의 어떤 여자 아이가 세상에 내려왔다고 할 수 있다. 생긴 모습이 달 속 항아(嫦娥)와 같이 두 눈이 가을의 물처럼 맑고,

---

129) kimeime : kimcime의 잘못으로 추정된다.
130) guwan han gung : 항아(嫦娥)가 머문다는 달 속의 궁전인 '廣寒宮[guǎnghángōng]'의 음차이다.
131) cano : 중국 신화 중에 西王母의 처소에서 불사약을 훔쳐 먹고 달로 달아나 '廣寒宮'에서 살았다고 전해지는 '嫦娥'를 가리킨다.

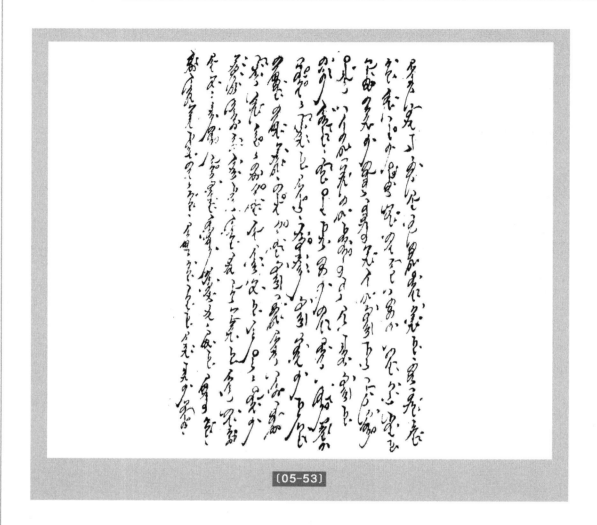

〔05-53〕

juru faitan sain tucire biya i gese. ingturi[132] gese angga de injere cira be  somihabi.
쌍 눈썹 잘 나온 달 같다 앵두  같은 입 에 웃는 얼굴 을 감추고 있다

ilan sun[133] i ajige bethe elhei  gurinjeme oksorongge niyengniyeri erin i edun de   eterakū  gese.
3  寸  의 작은 발 천천히 이동하여  걷는 것    봄    철 의 바람 에 이기지 못하는 듯

serguwedei fiyanggo emu jergi tuwafi fayangga oron elekei samsira de  isinafi beye gemu
serguwedei fiyanggo 한 번 보고서 혼 백 거의 흩어짐 에 이르러서 몸 모두

---

132) ingturi : ingtori와 같다.
133) sun : '寸[cùn]'의 음차이다.

menerefi juwe aha i baru hendume yala inenggi šun de yang tai[134] i tolgin be
굳어서 2 하인 의 쪽 말하기를 과연 낮 해 에 陽臺 의 꿈 을

bitubume bidere serede. bahaljin hendume gungzi ubade isinafi ainu uttu
꾸고 있으리라 함에 bahaljin 말하기를 公子 이곳에 이르러서 어째서 이렇게

holhin[135] i menerere de isihani. erehunjerengge gungzi gūnin be teng seme
모호하게 마비됨 에 이르렀는가 바라는 것 公子 생각 을 굳건히 하고

beyebe jebkeleme. muse taka terei boo be baime dosifi fulehe sekiyen be
몸을 삼가 하고 우리 잠깐 그의 집 을 찾아 들어가서 뿌리 근원 을

dacilafi aikabade gūwa bade tusuhekū oci ini cisui gungzi de
자세히 묻고 만약에 다른 곳에 시집가지 않았다면 자연히 公子 에

salgabun bisire be boljoci ojorakū sere jakade gungzi teni amgafi hetehe
인연 있음 을 예측할 수 없겠는가 할 적에 公子 겨우 자고서 소매 걷어 올린

gese juwe aha be dahalabufi šuwe bayan mafa i boo be baime genefi duka de
듯 2 하인 을 따르게 하고 곧바로 bayan 할아버지 의 집 을 찾아 가서 문 에

isinjifi morin ci ebufi ilan nofi boode dosime genere de. booi urse ekšeme
다다라 말 에서 내리고 3 명 집에 들어 감 에 집의 무리들 당황하며

—— ∘ —— ∘ —— ∘ ——

두 눈썹은 잘생긴 달과 같으며, 앵두 같은 입에 웃는 얼굴을 감추고 있고, 세 마디의 작은 발을 천천히 움직이며 걷는 것이 봄바람에 이기지 못하는 듯했다. 서르구다이 피양고가 한 번 보고서 혼백이 거의 다 빠진 듯이 되고, 몸이 모두 굳어서는 두 하인을 향해 말했다.

"과연 대낮에 양대(陽臺)의 꿈을 꾸고 있는 것 같구나!"

바할진이 말했다.

"공자께서 이곳에 이르러 어째서 이렇게 혼미해져 마비되신 것입니까? 공자께서는 정신을 굳건히 하고, 몸을 삼가시기를 바랍니다. 우리 잠깐 그녀의 집을 찾아 들어가서 뿌리와 근원을 자세히 물어보고, 만약 다른 곳에 시집가지 않았다면 자연히 공자에게 인연이 있음을 알지 않겠습니까?"

서르구다이 피양고가 겨우 잠에서 깬 듯이 두 하인을 따르게 하고는 곧바로 바얀 할아버지의 집을 찾아 갔다. 문 앞에 다다라 말에서 내려 세 사람이 집에 들어가니, 집안사람들이 당황하면서

134) yang tai : '陽臺[yángtái]'의 음차이다. 남녀가 운우의 정을 나누는 것을 의미한다.
135) holhin : hūlhi의 잘못으로 추정된다.

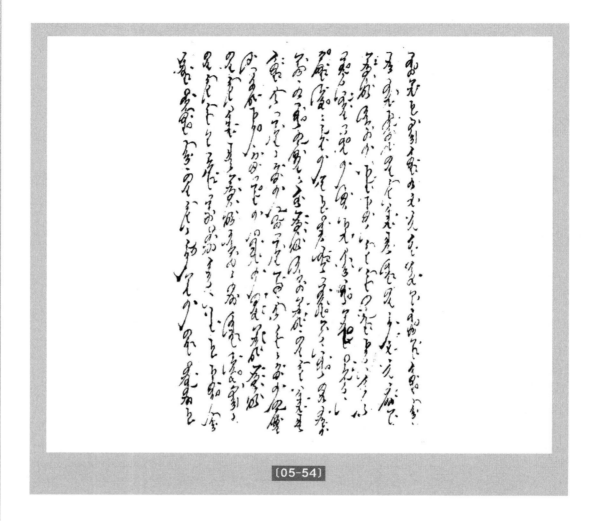

〔05-54〕

yarume dosimbuha manggi. bayan    mafa    i    elhe    sain be baime doroloro de
인도하여 들게 한    후    bayan 할아버지 의 평안하고 좋음 을 청하며 예를 행함 에

bayan    mafa    mama sa ekšeme karu doro arafi. nagan[136] de tebuhe manggi
bayan 할아버지 할머니 들 당황하며 답    예 짓고서 구들방    에 앉힌    후

bayan    mafa injere cirai serguwedei fiyanggo  i baru fonjime wesihun gungzi i
bayan 할아버지 웃는 얼굴로 serguwedei fiyanggo 의 쪽 묻기를 존귀한    公子 의

fu aibade  tehe. gebu hala be donjire be buyere serede serguwedei
府 어디에 있는가 이름 성 을 듣기 를 원한다 함에 serguwedei

---

136) nagan : nahan의 방언으로 추정된다.

jabume    mini gašan i gebu be lolo gašan sembi. mini ama   i gebu be baldubayan
대답하기를   나의 마을 의 이름 을 lolo 마을 한다 나의 아버지 의 이름 을 baldubayan

sembi. bi uthai baldubayan i jui serguwedei fiyanggo serede. bayan    mafa  injere cirai
한다 나 곧 baldubayan 의 아들 serguwedei fiyanggo 함에 bayan 할아버지 웃는 얼굴로

hendume wesihun i algin be šan de donjifi umesi goidaha    sefi. uthai booi urse be
말하기를 높은 소문 을 귀 에 듣고서 매우 오래되었다 하고서 즉시 집의 무리 를

hūlafi ulgiyan honin be wabufi tere inenggi uthai sarin dagilafi.
불러서 돼지 양 을 죽이고 그 날 즉시 잔치 준비하고

serguwedei fiyanggo be dele tebufi    mafa    mama bakcilame tefi.  jing ni
serguwedei fiyanggo 를 윗자리 앉히고 할아버지 할머니 마주보고 앉아서 바야흐로

arki omire dulimbade bayan   mafa  injere cirai fonjime bayan age ere aniya udu se
소주 마시는 가운데에 bayan 할아버지 웃는 얼굴로 묻기를 bayan age 이 해 얼마 나이

oho    sere de gungzi jabume  bi ere aniya juwan ninggun se ohobi seme jabuha manggi.
되었는가 함 에 公子 답하기를 나 이 해 10 9 살 되었다 하고 답한 후

—— ◦ —— ◦ —— ◦ ——

인도하여 들어오게 하였다. 바얀 할아버지의 평안하고 좋게 되기를 청하며 예를 드리니, 바얀 할아버지와 할머니가 당황하며 답례를 하고서 구들방에 앉혔다. 바얀 할아버지가 웃는 얼굴로 서르구다이 피양고를 향해 물었다.
"존귀한 공자의 집은 어디에 있는지요? 이름과 성을 듣고 싶습니다."
서르구다이 피양고가 대답했다.
"제가 사는 마을은 로로라고 합니다. 저희 아버지의 이름은 발두 바얀이라 하며, 저는 발두 바얀의 아들인 서르구다이 피양고입니다."
그러자 바얀 할아버지가 웃는 얼굴로 말했다.
"높은 소문을 들은 지 아주 오래되었습니다."
하고서 즉시 집안사람들을 불러서 돼지와 양을 잡고, 그날로 즉시 잔치를 준비하고서 서르구다이 피양고를 윗자리에 앉혔다. 할아버지 할머니와 마주보고 앉아서 바야흐로 술을 마시는 가운데, 바얀 할아버지가 웃는 얼굴로 물었다.
"바얀 공자, 올해 나이가 얼마나 되었는지요?"
서르구다이 피양고가 대답했다.
"올해 열아홉 살이 되었습니다."

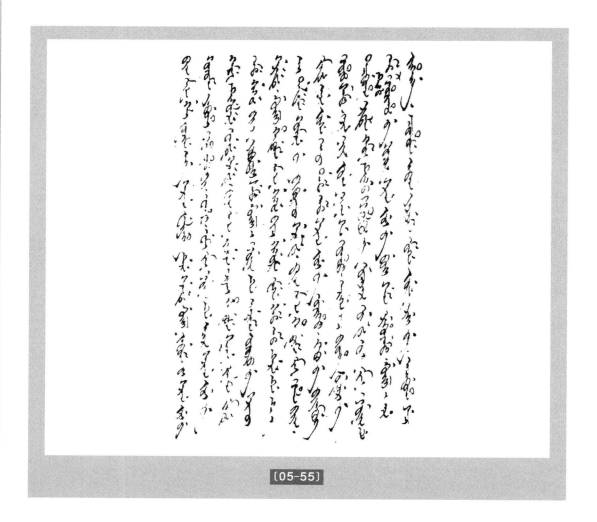

[05-55]

bayan   mafa  geli fonjime age sargan feliyehe   dere serede gungzi jabume bi sargan jui be
bayan 할아버지 또 묻기를 age 아내 찾아다님 이리라 함에   公子 답하기를 나 여자 아이 를

sonjome yabuhai hontoho biya ohobi. umai mini gūnin de acara sargan jui be
뽑으러 다니면서   반     달 되었다 결코 나의 생각 에 맞는 여자 아이 를

kemuni teisulere unde serede. bayan   mafa   injere cirai   hendume sakda niyalma minde
여전히 마주치기 전  함에 bayan 할아버지 웃는 얼굴로 말하기를 늙은   사람    나에

emu gisun  bifi  yobodoki sembi gungzi i gūnin de adarame ojoro be sarakū
한     말 있어서 농담하자 한다 公子 의 생각 에   어찌   됨 을 모른다

serede. gungzi hendume  mafa  gisun bici  gisure muse gemu emu dere de  tefi
함에   公子  말하기를 할아버지  말  있으면 말하라 우리 모두  한   쪽  에 앉아서

ai  daldame somire be    baiburakū serede. bayan  mafa   hendume mini hala bayan.
무엇  숨기고 감춘 것  을  찾지 못하겠는가 함에  bayan 할아버지 말하기를 나의  성  bayan

minde enen juse akū damu emu sargan jui  be   ujihebi.  gebu be biyambuke
나에  자손 아들 없다 다만  한   여자 아이 를  기르고 있다 이름 을  biyambuke

hojo sembi. ere aniya juwan nadan se ohobi.  ajigen   ci  bithe suduri be
hojo 한다 이  해  10   7  살 되었다 어릴 때 부터  글  역사 를

tacibuha  ertele  kemuni teisu holbon be ucarara unde   ofi   mini gūnin de
가르쳤다 지금까지 여전히  상대   짝  을 만나기 전 되어서 나의  생각 에

emu teisu hocihon[137] be sonjofi sargan jui  be buki seme erehunjembi. gungzi i ere
한   상대  사위   를 뽑아서 여자 아이 를 주자 하고 항상 바란다  公子 의 이

jihengge. cohome abka  yarume muse juwe ergi be   acabuha
온 것   오로지 하늘 인도하여 우리  2  쪽 을  만나게 하였다

——  。 ——  。 ——  。 ——

바얀 할아버지가 다시 물었다.

"공자께서는 아내를 찾아다니는 것이겠지요."

서르구다이 피양고가 대답했다.

"여자 아이를 뽑으러 다닌 지 보름이 되었습니다만, 결코 제 마음에 맞는 여자 아이를 아직 만나기 전입니다."

하니, 바얀 할아버지가 웃는 얼굴로 말했다.

"늙은 제가 농담이나 하나 하고자 하는데, 공자의 생각에 어떨지 모르겠군요."

서르구다이 피양고가 말했다.

"어르신께서 할 말이 있으시면 하십시오. 우리 모두가 한 쪽에 앉아서도 무엇을 숨기거나 감춘 것을 찾지 못하겠습니까?"

그러자 바얀 할아버지가 말했다.

"저의 성은 바얀입니다. 뒤를 이을 아들이 없이 다만 딸아이 하나를 기르고 있는데, 이름은 비얀부커 호조라고 합니다. 올해 17살이 되었으며, 어릴 적부터 글과 역사를 가르쳤으나, 지금까지 아직도 상대가 되는 짝을 만나기 전입니다. 저의 생각에, 상대가 될 만한 사위를 뽑아서 딸아이를 주자 하고 항상 바라고 있습니다. 공자께서 온 것은 오로지 하늘이 인도하여 우리 두 쪽을 만나게 하였다.

---

137) hocihon : hojihon과 같다.

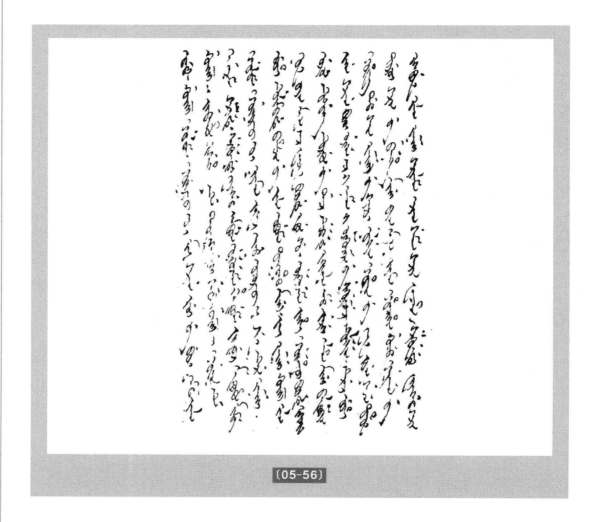

[05-56]

seci ombi. gungzi golome  gūnirakū oci  mini sargan jui be bufi emu jalan
할 수 있다 公子  싫게 생각하지 않으면 나의 여자 아이 를 주어 한 세상

gungzi i  jibehun sisehe de takūršabuki sembi gungzi i gūnin de
公子 의 입는 옷 꿰맴 에 섬기게 하자 한다  公子 의 생각 에

adarame serede. serguwedei fiyanggo ambula urgunjeme hendume jiduji  mentuhun mimbe
어떠한가 함에  serguwedei fiyanggo 매우  기뻐하며 말하기를 끝까지 어리석은 나를

golome gūnirakū ofi  niyaman jafaci inu  ojorakū ni  sefi tere inenggi
 싫게 생각하지 않고 친척으로 하면 옳지 않겠는가 하고서 그  날

uthai dulimbade bahaljin be jala obume toktoho manggi. jai inenggi gungzi ilan
즉시 가운데에 bahaljin 을 중개인 하고 정한 후 다음 날 公子 3

nofi bayan mafa ci fakcafi boode edun su i urgunjeme jihei goidahakū
명 bayan 할아버지로부터 떠나서 집에 바람 회오리바람의 기뻐하고 오면서 오래지 않아
boode isinjifi
집에 다다라서

urun tusuke turgun be daci dubede isitala emu jergi alaha manggi baldubayan
며느리 시집온 사정 을 처음부터 끝에 이르도록 한 번 알린 후 baldubayan

eigen sargan booi urse ci aname urgunjere be gisurereci tulgiyen. tereci uthai
남편 아내 집의 무리들 로부터 하나하나 기뻐하기 를 말하는 것보다 이외에 그로부터 즉시

hiūwang dao sain inenggi be sonjofi ulgiyan honin be wafi juwan sejen tohofi
黃 道 좋은 날 을 뽑아서 돼지 양 을 죽여서 10 수레 메우고

doroi sarin be benehe manggi bayan mafa niyaman honcihin[138] gucu gargan be
예로 잔치 를 보낸 후 bayan 할아버지 친척 일족 벗 친구 를

isabufi ilan inenggi sarilame arkan seme sarin wajiha. serguwedei fiyanggo sarin
모아서 3 일 잔치하고 간신히 잔치 마쳤다 serguwedei fiyanggo 잔치

—— ｡ —— ｡ —— ｡ ——

할 수 있습니다. 공자께서 싫게 생각하지 않는다면, 저의 딸아이를 주어 한 세상 공자의 입는 옷을 꿰매며 섬기게 하고
자 합니다. 공자의 생각에 어떠합니까?"
하니, 서르구다이 피양고가 매우 기뻐하며 말했다.
"끝까지 어리석은 저를 싫게 생각하지 않아서 친류(親類)로 하면 좋지 않겠습니까?"
하고서 그날 즉시 바할진을 가운데에 중매인으로 하여 정하였다. 다음 날 세 사람은 바얀 할아버지를 떠나 회오리바람
처럼 기뻐하면서 집으로 왔다. 오래지 않아 집에 다다라 며느리가 시집오게 된 사정을 처음부터 끝까지 모두 알리니,
발두 바얀 부부와 집안사람들 하나하나가 기쁨을 말하기가 그지없었다. 그로부터 즉시 황도(黃道)가 좋은 날을 뽑아
서 돼지와 양을 잡아 열 수레를 채우고, 예법대로 잔치 음식을 신부의 집에 보냈다. 바얀 할아버지는 친척과 일족, 친
구 등을 모아서 삼일 동안 잔치를 하고서야 겨우 마쳤다.
서르구다이 피양고가 잔치 음식을

138) honcihin : hūncihin의 방언으로 추정된다.

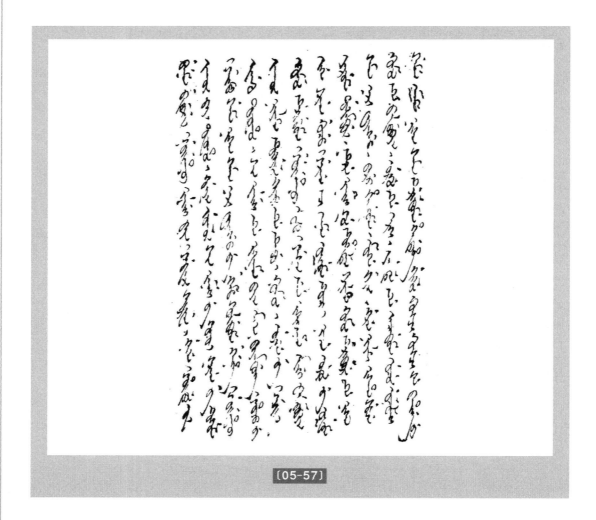

〔05-57〕

beneme bederefi    goidahakū inenggi biya gabtara sirdan i gese hūdun   ofi
보내고 돌아가고서 오래지 않아 날    달  쏘는 화살  같이 빠르게 되어

jakūn biyai tofohon i suwayan jugūn sain inenggi be sonjofi sargan be   tusume
8    월의 보름의  黃   道 좋은  날   을 뽑아서 아내 를 시집오고

gaimbi seme nisan saman nari fiyanggo be gemu solibume genehe goidahakū
취한다 하고 nisan 샤먼 nari fiyanggo 를 모두 초대하러  간 오래지 않아

ineku tofohon i  sain inenggi de isiname bayan   mafa   biyambuke hojo be
해당 보름 의 좋은 날  에 이르러 bayan 할아버지 biyambuke hojo 를

jakūn niyalma tukiyere kiyoo de tebufi kumun i urse be gaifi
8    사람    드는   轎 에 앉히고서 음악 의 무리들 을 데리고

kumun deribume goidahakū lolo gašan de isinjiha manggi baldubayan
음악 연주하고 오래지 않아 lolo 마을 에 다다른   후   baldubayan

eigen sargan gucu gargan ci   aname okdome tucifi ice urun be okdome
남편   아내   벗   친구 로부터 차례차례 맞으러 나와서 새 며느리 를 맞이하고

yarume dosimbufi. tere inenggi šun   tuhetele   sarilame kumun deribure de nisan
인도하여 들이고서 그   날   해 넘어갈 때까지 잔치하고 음악   연주함 에 nisan

saman nari fiyanggo i baru hendume. muse giyan i geren niyalmai isaha sebjen
샤먼 nari fiyanggo 의 쪽 말하기를 우리 마땅히 여러   사람의 모였다 즐거운

kumun de baldubayan i urgun de arki i yenden de acabume ucun uculeki
음악 에 baldubayan 의 기쁨 에 소주 의 홍기 에 맞추어 노래 부르자

seme neneme nisan saman deribume henduhe gisun kungci kungci se baihangge be gūnici
하고 먼저 nisan 샤먼 연주하며 말한 말 kungci kungci 나이 청한 것 을 생각하면

———  ◦ ——  ◦ ——  ◦ ——

신부 집에 보내고 돌아온 후, 오래지 않아 날과 달이 쏘는 화살같이 빠르게 지나갔다. 팔월 보름의 황도(黃道)가 좋은 날을 뽑아서 아내를 시집으로 데려와 취한다 하고서, 니샨 샤먼과 나리 피양고를 모두 초대하러 갔다. 머지않아 해당 보름의 좋은 날에 이르러, 바얀 할아버지는 비얌부커 호조를 여덟 사람이 드는 가마에 앉히고서 악사들을 데리고 음악을 연주하며 왔고, 오래지 않아 로로 마을에 다다랐다. 발두 바얀 부부와 친구들이 차례차례 나와서 새 며느리를 집으로 맞이하여 들이고, 그날 해가 넘어갈 때까지 잔치하고 음악을 연주하였다. 그 때 니샨 샤먼이 나리 피양고를 향해 말했다.

"우리 마땅히 여러 사람이 모였는데, 즐거운 음악과, 발두 바얀의 기쁨과, 소주의 홍기에 맞추어 노래 부릅시다."
하고는 먼저 니샨 샤만이 연주하면서 노래했다.

"쿵치 쿵치   나이 청한 것을 생각하면

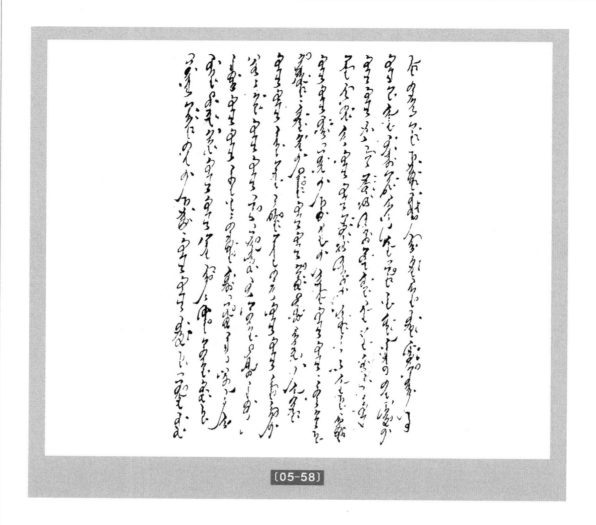

〔05-58〕

senggime banin be deribu. kungci kungci urgun de hūlara ucun
우애하는 천성 을 일으켜라 kungci kungci 기쁨 에 부르는 노래

ungga donjire gisun kungci kungci šanyan meihe i fuha[139] sabingga kumun de
어른 듣는 말 kungci kungci 흰 뱀 의 또아리 상서로운 음악 에

acabuki kungci kungci abka na i banjibuha juru holbon acafi nio lang j'i
맞추자 kungci kungci 하늘 땅 의 낳은 쌍 짝 맞추어 牛 郎 織

nioi i gese kungci kungci haji hūwaliyasun ofi sabingga todolo acabufi
女 같이 kungci kungci 사랑하고 화합하게 되어 상서로운 길조 맞추고

139) fuha : fuka의 방언으로 추정된다.

kungci kungci eigen sargan enteheme saikan banjifi kungci kungci　amha　emhe　be
kungci kungci 남편　아내　길이　잘　살아서 kungci kungci 시아버지 시어머니 를

hiyoošulame. jurgan giyan be dahame kungci kungci hesebun todolo isinjire be jalbarime
효행하고　　義　理　를 따라 kungci kungci 천명　길조 미치기 를　빌고

kungci kungci unenggi gūnin be　tebu　ice　be　jiramila kungci kungci　abkai kesi de
kungci kungci 진실한　마음 을 채우라 새것 을 후대하라 kungci kungci 하늘의 은혜 에

saman mini beye jifi kungci kungci serguwedei fiyanggo be　yarume yang　ni jalan de isibuha
샤먼 나의　몸 와서 kungci kungci serguwedei fiyanggo 를 인도하여　陽　의 세상 에 보냈다

kungci kungci　ereci　amasi serguwedei fiyanggo sunja juse ilan sargan jui　ujifi　kungci
kungci kungci 이로부터 후에 serguwedei fiyanggo　5　아들 3　여자 아이 낳아서 kungci

kungci　se　jilgan uyunju sede　isinafi jalan halame enen juse　lakcarakū　bayan wesihun be
kungci 나이 수명　90　세에 이르러서 세대 바꾸고 자손 아들 끊어지지 않고　富　　貴　를

alime　　banjikini　seme deribume uculehe manggi beren isaha　urse ferguwehekūngge akū
흠향하고 살게 하자　하고 소리내며 노래한　후　문기둥 모인 무리들 놀라지 않는 이 없다

—— 。 —— 。 —— 。 ——
　　　　　우애하는 천성을 일으켜라.
쿵치 쿵치　기쁨으로 부르는 노래, 어른이 듣는 말이다.
쿵치 쿵치　흰 뱀의 또아리, 상서로운 음악에 맞추자.
쿵치 쿵치　하늘과 땅이 낳은 한 쌍이 짝을 맞추어 견우와 직녀와 같이
쿵치 쿵치　사랑하고 화합하여서 상서로운 징조에 맞추고
쿵치 쿵치　부부가 오래도록 잘 살며
쿵치 쿵치　시부모님께 효도하고, 의리를 따르고
쿵치 쿵치　하늘의 길조가 미치기를 빌고
쿵치 쿵치　진신한 마음을 채우라, 새 것을 후대하라.
쿵치 쿵치　하늘의 은혜에 샤만이 내 몸에 와서
쿵치 쿵치　서르구다이 피양고를 인도하여 이승으로 보냈다.
쿵치 쿵치　이로부터 서르구다이 피양고는 다섯 아들과 세 딸을 낳아서
쿵치 쿵치　수명은 나이가 아흔에 이르고, 세대가 바뀌어도 아들과 손자 끊어지지 않고, 부귀를 누리며 살게 하자."

하고 소리 내며 노래하니, 문기둥에 모인 무리들이 놀라지 않는 이가 없다.

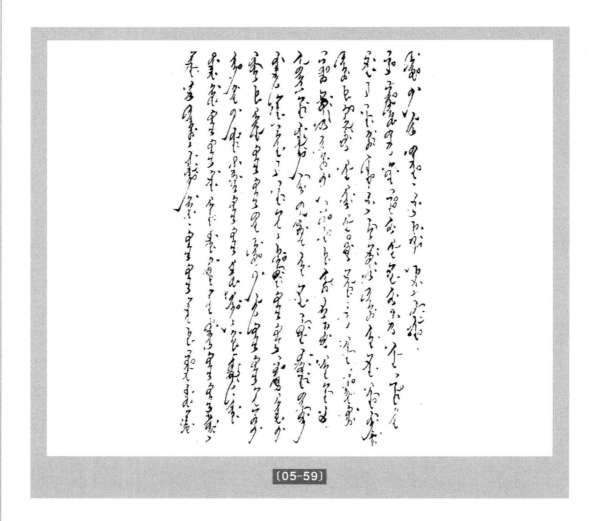

[05-59]

sirame nari fiyanggo i uculehe gisun. kungci kungci sarin de hūlara ucun sakdasa
이어서 nari fiyanggo 의 노래한   말   kungci kungci 잔치 에 부르는 노래 노인들

donjire gisun kungci kungci geren isaha urse getuken saikan donjikini kungci kungci julgeci
듣는   말 kungci kungci 여러 모인 무리들 분명히   잘   들어라 kungci kungci 옛부터

jihe giyan be ulame donjibuki kungci kungci ijifun niyehe[140] i gese juruleki.  juse
온  도리 를 전하여 듣게 하자 kungci kungci    원앙       같이 짝하게 하자 아들

omosi de isitala kungci kungci bayan wesihun be alifi  kungci kungci sain sabi be
손자들 에 이르도록 kungci kungci   富     貴   를 받아서 kungci kungci 좋은 징조 를

---

140) ijifun niyehe : '원앙(鴛鴦)'의 만주어 표기이다.

ucarafi sakda asigan[141] ci    aname  sain i duhembume kungci kungci hūturi isinjire be
만나서 늙은이 젊은이 로부터 차례차례 좋게    끝을 맺고 kungci kungci 복   미치기 를

jalbakini[142] seme uculehe manggi baldubayan eigen sargan ambula urgunjeme biyambuke
빌어라   하고 노래한 후   baldubayan 남편  아내  매우  기뻐하고 biyambuke

hojo serguwedei fiyanggo be hontaha[143] de jalu arki   tebufi   nisan saman nari
hojo serguwedei fiyanggo 를   잔   에 가득 소주 채우게하고 nisan 샤먼 nari

fiyanggo de hengkilebufi  ilan inenggi ilan dobori sarilame wajifi niyaman honcihin[144] gucu
fiyanggo 에 절하게 하고서 3   날   3   밤 잔치하기 마치고 친척    일족    벗

gargan ci    aname gemu fakcaha. ereci amasi serguwedei fiyanggo eigen sargan
친구 로부터 차례차례 모두 떠났다 이로부터 뒤에 serguwedei fiyanggo 남편  아내
nimaha muke i gese
물고기  물   같이

haji    hūwaliyasun banjifi sunja haha jui ilan sargan jui  ujifi  jalan halame bayan
사랑하고 화목하게  살아서 5  사내 아이 3  여자 아이 기르고 세대 바뀌어  富

wesihun be  alifi  banjiha. ereci  dubehe  tereci   mudaliha.
貴   를 받아서 살았다 이로부터 다하고 그로부터 돌아서 갔다

—— ◦ —— ◦ —— ◦ ——

이어서 나리 피양고가 노래했다.

"쿵치 쿵치  잔치에서 부르는 노래, 노인들이 듣는 말이다.
쿵치 쿵치  여러 모인 무리들이여, 분명히 잘 들어라.
쿵치 쿵치  옛 부터 전해온 도리를 전하여 듣게 하자.
쿵치 쿵치  원앙새와 같이 짝 짓게 하자. 아들과 손자에 이르도록
쿵치 쿵치  부귀를 받고,
쿵치 쿵치  좋은 징조를 만나고, 늙거나 젊거나 두루 잘 끝맺게 하며,
쿵치 쿵치  복 미치기를 빌어라."

하니, 발두 바얀 부부가 매우 기뻐하며 비얌부커 호조와 서르구다이 피양고에게 잔에 가득 소주를 채우게 하고는 니샨 샤만과 나리 피양고에게 절하게 했다. 그리고는 삼일 밤낮으로 잔치를 벌이고, 잔치가 끝나자 친척과 일족, 친구들이 차례차례 모두 떠났다. 그 뒤로 서르구다이 피양고 부부는 물고기와 물처럼 사랑하고 화목하게 살고, 다섯 아들과 세 딸을 낳고 기르며, 세대가 바뀌어도 아들과 손자들이 부귀를 누리며 살았다. 이로부터 다하고, 그로부터 돌아서 갔다.

141) asigan : asihan의 방언으로 추정된다.
142) jalbakini : jalbarikini의 잘못으로 추정된다.
143) hontaha : hūntahan의 방언으로 추정된다.
144) honcihin : hūncihin의 방언으로 추정된다.

**6**

# 민족연구소본

[06-01]

julgei forgon de lolo gašan de tehe baldu bayan sere niyalma bihebi. boo banjirengge
옛  시절 에 lolo 마을 에 산 baldu bayan 하는  사람  있었다 집  사는 것
tumen yan salire
萬  兩 값하는

boigon bi.  baldu bayan eigen sargan ajigen forgon de emu jui ujihebi, gebungge fiyanggū
가산 있다 baldu bayan 남편 아내 젊은  시절 에 한 아이 길렀다 이름한 것 fiyanggū
seme gebulehebi, banitai   sure   mergen
하고 이름하였다 본성  총명하고 지혜로운

tofohon sede emu inenggi, ama   eniye i emgi hebšefi, hoton i gubci urse be isabufi,
 15  세에 한  날  아버지 어머니 의 함께 협의해서  성 의 두루 무리 를 모아서

julergi de
남쪽 에

bisire heliyang šan alin de abalame geneki seme gisureme toktofi, booi aha ahalji bahalji be
있는 heliyang šan 산 에 사냥하러 가자 하고 말하여 정하고 집의 하인 ahalji bahalji 를
dahabufi, ini beye kuri
따르게 하고 그의 자신 점박이

indahūn be kutulefi, aculan[1] giyahūn be alifi sunja tanggū cooha simnefi abalame genehe.
개 를 끌고서 수리 매 를 가지고 5 백 군사 뽑아서 사냥하러 갔다
emu inenggi heliyang šan
한 날 heliyang šan

alin de isinafi, gurgu labdu wafi, jing wame yaburede, gaitai ainaha be sarkū
산 에 이르러 짐승 많이 죽이고 바야흐로 죽이고 감에 갑자기 어찌됨 을 알 수 없이
nimeme deribufi, ahalji bahalji be
아프기 시작하여 ahalji bahalji 를

hūlafi, moo isabufi tuwa sindadfi, beyebe fiyakūci elei ujen ofi, booi aha i baru
부르고 나무 모으게 하여 불 놓고 몸을 쬐니 서서히 무겁게 되고 집의 하인 쪽
hendume, mini nimeku ujen, suwe
말하기를 나의 병 무겁다 너희들

hūdun kiyoo arafi, mimbe hahilame mini haji ama eme de isibu, ume tookabure
빨리 轎 만들어 나를 서둘러 나의 사랑하는 아버지 어머니 에 옮겨라 쉬지 말라

seme gisurefi, juraka yabume ujelefi, gisureme muterakū, weihe juyefi akū ohobi ahalji
하고 말하고 출발해 가서 무거워져서 말 할 수 없다 이 열수 없게 되었다 ahalji
hahilame
서두르고

haidu morin yalufi, neneme bayan mafa mama de acaname genefi niyakūrame songgofi,
한쪽 기운 말 타고 먼저 bayan 할아버지 할머니 에 만나러 가서 무릎 꿇고 울고서
ejen
주인

age i aldasi bucehe be alara jakade, ama eniye donjifi gemu farakabi tereci hoton i gubci
age 의 도중 죽음 을 알릴 적에 아버지 어머니 듣고서 모두 실신했다 그로부터 성 의 두루

yooni donjifi gosiholome bisirede, gūnihakū fiyanggū age i giran isinjiha manggi, giran be amba
전부 듣고서 통곡하고 있음에 어느덧 fiyanggū age 의 주검 이른 후 주검 을 큰

---

1) aculan : anculan의 방언으로 추정된다.

tang de dercileme sindafi, alin i gese ergengge  wafi, omo i adali arki dagilafi, age i
堂 에 안치해 놓고서 산  처럼 살아있는 것 죽이고 연못  같이 소주 준비하고 age 의
giran be umbuha.
주검 을 매장했다

tereci  bihe eigen sargan susai se  isifi, enduri fucihi de baime jalbarifi, geli emu jui
그로부터 남은 남편 아내 50 세 이르러서 신  부처 에 청하고 기도하여 또 한 아이
ujifi,  sergudai fiyanggū
기르고 sergudai fiyanggū

—— ◦ —— ◦ —— ◦ ——

옛날 로로라는 마을에 발두 바얀이라는 사람이 살고 있었다. 사는 것이 만량어치의 가산이 있다. 발두 바얀 부부는 젊은 시절에 한 아이를 길렀는데, 피양구라고 이름 하였으며, 본성이 총명하고 지혜로웠다.

십오 세 되던 어느 날, 부모님과 함께 상의하여 성의 사람들을 두루 모아서, 남쪽에 있는 허량산에 사냥하러 가겠다 하고 정하였다. 그리고 집의 하인 아할지와 바할진을 따르게 하고, 그 자신은 점박이 개를 끌고 수리 매를 가지고 군사 오백 명을 뽑아 사냥하러 갔다. 하루는 허량산에 이르러 바야흐로 짐승을 많이 잡아 죽이고 돌아 갈 때에, 갑자기 영문을 알 수 없이 아프기 시작하였다. 아할지 바할지를 불러 나무를 모으게 하여 불을 피워 몸을 쬐니 서서히 무겁게 되었다. 집의 하인을 향하여 말했다.

"나의 병이 무겁다. 너희들은 빨리 가마를 만들어 나를 서둘러 나의 사랑하는 아버지와 어머니에게로 쉬지 말고 옮겨라."

하고 출발해 갔으나, 몸이 무거워져서 말 할 수 없고, 입을 열 수가 없게 되었다. 아할지가 서둘러 한쪽으로 기울게 말을 타고, 먼저 바얀 할아버지와 할머니를 만나러 가서 무릎을 꿇고 울면서 주인 아거가 도중에 죽었음을 알리니, 듣고서는 할아버지와 할머니 모두 실신을 하였다. 그리고 성의 사람들이 모두 전부 듣고서 통곡하고 있을 때에, 어느덧 피양구 아거의 주검이 이르렀다. 시신을 큰 당에 안치해 놓고, 살아있는 것을 산과 같이 많이 죽이고, 소주를 연못과 같이 준비하여 아거의 시신을 매장했다.

그로부터 발두 바얀 부부는 오십 세에 이르러, 신과 부처에 청하고 기도하여 또 한 아이를 낳아 길렀는데, 서르구다이 피양구

[06-02]

seme gebulefi bisirede, tofohon se oho emu inenggi ama   eniye de hebšefi, hoton i
하고 이름하고 있음에    15 세 된 한   날   아버지 어머니 에 상의하고 성   의
gubci be isabufi
모두 를 모아서

abalambi seme toktofi, sunja minggan cooha simnefi, ineku inenggi de ahalji bahalji be
사냥한다 하고 정하고  5   천    군사 뽑아서  그   날  에 ahalji bahalji 를
dahabufi, giyahūn alifi
따르게 하고 매   가지고

indahūn kutulefi, bethe sefere     sirga    morin de yalufi, edun aga i gese juraka udu
  개   끌고    발 한 줌 누런 반점 있는 말 에 타고 바람 비 처럼 출발했다 몇

inenggi yabufi, heliyang šan alin de isinafi, tatan meyen banjibufi, jing ni  aba  sarafi,
　날　가서　heliyang šan 산 에 이르러 숙영　대오 편성하고 바야흐로 사냥 전개해서
gurgu labdu  horifi
짐승　많이 에워싸고

amtangga wara de, alin be tafame mudun de  isinafi,  gaitai yasa ilhaname uju gidame dolo
입에 맞게 죽임 에　산　을 오르고 등성이 에 이르러서 갑자기 눈　흐려지고 머리 떨구고 마음
murhu farhūn
　캄캄해지게

ofi,  ahalji bahalji be  hūlafi, coohai urse gemu safi, aba bargiyame alin i  dade   isafi,
되어 ahalji bahalji 를 부르고 군사의 무리 모두 알고 사냥　거두고　산 의 기슭에 이르러서
fiyanggū age be
fiyanggū age 를

dedubufi, olhon moo labdu gaifi, tuwa dabufi  ini  beyebe fiyakūbufi, tuwaci nimeku elei
눕히고　마른 나무 많이 모아서 불 붙이고 그의 몸을 불에 쪼이고 보니　병　점점
cun cun i
점차로

nonggibufi, booi aha i baru ushame hendume, suwe mini gisun be  mafa   mama de
더하여져서 집의 종　쪽 괴로워하며 말하기를 너희 나의　말 을 할아버지 할머니 에
ala,     holkonde alin i
알려라　홀연히　산 의

mudun de isinafi, gurgu ambula wafi,   ama   eme de urgun sebjen i acafi, jalan leolen de
등성이 에 이르러 짐승　매우 죽이고 아버지 어머니 에 기쁨　즐거움 만나고 세상　論　에
mergen  gebu
지혜로운 이름

bahafi, beyede  teisu holbon be gaifi,   ama  eniye i  jobome ujihe abkai gese kesi de
얻고　몸에　알맞은 상대 를 취하고 아버지 어머니 의 수고하며 기른 하늘의 같은 은혜 에
karulafi,  cai
보답하고 茶

buda jibehun sishe de takūrabufi, sakda  ama   eniye be fudefi, bayan wesihun be alaki
밥　이불　에 보내게 하고 늙은 아버지 어머니 를 보내고　富　貴　를 아뢰자
sehe bihe
하였다

abkai hesebun isifi  aldasi bucere be  we    gūniha  seme fancame songgombi. niyalma
하늘의 천명 이르러 중도에 죽음 을 누가 생각했겠는가 하고 북받쳐　운다　사람
juse ujifi
아들 길러서

sakdasa be fudere jalin, ama　 eme mimbe fuderengge　 absi　 gosihon, jui bi bayan
노인들 을 보내는 까닭 아버지 어머니 나를　 보내는 것　 얼마나 괴로운가 아들 나 부유한
boigon be
　가산　 을

ejelefi　 salire hūturi akū ofi, aldasi bucembi, absi　 koro,　 majige gisurei seci, jilgan
차지하고 관장할　복　 없게 되고 중도에 죽는다 얼마나 한스러운가 조금　 말하게 되니　 소리

—— ◦ —— ◦ —— ◦ ——

라고 이름 하였다. 열다섯 살이 되던 어느 날, 아버지 어머니와 상의하여 성의 모두를 모아 사냥하기로 정하고, 군사 오천 명을 뽑아서 그날로 아할지와 바할지를 따르게 하고, 매를 데리고, 개 끌고, 발에 한 줌 누런 반점 있는 말을 타고서 바람과 비처럼 출발했다. 며칠을 가서 허량산에 이르러 숙영과 대오를 편성하고, 바야흐로 사냥을 전개해서 짐승을 에워싸고 입맛에 맞게 많이 죽였다. 그리고 허량산을 올라 산등성이에 이르렀을 때, 갑자기 눈이 흐릿해지고 머리가 무겁고 마음이 캄캄해지게 되어 아할지와 바할지를 부르고, 군사들에게 모두 알렸다. 사냥을 거두고 산기슭에 이르러서 피양구 아거를 눕히고, 마른 나무를 많이 모아 불을 붙여서 그의 몸을 쬐였으나 병이 점차로 더해져만 갔다. 피양구는 괴로워하며 집의 하인에게 말했다.
"너희는 나의 말을 아버지 어머니에게 알려라. 홀연히 산의 등성이에 이르러 짐승을 많이 죽이고, 아버지와 어머니에게 기쁨과 즐거움을 드리고, 세상에 지혜로운 이름을 얻고, 나에게 맞는 상대를 취하고, 아버지 어머니가 수고하며 기른 하늘같은 은혜에 보답하고, 차 밥과 이불을 보내고, 늙은 아버지와 어머니를 보내고, 부귀를 아뢰고자 하였다. 그런데 하늘의 천명이 다하여 중도에 죽게 됨을 누가 생각했겠는가?"
하고 북받쳐 운다.
"사람이 아들을 길러서 노인들을 보내는 것인데, 아버지와 어머니가 나를 보내는 것이 어찌 이리도 괴로운가? 아들인 나는 부유한 가산을 차지하고 관장할 복이 없어 중도에 죽는구나. 어찌 이리도 한스러운가?"
하며 조금 말하고, 더 이상은 소리

[06-03]

tucime muterakū, sukdun yaksibufi ergen yadaha ahalji bahalji ambula songgofi, ilan tanggū
벨 수 없다      기운 폐하게 되어 숨 거두었다 ahalji bahalji 매우    울고    3    백
booi ahasi
집의 하인들

gemu jifi, kiyoo šurdeme hūlame songgoro de, abka na durgembi ahalji songgoro be nakafi
모두 와서  轎  둘러싸고 부르며     옮    에 하늘 땅 진동한다 ahalji 울기 를 그치고
hendume,
말하기를

bahalji si songgoro be naka ejen age emgeri bucehe kai, si julesi feksime genefi,
bahalji 너  울기 를 그쳐라 주인 age 이미  죽었구나 너 앞으로 달려서  가서

mafa　　de
할아버지　에

alaha.　bi amala tutafi age　i giran be gamame, dobori dulime geneki sehe manggi, bahalji
고하라 나 뒤에 남아서 age 의 주검 을 데려가고　밤　새워　가자 한　후　bahalji
morin
　말

yalufi juwan niyalma be　gaifi,　juleri yabume,　goidahakū　lolo gašan de isinafi, booi duka de
타고　10　　사람 을 데리고 앞으로 가고 오래지 않아 lolo 마을 에 이르러 집의 문 에

morin ci ebufi, boode dosifi　　mafa　　mama de niyakūrafi soksime songgoro de, baldu
　말 에서 내려 집에 들어가 할아버지 할머니 에 무릎 꿇고 소리내어 　옮 　에 baldu
bayan injeme
bayan 웃으며

hendume, bahalji　ainu　songgombi. sini age　eici　simbe tantaha　aise　seci, bahalji damu
말하기를 bahalji 어째서 우는가 너의 age 반드시 너를 때린 것 아니냐 하니 bahalji 다만
songgombi.
　운다

mafa　　ambula jili banjifi esukiyeme hendume, ere aha　ainu　　alarakū,　hūdun ala
할아버지 매우 화 내고서 꾸짖으며 말하기를 이 하인 어째서 말하지 않는가 빨리 말하라
sehe manggi,
　한　후

bahalji songgoro be nakafi, yasai muke be fufi, ilan jergi hengkilefi hendume, ejen　mafa
bahalji 울기 를 그치고 눈의 물 을 닦고 3　번 　절하고 말하기를 주인 할아버지

akdulame tefi,　mini　alara gisun,　be donji, cananggi fiyanggū age be dahame genefi
　굳게 앉고서 나의 고하는 말 을 들어라 전날 fiyanggū age 를 따라 가서
heliyang
heliyang

šan alin de isinafi gurgu labdu wafi,　age urgunjeme abalara de,　gaitai ainaha be
šan 산 에 이르러 짐승 많이 죽이고 age 기뻐하고 사냥함 에 갑자기 어찌됨 을

sarkū　nimeku bahafi nimembi,　meni　beye gajime jidere de,　jugūn andala akū　　oho
모르고 병 얻어 아프다 우리들의 몸 데리고 옴 에 길 도중에 죽게 되었다
aha　bi ejen　mafa　de
하인 나 주인 할아버지 에

alame　jihe seme alara jakade,　mafa　　mama donjifi gaitai niyengniyeri akjan šan de
고하러 왔다 하고 말할 적에 할아버지 할머니 듣고서 돌연 　봄　우레 귀 에

donjiha adali ofi,
들은 것 같이 되어

ama    den jilgan i age seme emgeri surefi oncohon tuheke. geren booi gemu golofi,
아버지 높은 소리 로 age 하고  한번  부르고  거꾸로 넘어졌다 여러 집의 모두 놀라고
tukiyeme
들어올려

—— ◦ —— ◦ —— ◦ ——

넬 수 없고, 기운이 다하여 숨을 거두었다. 아할지와 바할지가 매우 울고, 집의 하인들 삼백 명이 모두 와서 가마를 둘러싸고 이름을 부르며 울 때에, 하늘과 땅이 진동한다. 그때에 아할지가 울기를 그치고 말했다.

"바할지, 너는 울기를 그쳐라. 주인 아거께서는 이미 죽었구나. 너는 앞으로 달려가서 할아버지께 고해라. 나는 뒤에 남아서 아거의 주검을 모시고 밤 새워 가겠다."

하니, 바할지가 말을 타고 열 사람을 데리고 앞으로 달려갔다. 오래지 않아 로로 마을에 이르고, 집의 대문 앞에서 말에서 내려 집으로 들어가 할아버지 할머니께 무릎을 꿇고 소리 내어 우니, 발두 바얀이 웃으며 말했다.

"바할지야, 어째서 우느냐? 너희 아거가 너를 때린 것이냐?"

하니, 바할지는 울기만 한다. 할아버지가 매우 화를 내고 꾸짖으며 말했다.

"이 하인 놈이 왜 말을 하지 않는 것이냐? 빨리 말하라."

하니, 바할지가 울기를 그치고, 눈물을 닦으며 세 번 절하고 말했다.

"주인 할아버지 굳게 앉아 제가 고하는 말을 들으세요. 전날 피양구 아거를 따라가서 허량산에 이르러 짐승을 많이 죽였습니다. 아거가 기뻐하며 사냥을 하는데, 어찌된 영문도 모르고 갑자기 병을 얻어 아팠습니다. 우리가 데리고 오다가 도중에 죽게 되어서 하인인 제가 주인 할아버지께 고하러 왔습니다."

할아버지와 할머니가 이 말을 듣고서, 돌연 봄날의 우레가 귀에 들린 것 같이 멍하게 되고, 아버지가 큰 소리로

"아거!"

하고 한 번 외치고는 거꾸로 쓰러졌다. 집의 여러 사람들이 모두 놀라서 들어 올려

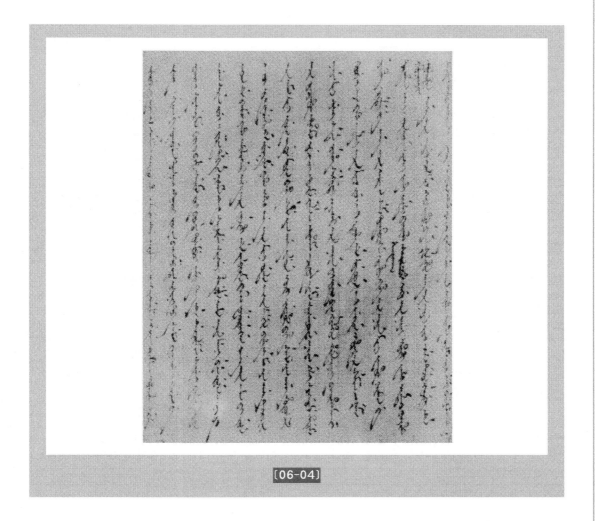

[06-04]

ilibufi arkan seme aitubuha manggi, den jilgan i songgome, geren niyaman hūncihin gemu
세우고 간신히 살린 후 높은 소리로 울고 여러 친척 일족 모두

isifi, giran be okdome tokso ci tucifi juwan bai dubede isinafi tob seme fiyanggū i
이르고 주검 을 맞아 장원 에서 나와서 10 리의 끝에 이르고 마침내 fiyanggū 의
giran be
주검 을

ucarafi, songgome booi baru gajime jifi, boode dosimbufi amba tang de dercileme sindafi,
마주하여 울고 집의 쪽 가지고 오고 집에 들이고서 큰 堂 에 안치해서 놓고
baldu bayan
baldu bayan

eigen sargan, jui i juwe dalbade nikeme tefi soksime songgofi hendume, ama eniye
남편 아내 아들 의 2 곁에 기대어 앉아서 흐느껴 울면서 말하기를 아버지 어머니
meni beye juse akū ofi
우리들의 자신 아들 죽게 되어

abka de baime baha ambalinggū age ara, fucihi de jalbarime baha fujurungga age ara, ama
하늘 에 청해서 얻은 훌륭한 age ara 부처 에 기도하고 얻은 단아한 age ara 아버지
bi juse
나 아들

akū ofi, weceku de jukteme baha haji age ara, mini utala aisin menggun bihe seme
없게 되어 神靈 에 제사지내고 얻은 사랑하는 age ara 나의 이정도 금 은 있다 해도
ya age takūrara
어느 age 보낼까

ara, ama mini juwan adun morin bihe seme ya age jalure, kuri indahūn bihe seme ya
ara 아버지 나의 10 목장 말 있다 해도 어느 age 탈까 점박이 개 있다 해도 어느
age kutulere
age 끌까

ara. oncohon tuheme obonggi tucime julesi tuheme cifenggu eyeme songgorode, eniye geli
ara 거꾸로 넘어져 거품 내고 앞으로 넘어져 침 흘리며 옮에 어머니 또한
songgome hendume,
울며 말하기를

eniye mini susai sede ujihe sergudai fiyanggū ara, eniye bi juwan biya gulhun hefeliyefi
어머니 나의 50 세에 기른 sergudai fiyanggū ara 어머니 나 10 달 온전히 품에 안고서
banjiha manggi,
낳은 후

boobei[2] tana baha adali ara, mini jui ai etuhe de muture ai jekede hūwašara seme
보배 구슬 얻은 같은 ara 나의 아들 무엇 입음 에 자랄까 무엇 먹음에 컬까 하고
ekšeme
애태우며

ujihe erdemungge age ara, arkan seme tofohon se oho bihe ara, eniye mini fahūn niyaman be
기른 덕 있는 age ara 겨우 15 세 되었던 ara 어머니 나의 간 심장 을

tataha kai ara, eniye yasai fahai adali banjiha saikan age ara, eniyei hūri faha i adali
뽑는구나 ara 어머니 눈의 구슬 같이 낳은 어여쁜 age ara 어머니의 솔 방울 같이
banjiha
낳은

---

2) boobei : boobai의 잘못으로 추정된다.

hocihon³⁾ age ara, eniyei celmeri sibsihūn beye šulihun age ara, eniyei jui gala dacun
　사위　　age ara 어머니의 늘씬하고 가녀린 　몸 뾰족한 age ara 어머니의 아들 손 빠른
gurgu de
짐승 에

mergen gebu algika age ara, abka de baifi baha age ara, sabuha tuwaha niyalma oci gemu
잘 잡는 이름 날린 age ara 하늘 에 청하여 얻은 age ara 　보고　 살핀 　사람 이면 모두
buyeme bihe
좋아하고 있는

──── ◦ ──── ◦ ──── ◦ ────

세우고서야 간신히 살아났으며, 큰 소리로 울었다. 여러 친척과 일족이 모두 이르고, 주검을 맞이하러 마을로부터 십리 거리에 이르러서 마침내 피양구의 주검을 마주하여 울면서 집으로 데리고 왔다. 집에 들여서 큰 당(堂)에 안치해 놓고 발두 바얀 부부는 아들의 양 곁에 기대어 앉아 흐느껴 울면서 말했다.

"우리 아들이 죽었구나, 하늘에 청해서 얻은 훌륭한 아들이. 　　　　　　　　　　　　아라,
　부처에게 기도하여 얻은 단아한 아들인데, 　　　　　　　　　　　　　　　　　아라,
　내게 아들 없어서, 신령에게 제사지내고 얻은 사랑스런 아들인데, 　　　　　　　아라,
　내게 이렇게나 많은 금은이 있다 해도 어느 아들을 줄까? 　　　　　　　　　　　아라,
　내게 열 목장에 말이 있다 해도 어느 아들이 탈까? 점박이 개 있다 해도 어느 아들이 끌까?　아라."

하고는 거꾸로 쓰러져 입에 거품 물고, 앞으로 넘어져 침 흘리며 울었다. 어머니 또한 울면서 말했다.

"내 나이 쉰 살에 낳은 서르구다이 피양구야, 　　　　　　　　　　　　　　　　아라,
　내 뱃속에서 열 달 동안 온전히 품어 낳고서 보배 구슬 얻은 것 같았는데, 　　　아라,
　내 아들 '무엇 입고 자랄까, 무엇 먹고 클까?' 하고 애태우며 기른 덕 있는 아들인데,　아라,
　겨우 열다섯 살 되었는데, 　　　　　　　　　　　　　　　　　　　　　　　아라,
　내 간과 심장을 뽑는구나! 　　　　　　　　　　　　　　　　　　　　　　아라,
　어머니 눈의 구슬 같이 낳은 어여쁜 아들인데, 　　　　　　　　　　　　　　아라,
　어머니의 솔방울 같이 낳은 사위 같은 아들인데, 　　　　　　　　　　　　　아라,
　어머니의 늘씬하고 가녀린 몸과 같은 예민한 아들인데, 　　　　　　　　　　아라,
　발 빠른 짐승 잘 잡기로 이름 날린 아들인데, 　　　　　　　　　　　　　　아라,
　하늘에 청하여 얻은 아들인데, 　　　　　　　　　　　　　　　　　　　　아라,
　만나 본 사람이라면 모두 좋아하는 아들인데, 　　　　　　　　　　　　　　아라,

──────────────────

3) hocihon ：hojihon과 같다.

[06-05]

ara, age giya de yabuci giyahūn i adali,  holo  de yabuci honggon jilgan i adali, gamaha
ara age 거리 에 가면  매  같고 골짜기 에 가면  방울  소리  같고  데려간

hutu gosici mini jui be amasi benjifi mimbe gamacina seme, eigen sargan tobgiya sume
귀신 부디 나의 아들 을 뒤로 데려오고 나를 데려 가세요 하고  남편  아내  무릎 풀고

tonggolime  songgombi. falanggū dume fancame songgoro de, geren isaha niyaman hūncihin
곤두박질하며  운다  손바닥 치고 북받쳐  욺 에 여러 모인  친척  일족
tafulame
설득하며

hendume, bayan   mafa   suweni  jui emgeri abkai hesebun  isifi   aldasi  bucehe kai,
말하기를 bayan 할아버지 너희의 아들 이미 하늘의 천명 이르러서 도중 죽은 것이로다
songgoho seme  weijume mutembi
울었다   해도  되살릴 수 있겠는가

sini  jui  de  waliyara  yarure jaka be    belheci acambi    sehe manggi, baldu bayan
너의 아들 에 제사 올리고 인도할 물건 을 준비하지 않으면 안 된다  한   후   baldu bayan
eigen sargan songgoro be nakafi
남편  아내   울기 를 그치고

yasai muke be fufi hendume, suweni geren gisurerengge umesi inu, mini  jui emgeri bucehe,
눈의  물 을 닦고 말하기를 너희의 여럿   말한 것   매우 옳다 나의 아들 이미 죽었다
utala boigon be   hairafi
이러한 가산  을 아까워하고

geli ya  jui  de  weriki   sembi sefi, juwe aha  be hūlafi hendume, suwe juwe nofi  te
또 어느 아들 에 남기겠는가 한다 하고  2  하인 을 불러서 말하기를 너희  2  사람 지금
uthai morin adun de genefi,
즉시   말 목장 에 가서

abkai  boconggo akta morin emu juru, uyun biyade banjiha suru akta morin emu juru, sunja
하늘의 색깔의 악대 말 1 쌍 9 월에 낳은 흰 악대 말 1 쌍 5
biyade
월에

banjiha    sirga    akta morin emu juru, juwe biyade banjiha jerde akta morin emu juru,
낳은 누런 반점 있는 악대 말 1 쌍 2 월에 낳은 붉은 악대 말 1 쌍
angga kara
입 검은

konggoro morin emu juru, ere juwe juru morin be  gaifi gemu aisin enggemu hadala be tohofi
공골 말 1 쌍 이 2 쌍 말 을 가지고 모두 금 안장 재갈 을 묶고
šeolehe
수놓은

tohoma  acibufi  age de  yaruki sehe manggi, ahalji bahalji je sefi genehe. bayan   mafa
말다래 신게 하고 age 에 인도하자 한  후   ahalji bahalji 예 하고 갔다 bayan 할아버지
geli juwe niyalma be
또  2   사람 을

hūlafi  hendume, morin ihan honin ulgiyan be  te uthai  belhe, efen arki be  fulukan
불러서 말하기를  말 소 양 돼지 를 지금 즉시 준비하라 떡 소주 를 여유 있게
belhe.   juwe aha je
준비하라  2 하인 예

sefi, geren urse be  gaifi dartai hahilame geren adun    da    be hūlafi hendume, suwe  te
하고 여러 무리 를 데리고 즉시 서두르고 여러 목장 우두머리 를 불러서 말하기를 너희 지금
uthai meimeni morin  oci
즉시    각각    말 이면

delun be jafame, ihan  oci  seire be jafame honin oci uncehen be jafame, ulgiyan oci    ebci
갈기 를 잡고  소 이면 등뼈를 잡고  양 이면 꼬리 를 잡고   돼지 이면 옆구리
be jafame, tarhūn
를 잡고   살진

—— ◦ —— ◦ —— ◦ ——

거리에 가면 매 같고, 골짜기에 가면 방울 소리 같은데, 우리 아들 데려간 귀신이여, 부디 우리 아들을 다시 돌려보내고 나를 잡아 가시오."

하고는 부부가 무릎 꿇고 머리를 박으며 운다. 손바닥을 치면서 북받혀 울 때에, 모인 여러 친척과 일족들이 설득하며 말했다.

"바얀 할아버지, 당신들 아들은 하늘의 명이 다하여 도중에 이미 죽었다. 운다 해도 되살릴 수 있겠는가? 아들에게 제사 지내고, 저승으로 인도할 물건을 준비하지 않으면 안 된다."

하니, 발두 바얀 부부가 울기를 그치고 눈물을 닦고 말했다.

"여러 사람들이 말한 것이 매우 옳다. 나의 아들은 이미 죽었다. 이 같은 가산을 아까워한다 해도 어느 아들에게 남기겠는가?"

하고는 두 하인을 불러서 말했다.

"너희 두 사람은 지금 즉시 말 목장에 가서 하늘색 악대말 한 쌍, 구월에 낳은 흰 악대말 한 쌍, 오월에 낳은 누런 반점 있는 악대말 한 쌍, 이월에 낳은 붉은 악대말 한 쌍, 입이 검은 공골 말 한 쌍, 이 두 쌍의 말에 모두 금 안장과 재갈을 묶고 수놓은 말다래를 싣게 하여 아거를 인도하게 하자."

하자 아할지와 바할지가 "예." 하고 갔다.

바얀 할아버지가 또 두 사람을 불러서 말했다.

"말, 소, 양, 돼지를 지금 즉시 준비하고, 떡과 소주를 여유 있게 준비하라."

하니, 두 하인이 "예." 하고는 여러 사람들을 데리고 즉시 서둘렀다. 또 여러 목장의 우두머리를 불러서 말했다.

"너희는 지금 즉시 말은 갈기를 잡고, 소는 등뼈를 잡고, 양은 꼬리를 잡고, 돼지는 옆구리를 잡아서, 살진

[06-06]

ningge be sonjome, emte tanggū  gaju sehe manggi, geren adun   da   gemu je sefi
것 을 뽑아서 하나씩 100 가져와라 한  후   여러 목장 우두머리 모두 예 하고
genehe. juwe niyalma gemu booi
잤다  2   사람  모두 집의

hehesi de selgiyefi, niongniyaha niyehe te uthai  belhe  sehe, geren niyalma tere inenggi
여인들 에 전달하고   거위   오리 지금 즉시 준비하라 하였다 여러  사람  그  날
burgišame dartai andande belheme
어수선하여 잠시  순간에 준비하기

wajifi, ejen  mafa  de alanjihe manggi, baldu bayan uthai geren niyaman hūncihin be  gaifi
마치고 주인 할아버지 에 고하러온 후  baldu bayan 곧  여러  친척  일족 을 데리고

jui   i   hobo juleri
아들 의  관   앞에

eiten jaka be faidabufi,  ama   eniye arki hūntahan be jafafi, hisalame songgome hendume,
일체 물건 을 진열하고 아버지 어머니 소주   잔   을 잡고서 올리고   울며    말하기를
amai   susai sede
아버지의 50   세에

ujihe sergudai fiyanggū age, sini  sure  fayangga  sara  gese oci, mini gisun be getuken i
기른 sergudai fiyanggū age 너의 총명한   혼   아는 것 처럼 되면 나의 말 을 명확하게
donji,
들어라

ama    bi sinde deijire aisin menggun šoge susai tumen, waha ergengge jaka sunja tanggū,
아버지 나 너에 태울  금    은   덩어리 50  萬   죽인  생령  종류 5   100
maidzi[4]
  밀

efen tanggū dere, fisihe efen tanggū dere, šašan efen tanggū dere, tatame gaiha arki tanggū
떡  100 상 수수 떡  100 상 샤샨 떡  100 상  짜서  얻은 소주 100

malu, hūsime  arame arki gosin[5] malu, nure tanggū tetun, efen oci alin i adali
병 해를 넘겨 만든 소주 30  병  술  100  그릇 떡 이면 산  같이
muhaliyahabi,
쌓아올렸다

hoošan oci   hada i gese asarahabi, arki nure  oci omo i adali. ere jergi jaka be
종이 이면 봉우리 처럼 놓았다 소주 술 이면 못  같다 이 등 물건 을

sini   sure fayangga sara gese oci gemu bargiyame gaisu. hetu undu de ume duribure
너의 총명한   혼   아는 듯이 되면 모두  거두어 가져라 여기저기 에 빼앗기지 말라

seme jing ni songgoro de, dukai jakade mujilen musehe dara ergi dadun uju funiyehe
하고 바로   옮 에 문의 곁에  마음  꺾인 허리 쪽 불구 머리 머리카락

šarkan angga weihe soropi emu tuwakū  ojorakū sakda  mafa   jifi, dukai jakade
백발 입 이 누런 한 모양 할 수 없는 늙은 할아버지 와서 문의 곁에

hūlame hendume, duka be tuwakiyara deyeku deyeku duka age de deyeku deyeku, uce
부르며 말하기를 문 을   지키는 deyeku deyeku 문 age 에 deyeku deyeku 문

---

4) maidzi : 밀을 의미하는 '麥子[mài·zi]'의 음차로 추정된다.
5) gosin : gūsin의 잘못으로 추정된다.

tuwakiyara age donji  deyeku deyeku,  hūdun  hasa  dosifi deyeku deyeku, sini  ejen
　　지키는　 age 들어라 deyeku deyeku　 빨리 서둘러 가서 deyeku deyeku 너의 주인
mafa　　　 de deyeku
할아버지　 에 deyeku

——— ◦ ——— ◦ ——— ◦ ———

것을 뽑아서 각각 백 개씩 가져와라."

하니, 여러 목장의 우두머리 모두 "예." 하고 갔다. 두 사람 모두 집의 여인들에게도

"거위와 오리를 지금 바로 준비하라."

하고 전달하였다. 여러 사람들이 그 날 중에 분주하게 순식간에 준비하기 마치고, 주인 할아버지에 고하러 왔다. 발두 바얀은 곧이어 여러 친족과 일족들을 데리고 아들의 관 앞에 준비한 모든 물건들을 진열하고, 소주잔을 올리고는 울면서 말했다.

"내 나이 쉰 살에 낳아 기른 서르구다이 피양구야, 너의 총명한 혼이 알아차릴 수 있다면, 나의 말을 명확하게 들어라. 나는 너를 위해 태울 금은 오십만 덩어리, 죽인 생령 오백 종류, 밀떡 백상, 수수떡 백상, 샤샨떡 백상, 짜서 얻은 소주 백병, 해를 넘겨 만든 소주 서른 병, 발효 술 백 그릇을 준비하였고, 떡은 산 같이 쌓아올렸고, 종이는 봉우리처럼 놓았고, 소주와 발효 술은 연못과 같다. 이러한 물건들을 너의 총명한 혼이 알아차릴 수 있다면, 모두 거두어 가져라. 여기 저기에 빼앗기지 마라."

하고는 곧바로 울었다. 그 때에 마음 꺾여 기운 없고, 허리는 불구로 굽었으며, 머리카락은 백발이며, 이빨은 누렇고, 볼품없는 모양의 늙은 할아버지가 와서 문 옆에서 부르며 말했다.

"문을 지키는　　　　　　　 더여쿠 더여쿠,
문 지키는 아거는　　　　　 더여쿠 더여쿠,
문 지키는 아거는 들어라　 더여쿠 더여쿠,
빨리 서둘러 가서　　　　　 더여쿠 더여쿠,
너의 주인 할아버지에게　 더여쿠 더여쿠,

[06-07]

deyeku, ala buceme hamiha deyeku deyeku, buda baime jetere deyeku deyeku, bucere
deyeku 고하라 죽음  닥친 deyeku deyeku  밥 청해서 먹는 deyeku deyeku 죽을
sakda jifi
노인 와서

deyeku deyeku, beile age deyeku deyeku, giran de acaki sembi deyeku deyeku, nekule
deyeku deyeku beile age deyeku deyeku 주검 에 만나자 한다 deyeku deyeku 마음 내어
dartai
잠시

dosimbureo  sehe manggi, duka tuwakiyara niyalma dosifi ejen  mafa  de alara de,
들게 하겠는가 한  후  문  지키는  사람 들어가 주인 할아버지 에 알림 에

baldu bayan hendume,
baldu bayan 말하기를

terebe dosimbufi beile age de waliyaha alin i adali yali efen be jekini, mederi gese arki be
그를 들게 하고서 beile age 에 제사한 산 같은 고기 떡 을 먹게 하자 바다 처럼 소주 를

omikini sehe manggi, booi urse genefi tere sakda be dosimbuha manggi, tere sakda elhei
마시게 하자 한 후 집의 무리 가서 그 노인 을 들게 한 후 그 노인 천천히
oksome efen yali
걸어서 떡 고기

arki nure be dulefi, sergudai fiyanggū hobo i juleri genefi, bethe fehuceme falanggū dume
소주 술 을 지나서 sergudai fiyanggū 관 의 앞에 가서 발 구르며 손바닥 치고
fancame songgome
북받쳐 울면서

hendume, beile age be banjibuha seme donjifi bengsen akū aha bi urgunjehe bihe ara,
말하기를 beile age 를 태어났다 하고 듣고서 능력 없는 하인 나 기뻐했었다 ara
ambalinggū
위엄 있는

age be banjiha seme donjifi, encehen akū sakda aha bi akdaha bihe ara, ferguwecuke
age 를 낳았다 하고 듣고서 재주 없는 늙은 하인 나 의지했었다 ara 비범한

age be banjiha seme fengšen akū aha bi ferguwehe bihe ara, sure age be banjiha seme
age 를 낳았다 하고 복 없는 하인 나 기이했었다 ara 총명한 age 를 낳았다 하고

donjifi, subsi aha bi urgunjehe bihe ara, mergen age be banjiha seme donjifi, mentuhun
듣고서 고루한 하인 나 기뻐했었다 ara 덕 있는 age 를 낳았다 하고 듣고서 어리석은
aha bi
하인 나

urgunjehe bihe ara seme songgome hendume, age be gamaha hutu gosici mergen agei
기뻐했었다 ara 하고 울면서 말하기를 age 를 데려간 귀신 부디 덕 있는 age의

fayangga be benjifi, aha mimbe gamacina ara seme gosiholome songgoro de, baldu bayan
혼 을 데려오고 하인 나를 데려가세요 ara 하고 통곡하며 옮 에 baldu bayan
šar seme gosime
가엽고 불상히 여겨

gūnifi, ini beye de etuhe suwayan suje etuku be sufi buhe manggi, tere mafa etuku
생각하고 그의 몸 에 입은 황색 비단 옷 을 벗어 준 후 그 할아버지 옷
alime gaifi
받아 가지고

beyede etufi,　elhe　nuhan i baldu bayan i baru gala tukiyeceme hendume, bayan agu
　몸에　입고 조용하고 천천히 baldu bayan　쪽　손　들고　말하기를 bayan agu
si　ainu　uttu
너　어째서　이렇게

―― ◦ ―― ◦ ―― ◦ ――
고하라, 죽음 닥친　　　　　더여쿠 더여쿠
밥 빌어서 먹는　　　　　　더여쿠 더여쿠
죽기 직전의 노인이 와서　더여쿠 더여쿠
버일러 아거의　　　　　　더여쿠 더여쿠
주검을 뵙고자 한다　　　　더여쿠 더여쿠
잠시 들어가게 해 주겠는가?"

하니, 문 지키는 사람이 들어가 주인 할아버지에게 고하였다. 발두 바얀이 말했다.
"그를 들어오게 하여 버일러 아거에게 제사한, 산처럼 쌓인 고기와 떡을 먹게 하자, 바다처럼 넘치는 소주를 마시게 하자."
하니, 집의 사람들이 가서 그 노인을 들어오게 하였다. 노인이 천천히 걸어서 떡과 고기, 소주와 발효 술을 지나 서르구다이 피양구의 관 앞에 가서 발을 구르며 손바닥을 치고 북받쳐 울면서 말했다.

"버일러 아거가 태어났다 하고 듣고서 능력 없는 나는 기뻐했었다.　　　　　　　아라,
위엄 있는 아거를 낳았다 하고 듣고서 재주 없는 나는 의지했었다.　　　　　　아라,
비범한 아거를 낳았다 하고 복 없는 나는 기이했었다.　　　　　　　　　　　　아라,
총명한 아거를 낳았다 하고 듣고서 고루한 나는 기뻐했었다.　　　　　　　　　아라,
덕 있는 아거를 낳았다 하고 듣고서 어리석은 나는 기뻐했었다.　　　　　　　　아라."

하고는 울면서 말했다.
"아거를 데려간 귀신은 제발 덕 있는 아거의 혼을 데려오고 나를 데려 가세요, 아라."
하고 통곡하며 울었다. 발두 바얀이 가엽고 불쌍하게 생각하여 자신의 몸에 입은 황색 비단옷을 벗어 주니, 그 할아버지가 옷을 받아 몸에 걸치고서 조용하고 천천히 발두 바얀 쪽으로 손을 들고 말했다.
"바얀 아구, 당신은 어째서 이렇게

[06-08]

songgombi, fiyanggū age be  uttu  yasa tuwahai  duribumbio. giyan i mangga saman sabe
  우는가    fiyanggū age 를 이렇게 눈 본 대로 빼앗기려는가 마땅히  강한  샤먼 들을
baifi
청해서

fudešeme    age fayangga be amasi    gajici acambi kai    sehe manggi, baldu bayan
신에게 빌어 age  혼  을 뒤로 데려오지 않으면 안되겠구나 한  후  baldu bayan
hendume  mafa  ya  bade mangga saman
말하기를 할아버지 어느 곳에  강한  샤먼

bahambi. mini ere tokso de bisire saman gemu toholiyo  lala  efen buda hūlhame jetere
찾겠는가 나의 이 장원 에 있는 샤먼 모두  만두 기장밥 떡 밥 훔쳐  먹는

saman bi. mafa aika yaka bade
샤먼 있다 할아버지 만약 어딘가 곳에

mangga sain saman bici, minde alarao, bi baime geneki sehe manggi, tere sakda
강하고 좋은 샤먼 있으면 나에 알려 주겠는가 나 청하러 가자 한 후 그 늙은
mafa hendume, bayan agu si adarame gūnimbi,
할아버지 말하기를 bayan agu 너 어떻게 생각하는가

ere julergi nisihai birai dalin de tehe nisan gebungge saman hehe bi, dembei mangga niyalma
이 앞의 nisihai 강의 가 에 사는 nisan 이름난 샤먼 여인 있다 무척 강하고 사람
be weijubume mutembi seme alame
을 되살릴 수 있다 하고 말하기

wajifi, duka tucime genefi sunja boconggo tugi de tefi abka de mukdehe. booi urse sabufi
마치고 문 나가고 가서 5 색의 구름 에 앉아 하늘 에 올랐다 집의 무리 보고서
baldu bayan de
baldu bayan 에

alara jakade, baldu bayan ambula urgunjeme bethe sefere sirga morin de yalufi feksime
알릴 적에 baldu bayan 매우 기뻐하며 발 한 줌 누런 반점 있는 말 에 타고 달려서
nisihai birai tokso de
nisihai 강의 장원 에

isinafi, tuwaci toksoi wargi hošo de emu udu boo bi, emu hehe ucei jakade etuku obome
이르고 보니 마을의 서쪽 모퉁이 에 한 몇 집 있다 한 여인 문의 곁에 옷 씻고
tehebi. baldu bayan morinci
앉았다 baldu bayan 말에서

fekume ebufi fonjime, ere hehe nisan saman i boo aibide teheo seme fonjire de, tere hehe
뛰어 내리고서 묻기를 이 여인 nisan 샤먼 의 집 어디에 있는가 하고 물음 에 그 여인
uju tukiyefi, emu jergi
머리 들고 한 번

tuwafi, injeme hendume, age si tašalambi[6], nisan saman i boo tere dergi ergi dubede tehebi
보고 웃으며 말하기를 age 너 틀린다 nisan 샤먼 의 집 저 위 쪽 끝에 있다
sefi alaha manggi,
하고 알린 후

baldu bayan morin de fiyeleme yalufi dergi baru feksime tuwaci, emu niyalma boo elbembi,
baldu bayan 말 에 날아서 타고 위의 쪽 달려서 보니 한 사람 집 띠풀 얹는다
baldu bayan fonjime,
baldu bayan 묻기를

---

6) tašalambi : tašarambi의 잘못으로 추정된다.

age nisan saman i boo ya　inu sehe manggi, tere niyalma hendume, age si teni　jaka
age nisan 샤먼 의 집 어디 인가 한　후　그　사람 말하기를 age 너 지금 바야흐로

fonjiha tere etuku obome bihe uthai saman gege inu seme jorime alaha manggi, baldu bayan
물은　그　옷 씻으며 앉은 곧 샤먼 여인 이다 하고 가리켜 알린 후　baldu bayan
tere hetu boode dahime jifi,
그　곁채 에 다시 와서

morin be dukai jakade hūwaitafi, boode dosifi　tuwaci, amba nahan de emu sakda mama
말 을 문의 곁에 묶고서 집에 들어가서 보니　큰 구들방 에 한 늙은 할머니
tehebi. baldu bayan nade
앉았다 baldu bayan 땅에

―― ◦ ―― ◦ ―― ◦ ――

우는 것입니까? 피양구 아거를 이렇게 눈앞에서 빼앗기려는 것입니까? 마땅히 강한 샤먼들을 청해서 신에게 빌어 아거의 혼을 다시 데려오지 않으면 안 됩니다."
하자, 발두 바얀이 말했다.
"할아버지, 어디서 강한 샤먼을 찾을 수 있겠습니까? 우리 마을에 있는 샤먼은 모두 만두와 기장밥을 훔쳐 먹는 샤먼만 있습니다. 할아버지 만약 어딘가에 강하고 좋은 샤먼이 있으면, 저에게 알려 주겠습니까? 제가 청하러 가겠습니다."
하니, 그 늙은 할아버지가 말했다.
"바얀 아구, 당신은 어떻게 생각합니까? 이 앞의 니시하이 강가에 사는 니샨이라는 이름의 샤먼 여인이 있습니다. 무척 강하여 사람을 되살릴 수 있습니다."
하고 말하기를 마치고는 문을 나가서 오색구름에 앉아 하늘에 올라갔다. 집안사람들이 그것을 보고서 발두 바얀에게 알렸다. 발두 바얀이 매우 기뻐하며 발에 한 줌 누런 반점 있는 말을 타고 달려가서 니시하이 강가의 마을에 다다랐다. 보자니, 마을 서쪽 모퉁이에 집이 몇 개 있고, 한 여인이 문 옆에서 옷을 씻고 앉았다. 발두 바얀이 말에서 뛰어 내려 물었다.
"여인이여, 니샨 샤먼의 집이 어디에 있습니까?"
하고 물으니, 그 여인이 머리를 들고 한 번 보고 웃으며 말했다.
"아거, 이곳이 아닙니다. 니샨 샤먼의 집은 저 위 쪽 끝에 있습니다."
하자, 발두 바얀이 날듯이 말을 타고 위쪽으로 달려서 가보니, 한 사람이 집에 띠 풀을 얹고 있다. 발두 바얀이 물었다.
"아거, 니샨 샤먼의 집은 어디입니까?"
하니, 그 사람이 말했다.
"아거, 당신이 방금 물었던 옷 씻으며 앉았던 여인이 바로 니샨 샤먼입니다."
하고 가르쳐 알려 주었다. 발두 바얀이 그 곁에 다시 와서 말을 문 옆에 묶고 집으로 들어가 보니, 큰 구들방에 한 늙은 할머니가 앉아 있다.
"발두 바얀 땅에

※ 내용상으로 볼 때 중간에 결락이 있다.

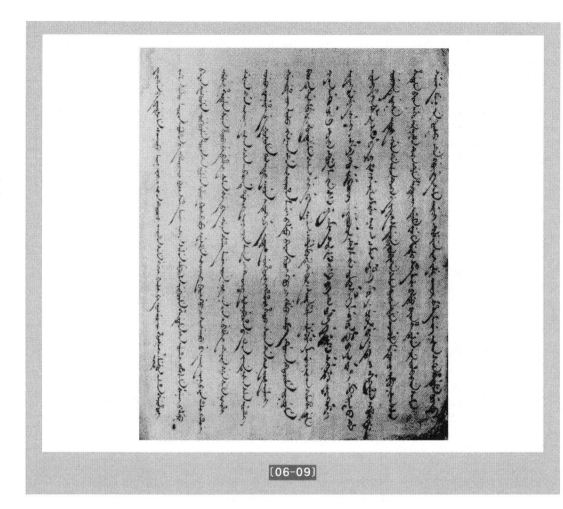

[06-09]

fayangga be fudešeme     ganarao.     mini  jui  i ergen tucici, ainaha  seme gegei  baili be
　　혼　　을 신에 빌어 데리러가겠는가 나의 아들 의 목숨 내면 어떠한가 하고 여인의 은혜 를
onggorakū hukšeki, aisin menggun alha gecuheri
잊지 않고 감사하자 금　　　은　　閃緞　蟒龍緞

aha  nehu[7] morin ulha be   hairarakū  buki sehe manggi, nisan saman ambula urgunjeme
하인 하녀　 말 가축 을 아끼지 않고 주자 한　 후　 nisan 샤먼　매우　기뻐하며
hendume, te  uthai hahilame geneki. baldu
말하기를 지금 즉시 서둘러서 가자　baldu

---

7) nehu : nehū의 방언으로 추정된다.

bayan  fekuceme urgunjeme morin de fiyeleme yalufi booi baru feksime isinjifi,  booi gubci
bayan 뛰어오르며 기뻐하고   말 에 날아서 타고 집의 쪽 달려서 다다르고 집의 모두
songgoro be nakafi, ini  beye ahalji bahalji be
  울기   를 멈추고 그의 몸소 ahalji bahalji 를

hūlafi  hendume, sejen kiyoo be belhefi, saman gege be    gana    sehe manggi, juwe nofi
불러서 말하기를 수레 轎 를 준비하여 샤먼 여인 을 데리러 가라 한    후   2 사람
ne  jen i belhefi, deyere gese geneme nisihai
지금 바로 준비하여 나는 듯이  가서  nisihai

gašan de isinafi, nisan saman i boode dosifi,  ini  ejen   mafa   i takūrafi solinabuha be
마을 에 이르러 nisan 샤먼 의 집에 들어가 그의 주인 할아버지 의 보내서 부르러 왔음 을
alara jakade, nisan saman uthai
알릴 적에 nisan 샤먼  곧

uju  funiyehe be šošome   dasatafi,   ice etuku be etufi, urhuri haihari kiyoo sejen de
머리 머리카락 을 묶어 가지런히 하고 새  옷 을 입고 하느작하느작 轎 수레 에
tefi  jifi umai
앉아 와서 결코

goidahakū, lolo gašan de isinjiha manggi, baldu bayan booi gubci amba duka tucime okdome
오래지않아 lolo 마을 에 다다른  후   baldu bayan 집의 모두 큰 문 나와서 맞이하여

boode dosimbufi, kunduleme saman gege be nahan i dulimbade tebufi, sarin dagilafi ulebuhe
집에 들게 하고 공경하며 샤먼 여인 을 구들방의 가운데에 앉히고 잔치 준비하여 먹게 한
manggi, nisan saman hendume,
  후   nisan 샤먼 말하기를

bayan agu uthai tungken dure mangga saman be emke solime   gama,   bi te uthai
bayan agu 곧   큰북 치는 훌륭한 샤먼 을 하나 부르러 데리러가라 나 지금 즉시
fudešeme   sergudai fiyanggū i
신에게 빌어 sergudai fiyanggū 의

fayangga be   ganaki   sembi. goidabukū weijubure de mangga ombi sehe manggi, baldu bayan
  혼  을 데리러가자 한다 오래지않아 되살리기 에 어렵게 된다 한  후  baldu bayan
uthai emu tokso de
 곧 한 장원 에

jolbingga sere saman be baime gajiha manggi, nisan saman uthai amba toli be etufi hūsihan
jolbingga 하는 샤먼 을 청해서 데려온 후   nisan 샤먼 곧 큰 거울 을 매고 치마
hūwaitafi,
단단히 묶고

ujude   yekse etufi, gala de imcin tungken be jafafi samdarade, jolbingga saman tungken dume
머리에 모자 쓰고 손 에 남수고 큰북 을 잡고 신을 내림에 jolbingga 샤먼  큰북 치며

acabume muterakū oho. nisan saman
맞출 수 없게 되었다    nisan 샤먼

hendume, bayan agu ere niyalma tungken dume muterakū, adarame weceme mutembi sehe
말하기를 bayan agu 이  사람   큰북   칠 수 없다   어떻게    제사 하겠는가   한
manggi, baldu bayan hendume, ere jolbingga saman
  후    baldu bayan 말하기를  이 jolbingga 샤먼

serengge meni ere tokso de gebungge saman, ereci tulgiyen jai  fulu   akū sehe manggi,
하는 이 나의 이 마을 에  이름난   샤먼 이보다 이외에  또 뛰어남 없다 한    후
nisan saman hendume, uttu
nisan 샤먼 말하기를 이러면

—— ◦ —— ◦ —— ◦ ——

혼을 신에게 빌어 데리러 가겠습니까? 나의 아들의 목숨을 구해내면 어떻겠습니까? 그러면 여인의 은혜를 잊지 않고 감사하겠습니다. 금과 은, 섬단(閃緞)과 망룡단(蟒龍緞), 하인과 하녀, 말과 가축을 아끼지 않고 주겠습니다."
하니, 니샨 샤먼이 매우 기뻐하며 말했다.
"지금 즉시 서둘러서 가시지요."
하자, 발두 바얀은 뛸 듯이 기뻐하며 날듯이 말에 타고 집을 향해 달려서 갔다. 집안사람들이 모두 울기를 멈추고, 자신이 직접 아할지 바할지를 불러서 말했다.
"가마 수레를 준비하여 샤먼 여인을 데리러 가라."
하니, 두 사람이 바로 준비하여 나는 듯이 가서 니시하이 마을에 이르고, 니샨 샤먼의 집으로 들어가 자신의 주인 할아버지가 보내서 부르러 왔음을 알렸다. 니샨 샤먼이 곧 머리카락을 묶어 가지런히 하고, 새 옷을 입고 하느작하느작 가마 수레에 와서 앉았다. 그리 오래지않아 로로 마을에 다다르니, 발두 바얀 집의 모두가 대문까지 나와서 맞이하여 집으로 들게 하고는, 공경하며 샤먼 여인을 방 가운데에 앉히고 잔치를 준비하여 먹게 하였다. 니샨 샤먼이 말했다.
"바얀 아구, 바로 큰북을 칠 훌륭한 샤먼 한 사람을 부르러 가세요. 지금 즉시 신에게 빌어 서르구다이 피양구의 혼을 데리러 가고자 합니다. 오래되면 되살리기에 어렵게 됩니다."
하니, 발두 바얀이 곧바로 마을에 사는 졸빙가라고 하는 샤먼을 청해서 데려왔다. 니샨 샤먼이 곧 큰 거울을 매고 치마를 단단히 묶고, 머리에 모자를 쓰고 손에 남수고 큰북을 잡고 신을 내릴 때에, 졸빙가 샤먼이 큰북을 쳐서 맞출 수가 없었다. 니샨 샤먼이 말했다.
"바얀 아구, 이 사람이 큰북을 칠 수 없는데, 어떻게 제사를 지낼 수 있겠습니까?"
하니, 발두 바얀이 말했다.
"이 졸빙가라고 하는 샤먼은 우리 마을에서 이름난 샤먼입니다. 이보다 더 뛰어난 샤먼은 없습니다."
그러자, 니샨 샤먼이 말했다.
"그러면

[06-10]

oci, bi emu niyalma be jorifi alaki, nisihai birai holo gašan de tehe gebungge acing[8] de
　　나　한　　사람　을 가리켜 알리자 nisihai 강의 골짜기 마을 에 사는　이름난　acing　에
ujihe gebu nari
기른 이름 nari

fiyanggū sembi, dembei mangga tungken imcin dure mangga, mimbe dahame weceku jukten be
fiyanggū 한다　　무척 능란하게 큰북 남수고 치기 훌륭하다 나를　좇아　神靈　혼령 을
gemu akūname sambi.
모두 샅샅이　안다

---

8) acing : 샤먼을 기르는 집단 혹은 지역을 나타내는 것으로 추정된다.

tere jici bi joborakū sehe manggi, baldu bayan uthai ahalji bahalji be hūlafi hendume,
그 오면 나 근심없다 한 후 baldu bayan 곧 ahalji bahalji 를 불러서 말하기를
suwe te hahilame
너희 지금 서둘러서

morin yalufi feksime nari fiyanggū be solifi ganafi, hūdun jio, ume goidara serede,
말 타고 달려서 nari fiyanggū 를 부르러 데리러 가서 빨리 오라 오래지 말라 함에
ahalji bahalji uthai morin yalufi
ahalji bahalji 곧 말 타고

je seme feksime genefi, umai goidahakū holo gašan de isinafi, gašan i dolo dosifi tuwaci,
예 하고 달려서 가서 전혀 오래지 않아 골짜기 마을 에 이르고 마을 의 안 들어가서 보니
emu feniyen i
한 무리 의

niyalma borhofi aigan gabtame efimbi. ahaljl babalji uthai morin ci fekume ebufi, hanci
사람 수숫대 쌓아서 과녁 쏘며 논다 ahaljl babalji 곧 말 에서 뛰어 내려서 가까이
genefi, emu niyalma de fonjime,
가서 한 사람 에 묻기를

suweni ere gašan de emu nari fiyanggū sere niyalma i boo yaka bade tehebi seme fonjire de,
너희의 이 마을 에 한 nari fiyanggū 하는 사람 의 집 어느 곳에 있는가 하고 물음 에
feneyen i dorgici emu
무리 의 가운데에서 한

asihata julesi ibefi esukiyeme fonjime, si ainaha niyalma, ai gelhun akū meni ejen age i
젊은이 앞으로 나아가 꾸짖으며 묻기를 너 어찌된 사람 어찌 겁 없이 나의 주인 age 의
gebube gebuleme
이름을 이름 부르며

fonjimbi sehe manggi, ahalji bahalji uthai nari fiyanggū be dahara niyalma be safi, injeme
묻는가 한 후 ahalji bahalji 곧 nari fiyanggū 를 따르는 사람 을 알고 웃으며
hendume, wesihun age i
말하기를 존귀한 age 의

algin amba, colo wesihun gebu hala be geren de gebuleme bairakū oci, adarame baime
명성 크다 칭호 높은 이름 성 을 여럿 에 이름 불러 청할 수 없으면 어떻게 청할 수
bahambi serede, nari
있겠는가 함에 nari

fiyanggū julesi jurceme ibefi booi ahasi be esukiyeme bederebufi, ini beye hanci genefi
fiyanggū 앞으로 번갈아 나아가 집의 하인들 을 꾸짖으며 돌아가게 하고 그의 몸소 가까이 가서
hacihiyame fonjimbi,
나아가 묻는다

wesihun i agu de  ai  oyonggo baita bifi  baime  jihe  sehe manggi, ahalji bahalji doro arafi
귀하신  agu 에 무슨 중요한  일  있어 찾으러 왔는가 한  후  ahalji bahalji 예의 짓고
hendume, meni
말하기를  나의

ejen age sergudai fiyanggū  akū oho ofi, nisan saman baime gamababi,  tuttu  age  si  weceku
주인 age sergudai fiyanggū 죽게 되어서 nisan  샤먼  청해서 데려갔다  그래서 age 너  神靈

jukten be sambi seme solinjiha. nari fiyanggū injeme hendume, ere dekdenggi nisan saman
혼령 을 안다 하고  불렀다 nari fiyanggū 웃으며 말하기를 이  뜬 기름 nisan 샤먼
geli   akabumbi.
또  곤란하게 한다

―― 。 ―― 。 ―― 。 ――

제가 한 사람을 가르쳐 드리겠습니다. 니시하이 강의 골짜기 마을에 사는 유명한 아칭에서 기른 나리 피양구라는 사람
으로 무척 능란하게 남수고 큰북을 치는 것이 훌륭합니다. 나를 좇으며 신령과 혼령을 모두 샅샅이 잘 압니다. 그가 오
면 제가 걱정이 없겠습니다."
발두 바얀이 곧바로 아할지와 바할지를 불러서 말했다.
"너희는 지금 서둘러 말을 타고 달려가 나리 피양구를 부르러 가서 빨리 데리고 오라. 오래 걸리지 말라."
아할지와 바할지가 곧 말을 타고 "예." 하고 달려갔다. 머지않아 골짜기 마을에 이르러서 마을 안으로 들어가 보니, 한
무리의 사람들이 수숫대를 쌓아서 과녁을 쏘며 논다. 아할지 바할지가 바로 말에서 뛰어 내려 한 사람에게 가까이 가
서 물었다.
"이 마을에 나리 피양구라고 하는 사람의 집이 어느 곳에 있는가?"
무리 가운데에서 한 젊은이가 앞으로 나아가 꾸짖으며 물었다.
"당신은 어떤 사람이기에 어찌 겁도 없이 우리 주인 아거의 이름을 부르며 묻는가?"
하자, 아할지 바할지는 곧 나리 피양구를 따르는 사람임을 알고 웃으며 말했다.
"존귀한 아거의 명성이 높고, 칭호 높은 성과 이름을 여러 사람이 불러서 청할 수 없다면, 어떻게 청할 수 있겠는가?"
하니, 나리 피양구가 앞으로 나아가 집의 하인들을 꾸짖으며 들어가게 하고, 친히 가까이 나아가 묻는다.
"존귀하신 아구에게 무슨 중요한 일이 있어 찾아 왔습니까?"
아할지 바할지가 예의를 차리며 말했다.
"우리 주인의 아드님이신 서르구다이 피양구가 죽게 되어 니샨 샤먼을 청아서 데려왔는데, 그대가 신령과 혼령을 안다
하고 불렀습니다."
나리 피양구가 웃으며 말했다.
"이 뜬 기름 같은 니샨 샤먼이 또 곤란하게 하는구나.

[06-11]

generakū oci tere geli jai sabuha manggi, minci ushambi sefi, booi urse baru hendume,
가지 않으면 그 또 다시 보았다 후 나보다 화낸다 하고 집의 무리 쪽 말하기를
sewe boode
너희 집에

genefi, mini ama eniye de ala, mimbe nisan saman solime gamaha seme hendu sefi,
가서 나의 아버지 어머니 에 알려라 나를 nisan 샤먼 불러서 데려갔다 하고 말하라 하고
enggemu tohoho
안장 매고

bethe sefere sirga morin de yalufi feksime lolo gašan de isinjifi, baldu bayan i
발 한 줌 누런 반점 있는 말 에 타고 달려서 lolo 마을 에 다다라서 baldu bayan 의

booi duka de
집의 문 에

morin be hūwaitafi boode dosinjifi, nisan saman be sabufi hendume, ere dekdenggi saman
　말 을　묶고　집에 들어가서 nisan 샤먼 을 보고 말하기를 이　뜬 기름 샤먼
bi akū oci
나 없으면

akūmbumbio sefi bisirede, nisan saman tuwafi imcin jorime hendume, abka de hūsun bure
다하겠는가 하고 있음에 nisan 샤먼　보고 남수고 가리키며 말하기를 하늘 에　힘　주는
ajige nari
작은 nari

weceku de hūsun bure wesihun nari, hūdun jifi minde aisilame saikan tungken du.
　神靈 에　힘　주는 존귀한 nari 빨리 와서 나에 도와서　잘　큰북 쳐라
nari fiyanggū injeme
nari fiyanggū 웃으며

hendume, dekdenggi saman demungge saman gūnin be sulaka, sinde deo bi sinde acabume
말하기를　뜬 기름 샤먼 기괴한　샤먼 마음 을 비우라 너에 동생 나 너에　맞추어
tungken
　큰북

dure sehe manggi, nisan saman hendume, algin amba aldungga nari jukten sara, ubaingge
치기 한　후 nisan 샤먼 말하기를 명성 큰　이상한 nari 혼령 알라 여기 있는
nari si minde
nari 너 나에

saikan acaburakū oci, mini ulhu buriha gisun i sini uju be tantambi sehe, sukū i buriha
잘　맞추지 못하면 나의 청서피 감싼 북채로 너의 머리 를　친다 하였다 가죽으로 감싼

gisun sini suksaha be tantambi sehe manggi, nari fiyanggū hendume, dekdenggi nisan
북채 너의 허벅지 를 친다　한 후 nari fiyanggū 말하기를　뜬 기름 nisan
demungge saman, si
　기괴한　샤먼 너

ume joboro sefi, tungken dumbi. nisan saman beyede jakūn boobai etuku ujude yekse
근심하지 말라 하고 큰북 친다 nisan 샤먼 몸에 8 보배 옷 머리에 모자
etufi,
쓰고

hūsihan siša be hūwaitafi, gala de tungken imcin jafafi, falan de ilifi, weceku de baiha, den
　치마 방울 을 묶고서　손 에 큰북 남수고 잡고 바닥 에 서서 神靈 에 청했다 높은

jilgan i  tenggeljeme, amba jilgan acinggiyame, jan jilgan i jalbarime, uyunju giranggi oyome,
소리로 들썩들썩 하고 큰  소리  진동하고  鳴鏑 소리로 기도하고  90  뼈  굽히고

jakūnju giranggi jalgajame, hūng jilgan i hoge yege be hūlame, den jilgan i deyeku deyeku be
  80  뼈  맞추고  홍  소리로 hoge yege 를 부르고 높은 소리로 deyeku deyeku 를

——— 。 ——— 。 ——— 。 ———

가지 않으면 그대가 또 보았으니, 나보다 더 화를 내겠지.”
하고, 집안사람들을 향해 말했다.
“너희는 집에 가서 아버지 어머니께 알려라. 니샨 샤먼이 나를 불러서 갔다고 말하라.”
하고는 말에 안장을 매고는 발에 한 줌 누런 반점 있는 말을 타고 달려서 로로 마을에 이르렀다. 발두 바얀의 집 문 앞에 말을 묶고 집에 들어가서 니샨 샤먼을 보고 말했다.
“이 뜬 기름 같은 샤먼아, 내가 없으면 어쩌려 했느냐?”
하고 있으니, 니샨 샤먼이 보고는 남수고를 가리키며 말했다.
“하늘에 힘을 주는 작은 나리 피양구, 신령에 힘을 주는 존귀한 나리 피양구, 빨리 와서 나를 도와서 큰북을 잘 쳐라.”
하니, 나리 피양구가 웃으며 말했다.
“뜬 기름 샤먼이여, 기괴한 샤먼이여, 마음을 비우라. 너의 동생인 나는 너에게 맞추어 큰북 치기를 했었다.”
하자, 니샨 샤먼이 말했다.
“명성 높고 이상한 나리의 혼령은 알아라. 여기 있는 나리 피양구야, 네가 나에게 잘 맞추지 못하면 청서피로 감싼 북채로 너의 머리를 치겠다. 가죽으로 감싼 북채로 너의 허벅지를 치겠다.”
그러자 나리 피양구가 말했다.
“뜬 기름 니샨이여, 기괴한 샤먼이여, 그대는 걱정하지 말라.”
하고 큰북을 친다. 니샨 샤먼은 몸에 여덟 가지 보배로 만든 옷을 입고, 머리에 모자를 쓰고, 치마 방울을 허리에 묶고, 남수고 큰북을 손에 잡고, 바닥에 서서 신령에게 청했다. 높은 소리로 들썩거리며 큰 소리가 진동하고, 명적(鳴鏑) 같은 소리로 기도하며, 구십 뼈 굽히고 팔십 뼈 맞추며[9), ‘홍’ 하는 소리로 ‘호거 야거’를 부른다. 높은 소리로 ‘더여쿠 더여쿠’를

---

9) 90 뼈 굽히고 80 뼈 맞추며 : 의미 미상이다.

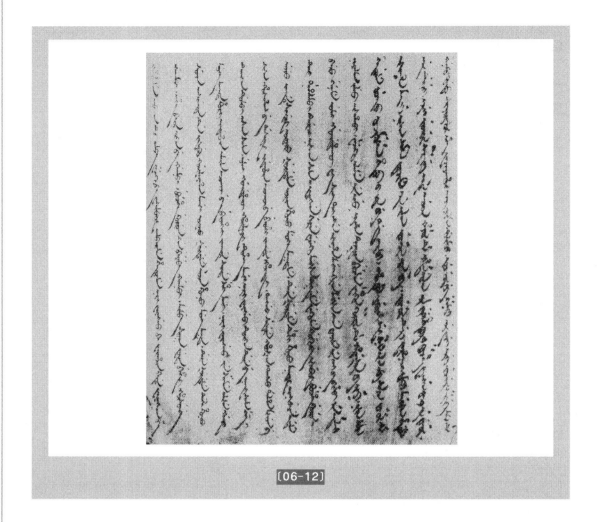

[06-12]

hūlame, abka ci amba weceku be wasimbufi, jalbarime hendume, nari fiyanggū bi farhūn
부르고 하늘 에서 큰 神靈 을 내리게 하여 기도하며 말하기를 nari fiyanggū 나 어두운
bade fayangga be
곳에 혼 을

ganambi, ehe bade ergen be ganambi, bucehe gurun de beyebe ganambi mimbe
데리러간다 나쁜 곳에 목숨 을 데리러간다 죽은 나라 에 몸을 데리러간다 나를
sukū futa belhefi, hūsungge
가죽 자루 준비하여 힘 있는

sunja asihata de jafabu, gūwaliyaha manggi, oforo šurdeme orin hunio muke makta, dere
5 젊은이 에 잡게 하라 정신을 잃은 후 코 주위에 20 물통 물 던져라 얼굴

šurdeme  dehi  hunio
주위에   40   물통

muke makta,  kuri  indahūn amila coko be bethei jakade sinda  sehe manggi, nari fiyanggū je
물  던져라 점박이  개  수컷  닭 을 발의  곁에 두어라 한  후  nari fiyanggū 예
seme alime gaifi,
하고 받아 가지고

tungken dumbi. nisan saman umai  goidahakū   gūwaliyafi tuheke manggi, nari fiyanggū
큰북  친다 nisan 샤먼 전혀 오래지 않아 정신을 잃고 넘어진  후  nari fiyanggū
tungken dure be nakafi, saman gege i
큰북  치기 를 그치고  샤먼  여인 의

siša hūsihan be   dasatafi,   indahūn coko be bethei jakade hūwaitafi, tanggū sefere hoošan
방울 치마 를 가지런히 하고  개  닭 을 발의 곁에  묶고  100  뭉치 종이
tanggū dalgan misun be
100  덩이  醬 을

uju  jakade sindafi, oforo šurdeme orin hunio muke maktame, dere šurdeme dehi hunio maktafi,
머리 곁에  두고  코  주위에 20 물통 물  던지고 얼굴 주위에 40 물통 던지고
ini   beye adame
그의 몸소 붙어

tefi dahalambi. tereci  nisan saman i fayangga geren weceku manggiyansa[10] dekdeme fekume,
앉아 쫓아간다 그로부터 nisan 샤먼 의  혼  여러 神靈  정령들  오르며 뛰고
gurgu be  isabufi,   bucehe gurun i
짐승 을 모이게 하고  죽은  나라 의

baru geneme, umai  goidahakū, wang sing tai[11] de isinaha manggi, geren manggiyansa de
쪽  가서  전혀 오래지 않아 望 鄕 臺 에 이른 후  여러  정령들 에
fonjime, ere ai ba bihebi, ere adali
묻기를  이 어느 곳 있었는가 이 같이

niyalma jalu isahabi, weceku  alame, ere inu niyalma tuktan buceme weihun gurun de
사람 가득 모였는가 神靈 말하기를 이 또 사람  처음 죽어 산  나라 에
hargašara  ba  inu. nisan saman
우러러 보는 곳 이다 nisan 샤먼

hendume, uttu oci muse hetu baita be  dafi   ainambi, hūdun yabuki sefi, geneme ilan
말하기를 이러면 우리 다른 일 을 도와서 어찌 하는가 빨리  가자 하고  가서 3
amba salja jugūn de
큰 갈림 길 에

---

10) manggiyansa : manggiyan은 '샤만이 부르는 신을 수반하는 정령'을 가리키며, sa는 복수를 나타내는 접미사이다.
11) wang sing tai : '저 세상에 있는 죽은 자가 이 세상의 자신의 집을 지키기 위해 오르는 높은 대'를 가리키는 望鄕臺[wàngxiāngtái]의 음차이다.

isinaha manggi, nisan sama fonjime, ere ilan jugūn ya ba i jugūn deri farganaci ombi.
이른  후  nisan 샤먼 묻기를  이 3 길 어느 곳의 길 따라 쫓으면 되는가
manggiyansa hendume,
정령들  말하기를

ere dergi ergi jugūn serengge, eiten agūra hajun de hada ulan, ere jergi heturi bucehe
이 동 쪽 길 하는 것 모든  무기  에 봉우리 해자 이 종류 샛길 죽은
fayangga oci, ere jugūn i
혼  되면 이 길 의

genembi. tondo sijirhūn ehe facuhūn akū niyalma dulimba jugūn be genembi. ere wargi
간다 진실하고 정직하며 나쁘고 혼란하게 죽은 사람 한가운데 길 을 간다 이 서
ergi jugūn serengge mama de
쪽 길 하는 것 mama 에

— ◦ — ◦ — ◦ —

부르며, 하늘로부터 큰 신령을 내리게 하여 기도하며 말했다.
"나리 피양구야, 나는 어두운 곳에 혼을 데리러 간다. 나쁜 곳에 목숨을 데리러 간다. 죽은 나라에 몸을 데리러 간다. 가죽 자루 준비하여 힘 있는 다섯 젊은이에게 나를 잡게 하라. 정신을 잃은 다음 코 주위에 물통 이십 개의 물을 던져라. 얼굴 주위에 물통 사십 개의 물을 던져라. 점박이 개와 수탉을 발 곁에 두어라."
하니, 나리 피양구가 "예." 하고 받들고서 큰북을 친다.
니샨 샤먼이 얼마 후 정신을 잃고 넘어지자, 나리 피양구가 큰북 치기를 그치고, 샤먼 여인의 방울 치마를 가지런하게 하고 개와 닭을 발의 곁에 묶었다. 백 뭉치의 종이와 백 덩이의 장을 머리 곁에 두고, 코 주위에 물통 이십 개를 던지고, 얼굴 주위에 물통 사십 개를 던지며, 그가 직접 붙어 앉아서 쫓아간다. 그로부터 니샨 샤먼의 혼은 여러 신령과 정령들, 그리고 뛰어 오르는 짐승들을 모이게 하여 저승을 향해 갔다. 그리 오래 가지 않아 망향대(望鄕臺)에 이르러서 여러 정령들에게 물었다.
"이곳은 어떤 곳이기에 이렇게 사람들이 가득 모였습니까?"
신령이 말했다.
"이곳은 사람이 죽어서 처음 이승을 우러러 바라보는 곳이다."
니샨 샤먼이 말했다.
"이렇게 우리가 다른 일을 상관해서 어떻게 하겠습니까? 빨리 갑시다."
하고는 갔다. 가다가 큰 세 갈래 갈림길에 이르러서 니샨 샤먼이 물었다.
"이 세 길 가운데, 어느 길을 따라 쫓아가면 됩니까?"
하니, 정령들이 말했다.
"이 동쪽 길은 모두 무기가 봉우리와 해자와 같다. 이런 종류의 샛길은 죽어서 혼이 되면 이 길로 간다. 진실하고 정직하며, 나쁘고 혼란하게 죽은 사람은 한가운데 길을 간다. 이 서쪽 길은 마마에게

※ 내용상으로 볼 때 중간에 결락이 있다.

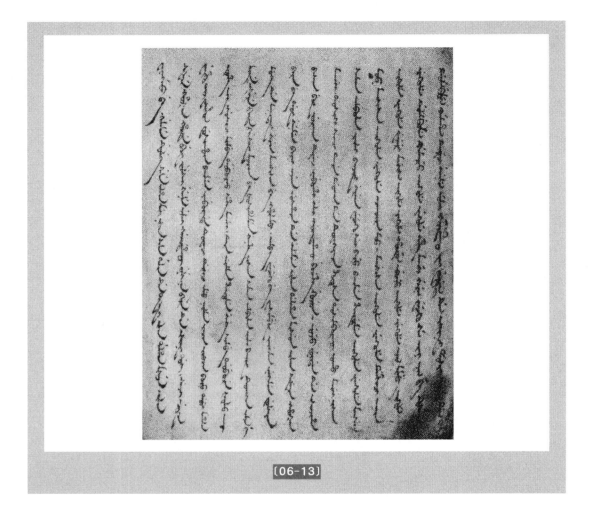

[06-13]

fiyanggū be gamame duleke  seme alaha manggi, nisan saman dalin de  tafafi  ilan dalgan
fiyanggū 를  데리고 지나갔다 하고 알린   후    nisan 샤먼  강가 에 올라서  3   덩이
misun ilan
　醬　 3

sefere hoošan hūda bufi, julesi geneme, umai  goidahakū fulgiyan bira de  isinafi, dooki  seci
뭉치  종이  값 주고 앞으로 가고  전혀 오래지 않아 붉은  강 에 이르고 건너자 하니
cuwan
　배

weihu akū, wesihun fusihūn baime yaburede, tuwaci dergici emu niyalma yacin jibca boro
쪽배 없다 위   아래 구하러  감에   보니 위로부터 한  사람  검은 옷옷 회색

dobi mahala
쥐   모자

etuhe. age gosici mimbe doobureo sehe manggi, tere niyalma hendume, gege simbe doobure
썼다 age 부디 나를 건네주겠는가 한 후 그 사람 말하기를 여인 너를 건네줄
šolo akū,
여유 없다

minde ekšere baita bi sefi, morin be šusihalame genehe. nisan saman ambula jili banjifi,
나에 서두르는 일 있다 하고 말 을 채찍으로 치고 갔다 nisan 샤먼 매우 화 내고서
tungken imcin be
큰북   남수고 를

muke de maktafi, geren manggiyansa[12] be hūlambi, amba weceku be wasimbufi jarime
물 에 던지고 여러 정령들 을 부른다 큰 神靈 을 내리게 해서 기도하고
yekeme fulgiyan
노래하며 붉은

bira be doofi geneme, birai ejen ushara de geleme, ilan dalgan misun ilan sefere hoošan
강 을 건너서 가고 강의 주인 노함 에 두려워하여 3 덩이 醬 3 뭉치 종이

basan[13] bufi juraka. tereci yabuhai geli goidahakū bucehe gurun i uju furdan de isinjiha
샀 주고 출발했다 이로부터 가면서 또 오래지 않아 죽은 나라 의 첫 관문 에 다다른

manggi, dosiki seci tere duka de tuwakiyara hutuse dosimburakū oho manggi, nisan
후 들어가자 하니 이 문 에 지키는 귀신들 들어가지 못하게 한 후 nisan

saman ambula jili banjifi geren weceku sei baru baime hendume, eikule yekule mangga
샤먼 매우 화 내고서 여러 神靈 들의 쪽 청하여 말하기를 eikule yekule 상수리

moo manggiyansa, eikule yekule cakūran moo i manggiyansa eikule yekule dehici aniya
나무 정령들 eikule yekule 백단향 나무 의 정령들 eikule yekule 40번째 해

eikule yekule fejergi manggiyansa, eikule yekule hūdun ebunju, eikule yekule ejen mimbe,
eikule yekule 아래의 정령들 eikule yekule 빨리 내려오라 eikule yekule 주인 나를
eikule
eikule

yekule dulembume gamarao, eikule yekule sehe manggi, geren weceku se ini ejen be
yekule 지나가게 데려 가겠는가 eikule yekule 한 후 여러 神靈 들 그의 주인 을
tukiyefi
들어올려

---

12) manggiyansa : manggiyan은 샤만이 부르는 신을 수반하는 정령을 가리키며, sa는 복수를 나타내는 접미사이다.
13) basan : basa와 같다.

dulembume gamaha.　tereci　geneme,　umai　goidahakū, jai furdan de isinafi,　dosiki　serede
　지나가게　데려갔다 그로부터　가서　전혀 오래지 않아 또 관문 에 이르고 들어가자　함에
duka be
　문　을

——　。　——　。　——　。　——

피양구를 데리고 지나갔다."

하고 알려주었다. 니샨 샤먼이 강가에 올라 세 덩이의 장과 세 뭉치의 종이를 값으로 주고 앞으로 갔다.

그리 오래 가지 않아 붉은 강에 이르러 건너려고 하니, 쪽배조차도 없다. 강의 위 아래로 구하러 가서 보니, 강 위로부터 검은 옷옷과 회색 쥐 모자를 쓴 한 사람이 있다.

"아거, 부디 나를 건네주겠습니까?"

하니, 그 사람이 말했다.

"여인이여, 너를 건네줄 여유가 없다. 나에게는 서두르는 일이 있다."

하고 말을 채찍으로 치고 갔다. 니샨 샤먼 매우 화를 내고서 남수고 큰북을 물에 던지고 여러 정령들을 부른다. 큰 신령을 내리게 해서 기도하고 노래하며 붉은 강을 건너서 가는데, 강의 주인이 노함을 두려워하여 세 덩이의 장과 세 뭉치의 종이를 삯으로 주고 출발했다.

이로부터 가면서 또 오래지 않아 저승의 첫 관문에 다다랐다. 들어가려고 하니, 이 문을 지키는 귀신들이 들어가지 못하게 하였다. 니샨 샤먼이 매우 화를 내고서, 여러 신령들에게 청하여 말했다.

"어이쿨러 여이쿨러　상수리 나무의 정령들이여,
　어이쿨러 여이쿨러　백단향 나무의 정령들이여,
　어이쿨러 여이쿨러　사십 번째 해,
　어이쿨러 여이쿨러　아래의 정령들이여,
　어이쿨러 여이쿨러　빨리 내려오라.
　어이쿨러 여이쿨러　주인인 나를,
　어이쿨러 여이쿨러　지나가게 데려 가겠는가?
　어이쿨러 여이쿨러"

하자, 여러 신령들이 그의 주인을 들어 올려 지나가게 데려갔다. 그로부터 가서 그리 오래지 않아 또 관문에 이르렀다. 들어가려고 하니, 문을

[06-14]

tuwakiyara selektu segiltu juwe hutu esukiyeme hendume,  aibai weihun gurun i niyalma
　지키는　selektu segiltu　2　귀신　꾸짖으며　말하기를　어디의　산　　나라 의　사람
gelhun akū mini ere
　겁　　없이 나의　이

furdan be tucimbi,　be serengge ilmun han　i　hesei ere furdan be tuwakiyambi.
　관문 을 나타나는가　우리 하는 것　염라 대왕 의 칙명으로 이　관문 을　　지킨다
ainaha seme sindame  unggirakū
　절대로　　놓아서 보낼 수 없다

sehe manggi nisan saman baime hendume, selektu segiltu　hafirafi　donji, heye hiyelu
　한　　후　　nisan 샤먼 청하여 말하기를　selektu segiltu 단단히 하고 들어라 heye hiyelu

hacihiyame, heye hiyelu
서두르고　heye hiyelu

julesi　ibefi, heye hiyelu jurceme heye hiyelu hūda bumbi, heye hiyelu mimbe unggici,
앞으로 나가고 heye hiyelu 등돌리고 heye hiyelu 값　준다 heye hiyelu 나를　보내면
heye hiyelu
heye hiyelu

misun bumbi, heye hiyelu sehe manggi, selektu segiltu injeme hendume, be　dule　we
醬　준다 heye hiyelu 한　후　selektu segiltu 웃으며 말하기를 우리 대체 누군가
sehe bihe, dule dekdenggi
하였다　참　뜬 기름

nisan duyen saman si　ai baita de ere bade ergen be benjihe kai, farhūn bade fayangga be
nisan 냉정한 샤먼 너 어떤 일 에 이 곳에 목숨 을 가져왔구나 어두운 곳에　혼　을

benjihe　serede, nisan saman hendume, suweni ere bade　ya niyalma duleme genehe sembi,
가져왔는가 함에　nisan 샤먼 말하기를 너희의 이 곳에 어떤　사람　지나서 갔는가 한다
selektu segiltu
selektu segiltu

hendume, umai niyalma　dulekekū,　damu monggoldai nakcu baldu bayan i　jui
말하기를 결코　사람 지나가지 않았다 다만 monggoldai nakcu baldu bayan 의 아들
sergudai fiyanggū be gamame
sergudai fiyanggū 를 데리고

duleke　sehe manggi, nisan saman ilan dalgan misun ilan sefere hoošan　bufi　geneme,
지나갔다 한　후　nisan 샤먼 3 덩이 醬　3 뭉치 종이 주고서 가고
umai goidahakū.
전혀 오래지 않아

monggoldai nakcu i duka de isinafi,　geren weceku ilan jursu　kafi　hendume, monggoldai
monggoldai nakcu 의 문 에 이르러서 여러　神靈　3 겹 둘러싸고 말하기를 monggoldai
nakcu diku
nakcu diku

dikuye, hūdun tucinju diku dikuye　ai　jalin de diku dikuye, weri sain niyalma i
dikuye 빨리 나와라 diku dikuye 무슨 이유 에 diku dikuye 다른 좋은 사람 의

diku dikuye, jalgan akū diku dikuye, jafafi　gajihabi　diku dikuye, mimbe gosici diku dikuye,
diku dikuye 수명 없이 diku dikuye 잡아서 데려왔는가 diku dikuye　나를　부디 diku dikuye

sergudai fiyanggū be diku dikuye, amasi　bureo diku dikuye, bai　gamarakū
sergudai fiyanggū 를 diku dikuye 되돌려 주겠는가 diku dikuye 그냥 데려가지 않는다

diku dikuye, basan[14] bumbi
diku dikuye     삯     준다

diku dikuye, holtome   gamarakū     diku dikuye, hūda hoošan bumbi diku dikuye, minde buci
diku dikuye 속이고 데려가지 않는다 diku dikuye     값   종이   준다 diku dikuye 나에 주면
diku dikuye
diku dikuye

—— ◦ —— ◦ —— ◦ ——

지키는 설럭투와 서길투라는 두 귀신이 꾸짖으며 말했다.

"어디 산 나라의 사람이 겁 없이 나의 이 관문에 나타나는가? 우리는 염라대왕의 칙명으로 이 관문을 지킨다. 절대 함부로 보낼 수 없다."

하자, 니샨 샤먼이 청하여 말했다.

| "설럭투와 서길투여, 잘 들어라. | 허여 히열루 | 서두르고, | 허여 히열루 |
| 앞으로 나가고, | 허여 히열루 | 등 돌리고, | 허여 히열루 |
| 값 준다. | 허여 히열루 | 나를 보내면 | 허여 히열루 |
| 장 준다. | 허여 히열루" | | |

하니, 설럭투와 서길투가 웃으며 말했다.

"우리는 대체 누군가 하였다. 참, 뜬 기름 같은 냉정한 니샨 샤먼이여, 그대는 무슨 일로 이곳에 목숨을 가지고 왔는가? 어두운 곳에 혼을 가지고 왔는가?"

그러자 니샨 샤먼이 말했다.

"너희의 이곳에 어떤 사람이 지나서 갔는가?"

하니, 설럭투와 서길투가 말했다.

"결코 사람이 지나가지 않았다. 다만 몽골다이 낙추가 발두 바얀의 아들 서르구다이 피양구를 데리고 지나갔다."

니샨 샤먼이 세 덩이의 장과 세 뭉치의 종이를 주고서 갔다. 그리 오래지 않아 몽골다이 낙추의 문에 이르고, 여러 신령이 세 겹으로 둘러싸고 말했다.

| "몽골다이 낙추여, | 디쿠 디쿠여 | 빨리 나와라. | 디쿠 디쿠여 |
| 무슨 이유로, | 디쿠 디쿠여 | 다른 좋은 사람의, | 디쿠 디쿠여 |
| 수명 없이 | 디쿠 디쿠여 | 잡아서 데려왔는가? | 디쿠 디쿠여 |
| 나에게 부디, | 디쿠 디쿠여 | 서르구다이 피양구를, | 디쿠 디쿠여 |
| 되돌려 주겠는가? | 디쿠 디쿠여 | 그냥 데려가지 않는다. | 디쿠 디쿠여 |
| 삯 준다. | 디쿠 디쿠여 | 속이고 데려가지 않는다. | 디쿠 디쿠여 |
| 값으로 종이 준다. | 디쿠 디쿠여 | 나에게 주면, | 디쿠 디쿠여 |

---

14) basan : basa와 같다.

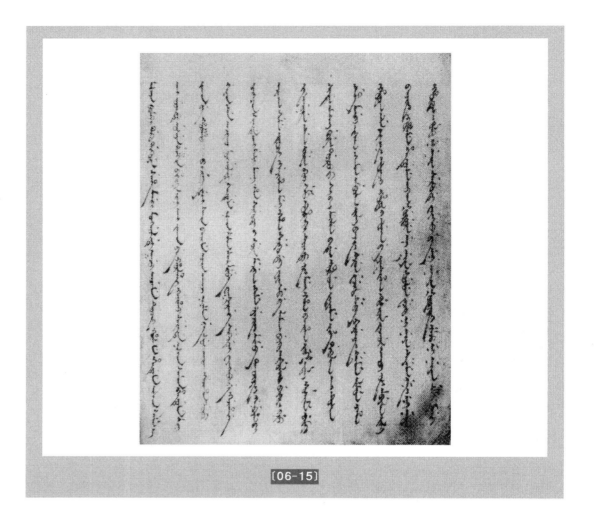

[06-15]

misun bumbi diku dikuye sehe manggi, monggoldai nakcu injeme tucifi hūlame hendume,
醬 준다 diku dikuye 한  후  monggoldai nakcu 웃으며 나와서 부르며 말하기를
nisan saman si
nisan 샤먼 너

ai  uttu  usun  dalhi  biheni, sini  ai  jaka be hūlhame gaihabi erede, nisan
어찌 이렇게 불쾌하고 수고를 끼치는 것인가 너의 무슨 물건 을 훔쳐서 가졌는가 함에 nisan
saman hendume, mini
샤먼 말하기를 나의

jaka be  hūlhaha bicibe,  weri  sain banjime erin akū niyalma be sui akū gajiha doro
물건 을 훔쳤다면 좋았는데 다른 사람 잘  살고  때 없는 사람 을 죄 없이 데려간 도리

giyan de    acarakū.  monggoldai hendume, nisan saman si mimbe wakašarangge, sergudai
이치 에  맞지 않는다 monggoldai 말하기를 nisan 샤먼 너 나를  나무라는 것  sergudai
fiyanggū be gajihangge
fiyanggū 를 데려온 것

yargiyan sinde ai    dalji, meni han sergudai i   sure    mergen seme donjifi, mimbe
진실로 너에 무슨 관계인가 나의 왕 sergudai 의 총명하고 현명하다 하고  듣고   나를
takūrafi    ganabuha,   bi
보내서 데리러 가게 했다 나

arkan seme   jobofi   gajiha, meni han sergudai fiyanggū be lama[15) buku arsulan[16)
  간신히   수고해서 데려왔다 나의 왕 sergudai fiyanggū 를 남색   역사   사자
buku i baru
역사 의 쪽

jafanure     de juwe buku gemu tuhekebi. tuttu   ofi meni han banjiha jui i adali  gosime
일제히 잡음 에  2  역사 모두 넘어졌다 그렇게 되어 나의 왕  낳은 아들 같이 사랑하며
ujimbi.
기른다

sinde amasi bure doro  bio. si  bai mekele bade hūsun fayame jihe    dabala,
너에 되돌려 줄 도리 있는가 너 괜히 헛된 곳에  힘  쓰고 온 것 지나지 않는다
ai    tusa
무슨 이익인가

sehe manggi, nisan saman ambula jili banjifi geren weceku sebe bargiyafi geneme,
  한  후  nisan 샤먼 매우 화 내고서 여러  神靈 들을 거두어서 가고
ilmun han
염라 대왕

hoton de  isinafi, tuwaci hoton i duka be yaksiha,  dosire  jugūn akū ofi, ambula jili
  성 에 이르러서 보니 성 의 문 을 닫았다 들어가는 길  없어서  매우 화

banjifi, hūlame hendume, abka šurdere nei neiye, geren weceku nei neiye, deyeme genefi
내고 부르며 말하기를 하늘 도는 nei neiye 여러  神靈 nei neiye 날아 가서
nei neiye,
nei neiye

hoton i dolo nei neiye, sergudai fiyanggū be nei neiye, šoforofi   gaju  nei neiye sehe
  성 의 안 nei neiye sergudai fiyanggū 를 nei neiye 잡아채서 데려오라 nei neiye 한
manggi,
  후

---

15) lama : lamun의 방언으로 추정된다.
16) arsulan : arsalan의 방언으로 추정된다.

—— ◦ —— ◦ —— ◦ ——
　장 준다.　　　　　　　　　디쿠 디쿠여"

그러자 몽골다이 낙추가 웃으며 나와서 부르며 말했다.
"니샨 샤먼, 너는 어찌 이렇게 불쾌하게 수고를 끼치는 것인가? 너의 무슨 물건을 훔쳐서 가져왔는가?"
하니, 니샨 샤먼이 말했다.
"나의 물건을 훔쳤다면 괜찮은데, 잘 살고 있는 다른 사람을, 죽을 때 되지 않은 사람을, 죄 없이 데려온 것은 도리와 이치에 맞지 않는다."
몽골다이가 말했다.
"니샨 샤먼, 네가 나를 나무라는 것인가? 서르구다이 피양구를 데려온 것이 진실로 너와 무슨 관계인가? 우리 대왕님께서 서르구다이가 총명하고 현명하다는 말을 듣고, 나를 보내서 데려오게 했다. 내가 간신히 수고해서 데려왔다. 우리 대왕님이 서르구다이 피양구에게 남색 역사와 사자 역사를 일제히 잡게 했을 때에 두 역사가 모두 넘겨졌다. 그래서 우리 대왕님이 낳은 아들과 같이 사랑하며 기른다. 너에게 되돌려 줄 이유가 있는가? 너는 괜히 헛된 곳에 힘만 쓰고 온 것에 지나지 않으니, 무슨 이익인가?"
하니, 니샨 샤먼 매우 화를 내고서 여러 신령들을 거두어서 나아갔다. 염라대왕의 성에 이르러 보니, 성의 문이 닫혀 있다. 들어가는 길이 없어서 매우 화를 내고 신령들을 부르며 말했다.

| "하늘을 도는 | 너이 너이여 | 여러 신령들이여, | 너이 너이여 |
| 날아가서 | 너이 너이여 | 성의 안에 있는 | 너이 너이여 |
| 서르구다이 피양구를 | 너이 너이여 | 잡아채서 데려오라. | 너이 너이여" |

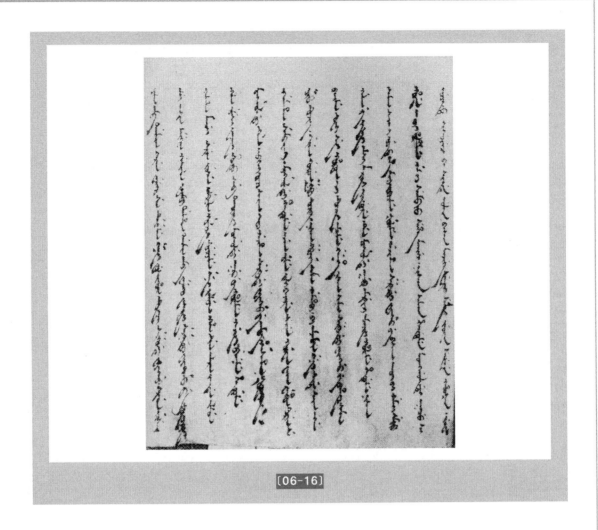

[06-16]

yala   amba damin geren weceku de deyeme genefi, fusihūn tuwaci, sergudai fiyanggū geren
정말로  큰  수리  여러  神靈  에  날아  가서  아래  보니  sergudai fiyanggū 여러
juse   i
아이들 의

emgi aisin menggun gacuha[17] efimbi. dalaha damin amba weceku wasifi, sergudai fiyanggū be
함께  금  은  가추하  논다 우두머리 수리 큰   神靈  내려서 sergudai fiyanggū 를
šoforofi
잡아채어

---

17) gacuha : 양이나 사슴 등의 정강이뼈로 만든 주사위 같은 놀이 기구를 가리킨다.

gamaha manggi, geren juse ambula golofi, sujume genefi ilmun han de alara jakade, ilmun
데려간 후    여러 아이들 매우 놀라서  달려  가서 염라 대왕 에 알릴 적에   염라

han umesi fancafi, hutu sebe takūrafi, monggoldai nakcu be hūlame gajifi,   beneme[18]
대왕 대단히 성내고 귀신 들을 보내서 monggoldai nakcu 를  불러 데려오고 서두르며
hendume,
말하기를

monggoldai de absi   oci  sain,  sini gajiha sergudai fiyanggū be amba gasha šoforofi
monggoldai 에 어떻게 되면 좋은가 너의 데려온 sergudai fiyanggū 를   큰   새  잡아채어

gamaha   sembi kai. monggoldai hendume,  ejen ume jili banjire, tere   gūwa    waka,
데려갔다 하는구나 monggoldai 말하기를 주인 화 내지 말라   그  다른 사람 아니다
weihun gurun de
  산    나라 에

uju   tucike geren gurun de gebu tucike nisan gebungge saman gamahabi. bi amcame genefi,
제일 드러난 여러 나라 에 이름 드러난 nisan  이름난  샤먼 데려갔다 나 쫓아  가서
tede sain angga
그에 좋은 입

baime tuwaki sefi, hoton ci  tucifi amcame genehe. nisan saman sergudai fiyanggū be
청해서 보자 하고  성 에서 나와서 쫓아  갔다 nisan 샤먼 sergudai fiyanggū 를
bahafi,  saman
발견하고 샤먼

gala be jafafi amasi marifi jidere de, monggoldai nakcu amargi ci  amcanjifi, hūlame hendume,
손 을 잡고 뒤로 돌아서 옴 에 monggoldai nakcu 뒤로 부터 쫓아와서 부르며 말하기를
nisan
nisan

saman si  ai   uttu   ehe,  mini jobome šuleme  gajiha  sergudai fiyanggū be basan[19]
샤먼 너 어찌 이렇게 나쁜가 나의 수고하고 징수해서 데려왔다 sergudai fiyanggū 를   샀
akū  bai gamaki sembio,
없이 그저 데려가자 하는가

hūda akū hūlhame gamaki sembio sehe manggi, nisan saman hendume, monggoldai nakcu si
값 없이 훔쳐 데려가자 하는가 한  후   nisan 샤먼 말하기를 monggoldai nakcu 너

uttu gisureci, bi sinde ulin basan majige weriki sefi, juwan sefere hoošan juwan
이리 말하면 나 너에 재화 샀 조금 남기자 하고  10  뭉치 종이  10

---

18) beneme : bengneme의 방언 또는 잘못으로 추정된다.
19) basan : basa와 같다.

—— ∘ —— ∘ —— ∘ ——

하자, 정말로 큰 수리가 여러 신령과 날아가서 아래를 보니, 서르구다이 피양구가 여러 아이들과 함께 금과 은으로 된 가추하를 가지고 논다. 우두머리 수리와 큰 신령이 내려가서 서르구다이 피양구를 잡아채어 데려갔다. 다른 여러 아이들이 매우 놀라서 염라대왕에게 달려가서 알리니, 염라대왕이 대단히 성을 냈다. 귀신들을 보내서 몽골다이 낙추를 불러 데려오게 하고는 몽골다이에게 몹시 서두르듯이 말했다.

"어떻게 하면 좋은가? 네가 데려온 서르구다이 피양구를 큰 새가 잡아채어 데려갔다 하는구나."

몽골다이가 말했다.

"대왕님, 화 내지 마십시오. 그는 다른 사람이 아니라 이승에서 제일 뛰어나고, 여러 나라에 드러나고 이름난 니샨 샤먼이 데려갔습니다. 제가 쫓아가서 그에게 좋은 말로 청해 보겠습니다."

하고는 성에서 나와 쫓아갔다. 니샨 샤먼은 서르구다이 피양구를 발견하고는 손을 잡고 뒤로 되돌아서 오는데, 몽골다이 낙추가 뒤에서부터 쫓아와서 부르며 말했다.

"니샨 샤먼, 너는 어찌 이렇게 나쁜가? 내가 수고하여 끌고 데려온 서르구다이 피양구를 삯도 없이 그저 데려가려 하는가? 값도 주지 않고 훔쳐서 데려가려 하는가?"

하니, 니샨 샤먼이 말했다.

"몽골다이 낙추여, 그대가 이렇게 말하면 내가 너에게 재화로 삯을 조금 남기겠다."

하고는, 열 묶음의 종이와 열

※ 내용상으로 볼 때 중간에 결락이 있다.

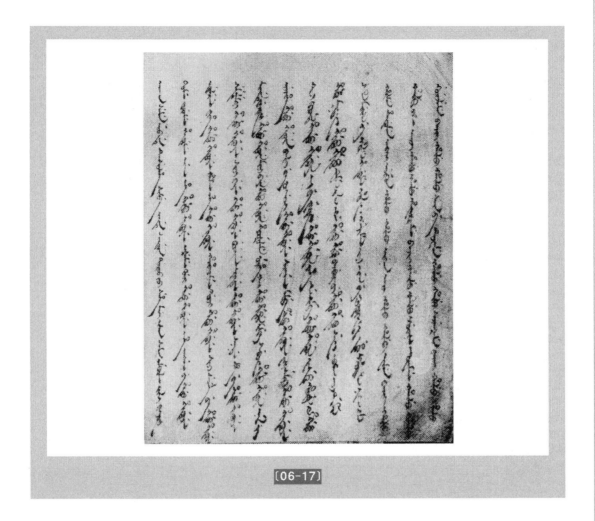

[06-17]

arkan seme  ubade  teisulehe, simbe ede sindara doro  bio  sehe manggi, nisan saman ambula
　지금 막　여기서　만났다　너를 이에 놓아줄 도리 있는가 한　후　nisan 샤먼 매우
jili banjifi,
화　내고

tome　firume  hendume, eigen age hidu hideye, ekšeme donji hidu hiduye, ehe angga be
꾸짖고 저주하며 말하기를　남편 age hidu hideye 서둘러 들어라 hidu hiduye 나쁜　입　을
hidu hiduye,
hidu hiduye

efulere  bihe  hidu hiduye, haha ehe hidu hiduye, hacihiyame donji  hidu hiduye, sini sencehe
깨고　있었다 hidu hiduye 남자 나쁜 hidu hiduye　조급하게　들어라 hidu hiduye 너의 아래턱

be hidu hiduye
을 hidu hiduye

sendelehe hidu hiduye, sini beye hidu hiduye, bucere erinde hidu hiduye, sakda emke be
부수었다 hidu hiduye 너의 몸 hidu hiduye 죽을 때에 hidu hiduye 노인 하나 를
hidu hiduye,
hidu hiduye

minde werifi hidu hiduye, mini beye hidu hiduye, hiyoošulame ujihe kai hidu hiduye, mimbe
나에 남기고 hidu hiduye 나의 몸 hidu hiduye 효행하며 봉양하였구나 hidu hiduye 나를
sabufi hidu hiduye, eniye be
보고 hidu hiduye 어머니 를

ujihe hidu hiduye, baili be onggofi hidu hiduye, sargan minbe hidu hiduye, waki sembi
봉양한 hidu hiduye 정 을 잊고 hidu hiduye 아내 나를 hidu hiduye 죽이자 한다
hidu hiduye,
hidu hiduye

sini boode hidu hiduye, ai be werifi hidu hiduye, jihe de simbe hidu hiduye, fengdu hoton
너의 집에 hidu hiduye 무엇 을 남기고 hidu hiduye 옴 에 너를 hidu hiduye 酆都 城
de hidu
에 hidu

hiduye, maktafi hidu hiduye, tumen jalan de hidu hiduye, banjiburakū de hidu hiduye sefi,
hiduye 던지고 hidu hiduye 만 대 에 hidu hiduye 태어날 수 없게 됨 에 hidu hiduye 하고
abka ci damin
하늘에서 수리

saha manggiyansa[20] be hūlame hendume hūlafi gajime ini eigen be šoforofi fengdu horiha
알고 정령들 을 부르며 말하고 불러서 데려오고 그의 남편 을 잡아채어 酆都 넣었다
nisan saman
nisan 샤먼

hūlame hendume, absi urgun hailu hailu, eigen akū hailu hailu, efime banjiki hailu
부르며 말하기를 얼마나 기쁜가 hailu hailu 남편 없이 hailu hailu 즐겁게 살자 hailu

hailu, han akū hailu hailu, hafiršame banjiki hailu hailu, gūnin tuwame hailu hailu,
hailu 왕 없이 hailu hailu 절약하며 살자 hailu hailu 마음 살피고 hailu hailu

guculeme banjiki nailu hailu, sain be tuwame hailu hailu, sargašame banjiki hailu hailu,
친구하며 살자 nailu hailu 좋음 을 보고 hailu hailu 놀면서 살자 hailu hailu

---

20) manggiyansa : manggiyan은 샤만이 부르는 신을 수반하는 정령을 가리키며, sa는 복수를 나타내는 접미사이다.

—— 。 —— 。 —— 。 ——

지금 막 여기서 만났다. 너를 이에 놓아줄 도리 있는가?"

하자, 니샨 샤먼이 매우 화를 내면서 꾸짖고 저주하며 말했다.

| | | | |
|---|---|---|---|
| "남편이여, | 히두 히더여 | 서둘러 들어라. | 히두 히더여 |
| 나쁜 입을 | 히두 히더여 | 깨고 있었다. | 히두 히더여 |
| 남편 나쁘고 | 히두 히더여 | 조급하게 들어라. | 히두 히더여 |
| 너의 아래턱을 | 히두 히더여 | 부수었다. | 히두 히더여 |
| 너의 몸은, | 히두 히더여 | 죽을 때에, | 히두 히더여 |
| 노인 하나를, | 히두 히더여 | 나에게 남기고, | 히두 히더여 |
| 나의 몸은, | 히두 히더여 | 효행하며 봉양하였구나. | 히두 히더여 |
| 나를 보고, | 히두 히더여 | 어머니를 봉양한, | 히두 히더여 |
| 정을 잊고, | 히두 히더여 | 아내인 나를, | 히두 히더여 |
| 죽이려 한다. | 히두 히더여 | 너의 집에, | 히두 히더여 |
| 무엇을 남기고, | 히두 히더여 | 왔기에 너를, | 히두 히더여 |
| 풍도성(酆都城)에, | 히두 히더여 | 던지고, | 히두 히더여 |
| 만대에, | 히두 히더여 | 태어날 수 없게 되었다. | 히두 히더여" |

하니, 하늘에서 수리가 알고는 정령들을 불러서 데려와서는 그의 남편을 잡아채어 풍도(酆都) 감옥에 넣었다. 니샨 샤먼이 부르며 말했다.

| | | | |
|---|---|---|---|
| "얼마나 기쁜가? | 하일루 하일루 | 남편 없이, | 하일루 하일루 |
| 즐겁게 살자. | 하일루 하일루 | 왕 없이, | 하일루 하일루 |
| 절약하며 살자. | 하일루 하일루 | 마음 살피고, | 하일루 하일루 |
| 친구하며 살자. | 하일루 하일루 | 좋음을 보고, | 하일루 하일루 |
| 놀면서 살자. | 하일루 하일루" | | |

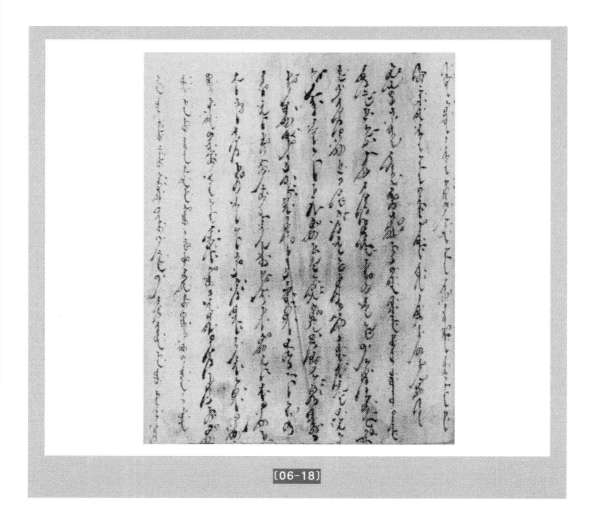

[06-18]

seme toofi, hailu hailu. sergudai fiyanggū be gala be jafafi jidere de, uju tukiyefi tuwaci,
하고 꾸짖고 hailu hailu sergudai fiyanggū 를 손 을 잡고 옴 에 머리 들고서 보니

julergi de emu aisin elden de kiyoo i hashū ergide, emu boobai taktu bi, uce ci sunja
앞쪽 에 한 금 빛 에 橋의 왼 쪽에 한 보배 누각 있다 문 에서 5

boobei sukdun hiyaršambi nisan saman ferguweme kiyoo i ninggude tafafi tuwaci,
보배 기운 홀연히 인다 nisan 샤먼 기이하게 여기며 橋 의 위에 올라서 보니
emu hutu
한 귀신

ilan haha jafafi tehebi, nisan saman hanci genefi fonjime, age ere sabure taktu
3   남자   잡고서   앉았다 nisan   샤먼   가까이   가서   묻기를 age 이   보이는   누각

ainaha niyalma tehebi, mimbe gosici majige    alarao    sehe manggi, tere hutu alame,   ere
어떤     사람   사는가   나를   부디   조금   알리겠는가   한     후     그   귀신   알리기를   이
taktu de
누각 에

tehengge uttu fulehe  ci fusembure abdaha ci  arsumbure omosi mama tehebi
사는 것 이렇게   뿌리 에서 번식시키고     잎 에서   싹틔우는 omosi mama 산다

sehe manggi, nisan saman tere hutu de ilan sefere hoošan bufi, uthai sergudai fiyanggū i
한     후   nisan   샤먼   그   귀신 에   3   뭉치   종이   주고   곧 sergudai fiyanggū 의

gala be jafafi taktu de tafame genefi, nisan saman tuwaci, taktu uce juwe niyalma uksin saca
손   을   잡고 누각 에   올라   가서   nisan   샤먼   보니   누각 문   2     사람   갑옷   투구

etufi, gala de geli maitu jafafi tuwakiyame tehebi. nisan saman be sabufi, esukiyeme hendume,
입고   손 에   또 몽둥이 잡고     지키고   있었다 nisan   샤먼   을   보고   꾸짖으며   말하기를

tuwa,  ya  bai ganiongga fayangga jihe,  hūdun amasi bedere,  fudarame  dosici,  urunakū
보라 어느   곳의   괴이한     혼   왔는가 빨리 뒤로 돌아가라 거역하고 들어가면 반드시
tantame
처서

wambi serede, nisan saman baime hendume, juwe enduri age bi  ehe  hutu  waka,
죽인다   함에   nisan   샤먼   청하며   말하기를   2     신 age 나   나쁜   귀신   아니다

weihun gurun  i nisan gebungge sere saman inu, cohome omosi mama de
산     나라   의 nisan   이름의   하는   샤먼   이다 오로지 omosi mama 에

—— 。 —— 。 —— 。 ——

하고 꾸짖고는, 서르구다이 피양구의 손을 잡고 왔다. 오다가 머리를 들고 보니, 앞쪽에 한 금빛 다리의 왼쪽에 보배 누각이 하나 있다. 문에서 다섯 가지 보배 기운이 홀연히 일어난다. 니샨 샤먼이 기이하게 여기며 다리 위에 올라서 보니, 한 귀신이 세 남자를 잡고서 앉아 있다. 니샨 샤먼이 가까이 가서 물었다.
"아거, 이 누각에는 어떤 사람이 삽니까? 부디 조금 알려주겠습니까?"
하자, 그 귀신이 말했다.
"이 누각에는 이렇게 뿌리에서 번식시키고, 잎에서 싹틔우는 오모시 마마가 산다."
니샨 샤먼은 그 귀신에게 세 뭉치의 종이를 주고, 곧 서르구다이 피양구의 손을 잡고 누각에 올라갔다. 니샨 샤먼이 보니, 누각 문을 두 사람이 갑옷과 투구를 입고, 또 손에는 몽둥이를 잡고 지키고 있었다. 니샨 샤먼을 보고 꾸짖으며 말했다.
"보라, 어느 곳에서 괴이한 혼이 왔는가? 빨리 되돌아서 가라. 거역하고 들어가면 반드시 쳐서 죽인다."
니샨 샤먼이 청하며 말했다.
"두 분 신이여, 나는 나쁜 귀신이 아닙니다. 이승의 니샨이라 이름하는 샤먼입니다. 오로지 오모시 마마를

[06-19]

acafi emgeri hengkileki sembi seme alaha manggi, juwe enduri sindafi unggihe.
만나서 한번 인사하자 한다 하고 알린 후 2 신 놓아서 보냈다

nisan saman taktu de wesifi tuwaci, amba nahan de emu sakda mama tehebi.
nisan 샤먼 누각 에 올라서 보니 큰 구들방 에 한 늙은 mama 앉았다

mama i beyei šurdeme ajige juse efimbi. nisan saman hengkileme acara de, omosi
mama 의 몸의 주위에 작은 아이들 논다 nisan 샤먼 인사하고 만남 에 omosi

mama hendume, bi inu simbe takarakū, si ya bai niyalma sehe manggi, nisan saman
mama 말하기를 나 또한 너를 알지 못 한다 너 어느 곳의 사람인가 한 후 nisan 샤먼

injeme hendume, mama adarame mimbe　takarakū,　gemu sini abdaha arsumbuha
웃으며 말하기를　mama　어찌　나를 알지 못하는가　모두 너의　잎　싹틔운
fuleha　ci
뿌리 에서

fusembuhe omosi　kai. omosi mama hendume, si　minci　fusehe omosi oci, gebu
번식시킨 자손들 이로다 omosi mama 말하기를　너 나로부터 잘 자란 자손들 이면 이름

hala ai　bihe,　ejeme gaiki serede, nisan saman hendume, bi uthai weihun gurun i
성 무엇 있었는가 기억해 가지자 함에　nisan 샤먼 말하기를 나 곧　산　나라 의

gebungge hehe saman serengge, mini beye inu, mama adarame　takarakū　sembi sehe
이름난 여자 샤먼　하는 것 나의 몸 이다 mama　어찌 알지 못한다 하는가 한
manggi, omosi mama
후　omosi mama

hendume, si nisan saman oci, tere haha jui ainaha niyalma, sinde juse akū kai,
말하기를 너 nisan 샤먼 이면 그 남자 아이 어떠한 사람인가 너에게 아들 없도다
ai bi　jui.　nisan
어디 아이인가 nisan

saman hengkileme hendume, mama　ai　getukelei donji, bi juwan nadan sede mini eigen
샤먼　절하며 말하기를 mama 아무쪼록 명확하게 들어라 나 10　7　세에 나의 남편
bucefi, bi sakda　emeke be
죽고 나 늙은 시어머니 를

hiyoošulame banjire de, emu inenggi, gaitai booi　muluci　buleku fuhešeme,　minci　dosiki
孝順하며　삶 에 한 날 갑자기 집의 대들보에서 거울　굴러서 나로부터 나가자
de tuhenjifi,　bi uthai　sarakū,
에 내려 와서 나 곧 알 수 없이

ilan aniya nimeme dedufi, arga akū ejen ilifi[21] saman taciha bihe. ere　jui　be ilmun han
3　년　아파 누워서 방법 없이 주인 서서　샤먼　배웠었다 이　아이 를 염라 대왕
monggoldai gebungge hutu be takūrafi
monggoldai 이름의 귀신 을 시켜서

---

21) ejen ilimbi : '주인이 서다'는 말이나, '신이 들어오다'는 뜻으로 보인다.

—— 。 —— 。 —— 。 ——

만나서 한번 인사를 드리고자 합니다."

하고 말하니, 두 신이 놓아서 보냈다. 니샨 샤먼이 누각에 올라서 보니, 큰 구들방에 한 늙은 마마가 앉았고, 마마의 주위에는 작은 아이들이 논다. 니샨 샤먼이 만나서 인사하니 오모시 마마가 말했다.

"나도 너를 알지 못한다. 너는 어느 곳 사람인가?"

니샨 샤먼이 웃으며 말했다.

"마마, 어찌 저를 알지 못하십니까? 모두 당신의 잎에서 싹틔워지고, 뿌리에서 번식되어진 자손입니다."

오모시 마마가 말했다.

"네가 나로부터 잘 자란 자손이면, 이름과 성이 무엇인가? 기억해 두자꾸나."

하니, 니샨 샤먼이 말했다.

"저는 곧 이승의 이름난 여자 니샨 샤먼하는 이가 바로 저입니다. 마마 어찌 알지 못한다 하십니까?"

하니, 오모시 마마가 말했다.

"네가 니샨 샤먼이면, 그 남자 아이는 누구인가? 너에게는 아들이 없도다. 누구의 아이인가?"

하자, 니샨 샤먼이 절하며 말했다.

"마마, 감히 명확하게 말씀드립니다. 저는 17세에 남편이 죽고, 늙은 시어머니께 효도하며 살았습니다. 어느 날 갑자기 집의 대들보에서 거울이 굴러서 '나에게서부터 나가자.' 하고 내려왔고, 곧 영문도 알 수 없이 3년 동안 아파 누웠는데, 할 수 없이 신이 들어서서 샤먼 일을 배웠습니다. 이 아이를 염라대왕이 몽골다이라는 이름의 귀신을 시켜서

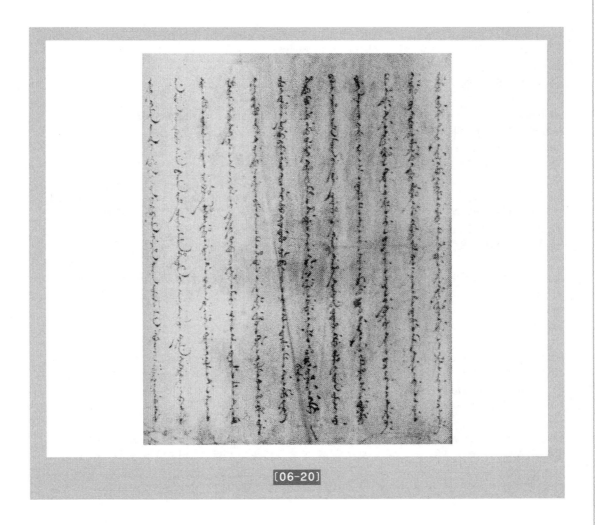

[06-20]

jafafi  gamara jakade,  be  hūda basan[22]  bufi  baime  gajiha,    ainara  omosi  mama gosici,
잡아서 데려갈 적에 우리 값    샀    주고 구해서 데려왔다 아무쪼록 omosi mama 부디
sergudai fiyanggū de
sergudai fiyanggū 에


enen juse  toktobureo  seme  baime  jihe. omosi mama hendume, bi sini dere be tuwame
자손 아들 정해주겠는가 하고 청하러 왔다 omosi mama 말하기를 나 너의 얼굴 을   보고
sergudai fiyanggū de
sergudai fiyanggū 에


22) basan : basa와 같다.

sunja haha jui ilan sargan jui buhe.[23] hehesi weihun gurun de isinaha,　　suweci　　weihun
5 남자 아이 3 여자 아이 주었다 여자들 산 나라 에 이르렀다 너희들로부터 산
gurun i niyalma de saikan
나라 의 사람 에 잘

ulhibume tacibu sefi, nisan saman i gala be jafafi, taktu ci wasiha manggi, nisan saman
알게 가르쳐라 하고 nisan 샤먼 의 손 을 잡고서 누각 에서 내려온 후 nisan 샤먼
fonjime, mama tere emu
묻기를 mama 저 한

farsi fodoho absi uttu niowanggiyan bime saikan. mama hendume, tere suweni weihun
조각 버드나무 어떻게 이렇게 푸르게 있어 좋은가 mama 말하기를 그 너희의 산
gurun i niyalma banjishūn bime juse
나라 의 사람 풍족하게 있고 아들

omosi fusehengge labdu bime geren oci, terei booi fodoho uttu saikan. nisan saman
손자들 잘 자란 것 많이 있고 여럿 이면 그의 집의 버드나무 이렇게 좋다 nisan 샤먼
fonjime, mama tere emu farsi
묻기를 mama 저 한 조각

fodoho moo inu gemu olhofi tuhekebi. mama hendume, tere suweni weihun gurun i niyalma
버드 나무 역시 모두 말라서 넘어졌다 mama 말하기를 그 너희의 산 나라 의 사람
hūturi banjime ohode, gemu
복 생기게 됨에 모두

balai cihai ihan morin be jihe fodoho be gaifi deijihe turgunde, fodoho gemu olhofi
함부로 멋대로 소 말 을 온 버드나무 를 잡고 태운 까닭에 버드나무 모두 마르고
juse omosi u
아들 손자들 無

yong[24] lakcarakū banjimbi. nisan saman fonjime, mama tere eigen sargan emursu etuku
用 끊임없이 태어난다 nisan 샤먼 묻기를 mama 저 남편 아내 홑 옷
dasifi ainu halhūn seme fuhešembi
덮고서 어째서 더운가 하고 구른다

mama hendume, tere suweni weihun gurun i niyalma eigen oci sargan i yasa be burakū,
mama 말하기를 그 너희의 산 나라 의 사람 남편 되면 아내 의 눈 을 주지 않고
sargan oci eigen i dere be
아내 되면 남편 의 얼굴 을

girubuhakū turgunde, emursu etuku elbehe seme kemuni halhūn. nisan saman fonjime,
부끄러워하지 않은 까닭에 홑 옷 덮었다 해도 또 덥다 nisan 샤먼 묻기를

---

23) 그 다음에 이어서 나오는 'hehesi weihun gurun de ······ ulhibume tacibu sefi'까지의 내용과 전후 문맥이 잘 맞지
않는다. 중간에 결락이 있거나, 이 문장이 잘못 들어간 것으로 보인다.
24) u yong : '無用[wúyòng]'의 음차로 추정된다.

mama tere eigen sargan
mama 저 남편 아내

jursu jibehun dasifi, ainu gemu šurgeme gecembi. mama hendume, tere suweni weihun
겹의 이불 덮고 어째서 모두 떨면서 어는가 mama 말하기를 그 너희의 산
gurun i niyalma eigen oci, sargan be
나라 의 사람 남편 되면 아내 를

—— ○ —— ○ —— ○ ——

잡아서 데려갔으므로 우리가 값과 삯을 주고 구해서 데려왔습니다. 아무쪼록 오모시 마마께서 부디 서르구다이 피양구에게 자손과 아들을 정해주실 수 있을까 하고 청하러 왔습니다."

하니, 오모시 마마가 말했다.

"네 얼굴을 보고 서르구다이 피양구에게 남자 아이 다섯과 여자 아이 셋을 주었다. 샤먼 여인이 이승에 이르러 너희들로부터 이승의 사람들에게 잘 알도록 가르쳐라."

하고는 니샨 샤먼의 손을 잡고서 누각에서 내려왔다. 그때에 니샨 샤먼이 물었다.

"마마, 저 버드나무 가지 한 조각은 어떻게 이렇게 푸르고 좋습니까?"

하자, 마마가 말했다.

"그것은 너희 이승의 사람이 풍족하게 살고 있고, 많은 아들과 손자들이 잘 자라고 있으며 여럿이면, 그의 집 버드나무가 이렇게 좋다."

하니, 니샨 샤먼이 물었다.

"마마, 저 버드나무 가지 한 조각은 또 모두 말라서 넘어졌습니다."

하자, 마마가 말했다.

"그것은 너희 이승의 사람이 생긴 복을 모두 함부로 멋대로 쓰고, 소와 말이 온 버드나무를 잡고서 태운 까닭에 버드나무가 모두 마르게 되고, 아들과 손자들이 쓸데없이 끊임없이 태어난다."

하니, 니샨 샤먼이 물었다.

"마마, 저 부부는 홑옷을 덮고서는, '어째서 더운가?' 하면서 구르는 것입니까?"

하자, 마마가 말했다.

"그는 너희 이승 사람의 남편이 되어서 아내에게 눈을 주지 않고, 아내가 되어서는 남편의 얼굴을 부끄럽게 여기지 않은 까닭에, 홑옷을 덮었는데도 덥다."

하니, 니샨 샤먼이 물었다.

"마마, 저 부부는 겹이불을 덮고서, 어째서 모두 떨면서 어는 것입니까?"

하자, 마마가 말했다.

"그는 너희 이승 사람의 남편이 되어서 아내를

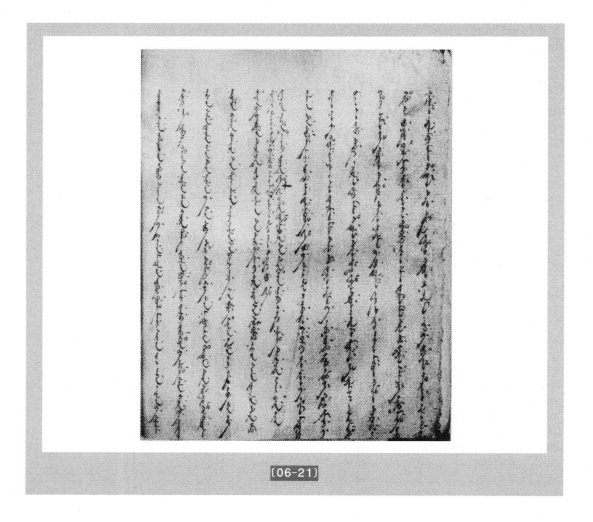

[06-21]

gūnirakū, geren hancingga   hojo  saikan hehe be baime latume yabufi bucehe manggi, sargan
생각않고 여러  가깝고 아름답고 좋은 여자 를 구해서 사통 해서 죽은  후   아내
oci, eigen i yasa be somime
되면 남편 의 눈 을 숨기고

gidafi,    ehe  yabufi hancingga niyalma de gūnin dahafi yabume bucehe manggi, jursu
감추어서 나쁘게 행해서  가까운   사람 에 생각 따라서 행하고 죽은   후   겹의
jibehun be elbehe seme gecere be   nakarakū.
  이불 을 덮었다 하고  얼기 를 그치지 않는다

nisan saman fonjime, mama tere niyalma be dara sube deri  dehelefi   jing de maktambi.
nisan 샤먼 묻기를 mama 저   사람 을 허리 근육 에서 갈고리 걸어 바야흐로  던진다

mama hendume, tere suweni weihun gurun i
mama 말하기를 그 너희의 산 나라 의

niyalma bahara gaire de doosi elecun akū, niyalma de buci, ajige de ajige hiyase, niyalma   ci
사람 얻어 가짐 에 탐욕 탐하지 않고 사람 에 주면 작음 에 작은 상자 사람 에게서
gaifi,  amba de amba
취하고 큼 에 큰

hiyase be baitalaha turgunde, ini ere jalgan de dubehe manggi, ere erun de tuhebumbi. nisan
상자 를 사용한 까닭에 그의 이 수명 에 다한 후 이 형벌 에 떨어뜨린다 nisan
saman fonjime, tere emu
샤먼 묻기를 저 한

feniyen niyalma be ainu ujude wehe hukšefi alin de[25] tafame benebumbi. mama hendume,
무리 사람 을 어째서 머리에 돌 이고 산 에 올라서 보내지는가 mama 말하기를

tese alin de tafafi moo wehe wasihūn fuhešebure de, alin ejen uju sufi nimehe turgunde,
그들 산 에 올라서 나무 돌 아래로 굴림 에 산 주인 머리 풀고 아팠던 까닭에
esei beye erin
이들의 몸 때

jalgan de dubehe manggi, uttu esei fuhešebuhe wehe moo be amasi alin i ninggude
수명 에 다한 후 이렇게 이들의 굴린 돌 나무 를 뒤로 산 의 위에
benebumbi.[26] ere erun be alime muterakū
보내진다 이 형벌 을 받을 수 없다

abka na be hūlame nisan saman fonjime, mama tere emu feniyen niyalma be ainu uttu
하늘 땅 을 부르고 nisan 샤먼 묻기를 mama 저 한 무리 사람 을 어째서 이렇게
etuku adu be[27] suwei nimenggi be
옷 의복 을 너희의 기름 을

mucen de jalu tebufi irume wambi. mama hendume, tere suweni weihun gurun i
냄비 에 가득히 채우고 가라앉혀 죽이는가 mama 말하기를 그 너희의 산 나라 의
niyalma mujilen ehe niyalma i aisin menggun
사람 마음 나쁜 사람 의 금 은

bahaki seme ehe gūnin deribufi, tere niyalma be butuleme wafi, terei aisin menggun gaiha
얻자 하고 나쁜 생각 일으키고 그 사람 을 덮개 덮어 죽이고 그의 금 은 취한
turgunde, ede
까닭에 그래서

---

25) hukšefi alin de ~ tafafi moo wehe : 원문의 중간에 이 부분이 삽입되어 있다.
26) 그 다음에 이어서 나오는 'ere erun be alime muterakū abka na be hūlame'의 내용과 전후 문맥이 잘 맞지 않는다. 중간에 결락이 있거나, 이 문장이 잘못 들어간 것으로 보인다.
27) 그 다음에 이어서 나오는 'suwei nimenggi be mucen de jalu tebufi irume wambi.'의 내용과 전후 문맥이 잘 맞지 않는다. 중간에 결락이 있거나, 이 문장이 잘못 들어간 것으로 보인다.

hutu de  ubiyabufi bucehe manggi, ere erun de tuhebumbi. nisan saman fonjime, mama tere
귀신 에 미움받아  죽은   후   이 형벌 에 떨어진다  nisan 샤먼 묻기를   mama 저

emu feniyen hehesi be  ainu meihe  jio
한    무리  여자들 을  어째서   뱀  오는가

šešeme ejelembi.   mama hendume, tere suweni weihun gurun i niyalma eigen be ubiyame
물어서 지배하는가  mama 말하기를   그  너희의   산    나라 의 사람   남편 을 미워하여

hancingga niyalma de
가까운    사람  에

———  。  ———  。  ———  。  ———

생각하지 않고, 가까이의 아름답고 좋은 여러 여자를 구해서 사통하며 살다가 죽었다. 아내가 되어서는 남편의 눈을 감추고 숨기고는 나쁜 행실을 행하고, 가까운 사람에게 생각을 따라서 마음대로 행하며 살다가 죽었다. 그래서 죽은 다음에 겹이불을 덮었는데도 얼기를 그치지 않는다."

하니, 니샨 샤먼이 물었다.

"마마, 저 사람은 어째서 허리 근육에 갈고리 걸어서 바야흐로 던지는 것입니까?"

하자, 마마가 말했다.

"그는 너희 이승의 사람이 얻어 가질 때에 탐욕으로 탐하지 않고, 사람에게 줄 때에는 작은 것에는 작은 상자를 사용하고, 사람에게서 취할 때에는 큰 것에는 큰 상자를 사용한 까닭에 그의 수명이 다한 다음에는 이 형벌에 떨어뜨린다."

하니, 니샨 샤먼이 물었다.

"저 한 무리 사람들은 어째서 머리에 돌을 이고 산으로 올려 보내지는 것입니까?"

하자, 마마가 말했다.

"그들은 산에 올라서 나무와 돌을 아래로 굴렸을 때에, 산의 주인이 머리를 풀고 아팠다. 이런 까닭에 그들의 몸이 수명을 다한 다음에 이렇게 그들이 굴린 돌과 나무를 산 위로 되돌려 보내게 한다."

〈결락〉

"······ '이 형벌을 받을 수 없다.' 하고 하늘과 땅을 부르면서 ······."

하니, 니샨 샤먼이 물었다.

"마마, 저 한 무리 사람들은 어째서 이렇게 옷과 의복을 ······."

〈결락〉

"······ 너희의 기름을 냄비에 가득히 채우고서 가라앉혀 죽이는 것입니까?"

하니, 마마가 말했다.

"그는 너희 이승의 사람이 마음 나쁜 사람의 금과 은을 얻고자 하여 나쁜 생각 일으키고, 그 사람을 덮개로 덮어 죽이고서는 그의 금과 은을 취하였다. 그런 까닭에 귀신이 된 사람에게 미움을 받아 죽은 다음에 이 형벌에 떨어진다."

하자, 니샨 샤먼이 물었다.

"마마, 저 한 무리의 여자들에게 어째서 뱀이 와서 물고, 지배하는 것입니까?"

하니, 마마가 말했다.

"그들은 너희 이승의 사람이 남편을 미워하여 가까운 사람에

※ 내용상으로 볼 때 중간에 결락이 있다.

[06-22]

nisan saman hendume, mama i alahangge ambula baniha.   te  bi fakcafi genembi serede,
nisan 샤먼 말하기를 mama 의 말한 것    매우 감사하다 지금 나 헤어져 간다    함에
omosi mama hendume, hehesi weihun
omosi mama 말하기를 여자들    산

gurun de isinaha manggi, weihun gurun niyalma de saikan alafi, hiyoošun akū  ehe haha
나라 에 이른    후    산   나라   사람 에 잘 알리고  孝順 없는 나쁜 남자
hehe de tacibume    ala
여자 에 가르치고 알려라

sefi, taktu de bederehe. nisan saman mama de baniha bufi,  sergudai fiyanggū i gala be
하고 누각 에 돌아갔다 nisan 샤먼 mama 에 감사 드리고 sergudai fiyanggū 의 손 을

jafafi jime, umai
잡고  와서  전혀

goidahakū, fulgiyan bira de  isinjifi,  birai ejen de ilan dalgan misun ilan sefere hoošan basan[28]
오래지않아  붉은  강 에  다다르고  강의 주인 에  3  덩이  醬  3  뭉치  종이  삿
werifi,
남기고

sergudai fiyanggū  i gala be jafafi,  edun   su  i  adali efime sujume jihei  doholon
sergudai fiyanggū 의  손 을 잡고  바람 회오리  같이  즐기며  달려  오면서  절름발이

lahi  i  jecen dalin akū bira de  isinjifi, lahi de basan majige werime jifi, baldu bayan
lahi 의  경계 강안 없는 강 에  다다라서 lahi 에  삿  조금  남기고  와서 baldu bayan
duka de  isinjifi,
문 에  다다르고

duka uce  i  enduri sede ilan sefere hoošan ilan dalgan misun be bufi boode  dosinjifi,
문  의  신  들에  3  뭉치  종이  3  덩이  醬 을 주고  방에  들어와서
nisan saman  gaitai siša
nisan 샤먼  갑자기  방울

hūsihan aššame, beye gubci šurgeme dargime bisirede, nari fiyanggū ulhifi, oforo šurdeme
치마 움직이고 몸 두루 부르르  떨고  있음에 nari fiyanggū 알고 코  주위
orin hunio muke dere
20  통  물  얼굴

šurdeme dehi hunio muke maktaha manggi, nisan saman gaitai besergen ilifi, tungken imcin be
주위에 40  통  물  던진  후  nisan 샤먼  문득  자리 서고  큰북 남수고 를
jafafi, emu jergi
잡고  한  번

samadafi,   bandan de tefi, baldu bayan i baru hendume, huile huile bayan agu, huile huile
신을 내리고 의자 에 앉아 baldu bayan  쪽 말하기를  huile huile bayan agu  huile huile
sini  jui  i, huile huile
너의 아들 의 huile huile

fayangga be ergen huile huile  šelefi  arkan, huile huile seme amasi, huile huile  gajiha.
혼  을 목숨 huile huile 회사하고 겨우  huile huile 하고  뒤로  huile huile 데려왔다
si hūdun,
너 빨리

---

28) basan : basa와 같다.

huile huile hobo i okcin be    nei,    huile huile sere jakade huile huile[29] buku    sabuha,
huile huile 관 의 뚜껑 을 열어라 huile huile 할    적에 huile huile    력사 알아차리고
huile huile
huile huile

—— ° —— ° —— ° ——

니샨 샤먼이 말했다.

"마마의 말한 것 매우 감사합니다. 지금 저는 헤어져 가야겠습니다."

하니, 오모시 마마 말했다.

"샤먼 여인이여, 이승에 이른 다음, 이승 사람에게 잘 알리고 효도하지 않는 나쁜 남자와 여자들에게 가르치고 알려라."

하고 누각에 돌아갔다. 니샨 샤먼이 마마에게 감사드리고 서르구다이 피양구의 손을 잡고 왔다.

그리 오래지않아 붉은 강에 다다라 강의 주인에게 세 덩이의 장과 세 뭉치의 종이를 삯으로 남기고, 서르구다이 피양구의 손을 잡고 회오리바람과 같이 즐기며 달려왔다. 절름발이 라히의 경계가 되는 강가 없는 강에 다다라서는 라히에게 삯을 조금 남기고 왔다. 발두 바얀의 문에 다다라서 문의 신들에게 세 뭉치의 종이와 세 덩이의 장을 주고는 방에 들어왔다. 그러자 니샨 샤먼이 갑자기 방울치마를 움직이고 몸 전체를 부르르 떨었다. 그때에 나리 피양구가 알고서 코 주위에 스무 개 물통의 물과 얼굴 주위에 사십 개 물통의 물을 던졌다. 니샨 샤먼이 문득 자리에서 일어서서 남수고 큰 북을 잡고, 한 번 신을 내리게 하고서는 의자에 앉아 발두 바얀을 향해 말했다.

"후일러 후일러    바얀 아구,            후일러 후일러    너의 아들의,
 후일러 후일러    혼을 목숨,            후일러 후일러    회사하고 겨우,
 후일러 후일러    뒤로 되돌려,         후일러 후일러    데려왔다. 그대는 빨리,
 후일러 후일러    관의 뚜껑을 열어라.    후일러 후일러."

할 적에 역사(力士)가 알아차리고,

---

29) huile huile : 내용상으로 볼 때, 잘못 들어간 것으로 보인다.

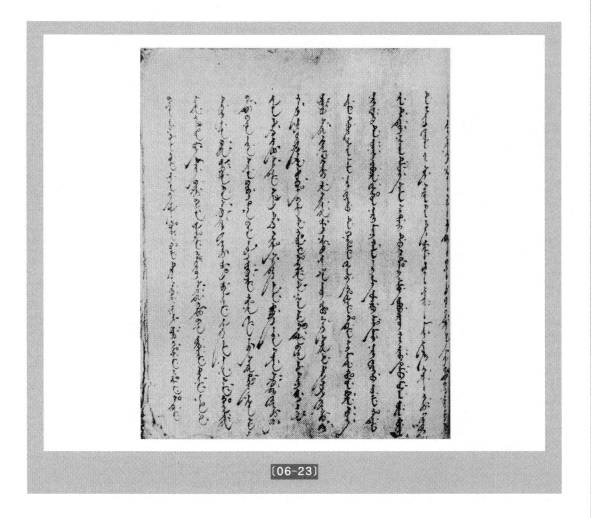

[06-23]

bayan agu, huile huile[30] okcin be efulefi, huile huile[31] tuwaci, sergudai fiyanggū  uju
bayan agu huile huile  뚜껑 을 부수고 huile huile    보니  sergudai fiyanggū 머리
gehešeme hūlame hendume,
끄덕이고  부르며 말하기를

minde halhūn muke majige  bureo, bilha olhome  hamirakū  serede, baldu bayan urgunjeme
나에 뜨거운 물   조금 주겠는가 목 말라서 참을 수 없다 함에  baldu bayan 기뻐하며
tukiyeme    nahan de
들어올려서 구들방 에

---

30) huile huile : 내용상으로 볼 때, 잘못 들어간 것으로 보인다.
31) huile huile : 내용상으로 볼 때, 잘못 들어간 것으로 보인다.

tebufi, uyan buda ulebure de, sergudai fiyanggū uthai ubaliyame ilifi, ama    eniye seme
앉히고  9   밥  먹임 에  sergudai fiyanggū 즉시    돌아  서서 아버지 어머니 하고
hengkilerede,
    절함에

baldu bayan eigen sargan boobai tana baha adali, urgunjeme honin wame amba sarin dagilafi,
baldu bayan 남편  아내  보배 구슬 얻은 같이  기뻐하며  양  죽여  큰  잔치 준비하고
nisan saman
nisan 샤먼

falan deri jafu sekteme sihali  deri sishe sektefi dele tebufi, eigen sargan sergudai fiyanggū be
바닥 에서 모포  깔고  옆구리 에서  깔개  깔고  위  앉히고  남편  아내  sergudai fiyanggū 를

gaifi niyakūrafi ergen tucibuhe bail de karulame hengkilere de, nisan saman hendume,
잡고 무릎 꿇고 목숨 **빼**내 온 은혜 에 보은하며  인사함 에  nisan 샤먼 말하기를
bayan agu sini  jui  i  beye
bayan agu 너의 아들 의  몸

uyunju sede isiname banjimbi. ere sidende umai nimeku yangšan akū oho sefi, sarin de  tefi,
   90  살에 이르르고 산다  이 중간에 결코  병   허약함 없게 된다 하고 잔치 에 앉고서
nari fiyanggū be
nari fiyanggū 를

adame tebufi, nisan saman nari fiyanggū de banihalame, fisa be hafišame hendume, si minde
나란히 앉히고 nisan  샤먼  nari fiyanggū 에  감사하고  등 을 어루만지며 말하기를 너 나에
hūsun bure, gebungge
  힘   주는  이름난

nari, weceku de unenggi yabure wesihun nari, mini gala  ci   emke omireo   sehe manggi,
nari  神靈  에 진심으로 행하는 존귀한 nari 나의 손 에서 하나 마시겠는가 한   후
nari fiyanggū injeme hendume,
nari fiyanggū 웃으며 말하기를

ere dekdengge nisan demungge saman si  donji, deo bi dahaci simbe    joboburakū kai,
  이   뜬    nisan 기이한  샤먼 너 들어라 동생 나 따르면 너를 수고롭게 하지 않으리라
erebe damu muse juwe duwari[32]
이를 다만 우리  2  동료

de sini wajiha kai sefi, sarin de  tefi omime, abka yamjiha manggi facafi, geren gemu
에 너의 끝났구나 하고 잔치 에 앉아서 마시고 하늘 저문  후 물러나고 여럿 모두
soktofi
취하여

---

32) duwari : duwali의 잘못으로 추정된다.

amgaha,  jai inenggi nisan saman hendume, bayan agu bi bedereki sehe manggi, baldu bayan
잤다 다음 날 nisan 샤먼 말하기를 bayan agu 나 돌아가자 한 후 baldu bayan
nisan saman de
nisan 샤먼 에

—— ◦ —— ◦ —— ◦ ——

바얀 아구가 뚜껑을 부수고 보니, 서르구다이 피양구가 머리 끄덕이고 부르며 말했다.

"나에게 뜨거운 물을 조금 주겠습니까? 목이 말라서 참을 수가 없습니다."

하니, 발두 바얀이 기뻐하며 들어서 구들방에 앉히고 아홉 밥을 먹였다.

서르구다이 피양구가 즉시 돌아 서서,

"아버지, 어머니!"

하고 절하였다. 발두 바얀 부부는 보배 구슬을 얻은 것처럼 기뻐하며 양을 죽여서 큰 잔치를 준비하고, 니샨 샤먼을 바닥에 모포를 깔고 옆구리에 깔개를 깔고 그 위에 앉혔다. 서르구다이 피양구를 데리고 와서 무릎을 꿇게 하고는 목숨 빼내 온 은혜에 보은하고 인사하게 하였다. 니샨 샤먼이 말했다.

"바얀 아구, 당신 아들의 몸은 구십 살에 이르도록 살게 되었습니다. 그 중간에 결코 병이나 허약함도 없습니다."

하고서 잔치에 앉으니, 나리 피양구도 나란히 앉았다. 니샨 샤먼은 나리 피양구에 감사하고, 등을 어루만지며 말했다.

"너는 나에게 힘을 주는 이름난 나리 피양구, 신령에 진심으로 행하는 존귀한 나리 피양구, 내가 따르는 술을 한 잔 마시겠는가?"

하니, 나리 피양구가 웃으며 말했다.

"이 뜬 기이한 니샨 샤먼이여, 너는 들어라. 동생인 내가 따르면 너를 수고롭게 하지 않으리라. 이것은 오로지 우리 두 사람이 동료이기 때문에 네가 잘 끝났구나."

하고는, 잔치에 앉아서 술을 마셨다. 하늘이 저문 다음 물러났는데, 여럿이 모두 취하고서야 잤다. 다음 날 니샨 샤먼이 말했다.

"바얀 아구, 저는 돌아가고자 합니다."

하니, 발두 바얀이 니샨 샤먼에게

※ 내용상으로 볼 때 중간에 결락이 있다.

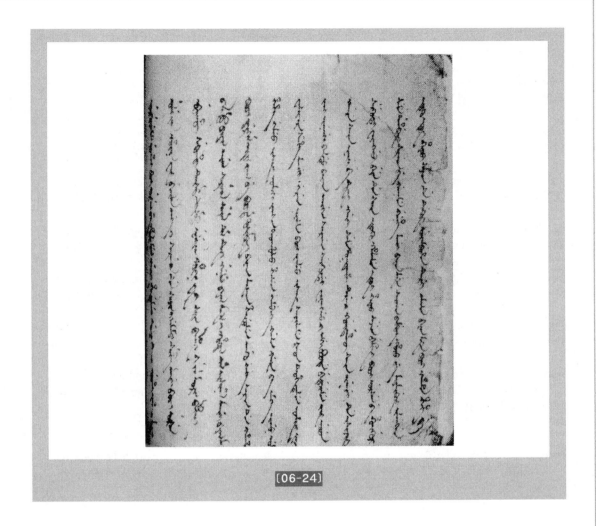

[06-24]

urgunjeme uthai booi urse be hūlame gajifi hendume, suwe te uthai ihan morin
기뻐하며 즉시 집의 무리 를 불러 데려와서 말하기를 너희 지금 곧 소 말

ulgiyan honin wafi, beile age i sargan de sarin gamambi sehe manggi, booi urse
돼지 양 죽여서 beile age 의 아내 에 잔치 가져간다 한 후 집의 무리

ebuhu sabuhū teisu teisu ulgiyan honin wafi sarin belhefi, sejen morin belhefi,
허둥지둥하며 각 각 돼지 양 죽여서 잔치 준비하고 수레 말 준비하여

baldu bayan eigen sargan sejen de tefi geneme, bayan mafa i hoton de isinaha manggi,
baldu bayan 남편 아내 수레 에 앉아서 가고 bayan 할아버지 의 성 에 다다른 후

bayan    mafa
bayan 할아버지

booi urse eiten jaka be boode dosimbufi, bayan    mafa    hendume, agu gege sarin de haha
집의 무리 모든 물건 을 방에    넣고서   bayan 할아버지 말하기를 agu gege 잔치 에 남자

hehe gemu    isifi    omiki yasa doholo[33] hele hempe gala    gafa    be emke   inu ume
여자 모두 충분하게 마시자 눈 장님    벙어리   손   굽은 손가락 을 한 가지 또한

waliyara  sehe manggi, geren niyalma booi jalu  isifi,  sarilame šun tuhetele omifi   facaha
쫓지 말라 한    후    여러   사람   집의 가득 이르고 잔치 열고 해  뜨도록 마시고서  흩어졌다

jai  inenggi baldu bayan eigen sargan sergudai fiyanggū i emgi boode bedereme jifi,  urun
다음  날   baldu bayan 남편  아내 sergudai fiyanggū 함께 집에  되돌아 와서 며느리

gaire  sain inenggi be tuwafi gaiki seme toktoho. tereci    goidahakū, sain inenggi de isinjifi,
맞이할 좋은  날  을 보고 받자 하고 정했다 그로부터 오래지 않아 좋은   날   에 이르러서

sergudai fiyanggū beye de sain etuku halame etufi, kiyoo sejen belhefi,  booi urse be kunggur
sergudai fiyanggū 몸 에 좋은  옷 바꾸어 입고   轎  수레 준비하고 집의 무리 를 빽빽이

seme  dahabufi,  sargan be ganame genehe manggi, bayan    mafa    sargan bambuke hojo be
    따르게 하고  아내 를 데리러  간   후   bayan 할아버지 아내  bambuke hojo 를
miyamibufi ilhangga
화장시키고  꽃무늬

etuku etufi, kiyoo sejen de tebufi jurambuha, terei amala, bayan    mafa    booi haha hehe be
 옷  입고   轎  수레 에 앉히고 출발시켰다 그의 뒤에  bayan 할아버지 집의 남자 여자 를

—— ∘ —— ∘ —— ∘ ——

기뻐하며 즉시 집안사람들을 불러 데려와서 말했다.
"너희는 지금 곧 소, 말, 돼지, 양을 죽여서 버일러 아거의 아내에게 잔치하러 가져가라."
하니, 집안사람들이 허둥거리며 각각 돼지와 양을 죽여 잔치를 준비하고, 수레와 말을 준비하여 발두 바얀 부부가 수레에 앉아서 갔다. 바얀 할아버지의 성에 다다르니, 집안사람들이 모든 물건을 방에 넣었다. 바얀 할아버지가 말했다.
"아구, 거거, 잔치에 남자 여자 모두 충분하게 마시자. 눈 먼 장님, 벙어리, 손이나 손가락 굽은 사람 하나라도 쫓지 말라."
여러 사람들이 집 가득하게 이르고, 잔치를 열고 해가 뜨도록 마시고서는 흩어졌다. 다음 날 발두 바얀 부부는 서르구다이 피양구와 함께 집으로 되돌아 와서,
"며느리 맞이할 좋은 날을 보고 받자."
하고 정했다.
그로부터 오래지 않아 좋은 날에 이르러서, 서르구다이 피양구의 몸에 좋은 옷으로 바꾸어 입히고, 가마 수레를 준비하고, 집안사람들을 빽빽이 따르게 하고는 아내를 데리러 갔다. 바얀 할아버지의 아내는 밤부커 호조를 화장시키고, 꽃무늬 옷 입히고, 가마 수레에 앉히고 출발시켰다. 그 뒤에 바얀 할아버지 집의 남자와 여자를

---

33) doholo : dogo의 잘못으로 추정된다.

[06-25]

dahabufi,    sarin omime jihe sadun okdofi  amba tang de sarin dagilafi, hoton i
따르게 하고 잔치 마시고 온 사돈 맞이하여 큰  堂 에 잔치 준비하고 성 의

gubci urse be gemu gajire de, yasa dogo helen hempe gala    gafa    be emke
전체 무리 를 모두 데려옴 에 눈 장님  벙어리  손 굽은 손가락 을 한 가지

ume waliyare sefi, urgun sebjen gisurere ba akū, geren dahara sargan juse gemu sain
쫓지 말라 하고서 기쁨 즐거움  말할 바 없고 여러 따르는 여자 아이들 모두 좋은

etuku etufi, ler seme goimarame yabumbi dere  yamji de ayan dengjan gehun dabufi,
옷  입고 중후하게  행동하며 행하는 것이리라 밤 에 밀납 등잔  밝게 불붙이고

sergudai fiyanggū eigen sargan hengkilerede, geren niyalma tuwame abkai  banjibume emu juru,
sergudai fiyanggū 남편  아내   절함에    여러  사람   보고  하늘의 태어나게 하고 한 쌍

eigen sargan fujurungga saikan abkai šun de giltaršambi  tereci  eigen sargan abka
남편 아내  멋있고  좋은 하늘의 해 에  빛난다  그로부터 남편 아내 하늘

na de hengkileme wajiha manggi, teni  boode dosimbuha. tereci  geren isaha niyalma gemu
땅 에 절하기   마친 후  마침내 방에   들었다 그로부터 여러 모인 사람 모두

urgun sebjen  i sarilame wajiha manggi, sergudai fiyanggū nimaha muke be baha adali,
기쁨 즐거움 의 잔치열기 마친  후   sergudai fiyanggū 물고기  물 을 얻은 같이

omosi    dasu  banjime gemu uyunju sede isiname banjifi, jalan be sirame hafan lakcarakū bayan
손자들 많은 아들 낳고 모두  90 살에 이르러 살고 세대 를 이어서 벼슬 끊임없고 부자

tehebi   ereci   dubehe.
살았다 이로부터 끝났다

───────○───○───○───

따르게 하고, 잔치를 열어 술을 마셨다. 사돈을 맞이하여 큰 당(堂)에 잔치 준비하고, 성의 모든 무리를 모두 데려왔다. 발두 바얀이 말했다.
"눈먼 장님, 벙어리, 손이나 손가락 굽은 사람 하나라도 쫓지 말라."
하니, 기쁨과 즐거움은 말할 바 없고, 따르는 여러 여자 아이들은 모두 좋은 옷을 입고, 중후하게 행동하며 행하는구나. 밤에 밀납 등잔을 밝게 불붙이고, 서르구다이 피양구 부부가 절을 하는데, 여러 사람들이 보고서,
"하늘이 태어나게 한 한 쌍의 부부가 멋있고, 맑은 하늘의 해와 같이 빛난다."
하였다. 그리고 부부는 하늘과 땅에 절하기를 마친 다음, 마침내 방에 들었다. 그로부터 여러 모인 사람들 모두 기쁨과 즐거움의 잔치열기를 마쳤다.
그 뒤로 서르구다이 피양구는 물고기가 물을 만난 것처럼 아들과 손자들 많이 낳고, 모두 구십 살에 이르도록 살았다. 대를 이어서 벼슬이 끊임없고 부자로 살았다. 이로부터 끝났다.

## 역주자 약력

**김유범** Kim YuPum      고려대학교 국어교육과 교수
**신상현** Shin SangHyun      고려대학교 민족문화연구원 연구교수
**문현수** Moon HyunSoo      인하대학교 한국학연구소 전임연구원
**오민석** Oh MinSeok      고려대학교 민족문화연구원 박사후연구원

고려대학교 민족문화연구원 만주학 총서 ⑫

# 만문본 니샨 샤먼전

**초판인쇄**   2023년   12월   15일
**초판발행**   2023년   12월   29일

역 주 자   김유범, 신상현, 문현수, 오민석
발 행 처   박문사
발 행 인   윤석현
등   록   제2009-11호

**우편주소**   서울시 도봉구 우이천로 353
**대표전화**   (02)992-3253
**전   송**   (02)991-1285
**전자우편**   bakmunsa@hanmail.net
**홈페이지**   http://jnc.jncbms.co.kr
**책임편집**   최인노

ⓒ 김유범 외 2023 Printed in seoul KOREA.

ISBN 979-11-92365-49-7   93380         정가 70,000원

   * 이 논문 또는 저서는 2014년 정부(교육부)의 재원으로 한국연구재단의 지원을 받아
     수행된 연구임(NRF-2014S1A5B4036566)